Rechtskraft und Innenbindung von Beschlüssen nach der ZPO-Reform

# Schriften zum Verfahrensrecht

Herausgegeben von
Peter Gottwald und Ulrich Haas

Band 13

PETER LANG
Frankfurt am Main · Berlin · Bern · Bruxelles · New York · Oxford · Wien

Christian Schindler

# Rechtskraft und Innenbindung von Beschlüssen nach der ZPO-Reform

PETER LANG
Europäischer Verlag der Wissenschaften

**Bibliografische Information Der Deutschen Bibliothek**
Die Deutsche Bibliothek verzeichnet diese Publikation in der Deutschen Nationalbibliografie; detaillierte bibliografische Daten sind im Internet über <http://dnb.ddb.de> abrufbar.

Zugl.: Regensburg, Univ., Diss., 2005

Gedruckt auf alterungsbeständigem,
säurefreiem Papier.

D 355
ISSN 1619-344X
ISBN 3-631-54490-1



Printed in Germany 1 2 3 4 5 7

www.peterlang.de

# Vorwort

Nachfolgende Arbeit wurde im Wintersemester 2004/2005 von der Juristischen Fakultät der Universität Regensburg als Dissertation angenommen. Die mündliche Prüfung fand am 1. März 2005 statt.

Herr Professor Dr. Peter Gottwald hatte eine nähere Untersuchung der Thematik angeregt und stand in der Folge stets für einen fördernden Gedankenaustausch zur Verfügung. Hierfür danke ich ihm aufrichtig, desgleichen Herrn Professor Dr. Herbert Roth für die zügige Erstellung des Zweitgutachtens.

Danken möchte ich auch meiner Frau und meinen Eltern, die mir immer unterstützend zur Seite standen.

Regensburg, im November 2005

*Christian Schindler*

## Inhaltsverzeichnis

## A. Einleitung und Problemdarstellung

Das ZPO-Reformgesetz vom 27. Juli 2001 (BGBl. I S. 1887) trifft die Problematik der Bindungswirkung zivilprozessualer Beschlüsse im Kern und stellt zugleich gesichert geglaubte Erkenntnisse aufs Neue in Frage. Insbesondere der Richtsatz, *die der einfachen Beschwerde unterliegenden Beschlüsse sind abänderbar (arg. verb. § 571 ZPO a.F.), die mittels der sofortigen Beschwerde anzufechtenden Entscheidungen zeitigen dagegen innerprozessuale Bindungswirkung (arg. verb. § 577 Abs. 3 ZPO a.F.)*, hat sich aufgrund der Einführung einer generellen Abhilfebefugnis des iudex a quo (§ 572 Abs. 1 S. 1 ZPO) überholt. Stattdessen die überkommene Auslegung des § 571 ZPO a.F. auf die wortlautgleiche Regelung des § 572 Abs. 1 S. 1 ZPO zu übertragen, mag auf den ersten Blick naheliegend erscheinen, gäbe aber den Bestandsschutz prozessual und materiell gewichtiger Beschlüsse preis, obgleich dem Reformgesetzgeber daran lag, durch die Neuregelung des Beschwerderechts das Beschlussverfahren zu verkürzen und auf diese Weise frühzeitig für klare Verhältnisse zu sorgen.[1] Demnach bilden die geänderten gesetzlichen Bestimmungen respektive die sie tragende gesetzgeberische Normvorstellung nicht allein den Grund, sondern zugleich den verpflichtenden Maßstab einer Neubetrachtung der innerprozessualen Bindungswirkung im Beschlussverfahren.[2]

Eine eingehendere Untersuchung verdient weiters die Problematik der materiellen Rechtskraft zivilprozessualer Beschlüsse. Nunmehr kehrt aufgrund der generellen Befristung der Beschwerdemöglichkeit auch im Beschlussverfahren regelmäßig formelle Rechtskraft ein. Nicht länger lässt sich sonach die innere Rechtskraft etwa eines ablehnenden Prozesskostenhilfebeschlusses unter bloßem Hinweis auf die unbefristete Anfechtbarkeit verneinen.[3]

Schließlich geben die Neuerungen des Reformgesetzes, in concreto die Einführung des Abhilfeverfahrens (§ 321 a ZPO) und des revisionsähnlichen Rechtsbeschwerdeverfahrens (§§ 574 ff. ZPO), Anlass, den im Rechtsbehelfssystem durch die Gegenvorstellung und die außerordentliche Beschwerde entstandenen „Wildwuchs“[4] endgültig zu beschneiden. Sowohl der Bundesgerichtshof als auch das Bundesverfassungsgericht haben auf diesem Weg zur notwendigen Bereinigung erste Marksteine gesetzt. So wies der 9. Zivilsenat des -Bundesgerichtshofs unmittelbar nach Inkrafttreten der ZPO-Reform darauf hin, dass Beschlüsse, welche unter einem Verstoß gegen

---

1 BT-Drucks. 14/4722, S. 111.

2 Zur alten Rechtslage vgl. *Schmidt*, S. 36 ff., 132 ff.; *Werner*, S. 52 ff.; *Fraga Novelle*, S. 36 ff..

3 Dazu jüngst OLG Oldenburg, MDR 2003, S. 1071.

4 *Gottwald*, Diskussionsbeitrag auf dem 61. DJT, I 114.

Verfahrensgrundrechte ergangen sind, fürderhin ausschließlich vom iudex a quo auf eine fristgebundene Gegenvorstellung hin zu beseitigen wären.[5] Auch das Bundesverfassungsgericht vollzog jüngst einen Rechtsprechungswandel und stellte in einem Plenarbeschluss fest, dass die außerhalb des geschriebenen Rechts entwickelten außerordentlichen Rechtsbehelfe den verfassungsrechtlichen Anforderungen an die Rechtsmittelklarheit nicht genügten.[6]

Die Auseinandersetzung mit diesen Fragen steht vorliegend im Dienste des übergeordneten Ziels, ein in sich schlüssiges und zugleich praktikables Konzept der Beschlusswirkungen zu entwerfen. Stets dient dabei der herkömmliche Ansatz zur Lösung der Innenbindungs- und Rechtskraftproblematik als Ausgangspunkt der Betrachtung. In der Folge gilt es, diesen an die Gesetzeslage nach Inkrafttreten des ZPO-Reformgesetzes anzupassen oder in Abgrenzung dazu einen eigenen Ansatz zu entwickeln.

## B. Die formelle Rechtskraft

Weder die Innenbindung noch die materielle Rechtskraft einer gerichtlichen Entscheidung lassen sich in Art und Umfang selbständig bestimmen. Stets ist es erforderlich, die zu untersuchende Entscheidungswirkung als Bestandteil der interdependenten Bestandsschutztrias der formellen Rechtskraft, der Innenbindung und der materiellen Rechtskraft zu begreifen. So bereitet etwa die formelle Rechtskraft eines Urteils die notwendige Grundlage für die Einkehr materieller Rechtskraft und schützt die Entscheidung zugleich im Verbund mit der Innenbindung (§ 318 ZPO) vor Aufhebung oder Abänderung.[7] Rücksichtlich dieses Zusammenspiels sind vor einer näheren Betrachtung innerprozessualer Bindungswirkung und materieller Rechtskraft Voraussetzung und Wirkung der formellen Rechtskraft im Beschlussverfahren kurz zu umreißen.

Die Fähigkeit eines Beschlusses zur formellen Rechtskraft ist umstritten. Nach der Ansicht eines Teils der Literatur seien formelle Rechtskraft und Unanfechtbarkeit einer gerichtlichen Entscheidung nicht nur im Urteils-, sondern auch im Beschlussverfahren gleichzusetzen.[8] Formelle Rechtskraft meine durchgehend die Unabänderlichkeit einer Entscheidung durch eine höhere Instanz.[9] Beschlüsse würden folglich formell rechtskräftig, soweit und sobald sie nicht (mehr) der Beschwerde unterlägen, gleichviel, ob sie von vorneherein unanfechtbar waren, die Beschwerdefrist abgelaufen ist, auf die Be-

---

5 BGH, NJW 2002, S. 1577.

6 BVerfG, NJW 2003, S. 1924 ff..

7 *Rosenberg/Schwab/Gottwald*, § 149 I, II, S. 908.

8 *Rosenberg/Schwab/Gottwald*, § 149 I, S. 908, § 150, S. 911 ff.; *Werner*, S. 7 ff., S. 70 ff.; *Blomeyer*, S. 112.

9 *Rosenberg/Schwab/Gottwald*, § 149 I, S. 908.

schwerde verzichtet wurde oder sich der Beschwerdeweg erschöpfte.[10] Kaum mehr vertreten wird, dass auch die Verwirkung des Anfechtungsrechts zur formellen Rechtskraft führe.[11]

Dennoch dient der herrschenden Meinung[12] gerade der Aspekt der Verwirkung zur Begründung ihres gegenteiligen Ansatzes. Die formelle Rechtskraft zöge nämlich weitreichende Rechtsfolgen nach sich, weshalb der Zeitpunkt ihres Eintritts genau feststellbar sein müsse.[13] Würde eine unbefristet anfechtbare Entscheidung aber erst mit der Verwirkung des Beschwerderechts unanfechtbar und damit formell rechtskräftig, wäre mangels einer präzisen zeitlichen Eingrenzbarkeit der Unzulässigkeit der Rechtsausübung eine unklare Rechtssituation zu besorgen.[14] Deshalb sei von einer Gleichsetzung der formellen Rechtskraft mit der bloßen Unanfechtbarkeit abzusehen. Darüber hinaus ergäben § 705 ZPO und insbesondere § 19 Abs. 1 und 2 EGZPO, dass gerichtliche Entscheidungen grundsätzlich erst nach Ablauf der Rechtsmittelfrist formell rechtskräftig würden und damit im Umkehrschluss die formelle Rechtskraft die Befristung der Anfechtbarkeit voraussetze.[15]

Die Plausibilität dieser Schlussfolgerung wird von *Werner*[16] zu Recht angezweifelt. § 705 ZPO regele den Eintritt der formellen Rechtskraft nämlich nur hinsichtlich solcher Beschlüsse, gegen welche ein befristetes Rechtsmittel eröffnet sei. Keineswegs läge darin eine abschließende Regelung, was auch der Eintritt formeller Rechtskraft bei Erlass einer letztinstanzlichen Entscheidung oder im Falle beiderseitigen Rechtsmittelverzichts zeige. Der historische Zweck des § 19 EGZPO schließlich liege allein in einer Übergangsregelung für Endurteile, die trotz des Inkrafttretens der CPO nach ihrem jeweiligen alten Recht weitergeführt und entschieden werden sollten (§ 18 EGZPO). Eine allgemeingültige, zivilprozessuale Bestimmung formeller Rechtskraft könne einer bloßen Übergangsvorschrift aber nicht entnommen werden.[17]

Dieser Meinungsstreit hat sich infolge der generellen Befristung der Beschwerde (§ 567 Abs. 1 , 569 Abs. 1 ZPO) respektive der Abschaffung der einfachen Beschwerde (§ 567 Abs. 1 ZPO a.F.) erledigt. Nunmehr unterliegen auch Beschlüsse ausschließlich befristeten Rechtsmitteln. Sowohl im Urteils-

---

10 *Rosenberg/Schwab/Gottwald*, § 150 II 3, S. 913; *Werner*, S. 45 ff..

11 So noch *Stein/Jonas/Grunsky*, 19. Auflage, § 567, Anm. IV 3; a.A. *Werner*, S. 48 f..

12 MünchKommZPO-*Krüger*, § 705, Rn. 3, mit weiteren Nachweisen.

13 MünchKommZPO-*Krüger*, a.a.O.; *Schmidt*, S. 66.

14 MünchKommZPO-*Krüger*, a.a.O..

15 *Schmidt*, S. 64 f..

16 S. 41 ff..

17 *Werner*, S. 44 f..

als auch im Beschlussverfahren ist deshalb unter formeller Rechtskraft die Unanfechtbarkeit einer gerichtlichen Entscheidung zu verstehen. Mit Eintritt der formellen Rechtskraft wird der Beschluss unangreifbar und – mangels zulässigen Rechtsmittels, das die Entscheidungsbefugnis in der Rechtssache devolvieren könnte – für die höhere Instanz unabänderlich.

Dabei werden die im ersten Rechtszug ergangenen Beschlüsse der Amts- oder Landgerichte dann unanfechtbar und damit formell rechtskräftig, wenn die zweiwöchige Notfrist (§ 569 Abs. 1 S. 1 ZPO) abgelaufen ist und der Beschwerte bis zu diesem Zeitpunkt von seinem Beschwerderecht keinen Gebrauch gemacht hat. Wurde der Eintritt der Rechtskraft dagegen durch eine rechtzeitig eingelegte sofortige Beschwerde gehemmt, so erwächst die angefochtene Ausgangsentscheidung entweder mit Erlass der unanfechtbaren Beschwerdeverwerfung bzw. der unanfechtbaren Beschwerdezurückweisung oder mit Eintritt der Unanfechtbarkeit der Beschwerdeentscheidung in formelle Rechtskraft.[18] Dabei ist nach dem neuen Beschwerderecht eine Beschwerdeentscheidung nur dann anfechtbar, wenn die Rechtsbeschwerde entweder durch eine gesetzliche Vorschrift (§ 574 Abs. 1 Nr. 1 ZPO) oder durch das Beschwerdegericht (§ 574 Abs. 1 Nr. 2 ZPO) zugelassen wird. Sollte die Beschwerdeentscheidung demnach der Anfechtung durch die Rechtsbeschwerde unterliegen, wird die Beschwerdeentscheidung – und somit auch die angefochtene Ausgangsentscheidung – formell rechtskräftig, sobald die einmonatige Frist zur Einlegung der Rechtsbeschwerde (§ 575 Abs. 1 S. 1 ZPO) ungenutzt verstrichen ist oder die Rechtsbeschwerde als unzulässig verworfen oder als unbegründet zurückgewiesen worden ist. Letzteres gilt im Übrigen auch für die der Rechtsbeschwerde unterliegenden Beschlüsse der Berufungsgerichte oder des Oberlandesgerichts im ersten Rechtszug (§ 574 Abs. 1 Nr. 2 ZPO). Von vorneherein unanfechtbare Beschlüsse, gegen welche das Gesetz keine Anfechtungsmöglichkeit vorsieht (§ 567 Abs. 1 Nr. 1 ZPO) und welche auch kein das Verfahren betreffendes Gesuch zurückweisen (§ 567 Abs. 1 Nr. 2 ZPO) oder welche ausdrücklich von der Anfechtung mit der sofortigen Beschwerde ausgenommen sind[19], werden ohne weiteres mit Erlass formell rechtskräftig.

## C. Die Innenbindung

### I. Begriff und Wirkung

#### 1. Das Abänderungs- und Abweichungsverbot als Folge der Innenbindung

Über die Wirkung der formellen Rechtskraft hinaus vermag eine gerichtliche Entscheidung unter bestimmten Voraussetzungen auch eine innerprozessuale

---

[18] MünchKommZPO-*Krüger*, § 705, Rn. 10.

[19] Beispielhaft sind hier die Wiedereinsetzung gewährenden (§ 238 Abs. 3 ZPO) oder Berichtigungsanträge zurückweisenden (§ 319 Abs. 3 ZPO) Beschlüsse zu nennen.

Bindung zu vermitteln. Im Urteilsverfahren etwa verpflichtet § 318 ZPO das Gericht zu einer Bindung an die Entscheidung, die in einem von ihm erlassenen End- und Zwischenurteil enthalten ist. Adressat dieser Bindungswirkung ist das erkennende Gericht. Anders als die formelle Rechtskraft schützt sie das Urteil nicht vor einer weiteren prozessualen Anfechtung und der damit verbundenen Abänderung durch den iudex ad quem. Vielmehr untersagt sie dem iudex a quo, das verkündete und zugestellte Urteil abzuändern[20], und gebietet ihm, vom Inhalt desselben in einer späteren Entscheidung nicht abzuweichen bzw. die – in einem Zwischen- oder Endurteil ausgesprochene – Rechtsfolge dem weiteren Verfahren zugrunde zu legen[21].[22] Gegen das Abänderungsverbot, also die negative Regelungskomponente der Innenbindung, verstößt der Richter nicht nur im Falle einer ausdrücklichen Aufhebung der erlassenen Entscheidung, sondern auch, wenn er den vorangehenden richterlichen Akt stillschweigend aufhebt (bzw. aufzuheben versucht), indem er eine weitere inhaltlich widersprechende Entscheidung erlässt.[23]

Lässt sich die Frage der Innenbindung im Rahmen des Urteilsverfahrens rücksichtlich der gesetzlichen Regelung in § 318 ZPO vielfach auch ohne Beschäftigung mit den unterschiedlichen Meinungen zu den dogmatischen Grundlagen der zivilprozessualen Bindungswirkung schlüssig beantworten, gelingt dies beim Beschlussverfahren mangels einer vergleichbaren Vorschrift nicht. Aus diesem Grunde soll im Folgenden der spezifischen Betrachtung der Innenbindung zivilprozessualer Beschlüsse eine Auseinandersetzung mit den

---

20 Diese negative Funktion der Innenbindung wird auch als „Abänderungs- oder Widerrufsverbot“ bezeichnet, *Schmidt*, S. 38; *Werner*, S. 13.

21 Die positive Funktion wird zumeist „Abweichungs- oder Widerspruchsverbot“ genannt, seltener „Bindungsfunktion oder Maßgeblichkeit“, *Schmidt*, a.a.O.; *Werner*, a.a.O..

22 Zur Innenbindung vgl. u.a. *Rosenberg/Schwab/Gottwald*, § 61, S. 331 ff.; *Schmidt*, S. 38; *Bötticher*, S. 73; *Pieper*, S. 58 ff..

23 Das gilt unabhängig davon, ob der Geltungskonflikt zugunsten der früheren (so der BGH, NJW-RR 1995, S. 765 f.) oder späteren Entscheidung aufgelöst wird, da, wie *Werner* (S. 13) zu Recht betont, von einem Verstoß gegen das Abänderungsverbot bereits dann zu sprechen ist, wenn die Geltung der ersten Entscheidung durch eine konfligierende weitere in Frage gestellt wird; im Ergebnis ebenso *Pieper*, S. 65 ff.. Da sich zudem im beschlussmäßigen Verfahren mangels eines Teil-, Zwischen- oder Vorbehaltsbeschlusses und damit mangels der Fortwirkung des Entscheidungsinhalts in einer „Schlussentscheidung“ die Frage der Innenbindung auf das Verbot der Abänderung durch eine ausdrücklich aufhebende oder widersprechende Entscheidung konzentriert, wird im Folgenden der Begriff der Abänderbarkeit als Antonym und der der Unabänderlichkeit als Synonym der Innenbindung verwandt; in diesem Sinne dürften auch *Fraga Novelle* (S. 45 ff., 52 ff.) oder *Werner* (S. 12 ff., 52 ff.) zu verstehen sein, die trotz der Aufspaltung der Innenbindung in Abänderungsverbot und Abweichungsverbot die Wirkung der Innenbindung von Beschlüssen mit dem Begriff der Unabänderlichkeit gleichsetzen.

verschiedenen grundsätzlichen Überlegungen zur Innenbindung vorangestellt werden. Auf die insoweit erarbeiteten Ergebnisse wird im Fortgang der Betrachtung Bezug zu nehmen sein.

### 2. Abweichende Meinungen

Vielfach war umstritten und scheint bisweilen auch heute noch im Unklaren zu sein, ob die Innenbindung tatsächlich die Unabänderlichkeit einer gerichtlichen Entscheidung bewirkt und damit als eigenständiges zivilprozessuales Institut anzuerkennen ist.

#### a) Die Unabänderlichkeit als Folge formeller Rechtskraft

Nach einer vereinzelt vertretenen Auffassung sei jedenfalls nach Eintritt der Unanfechtbarkeit einer gerichtlichen Entscheidung deren Unabänderlichkeit in der formellen Rechtskraft zu finden.[24] Gerichtliche Entscheidungen dienten nicht allein der Durchsetzung höchstmöglicher Einzelfallgerechtigkeit, sondern daneben auch der Sicherung des Rechtsfriedens. Desgleichen läge die Aufgabe zivilprozessualer Rechtsmittel nicht ausschließlich in der Herbeiführung einer möglichst gerechten Streitentscheidung; im gleichen Maße sei auch dem Grundsatz der Rechtssicherheit Geltung zu verschaffen. Nach Einkehr formeller Rechtskraft müsse demnach Rechtsfrieden eintreten, da ansonsten gerichtliche Verfahren in einer im Interesse der Rechtssicherheit nicht mehr zu vertretenden Weise ausgedehnt würden.[25]

Unzweifelhaft bezwecken sowohl die formelle Rechtskraft im Sinne der Unanfechtbarkeit als auch die Innenbindung den Geltungsschutz einer Entscheidung, doch tun sie das in eigenständiger Wirkung nach zwei verschiedenen Richtungen. Die formelle Rechtskraft im Sinne der Unanfechtbarkeit verhindert eine Aufhebung oder Abänderung der Entscheidung durch ein übergeordnetes Gericht im Instanzenzug, die Innenbindung dagegen wendet sich an den erlassenden Richter. Schon der unterschiedliche Adressatenkreis legt damit eine Unterscheidung der Rechtsinstitute nahe, die in der gesetzlichen Regelung im Urteilsverfahren schließlich offen zutage tritt. So statuiert § 318 ZPO die Unabänderlichkeit ab Erlass des Urteils völlig unabhängig von der Frage der Anfechtbarkeit und damit vielfach schon vor Einkehr der formellen Rechtskraft.[26] Wird schließlich die Entscheidung auch formell rechtskräftig,

---

24 So OLG Bamberg, NJW 1965, S. 2407; OLG Düsseldorf, MDR 1958, S. 927, MDR 1959, S. 1019, MDR 1977, S. 235 f.; OLG Breslau, Rspr. 42 (1922), S. 15 f.; *Siegert*, ZZP 54 (1929), S. 435 ff., 436; jüngst auch *Gehrlein*, MDR 2003, S. 547 ff., 554, demzufolge „die *Bindungswirkung* des Beschwerdegerichts, dem keine uneingeschränkte Abhilfebefugnis zusteht, *aus der Unanfechtbarkeit seiner Entscheidung* zu entnehmen“ [textliche Hervorhebung stammt vom Autor] sei; weitere Nachweise bei *Werner*, S. 14.

25 OLG Bamberg, NJW 1965, S. 2407 f.; OLG Düsseldorf, MDR 1958, S. 927.

26 *Werner*, S. 32; *Bauer*, S. 54; *Kley*, S. 61.

besteht dessen ungeachtet die selbständige Wirkung der Innenbindung fort. Überzeugend hat *Schmidt*[27] insoweit herausgearbeitet, dass die formelle Rechtskraft die Innenbindung ohnehin nur in deren negativer Wirkung abzulösen vermag, da auch nach Eintritt der Unanfechtbarkeit die positive Funktion der Innenbindung erforderlich ist, um die Maßgeblichkeit der res iudicata über diesen Zeitpunkt hinaus sicherzustellen. Da die negative und positive Wirkung des § 318 ZPO aber lediglich zwei Aspekte einer (ver-)einheitlich(t)en Regelung sind, erscheint eine insoweit differenzierende Konstruktion auch aus diesem Grunde wenig plausibel.

Zur Klarstellung sei bemerkt, dass diese Kritik diejenige Auffassung nicht anficht, welche nach dem Beispiel *Böttichers* den Standpunkt vertritt, „dass diese formelle Rechtskraft dem Richterspruch schlechthin jene gänzliche Unabänderlichkeit und Endgültigkeit [...] gewährleistet, auf deren Grundlage dann die („materiellen") Rechtskraftwirkungen in Aktion treten können"[28]. Hier herrscht lediglich ein anderes Verständnis vom Terminus der formellen Rechtskraft vor, das nicht nur die Unanfechtbarkeit der gerichtlichen Entscheidung, sondern auch deren Unabänderlichkeit begrifflich umfasst. Keineswegs wird dabei aus der Unanfechtbarkeit, also der formellen Rechtskraft im überkommenen Sinne, auf die Unabänderlichkeit des Judizes geschlossen.[29]

Damit ist als Zwischenergebnis festzustellen, dass eine Entscheidung trotz formeller Rechtskraft grundsätzlich abänderlich sein kann und sich umgekehrt der bloßen Anfechtbarkeit keine zwingende Antwort auf die Frage der Innenbindung entnehmen lässt. Die formelle Rechtskraft per se macht eine Entscheidung jedenfalls nicht zu einer unabänderlichen.[30]

---

27 S. 46 ff..

28 S. 68.

29 In der Tat unterscheidet sich die Auffassung *Böttichers* in dieser Hinsicht vom historischen Verständnis der formellen Rechtskraft in § 705 ZPO (§ 598 CPO), welches die Unanfechtbarkeit mit ordentlichen Rechtsmitteln (*Hahn*, S. 425) meinte (kritisch deshalb etwa *Gündner*, S. 11 f.; *Kley*, S. 61). Im Sinne dieser überkommenen Sichtweise konnte die Aufnahme des Einspruchs in § 705 ZPO, also einer *innerinstanziellen* Korrekturmöglichkeit, durchaus noch als ein den formellen Rechtskraftbegriff erweiterndes, aber lediglich „isoliertes Element" (*Kley*, S. 61) verstanden werden. Angesichts der Aufnahme des § 321 a ZPO in § 705 ZPO scheint dieses einschränkende Verständnis jedoch aus den Fugen zu geraten, betrifft doch die Anhörungsrüge gerade den Fall der Abänderung durch das erlassende Gericht. Eine Übernahme der *Bötticher'schen* Begrifflichkeit scheint angesichts der geänderten Gesetzeslage deshalb durchaus bedenkenswert.

30 Abzulehnen ist aus diesem Grunde auch die *im Recht der freiwilligen Gerichtsbarkeit* verbreitete Auffassung, wonach das Gericht seine Änderungsbefugnis (§ 18 FGG) allein aufgrund des Eintritts der formellen Rechtskraft des betreffenden Beschlusses verliere, vgl. *Keidel/Kuntze/Winkler/Schmidt*, FGG, § 18, Rn. 14, mit weiteren

Gleichwohl bleibt offen, „ob das Gesetz, indem es eine Verfügung der Anfechtung entzieht, auch ihre Änderung durch das Gericht, das sie erlassen hat, ausschließen will“[31]. Dieser Denkansatz wird insbesondere von *Pieper*[32] zur Untersuchung der Innenbindung der mit der sofortigen Beschwerde anzugreifenden Beschlüsse (§ 577 Abs. 1 ZPO a.F.) fruchtbar gemacht. Dabei verficht er die Auffassung, dass zwar aus der formellen Rechtskraft nicht in jedem Falle die Unabänderlichkeit einer Entscheidung folge, aber zumindest formell rechtskräftige gerichtliche Entscheidungen, die ihrer Art nach einem *fristgebundenen* Rechtsmittel unterlägen, grundsätzlich von einer Abänderung auszunehmen seien.[33] Denn die Befristung habe in solchen Fällen nicht nur den Zweck, eine baldige letztinstanzliche Entscheidung herbeizuführen, sondern diene auch und gerade der Schaffung endgültiger Gewissheit über eine streitige Frage, um eine sichere Grundlage für das weitere Verfahren zu schaffen. Die befristete Anfechtbarkeit ließe den Willen des Gesetzgebers erkennen, eine zeitnahe Klarheit über den betreffenden Streitfall zu erzielen. Der CPO-Gesetzgeber etwa sah die Notwendigkeit, die Einlegung der Beschwerde gegen bestimmte Beschlüsse an eine zweiwöchige Notfrist zu binden, in der Gemeinsamkeit, „dass diese anzugreifenden Entscheidungen auf Rechte des Gegners oder eines Dritten einwirken [...]. Diese Entscheidungen erscheinen daher einer Rechtskraft fähig und es ist deren baldiger Eintritt für den ungestörten Fortgang des Verfahrens und für das entgegenstehende Interesse der Betheiligten nothwendig.“[34] Die Annahme einer Abänderbarkeit der letztinstanzlichen Beschwerdeentscheidung sei mit dieser gesetzgeberischen Motivlage nicht zu vereinbaren. In den Fällen der befristeten Anfechtbarkeit einer gerichtlichen Entscheidung bestehe mithin durchaus ein Zusammenhang zwischen formeller Rechtskraft und Unabänderlichkeit.[35]

---

Nachweisen. Zutreffend dagegen *Jansen* (FGG, § 18, Rn. 3), der darauf hinweist, dass die formelle Rechtskraft respektive die Unanfechtbarkeit einer Entscheidung ausschließlich die Abänderbarkeit durch eine übergeordnete Instanz ausschließe; auf die Abänderbarkeit durch den iudex a quo habe der Eintritt der formellen Rechtskraft dagegen keinen unmittelbaren Einfluss. Freilich ist nicht von der Hand zu weisen, dass in den Fällen, in denen das FGG von der „Rechtskraft“ (scil. "formellen“, vgl. *Keidel/Kuntze/Winkler/Zimmermann*, FGG, § 31, Rn. 1) spricht, die betreffende Entscheidung stets der sofortigen Beschwerde unterliegt und damit gemäß *§ 18 Abs. 2 FGG* auch gegenüber dem erlassenden Gericht im Bestand geschützt ist, vgl. etwa §§ 26, 53 Abs. 1, 53 a Abs. 2, 60 Abs. 1 Nr. 6 , 70 m Abs. 1, 96, 97 Abs. 1, 98, 135 Abs. 3, 139, 141 Abs. 4, 3, 160 a Abs. 2 FGG

31 KG, OLG Bd. 18, S. 413.

32 *Pieper*, S. 74.

33 *Pieper*, a.a.O..

34 *Hahn*, S. 377.

35 *Pieper*, S. 76 f..

Literatur[36] und Rechtsprechung[37] treten dieser Überlegung vielfach bei. Dass etwa bei der Anordnung der befristeten Anfechtbarkeit bestimmter Beschlüsse gerade an die baldige Erzielung einer endgültigen letztinstanzlichen Entscheidung gedacht wurde, ließe sich ohne weiteres der Begründung der sofortigen Beschwerde gegen die Ablehnung eines Aussetzungsgesuchs entnehmen[38]: „Für den Fall der Ablehnung eines Aussetzungsgesuchs war die sofortige, an eine kurze Nothfrist gebundene Beschwerde das geeignete Rechtsmittel, um für den Fortgang des Verfahrens und dessen *Rechtsbeständigkeit* eine der Rechtskraft ähnliche, *unverrückbare Basis* zu gewinnen."[39] Ein derartiges Bedürfnis nach rascher rechtssicherer Klärung von Vor- oder Nebenfragen, welches in der Befristung der Anfechtungsmöglichkeit regelmäßig Ausdruck finde, wäre durch bloße Zuerkennung von formeller Rechtskraft unzureichend bedient, gestünde man gleichzeitig dem Richter eine freie Abänderungsbefugnis zu.[40]

Gegen einen Zusammenhang zwischen der formellen Rechtskraft einer Entscheidung, die in einem befristeten Rechtsbehelfsverfahren anzugreifen ist, und der Innenbindung wenden sich dagegen ausdrücklich *Braun*[41] und *Peters*[42]. Sie weisen darauf hin, dass der Schluss von der Befristung auf die Bindung des Gerichts in dieser Allgemeinheit nicht richtig bzw. im Verfahren der sofortigen Beschwerde (§ 577 Abs. 1 ZPO a.F.) keineswegs zwingend sei, was sich vor allem in der ausdrücklichen gesetzlichen Anordnung der Abänderbarkeit einzelner Beschlüsse zeige, die mit der sofortigen Beschwerde anzufechten wären. Dass die Befristung eines Rechtsmittels nichts über die Bindung des Gerichts an seine Entscheidung aussage, offenbare einerseits der Entwurf einer ZPO aus dem Jahre 1931, der den iudex a quo zur Abhilfe aller

---

36 *Schmidt*, S. 57 f.; *Werner*, S. 57; *Rosenberg/Schwab/Gottwald*, § 61 II 1 a, S. 336 f.; *Schneider*, DRiZ 1965, S. 288 ff., 291; *Stein/Jonas/Grunsky*, 21. Aufl., § 577, Rn. 11; a.A. *Baumbach/Lauterbach/Hartmann*, § 329, Rn. 16 ff., anders noch in der 61. Auflage; *Bauer*, S. 50 ff..

37 KG Berlin, MDR 2000, S. 169; OLG Bremen, JurBüro 1974, S. 1607 f.; OLG Stuttgart, JurBüro 1983, S. 1890.

38 *Schmidt*, S. 57 f..

39 *Hahn*, S. 253 [textliche Hervorhebung stammt vom Autor].

40 *Werner*, S. 57, der ansonsten ein „prozessuales Kreiselspiel" befürchtet; weiterhin tue sich nach *Werner* (S. 32) eine Zusammengehörigkeit beider Entscheidungswirkungen im Bereich des Urteilsverfahrens insoweit dar, als kein Urteil formelle Rechtskraft erlange, das nicht der Innenbindung unterläge. Das stellt zwar zutreffend die übliche gesetzliche Regelungstechnik heraus, wichtige Prozessergebnisse im Urteilsverfahren immer qua formeller Rechtskraft *und* Innenbindung zu sichern. Dies einen „Automatismus" zu nennen, weist jedoch in die falsche Richtung, da der umgekehrte Schluss vom Fehlen der formellen Rechtskraft auf das Ausbleiben der Innenbindung aufgrund des umfassenden Regelungsbereichs des § 318 ZPO nicht zutrifft.

41 MünchKommZPO, vor § 567, Rn. 6.

42 FS für *Henckel* (1995), S. 655 ff., 665 ff..

Beschwerden befähigt hätte, andererseits der Kommissionsbericht von 1961 zur Reform der Zivilgerichtsbarkeit, der vorsah, sämtliche Beschwerden zu befristen, aber damit keineswegs eine generelle Bindung des Gerichts an seine Beschlüsse anordnen wollte.[43] Im Übrigen bezögen sich die CPO-Motive hinsichtlich der Befristung der Beschwerde nur auf den Eintritt der formellen Rechtskraft, nicht aber auf die Unabänderlichkeit.[44]

Diese Einwände vermögen nicht zu überzeugen. Eine teleologische Interferenz zwischen der Befristung der Anfechtung einer gerichtlichen Entscheidung und deren Unabänderlichkeit vermag zugegebenermaßen keine Allgemeingültigkeit zu beanspruchen[45], findet doch die zeitliche Beschränkung eines Rechtsmittels ihren eigenständigen Wert in der Verfahrensbeschleunigung und dem Ausschluss der Parteianfechtung. Kam es jedoch dem historischen Gesetzgeber – ausweislich der Gesetzbegründung – darüber hinaus darauf an, eine endgültige Gewissheit über eine bestimmte Streitfrage herbeizuführen und auf diese Weise eine sichere Grundlage für das weitere Verfahren zu schaffen, scheint der Schluss von der Befristung eines Rechtsmittels auf die Bindung des Gerichts naheliegend. Der Gesetzgeber begründete die Anordnung der sofortigen Beschwerde nicht mit dem „ungestörten Fortgang des Verfahrens" und würde das insoweit gewonnene Verfahrensergebnis nicht eine „der Rechtskraft ähnliche, unverrückbare Basis" nennen, dräue zugleich die Abänderung der Entscheidung durch den erlassenden Richter. Von einem solchen Maß an Bedacht darf beim historischen Gesetzgeber ausgegangen werden.[46] Verfehlt erscheint insbesondere die Ansicht *Peters*[47], die Motive zur Reichscivilprozessordnung bezögen sich, soweit die Rechtskraft im Rahmen der Begründung der sofortigen Beschwerde zur Sprache

---

43 MünchKommZPO-*Braun*, vor § 567, Rn. 6; *Peters*, a.a.O., S. 668.

44 *Peters*, a.a.O., S. 668, Fn. 56.

45 A.A. *Schneider*, DRiZ 1965, S. 288 ff., 291, der allein in der Befristung eines Rechtsmittels die Absicht des Gesetzgebers zu erkennen glaubt, eine alsbaldige endgültige Entscheidung herbeizuführen, und aus diesem Grunde generell zur Unabänderlichkeit befristet anfechtbarer Entscheidungen gelangt; ähnlich *Baumgärtel*, MDR 1968, S. 970 ff., 972.

46 Dass der CPO-Gesetzgeber die sofortige Beschwerde gegen die Ablehnung eines Aussetzungsgesuchs einerseits mit der Herbeiführung einer rechtsbeständigen, unverrückbaren Basis für den Verfahrensfortgang begründete (*Hahn*, S. 253), aber andererseits in § 141 CPO eine Abänderung der die Aussetzung betreffenden Anordnungen vorsah, steht dem nicht entgegen. Die Diktion des § 141 CPO weist nämlich darauf hin, dass der CPO-Gesetzgeber lediglich die Abänderbarkeit der „Anordnung einer [...] Aussetzung" (*Hahn*, S. 217) klarstellen wollte, differenziert er doch im Übrigen, wie in § 229 CPO, dezidiert zwischen der Anordnung einerseits und der Ablehnung der Aussetzung andererseits. Ansonsten wäre die Abweichung von § 540 Abs. 3 CPO wohl in den Materialien thematisiert worden.

47 *Peters*, FS für *Henckel* (1995), S. 655 ff., 668, Fn. 56.

kommt, ausschließlich auf den Eintritt formeller Rechtskraft. Tatsächlich stand die maßgebliche Bemerkung in der Gesetzesbegründung eindeutig nicht im Zusammenhang mit der Befristung der Anfechtbarkeit, sondern rekurrierte ausschließlich auf den gemeinsamen Entscheidungsinhalt der zugrundeliegenden Beschlüsse: „Denselben ist gemeinsam, daß die anzugreifenden Entscheidungen auf Rechte des Gegners oder eines Dritten einwirken (Mot. z. württemb. Entw. Art. 775). Diese Entscheidungen erscheinen *daher* einer Rechtskraft fähig [...].“[48] Für die These aber, dass der Eintritt der *formellen* Rechtskraft vom Inhalt einer Entscheidung abhänge, findet sich in den Materialien zur CPO von 1877 keinerlei Anhaltspunkt. Ein Zusammenhang zwischen der Unabänderlichkeit eines Beschlusses und seiner befristeten Anfechtbarkeit kommt im Übrigen auch mehrfach in der Begründung des Norddeutschen Entwurfes zur Sprache, an den sich die Beschwerderegelung der Reichscivilprozessordnung unzweifelhaft inhaltlich anlehnte und auf den in der Begründung der CPO ausdrücklich Bezug genommen wurde.[49] Dort findet sich etwa die Überlegung, auf eine eigene Regelung der Anfechtung von Entscheidungen beauftragter oder ersuchter Richter zu verzichten, denn es „sei bezüglich der Fälle, wo das Gericht *seine eigene Verfügung aufheben könne*, eine besondere Bestimmung über die Behandlung der Verfügungen einzelner Richter nicht erforderlich; es verstehe sich hier von selbst, daß das Prozessgericht demnächst von diesen Verfügungen abzugehen befugt sei. Wo dagegen die Voraussetzung nicht zutreffe, die *Beschwerde z.B. an eine Nothfrist gebunden sei*, müsse dieselbe an das höhere Gericht gehen“.[50]

Hinsichtlich der Reformentwürfe von 1931 und 1961 ist klarzustellen, dass ersterer an der Bindung letztinstanzlicher Beschlüsse, die ihrer Art nach mit der sofortigen Beschwerde anzugreifen waren, nichts geändert hätte, sondern ausschließlich die Abhilfebefugnis des Gerichts der ersten Instanz *im* Verfahren der sofortigen Beschwerde im Auge hatte.[51] Werde demnach das Gericht mit durchgreifenden neuen Tatsachen konfrontiert oder lege die Beschwerde ein offensichtliches Versehen offen, dann sei die prozessökonomischste Verfahrensweise nicht eine Abgabe an das Beschwerdegericht, sondern die Entscheidung des Gerichts erster Instanz.[52] Über diese Möglichkeit der Selbstkorrektur an Stelle einer Aufhebung der Entscheidung durch den iudex ad quem sollte die Neuregelung aber augenscheinlich nicht hinausgehen. Dass dem Vorhaben ein grundsätzliches Bekenntnis des Gesetzgebers zur Abän-

---

48 *Hahn*, S. 377 [textliche Hervorhebung stammt vom Autor].

49 *Hahn*, S. 378.

50 Protokolle der Kommission zur Ausarbeitung des Entwurfs einer Civilprozeßordnung für die Staaten des Norddeutschen Bundes, S. 1562 f. [textliche Hervorhebung stammt vom Autor].

51 Vgl. Erläuterungen zum Entwurf einer Zivilprozeßordnung , S. 369 f..

52 Entwurf einer Zivilprozeßordnung, a.a.O..

derbarkeit befristet anfechtbarer Beschlüsse zugrunde lag, muss angesichts der Entwurfsbegründung verneint werden. Der Kommissionsbericht von 1961 dagegen avisierte einen Wegfall der einfachen Beschwerde und sann auf die generelle Geltung der Regelungen des sofortigen Beschwerdeverfahrens.[53] Bei Umsetzung dieses Vorschlags wäre es damit schon aufgrund der vorherrschenden Auslegung des geltenden Abänderungsverbots nach § 577 Abs. 3 ZPO a.F. zu einer Bindung der nicht angefochtenen Beschlüsse gekommen.

Weiterhin vermag auch der Hinweis auf die gesetzlichen Vorschriften, welche die Abänderbarkeit einzelner, der sofortigen Beschwerde unterliegender Beschlüsse anordnen, den herausgearbeiteten Zusammenhang nicht in Frage zu stellen. In diesen Einzelfällen lag dem Gesetzgeber eben ausschließlich am baldigen Ausschluss der Parteianfechtung, nicht an der Herbeiführung beständiger Gewissheit über spezielle Streitfragen. Bildete Letzteres ein grundsätzliches Anliegen der Befristung der Anfechtungsmöglichkeit, waren Ausnahmen von diesem Grundsatz ausdrücklich zu regeln. Die Ausnahmevorschriften sprechen allenfalls gegen die These, aus der formellen Rechtskraft bzw. der Befristung ließe sich durchgängig und unabhängig vom konkreten gesetzgeberischen Willen eine Bindung des Richters schlussfolgern.

Bei einem entsprechenden gesetzgeberischen Willen zur Endgültigkeit befristet anfechtbarer Entscheidungen ist schließlich in Acht zu nehmen, dass eine nachträgliche Entscheidungsabänderung die vom Gesetz angestrebte Beständigkeit des Rechtszustands und die Sicherung des Verfahrensfortgangs unterminierte, gleichviel, ob eine formell rechtskräftige erstinstanzliche Entscheidung inmitten stünde, welche grundsätzlich der befristeten Anfechtbarkeit unterlag, oder eine letztinstanzliche Rechtsmittelentscheidung abgeändert werden soll, die auf ein befristetes Rechtsmittel hin erging.[54] Im Interesse der Rechtssicherheit und des Rechtsfriedens ist in diesen Fällen das vom Gesetz bejahte Bedürfnis nach einer beständigen Entscheidung nicht dadurch der Disposition des Rechtsmittelberechtigten preiszugeben, dass die Innenbindung vom rechtzeitigen Beschreiten des Instanzenwegs abhängig gemacht wird. Der Abänderbarkeit wäre im Falle eines entsprechenden Regelungswillens nicht nur eine Rechtsmittelentscheidung entzogen, sondern auch eine unangefochtene, nunmehr unanfechtbare erstinstanzliche Entscheidung.[55]

---

53 Bericht der Vorbereitungskommission, 1961, S. 222 f..

54 Auch nach *Pieper* (S. 77) könne es deshalb „keinen Unterschied machen, ob die Unanfechtbarkeit eines Beschlusses durch Erschöpfung des Instanzenzuges oder Ablauf der Beschwerdefrist eingetreten ist".

55 Insoweit unklar KG MDR 2000, S. 169 f.; OLG Stuttgart, JurBüro 1983, S. 1890 f..; *Zöller/Vollkommer*, § 318, Rn. 9 f..

Die Innenbindung stellt sich demnach als ein neben der formellen Rechtskraft eigenständiges Institut dar. Ein Zusammenhang beider Entscheidungswirkungen besteht nur insoweit, als der Gesetzesbegründung – als Beispiel ist hier die Begründung der sofortigen Beschwerde in der CPO zu nennen – entnommen werden kann, dass die Befristung der Anfechtungsmöglichkeit auch dem Anliegen nach der Herbeiführung einer endgültigen Gewissheit über bestimmte Streitfragen dient und nicht nur die baldige Einkehr der formellen Rechtskraft durch einen beschleunigten Ausschluss der Parteianfechtung bezweckt. Nur in diesem Falle wäre die Schlussfolgerung gerechtfertigt, eine unanfechtbare Entscheidung zeitige Innenbindung. Das Verfahrensergebnis unterläge damit in diesen Fällen - nach Ablauf der Anfechtungsfristen - dem zusammenwirkenden Schutz der formellen Rechtskraft und der Innenbindung.

b) Die Unabänderlichkeit als Folge materieller Rechtskraft

α) Unterscheidung beider Entscheidungswirkungen im Urteilsverfahren

Wiederholt wird die Frage der Unabänderlichkeit mit der materiellen Rechtskraft in Verbindung gebracht.[56] Die Abänderbarkeit scheide demnach immer dann aus, wenn die richterliche Entscheidung in materieller Rechtskraft erwachse, da ansonsten der materiellen Rechtskraft durch eine Abänderung der Entscheidung durch den erlassenden Richter der Boden entzogen würde.[57] Die materielle Rechtskraft verpflichte nicht nur ein anderes Gericht, sondern erst recht den erlassenden Richter.[58] Weiterhin würde die gesetzliche Verortung der Abänderungsklage (§ 323 ZPO), nämlich nach der Bestimmung des Um-

---

56 Insbesondere *Baumgärtel*, MDR 1968, S. 970 ff., 971; *Stein/Jonas/Grunsky*, 21. Aufl., § 567, Rn. 26; *Peters*, FS für *Henckel* (1995), S. 655 ff., S. 665 ff.; *Zöller/Philippi*, § 127, Rn. 43, der eine Gegenvorstellung gegen PKH-Beschwerdeentscheidungen zulässt, da diese Beschlüsse nicht materiell rechtskräftig würden; *Zöller/Gummer*, 22. Aufl., § 567, Rn. 23. Dass *Gummer* diese Ansicht unter Hinweis auf die Gehörsrüge nach § 321 a ZPO in der 23. Aufl. aufgab (*Zöller/Gummer*, 23. Aufl., § 567, Rn. 24; 24. Aufl., § 567, Rn. 23), überrascht, da nach § 705 S. 2 ZPO die rechtzeitig eingelegte Rüge den Eintritt der formellen und damit der materiellen Rechtskraft hemmt und deshalb die Anhörungsrüge eigentlich nicht die Abänderung materiell rechtskräftiger Urteile ermöglicht. Jedenfalls scheint *Gummer* nunmehr anzuerkennen, dass die innerprozessuale Bindungswirkung eine von der materiellen Rechtskraft zu unterscheidende Entscheidungswirkung darstellt, was sich im Übrigen auch der Anmerkung zur Bindungswirkung von Beschwerdeentscheidungen entnehmen lässt. Wo vormals der materiellen Rechtskraft Maßgeblichkeit beigemessen wurde (22. Aufl., § 572, Rn 21), verweist *Gummer* nun ausschließlich auf § 318 ZPO, vgl. *Zöller/Gummer*, 23. und 24. Aufl., § 572, Rn. 34. Der Ansicht der 22. Aufl. folgen OLG Naumburg VIZ 2002, S. 42 f.; OLG München, OLGR München 1993, S. 91 f.; OLG Bamberg, FamRZ 1986, S. 1011 ff., 1013; OVG Hamburg, JZ 1958, S. 67 f.; weitere Nachweise bei *Schmidt*, S. 40 f..

57 *Baumgärtel*, a.a.O., S. 971 f..

58 *Gündner*, S. 19; *Braun*, ZZP 104 (1991), S. 349 ff., 349.

fangs der materiellen Rechtskraft in § 322 ZPO, die systematische Zuordnung der Innenbindung zur materiellen Rechtskraft zeigen.[59]

Ein derartiger Zusammenhang ist aber gerade in Anbetracht der gesetzlichen Regelung der Urteilswirkungen abzulehnen. So lässt die separate Normierung der Entscheidungswirkungen in § 318 ZPO einerseits und in § 322 ZPO andererseits die unterschiedlichen Regelungsbereiche der beiden Institute klar zum Ausdruck kommen.[60] Während jene die Bindung im laufenden Verfahren betrifft, führt Letztere zur Bindung in künftigen Verfahren. Zudem sieht das Gesetz die Innenbindung eines Urteils ab dem wirksamen Erlass der gerichtlichen Entscheidung vor, ohne dabei hinsichtlich des Umfangs oder des Zeitpunktes der Bindungswirkung auf den (späteren) Eintritt der materiellen Rechtskraft abzustellen.[61] Erfüllt aber die Innenbindung bei (noch) nicht materiell rechtskräftigen Urteilen ohnehin eine eigenständige Funktion, stellt die Annahme, die innerprozessuale Bindungswirkung würde später von der materiellen Rechtskraft konsumiert, eine jedenfalls obsolete Konstruktion dar.[62] Darüber hinaus lässt sich in Anschauung der Abfolge der Wirkungen eines (noch) nicht materiell rechtskräftigen Urteils ein schlechterdings entgegengesetztes Verhältnis von Innenbindung und materieller Rechtskraft induzieren: Die Aufgabe der materiellen Rechtskraft liegt dort, wo nicht bereits die Innenbindung ihre Wirkung tut[63], und vermag folglich nicht den Grund der Innenbindung zu bilden; diese ist vielmehr – mit der heute vorherrschenden Ansicht[64] – als eine Voraussetzung der materiellen Rechtskraft zu begreifen. Dass einer Entscheidung nur dann materielle Rechtskraft beigemessen werden kann, soweit sie der Innenbindung unterliegt, legt im Übrigen auch die neueingeführte Regelung der Anhörungsrüge nach § 321 a ZPO nahe: Solange das Urteil auf die Anhörungsrüge abänderlich ist, entfaltet es keine Maßgeblichkeit außerhalb des Verfahrens.[65]

---

59 *Kuhlmann*, *Gruchot* 65, S. 270 ff., 282 f.; vgl. hierzu *Schmidt*, S. 41.

60 *Blomeyer*, S. 114; *Schmidt*, S. 49 f..

61 So schon *Bötticher*, S. 61, 66.

62 Kritisch auch *Schmidt*, S. 50 f.; *Kley*, S. 63.

63 *Pieper*, S. 92 f.; *Fraga Novelle*, S. 44.

64 *Rosenberg/Schwab/Gottwald*, § 152 I, S. 919; *Musielak*, § 329, Rn. 17; *Thomas/Putzo/Reichhold*, § 322, Rn. 3 („Der materiellen Rechtskraft fähig sind alle *endgültigen* [...] Entscheidungen."); *Fraga Novelle*, S. 75; *Werner*, S. 33 f., 86 f.; *Schmidt*, S. 51 f., 73 f.; *Ratte*, S. 103; *Pieper*, S. 91; *Bötticher*, S. 68.

65 Dieses Ergebnis wird qua Hemmung des formellen Rechtskrafteintritts gemäß § 705 ZPO erreicht (vgl. Fn. 27). Darüber hinaus lässt auch die gesetzliche Einordnung der Anhörungsrüge nach §§ 318-321 ZPO und vor § 322 ZPO erkennen, dass die Innenbindung, in concreto deren Durchbrechung, auch nach der Auffassung des Gesetzgebers keine Regelungsmaterie der materiellen Rechtskraft darstellt. Angesichts der Neuregelung wird überdies die Fehlerhaftigkeit der systematischen Verortung der Ab-

### β) Die Abgrenzung der unterschiedlichen Wirkungsräume im Beschlussverfahren, die Wiederholung von Rechtsmitteln

Lassen sich damit inner- und außerprozessualer Wirkungsraum im Urteilsverfahren vergleichsweise klar gegeneinander abgrenzen, fällt diese Unterscheidung im Beschlussverfahren schwerer, da ein verfahrenseröffnender Klageantrag und ein verfahrensabschließendes Endurteil, welche den „Rubikon zwischen Innen- und Außenbereich“[66], also die Trennlinie zwischen altem und neuem Verfahren und damit die Grenze zwischen Innenbindung und materieller Rechtskraft in solchem Maße kenntlich machen, nicht existieren.

Diese Lücke lässt sich jedenfalls in den Sonderverfahren dadurch schließen, dass notwendige Beteiligtenanträge und daraufhin ergehende gerichtliche Beschlüsse als Analoga zum Klageantrag und Endurteil verstanden werden.[67] Dabei hebt sich das „Sonderverfahren“ von den übrigen unselbständigen Beschlussverfahren insoweit ab, als innerhalb des eigentlichen Erkenntnisverfahrens über prozessuale (Vor-)Fragen, welche das Entscheidungssubstrat in der Hauptsache ordnen und vorbereiten, in einem eigenen, möglicherweise mehrstufigen Verfahren entschieden wird.[68] Anders als bei typisch prozessleitenden Beschlüssen hält die Zivilprozessordnung dafür eine vom eigentlichen Erkenntnisverfahren unterscheidbare Verfahrensausgestaltung bereit. Beispielhaft sind hier das Verfahren der Zuständigkeitsbestimmung (§ 37 Abs. 1, 2 ZPO), das Ablehnungsverfahren (§ 41 ff. ZPO) oder aber auch der Beschluss auf Erlass eines Versäumnisurteils zu nennen (§§ 335, 336 ZPO). Billigt man den in diesen Verfahren ergehenden Beschlüssen Innenbindung und materielle Rechtskraft zu, so liegt es nahe, dass die Grenze der zu definierenden Wirkungsräume nicht durch das umfassende Erkenntnisverfahren gebildet wird, sondern sich am jeweiligen Sonderverfahren orientiert. Stellt etwa der Kläger erneut einen Antrag auf Erlass eines Versäumnisurteils, obwohl das Gericht einen dahingehenden Antrag bereits formell rechtskräftig zurückgewiesen und sich der zugrundeliegende Sachverhalt seitdem nicht entscheidungserheblich geändert hat, so ist der zweite Antrag aufgrund der Streitgegenstandsidentität ohne sachliche Prüfung als unzulässig zurückzuweisen. Gegenläufiges Prinzip ist hier die materielle Rechtskraft des ersten Beschlusses, da der erneute Antrag ein neues Verfahren eröffnete und damit den außerprozessualen Wirkungsraum der materiellen Rechtskraft erschloss.[69] Dagegen ist nicht die materielle Rechtskraft, sondern die Innenbindung einer

---

änderungsklage (so schon *Bötticher*, FS für *Rosenberg* (1949), S. 73 ff., 77f.) augenfällig.

66 *Blomeyer*, S. 121.

67 Im Ergebnis ebenso *Werner*, S. 92 f.; *Blomeyer*, S. 120.

68 Vgl. *Fraga Novelle*, S. 86.

69 Vgl. hierzu *Werner*, S. 93 ff.; a.A. *Pieper*, S. 100.

Entscheidung betroffen, wenn das letztinstanzliche Gericht[70] einen unanfechtbaren Beschluss, mit welchem es ein Ablehnungsgesuch gemäß § 46 Abs. 1 ZPO als unbegründet zurückwies, nunmehr abändern bzw. aufheben will. Denn mangels erneuten Ablehnungsgesuchs wird ein weiteres Ablehnungsverfahren nicht eröffnet. Die Beschlussabänderung geschähe im gleichen Verfahren, also im innerprozessualen Bereich und damit im Wirkungsraum der Innenbindung. Dieses Unterscheidungskriterium des gesetzlichen Antrags mag formalisiert erscheinen, ist jedoch behufs einer rechtsklaren Trennung von materieller Rechtskraft und Innenbindung in Kauf zu nehmen.[71] Zumal der Anwendungsbereich dieses Ansatzes über die – keineswegs präformierte – Fallgruppe der „Sonderverfahren" hinausgeht. So setzt die Abgrenzbarkeit von Innen- und Außenbereich eines Beschlussverfahrens gerade kein bestimmtes Maß an verfahrensrechtlicher Abstraktion vom Urteilsverfahren voraus, sondern führt immer dann zu rechtssicheren Ergebnissen, wenn das jeweilige Beschlussverfahren durch eine Prozesshandlung des Beteiligten, also einen Antrag oder ein Gesuch im Sinne des § 567 Abs. 1 Nr. 2 ZPO eröffnet wird.[72]

Bei selbständigen Beschlussverfahren, wie dem Kostenfestsetzungsverfahren (§§ 104 ff. ZPO), dem Prozesskostenhilfeverfahren (§§ 114 ff. ZPO) oder dem Arrestverfahren (§§ 916 ff. ZPO), welche nicht unmittelbar den Fortgang des Erkenntnisverfahrens befördern, erscheint die exklusive Relevanz der konkreten Verfahrensanträge für die Abgrenzung des inner- und außerprozessualen Bereichs geradezu selbstverständlich, ist doch in diesen Fällen ein gleichzeitiges, den betreffenden Beschluss einfassendes Erkenntnisverfahren gar nicht vonnöten.[73]

---

70 Aufgrund nachträglicher Überzeugung von der Rechtswidrigkeit bzw. Unzweckmäßigkeit des Beschlusses von Amts wegen oder auf eine Gegenvorstellung eines Beteiligten hin.

71 Vgl. auch *Blomeyer*, S. 120 f., der darauf hinweist, dass es der Beteiligte durch sein prozesstaktisches Vorgehen (Gegenvorstellung oder erneuter Antrag) durchaus in der Hand habe, ob er die Grenze zwischen Innen- und Außenbereich überschreite. Gleichwohl ist infolgedessen nicht an obigem Abgrenzungskriterium zu zweifeln, sondern vielmehr darauf zu achten, eine Homogenität des Bestandsschutzniveaus im Bereich der materiellen Rechtskraft und der Innenbindung zu erzielen.

72 Letztlich entspricht diese Abgrenzung auch der herrschenden Ansicht in der Literatur, welche, ohne vorweg die Innenbindung und die materielle Rechtskraft voneinander abzugrenzen, das *Erfordernis eines Wirkungsraums* als eine Voraussetzung der materiellen Rechtskraftfähigkeit eines Beschlusses postuliert und unter Wirkungsraum die theoretische Möglichkeit der erneuten Antragsstellung auf unveränderter Sachverhaltsgrundlage versteht, vgl. hierzu *Werner*, S. 92 ff., 96.

73 Zur Klarstellung sei darauf hingewiesen, dass in der theoretischen Abgrenzung der Wirkungsräume beider Institute keine Aussage über die Fähigkeit der in diesen Ver-

Dagegen gehen urteilsvertretende Beschlüsse, welche unmittelbar auf die Rechtskraft eines Urteils einwirken, wie die Verwerfung oder Zurückweisung der Berufung (§ 522 Abs. 1, 2 ZPO), nach der vorherrschenden Meinung in Literatur[74] und Rechtsprechung[75] völlig im entsprechenden Erkenntnisverfahren auf und entfalten keinen eigenen außerprozessualen Wirkungsraum. Maßgeblich hat dabei die Erkenntnis zu sein, dass eine Entscheidung, die in einem (Zwischen-) Urteil enthalten ist, innerhalb desselben Prozesses ausschließlich durch die innerprozessuale Bindungswirkung (§ 318 ZPO) vor etwaigen Abweichungen oder Abänderungen geschützt wird. Soweit nun ein Beschluss an die Stelle eines Urteils tritt und dieses ersetzt, ist auch hier zur Abgrenzung der verschiedenen Verfahrensräume auf das übergeordnete Urteilsverfahren zurückzugreifen, da die Existenz eines separaten Verfahrensraums nicht von der äußeren Form einer Entscheidung abhängen kann. Legt etwa der Berufungskläger nach einer Berufungsverwerfung gemäß § 522 Abs. 1 ZPO nochmals Berufung ein, lässt sich deshalb kein prozessual verselbständigter Verfahrensabschnitt konstatieren, dessen Grenzen durch einen gesetzlich vorgeschriebenen Beteiligtenantrag und einer verfahrenseigenen Entscheidung markiert würde. Die erneute Berufung eröffnet also keinen zweiten Prozess, sondern setzt vielmehr denselben fort.[76] Inwieweit das Gericht an seinen Verwerfungsbeschluss gebunden ist, beantwortet sich demnach nicht anhand der materiellen Rechtskraft, sondern nach Maßgabe der innerprozessualen Bindungswirkung. Abzulehnen sind somit Entscheidungen des Bundesgerichtshofs, in welchen er die Wiederholung der Berufung an der materiellen Rechtskraft der vorangegangenen Berufungsverwerfung misst.[77] Die Unter-

---

fahren ergehenden Beschlüsse liegt, bindende Wirkung oder materielle Rechtskraft zu zeitigen.

[74] *Baumgärtel*, JZ 1959, S. 437 f., 438; *Jauernig*, MDR 1982, S. 286; MünchKommZPO-*Rimmelspacher*, § 518, Rn. 39; *Baumbach/Lauterbach/Albers*, § 522, Rn. 10; nach anderer Ansicht seien sowohl Innenbindung als auch materielle Rechtskraft des Verwerfungsbeschlusses zu beachten, vgl. *Thomas/Putzo/Reichhold*, § 522, Rn. 11 f.; *Stein/Jonas/Grunsky*, 21. Aufl., § 519 b, Rn. 15. Doch ergeht ein zweiter Verwerfungsbeschluss entweder im inner- oder außerprozessualen Verfahrensraum des ersten Verwerfungsbeschlusses; überschneidende Wirkbereiche materieller Rechtskraft und Innenbindung sind abzulehnen.

[75] BGH, NJW 1991, S. 1116 f.; BGH, DtZ 1993, S. 54 f..

[76] So insbesondere *Jauernig*, MDR 1982, S. 286.

[77] Vgl. etwa BGH, MDR 1981, S. 1007; freilich wird dabei ein Verstoß gegen die materielle Rechtskraft nur dann angenommen, soweit bindend festgestellte Verwerfungsgründe bei der erneuten Berufung nicht vermieden wurden, so auch BGH, NJW-RR 1999, S. 287; die materielle Rechtskraft eines Verwerfungsbeschlusses bejahen auch MünchKommZPO-*Gottwald*, § 322, Rn. 26; MünchKommZPO-*Musielak*, § 329, Rn. 12; *Zöller/Gummer*, § 519, Rn. 3; *Musielak/Ball*, § 522, Rn. 14. Kaum nachzuvollziehen ist die Differenzierung *Blomeyers*, S. 119 f., der die Erneuerung eines Rechtsmittels als Frage der Innenbindung der Rechtsmittelentscheidung auffasst, wogegen die

scheidung zwischen dem inner- und außerprozessualen Verfahrensbereich eines urteilsvertretenden Beschlusses wird dann virulent, wenn die Rechtsmittelentscheidung noch nicht formell rechtskräftig ist, also vor Ablauf der einmonatigen Rechtsbeschwerdefrist (§§ 522 Abs. 1 S. 4, 574 Abs. 1 Nr. 1, 575 Abs. 1 ZPO). Während die innerprozessuale Bindungswirkung nämlich schon ab Erlass des Verwerfungsbeschlusses eine abweichende Entscheidung bei unverändertem Lebenssachverhalt verbietet,[78] ist die Annahme eines verfahrenseröffnenden Charakters der erneuten Berufungseinlegung mit dem rechtspraktischen Nachteil verbunden, dass der Berufungskläger die Berufung bis zur formellen bzw. materiellen Rechtskraft des Verwerfungsbeschlusses trotz unveränderter Sachlage wiederholen könnte, ohne dass das Berufungsgericht das wiederholende Rechtsmittel als unzulässig verwerfen dürfte. Die Erkenntnis, dass die Zulässigkeit der Wiederholung eines Rechtsmittels an der Innenbindungswirkung der ersten Rechtsmittelentscheidung zu messen ist, lässt sich ohne weiteres auf das Beschlussverfahren übertragen. Verwirft das Beschwerdegericht folglich eine eingelegte Beschwerde, so kann der Beschwerdeführer seine Beschwerde auch innerhalb der laufenden Beschwerdefrist nur dann wiederholen, wenn die erneute Beschwerde nicht mit der innerprozessualen Bindungswirkung der Beschwerdeentscheidung kollidiert. Der Vollständigkeit halber sei bereits hier darauf hingewiesen, dass der Wiederholung eines Rechtsmittels mit dem Ablauf der Frist zur Einlegung der Berufung oder der Beschwerde eine äußerste zeitliche Grenze gesetzt ist. Ein dennoch eingelegtes Rechtsmittel wäre aufgrund Verfristung als unzulässig zu verwerfen, selbst wenn die bindend festgestellten Verwerfungsgründe vermieden würden. Erst mit Ablauf der eigentlichen Rechtsmittelfristen und nicht mit dem Erlass einer unanfechtbaren Rechtsmittelentscheidung[79] bzw.

---

Wiederholung eines als unzulässig verworfenen Rechtsmittels mit einer von der Rechtsmittelentscheidung ausgehenden Außenbindungswirkung in Konflikt trete.

[78] Diese Einschränkung der Wiederholung eines Rechtsmittels durch die innerprozessuale Bindungswirkung scheint der grundlegenden Aussage einer Entscheidung des Reichsgerichts (RGZ 158, 53, 55) zu widersprechen. Danach sei Ziel der Rechtsordnung im Allgemeinen und der Rechtsmittel im Speziellen, dem wirklichen Recht zum Siege zu verhelfen. Die gesetzliche Befristung der Rechtsmittel diene dagegen der Rechtssicherheit und beschränke damit die effektive Durchsetzung des wirklichen Rechtes. Erklärte man die Wiederholung des Rechtsmittels innerhalb der Rechtsmittelfrist für unzulässig, verschöbe man die Grenze zuungunsten der Gerechtigkeit. Diese Grenzziehung sei aber ausschließlich dem Gesetzgeber vorbehalten, der sich zum Problem der Wiederholung eines Rechtsmittels nicht äußere. Freilich waren diese Erwägungen des Reichsgerichts nicht gegen die – gesetzlich (§ 318 ZPO) angeordnete – Bindung des Gerichts an seine Feststellung der Verwerfungsgründe gerichtet, sondern galten als Entgegnung auf die kategorische Ablehnung jeglicher Rechtsmittelwiederholung.

[79] So ist etwa die Zurückweisung der Berufung gemäß § 522 Abs. 3 ZPO nicht anfechtbar und deshalb von ihrem wirksamen Erlass an formell rechtskräftig. Unter Geltung

dem Ablauf der entsprechenden Anfechtungsfristen[80] erwächst deshalb die *angefochtene* Entscheidung in formelle Rechtskraft. Die formelle Rechtskraft der Rechtsmittelentscheidung und die des angefochtenen Urteils oder Beschlusses koinzidieren dann, wenn zum Zeitpunkt der Rechtskraft der Rechtsmittelentscheidung die Rechtsmittelfrist, welche für die angefochtene Entscheidung gilt, schon abgelaufen war und so der Eintritt der formellen Rechtskraft der angefochtenen Entscheidung durch die Einlegung des Rechtsmittels gehemmt wurde, § 705 S. 2 ZPO. Ist die Rechtsmittelfrist dagegen noch nicht abgelaufen, dann bewirkt auch die formelle Rechtskraft der Rechtsmittelentscheidung, durch die das Rechtsmittel als unzulässig verworfen oder unbegründet zurückgewiesen wird, nicht die formelle Rechtskraft der angefochtenen Entscheidung.[81] Bis zum Ablauf der Notfrist kann demnach das Rechtsmittel wiederholt werden, soweit dabei die Bindungswirkung der bereits ergangenen Rechtsmittelentscheidung beachtet wird.[82]

Endlich ist die Betrachtung auf die von Amts wegen ergehenden gerichtlichen Beschlüsse zu richten. Die Zivilprozessordnung verzichtet in diesen Fällen auf einen Beteiligtenantrag als notwendige Voraussetzung für den Erlass eines Beschlusses, so dass zum Zwecke der Abgrenzung der verschiedenen

---

der alten Rechtslage hatte die erneute Berufung nach Zurückweisung der ersten nur theoretische Bedeutung, MünchKommZPO-*Rimmelspacher*, § 518, Rn. 39. Das ZPO-Reformgesetz sieht nunmehr jedoch die Möglichkeit der *unverzüglichen Berufungszurückweisung durch Beschluss* und damit ohne mündliche Verhandlung vor, § 522 Abs. 2 ZPO. In praxi können deshalb durchaus Fälle auftreten, in denen die Berufung vor Ende der Berufungsfrist zurückgewiesen wird, was freilich eine „frühzeitige" Berufungsbegründung voraussetzte. Selbst nach einer solchen a-limine-Zurückweisung dürfte aber die Wiederholung einer Berufung selten erfolgreich sein. Denn bei einer entscheidungserheblichen Veränderung des Lebenssachverhalts wäre weiterhin der Vorrang der Klageerhebung (vgl. unter C I 2 b γ) zu beachten und müsste in der Folge geprüft werden, inwieweit die Partei rücksichtlich seines neuen Vorbringens auf die Erhebung einer (Vollstreckungsgegen-) Klage verwiesen werden kann.

80 Beispielhaft seien hier die Notfristen gemäß § 574 Abs. 4 ZPO (gegebenenfalls i.V.m. § 522 Abs. 1 ZPO), § 544 Abs. 1 S. 2 ZPO oder § 548 ZPO genannt.

81 Vgl. dazu auch MünchKommZPO-*Krüger*, § 705, Rn. 10.

82 Die Problematik der wiederholten Einlegung eines „einheitlichen Rechtsmittels" (vgl. BGH, NJW 1985, S. 2480 f.) *vor* Erlass der Rechtsmittelentscheidung dürfte in Zukunft an Bedeutung verlieren. Hauptgrund dieser Rechtsprechung war nämlich der Umstand, dass der Beginn der Berufungs- und der Berufungsbegründungsfrist an unterschiedliche Ereignisse geknüpft waren (§§ 516, 519 Abs. 2 S. 2 ZPO a.F.) und deshalb die Berufungsbegründungsfrist vor Ablauf der Berufungsfrist enden konnte. Diese gesetzliche Divergenz wurde durch das ZPO-Reformgesetz bereinigt. Sowohl die Berufungsfrist als auch die Berufungsbegründungsfrist beginnen nunmehr mit Zustellung des angefochtenen Urteils zu laufen, §§ 517, 520 Abs. 2 S. 2 ZPO.

Verfahrensräume darauf nicht zurückgegriffen werden kann.[83] Mangels verfahrenseröffnenden Antrags ist infolgedessen immer der innerprozessuale Verfahrensraum eines bereits existenten Beschlusses betroffen, wenn im gleichen Erkenntnisverfahren zur gleichen prozessualen Frage eine weitere Entscheidung ergehen soll. Soweit ein Beschluss in der Folge bindende Wirkung zeitigt, ist das Gericht unter Umständen gehindert, eine abweichende Anordnung zu erlassen, welche der gesetzlichen Regelung entspräche. Dieser Konflikt lässt sich nicht dadurch auflösen, dass man, wie *Werner*[84], die bindende Wirkung mit Hilfe des „konkreten Verfahrensganges" zu relativieren versucht. Seiner Ansicht nach wäre der Richter, der es – auf Grundlage einer Fehleinschätzung des zugrundeliegenden Sachverhalts – durch einen bindenden Beschluss ablehnte, ein Urteilsverfahren gemäß § 640 f ZPO auszusetzen, nicht gehindert, die Aussetzung des Verfahrens anzuordnen, nachdem er vom wirklichen Reifezustand gutachtlich in Kenntnis gesetzt wurde. Die Aussetzung tangiere die Geltung des ersten Beschlusses nicht, da in Folge des konkreten Verfahrensganges den Beschlüssen verschiedene Streitgegenstände zugrunde lägen. Der irrtümlich angenommene Reifezustand sei der alte Lebenssachverhalt, wogegen der wirkliche Reifezustand einen neuen Lebenssachverhalt darstelle. Diese Einschätzung überzeugt nicht, regelt doch gerade die Innenbindung die Frage, „ob der Richter seinen als fehlerhaft erkannten Beschluß abändern darf, oder ob er aus prozessualen Gründen an ihn gebunden bleibt"[85]. Die Erlangung besserer Kenntnis von entscheidungserheblichen Tatsachen bedeutet demgegenüber keine Veränderung des tatsächlichen Le-

---

83 Dass *Werner* (S. 118; von „Ablehnung" eines von Amts wegen ergehenden Antrags spricht auch *Baumbach/Lauterbach/Hartmann*, § 148, Rn. 39; zu Art. 21 EuGVÜ i.V.m. § 148 ZPO vgl. BGH, NJW 2002, S. 2795 ff., 2797) im Falle der von Amts wegen ergehenden, anfechtbaren Aussetzungsbeschlüsse (z.B. §§ 148, 149, 247, 614 Abs. 1, 2, 640 f, 953 ZPO) einen Wirkbereich für die materielle Rechtskraft auszumachen glaubt, erscheint abwegig. *Werners* Argumentation knüpft vor allem am Wortlaut des § 252 ZPO an, der unstreitig für alle Aussetzungen gelte und das Recht zur Anfechtung eines die Aussetzung *ablehnenden* Beschlusses statuiere. Daran ist richtig, dass von einer *Ablehnung* wohl nur dann zu sprechen ist, wenn vorher ein entsprechender, nicht lediglich anregender Beteiligtenantrag gestellt wurde. Jedoch schafft § 252 ZPO kein derartiges Antragsrecht, sondern setzt ein solches vielmehr voraus und findet deshalb dann Anwendung, wenn eine *zu beantragende* Aussetzung abgelehnt wird (z.B. §§ 65, 152 ff., 246 ZPO). Wie § 567 Abs. 1 Nr. 2 ZPO schafft auch § 252 ZPO selbst dann kein Beschwerderecht, wenn ein Beschluss nur von Amts wegen zu ergehen hat, zufällig aber eine entsprechende Entscheidung von einem der Beteiligten angeregt wurde (OLG Düsseldorf, NJW 1973, S. 2032; *Rosenberg/Schwab/Gottwald*, § 147 III 4 a, S. 897; a.A. MünchKommZPO-*Feiber*, § 252, Rn. 20).

84 S. 110 f..

85 S. 115.

benssachverhalts. Die richterliche Fehlvorstellung ändert nichts an der Streitgegenstandsidentität[86] des erlassenen und des avisierten Beschlusses.[87]

γ) Die Fortgeltung der Innenbindung trotz Veränderung der Sachlage, Ausnahmen (e.g. Rechtsmittelwiederholung und Gegenvorstellung)

Dieser umfassende innerprozessuale Verfahrensraum bei den von Amts wegen ergehenden gerichtlichen Beschlüssen macht es notwendig, auf einen weiteren Unterschied zwischen Innenbindung und materieller Rechtskraft hinzuweisen.

Der Wortlaut des § 318 ZPO verbietet dem Gericht auch dann, ein bindendes Urteil abzuändern oder aufzuheben, wenn sich die Tatsachengrundlage des Urteils seit dem Schluss der letzten Tatsachenverhandlung entscheidungserheblich änderte und damit nach der Ansicht *Werners* eigentlich ein neuer Streitgegenstand vorläge.[88] In diesem Falle sind Kläger und Beklagter auf den außerprozessualen Verfahrensraum und damit auf eine neue Klage bzw. die Erhebung der Vollstreckungsabwehrklage (§ 767 Abs. 1, 2 ZPO) zu verweisen. Dass die innerprozessuale Bindung nach § 318 ZPO in ihrer Wirkung grundsätzlich nicht durch das Auftreten etwaiger Neutatsachen beschränkt wird,[89] zeigt im Übrigen auch die Ausnahmeregelung des § 927 ZPO, wonach

86 Auch wenn die Sachverhaltsunkenntnis des Richters letztlich auf einem Mangel an „Erkenntnismitteln" und nicht auf bloßem Irrtum beruhte, förderte das Gutachten im obigen Beispielsfall gleichwohl keine Neutatsachen zu Tage, sondern zeigte lediglich mittels eines neuen Beweises bestehende Tatsachen auf. Aus diesem Grunde würde im Urteilsverfahren einer erneuten Klage, die nur auf neuen Beweisen basierte, nicht stattgegeben, sondern sie würde wegen entgegenstehender Rechtskraft als unzulässig abgewiesen, vgl. hierzu etwa *Rosenberg/Schwab/Gottwald*, § 155, S. 931 f.; zum Streitgegenstandsbegriff vgl. *Rosenberg/Schwab/Gottwald*, § 95, S. 530 ff..

87 Gleichwohl wäre das Gericht im obigen Beispielsfall an einer Aussetzung nicht gehindert, da die zunächst ausgesprochene „Ablehnung" der Aussetzung keine Innenbindungswirkung zeitigte. Entgegen der Annahme *Werners* (S. 110) gelangt § 577 Abs. 3 ZPO a.F. hier nicht zur Anwendung. So wurde bereits darauf hingewiesen (vgl. Fn. 53), dass § 252 ZPO kein Beschwerderecht schafft, sondern ein solches voraussetzt. Da aber der Beschluss gemäß § 640 f ZPO von Amts wegen ergeht, ist die Aussetzungsablehnung auch nicht gemäß § 567 Abs. 1 2. Alt. ZPO a.F. anfechtbar. Eingehend zur Innenbindung und materiellen Rechtskraft von Aussetzungsbeschlüssen vgl. unter E II.

88 Die Kritik *Werner*s (S. 111, Fn. 45) an der Auffassung *Lüdemanns*, Zweck der prinzipiellen Abänderbarkeit sei die Möglichkeit der Berücksichtigung neuer Tatsachen, überzeugt deshalb nur eingeschränkt.

89 Des Weiteren ermöglicht auch die Anhörungsrüge gemäß § 321 a ZPO keine Selbstkorrektur des Gerichts auf Grundlage etwaiger Neutatsachen. Vielmehr fußt diese Ausnahme von der strikten Innenbindung des erstinstanzlichen Endurteils gerade auf der Nichtberücksichtigung jener Alttatsachen, die schon vor Urteilserlass vorlagen, aber infolge einer Verletzung des Anspruchs auf rechtliches Gehör nicht berücksichtigt wurden. Die Entscheidung wird folglich durch § 321 a ZPO nicht nur ihrer inner-

zumindest der Arrest wegen veränderter Umstände aufgehoben werden darf.[90] An diesem gesetzlichen Vorbild der Innenbindung hat sich auch die Betrachtung der Wirkungen gerichtlicher Beschlüsse zu orientieren.

Ist demnach ein bindender Beschluss auszumachen, der auf einen Antrag eines Beteiligten erging, so lässt sich eine Abänderung des Beschlusses grundsätzlich nicht dadurch zuwege bringen, dass dem letztinstanzlichen Gericht die nach Erlass des Beschlusses entstandenen Tatsachen unterbreitet werden. Vielmehr hat der Beteiligte bei der Ausgangsinstanz einen neuen Antrag zu stellen. Diese starre innerprozessuale Bindungswirkung ist kein Selbstzweck, sondern soll das Vertrauen der Beteiligten und der Rechtsgemeinschaft in die Verbindlichkeit und Endgültigkeit gerichtlicher Entscheidungen stärken. So ist angesichts einer neuen Klage in einem neuen Verfahren auch nach außen hin erkennbar, dass auf Grundlage eines veränderten Lebenssachverhaltes ein neues Urteil über einen neuen Streitgegenstand ergeht und keineswegs das alte Erkenntnis revidiert und damit in seiner Endgültigkeit relativiert wird. Darüber hinaus liegt der Vorzug dieser Lösung in der Instanzerhaltung. Würde man bei neuen entscheidungserheblichen Tatsachen eine Ausnahme von der Innenbindung zulassen, nähme man den gegnerischen Beteiligten jedenfalls dann eine Tatsacheninstanz bzw. eine Rechtsbehelfsmöglichkeit, wenn das Urteils- oder Beschlussverfahren durch eine sachliche Rechtsmittelentscheidung beendet wurde. Für die Abänderung aufgrund eines abweichenden Lebenssachverhalts wäre nämlich nicht die Ausgangsinstanz, sondern die Rechtsmittelinstanz zuständig.[91]

Die strikte Bindung im innerprozessualen Verfahrensraum ist gleichwohl aufzulockern, wenn das Gericht angesichts einer veränderten Sachlage zum Erlass eines abweichenden Beschlusses von Amts wegen verpflichtet wäre, dafür aber mangels Beteiligtenantrags kein neues Verfahren eröffnet wird. So wird auch im Urteilsverfahren – im vergleichbaren Falle des Zwischenurteils – eine Ausnahme vom Abänderungsverbot zugelassen. Ergehe zu einer prozessualen Vorfrage (§ 303 ZPO) oder zur Klagezulässigkeit (§ 280 ZPO) ein Zwischenurteil, stehe die Innenbindung des Urteils einer neuen Entscheidung

---

prozessualen Novenfestigkeit, sondern der innerprozessualen Bindungswirkung (§ 318 ZPO) überhaupt beraubt.

90 Jedenfalls insoweit ist der herrschenden Meinung zu widersprechen, die annimmt, dass die materielle Rechtskraft und die Innenbindung hinsichtlich ihres Umfanges konvergierten, vgl. MünchKommZPO-*Musielak*, § 318, Rn. 3. Diese These mag hinsichtlich der sachlichen Wirkungsgrenzen durchaus begründet sein, doch erscheint sie – jedenfalls in dieser Allgemeinheit – bezüglich der zeitlichen Grenzen des Streitgegenstandes (nicht: „der Rechtskraft", zur Unterscheidung vgl. *Reischl*, S. 241 ff.) nicht zutreffend.

91 Zum Einfluss der Devolution auf die Abänderungszuständigkeit – insbesondere nach einer sachlichen Rechtsmittelentscheidung – vgl. Ausführungen unter C I 2 b α, β.

dann nicht entgegen, wenn dadurch Neutatsachen Rechnung getragen werde, die erst nach Erlass des ersten Zwischenurteils, welches nur über die *jeweilige* Sachlage entschieden habe, entstanden sind.[92] Die zeitliche Begrenzung der Innenbindung lässt sich trotz des Normzwecks, vorgreifliche Zulässigkeitsfragen abschließend zu klären, dadurch rechtfertigen, dass die Prozessvoraussetzungen bis zum Schluss der letzten mündlichen Verhandlung vorliegen müssen und dies vom Gericht *von Amts wegen* zu beachten ist.[93] Entsprechend ist bei den von Amts wegen zu erlassenden Beschlüssen zu verfahren, wenn das Gericht aufgrund eines geänderten Sachverhalts zu bestimmten Anordnungen verpflichtet[94] ist, sich aber durch eine bereits ergangene Entscheidung gebunden sieht. Bietet sich hier mangels außerprozessualen Verfahrensbereichs keine Gelegenheit, einen den veränderten Umständen gerecht werdenden Beschluss zu erlassen, ist die Innenbindungswirkung der von Amts wegen ergehenden Beschlüsse, wie von *Werner*[95] postuliert, auf den konkreten Streitgegenstand einzugrenzen und bei entscheidungserheblichen Neutatsachen die Abänderung einer älteren, widersprechenden Entscheidung zu gestatten.

Die Überlegung, die Innenbindungswirkung auf den jeweiligen Streitgegenstand zu beschränken, soweit eine erneute Antragstellung denklogisch ausscheidet, ist auch auf den obigen Fall der *wiederholten Einlegung eines Rechtsmittels* auszudehnen. So vermag etwa der Berufungskläger nicht, die Heilung des Zulässigkeitsmangels in Form einer neuen Klage bzw. eines erneuten erstinstanzlichen Beteiligtenantrags geltend zu machen. Die Innenbindungswirkung ist deshalb auf den jeweiligen Streitgegenstand, in concreto den bindend festgestellten Verwerfungsgrund, zu beschränken und das „neue" Rechtsmittel bei Meidung des alten Mangels zuzulassen. Wurde dagegen das Rechtsmittel als unbegründet zurückgewiesen,[96] verstößt die Wiederholung von vorneherein gegen die innerprozessuale Bindungswirkung der Rechtsmittelentscheidung, da es dem Rechtsmittelführer unbenommen bleibt, die für die Sachentscheidung erheblichen Neutatsachen in einem neuen erstinstanzlichen

---

92 MünchKommZPO-*Musielak*, § 318, Rn. 8; *Stein/Jonas/Leipold*, 21. Aufl., § 318, Rn. 7; *Baumbach/Lauterbach/Hartmann*, § 318, Rn. 10.

93 Vgl. *Rosenberg/Schwab/Gottwald*, § 96 V, S. 538 ff..

94 Bei der Ermessensentscheidung hat das Gericht die Amtspflicht, ermessensfehlerfrei und deshalb vorabbindungsfrei über den neuen Sachverhalt zu entscheiden. Die „Selbstbindung" durch einen erlassenen Beschluss widerspräche der ratio der Ermessensvorschrift. Dies gilt erst recht, wenn das Ermessen aufgrund des neuen Sachverhalts auf Null reduziert ist und das Gericht deshalb zum Erlass eines abweichenden Beschlusses tatsächlich verpflichtet wäre.

95 S. 111, Fn. 45.

96 Zu den Auswirkungen des ZPO-Reformgesetzes auf die Rechtsmittelwiederholung nach einer Berufungs- bzw. Beschwerdezurückweisung vgl. Fn. 79.

Verfahren vorzubringen. Eine Ausnahme von der Novenfestigkeit lässt sich insoweit nicht rechtfertigen.

Obgleich die Innenbindung danach nur in einem sehr begrenzten Maße an Wirkung verliert, wird dadurch nicht nur die Möglichkeit eröffnet, das Rechtsmittel erneut einzulegen, sondern – im Umfang der Abänderbarkeit der Rechtsmittelverwerfung – auch der Gegenvorstellung ein denkbarer Anwendungsbereich geboten, den es in seinen Konsequenzen zu bedenken gilt.[97] Soweit demnach die Innenbindung ausnahmsweise auf die zeitlichen Grenzen des Streitgegenstandes beschränkt wird, ist der Beschwerte nicht ausschließlich darauf verwiesen, von neuem Rechtsmittel einzulegen, sondern könnte dem Gericht die entscheidungserhebliche Veränderung des Sachverhalts auch in Form einer Gegenvorstellung unterbreiten.[98] Daran anknüpfend ist besonders der Frage nachzugehen, ob auch diese Rechtsbehelfsmöglichkeit mit dem Ablauf der offenen Rechtsmittelfrist endet. Denn anders als bei der Rechtsmittelwiederholung wird nicht (erneut) ein Rechtsmittel eingelegt, das den Zulässigkeitsvoraussetzungen im Allgemeinen und der Rechtsmittelfrist im Besonderen zu genügen hätte, sondern lediglich angeregt, die Entscheidung über das bereits eingelegte Rechtsmittel auf Grundlage der neuen Tatsachen abzuändern.[99] Dabei scheint einer nach Ablauf der Rechtsmittelfrist eingelegten Gegenvorstellung auf den ersten Blick die formelle Rechtskraft der angefochtenen Entscheidung entgegenzustehen. So darf der iudex ad quem nach Eintritt der formellen Rechtskraft eine angefochtene Entscheidung grundsätzlich weder aufheben noch abändern. Die formelle Rechtskraft gewährleistet in diesem Sinne den Bestand der Entscheidung.[100] Gleichwohl bestehen durch-

---

97 Gegen abänderbare Entscheidungen wird die Gegenvorstellung nämlich zu Recht gemeinhin zugelassen, statt vieler *Fraga Novelle*, S. 127; *Musielak*, § 567, Rn. 27; *Baumbach/Lauterbach/Albers*, vor § 567, Rn. 3 ff.. Zeitigt eine Rechtsmittelentscheidung dagegen Innenbindungswirkung, scheidet eine Abänderbarkeit durch das Rechtsmittelgericht und damit eine Gegenvorstellung grundsätzlich aus.

98 Neutatsachen können z.B. die Genehmigung einer mangels Postulationsfähigkeit unzulässigen Rechtsmitteleinlegung, die nachträgliche Bezeichnung des angefochtenen Urteils im Sinne des § 519 Abs. 2 Nr. 1 ZPO oder die Erhöhung des Rechtsmittelantrags zur Erreichung der Erwachsenheitssumme gemäß §§ 511 Abs. 2 Nr. 1, 567 Abs. 2 ZPO sein. Bei der Nichtzulassungsbeschwerde gemäß § 544 ZPO i.V.m. § 26 Nr. 8 EGZPO hätte der Beschwerdeführer seinen Vortrag abzuändern und darzulegen, dass er mit der nunmehr beabsichtigten Revision die Abänderung des Berufungsurteils in einem Umfang, der die Wertgrenze von 20.000 Euro übersteigt, anstrebt, BGH, NJW 2002, S. 2720 f..

99 Wurde – mit anderen Worten – das verworfene Rechtsmittel vor Ablauf der Rechtsmittelfrist eingelegt und werden mit der Gegenvorstellung entscheidungserhebliche Neutatsachen vorgebracht, so scheint die avisierte Abänderung der Rechtsmittelverwerfung sowohl der Frist zur Anfechtung der Entscheidung als auch der Innenbindung der Rechtsmittelentscheidung Rechnung zu tragen.

100 Vgl. *Fraga Novelle*, S. 23.

greifende Bedenken gegen eine derartige Verknüpfung der Abänderbarkeit einer Rechtsmittelentscheidung mit der formellen Rechtskraft der angefochtenen Entscheidung. Wie *Ratte*[101] zutreffend feststellt, würde zwar nicht von der formellen Rechtskraft auf die Innenbindung *derselben* Entscheidung geschlossen, doch vermag auch der Schluss von der formellen Rechtskraft der angefochtenen Entscheidung auf die Unabänderlichkeit der Rechtsmittelentscheidung nicht zu überzeugen. Letztlich beschreibt nämlich der Begriff „formelle Rechtskraft" nur eine prozessuale Situation, in der feststeht, dass die gerichtliche Entscheidung nicht mehr mit zulässigen Rechtsmitteln angefochten werden kann.[102] Dies setzt freilich voraus, dass auch bereits eingelegte Rechtsmittel nicht zu einer Abänderung der angefochtenen Entscheidung führen können, gleichviel, ob eine Rechtsmittelentscheidung noch aussteht oder aber ein Eingriff in den Bestand der Entscheidung über die Abänderung einer bereits erlassenen Rechtsmittelentscheidung droht. Wie die Unanfechtbarkeit[103] ist damit auch die Unabänderlichkeit der Rechtsmittelentscheidung notwendige Basis der formellen Rechtskraft einer angefochtenen Entscheidung. Die Abänderbarkeit einer Rechtsmittelentscheidung lässt sich somit allein am Maßstab ihrer innerprozessualen Bindung beurteilen. Zu diesem Zwecke ist erneut an den Grundsatz zu erinnern, dass die Innenbindung selbst bei einer nachträglichen Sachverhaltsveränderung die Abänderung einer Entscheidung verbietet. Dass gleichwohl innerhalb der offenen Rechtsmittelfrist eine Ausnahme von der Novenfestigkeit gestattet wird und ein zurückgewiesenes Rechtsmittel bei Meidung der Verwerfungsgründe wiederholt werden darf, lässt sich unter Berücksichtigung des konfligierenden Bestandsinteresses des Rechtsmittelgegners nur dadurch rechtfertigen, dass jener von vorneherein damit zu rechnen hatte, dass die Entscheidung bis zu diesem Zeitpunkt mit einem zulässigen Rechtsmittel angefochten werden würde. Umgekehrt spricht gegen ein späteres „Zulässigwerden" des Rechtsmittels, dass etwa der Berufungsbeklagte nach Ablauf der Berufungseinlegungs- bzw. Berufungsbe-

---

101 *Ratte*, S. 93, 100 f..

102 Genau genommen verhindert damit nicht die formelle Rechtskraft den Eingriff in den Bestand des unanfechtbaren Judizes, sondern unheilbare Zulässigkeitsmängel der zu Verfügung stehenden Rechtsmittel. Ein Rechtsmittel, welches sich gegen eine unanfechtbare Entscheidung richtet, wird demgemäß nicht wegen eines Rechtskraftverstoßes, sondern mangels Statthaftigkeit verworfen.

103 Soweit das verworfene Rechtsmittel zumindest statthaft war und rechtzeitig eingelegt wurde (GmS-OGB, NJW 1984, S. 1027 f.), tritt trotz des Ablaufs der Rechtsmittelfrist die formelle Rechtskraft der angefochtenen Entscheidung nicht bereits mit Erlass der Rechtsmittelverwerfung ein, sondern grundsätzlich erst mit der formellen Rechtskraft der Verwerfungsentscheidung. Im Berufungsverfahren etwa wird dieser Zeitpunkt erst mit Erlass der Rechtsbeschwerdeentscheidung oder dem Ablauf der einmonatigen Rechtsbeschwerdefrist gemäß §§ 522 Abs. 1 S. 4, 574 Abs. 1 Nr. 1, 575 Abs. 1 S. 1 ZPO erreicht.

gründungsfrist auf den endgültigen Bestand des angefochtenen Urteils vertraut und dieses Vertrauen angesichts der zunächst unzulässigen Berufung auch gerechtfertigt erscheint.[104] Die gesetzliche Innenbindungswirkung einer Rechtsmittelverwerfung darf deshalb nur solange gelockert werden, als dadurch die Heilung eines unzulässigen Rechtsmittels vor Ablauf der Rechtsmittelfristen ermöglicht wird.[105] Deshalb endet die Abänderbarkeit einer Rechtsmittelverwerfung respektive die Möglichkeit, etwaige Neutatsachen mit der Gegenvorstellung vorzubringen, in jedem Falle zeitgleich mit der Möglichkeit, das Rechtsmittel erneut einzulegen.[106]

δ) Ergebnis

Ingesamt bleibt somit festzustellen, dass weder die formelle Rechtskraft noch die materielle Rechtskraft (-fähigkeit) für die Unabänderlichkeit einer Entscheidung sorgen und sich die Zulässigkeit der Abänderung einer wirksam erlassenen Entscheidung im innerprozessualen Verfahrensbereich nur am eigenständigen Maßstab der Innenbindung beurteilen lässt.

c) Die Innenbindung letztinstanzlicher Entscheidung gemäß § 318 ZPO

Trotz der scheinbar eindeutigen gesetzlichen Regelung in § 318 ZPO spricht sich *Bauer*[107] gegen eine Innenbindung von letztinstanzlichen Entscheidungen aus: Grundsätzlich würden bindende gerichtliche Entscheidungen durch ein Abweichungs- und ein Abänderungsverbot geschützt. Das Abweichungsverbot betreffe dabei die Maßgeblichkeit des Entscheidungsinhalts, sage aber

---

104 Ebenso *Stein/Jonas/Grunsky*, 21. Aufl., vor § 511, Rn. 35, der sich zu Recht gegen die Heilung des Nichterreichens des Beschwerdegegenstandswertes durch die Erhöhung des Rechtsmittelantrags nach Ablauf der Berufungsbegründungsfrist wendet, a.A. BGH, NJW 1961, S. 1115; BAGE 6, 95, 99. Der Aspekt des Vertrauensschutzes liegt ferner auch der Erwägung zugrunde, dass sich Mängel einer Prozesshandlung grundsätzlich nur mit Wirkung für die Zukunft, also ex nunc, heilen lassen respektive die Heilbarkeit eines Zulässigkeitsmangels von einer positiven Neuvornahmehypothese abhängt, vgl. etwa MünchKommZPO-*v.Mettenheim*, § 78, Rn. 18; BVerfGE 8, 92, 94; BGH, VersR 1983, S. 250.

105 Weist dagegen das Rechtsmittelgericht das Rechtsmittel als unbegründet zurück, verbietet die innerprozessuale Bindungswirkung auch nach einer Veränderung des entscheidungserheblichen Sachverhalts, die Rechtsmittelzurückweisung abzuändern. Ohne Einschränkung gilt es insoweit den Vorrang einer erneuten Klageerhebung bzw. Antragsstellung zu beachten.

106 Die Gegenvorstellung hat im Vergleich zur Wiederholung des Rechtsmittels den eklatanten rechtspraktischen Nachteil, dass das ursprüngliche Rechtsmittel nur dann vor Auslauf der Rechtsmittelfrist zulässig werden kann, wenn das erlassende Gericht die Rechtsmittelentscheidung rechtzeitig abändert. Dagegen hat der Rechtmittelführer es selbst in der Hand, für eine „fristgemäße" Zulässigkeit seines Rechtsmittels zu sorgen, wenn er es vor Ablauf der Rechtsmittelfrist bei Meidung der Verwerfungsgründe erneut einlegt.

107 S. 64.

über den formalen Bestand der Entscheidung nichts aus.[108] Dem Abänderungsverbot dagegen komme im Verhältnis zum Abweichungsverbot nur eine Hilfsfunktion zu[109], was sich am Beispiel des prozessordnungswidrig erlassenen Zwischenurteils dartue. Diesem werde von der Rechtsprechung und der überwiegenden Meinung in der Literatur – abweichend vom Abweichungsverbot des § 318 ZPO – die Maßgeblichkeit seines Entscheidungsinhalts für das Endurteil abgesprochen.[110] Rücksichtlich dieser Wirkungslosigkeit sei unter Ausnahme vom Abänderungsverbot auch der formale Bestand des Zwischenurteils nicht als unantastbar zu betrachten, was letztlich jedoch zweiten Ranges wäre, da die Entscheidung selbst nur als formale Hülle zurückbleibe.[111] Dieser Hilfsfunktion des Abänderungsverbots habe man auch bei der Betrachtung der Innenbindung eines Endurteils Rechnung zu tragen: Mangels Fortwirkens des Entscheidungsinhalts für weitere Hauptsacheentscheidungen eröffne sich dort der positiven Komponente der Innenbindung kein Wirkbereich mehr. Angesichts der bloßen Hilfsfunktion des Abänderungsverbots verbiete es sich aber, in der Folge die Unabänderlichkeit des Endurteils auf die negative Regelungskomponente des § 318 ZPO zu gründen. Vielmehr fehle es am Widerspruchsverbot, von welchem sich das Abänderungsverbot ableiten lasse.[112] Das Abänderungsverbot stehe lediglich im Dienste höherrangiger Interessen. Dazu gehöre die Verhinderung widersprechender Entscheidungen bei übergegangener Hauptsachekompetenz und die Erhaltung wertvollen Entscheidungssubstrats für die Entscheidung der Hauptfrage eines Prozesses.[113]

Diesem eingeschränkten Verständnis[114] des Abänderungsverbots begegnet grundsätzliches Bedenken. Nach dem eindeutigen Wortlaut der Norm ist der

---

108 S. 59.

109 S. 60, 64.

110 S. 62 f..

111 S. 64.

112 S. 64 f..

113 S. 71 f..

114 Davon zu unterscheiden ist die Ansicht, welche prozessbeendenden Endurteilen keine Innenbindungswirkung gemäß § 318 ZPO beimisst, weil das erlassende Gericht in der Folge nicht mehr mit der Sache befasst sei und kein Streitstoff vorhanden wäre, der innerprozessual berücksichtigt werden müsste, vgl. etwa *Götz*, S. 12, 18. Die Frage der Abänderung sei demnach am Maßstab der materiellen Rechtskraft zu beantworten, in welche diese Entscheidungen ausschließlich erwüchsen. Daran ist richtig, dass im Falle prozessbeendender Entscheidungen ein *Abweichen* mangels entsprechenden Fortwirkens der Entscheidung nicht mehr denkbar ist. Gleichwohl wird dadurch nicht die Frage der ausdrücklichen *Abänderung* – etwa auf eine Gegenvorstellung hin – beantwortet. Da die Selbstremedur durch den erlassenden Richter zweifellos einen innerprozessualen Akt darstellt, ist auch bei prozessbeendenden Endurteilen von einem Wirkungsraum für die Innenbindung auszugehen. Demgegenüber stellt *Bauer* (S. 62 ff., 71 f.) trotz der Erkenntnis, dass insoweit der Innenbereich eines Prozesses betrof-

iudex a quo an seine erlassenen Endurteile ausnahmslos gebunden, unabhängig davon, ob es sich dabei um ein noch anfechtbares oder nur letztinstanzliches Urteil handelt. Eine solche Einschränkung lässt sich auch nicht den Gesetzesmaterialien entnehmen. In der Kommission zur Beratung einer allgemeinen Zivilprozessordnung wurde die Bindung des Richters an von ihm erlassene Urteile zum Teil gar als Selbstverständlichkeit angesehen, die sich „nach allgemeinen Rechtsgrundsätzen von selbst verstehe [...], wenn nicht das Gegentheil ausdrücklich im Gesetz hervorgehoben werde“[115]. Lediglich um möglichen Zweifeln hinsichtlich der Innenbindung von Teil- und Zwischenurteilen vorzubeugen, wurde die Bestimmung schließlich eingefügt.[116] Auch einer teleologischen Auslegung hält die Ansicht *Bauers* nicht stand. Der Normzweck der Innenbindung von Endurteilen liegt nicht allein im Interesse der nach dem Erlass für Fragen des Hauptanspruchs eingetretenen Zuständigkeit des Rechtsmittelgerichts[117], sondern dient gerade auch dem Vertrauen der Betroffenen, dass eine Streitentscheidung eines Gerichts einen abschließenden Charakter besitzt und lediglich durch eine höhere Instanz korrigiert werden kann; sie sichert auf diese Weise auch die Autorität richterlicher Entscheidungen, die durch eine Abänderbarkeit unterminiert würde.[118] Diesem Vertrauen des Staatsbürgers in die Autorität des Gerichts und der Verbindlichkeit seiner Entscheidung droht aber gerade dann die größte Frustration, wenn über eine Streitigkeit abschließend in letzter Instanz geurteilt werden soll und in der Folge der Richter gleichwohl sein wirksames Erkenntnis abändert. An diesem höherrangigen Interesse hat sich die Auslegung des § 318 ZPO zu orientieren. Somit ist davon auszugehen, dass § 318 ZPO gerade bei Endurteilen ein eigenständiges Abänderungsverbot bewirkt. Die Argumentation *Bauers* erscheint zudem nicht frei von Widersprüchen. So konzediert er nach einer zutreffenden Wortlautauslegung der Norm zwar die „*eigenständige* Funktion“[119] des Abänderungsverbots, sieht aber dessen Anwendungsbereich nur dann eröffnet, wenn in der konkreten prozessualen Situation auch dem Widerspruchsverbot eine denkbare Wirkung zukommen kann.[120] Schließlich nimmt

---

fen ist, die Anwendbarkeit des § 318 ZPO auf letztinstanzliche Endurteile aufgrund obiger Erwägungen in Abrede.

115 Protocolle, S. 5516, 5522.

116 Protocolle, S. 5521 f..

117 So aber *Bauer*, S. 61, Fn. 207, S. 71 f..

118 Vgl. MünchKommZPO-*Musielak*, § 318, Rn. 1; *Lüke*, JuS 2000, S. 1042 ff., 1042; *Götz*, JZ 1959, S. 681 ff., 681.

119 *Bauer*, S. 61 [textliche Hervorhebung stammt vom Autor].

120 Bei einem letztinstanzlichen Urteil fehle es „an einem Widerspruchsverbot, von dem auf ein Abänderungsverbot geschlossen werden kann“, *Bauer*, S. 65. Darüber hinaus ist darauf hinzuweisen, dass *Bauer* (S. 60, 65) zur Begründung seiner Ansicht zu Unrecht die Ausführungen *Böttichers* (Kritische Beiträge, S. 77) ins Felde führt. *Bötticher* weist dem Abänderungsverbot insbesondere keine nur „formelle“ Funktion im

*Bauer* im Rahmen seines Ansatzes, anhand eines unzulässigen Zwischenurteils von den Ursachen des Wegfalls der Bindung Rückschlüsse auf das grundsätzliche Wesen des Abänderungsverbots zu ziehen, von vorneherein einen verengten Betrachtungswinkel ein. Gedenkt nämlich der Richter, sich der Bindung eines Zwischenurteils durch die Aufhebung desselben zu begeben, sieht er sich ausschließlich durch das Abänderungsverbot daran gehindert. In dieser Konstellation erwüchse die negative Komponente zur Hauptfunktion der Innenbindung und bezöge nicht nur die formale Hülle der Entscheidung in ihren Schutzbereich ein, sondern bezweckte den Bestand des Entscheidungsinhalts vermittels der Fortgeltung der Entscheidung selbst. In jedem Falle lassen sich demnach in Anschauung des von *Bauer* angeführten, eng begrenzten Ausnahmefalls keine allgemeingültigen Aussagen über das Zusammenspiel der Wirkungskomponenten des § 318 ZPO gewinnen, welche eine Einschränkung der de lege lata vorbehaltlosen Innenbindung rechtfertigten.[121]

Sieht damit die Zivilprozessordnung, wie etwa in § 318 ZPO, die Innenbindung einer gerichtlichen Entscheidung vor, so ist vielmehr davon auszugehen, dass eine derartige Regelung – rücksichtlich des zugrundeliegenden gesetzgeberischen Anliegens – gerade im Falle eines letztinstanzlichen Judizes Geltung beansprucht.

d) Die Auswirkung einer sachlichen Rechtsmittelentscheidung

α) Die Abänderbarkeit einer erstinstanzlichen Entscheidung nach sachlicher Rechtsmittelzurückweisung

Entsprechend seines Untersuchungsgegenstands prüft *Ratte*[122] die Zulässigkeit einer Wiederholung der Beschwerde und meint dabei in allgemeinen Erwä-

---

Sinne einer untergeordneten oder subsidiären Aufgabe zu. Seine Aussage über die rechtskraftgleiche Bindung, „die einzig und allein im Interesse eines entsprechenden Ausfalles der Endentscheidung" und nicht im Interesse der Geltungsdauer der Vorentscheidung statuiert wurde (*Bötticher*, S. 76, zitiert von *Bauer*, S. 60), dient lediglich dem Nachweis, dass „die materielle Rechtskraft nicht die Funktion eines Geltungsschutzes und somit keine Bedeutung für die Geltungsdauer richterlicher Urteile habe" (*Pieper*, S. 62). Dies zeige eben auch die positive Wirkung der Innenbindung, die als rechtskraftgleiche Bindung ausschließlich die Aufgabe habe, widersprechende Entscheidungen zu verhindern. Davon unberührt bleibt, dass das Aufhebungsverbot unabhängig vom Abweichungsverbot den „geltungsmäßigen Bestand" eines Urteils, von dem es „kein zurück mehr" gebe, (*Bötticher*, S. 76) sichere.

121 Von einer Bindung des Richters, „wenn nicht das Gegentheil ausdrücklich im Gesetz hervorgehoben werde" (Protocolle, S. 5516, 5522.), ging der historische Gesetzgeber aus. Hierzu bildet das unverbindliche, weil unzulässige Zwischenurteil eine sachliche Ausnahme. In diesem Sinne rechtfertigt auch das Gebot der engen Auslegung von Ausnahmevorschriften – rücksichtlich aller Vorsicht im Umgang mit diesem Grundsatz (vgl. *Larenz*, S. 355 f.) – ein weiteres Bedenken der Methode *Bauer*s.

122 S. 28 ff., 36 ff., 70 ff..

gungen zum Rechtsmittelwesen den Schlüssel zur Lösung dieses Problems gefunden zu haben. So sei eine Wiederholung jedenfalls dann zwingend ausgeschlossen, wenn die erste Rechtsmittelentscheidung das angefochtene erstinstanzliche Erkenntnis beseitigt hätte.[123] Zu diesem Zwecke untersucht er im zweiten Teil seiner Abhandlung am Beispiel der Berufungszurückweisung den Einfluss einer Rechtsmittelentscheidung auf die angefochtene Entscheidung. Dabei stellt er heraus, dass eine sachliche Rechtsmittelentscheidung immer dann eine „Konsumtion" der Erstentscheidung zur Folge habe[124], wenn das Rechtsmittel dem iudex ad quem nicht nur eine bloße Kontrolle der Fehlerhaftigkeit der Erstentscheidung gestatte, sondern eine uneingeschränkte Entscheidungsbefugnis über den prozessualen Anspruch eröffne. Nach einer sachlichen Entscheidung über ein „volles"[125] Rechtsmittel scheide demnach eine Wiederholung desselben mangels Anfechtungsobjekts aus.[126] Dieser These, ließe sie sich verifizieren, käme aber ebenso bei der vorliegenden Problematik der Abänderbarkeit der Erstentscheidung Relevanz zu.[127] Sobald nämlich eine sachliche Rechtsmittelzurückweisung erginge, wäre der iudex a quo mangels Ersterkenntnisses nicht mehr in der Lage seine Entscheidung abzuändern. In der Folge erübrigte es sich, insoweit auf das Institut der Innenbindung zu rekurrieren.

Prämisse dieser Gedankenführung ist die Annahme, dass das Ersterkenntnis aufgrund der Konsumtion durch die Rechtsmittelentscheidung für die Zukunft jegliche Bedeutung verlöre. Diesem theoretischen Ausgangspunkt ermangelt es jedoch, wie *Werner*[128] zutreffend bemerkt, an einer überzeugenden normativen Verankerung. *Ratte* sieht den Vorrang der Rechtsmittelentscheidung als Ausfluss eines allgemeinen prozessrechtlichen Postulats, demzufolge es nur eine Entscheidung in derselben Streitsache geben dürfe. Aus diesem Grunde derogiere, wie schon das Reichsgericht[129] entschieden habe, ein zweites Judiz das in einem früheren Verfahren ergangene Judiz.[130] Dieser Grundsatz sei auf das Verhältnis zwischen der sachlichen Rechtsmittelzurückweisung und der angefochtenen Entscheidung mit der Maßgabe zu übertragen, dass es nur eine einzige Entscheidung unter Vorrang der zeitlich jüngeren (Rechtsmittel-) Ent-

---

123 S. 34.

124 S. 87 f..

125 S. 37 f., 71f..

126 S. 87 f..

127 Die Auswirkung dieses Ansatzes auf die Problematik der Abänderung der Erstentscheidung durch den iudex a quo thematisiert auch *Werner*, S. 17.

128 S. 23.

129 RGZ 52, 216, 218.

130 *Ratte*, S. 76. Eine Übertragung des lex-posterior-derogat-legi-priori-Gedankens auf die Problematik der Urteilskollision nahm bereits das Reichsgericht (a.a.O.) vor und plädierte im Kollisionsfalle letztlich für ein „iudicium posterium derogat iudicio priori".

scheidung gäbe.[131] Der Hinweis auf die erwähnte Reichsgerichtsrechtsprechung vermag aber die gegenwärtige Diskussion kaum zu befördern, ging diese doch davon aus, die materielle Rechtskraft sei nur auf eine Einrede hin beachtlich.[132] Der Beklagte konnte danach durch einen Verzicht auf die Einrede zulässigerweise über die Rechtskraft verfügen, was ohne weiteres zur Unwirksamkeit des ersten Urteils führte.[133] Nach nunmehr einhelliger Lehre[134] braucht die materielle Rechtskraft jedoch nicht mittels einer „exceptio rei iudicatae" eingewendet werden, sondern fungiert bei identischem Streitgegenstand als eine von Amts wegen zu berücksichtigende negative Prozessvoraussetzung bzw. übt eine nicht disponible Bindung im Falle präjudizieller Streitpunkte aus. Nicht zuletzt im Eindruck dieser Erkenntnis spricht eine im Vordringen begriffene Meinung dem zweiten Urteil angesichts des Rechtskraftverstoßes seine Wirksamkeit ab und sieht den Zwecke der Restitutionsklage gemäß § 580 Nr. 7 a ZPO lediglich in der formellen Feststellung der Wirkungslosigkeit des zweiten Urteils.[135] Zwar ist auch dieser Denkansatz keineswegs unumstritten[136], jedoch kann angesichts des noch offenen Meinungsstreits schwerlich behauptet werden, das Erfordernis der Restitutions-

---

131 *Ratte*, a.a.O..

132 Vgl. hierzu Protocolle, S. 3815: „Diese Einrede könne sie, wenn der Gegner die aus dem früheren Processe ihr erwachsenen Vortheile in dem neuen Processe bei Seite setzen wolle, in dem letzteren geltend machen ; thue sie es nicht, so liege darin ein Verzicht auf das frühere Urtheil, und dieses komme nicht ferner in Betracht. Wollte man gleichwohl eine Nichtigkeit des späteren Urtheils annehmen, so würde man gegen die Natur der Einreden verstoßen".

133 Zu alledem *Braun*, S. 386 ff..

134 Statt vieler *Rosenberg/Schwab/Gottwald*, § 151 III 1, S. 917; *Zöller/Greger*, vor § 322, Rn. 19.

135 BGH NJW 1981, S. 1517, 1518: „[...], weil bei einander widersprechenden Urteilen die Rechtskraft des älteren vorgeht (vgl. § 580 Nr. 7a ZPO)"; *Rosenberg/Schwab/Gottwald*, § 100 III 1 d, S. 570; *Musielak*, § 322, Rn. 15, § 580, Rn. 13; *Gaul*, FS für *Weber* (1975), S. 155 ff., 168f..

136 Nach anderer Ansicht soll das spätere Urteil, soweit es dem früheren widerspricht, diesem vorgehen und sich eine Partei erst dann auf den Anfechtungsgrund berufen können, nachdem das spätere Urteil aufgehoben wurde, so insbesondere *Braun*, S. 390 ff.. *Reuschle* (S. 116 ff., 117) meint der Regelung des § 328 Abs. 1 Nr. 3 1.Var. ZPO, welche einem späteren inländischen rechtskräftigen Urteil Vorrang auch vor einem bereits anerkannten früheren ausländischen Urteil einräumt, eine allgemeingültige Aussage der derogativen Wirkung eines späteren Hoheitsakts entnehmen zu können. Zieht man indes in Betracht, dass der Gesetzgeber durch die Neufassung des § 328 Abs. 1 Nr. 3 1. Var. ZPO lediglich den Versagungsgrund des Art. 27 Nr. 3 EuGVÜ ins deutsche Recht übernahm (vgl. BT-Drucks. 10/504, S. 87 f.) und diese Regelung, um eine Störung der Rechtsordnung des Anerkennungsstaates auszuschließen, einen unbedingten Vorrang der inländischen Entscheidung statuierte, vermag es kaum zu überzeugen, aus § 328 Abs. 1 Nr. 3 1. Var. ZPO eine allgemeingültige Aussage über das Verhältnis zweier sich widersprechender inländischer Hoheitsakte zu deduzieren.

klage zeige, „dass die ZPO davon ausgeht, in einer Streitsache soll nur eine einzige Entscheidung unter Vorrang der zuletzt ergangenen ergehen“.[137]

Darüber hinaus offenbare die Zuständigkeit im Wiederaufnahmeverfahren gemäß § 584 Abs. 1 ZPO, dass eine rechtsmittelzurückweisende Entscheidung als einzige bestehen bleibe. Denn habe das Berufungsgericht das Rechtsmittel sachlich zurückgewiesen, dann sei dieses – nach einhelliger Meinung – ausschließlich zuständig für das Wiederaufnahmeverfahren; das Berufungsgericht habe im Sinne des § 584 Abs. 1 ZPO das anzufechtende Urteil „erlassen“. Der Erstentscheidung komme im Wiederaufnahmeverfahren keinerlei Bedeutung mehr zu.[138] Dem ist entgegenzuhalten, dass es sich bei § 584 Abs. 1 ZPO ausschließlich um eine Zuständigkeitsregelung handelt, die eine Mehrfachkompetenz für die Wiederaufnahme verhindern soll.[139] Diese Einschätzung bestätigt außerdem ein Blick in die Gesetzgebungsmaterialien. Denn nähme man – selbst nach sachlicher Rechtsmittelzurückweisung – das Verfahren in erster Instanz wieder auf, würde „der ganz zufällige Umstand, daß die Partei eine neue Urkunde nach Erlaß des Urtheils in der Berufungsinstanz aufgefunden habe, welche eine ihr günstigere Entscheidung herbeigeführt haben würde, Veranlassung sein, daß das Verfahren in die erste Instanz zurückgelangte, während, wenn die Partei dieselbe Urkunde vor dem Erlasse des Berufungsurtheils aufgefunden hätte, sie in der Berufungsinstanz hätte davon Gebrauch machen müssen.“[140] Lag aber die gesetzgeberische Intention lediglich in dem Anliegen, eine ungerechtfertigte Zurückversetzung in die erste Instanz auszuschließen, so überzeugt es nicht, aus § 584 Abs. 1 ZPO eine konsumierende Wirkung der Rechtsmittelentscheidung abzuleiten.

Der Ansicht *Rattes*[141] zufolge gäbe weiterhin die zeitliche Erstreckung der materiellen Rechtskraft die alleinige Maßgeblichkeit der Rechtsmittelentscheidung zu erkennen. Zeitlicher Anknüpfungspunkt der präkludierenden materiellen Rechtskraft sei der Schluss der letzten mündlichen Tatsachenverhandlung, der eben im Falle der Berufungszurückweisung nicht im Verfahren erster Instanz liege, sondern erst mit Beendigung der mündlichen Berufungsverhandlung eintrete. Da sich folglich die zeitlichen Grenzen durch die Rechtsmittelentscheidung verschöben, sei dieser immer eine andere Rechtskraftwirkung als dem angefochtenen Judiz zu eigen. Zutreffend ist, dass die Berufungszurückweisung letztlich den Inhalt des erstinstanzlichen Urteils auf den Schluss der letzten Verhandlung in der Berufungsinstanz transponiert und damit über die bloße Feststellung der Unbegründetheit des Rechtsmittels hi-

137 *Ratte*, S. 76.
138 *Ratte*, S. 76 f..
139 *Werner*, S. 23; MünchKommZPO-*Braun*, § 584, Rn. 1.
140 Protocolle, S. 3947 f..
141 S. 77 f..

nausgeht;[142] doch beschränkt sich diese Wirkung eben auf die zeitliche Erstreckung der materiellen Rechtskraft. Der Gegenstand der materiellen Rechtskraft indes, also die Entscheidung über den Streitgegenstand, in concreto der Subsumtionsschluss des Gerichts[143], lässt sich nur anhand des erstinstanzlichen Urteils definieren.[144] Dies erkennt auch *Ratte*[145] und versucht dies mit der Einheitlichkeit des Verfahrens in den verschiedenen Instanzen zu klarieren, was zu einer „automatischen" Zuordnung des erstinstanzlichen Leistungsbefehls zur obergerichtlichen Rechtsmittelentscheidung führe. Doch liegt dieser Replik ein Kunstgriff zugrunde. Der Grundsatz der „Einheitlichkeit des Verfahrens" besagt nämlich nicht mehr, als dass prozessuale Handlungen der Parteien oder eine Beweisaufnahme trotz der Mehrheit an Terminen in der gleichen Instanz oder auch instanzübergreifend *fortwirken*;[146] keineswegs begründet er eine Zurechnung des erstinstanzlichen Prozessergebnisses zum obergerichtlichen Rechtsmittelverfahren derart, dass einerseits das Erkenntnis des Ausgangsgerichts „für die Zukunft jede Bedeutung" verliert und durch die Rechtsmittelzurückweisung gar beseitigt wird[147] und andererseits der darin enthaltene Leistungsbefehl als taugliche Grundlage der Vollstreckung weiter erhalten bleibt.

Schließlich zeigt auch die Neukonzeption des Berufungsverfahrens durch das ZPO-Reformgesetz, dass die von *Ratte* zur Begründung der konsumierenden Wirkung der Berufungszurückweisung angeführten gesetzlichen Anknüpfungspunkte, nämlich die Zuständigkeit des Berufungsgerichts im Wiederaufnahmeverfahren und die abweichende Rechtskraftwirkung der Rechtsmittelentscheidung, fehlgehen: Ausgangspunkt seiner Überlegungen war nämlich, wie oben bereits erwähnt wurde, die inhaltliche Ausgestaltung der zivilprozessualen Berufung. Da sie sich als „volles" Rechtsmittel nicht nur auf die Kontrolle der Fehlerhaftigkeit des erstinstanzlichen Urteils beschränke, sondern eine erneute Entscheidung in der Sache anstrebe, führe auch die sachliche Rechtsmittelzurückweisung zur Ersetzung des angefochtenen Erkenntnisses.[148] Das ZPO-Reformgesetz hat diese Ausgestaltung der Beru-

---

142 So *Bötticher*, AcP 158, S. 262 ff., 268.

143 *Rosenberg/Schwab/Gottwald*, § 154, S. 926.

144 Dies wird am Beispiel der Zwangsvollstreckung von *Werner*, S. 23, aufgezeigt.

145 S. 79.

146 Vgl. etwa § 535 ZPO zur Fortwirkung des gerichtlichen Geständnisses; allgemein zur Einheitlichkeit der mündlichen Verhandlung *Jauernig*, § 28 IV, S. 115 f.; *Schellhammer*, Rn. 444.

147 S. 72 f..

148 S. 37 f., 71 ff.. Die Rechtsnatur des Berufungsverfahrens als „volles" Rechtsmittelverfahren zeige eine rechtshistorische Betrachtung, die von folgendem Bekenntnis in den Materialien zur CPO auszugehen habe: „Die Berufung stimmt dem Grundcharakter nach mit der römischrechtlichen Appellation überein", *Hahn*, S. 139, vgl. dazu *Ratte*, S. 39. Entsprechend dem „novum iudicium" des römischen Rechts werde in Fortset-

fungsinstanz als zweite volle Tatsacheninstanz nunmehr jedoch aufgehoben, die Neuverhandlung des Rechtsstreits nach § 525 ZPO a.F. abgeschafft und der Berufung die Aufgabe zugewiesen, „das erstinstanzliche Urteil auf die korrekte Anwendung des materiellen Rechts sowie auf Richtigkeit und Vollständigkeit der getroffenen Feststellungen hin zu überprüfen“[149]. Es wurde eine Instanz der Fehlerkontrolle und -beseitigung geschaffen, die grundsätzlich an die Tatsachenfeststellungen im erstinstanzlichen Urteil gebunden ist

---

zung der mündlichen Verhandlung erster Instanz über Bestehen und Nichtbestehen des prozessualen Anspruchs erneut verhandelt (§§ 525, 537 ZPO a.F.), *Ratte*, S. 40. Charakteristikum der Erneuerung des Rechtsstreits sei das den Parteien eingeräumte sog. beneficium novorum nach § 529 Abs. 1 ZPO a.F. (§ 491 Abs. 1 CPO), *Ratte*, S. 41.
*Ratte* widerspricht insoweit *Gilles* (S. 24, 188 f., 190 f.), der von einer strikten gedanklichen Trennung des Rechtsmittels im Sinne des Aufhebungsbegehrens, des eigentlichen Rechtsmittelverfahrens, und der kassatorischen Rechtsmittelentscheidung einerseits und der Entscheidung über das vorinstanzliche Begehren (reformatorische Entscheidung) andererseits ausgeht, da die Rechtsmittel der ZPO prozessuale Gestaltungsklagen (*Gilles*, S. 49 ff.) seien, welche mit dem vorinstanzlichen Rechtsstreit keine Verbindung hätten (*Gilles*, S. 109). Nach Ansicht *Rattes* (S. 47 ff.) gäbe es kein einheitliches, historisch vorgegebenes, dem Anfechtungsprinzip unterliegendes Rechtsmittel, welches seine Ausprägung in der Berufung der ZPO finde und demzufolge das Rechtsmittelgericht nur nach einem *erfolgreichen* Rechtsmittel und der Kassation des Ersterkenntnisses über den vorinstanzlichen Streit neu verhandle und entscheide. Gerade die Unverbindlichkeit der Appellationsgründe für die Entscheidungsgewalt des römisch-rechtlichen Rechtsmittelrichters, das Recht, bis zuletzt „nova“ vorzubringen, und die Möglichkeit der reformatio in peius trotz der Unbegründetheit der Appellation widerlegten, dass die römisch-rechtliche appellatio eine positive Entscheidung über das Rechtsmittel vorausgesetzt habe bzw. ihr eine gedankliche Trennung zwischen Kassation und anschließender Neuentscheidung zugrundegelegt war, *Ratte*, S. 49 ff.. Demgegenüber stelle etwa die österreichische Berufung ausweislich des § 462 Abs. 1 öZPO ein eingeschränktes Rechtsmittel dar, was vor allem im sogenannten Neuerungsverbot nach § 482 Abs. 2 öZPO und in der Bindung des Rechtsmittelgerichts an die Berufungsgründe (§ 467 Ziff. 3 öZPO) offen zu Tage trete. Eine an eine Kassation der Vorentscheidung sich anschließende reformatorische Entscheidung sei gemäß § 497 Abs. 1 öZPO nicht vorgesehen, *Ratte*, S. 56 ff.. *Gilles'* These der Einheitlichkeit eines historisch vorgegebenen Rechtsmittelbegriffs, dem eine strikte Trennung zwischen Kassation und Reformation zu eigen sei, sei damit hinlänglich widerlegt, *Ratte*, S. 61.
Der CPO-Gesetzgeber legte dieses unbeschränkte Rechtsmittelverständnis seiner Rechtsmittelregelung zugrunde und gestaltete dementsprechend die Berufung zum vollen Rechtsmittel aus. Auch die Gesetzesnovellen von 1924 und 1933 hielten nach Ansicht *Rattes* diesen Charakter der Berufung grundsätzlich bei, da trotz der dadurch eingeführten zeitlichen Beschränkung, neue Angriffs- und Verteidigungsmittel im Berufungsverfahren vorzubringen, und des Erfordernisses der bestimmten Bezeichnung der Berufungsgründe (§ 519 Abs. 3 Ziff. 2 ZPO a.F.) dem Berufungsgericht die Befugnis, den Rechtsstreit in tatsächlicher und rechtlicher Hinsicht uneingeschränkt entscheiden zu können, nicht grundsätzlich genommen wurde, *Ratte*, S. 67.

149 BT-Drucks. 47/22, S. 64.

(§ 529 ZPO).[150] Aus dem einst „vollen“ Rechtsmittel wurde, wenn man die Kriterien *Rattes*[151] anlegt, eine eingeschränkte Kontrolle des erstinstanzlichen Urteils. Trotz dieses geänderten Rechtscharakters der Berufung blieb es aber sowohl bei der Regelung des § 584 Abs. 1 ZPO als auch der Transponierung der zeitlichen Grenze der Rechtskraft, die deshalb nicht als Ausfluss einer grundsätzlich unbeschränkten Überprüfung und deshalb konsumierenden Sachentscheidung[152] qualifiziert werden können.

Die Ansicht *Rattes* von der Konsumtion der Erstentscheidung durch eine sachliche Zurückweisung eines vollen Rechtsmittels ist damit abzulehnen. Weder die Frage der Wiederholung eines Rechtsmittels noch die der Abänderbarkeit einer erstinstanzlichen Entscheidung durch den iudex a quo nach sachlicher Rechtsmittelzurückweisung lässt sich damit plausibel beantworten. So bleibt im Fortgang zu prüfen, ob die Devolution des Rechtsmittels bzw. die Bindung im Instanzenzug dem iudex a quo die Abänderung seiner Entscheidung nach sachlicher Rechtsmittelzurückweisung verbietet.

β) Die Auswirkung des Devolutiveffekts auf die Abänderbarkeit der erstinstanzlichen Entscheidung bzw. der Rechtsmittelentscheidung

*Ratte*[153] geht im dritten Teil seiner Untersuchung der Frage nach, inwieweit auf die innerprozessuale Bindungswirkung als Maßstab der Abänderbarkeit zugunsten einer spezifischen Zuständigkeitsbetrachtung im Instanzenzug verzichtet werden kann. Dabei kommt er zum Ergebnis, dass das Rechtsmittelgericht nach ergangener Entscheidung die Entscheidungsbefugnis in der Sache verliere.[154] Mit der Rechtsmittelentscheidung ende die Devolution und damit ipso facto die Zuständigkeit der Rechtsmittelinstanz.[155] In der geltenden Rechtslage hinsichtlich Berufung und Revision finde der Entfall der Devolution und damit der Zuständigkeit insoweit Widerspiegelung, als das weitere Verfahren, insbesondere das anschließende Zwangsvollstreckungsverfahren, nicht mehr Aufgabe des Rechtsmittelgerichts sei.[156]

Die Grundidee dieser Überlegung, die Problematik der Innenbindung bzw. der Abänderbarkeit einer Entscheidung zunächst unter dem Aspekt des Devolutiveffekts eines Rechtsmittels zu untersuchen, überzeugt, besteht doch die

---

150 BT-Drucks. 47/22, S. 64.

151 *Ratte*, S. 36 ff., 71 f..

152 *Ratte*, S. 76 f..

153 *Ratte*, S. 89 ff., 105 ff.. In sinnverwandter Erwägung wird in Rechtsprechung und Literatur vertreten, die Abänderung von Beschlüssen nur solange zu gestatten, als das Gericht *mit der Sache befasst* sei, vgl. etwa MünchKommZPO-*Braun*, vor § 567, Rn. 7; zu dieser Meinung siehe ausführlich unter C I 2 d γ.

154 S. 107 f..

155 S. 108.

156 *Ratte*, a.a.O..

Anfallswirkung eines Rechtsmittels gerade darin, dass „das Recht und die Pflicht zur Entscheidung des Rechtsstreits in den Grenzen der Anfechtung auf das übergeordnete Gericht übergehen“[157]. Setzt sich somit der Rechtsstreit kraft der devolvierenden Wirkung der Anfechtung in der nächsten Instanz fort,[158] so wird dadurch nicht nur die Entscheidungsbefugnis der übergeordneten Instanz begründet, sondern gleichzeitig das Ausgangsgericht seiner Entscheidungsbefugnis und Entscheidungszuständigkeit enthoben. Die exkludierende Wirkung[159] der devolutionsbedingten Zuständigkeit beugt einer kumulativen Zuständigkeit von Ausgangs- und Rechtsmittelinstanz vor, die durch den Anfall der Streitsache beim höheren Gericht dräue, und ist deshalb gleichermaßen von Bedeutung, soweit die Folgen des Devolutionsentfalls zu beurteilen sind. Sonach erscheint es grundsätzlich folgerichtig, die Befugnis des Rechtsmittelgerichts zur Abänderung seiner Entscheidung mit der Dauer der Devolution zu verknüpfen.

Gleichwohl erweist sich die daran anschließende These – der Devolutiveffekt ende mit Erlass eines sachlichen Rechtsmittelerkenntnisses – als Trugschluss, geht man den Hinweisen auf den vermeintlichen Aufgabenverlust des Rechtsmittelgerichts nach. So liegt etwa die Zuständigkeit für die Berichtigung der Rechtsmittelentscheidung (§ 319 ZPO) bzw. dessen Tatbestand (§ 320 ZPO) oder für die Ergänzung des Rechtsmittelerkenntnisses (§ 321 ZPO) auch nach Erlass der Entscheidung weiterhin ausschließlich beim Rechtsmittelgericht.[160] Weiterhin stellt sich auch die Zuständigkeit des Gerichts des ersten Rechtszugs im Verfahren der Zwangsvollstreckung nicht als post-devolutives Phänomen dar, welches einen Zuständigkeitsmangel infolge Devolutionsentfalls indizieren könnte. Dabei sieht *Schmidt*[161] dieses Argument schon dadurch entkräftet, dass Erkenntnis- und Zwangsvollstreckungsverfahren, was den Rechtsmittelzug und die daraus ergebende Zuständigkeit betreffe, generell nichts miteinander zu tun hätten. Dies werde insbesondere bei der Zwangsvollstreckung aus einem vorläufig vollstreckbaren Urteil während der Anhängigkeit des Rechtsstreits beim Rechtsmittelgericht augenfällig. Daran ist richtig, dass als Organ der Zwangsvollstreckung aus einem vorläufig vollstreckbaren Titel – trotz der Devolution – niemals das

157 *Stein/Jonas/Grunsky*, 21. Aufl., Einl. zu §§ 511 ff., Rn. 3.

158 Vgl. *Rosenberg/Schwab/Gottwald*, § 134 I 1, S. 800 f..

159 *Bettermann*, ZZP 88 (1975), S. 365 ff., 409, spricht in diesem Zusammenhang von der sukzessorischen, translativen oder abschiebenden Devolution im Gegensatz zur akzessorischen, kumulativen oder lediglich zuschiebenden Anfallswirkung. Bis auf wenige Ausnahmefälle koinzidierten Zuschiebung und Abschiebung, so dass die Oberinstanz regelmäßig auf Kosten der Vorinstanz ihre Zuständigkeit erhalte.

160 Vgl. *Schmidt*, FamRZ 1976, S. 654 f., 654.

161 A.a.O..

Rechtsmittelgericht fungiert[162]. Lediglich § 706 Abs. 1 ZPO und § 724 Abs. 2 ZPO knüpfen die Zuständigkeit für die Erteilung des Rechtskraft- und Notfristzeugnisses bzw. der vollstreckbaren Ausfertigung an die instanzielle Anhängigkeit des Erkenntnisverfahrens. Doch sind auch diese Regelungen nicht als Ausfluss einer devolutionsbedingten (Un-) Zuständigkeit des Rechtsmittelgerichts zu werten. Die Anhängigkeit im Sinne der §§ 706 Abs. 1, 724 Abs. 2 ZPO endet nämlich nicht automatisch mit Erlass der Rechtsmittelentscheidung, sondern ist vielmehr vom Standpunkt der Geschäftsstelle des Rechtsmittelgerichts aus zu beurteilen. In der Folge bleibt die höhere Instanz mit der Bearbeitung der Sache bis zur Rücksendung der Akten befasst und ist deshalb selbst dann noch zuständiges Gericht, nachdem die Rechtsmittelentscheidung bereits erlassen worden ist.[163] Zu diesem Zeitpunkt sei aber nach obiger Meinung die Devolution und mit ihr die Zuständigkeit der Rechtsmittelinstanz bereits entfallen.[164] Gänzlich falsifiziert wird die These schließlich durch das Unvermögen, die Zuständigkeitsregelung des § 584 Abs. 1 ZPO zu plausibilisieren: § 584 Abs. 1 ZPO sieht für das Wiederaufnahmeverfahren die Zuständigkeit des Rechtsmittelgerichts vor, nachdem dieses bereits letztinstanzlich in der Sache entschieden hat. Da nach Ansicht *Rattes* aber die devolvierende Wirkung des Rechtsmittels und damit die Zuständigkeit des Rechtsmittelgerichts entfällt, sobald eine sachliche Rechtsmittelentscheidung erlassen ist, erklärte sich diese gesetzliche Bestimmung nur, fiele die Wiederaufnahmeklage der jeweils höheren Instanz an. Jedoch zeitigt die Wiederaufnahmeklage gerade keinen Devolutiveffekt.[165] Wird etwa ein formell rechtskräftiges erstinstanzliches Urteil angegriffen, so entscheidet über die Wiederaufnahmeklage regelmäßig das Gericht erster Instanz und nicht das instanziell übergeordnete Gericht.[166] Ex aequo wird das Verfahren nach sachlicher Rechtsmittelzurück-

---

162 § 764 ZPO (Vollstreckungsgericht) oder §§ 887, 888, 890 ZPO (Prozessgericht des ersten Rechtszugs).

163 *Zöller/Stöber*, § 706, Rn. 4; *Baumbach/Lauterbach/Hartmann*, § 706, Rn. 4.

164 So aber *Ratte*, S. 108.

165 *Werner*, S. 24; siehe auch *Schmidt*, FamRZ 1976, S. 654 f., 654, der ebenfalls von der Dauerhaftigkeit der Devolution ausgeht, da das iudicium rescindens keine devolvierende Kraft in sich berge. Auf dieses Unvermögen des iudicium rescindens abzustellen, ist aber nicht plausibel, da schon die aufhebende Entscheidung vom Rechtsmittelgericht zu erlassen ist und damit eine Devolution voraussetzt. Würde tatsächlich erst am iudicium rescindens angesetzt, so wäre nach den von *Ratte* vertretenen Grundsätzen der Anfall beim Rechtsmittelgericht durchaus erklärlich: Das iudicium rescindens höbe auch die subvolvierende Rechtsmittelentscheidung auf, was die instanzerhöhende Wirkung des Rechtsmittels wieder in Kraft setzte.

166 Vgl. etwa *Rosenberg/Schwab/Gottwald*, § 161 I 1, S. 971; MünchKommZPO–*Braun*, § 584, Rn. 3; hingewiesen sei auf die Ausnahmefälle, in denen das Berufungsgericht die Berufung ohne Sachentscheidung entweder als unzulässig verwarf oder an das Gericht des ersten Rechtszugs zurückverwies. Wird in diesem Falle auch das Berufungsurteil angegriffen, dann ist, um eine gleichzeitige Verhandlung in verschiedenen

weisung in der Rechtsmittelinstanz fortgesetzt. Kommt aber der Wiederaufnahmeklage keine devolvierende Wirkung zu, lässt sich die Zuständigkeit des Rechtsmittelgerichts für das Wiederaufnahmeverfahren nur als Folge einer perpetuierten Anfallswirkung begreifen. Auch nach einer sachlichen Rechtsmittelentscheidung dauert der Devolutiveffekt eines Rechtsmittels damit fort.

Der Klarheit halber ist anzumerken, dass sich dieses Ergebnis nicht ohne weiteres auf eine Rechtsmittelentscheidung übertragen lässt, welche – ohne eigentliche Sachentscheidung – das eingelegte Rechtsmittel als unzulässig verwirft.[167] Wie *Blomeyer*[168] zutreffend beschreibt, ist nämlich nur bei einer sachlichen Rechtsmittelentscheidung „das Grundverfahren in die höhere Instanz gelangt und mit der Entscheidung in dieser Instanz beendet, die Instanz wirklich verbraucht. Solange es lediglich darum geht, ob die Voraussetzung für eine Fortsetzung des Prozesses in der nächsten Instanz vorliegt, wird diese Instanz – genau betrachtet – noch nicht beschritten". Im Falle eines als unzulässig befundenen Rechtsmittels ist der nächst höheren Instanz nur die insoweit selbständige prozessuale Frage der Zulässigkeit des Rechtsmittels angefallen.[169] In der Folge kann sich auch die Abänderungsbefugnis des Rechtsmittelgerichts nur auf die verwerfende Rechtsmittelentscheidung beziehen. Nach Erlass der Rechtsmittelverwerfung liegt die Zuständigkeit für die Abänderung der Ausgangsentscheidung deshalb (wieder) beim iudex a quo.[170] Diese differenzierte Ausgestaltung der Devolution bestätigt wiederum

---

Instanzen zu vermeiden, § 584 Abs. 1 ZPO berichtigend auszulegen und das Berufungsgericht als das allein zuständige Gericht für die Wiederaufnahme anzusehen, vgl. hierzu *Rosenberg/Schwab/Gottwald*, a.a.O.; MünchKommZPO-*Braun*, § 584, Rn. 1 ff..

167 Dass sich auch in diesem Falle die Devolution auf die Abänderbarkeit der Rechtsmittelentscheidung auszuwirken vermag, steht außer Zweifel: Endete die Devolution nämlich mit Erlass der Rechtsmittelverwerfung, so entfiele allein deshalb die Befugnis des Rechtsmittelsgerichts zur Abänderung seines Erkenntnisses, ohne dass es auf die Frage der Innenbindung überhaupt ankäme. Würde andererseits die gesamte Streitsache vom Devolutiveffekt des unzulässigen Rechtsmittels umfasst und dauerte diese Wirkung – entsprechend obigem Ergebnis – auch nach der verwerfenden Entscheidung an, enthöbe dies das Ausgangsgericht dauernd der Möglichkeit, die Ausgangsentscheidung abzuändern.

168 S. 119.

169 *Blomeyer*, a.a.O..

170 Geht man davon aus, dass nur ein zulässiges Rechtsmittel Suspensiv- und Devolutiveffekt zeitigt, so ist das Ausgangsgericht in diesen Fällen eigentlich zu keinem Zeitpunkt seiner Abänderungszuständigkeit enthoben gewesen. Da aber die Entscheidung über die Zulässigkeit des Rechtsmittels beim Rechtsmittelgericht liegt, ist das Ausgangsgericht trotz seiner Überzeugung von der Unzulässigkeit des eingelegten Rechtsmittels zur Meidung von Doppelzuständigkeiten grundsätzlich gehalten, die Rechtsmittelverwerfung abzuwarten und bis dahin die Suspensiv- und Devolutivwirkung des Rechtsmittels zu unterstellen. Anders dürfte dies bei evident unzulässigen (querulatorischen)

ein Blick auf die Zuständigkeiten im Wiederaufnahmeverfahren. Beabsichtigt der Wiederaufnahmekläger nach einer als unzulässig verworfenen Berufung, die erstinstanzliche Entscheidung anzugreifen, so hat er seine Wiederaufnahmeklage vor dem Gericht erster Instanz zu erheben. Wendet er sich dagegen gegen die Berufungsverwerfung, so ist grundsätzlich das Berufungsgericht für die Wiederaufnahme zuständig.[171]

Machen das Ausgangsgericht oder das Rechtsmittelgericht gegebenenfalls von ihrer Abänderungsbefugnis Gebrauch,[172] schließt sich die Frage nach dem zuständigen Gericht im Fortlauf des weiteren Verfahrens an. Änderte das *Ausgangsgericht* seine Entscheidung ab, so stünde den Beschwerten erneut die Einlegung des statthaften Rechtsmittels offen. Da nicht die ursprüngliche, sondern die abgeänderte Entscheidung angefochten würde, handelte es sich dabei nicht um die Wiederholung eines Rechtsmittels. Die Rechtsmittelfristen begännen vielmehr ab Verkündung bzw. Zustellung der abgeänderten Entscheidung neu zu laufen; die Zulässigkeit des Rechtsmittels wäre vom Rechtsmittelgericht gänzlich neu zu beurteilen. Entschlösse sich dagegen das *Rechtsmittelgericht*, die Rechtsmittelverwerfung abzuändern bzw. aufzuheben, lebte der volle Devolutiveffekt des ursprünglichen Rechtsmittels wieder auf. Das Rechtsmittelgericht wiedererlangte dadurch die gesetzliche Prüfungs- und Entscheidungskompetenz[173] zu Lasten der Ausgangsinstanz und damit auch bezüglich des sachlichen Rechtsmittelgegenstands[174]. Auch diese wiedererstarkende Anfallswirkung nach Aufhebung der Rechtsmittelverwerfung lässt sich dem Wiederaufnahmeverfahren entnehmen.[175] Vermöchte

---

Rechtsmitteln sein. Virulent wird dieses Problem freilich nur, soweit dem Ausgangsgericht die Möglichkeit zur Abänderung seiner Entscheidung nicht von vorneherein versagt ist, wie etwa im Urteilsverfahren (§ 318 ZPO).

171 Siehe zu alledem *Rosenberg/Schwab/Gottwald*, § 161 I 1, S. 971 f.; MünchKommZPO-*Braun*, § 584, Rn. 1 ff..

172 Da die Abänderungsbefugnis nicht automatisch aus der Zuständigkeit des Gerichts folgt, sondern letztlich von der bindenden Wirkung der Entscheidungen abhängt, fußt die sich anschließende Betrachtung auf der Prämisse, dass die Gerichte an ihre Entscheidungen nicht gebunden sind. Im Urteilsverfahren ist obige Überlegung aufgrund der strikten Bindungswirkung (§ 318 ZPO) ohne praktische Bedeutung.

173 Vgl. etwa §§ 522, 529, 538, 540 ZPO für die Berufung, §§ 571, 572 ZPO für die Beschwerde.

174 Zum prozessualen und sachlichen Rechtsmittelgegenstand vgl. *Ratte*, S. 85 f..

175 Dass hier die Verfahrensregelung der Wiederaufnahme für die Frage der Abänderbarkeit beispielhaft herangezogen wird, rechtfertigt die insoweit entsprechende Interessenslage: Konfligierendes Prinzip ist beide Male die Innenbindung einer Entscheidung. Entgegen der herrschenden Meinung (*Stein/Jonas/Grunsky*, 21. Aufl., vor § 578, Rn. 26; MünchKommZPO-*Braun*, vor § 578, Rn. 1 ff.) durchbricht die Wiederaufnahmeklage nämlich nicht primär die *Rechtskraft* einer Entscheidung. So bedeutet die Wiederaufnahme mangels Devolutiveffekts keine Überprüfung der Entscheidung in einer höheren Instanz und gerät deshalb nicht in Konflikt mit der formel-

nämlich der Kläger einen gesetzlichen Anfechtungsgrund zur Überzeugung des Gerichts zu bringen, so erginge ein iudicium rescindens, welches die Beschwerdeverwerfung aufhöbe und das Verfahren in die Lage vor Schluss der mündlichen Verhandlung zurückversetzte.[176]

Als Ergebnis ist folglich festzustellen, dass die Devolution nach einer *sachlichen* Rechtsmittelentscheidung fortbesteht und deshalb das Rechtsmittelgericht seine Entscheidung abändern kann, soweit es nicht aufgrund der Innenbindung daran gehindert wird.[177] Umgekehrt ist das Gericht erster Instanz nach Erlass einer sachlichen Rechtsmittelentscheidung aufgrund der weiterhin devolvierenden Wirkung des Rechtsmittels nicht befugt, seine Entscheidung abzuändern. Wurde das Rechtsmittel dagegen *als unzulässig verworfen*, beschränkt(e) sich die Anfallswirkung von vorneherein auf den prozessualen Rechtmittelgegenstand.

γ) Das „mit der Sache befasst Sein" als Grenze der Abänderbarkeit

Der Ansatz *Rattes*, dem Rechtsmittelgericht nach sachlicher Rechtsmittelzurückweisung wegen Entfalls der Devolution und damit der Zuständigkeit eine Abänderung zu versagen, leitet über zu einer durchaus sinnverwandten Ansicht[178], die von einer innerprozessualen Gebundenheit des erlassenden Gerichts ausgeht, sobald es „nicht mehr mit der Sache befasst" sei. Ein einheitlicher Zeitpunkt, wann der Spruchkörper „mit der Sache nicht mehr befasst" ist und damit die Abänderungsmöglichkeit endet, ist jedoch kaum auszumachen.

Zutreffend wird vielfach unter dem „Fortfall der Befassung" lediglich die erledigende Wirkung der prozessualen Überholung verstanden.[179] Hat diejenige Prozesslage zu bestehen aufgehört, für die das Gericht um Abhilfe ersucht wurde oder bezüglich derer eine Abänderung von Amts wegen avisiert war,

---

len Rechtskraft (vgl. auch B I 2 a). Weiters wird nach zutreffender Ansicht (*Rosenberg/Schwab/Gottwald*, § 159 II 4, S. 963) durch die „Wiederaufnahme" das alte Verfahren fortgesetzt und kein neuer selbständiger Prozess begonnen, so dass auch nicht die materielle Rechtskraft (vgl. auch C I 2 b), sondern die innerprozessuale Bindungswirkung (§ 318 ZPO) betroffen ist. Zum gleichgelagerten Streit um die Bedeutung der sinnverwandten Abänderungsklage vgl. *Rosenberg/Schwab/Gottwald*, § 158 I 3, S. 953; *Stein/Jonas/Grunsky*, 21. Aufl., § 323, Rn. 1; MünchKommZPO-*Gottwald*, § 323, Rn. 7.

176 Vgl. MünchKommZPO–*Braun*, § 590, Rn. 4.

177 So auch *Rosenberg/Schwab/Gottwald*, § 134 I 1 b, S. 801.

178 MünchKommZPO-*Braun*, vor § 567, Rn. 7; *Baumbach/Lauterbach/Hartmann*, § 329, Rn. 16; *Gündner*, S. 17; *Stein/Jonas/Roth*, 21. Aufl., § 329, Rn. 14; *Rosenberg/Schwab/Gottwald*, § 61 II 2 a, S. 337; OVG Hamburg, JZ 1958, S. 67 f., 68; weitere Nachweise bei *Schmidt*, S. 193 f..

179 *Stein/Jonas/Roth*, a.a.O.; *Gündner*, a.a.O.; wohl auch *Rosenberg/Schwab/Gottwald*, a.a.O..

so hat der Fortgang des Verfahrens die Sache erledigt bzw. prozessual überholt.[180] Nach Eintritt der prozessualen Überholung ist das Gericht „nicht mehr mit der Sache befasst". Eine Abänderung der erlassenen Entscheidung ist deshalb unzulässig. So geht die Abänderung eines Beweisbeschlusses oder eines Gerichtsbeschlusses nach den §§ 141 ff. ZPO ins Leere, wurde die Hauptsache in der Instanz bereits durch Zwischen- oder Teilurteil abgeschlossen.[181] Desgleichen scheidet mangels Befassung die Abänderung eines Verweisungsbeschlusses nach § 281 ZPO aus. Diese „transvolvierende" und zugleich exkludierende Wirkung der Verweisung ist dabei durchaus vergleichbar mit dem Eingreifen des Devolutiveffekts nach Rechtsmitteleinlegung. Nach wirksamen Erlass des Beschlusses fehlt dem Richter deshalb schlichtweg die Zuständigkeit zur Abänderung desselben.[182]

Wird dem Begriff der Befassung über die Fälle der prozessualen Überholung hinaus Maßgeblichkeit für die Frage der Abänderbarkeit gerichtlicher Entscheidungen beigemessen[183], ist dies dagegen abzulehnen.[184] Denn in den übrigen Fällen ist das Gericht solange mit der Sache befasst, als es seine Entscheidung abändern kann.[185] Die Frage der Abänderbarkeit einer Entscheidung richtet sich aber wiederum nach der innerprozessualen Bindungswirkung.[186] Würde das Befasstsein und damit die Möglichkeit der Abänderung an die „Anhängigkeit" der Rechtssache gekoppelt,[187] welche erst mit Erlass einer letztinstanzlichen Beschwerdeentscheidung entfiele, griffe man letztlich auf die formelle Rechtskraft zurück, der aber, wie bereits festgestellt wurde,[188] keine unmittelbare Aussage über die Abänderbarkeit entnommen werden kann.[189] Schließlich vermag auch nicht zu überzeugen, unter dem Gesichtspunkt der Befassung die Auswirkung der devolvierenden Wirkung eines Rechtsmittels zu fassen. In diesem Sinn ist aber wohl *Braun*[190] zu verstehen,

---

180 Zur prozessualen Überholung der Beschwerde vgl. *Stein/Jonas/Grunsky*, 21. Aufl., § 575, Rn. 2.

181 Beispiele nach *Stein/Jonas/Roth*, 21. Aufl., § 329, Rn. 14; vgl. auch *Gündner*, S. 17.

182 *Gündner*, a.a.O.; *Musielak*, § 329, Rn. 13.

183 OVG Hamburg, JZ 1958, S. 67 f.; *Kann*, ZZP 54 (1929), S. 101.

184 So auch *Schmidt*, S. 193 f.; *Baumgärtel*, MDR 1968, S. 970 ff., 972; im Ergebnis wohl auch *Gündner*, S. 17, der dem Hinderungsgrund des endgültigen Abschlusses nur innerhalb des Verfahrens Geltung beimisst, aber „nicht für den Beschluß, der das Verfahren bestimmungsgemäß zum Abschluß bringt und das Ziel des Verfahrens bildet".

185 *Schmidt*, S. 194; *Bauer*, S. 61, Fn. 207.

186 Vgl. Ausführungen unter C I 1, 2 a und b.

187 So OVG Hamburg, JZ 1958, S. 67 f..

188 Siehe oben unter C I 2 a.

189 Zur Kritik am Kriterium der Anhängigkeit siehe auch *Baumgärtel*, MDR 1968, S. 970 ff., 971; *Schmidt*, S. 194.

190 MünchKommZPO-*Braun*, vor § 567, Rn. 7, Fn. 25.

der, dem Ansatz *Rattes*[191] folgend, die Befassung des Rechtsmittelgerichts als eigentliche Frage der Abänderbarkeit auszumachen glaubt. Konsequenz der These *Rattes*[192] wäre aber, dass das Beschwerdegericht an der Abänderung seiner Entscheidung gehindert würde, da mit Erlass jedenfalls der sachlichen Beschwerdeentscheidung die Devolution und damit „die Befassung“ des iudex ad quem endete.[193] Dieser Folge scheint sich *Braun* nicht bewusst zu sein, plädiert er doch im Ergebnis für die freie Abänderungsbefugnis des Beschwerdegerichts.[194]

Abgesehen von den Fällen prozessualer Überholung lässt sich damit auch aus dem „mit der Sache befasst Sein“ keine Aussage über die Innenbindung einer Entscheidung gewinnen.

e) Das Wesen des Rechtsmittelzuges

Vereinzelt wird die Abänderbarkeit gerichtlicher Entscheidungen unter Hinweis auf das „Wesen des hierarchischen Rechtsmittelzuges“, die „Erschöpfung des Rechtsmittelweges“ oder das „Wesen einer letztinstanzlichen Rechtsmittelentscheidung“ verneint.[195] Da bereits ein gerichtsförmliches Verfahren im gesetzlich festgelegten Instanzenweg stattgefunden habe, sei in diesen Fällen das gefundene Ergebnis von der jeweiligen Partei im Interesse des Rechtsfriedens hinzunehmen.[196]

α) Die Bindung im Instanzenzug

Insbesondere das im Instanzenzug untergeordnete Gericht ist an die Entscheidungen des übergeordneten Gerichts gebunden, wenn es erneut mit der Sache befasst ist, was sich aus dem Wesen des Rechtsmittelzuges bzw. der Stellung des im Instanzenzugs untergeordneten Gerichts ergibt.[197] Dies ist der grundsätzlichen Erwägung geschuldet, dass das Beschreiten des Instanzenzuges der Gewinnung einer richtigen und gegebenenfalls berichtigten Entscheidung dient und darob die Maßgeblichkeit der Rechtsmittelentscheidung bzw. deren entscheidungsrelevanter Beurteilung voraussetzt.[198] Rücksichtlich dieses Bedachts statuiert § 563 Abs. 2 ZPO[199] eine Bindung des Berufungsgerichts an

---

191 *Ratte*, S. 107 ff.; ausführlich dazu siehe oben unter C I 2 d β.

192 *Ratte*, a.a.O..

193 So jedenfalls die Auffassung *Rattes*, a.a.O.. Tatsächlich wirkt der Anfall der Rechtssache, wie unter C I 2 d β dargestellt, auch nach Erlass der Rechtsmittelentscheidung fort, im Falle der Rechtsmittelverwerfung beschränkt auf den prozessualen Rechtsmittelgegenstand.

194 MünchKommZPO-*Braun*, vor § 567, Rn. 7.

195 Vgl. hierzu *Werner*, S. 17, 24; *Götz*, S. 81; *Baumgärtel*, JZ 1959, S. 437; *Gäbelein*, JZ 1955, S. 260 ff., 262.

196 Vgl. *Werner*, S. 18 mit Rechtsprechungsnachweisen.

197 *Stein/Jonas/Grunsky*, 21. Aufl., § 565, Rn. 8; *Werner*, S. 24.

198 A.a.O..

199 § 565 Abs. 2 ZPO a.F..

die rechtliche Beurteilung des Revisionsgerichts, die der Aufhebung des Berufungsurteils zugrunde lag.[200] Diese Regelung enthält den erwähnten allgemeingültigen Rechtsgedanken der Bindung im Instanzenzug und führt in entsprechender Anwendung etwa zur Bindung des Gerichts erster Instanz an die Entscheidung des Berufungsgerichts.[201]

Nach *Fraga Novelle*[202] sei diese aus dem hierarchischen Instanzenaufbau folgende Bindung streng von der in § 318 ZPO angeordneten Innenbindung zu trennen. Demgegenüber meint *Werner*[203], dass sich sowohl die Innenbindung als auch die Bindung des instanzlich untergeordneten Gerichts primär aus § 318 ZPO ergebe; gleichwohl seien Wesen und Wirkung des hierarchischen Rechtsmittelsystems als eigenständige Gesichtspunkte herauszuarbeiten, da in Ausnahmefällen, in denen § 318 ZPO nicht zur Anwendung gelange, diesem an sich subsidiären Gesichtspunkt Geltung zu verschaffen sei.

Klarstellend sei insoweit lediglich angemerkt, dass § 318 ZPO den Gerichten eine Bindung an die Entscheidungen aufgibt, „die in den *von ihm erlassenen* End- und Zwischenurteilen enthalten sind“[204]. Der Regelungsgehalt der Norm beschränkt sich damit auf dieselbe Instanz.[205] Die Bindung im Instanzenzug geht zudem über die Regelung des § 318 ZPO insoweit hinaus, als auch und gerade die *rechtliche* Beurteilung der Rechtsmittelentscheidung von der Bindungswirkung erfasst wird.[206] Die Bindung im Instanzenzug ist dabei nicht als Ausfluss oder gar als Aufgabe der innerprozessualen Bindungswirkung nach § 318 ZPO anzusehen, sondern bildet einen eigenständigen Aspekt der Bindungswirkungen im Zivilprozess, der auf dem Wesen des hierarchischen Rechtsmittelweges fußt, was, wie bereits erwähnt, in § 563 Abs. 2 ZPO einen einfachgesetzlichen Ausdruck findet.[207]

---

200 Zum streitigen Umfang dieser Bindung siehe *Rosenberg/Schwab/Gottwald*, § 146 III 3, S. 892 f..

201 Statt vieler *Zöller/Vollkommer*, § 318, Rn. 14; BGH NJW 1992, S. 2832.

202 S. 38, der Grund dieser Differenzierung bleibt jedoch unausgesprochen.

203 *Werner*, S. 24 f..

204 So der Wortlaut des § 318 ZPO [textliche Hervorhebung stammt vom Autor].

205 So auch *Stein/Jonas/Grunsky*, 21. Aufl., § 538, Rn. 36; *Zöller/Vollkommer*, § 318, Rn. 10 ff.; *Rosenberg/Schwab/Gottwald*, § 61 I 1, S. 331.

206 *Lüke*, JuS 2000, S. 1042 ff., 1043.

207 A.A. *Lüke*, JuS 2000, S. 1042 ff., 1043, der die Bindung im Instanzenzug zwar nicht aus § 318 ZPO herleitet, aber diese als Erscheinungsform der „innerprozessualen Bindungswirkung“ betrachtet; diese dogmatische Einordnung mag in Abgrenzung zur „außerprozessualen Bindung“ (*Bötticher*, S. 74), der materiellen Rechtskraft, gerechtfertigt sein, dem klaren Verständnis behilflich ist sie nicht, dienen die Begriffe der „innerprozessualen Bindung“ (*Bötticher*, S. 74) und der „Innenbindung“ (*Pieper*, S. 1) doch gerade der Beschreibung der Bindung des Richters an *seine* Entscheidung; wie *Lüke* auch *Götz*, S. 30.

β) Die Bindung des letztinstanzlichen Gerichts an seine Entscheidungen

Vereinzelt wird schließlich die Tatsache der Erschöpfung des Rechtsmittelweges zur Begründung der innerprozessualen Bindung angeführt. Das Wesen des hierarchischen Rechtsmittelzuges bzw. das Wesen der letztinstanzlichen Rechtsmittelentscheidung ließe vor allem nach der Auffassung *Werners*[208] keinen Raum für eine Abänderungsbefugnis des letztinstanzlichen Gerichts. Zwar diene diese Erwägung primär der Begrenzung des Rechtsmittelzuges, verbiete zum Schutze des Bestandes der Entscheidung aber auch eine Abänderung durch das letztinstanzliche Gericht.[209] Der in der Zivilprozessordnung veranlagte Konflikt zwischen Rechtssicherheit, Zweckmäßigkeit und Gerechtigkeit dürfe nicht einseitig zugunsten der Letzteren aufgelöst werden. Insbesondere der Zweckmäßigkeitsgrundsatz postuliere – unabhängig von der Regelung des § 318 ZPO – eine Unabänderlichkeit letztinstanzlicher Entscheidungen. Dem Wesen des hierarchischen Rechtsmittelzuges bzw. der letztinstanzlichen Rechtsmittelentscheidung müsse durch die Annahme eines Abänderungsverbots letztinstanzlicher Entscheidungen Rechnung getragen werden, so dass die „einmal von der letzten Instanz entschiedenen Fragen grundsätzlich nicht mehr ‚in Frage' gestellt werden dürfen"[210].

Die spezifischen Aspekte einer freien Abänderbarkeit letztinstanzlicher Entscheidungen wurden bereits bei der Auseinandersetzung mit der Ansicht *Bauers* angesprochen.[211] Vornehmlich aufgrund einer teleologischen Auslegung war dort festzustellen, dass das in § 318 ZPO normierte Abänderungsverbot bei letztinstanzlichen Urteilen nicht entgegen seinem Wortlaut eingeschränkt werden darf. Dem Gesetzesanliegen der zivilprozessualen Innenbindung, nämlich das Vertrauen der Bevölkerung in die Rechtsprechung, Rechtsfrieden und nicht zuletzt Rechtssicherheit zu gewährleisten, ist im Anwendungsbereich des § 318 ZPO zum Durchbruch zu verhelfen. *Werner* ist deshalb insoweit Recht zu geben, als gegen die Reduktion des § 318 ZPO und damit für die gesetzlich angeordnete Innenbindung letztinstanzlicher *Urteile* einzutreten ist.

Gleichwohl bestehen Bedenken gegen eine Relevanz dieser Erwägungen für die Frage der Innenbindung von Beschlüssen. Denn, genauer betrachtet, verbergen sich hinter dem „Wesen eines hierarchischen Rechtsmittelzuges"[212], dem „Wesen der Rechtsmittel"[213] oder der „Ausschöpfung des Instanzenwe-

---

208 S. 25; vgl. insoweit auch OLG Stuttgart, JZ 1959, S. 445 f..
209 *Werner*, a.a.O..
210 *Werner*, S. 24 ff..
211 Siehe unter C I 2 c.
212 Vgl. dazu *Fraga Novelle*, S. 64; *Werner*, S. 24 f..
213 Vgl. dazu *Schmidt*, S. 195; *Fraga Novelle*, S. 63 f..

ges"[214] keine eigenständigen Argumente, sondern bloße Argumentationstopoi für die mit der materiellen Rechtskraft, der Innenbindung und vor allem mit der formellen Rechtskraft verfolgten normativen Anliegen. Dabei sorgt der Gesetzgeber qua dieser Entscheidungswirkungen für ein tariertes Maß an Bestands- und Geltungsschutz gerichtlicher Entscheidungen und begrenzt dadurch das gegenläufige Interesse der Erzielung unbedingter (Einzelfall-) Gerechtigkeit.[215] All diese Institute sind in diesem Sinne „Zweckmäßigkeitsschöpfungen"[216] des Gesetzgebers und beruhen auf der grundsätzlichen Erwägung, dass ein Rechtsschutz ad infinitum nicht zweckdienlich sei und jeder Streit einmal ein Ende haben müsse. Diese normativen Entscheidungen des Gesetzgebers mögen mit der „Ausschöpfung des Instanzenzugs" durchaus treffend beschrieben sein, doch lassen sie sich auf andere Sachverhalte eben nicht unbesehen übertragen. Fände sich demnach – unter Zuhilfenahme des juristischen Auslegungskanons – tatsächlich keine gesetzliche Vorschrift, welche die Innenbindung letztinstanzlicher Beschlüsse regelte, beginge man einen methodischen Fehler, die Frage der Abänderbarkeit kurzerhand unter bloßem Hinweis auf obige Erwägungen zu verneinen.[217] Dem käme es gleich, § 318 ZPO entsprechend auf Beschlüsse anzuwenden, ohne zuvor die Vergleichbarkeit der Interessenslagen festgestellt zu haben. Der Feststellung einer Regelungslücke hätte vielmehr die Prüfung zu folgen, ob der spezifische Beschluss – einem Urteil gleich – das Bedürfnis nach der Unabänderlichkeit der Entscheidung eröffnet und inwieweit deshalb die Antinomie der Prinzipien der Einzelfallgerechtigkeit einerseits und der Rechtssicherheit und des Rechtsfriedens andererseits zugunsten der Letzteren aufzulösen ist. Der bloße Umstand, dass der vom Gesetz angebotene Instanzenweg durchlaufen wurde, sagt dagegen über die Vergleichbarkeit der Interessenslage nichts aus, sondern bewirkt lediglich den Eintritt formeller Rechtskraft.

Die Argumentation mit den vermeintlichen Prozessrechtsgrundsätzen der „Ausschöpfung des Instanzenwegs" oder des „Wesens der letztinstanzlichen Rechtsmittelentscheidung" vermag demnach keine Antwort auf die Frage der

---

214 Vgl. dazu *Werner*, S. 24; *Blomeyer*, S. 116, fasst die entsprechende Erwägung des „Instanzverbrauchs" mit Recht nicht als selbständiges Argument auf , sondern sieht darin die zweite aus der gesetzlich angeordneten Innenbindung (§ 318 ZPO) abzuleitende Wirkung. Der Partei würde dadurch versagt, „in der bereits beschrittenen Instanz um die Aufhebung des ihn beschwerenden Akts zu bitten", *Blomeyer*, S. 118.

215 *Pieper*, S. 1 ff., 9 ff..

216 *Pieper*, a.a.O..

217 So aber zunächst *Werner*, S. 25 f..

Abänderbarkeit gerichtlicher Entscheidung zu geben.[218]

### 3. Ergebnis

Bevor sich nun einer spezifischen Betrachtung der Innenbindung zivilprozessualer Beschlüsse zugewandt wird, sollen die wichtigsten Ergebnisse dieses Abschnittes noch einmal festgehalten werden. Weder die formelle Rechtskraft noch die materielle Rechtskraft können die Innenbindung einer Entscheidung bewirken. Die zivilprozessuale Innenbindung ist mithin eine grundsätzlich eigenständige Entscheidungswirkung, welcher der autonome Maßstab für die Frage der Abänderbarkeit einer gerichtlichen Entscheidung innewohnt. Im Übrigen erscheint es nur dann, wenn der Gesetzgeber durch eine zeitliche Beschränkung der Anfechtbarkeit einer Entscheidung nachweislich auch das Anliegen verfolgte, endgültige Gewissheit über bestimmte Streitfragen zuerzielen, plausibel, ein Ineinandergreifen von formeller Rechtskraft und Unabänderlichkeit zu vertreten. Gleichviel aber, ob das Gesetz die Innenbindung ausdrücklich anordnet (z.B. § 318 ZPO) oder sich die Unabänderlichkeit einer Entscheidung erst auf Grundlage interpretatorischer oder rechtsfortbildender Erwägungen ergibt, in jedem Falle gilt, dass gerade der letztinstanzliche Richter nicht von der innerprozessualen Bindungswirkung ausgenommen werden darf. Schließlich geben weder eine nähere Betrachtung des Devolutiveffekts noch der Gesichtspunkt der Befassung näher Aufschluss über die Frage der Abänderbarkeit gerichtlicher Entscheidungen. Schließlich gehen auch Überlegungen, die zur Begründung der Innenbindung das „Wesen der letztinstanzlichen Entscheidung" oder die „Ausschöpfung des Instanzenweges" ins Felde führen, fehl.

## II. Die Innenbindung zivilprozessualer Beschlüsse vor Inkrafttreten des ZPO-Reformgesetzes

Anders als im Urteilsverfahren existiert für zivilprozessuale Beschlüsse keine dem § 318 ZPO entsprechende Vorschrift, welche expressis verbis die innerprozessuale Bindung aller zivilprozessualen Beschlüsse anordnen würde. Angesichts dieser – prima vista – nicht eindeutigen Gesetzeslage wird die beschwerte Partei, die sich eines ungünstigen unanfechtbaren Beschlusses ge-

[218] Dies erkennt letztlich auch *Werner*, wenn er im Rahmen der Betrachtung der innerprozessualen Bindungswirkung letztinstanzlicher, auf einfache Beschwerde hin ergangener Beschlüsse feststellt, dass gar nicht einzusehen sei, „warum das Wesen des Rechtsmittelzuges auf die Frage der Abänderlichkeit Antwort geben soll", S. 65. Der Gesetzgeber müsse vielmehr normativ erkennen lassen, „dass auch Beschlussverfahren [...] zu einem definitiven Ende gebracht werden müssen", S. 65. Letztinstanzliche Beschlüsse, die der einfachen Beschwerde unterliegen, seien demnach abänderlich, S. 66. Das vermeintliche Verbot der Abänderung letztinstanzlicher Rechtsmittelentscheidungen, das außerhalb des Anwendungsbereichs des § 318 ZPO notwendig sei, um nicht in unvertretbarer Weise gegen die Prinzipien der Prozesswirtschaftlichkeit und Zweckmäßigkeit zu verstoßen (S. 25), wird hier nicht mehr vertreten.

genüber sieht, in der Regel versuchen, eine Abänderung der Entscheidung durch den erlassenden Richter mittels einer Gegenvorstellung anzuregen.[219] Der Gegenseite dagegen erscheint der erlassene Beschluss günstig, sie vertraut angesichts formeller Rechtskraft auf die Verbindlichkeit der Entscheidung und versucht ihren Interessen gerecht zu werden, indem sie den Richter von der Innenbindung des Beschlusses zu überzeugen versucht. Daneben sind auch Fälle denkbar, in denen der Richter nach wirksamem Erlass eines Beschlusses erkennt, dass seine Entscheidung gesetzeswidrig ist oder dass sie im Falle eines gesetzlich eingeräumten Ermessens zu einem unzweckmäßigen Ergebnis führen würde, und er deshalb eine Abänderung des erlassenen Beschlusses von Amts wegen in Betracht zieht. Vor dem Hintergrund dieses Interessenwiderstreits, welcher sich aus dem Bedürfnis nach Rechtssicherheit und Rechtsfrieden einerseits und dem Streben nach einer möglichst richtigen und gerechten Entscheidung andererseits ergibt,[220] entwickelten sich in Literatur und Rechtsprechung eine Vielzahl unterschiedlicher Meinungen zum Problem der Innenbindung von Beschlüssen bzw. deren Abänderbarkeit. Die wichtigsten Ansichten sollen, soweit sie sich nicht schon im Rahmen der allgemeinen Betrachtung[221] als verfehlt erwiesen, im Folgenden kurz dargestellt werden, um dabei die überzeugendsten Lösungsansätze herauszuarbeiten. Letztere sollen schließlich unter Berücksichtigung der neuen Gesetzeslage nach Inkrafttreten des ZPO-Reformgesetzes auf ihre Plausibilität und Tauglichkeit hin überprüft werden.

### 1. Keine Schlussfolgerung aus den Vorschriften der §§ 318, 329 Abs. 2 ZPO

Nahezu einhellig wird inzwischen die Einschätzung vertreten, dass die Verweisungsregelung des § 329 Abs. 1 ZPO nicht als abschließende Regelung anzusehen ist. Sie normiert lediglich die entsprechende Anwendung von Vorschriften, welche die Verkündung und Zustellung von Urteilen betreffen.[222] Infolgedessen lässt sich auch nicht mittels eines argumentum e contrario folgern, das Gesetz wolle die nicht ausdrücklich erwähnten Gesetzesvorschriften

---

[219] Nach überwiegender Ansicht kann die Gegenvorstellung nur als bloße Anregung an das Gericht angesehen werden, seine Entscheidung, die mit der Beschwerde nicht mehr anfechtbar ist, abzuändern, MünchKommZPO-*Braun*, vor § 567, Rn. 6; *Rosenberg/Schwab/Gottwald*, § 147 IV 2, S. 899 f.; die Gegenvorstellung gegen oberlandesgerichtliche Beschwerdeentscheidung ablehnend *Ratte*, S. 89 ff..

[220] *Pieper*, S.10.

[221] Siehe oben unter C I.

[222] *Zöller/Vollkommer*, § 329, Rn. 28; *Baumbach/Lauterbach/Hartmann*, § 329, Rn. 13; MünchKommZPO-*Musielak*, § 329, Rn. 13; anders MünchKommZPO-*Braun*, vor § 567, Rn. 6, der zwar keinen kategorischen Ausschluss der Bindung aus dem Nichtzitat folgern will, jedoch daraus ableitet, dass zumindest im Zweifelsfalle grundsätzlich die Abänderbarkeit anzunehmen sei; ähnlich *Peters*, FS für *Henckel* (1995), S. 665, 667 f..

von einer entsprechenden Anwendung im Beschlussverfahren ausnehmen. Gestünde man § 329 Abs. 2 ZPO einen abschließenden Charakter zu, ergäbe sich aus dem Nichtzitat etwa des § 319 ZPO das paradoxe Ergebnis, dass ein unanfechtbarer Beschluss – im Unterschied zum Urteil – mangels Berichtigungsmöglichkeit nicht mehr abgeändert werden könnte.[223] Die Tatsache, dass § 318 ZPO nicht in der Verweisung des § 329 Abs. 2 ZPO enthalten ist, spricht mithin nicht für eine freie Abänderbarkeit aller zivilprozessualer Beschlüsse und damit auch nicht a priori gegen die Annahme der Innenbindung. Weiterhin lässt auch die Regelung des § 318 ZPO für sich betrachtet nicht den Schluss zu, dass diese Vorschrift nicht nur positiv eine Bindung im Urteilsverfahren anordnet, sondern auch negativ die Annahme der Innenbindung von Beschlüssen ausschließt.[224]

2. Die Innenbindung „urteilsähnlicher", „urteilsvertretender" oder „streitentscheidender" Beschlüsse

Infolgedessen wird in Annahme einer Regelungslücke die Innenbindung nur dann bejaht, wenn sich in Anschauung des konkreten Beschlussgegenstandes ein dem Urteilsverfahren vergleichbares Bedürfnis nach einer bindenden und damit rechtssicheren Entscheidung auftue. So verlange die Rechtssicherheit die bindende Kraft der Beschlüsse, welche ein selbständiges Verfahren abschlössen und – damit gleich einem Urteil – eine sachliche Entscheidung beinhalteten.[225] Vor dem Interesse des Einzelnen an einer gerechten Entscheidung beanspruche das Prinzip der Rechtssicherheit auch dann Vorrang, stehe am Ende eines Verfahrens statt eines Urteils der Beschluss. Obgleich nur ein äußerer Unterschied zwischen beiden Verfahrensarten auszumachen sei, dräue ansonsten das schützenswerte Vertrauen in die Endgültigkeit der Verfahrensbeendigung durch eine nachträgliche Abänderung enttäuscht zu werden.[226] Behufs dieser Erwägungen vertritt etwa *Baumgärtel*[227], auf „urteilsähnliche" Beschlüsse, die über eine „Streitsache" entschieden und nicht lediglich prozessleitenden Inhalts wären, sei § 318 ZPO

---

223 Beispiel nach *Baumbach/Lauterbach/Hartmann*, § 329, Rn. 19.

224 *Werner*, S. 53. Dafür lässt sich auch keinerlei Anhaltspunkt in den Materialien (*Hahn*, S. 288) finden, da die Erwähnung der Nichtbindung von Beschlüssen und Verfügungen sich ausdrücklich auf diejenigen prozessleitender Natur beschränkten und keine Aussage über zivilprozessuale Beschlüsse an sich getroffen wurde.

225 OLG Düsseldorf, MDR 1960, S. 491; z.B. Arrestbefehle (§§ 922 Abs. 1, 924 Abs. 1 ZPO) oder Beschlüsse gemäß § 46 Abs. 2 ZPO, die ein Ablehnungsgesuch nach § 44 Abs. 1 ZPO für begründet erklären, *Pieper*, S. 54.

226 OVG Hamburg, JZ 1958, S. 67 f.; zustimmend *Baumgärtel*, JZ 1958, S. 68 f..

227 *Baumgärtel*, MDR 1968, S. 970 ff., 971 f.; eine Streitentscheidung läge in dem FGG-Beschluss nach § 627 ZPO vor, dagegen würden die ablehnenden Beschlüsse nach §§ 37, 116, 127, 252, 490 Abs. 2 ZPO a.F. lediglich verfahrensleitende Entscheidungen beinhalten.

entsprechend anzuwenden. Schlössen Beschlüsse ferner eine Rechtsmittelinstanz in der Hauptsache ab, wie diejenigen nach §§ 519 b Abs. 2, 554 a Abs. 2, 554 b Abs. 2 ZPO a.F., dürften sie, den instanzabschließenden Urteilen gleich, nicht mehr abgeändert werden, da infolge des unmittelbaren Streitentscheidungsbezugs eine bindende Wirkung aus Gründen der Rechtssicherheit unverzichtbar wäre.[228] Hinsichtlich der revisionsverwerfenden Beschlüsse nach §§ 554 a Abs. 2, 554 b Abs. 2 ZPO a.F. sei eine entsprechende Anwendung des § 318 ZPO schon deshalb geboten, weil diese Entscheidungen auch durch Urteil ergehen könnten und in diesem Falle § 318 ZPO unmittelbar zu beachten sei. Da für die Innenbindung einer Entscheidung jedoch nicht deren Form maßgeblich sein könne, sondern ausschließlich deren Inhalt,[229] zeitigten auch diese urteilsähnlichen Beschlüsse eine innerprozessuale Bindungswirkung. Füllten endlich Beschlüsse, wie der Vollstreckungsbescheid (§§ 699, 700 Abs. 1 ZPO) oder die Vollstreckbarerklärung eines Schiedsspruchs oder Schiedsvergleichs (§ 1060 ZPO a.F.), lediglich eine urteilsvertretende Funktion aus, so würde ihnen nicht nur eine befristete Anfechtbarkeit, sondern auch ein innerprozessualer Bestandsschutz zuteil werden.[230]

Eine Analogie zu § 318 ZPO verficht auch der Bundesgerichtshof, der in mehreren Entscheidungen betonte, dass die Gerichte an Beschlüsse, durch die einer Partei Wiedereinsetzung in den vorigen Stand gewährt wurde, in entsprechender Anwendung des § 318 ZPO grundsätzlich gebunden seien.[231] Wurde über die Wiedereinsetzung in Form eines Zwischenurteils gemäß § 303 ZPO entschieden, ergäbe sich die Bindung des Gerichts unmittelbar aus § 318 ZPO; nichts anderes könne im Ergebnis gelten, wenn ohne förmlichen Zwischenstreit ein Wiedereinsetzungsbeschluss ergangen sei.[232] Wie schon das Reichsgericht[233], so betont dabei auch der Bundesgerichtshof den streitentscheidenden Charakter des Wiedereinsetzungsbeschlusses, der „im Gegensatz etwa zu frei abänderbaren prozessleitenden Anordnungen eine unmittelbar wirksame Gestaltung des Prozessverhältnisses zwischen den Parteien und eine uneingeschränkte Entscheidung über ein von den antragstellenden Partei-

---

228 *Stein/Jonas/Roth*, 21. Aufl., § 329, Rn. 15; *Rosenberg/Schwab/Gottwald*, § 61 II 1 c, S. 337.

229 MünchKommZPO-*Musielak*, § 329, Rn. 11; *Stein/Jonas/Grunsky*, 21. Aufl., § 519 b, Rn. 30.

230 *Rosenberg/Schwab/Gottwald*, § 61 II 1 b, S. 337.

231 BGH NJW 2002, S. 1577; BGH, WM 2001, S. 322 f., 323; BGH, JZ 1996, S. 374 f.; BGH, FamRZ 1993, S. 1191.

232 BGH FamRZ 1993, S. 1191; als bindend sei demnach auch der die Berufung verwerfende Beschluss i.S.d. § 519 b Abs. 2 ZPO a.F. zu betrachten, der einem entsprechenden Urteil gleichstünde, BGH, NJW-RR 1995, S. 765 f..

233 RGZ 125, 68, 71.

en in Anspruch genommenes Recht enthält."[234] An derartige, „urteilsähnliche" Beschlüsse sei der erlassende Richter ebenso gebunden wie an die in § 318 ZPO genannten End- oder Zwischenurteile.[235] Ließen sich bis dato weitergehende Aussagen des Bundesgerichtshofs zur Problematik der Innenbindung zivilprozessualer Beschlüsse nicht ausmachen,[236] werden die Grenzen einer entsprechenden Anwendung des § 318 ZPO im Rahmen einer Entscheidung des 8. Zivilsenats[237] des Bundesgerichtshofs nunmehr deutlicher herausgestellt. Der Senat hatte über ein Berufungsurteil zu befinden, welches ein erstinstanzliches Judiz aufhob und die Sache zurückverwies, da in erster Instanz rechtsfehlerhaft das Aussetzungsgebot nach Art. 21 Abs. 1 EuGVÜ i.V.m. § 148 ZPO nicht beachtet worden war. Trotz dieses Fehlers war das Berufungsgericht nach Ansicht des Bundesgerichtshofs zur Aufhebung des Urteils und zur Zurückverweisung der Sache (§ 539 ZPO a.F.) nicht berechtigt, da es, um dem Aussetzungsgebot gerecht zu werden, das Berufungsverfahren hätte aussetzen müssen: Denn obschon das Landgericht einen Beschluss erlassen hatte, mit dem die beantragte Aussetzung abgelehnt worden war, und diese Vorentscheidung nach § 252 S. 2 ZPO a.F. grundsätzlich der sofortigen Beschwerde unterlag, war das Oberlandesgericht an einer Aussetzung durch § 512 Hs. 2 ZPO a.F. nicht gehindert. § 512 Hs. 2 ZPO a.F. verwehre dem Berufungsgericht, die Entscheidung des Landgerichts zu überprüfen, jedoch stehe es ihm frei, eine eigene und gegebenenfalls abweichende Entscheidung zu treffen.[238] Die Vorschrift bewirke zwar zudem für Entscheidungen in Urtei-

234 BGH, FamRZ 1993, S. 1191.

235 BGHR ZPO § 237 Gegenvorstellung 1 und 2.

236 Zumeist begnügt sich der BGH, ohne näher auf die grundsätzlichere Fragestellung einzugehen, die Bindungswirkung mit einer entsprechenden Anwendung des § 318 ZPO zu begründen; z.B. BGH, NJW 2000, S. 590, bezüglich der bindenden Wirkung eines Androhungsentschlusses im Sinne des § 890 Abs. 2 ZPO a.F..

237 NJW 2002, S. 2795 ff., 2797.

238 Dieses Verständnis vom Regelungsgehalt des § 512 Hs. 2 ZPO a.F. überzeugt nicht. Trifft das Berufungsgericht bei unveränderter Sachlage angesichts einer fehlerhaften landgerichtlichen Entscheidung eine „eigene" abweichende Entscheidung, wird im Ergebnis der Unterschied zur verbotenen Überprüfung nach § 512 Hs. 2 ZPO a.F. aufgelöst. Tatsächlich wird nämlich dem Berufungsgericht durch *§ 512 Hs. 2 ZPO a.F.* eine – hinsichtlich der Wirkungsweise mit der Innenbindung durchaus vergleichbare – Bindung an die Entscheidung des Untergerichts auferlegt (*Stein/Jonas/Grunsky*, 21. Aufl., § 512, Rn. 4). Gegen eine derartige Bindung wird jedoch nicht nur durch eine ausdrückliche Abänderung oder Aufhebung der bindenden Entscheidung verstoßen, sondern auch im Falle des Erlasses einer inhaltlich widersprechenden Entscheidung, vgl. oben unter C I 1 (im Ergebnis ebenso OLGR Hamm 1992, 186 ff.). Zur Klarstellung sei schließlich bemerkt, dass diese „Gebundenheit" des Berufungsgerichts nach Wortlaut und Zweck des § 512 Hs. 2 Alt. 2 ZPO a.F. nicht nur urteilsähnliche Beschlüsse, auf die § 318 ZPO analog anwendbar ist, sondern alle mit der Beschwerde anfechtba-

len eine Erstreckung einer sich aus § 318 ZPO ergebenden Bindung des erstinstanzlichen Gerichts auf das Berufungsgericht. Eine entsprechende Anwendung auf Beschlüsse sei aber nur für solche Beschlüsse gerechtfertigt, die „entweder eine Entscheidung in der Hauptsache treffen oder über die Zulässigkeit der Klage oder eines Rechtsbehelfs befinden, nicht aber für Beschlüsse, die wie die Entscheidung über eine Aussetzung des Verfahrens nur prozessleitenden Inhalt haben. Mit einem solchen Beschluss trifft das Gericht des ersten Rechtszugs eine Entscheidung allein für das seiner Herrschaft unterliegende erstinstanzliche Verfahren."[239]

Die spezifische Betrachtung des Beschlussgegenstandes hat sicherlich den Vorteil der Interessensgerechtigkeit für sich, da tatsächlich nur dann der Rechtssicherheit Vorzug vor dem Gebot der Gerechtigkeit und Richtigkeit einer Entscheidung einzuräumen ist, wenn dies der konkrete Beschlussgegenstand erfordert. Soweit jedoch gesetzliche Vorschriften, wie §§ 571, 577 Abs. 3 ZPO, eine Aussage über die Innenbindung von anfechtbaren Beschlüssen enthielten, hätte im Geltungsbereich dieser Normen deren Auslegung einer analogen Anwendung des § 318 ZPO vorzugehen. Diese Prävalenz der Norminterpretation gilt unabhängig davon, ob man in Anschauung des konkreten Beschlussgegenstandes nun einer Analogie zu § 318 ZPO das Wort spricht oder die Notwendigkeit der Innenbindung aus dem allgemeinen Bedürfnis nach Rechtssicherheit begründet.[240] Schon hier sei ferner darauf hingewiesen, dass die Differenzierung in lediglich prozessleitende Beschlüsse einerseits und urteilsähnliche, streitentscheidende Beschlüsse andererseits letztlich darauf hinaus läuft, die Auswirkung dieser Beschlüsse auf die Rechtssphäre bzw. das Prozessrechtsverhältnis der Parteien zu untersuchen, um bei Überschreiten einer gewissen Erheblichkeitsschwelle ein Bedürfnis nach einer endgültigen Entscheidung festzustellen.[241] Zumindest im Bereich der anfechtbaren zivilprozessualen Beschlüsse hat diese Abwägung jedoch bereits der CPO-Gesetzgeber vorgenommen, der eine Befristung der Beschwerde immer dann anordnete, wenn „die anzugreifenden Entscheidungen

---

ren Entscheidungen zeitigen, *Stein/Jonas/Grunsky*, 21. Aufl., § 512, Rn. 8; MünchKommZPO-*Rimmelspacher*, § 512, Rn. 14; *Musielak/Ball*, § 512, Rn. 4.

239 BGH, NJW 2002, S. 2795 ff., 2797.

240 Dieser methodischen Reihenfolge wird jedoch nicht immer Rechnung getragen, vgl. Nachweise bei *Schmidt*, S. 53 ff.; zutreffend etwa *Rosenberg/Schwab/Gottwald*, § 61 II, S. 336 ff..

241 Bildete die „uneingeschränkte Entscheidung über ein von der antragstellenden Partei in Anspruch genommenes Recht" (BGH FamRZ 1993, S. 1191) tatsächlich die hinreichende Voraussetzung der Innenbindung, wäre Letztere auch anderen Beschlüssen, die über ein Parteigesuch befinden (§ 567 Abs. 1 Nr. 2 ZPO), kaum abzusprechen. Ausschlaggebend dürfte dabei vielmehr gewesen sein, dass die Wiedereinsetzung zu Lasten der Gegenpartei in die Rechtskraft eines Titels eingreift und letztlich diese weitreichende Auswirkung eine rechtssichere Entscheidung notwendig macht.

auf Rechte des Gegners oder eines Dritten einwirken (Mot. z. württemb. Entw. Art. 775). Diese Entscheidungen erscheinen daher einer Rechtskraft fähig und es ist deren baldiger Eintritt für den ungestörten Fortgang des Verfahrens und für das entgegenstehende Interesse der Betheiligten nothwendig". Auch angesichts solcher Aussagen im Gesetzgebungsverfahren ist die Scheidelinie zwischen abänderlichen und bindenden Beschlüssen nahe der gesetzlichen Regelungen des Beschlussverfahrens, in concreto bei §§ 571, 577 Abs. 3 ZPO a.F., zu suchen und sind praeter legem entwickelte Differenzierungskriterien hintanzustellen. Ließe sich den genannten Vorschriften eine Regelung der Bindungswirkung entnehmen, ginge man zudem der Unsicherheit aus dem Weg, die sich aus der nicht immer eindeutigen Bestimmung eines Beschlusses als „urteilsähnlich" oder „streitentscheidend" ergibt.[242]

### 3. Freie Abänderbarkeit prozessleitender Beschlüsse

In Abgrenzung zu den vorgenannten urteilsähnlichen Beschlüssen wird nahezu einhellig die Ansicht vertreten, prozessleitenden Beschlüssen keine Innenbindung beizumessen, sondern sie vielmehr der freien Abänderungsbefugnis des erlassenden Richters zu überantworten.[243] In Anbetracht der Materialien zur Reichscivilprozessordnung ist dem im Grundsatz beizupflichten. Im Rahmen der Begründung des § 279 CPO (§ 318 ZPO) heißt es insoweit:

„Daß umgekehrt Beschlüsse und Verfügungen prozessleitender Natur für das Gericht keine bindende Kraft haben, ist von dem Entwurf – abweichend von neueren Gesetzeswerken [...] – als selbstverständlich weggelassen; für den Beweisbeschluss folgt es aus § 315."[244]

Gleichwohl gilt auch hier wiederum, dass, sollten sich die bindenden von den nichtbindenden Beschlüssen anhand gesetzlicher Vorschriften unterscheiden lassen, auf die nicht immer plausible Qualifizierung prozessleitender Entscheidungen verzichtet werden könnte; zumal sich die Frage der Innenbindung mit Hilfe des Kriteriums der prozessleitenden Funktion ohnedies nicht erschöpfend beantworten lässt.[245]

### 4. §§ 577 Abs. 3 und § 571 ZPO a.F. als Bestimmungen der Innenbindung

Die vorherrschende Ansicht in Literatur und Rechtsprechung bestimmt die Innenbindung unabhängig von obiger Unterteilung in prozessleitende und urteilsähnliche Beschlüsse anhand der gesetzlichen Abhilferegelung in §§ 577 Abs. 3, 571 ZPO a.F.. Unterliege demnach der zu untersuchende Beschluss

---

242 Kritisch etwa *Werner*, S. 52 ff.; vgl. insoweit auch Ausführungen unter C V.

243 *Rosenberg/Schwab/Gottwald*, § 61 2 a, S. 337; *Stein/Jonas/Roth*, 21. Aufl., § 329, Rn. 13; *Werner*, S. 67 ff.; BGH, NJW 2002, S. 2795 ff. 2797; BGH, FamRZ 1993, S. 1191.

244 *Hahn*, S. 288.

245 *Werner*, S. 96.

der sofortigen Beschwerde, gelte grundsätzlich das Abänderungsverbot nach § 577 Abs. 3 ZPO a.F.. Sei die Entscheidung mit der einfachen Beschwerde anzugreifen, räume § 571 ZPO a.F. dem Gericht dagegen die Befugnis zur Abhilfe begründeter Beschwerden ein.[246]

a) Die Innenbindung der Beschlüsse, gegen welche das Rechtsmittel der sofortigen Beschwerde gemäß § 577 ZPO a.F. stattfindet

In den Fällen der sofortigen Beschwerde bestimmt § 577 Abs. 3 ZPO a.F., dass das Gericht „zu einer Änderung seiner der Beschwerde unterliegenden Entscheidung nicht befugt" ist. Der Vorschrift wird aber vielfach nicht allein das Verbot der Abhilfe im Beschwerdeverfahren entnommen, sondern darüber hinaus auch die Unabänderlichkeit nicht mehr beschwerdefähiger Beschlüsse bezogen, die ihrer Art nach der sofortigen Beschwerde unterliegen.[247] Unabänderlich seien deshalb neben instanzabschließenden Beschlüssen insbesondere auch letztinstanzliche Entscheidungen, gleichviel, ob diese durch ein instanziell untergeordnetes Gericht oder durch das Beschwerdegericht ergingen.

Gegen diese Auslegung wendet sich jedoch ein Teil der Literatur[248] und Rechtsprechung[249], da der Regelungsbereich des § 577 Abs. 3 ZPO auf tatsächlich anfechtbare Beschlüsse, welche noch nicht in formelle Rechtskraft erwachsen wären, beschränkt sei. Das Abänderungsverbot verbiete ausschließlich dem iudex a quo, über denselben Streitgegenstand erneut zu entscheiden. Der Gesetzeszweck liege in einer Beschleunigung des Verfahrens, welche eine rasche obergerichtliche Entscheidung voraussetze. Dabei würde der schmale Anwendungsbereich vor allem durch die Gesetzeshistorie getragen. Seit dem Inkrafttreten der Reichscivilprozessordnung wurde die Vorschrift zweimal neu gefasst. Ursprünglich war nach § 540 Abs. 3 CPO das Gericht „zu einer Abänderung seiner durch Beschwerde angegriffenen Verfügung nicht befugt". Unter Geltung dieser Gesetzesfassung hätte außer Zweifel

246 *Rosenberg/Schwab/Gottwald*, § 61 II 1 a, S. 336 f.; bis zur 23. Auflage *Thomas/Putzo*, § 329, Rn. 12; *Zöller/Vollkommer*, 22. Auflage, § 318, Rn. 9; *Wieczorek*, § 318, C I; *Baumbach/Lauterbach/Hartmann*, 59. Auflage, § 329, Rn. 18; BPatG, GRUR 1986, S. 54 f.; *Schumann*, FS für *Baumgärtel* (1990), S. 491 ff., 496, 498, der aber nur instanzbeendenden Beschlüssen bindende Kraft zubilligt und insoweit § 577 Abs. 3 ZPO a.F. als Regelung der Innenbindung einordnet, hinsichtlich letztinstanzlicher Entscheidungen dagegen von einer Regelungslücke ausgeht.

247 *Lüdemann*, S. 8; *Fraga Novelle*, S. 60 ff.; *Blomeyer*, S. 114; *Werner*, S. 56 ff. mit weiteren Nachweisen.

248 *Bauer*, NJW 1991, S. 1711 ff., 1713; *Schumann*, FS für *Baumgärtel* (1990), S. 491 ff., 496, 498; *Seetzen*, NJW 1982, S. 2337 ff., 2343; *Schneider*, MDR 1965, S. 288 ff., 291; *Gündner*, S. 13 f..

249 OLG *Braun*schweig, MDR 1950, S. 557; BVerwG, NVwZ 1984, S. 450 f.; BGH NJW 2002, S. 2795 ff., 2797, unter Verweis auf die Auslegung *Bauer*s, a.a.O..

gestanden, dass nur Beschlüsse, die tatsächlich noch mit der sofortigen Beschwerde angefochten werden konnten, der Abänderung zugänglich waren.[250] Auch die seither vorgenommenen Gesetzesänderungen hätten diesen Regelungsgehalt unberührt gelassen: Die Novelle von 1898 stellte „behufs Beseitigung in der Praxis aufgetretener Zweifel[251] klar, daß das Gericht seine Verfügung auch vor Einlegung der sofortigen Beschwerde nicht abändern darf"[252]. Von diesem Verbot sollten lediglich Beschlüsse im Kostenfestsetzungsverfahren ausgenommen werden.[253] Durch das Änderungsgesetz vom 1. Juni 1909 wurde dem Gerichtsschreiber die selbständige Entscheidung über das Kostenfestsetzungsgesuch übertragen; gegen die Festsetzung wurde eine Erinnerung an das Gericht erster Instanz zugelassen. Erst diese Erinnerungsentscheidung unterlag fürderhin der sofortigen Beschwerde. Die Abänderungsbefugnis im Kostenfestsetzungsverfahren war rücksichtlich dieses Verfahrensgangs nicht mehr zu rechtfertigen und wurde aus diesem Grunde beseitigt.[254] Die Regelung erhielt dadurch die bis zuletzt[255] gültige Fassung. Der Gesetzesgeschichte ließe sich mithin entnehmen, dass Normadressat des Abänderungsverbots von Anfang an ausschließlich das Instanzgericht gewesen sei. Eine erweiternde Auslegung auf unanfechtbare, ihrer Art nach aber mit der sofortigen Beschwerde angreifbare Beschlüsse hätten weder die ursprüngliche Fassung noch die Novellierungen im Auge gehabt.[256] Sei somit der Rechtsmittelzug erschöpft, die Beschwerdesumme nicht erreicht oder auf die sofortige Beschwerde verzichtet worden, so unterläge der erlassene Beschluss nicht mehr der Beschwerde und in der Folge auch nicht dem Abänderungsverbot des § 577 Abs. 3 ZPO a.F.. Neben dieser gesetzeshistorischen Betrachtung sprächen auch systematische Erwägungen für die engere Wortlautauslegung. § 577 Abs. 3 ZPO a.F. bilde ein Ausnahmevorschrift zu § 571 ZPO a.F.. Soweit gegen Beschlüsse das Rechtsmittel der einfachen Beschwerde stattfinde, gestattet § 571 ZPO a.F. ausschließlich dem iudex a quo die Abhilfe der Beschwerde. Wie diese Grundregel richte sich auch die Ausnahmevorschrift des § 577 Abs. 3 ZPO a.F. an das Untergericht im Beschwerdeverfahren und beinhalte infolgedessen keine allgemeine, gesetzliche

250 *Gündner*, S. 13.

251 Für die Abänderungsbefugnis bis zur Einlegung der Beschwerde, vgl. etwa *Wach*, S. 97; *v. Seuffert*, § 540, Not. 3; a.A. insbesondere *Reincke*, § 540, Anm. 1 b, S. 525; *Altvater*, AcP 64 (1881), S. 408 ff..

252 *Hahn*, VIII. Band, S. 117.

253 § 577 Abs. 3 CPO lautet in der novellierten Fassung v. 20. Mai 1898: „ Das Gericht darf nur in den Fällen des § 103 Abs. 1 und § 105 Abs. 4 seine Entscheidung gemäß der Vorschrift des § 571 abändern; zu einer weiteren Änderung der aufgrund dieser Vorschrift erlassenen Entscheidung ist es nicht befugt".

254 Materialien zu dem Gesetz vom 1. Juni 1909, S. 11, 23 f..

255 Bis zum Inkrafttreten des ZPO-Reformgesetzes am 01.01.02, vgl. § 26 EGZPO.

256 *Bauer*, NJW 1991, S. 1711 ff., 1713; *Gündner*, S. 14.

Anordnung der Innenbindung im Übrigen. Schließlich ergebe auch eine teleologische Auslegung des § 577 Abs. 3 ZPO a.F. den eingeschränkten Anwendungsbereich der Vorschrift.[257] Ziel des Abänderungs- bzw. Abhilfeverbots sei ausweislich der gesetzgeberischen Erwägungen lediglich, das Verfahren im Instanzenzug zu beschleunigen und möglichst zeitnah eine formell rechtskräftige Entscheidung herbeizuführen, um einen ungestörten Fortgang des Verfahrens sicherzustellen. Dieser Gesetzeszweck mache es nicht notwendig, dem letztinstanzlichen oder dem erstinstanzlichen Gericht nach Ablauf der Beschwerdefrist, die Abänderung seiner Entscheidung zu untersagen.[258]

Die einschränkende Auslegung des § 577 Abs. 3 ZPO a.F. überzeugt nicht. Dabei ist zunächst anzumerken, dass eine grammatisch-historische Betrachtung der Norm die Ausdehnung des Abänderungsverbots auf unanfechtbare, ihrer Art nach der sofortigen Beschwerde unterliegende Beschlüsse durchaus nahe legt.[259] Das Gesetz verbietet nämlich nicht wie die erste Fassung der Norm die „Abänderung einer durch Beschwerde *angegriffenen*“, sondern nur die Abänderung einer „der Beschwerde *unterliegenden* Entscheidung“.[260] Fälschlicherweise sieht insbesondere *Gündner*[261] den gesetzgeberischen Grund dieses weitergehenden Wortlauts in dem vermeintlichen Anliegen der Novelle von 1909, Zweifel an der Geltung des Abänderungsverbots vor Beschwerdeeinlegung zu beseitigen. Tatsächlich waren Zweifel an der Reichweite des Verbots schon Anlass für die Neufassung der Norm durch das Gesetz betreffend Aenderung der Civilprozeßordnung vom 17. Mai 1898[262]. Dabei wurde die Unabänderlichkeit zivilprozessualer Beschlüsse vor Beschwerdeeinlegung klargestellt[263], ohne dass dem Wortlaut eine über das Ab-

---

257 *Bauer* bezeichnet seine Auslegung des Änderungsverbots des § 577 Abs. 3 ZPO in diesem Zusammenhang als „Reduktion der Vorschrift“, NJW 1991, S. 1711 ff., 1713. In der Tat gibt obige Auslegung nicht den originären gesetzlichen Anwendungsbereich der Norm wieder, sondern reduziert diesen aus – letztlich unzutreffenden – teleologischen Erwägungen.

258 *Bauer*, a.a.O.; *Gündner*, S. 14, wobei Letzterer im Ergebnis – anders als *Bauer* – nicht von einer gesetzlichen Regelungslücke hinsichtlich der Abänderbarkeit letztinstanzlicher Beschlüsse ausgeht, sondern das erlassende Gericht an der Änderung aufgrund der materiellen Rechtskraft des Beschlusses, gehindert sieht; vgl. auch OLG Braunschweig, MDR 1950, S. 557.

259 Die Indifferenz des Wortlauts betonen z.B. *Pieper*, S. 68, und *Fraga Novelle*, S. 60.

260 Darauf, dass darunter nicht nur die im konkreten Fall mit der sofortigen Beschwerde anfechtbaren Beschlüsse zu verstehen sind, sondern grundsätzlich auch solche, die nur ihrer Art nach der sofortigen Beschwerde unterliegen, wies schon *Lüdemann* hin, S. 8.

261 S. 14; insoweit zutreffend etwa *Bauer*, NJW 1991, S. 1711 ff., 1713.

262 *Hahn/Mugdan*, S. 117.

263 Nach der Neufassung vom 17. Mai 1898 durfte das Gericht nach § 540 Abs. 3 CPO *„nur in den Fällen des* [...] seine Entscheidung *gemäß der Vorschrift des § 534 abändern.*“. Damit war dem iudex a quo auch vor Beschwerdeeinlegung eine Abänderung versagt. Klarstellend sei bemerkt, dass der 2. Hs. des § 540 Abs. 3 CPO lediglich die

hilfeverfahren hinausgehende Aussage, in concreto ein Verbot der Abänderung letztinstanzlicher Beschlüsse, zu entnehmen war.[264] Im Rahmen der Novelle von 1909 ging es dem Gesetzgeber dagegen – ausweislich der Gesetzesmaterialien[265] – um die Abschaffung der genannten Ausnahmeregelung im Kostenfestsetzungsverfahren. Anstatt aber die Ausnahmebestimmung aus dem Gesetzeswortlaut zu streichen,[266] schuf man eine Vorschrift, die nach ihrem Wortlaut eine Anwendung des Abänderungsverbots auf letztinstanzliche Entscheidungen nahe legt. In dieser Diskrepanz zwischen dem veröffentlichten Gesetzesanliegen der zweiten Novelle und der entstandenen Gesetzesfassung, die sich auch anhand der Materialien nicht auflösen lässt, liegt der interpretatorische Spielraum einer grammatischen Auslegung. Diese Ambiguität erlaubt es weder, die Norm allein aufgrund des Wortlauts auf noch anfechtbare Beschlüsse zu beschränken, noch die Gesetzesformulierung als ein zwingendes Argument für den gesetzgeberischen Willen anzuführen, auch beschwerdeinstanzlichen Beschlüssen einen innerprozessualen Bestandsschutz zukommen zu lassen.[267]

Angesichts der Entstehungsgeschichte der beiden Normen findet die Beschränkung des Abänderungsverbots auch in dem systematischen Argument der konvergenten Anwendungsbereiche von Regel- (§ 571 ZPO a.F.) und Ausnahmevorschrift (§ 577 Abs. 3 ZPO a.F.) keine tragfähige Grundlage. Die vorangehende Regelung in der Reichscivilprozessordnung (§ 540 Abs. 3 CPO) wurde nämlich nicht ausschließlich mit Blick auf die Frage der Abhilfe im Beschwerdeverfahren getroffen. Sie war hauptsächlich Ausfluss der funktionalen Nähe der sofortigen Beschwerde zum Rechtsmittel der Berufung. Dieser Zusammenhang zeigt sich, geht man in der Begründung der Civilprozessordnung von 1877[268] dem Hinweis auf die Protokolle der Kommission für die Beratung des Entwurfs einer CPO für die Staaten des Norddeutschen Bundes nach. Dort wurde nach Beschließung der Möglichkeit der Abhilfe ein-

---

Abhilfe einer gegen einen abhelfenden Beschluss eingelegten Beschwerde im Kostenfestsetzungsverfahren (vgl. Kunz, S. 184) und nicht die Abänderung anderer Beschlüsse ausschloss.

264 Normadressat war ausschließlich der iudex a quo, der einen noch beschwerdefähigen Beschluss abändern wollte, was der ausdrückliche Bezug auf das Abhilfeverfahren des § 534 CPO (§ 571 ZPO a.F.) zeigt.

265 In den Materialien zum Gesetz vom 1. Juni 1909 wird die Neufassung lediglich mit der Streichung der Abänderbarkeit im Kostenfestsetzungsverfahren begründet, die es notwendig mache „allgemein zu bestimmen, daß für die Fälle der sofortigen Beschwerde das Gericht zu einer Änderung seiner der Beschwerde unterliegenden Entscheidung nicht befugt sei“, Materialien, S. 24.

266 § 577 Abs. 3 CPO hätte in diesem Falle gelautet:„Das Gericht darf seine Entscheidung gemäß der Vorschrift des § 571 nicht abändern“.

267 So aber *Werner*, S. 59.

268 *Hahn*, S. 378.

facher Beschwerden[269] „klar gestellt, daß in den Fällen, wo die Beschwerde ein Surrogat der Berufung bilde, das Gericht zur Abänderung seiner eigenen Entscheidungen weder berechtigt noch verpflichtet sei“[270]. Die Klarstellung bezog sich dabei nicht nur auf das Verbot der Abhilfe durch den iudex a quo im Verfahren der sofortigen Beschwerde. Insoweit hätte die zur Diskussion gestellte Gesetzesfassung, die dem Ausgangsrichter untersagt hatte, die für einfache Beschwerden entworfene Abhilferegelung auf sofortige Beschwerden anzuwenden, ausgereicht. Darüber hinausgehend sollte vielmehr der Korrelation zwischen der Befristung eines Rechtsmittels und der Unabänderlichkeit der gerichtlichen Entscheidung – wie im Falle eines berufungsfähigen Urteils – dadurch Rechnung getragen werden, dass dem beschließenden Richter grundsätzlich eine Abänderung verboten wurde. Die klarstellende Fassung lautete: „Ist die Beschwerde an eine Nothfrist gebunden (§ 794), so ist das Gericht zu einer Abänderung seiner Entscheidung nicht befugt“.[271] Dies lässt wiederum den Schluss zu, dass zum einen in den Fällen, in welchen der Gesetzgeber die Befristung der Beschlussanfechtung statuierte, die Beschwerde als Surrogat der Berufung fungierte und zum anderen in der Folge einem allgemeinen Abänderungsverbot Geltung einzuräumen war. Sind aber § 824 Abs. 2 des Norddeutschen Entwurfes respektive § 540 Abs. 3 CPO (§ 577 Abs. 3 ZPO a.F.) letztlich der Surrogatsfunktion der sofortigen Beschwerde geschuldet, liegt in Ansehung dieser sinnverwandten Bestimmung nahe, § 318 ZPO und § 577 Abs. 3 ZPO a.F. als inhaltlich gleichlaufende Regelungen der Innenbindung anzusehen. Wie im Rahmen des Urteils- bzw. Berufungsverfahrens § 318 ZPO die Abänderung eines Urteils untersagt, soll demnach auch § 577 Abs. 3 ZPO a.F. die Unabänderlichkeit von Beschlüssen sicherstellen. Die Parallelität der Vorschriften wird im Übrigen auch durch den Gesetzeswortlaut gestützt, sprechen doch beide Regelungen von der Bindung des Gerichts an seine eigenen Akte.[272] § 577 Abs. 3 ZPO a.F. bildet damit in der Tat nicht nur eine Ausnahme zur Regelung in § 571 ZPO a.F., sondern weicht ab „von dem die Civilprozessordnung beherrschenden, dem justinianischen und kanonischen Rechte entsprechenden Grundsätze, daß Beschlüsse und Verfügungen prozessleitender Art für das Gericht keine bindende Kraft haben“[273], und unterstellt befristet anfechtbare Beschlüsse einem umfassenden Abänderungsverbot, das sich, dem § 318 ZPO gleich, auch auf

269 Protokolle der Kommission zur Ausarbeitung des Entwurfs einer Civilprozeßordnung für die Staaten des Norddeutschen Bundes, S. 1551.

270 Protokolle der Kommission zur Ausarbeitung des Entwurfs einer Civilprozeßordnung für die Staaten des Norddeutschen Bundes, S. 1648.

271 Protokolle der Kommission zur Ausarbeitung des Entwurfs einer Civilprozeßordnung für die Staaten des Norddeutschen Bundes, S. 1695.

272 *Fraga Novelle*, S. 60; *Blomeyer*, S. 114; *Schmidt*, S. 54 ff..

273 *Altvater*, AcP 64 (1881), S. 408 ff., 411.

letztinstanzliche Entscheidungen bezieht. Vor diesem entwicklungsgeschichtlichen Hintergrund lässt sich eine Beschränkung des Abänderungsverbots, die sich auf Deckungsgleichheit von Regel- und Ausnahmevorschrift beruft, nicht halten.[274]

Beschränkte man den Regelungsbereich des § 577 Abs. 3 ZPO a.F. trotz aller Bedenken auf das Verbot der Abhilfe im Beschwerdeverfahren, widerspräche die Befugnis des letztinstanzlichen Gerichts zur Änderung seiner Entscheidungen zudem dem Sinn und Zweck der Befristung der sofortigen Beschwerde. Denn, wie bereits unter C I 2 a dargestellt wurde, befristete der CPO-Gesetzgeber die Beschwerdemöglichkeit gegen bestimmte Beschlüsse, um die betreffenden Rechtsfragen möglichst frühzeitig definitiv zu klären. So sah er die sofortige Beschwerde gerade gegen solche Beschlüsse vor, die in fremde Rechte eingriffen oder Ansprüche des Gegners oder einer dritten Person begründeten; eingedenk dieser erheblichen Folgen sollten derartige Beschlüsse zu einer endgültigen und damit rechtssicheren Entscheidung führen.[275] Nähme man gleichwohl das letztinstanzliche Gericht von der Selbstbindung aus, könnte von einem rechtssicheren Abschluss des Verfahrens jedoch kaum die Rede sein. Dass ein bloßes Verbot der Abhilfe im Beschwerdeverfahren einer Obstruktion des Verfahrens nicht wirksam entgegenzuwirken vermag, tritt fernerhin beim erstinstanzlichen Beschluss des Ausgangsgerichts offen zu Tage. Ist der iudex a quo an einer Abänderung des Beschlusses im Beschwerdeverfahren noch gehindert, gölte dieses Verbot – in Konsequenz der einschränkenden Auslegung des § 577 Abs. 3 ZPO a.F. – nicht mehr, sobald wegen der Versäumung der Beschwerdefrist die Entscheidung nicht mehr angefochten werden könnte. Das Gesetzesanliegen, das Verfahren bis zur Herbeiführung einer formell rechtskräftigen Entscheidung zu beschleunigen, wäre

---

274 Daneben fußt die systematische Erwägung *Bauer*s (NJW 1991, S. 1711 ff., 1713) auf der zweifelhaften These, der Wirkungsbereich des § 571 ZPO a.F. bezöge sich ausschließlich auf den iudex a quo und treffe damit keine Aussage über die Abänderbarkeit letztinstanzlicher Entscheidungen. Zumeist wird gerade § 571 ZPO a.F. – über die reine Abhilfe hinaus – die prinzipielle Abänderbarkeit der mit der einfachen Beschwerde anzufechtenden Beschlüsse entnommen, *Werner*, S. 60, 62; *Pieper*, S. 56.

275 Ebenso BGH, GRUR 1986, S. 54 f.; OLG Stuttgart, JurBüro 1983, S. 1890; auf die Korrelation zwischen Befristung und Abänderlichkeit wies schon *Altvater*, AcP 64 (1881), S. 408 ff, 412 f., hin. So stünde die freie Abänderbarkeit des Beschlusses im Widerspruch „mit dem materiellen Zweck einer ‚Nothfrist', welche doch im § 540 offensichtlich dieselbe Bedeutung, wie in den §§ 304, 477, 514, 549, 825, 870, haben muß, nämlich die, daß eine binnen der bestimmten Frist anfechtbare gerichtliche Entscheidung nach Ablauf der Frist unabänderlich wird. *Eine durch Ablauf der Nothfrist herbeigeführte Unzulässigkeit der Anfechtung mittels Beschwerde und eine daneben bestehende, fortdauernde Zulässigkeit der Abänderung durch das Instanzgericht auf einfachen Antrag hin enthalten einen inneren Widerspruch*" [textliche Hervorhebung stammt vom Autor].

bereits erreicht. Die Entscheidung des untergeordneten Gerichts erwüchse mit Ablauf der Notfrist in formelle Rechtskraft. Änderte der Ausgangsrichter in der Folge seine Entscheidung ab, so stünde aber erneut die Möglichkeit der sofortigen Beschwerde – nunmehr gegen die „Abänderungsentscheidung" – offen. Der Zweck der Notfrist, eine endgültige Entscheidung zeitnah herbeizuführen, würde vereitelt.[276] Demnach spricht schließlich auch das legislatorische Motiv der Befristung der Anfechtungsmöglichkeit für die Auslegung des § 577 Abs. 3 ZPO a.F. als allgemeines Abänderungsverbot.[277]

b) Die Abänderbarkeit der Beschlüsse, gegen welche das Rechtsmittel der einfachen Beschwerde gemäß § 567 ZPO a.F. stattfindet

Überwiegend bejaht wird dagegen die Abänderbarkeit der Beschlüsse, die nicht mit der sofortigen Beschwerde anzufechten sind, sondern, ohne Bindung an eine Notfrist, der Anfechtung durch die einfache Beschwerde nach § 567 ZPO a.F. unterliegen.[278] Im Gegensatz zum Urteilsverfahren oder dem Verfahren der sofortigen Beschwerde fänden sich insoweit eben keine Regelungen, die, wie § 318 ZPO oder § 577 Abs. 3 ZPO a.F., die Innenbindung unbefristet anfechtbarer Beschlüsse anordnen würden. Vielmehr enthalte das Gesetz mit § 571 ZPO a.F. eine Norm, die dem beschließenden Richter ausdrücklich zur Abänderung seiner eigenen Beschlüsse befuge. Über das eigentliche Abhilfeverfahren hinaus könne dieser Norm die grundsätzliche Abänderbarkeit insbesondere auch letztinstanzlicher Entscheidungen entnommen werden. Zudem liefe die Annahme einer bindenden Wirkung unbefristet anfechtbarer Beschlüsse der Vorstellung des CPO-Gesetzgebers zuwider, der das beschlussmäßige Verfahren vorrangig für „verhältnismäßig einfache unbedeutende Entscheidungen"[279] einrichtete, um Nebenentscheidungen, die nur der Vorbereitung der eigentlichen Sachentscheidung dienten,

---

276 Das darüber hinausgehende Bedenken, vermittels seiner Abänderungsbefugnis vermöge das Beschwerdegericht auch die Abänderungsentscheidung nochmals abzuändern, was die Gefahr eines „prozessualen Kreiselspiels" (*Werner*, S. 58) eröffne, als „theoretisch" abzutun (*Bauer*, S. 51; *Kunz*, S. 184), verwundert, war doch der Ausgangspunkt der Diskussion um die Abänderung letztinstanzlicher (Beschwerde-) Entscheidungen die Einsicht, dass auch obergerichtliche Entscheidungen nicht immer frei von Fehlern sind.

277 *Pieper* (S. 76) wendet ferner ein, § 577 Abs. 2 S. 3 ZPO a.F., der auf das Erfordernis einer Nichtigkeits- bzw. Restitutionsklage hinweise, wäre nur dann sinnvoll, wenn anders eine Abänderung der Entscheidung nicht zu erreichen sei; zu Recht wendet hiergegen *Bauer* (S. 51) ein, dass sich aus § 577 Abs. 2 S. 3 ZPO a.F. kein Argument gegen die Abänderbarkeit letztinstanzlicher Beschwerdeentscheidung ableiten lässt. Denn insoweit spricht das Gesetz nicht die Wiederaufnahmebeschwerde i.e.S. an, sondern verlängert lediglich die Beschwerdefrist, vgl. MünchKommZPO-*Braun*, § 578, Rn. 19; *Stein/Jonas/Grunsky*, 21. Aufl., § 577, Rn. 10.

278 Statt vieler *Werner*, S. 59 f., 62 ff., mit weiteren Nachweisen.

279 *Hahn*, S. 138.

in einem einfachen, unkomplizierten Procedere fällen zu können.[280] Um eine flexible Gestaltung solcher Verfahrensabschnitte zu gewährleisten und in Anschauung der überwiegend nur prozessleitenden Funktion der unbefristet anfechtbaren Beschlüsse sei deshalb der Einschätzung des Gesetzgebers Geltung einzuräumen, „dass umgekehrt Beschlüsse und Verfügungen prozessleitender Natur für das Gericht keine bindende Kraft haben“[281].

Wird die Abänderungsbefugnis des Beschwerdegerichts hinsichtlich letztinstanzlicher Entscheidungen, die auf einfache Beschwerde hin ergangen sind, auf Grundlage dieser Überlegungen allgemein anerkannt, vermag nach einem Teil der Literatur das Ausgangsgericht seine Beschlüsse lediglich innerhalb des Beschwerdeverfahrens, soweit also einer eingelegten Beschwerde abgeholfen würde, abzuändern.[282] Vor allem *Kann* meint dies dem Wortlaut des § 571 ZPO entnehmen zu können, der nur von der „Abhilfe“ des iudex a quo spreche, und damit hinreichend klarstelle, dass die Abänderungsbefugnis von der Beschwerdeeinlegung abhänge.[283] Außerdem werde die Abhilfebefugnis nicht schon durch die Einlegung einer begründeten Beschwerde eröffnet, sondern bedürfe darüber hinaus einer jedenfalls statthaften, wenn auch nicht im Übrigen zulässigen Beschwerde. § 571 ZPO bezwecke nicht, dem Ausgangsgericht die Möglichkeit einer Entscheidungsüberprüfung einzuräumen, sondern diene der Abkürzung des Beschwerdeverfahrens. Die Abhilfe sei deshalb eine Entscheidung *innerhalb* des Beschwerdeverfahrens. Werde damit das Ausgangsgericht *anstelle* des Beschwerdegerichts tätig, erfordere dies zumindest eine statthafte Beschwerde.[284]

Vornehmlich wegen des Wortlautes des § 571 Hs. 1 ZPO a.F. wird für die Abänderungsbefugnis überwiegend auf die Zulässigkeit der Beschwerde verzichtet und die Begründetheit des Rechtsbehelfs insoweit als ausreichend erachtet.[285] Insbesondere *Bettermann*[286] wendet zudem ein, dass § 571 ZPO a.F. keine konstitutive Regelung der Abänderungsbefugnis des iudex a quo sei, sondern lediglich deren Folge. Dieses Recht stehe dem beschließenden Richter unabhängig von der Einlegung der einfachen Beschwerde zu. Das zeige auch die Existenz der abweichenden Regelung im Anwendungsbereich der sofortigen Beschwerde. § 571 ZPO a.F. stelle lediglich klar, dass die Ände-

280 *Kley*, S. 54; vgl. auch *Hahn*, S. 374.

281 *Hahn*, S. 288.

282 *Kann*, ZZP 54 (1929), S. 98 ff., 100; *Lüdemann*, S. 17; *Hirsch*, S. 10, 13.

283 A.a.O..

284 *Ratte*, S. 111; so im Ergebnis auch *Rosenberg/Schwab/Gottwald*, § 61 II 2 b, S. 337; *Thomas/Putzo*, 23. Aufl., § 571, Rn. 2; *Baumbach/Lauterbach/Albers*, 59. Aufl., § 571, Rn. 3.

285 *Bettermann*, ZZP 88 (1975), S. 365 ff., 408 ff; *Stein/Jonas/Grunsky*, 21. Aufl., § 571, Rn. 3; AK/*Ackermann*, § 571, Rn. 3.

286 *Bettermann* a.a.O..

rungsbefugnis durch die Einlegung der Beschwerde nicht verloren gehe. Tatsächlich wäre die Abhilfe keine Entscheidung über die Beschwerde, sondern lediglich eine Entscheidung auf die Beschwerde hin. Wenn es jedoch für die Abänderungsbefugnis nicht einmal auf die Einlegung der einfachen Beschwerde ankomme, sei die Abhilfebefugnis des beschließenden Richters auch dann gegeben, wenn der Verfahrensbeteiligte eine unzulässige oder gar unstatthafte Beschwerde einlege. Dies bestätige eben auch der Wortlaut der Norm, der ausschließlich auf die subjektive Überzeugung des Gerichts von der Begründetheit der Beschwerde, in concreto auf die Recht- bzw. Zweckmäßigkeit des Beschlusses, abstelle und die Abhilfe gerade nicht auch von der Zulässigkeit und damit den Erfolgsaussichten insgesamt abhängig mache.[287] Wegen des geringeren prozessualen Gewichts der Beschlüsse, die überwiegend eine lediglich prozessleitende Funktion erfüllten, sei es zudem zweckloser Formalismus, die Abänderung bzw. den Widerruf der Entscheidung von der Beschwerdeeinlegung abhängig zu machen, wenn das Gericht seinen Irrtum schließlich erkannt habe.[288] Das Ausgangsgericht sei erst dann an einer Entscheidung gehindert, wenn aufgrund der Vorlage an das Beschwerdegericht der Rechtsstreit devolviert werde, § 571 S. 2 ZPO a.F., und der iudex a quo damit nicht mehr mit der Sache befasst sei.[289]

Versucht man sich dieser Problematik von der Gesetzesgeschichte her zu nähern, stößt man zunächst in der Begründung des Justizministerialentwurfs zum Rechtsbehelf der einfachen Beschwerde auf folgenden Hinweis: „Der Entwurf befindet sich im Einklang mit den übrigen neueren Gesetzgebungsarbeiten, wenn er den Parteien die einer schleunigen Rechtsverfolgung oft hinderliche Verpflichtung, vor der Beschwerde Abhilfe durch Gegenvorstellung zu suchen, nicht auferlegt. Vielmehr umfasst nach dem Entwurf die Beschwerde zugleich die Gegenvorstellung, welche einer weiteren Regelung nicht bedarf und deren Erfolg die Entscheidung der Beschwerdeinstanz überflüssig macht. [...] Das Gericht erhält hierdurch die Gelegenheit, falls es auf Grund erneuter Erwägung oder auf Grund der angeführten nova die Beschwerde für begründet erachtet, die angefochtene Entscheidung kurzer Hand

---

287 *Bettermann* a.a.O..

288 *Pieper*, S. 55 f..

289 *Werner*, S. 62; noch weitergehend *Bettermann*, ZZP 88 (1975), S. 365 ff., 408 f., der das Ausgangsgericht auch nach Vorlage der Beschwerde an das Beschwerdegericht grundsätzlich nicht gehindert sieht, in der Sache eine abändernde Entscheidung zu erlassen. Diese Restkompetenz des Instanzgerichts in der Sache sei vergleichbar mit der fortbestehenden Zuständigkeit der Verwaltungsbehörde trotz Rechtshängigkeit der Streitsache vor dem Verwaltungsgericht. Jedoch ist im Rahmen des Rechtsmittelsystems der ZPO zur Vermeidung widersprechender Gerichtsentscheidungen von einer „zu- und zugleich abschiebenden“ (*Bettermann*, ZZP 88 (1975), S. 365 ff., S. 409) Devolution auszugehen, im Ergebnis ebenso *Werner*, S. 63 f., *Fraga Novelle*, S. 56.

zurückzunehmen oder zu berichtigen."[290] In der Tat lässt sich damit feststellen, dass der Beteiligte vor Beschwerdeeinlegung das Ausgangsgericht nicht in Form einer Gegenvorstellung um die Abänderung eines Beschlusses ersuchen muss, sondern dieser Rechtsbehelf in der Beschwerde nach Art einer „Fremdkontrolle mit integrierter Selbstkontrolle"[291] aufgeht. Aus diesem Grunde fand die Abänderung eines Beschlusses durch den beschließenden Richter außerhalb des Beschwerdeverfahrens, etwa auf eine Gegenvorstellung hin, keine Regelung. Trotz dessen bleibt aber weiterhin fraglich, ob mit dieser gesetzgeberischen Entscheidung gegen eine prinzipale Gegenvorstellung nur der Beteiligte von der Pflicht befreit wurde, vor einer beschwerdegerichtlichen Überprüfung in einem separaten Verfahren um die Selbstremedur des Instanzgerichts nachsuchen zu müssen, sondern darüber hinaus dem beschließenden Richter auch das Recht genommen werden sollte, einen als unrichtig erkannten Beschluss – außerhalb des gesetzlichen Abhilfeverfahrens – abändern zu können. Die Problematik wird erhellt durch einen Blick auf die Gesetzesgeschichte der CPO-Novelle von 1898. Die Zweifel an der Reichweite des Abänderungsverbots in § 540 Abs. 3 CPO, die es durch die Novelle von 1898 zu beseitigen galt, fanden ihren gedanklichen Ausgangspunkt in der vielfachen Überzeugung, dass Beschlüsse, gegen welche lediglich die einfache Beschwerde zugelassen war, vom Ausgangsgericht auch außerhalb des Beschwerdeverfahrens und damit unabhängig von § 534 CPO (§ 571 ZPO a.F.) abgeändert werden konnten. So wurde im Vorfeld der Novelle § 534 CPO eben nicht als originäre Einräumung einer Abänderungsbefugnis verstanden, sondern als Klarstellung aufgefasst, dass „selbst die eingelegte Beschwerde nicht die Abänderlichkeit (§ 534)"[292] hemme. Trotz dieser damals vorherrschenden Ansicht, unbefristet anfechtbare Beschlüsse auch vor (bzw.

---

[290] S. 431; dieser Entwurf wurde – jedenfalls hinsichtlich seiner Ausgestaltung des Beschwerdeverfahrens – ohne tiefgreifende Änderungen durch die CPO gesetzlich umgesetzt; zur Gesetzgebungsgeschichte der Reichsjustizgesetze vgl. *Rosenberg/Schwab/Gottwald*, § 5 I, S. 24.

[291] *Kunz*, S. 137 f.; da sich der Gesetzgeber lediglich gegen einen Vorrang der Gegenvorstellung und nicht, wie *Kunz* (S. 138) meint, gegen die Möglichkeit einer alternativen Gegenvorstellung entschied, ist diese neben der Beschwerde als statthafte Rechtsbehelfsoption anzusehen, vgl. *Kley*, S. 53, 64; *Schumann*, FS für *Baumgärtel* (1990), S. 491 ff., 495 f.; a.A. *Stein/Jonas/Grunsky*, 21. Aufl., § 567, Rn. 27; MünchKomm-ZPO/Aktualisierungsbd.-*Lipp*, vor § 567, Rn. 8 f.. Aufgrund ihres Charakters als bloße Anregung an das Gericht, von seiner Abänderungsbefugnis Gebrauch zu machen, zeigt sich ihre praktische Relevanz – abgesehen vom Falle eines offensichtlich abänderungsbereiten Instanzgerichts – gleichwohl erst gegenüber unanfechtbaren Entscheidungen.

[292] *Wach*, S. 128; ähnlich *Hellmann*, § 68, S. 324, demnach „binden die Beschlüsse den beschließenden Richter mit einer Ausnahme [scil. die mit der sofortigen Beschwerde angefochtenen] nicht, können m.a.W. von ihm selbst jederzeit abgeändert werden" [Klammervermerk stammt vom Autor].

ohne) Einlegung der einfachen Beschwerde der Abänderungsbefugnis des beschließenden Richters zu unterwerfen, sah der Gesetzgeber gleichwohl keine Notwendigkeit, dieser Auslegung des § 534 CPO durch eine gesetzliche Klarstellung entgegenzutreten. Da er vielmehr nur im Anwendungsbereich des § 540 Abs. 3 CPO die Unabänderbarkeit eines Beschlusses, die auch vor Einlegung der sofortigen Beschwerde Geltung beanspruche, festschrieb, ist davon auszugehen, dass die Abänderbarkeit der unbefristet anfechtbaren Beschlüsse gerade nicht von der Einlegung einer Beschwerde abhängen sollte. Festzuhalten bleibt damit, dass die gesetzliche Abhilferegelung in § 571 ZPO a.F. zwar die Gegenvorstellung in das Rechtsbehelfssystem der Beschwerde als unselbständigen Teil inkorporiert, aber die grundsätzliche Befugnis des beschließenden Richters, seine der einfachen Beschwerde unterliegenden Beschlüsse abzuändern, dadurch nicht beschnitten werden sollte.[293] Mithin ist es für die Abänderungsbefugnis des Instanzgerichts nicht erforderlich, dass insoweit einer eingelegten Beschwerde abgeholfen würde; diese Befugnis wird dem beschließenden Richter auch nicht durch die Einlegung einer unzulässigen oder unstatthaften Beschwerde genommen.

Wie *Pieper*[294] mit Recht konstatiert, beantwortet die gesetzgeberische Entscheidung für die Abänderbarkeit unbefristet anfechtbarer Beschlüsse auch die Frage nach der Innenbindung letztinstanzlicher Beschwerdeentscheidungen: Diese sind für das erlassende (Beschwerde-) Gericht abänderbar, wenn sie formell rechtskräftig, also nicht mehr mit einer weiteren Beschwerde angegriffen werden können, da sie ihrer Art nach der einfachen und nicht der sofortigen Beschwerde unterliegen. Nach sachlicher Entscheidung über das Rechtsmittel der Beschwerde besteht zudem, wie unter C I 2 d β dargestellt, der Devolutiveffekt des Rechtsmittels fort. Das Ausgangsgericht ist deshalb zu einer neuerlichen Entscheidung erst bei einer Veränderung der Sachlage auf neuen Antrag hin berechtigt.[295] Nur im Falle der Verwerfung einer unzulässigen Beschwerde erhält der iudex a quo erneut die Befugnis, seinen Beschluss abzuändern.

---

293 Dieses grundsätzliche Abänderungsrecht des beschließenden Richters liegt überdies der Begründung des Norddeutschen Entwurfes zugrunde. Danach sei die Anfechtung der Entscheidungen beauftragter oder ersuchter Richter nicht eigens zu normieren; denn es „sei bezüglich der Fälle, wo das Gericht *seine eigene Verfügung aufheben könne*, eine besondere Bestimmung über die Behandlung der Verfügungen einzelner Richter nicht erforderlich; es verstehe sich hier von selbst, daß das Prozessgericht demnächst von diesen Verfügungen abzugehen befugt sei. Wo dagegen die Voraussetzung nicht zutreffe, die *Beschwerde z.B. an eine Nothfrist gebunden sei*, müsse dieselbe an das höhere Gericht gehen“, Protokolle der Kommission zur Ausarbeitung des Entwurfs einer Civilprozeßordnung für die Staaten des Norddeutschen Bundes, S. 1562 f..

294 S. 56.

295 *Rosenberg/Schwab/Gottwald*, § 61 II 2 b, S. 338.

Schließlich sei in diesem Zusammenhang noch auf das Problem der Abhilfeverpflichtung hingewiesen. Entgegen einiger Stimmen in der Literatur löst nicht erst eine statthafte[296] oder gar insgesamt zulässige[297] Beschwerde eine entsprechende Pflicht des Gerichts aus. Die Pflicht zur Abänderung trifft das Gericht vielmehr schon dann, wenn eine begründete Beschwerde eingelegt wird.[298] So hat der Richter auch außerhalb des Beschwerdeverfahrens etwa im Falle letztinstanzlicher Beschwerdeentscheidungen, seine bindungsfreien Beschlüsse abzuändern, nachdem er deren Rechtswidrigkeit erkannte. Aus diesem Grunde muss er eine Gegenvorstellung daraufhin überprüfen, ob damit die Abänderung eines abänderbaren, fehlerhaften Beschlusses begehrt wird. Die Pflicht zur Prüfung des Beteiligtenvortrags und gegebenenfalls zur Fehlerkorrektur ergibt sich dabei aus der prozessualen Fürsorgepflicht des Gerichts bzw. aus dem Gebot des fairen Verfahrens (Art. 20 Abs. 3 GG).[299] Zumal dann, wenn sich der ZPO-Gesetzgeber gerade im Interesse der Recht- und Zweckmäßigkeit dafür entschied, bestimmte Beschlüsse der Abänderungsbefugnis des Richters zu unterwerfen, und insoweit in generalisierender Betrachtung etwaige Vertrauensschutz- bzw. Rechtssicherheitsaspekte hintanstellte. Das erlassende Gericht hat deshalb zumindest die Amtspflicht, diesen Spielraum auszunützen, um obigen Prozessgrundsätzen gerecht zu werden.[300] Zu diesem Ergebnis gelangt auch das Bundesverfassungsgericht. Stellten sich nämlich nach einer zivilprozessualen Beurteilung bestimmte gerichtliche Entscheidungen als abänderlich dar und werde aus diesem Grunde eine Gegenvorstellung zugelassen, sei der iudex a quo gehalten, auf Grundlage „einer am Rechtsstaatsgedanken orientierten Auslegung des Verfahrensrechts, diese auch sachlich zu bescheiden und im Falle begründeter Einwendungen den Verfahrensrügen selbst abzuhelfen“.[301] Dieser Pflicht zur Fehlerkorrektur hat der erlassende Richter aber auch dann nachzukommen, wenn der Beschwerte die Abänderung durch die Einlegung einer unstatthaften oder sonst unzulässigen Beschwerde zu erreichen versucht; zeigen doch gerade die gesetzgeberi-

---

296 *Rosenberg/Schwab/Gottwald*, § 61 II 2 b, S. 337, Fn. 70; *Thomas/Putzo*, 23. Aufl., § 571, Rn. 2; *Zöller/Gummer*, 22. Aufl., § 571, Rn. 2.

297 MünchKommZPO-*Braun*, § 571, Rn. 2.

298 *Fraga Novelle*, S. 55; *Stein/Jonas/Grunsky*, 21. Aufl., § 571, Rn. 2; *Pieper*, S. 55 f.; *Wieczorek*, 2. Aufl., § 571, Anm. A I a 1; OLG Hamm, MDR 1979, S. 942; KG JW 36, 1450; *Bettermann*, ZZP 88 (1975), S. 365 ff., 410.

299 Zur Fürsorgepflicht des Gerichts vgl. BVerfG, NJW 1992, 1496; BVerfGE 88, 118, 127; *Zöller/Vollkommer*, Einleitung, Rn. 101.

300 Vgl. auch *Zöller/Gummer*, 23. Aufl., § 567, Rn. 23; *Musielak/Ball*, § 572, Rn. 4; AK/*Ackermann*, § 567, Rn. 10; daneben auch *Hohmann*, JR 1991, S. 10 ff., 13; OLG Düsseldorf, NStZ 1989, S. 86.

301 BVerfGE 73, 322, 327.

schen Erwägungen, dass die Gegenvorstellung von der einfachen Beschwerde mitumfasst ist.[302]

## III. Die Gesetzeslage nach der Novellierung des Beschwerdeverfahrens durch das Gesetz zur Reform des Zivilprozesses vom 27. Juli 2001 (BGBl. I S. 1887)

Die Regeln über das Beschwerdeverfahren im Zivilprozess wurde durch das ZPO-Reformgesetz vom 27. Juli 2001 neu gefasst. Rücksichtlich der grundlegenden Änderungen des Rechtsmittelrechts in der Hauptsache sollte „auch das Beschwerderecht als Rechtsmittel gegen Nebenentscheidungen angepasst, vereinfacht und zum Zwecke der Verfahrensbeschleunigung gestrafft werden."[303]

### 1. Die generelle Befristung der Beschwerde gemäß §§ 567 Abs. 1, 569 Abs. 1 ZPO

Kernstück der Neukonzeption des Beschwerdeverfahrens ist neben der Einführung der Rechtsbeschwerde zum Bundesgerichtshof die generelle Befristung der Beschwerde und damit die Abschaffung der seit Inkrafttreten der Zivilprozessordnung geltenden Unterscheidung zwischen der nicht fristgebundenen, einfachen Beschwerde nach § 567 ZPO a.F. und der sofortigen, innerhalb einer Notfrist einzulegenden Beschwerde gemäß § 577 ZPO a.F..

Nach der Gesetzesbegründung diene eine allgemeine Befristung „dem berechtigten Interesse der Beteiligten nach Beschleunigung des Verfahrens und möglichst frühzeitig klaren Rechtsverhältnissen, während ein Gegeninteresse an der Möglichkeit einer unbefristeten, d.h. auch nach Monaten oder Jahren gegebenen Anfechtungsmöglichkeit, schwer zu erkennen ist, zumal bei nachträglicher Änderung der Sachlage ein neuer Antrag gestellt werden kann. Die bisher bei den unbefristeten, einfachen Beschwerden zu lösende Problematik der Verwirkung, der prozessualen Überholung oder des Missbrauchs, wenn eine Beschwerde erst nach sehr langer Zeit eingelegt wird, entfällt, so dass die Rechtsanwendung erleichtert und Rechtssicherheit erzielt wird."[304]

§ 567 Abs. 1 ZPO lautet nunmehr:

„Die sofortige Beschwerde findet statt gegen die im ersten Rechtszug ergangenen Entscheidungen der Amtsgerichte und Landgerichte, wenn

1. dies im Gesetz ausdrücklich bestimmt ist oder

---

302 Auch nach *Braun* (MünchKommZPO, § 571, Rn. 2) übernimmt die unzulässige Beschwerde die Funktion einer Gegenvorstellung, die das Gericht zur Änderung seiner Entscheidung anregen soll. Im Gegensatz zur zulässigen und begründeten Beschwerde begründe diese jedoch keine Pflicht zur sachlichen Prüfung des Beteiligtenvortrags und damit zur Fehlerkorrektur.

303 BT-Drucks. 14/4722, S. 68.

304 BT-Drucks. 14/4722, S. 111.

2. es sich um solche eine mündliche Verhandlung nicht erfordernde Entscheidungen handelt, durch die ein das Verfahren betreffendes Gesuch zurückgewiesen worden ist."

Hinsichtlich der Frist zur Einlegung der Beschwerde bestimmt § 569 Abs. 1 S. 1 ZPO:

„Die sofortige Beschwerde ist, soweit keine andere Frist bestimmt ist, binnen einer Notfrist von zwei Wochen bei dem Gericht, dessen Entscheidung angefochten wird, oder bei dem Beschwerdegericht einzulegen."

Die Einlegung aller zivilprozessualer Beschwerden ist also an eine zweiwöchige Notfrist gebunden, von der das Gesetz nur im Prozesskostenhilfeverfahren Abweichungen statuiert.[305]

2. Die Abhilfemöglichkeit des Ausgangsgerichts

Des weiteren wurde zum Zwecke der Straffung und Beschleunigung des Beschlussverfahrens eine generelle Abhilfebefugnis des iudex a quo eingeführt. Verbat § 577 Abs. 3 ZPO a.F. bisher dem Erstgericht, seine der sofortigen Beschwerde unterliegende Entscheidung abzuändern, und war dieses gemäß § 571 ZPO a.F. nur zur Abhilfe einer einfachen Beschwerde berechtigt, dehnt § 572 ZPO nunmehr die Abhilfebefugnis auf die sofortigen Beschwerden aus.

Dadurch werde dem iudex a quo eine schnelle Selbstkorrektur ermöglicht und eine Entlastung der Beschwerdegerichte erreicht. In der Gesetzesbegründung heißt es hierzu: „Die Abhilfebefugnis dient der Selbstkontrolle des Gerichts und erhält den Betroffenen die Instanz, was insbesondere in den Fällen der Verletzung des Anspruchs auf rechtliches Gehör sachgerecht ist. Sie verkürzt das Verfahren und entlastet das Beschwerdegericht, weil es mit der Korrektur von Fehlern, die das Ausgangsgericht selbst erkennt, oder mit der Nachholung des rechtlichen Gehörs von vorneherein nicht befasst wird. Das Verfahren kann auf diese Weise trotz der Fehlerhaftigkeit seinen endgültigen Abschluss in der ersten Instanz finden."[306] „Als weitere Nebenfolge ist zu erwarten, dass die Verfassungsbeschwerden und die außerordentlichen Beschwerden wegen greifbarer Gesetzeswidrigkeiten oder Verletzung des Anspruches auf rechtliches Gehör ohne Rechtsschutzeinbuße zurückgehen werden. Die generelle Abhilfebefugnis des Erstgerichts im neu geregelten Beschwerdeverfahren bildet auf diese Weise das erweiterte Gegenstück zum Abhilfeverfahren bei erstinstanzlichen unanfechtbaren Urteilen, die auf einer Verletzung des Anspruches auf rechtliches Gehör beruhen (§ 321 a ZPO - E)."[307]

---

305 Abweichende Fristregelungen finden sich in § 127 Abs. 2 S. 3 ZPO, der eine Monatsfrist gegen ablehnende PKH-Beschlüsse vorsieht, und in § 127 Abs. 3 S. 3 und S. 4 ZPO für das Beschwerderecht der Staatskasse.

306 BT-Drucks. 14/4722, S. 114.

307 BT-Drucks. 14/4722, S. 69.

§ 572 ZPO Abs. 1 ZPO erhielt durch das ZPO-Reformgesetz folgende Fassung:

„Erachtet das Gericht oder der Vorsitzende, dessen Entscheidung angefochten wird, die Beschwerde für begründet, so haben sie ihr abzuhelfen; anderenfalls ist die Beschwerde unverzüglich dem Beschwerdegericht vorzulegen. § 318 ZPO bleibt unberührt."

Der Gesetzeswortlaut des § 572 Abs. 1 Hs. 1 ZPO entspricht dem bisherigen § 571 Hs. 1 ZPO a.F. und befugt damit das Erstgericht, zivilprozessualen Beschwerden trotz ihrer Befristung abzuhelfen.

3. Konsequenzen dieser Änderungen für die an §§ 571, 577 Abs. 3 ZPO a.F. orientierte Methode der Ermittlung bindender zivilprozessualer Beschlüsse

Mangels einer gesetzlichen Unterscheidung zwischen Beschlüssen, die mit einfacher Beschwerde anzufechten sind, und solchen, die der sofortigen Beschwerde und damit dem Abänderungsverbot unterliegen, scheidet die überkommene rechtsklare Methode der Qualifizierung bindender Beschlüsse aus.

Da der Gesetzgeber das strikte Abänderungsverbot des § 577 Abs. 3 ZPO a.F. aber zugunsten einer generellen Abhilfebefugnis des Erstrichters (§ 572 Abs. 1 ZPO), die der bisherigen Regelung im Verfahren der einfachen Beschwerde (§ 571 ZPO a.F.) entspricht, aufhob, kommt zunächst in Betracht, die bisher nur für unbefristet anfechtbare Beschlüsse angenommene freie Abänderbarkeit nunmehr auf alle anfechtbaren Beschlüsse auszudehnen.

Weiterhin böte sich an, die Zuerkennung bindender Wirkung von der Qualifizierung einer Beschlussfunktion als urteilsähnlich bzw. streitentscheidend abhängig zu machen und dagegen Entscheidungen lediglich prozessleitender Art der freien Abänderungsbefugnis zu unterwerfen. Das generelle Abänderungsverbot nach § 577 Abs. 3 ZPO a.F., das bisher einer solchen Differenzierung entgegenzuhalten war,[308] wurde durch das ZPO-Reformgesetz abgeschafft.

Zu einem an der gesetzlichen Regelung orientierten und deshalb rechtsklaren Maßstab gelangte man schließlich, läge der Novellierung des Beschwerderechts die Vorstellung des Reformgesetzgebers zugrunde, dass das grundsätzliche Verbot der Abänderung bereits aus der generellen befristeten Anfechtbarkeit zivilprozessualer Beschlüsse folge. In diesem Falle wäre der iudex a quo nur ausnahmsweise zur Abänderung seines Beschlusses befugt, wenn dadurch einer begründeten (und zulässigen) Beschwerde gemäß § 572 ZPO abgeholfen würde; im Übrigen bliebe es bei der Innenbindung anfechtbarer Entscheidungen.

---

[308] Vgl. Ausführungen unter C II 2.

Im Folgenden werden diese Ansätze insbesondere daraufhin untersucht werden, ob sie mit dem Gesetzeswortlaut zu vereinbaren sind, dem mit dem ZPO-Reformgesetz verfolgten gesetzgeberischen Zielen entsprechen und schließlich zu praktikablen Ergebnissen verhelfen.

## IV. Rückgriff auf die Auslegung des § 571 ZPO a.F.

Nach § 571 Hs. 1 ZPO a.F. hat das Gericht oder der Vorsitzende, dessen Entscheidung angefochten wird, der Beschwerde abzuhelfen, wenn er sie für begründet erachtet. Wie oben aufgezeigt, wird dabei dem Gesetzeswortlaut nicht nur die Abänderbarkeit des Beschlusses behufs der Abhilfe einer Beschwerde entnommen, sondern darüber hinaus auch die grundsätzliche Bindungsfreiheit der unbefristet anfechtbaren Beschlüsse. Prima vista scheint auch die Neuregelung in § 572 Abs. 1 ZPO einer derartig extensiven Auslegung zugänglich zu sein.

### 1. Der Wortlaut des § 572 Abs. 1 ZPO und die Begründung der Neuregelung

Für eine Übertragung der Auslegung des § 571 ZPO a.F. auf den neugeregelten § 572 Abs. 1 ZPO spricht zuvörderst die wörtliche Übernahme der Abhilferegelung in das Verfahren der sofortigen Beschwerde bzw. die Streichung des Abhilfeverbots in § 577 Abs. 3 ZPO a.F.. Wie vormals der einfachen Beschwerde, so scheint der iudex a quo nun der sofortigen Beschwerde bereits dann abhelfen zu können, wenn er das Rechtsmittel für begründet erachtet. Ein bewusster Verzicht des Gesetzgebers, die Statthaftigkeit oder die fristgemäße Einlegung der Beschwerde zur Voraussetzung der Abhilfebefugnis zu erheben, lässt sich nicht von vorneherein ausschließen. Zudem dürfte der Gesetzgeber in Kenntnis der herrschenden Meinung, welche § 571 Abs. 1 ZPO a.F. als Ausfluss der grundsätzlichen Bindungsfreiheit und § 577 Abs. 3 ZPO a.F. als restriktives Verbot der Abänderung ansieht, den Wortlaut der Neufassung gewählt haben, weshalb gar die Entscheidung des Gesetzgebers zur freien Abänderbarkeit anfechtbarer Beschlüsse in Betracht zu ziehen ist. Dezidierte Aussagen finden sich in der Gesetzesbegründung aber wohlgemerkt nur zur neu geschaffenen Abhilfebefugnis des „Erstgerichts im Beschwerdeverfahren“[309]; ein ausdrückliches Bekenntnis zur generellen Bindungsfreiheit anfechtbarer Beschlüsse, welche ein Rückgriff auf die überkommene Auslegung der §§ 571, 577 Abs. 3 ZPO a.F. zwingend mit sich brächte, ist der Begründung der Novelle nicht zu entnehmen. Allenfalls geben einzelne gesetzgeberische Erwägungen über die Folgen der Gesetzesnovelle mittelbaren Anlass, eine Abschaffung bindender Beschlüsse durch das ZPO-Reformgesetz zu erwägen. So gibt der Gesetzgeber seiner Hoffnung Aus-

---

[309] BT-Drucks. 14/4722, S. 69; vgl. auch BT-Drucks. 14/4722, S. 114: „Die im geltenden Recht in § 571 vorgesehene Abhilfemöglichkeit, die bisher nur bei der unbefristeten, einfachen Beschwerde Anwendung findet, wird künftig für die sofortige Beschwerde generell eingreifen.“

druck, durch eine Stärkung der Selbstkontrolle des Erstgerichts die Zahl der Verfassungsbeschwerden und außerordentlichen Beschwerden wegen greifbarer Gesetzeswidrigkeiten oder Verletzung des Anspruches auf rechtliches Gehör vermindern zu können. Berücksichtigt man dabei, dass greifbare Gesetzeswidrigkeiten oder Verletzungen von Verfahrensgrundrechten, die in *anfechtbaren* Beschlüssen enthalten sind, bei der beschwerdegerichtlichen Überprüfung korrigiert werden, so kann eine relevante Reduzierung der genannten Rechtsbehelfe wohl nur dann erwartet werden, wenn die innerinstanzliche Fehlerkorrektur auch und gerade im Hinblick auf unanfechtbare Beschlüsse greift. Das setzt aber wiederum voraus, dass man dem beschließenden Richter die Möglichkeit der Abhilfe unstatthafter Beschwerden einräumt respektive eine generelle Abänderungsbefugnis an die Hand gibt. Ausgehend von einem solch weiten Verständnis des § 572 Abs. 1 ZPO ließe sich das Abhilfeverfahren dann in der Tat als „erweitertes Gegenstück zum Abhilfeverfahren bei erstinstanzlichen unanfechtbaren Urteilen, die auf einer Verletzung des Anspruches auf rechtliches Gehör beruhen (§ 321 a ZPO-E)“[310] bezeichnen. Freilich kann weder auf Grundlage dieser vagen Äußerungen in der Gesetzesbegründung noch infolge der Wortlautgleichheit der alten und neuen *Abhilfe*regelung zwingend auf die gesetzgeberische Entscheidung zugunsten der Bindungsfreiheit zivilprozessualer Beschlüsse geschlossen werden.

2. Beispielhafte Regelungen in der Verwaltungsgerichtsordnung, im Sozialgerichtsgesetz und in der Finanzgerichtsordnung

Weitergehende Anhaltspunkte verspricht dagegen eine Untersuchung der in der Gesetzesbegründung[311] ausdrücklich in Bezug genommenen anderen Verfahrensordnungen (§ 148 Abs. 1 VwGO, § 174 SGG, § 130 FGO), welche durchweg die Abhilfe befristeter Beschwerden zulassen.[312] Zu prüfen ist dabei, ob die Auslegungspraxis dieser beispielhaften Regelungen sich darauf beschränkt, dem Instanzgericht die Abhilfe einer zulässigen und begründeten Beschwerde zu ermöglichen, oder ob der beschließende Richter im verwaltungs-, finanz- und sozialgerichtlichen Verfahren die Befugnis besitzt, einer unzulässigen, weil unstatthaften oder verfristeten Beschwerde abzuhelfen bzw. erlassene Beschlüsse frei abzuändern. Ließe sich dabei eine vorherrschende Gesetzesinterpretation ausmachen, welche Grundlage eines stringenten Modells der Innenbindung gerichtlicher Beschlüsse böte, dürfte vom

---

310 BT-Drucks. 14/4722, a.a.O..

311 BT-Drucks. 14/4722, S. 114.

312 Nach § 147 Abs. 1 S. 1 VwGO sind Beschwerden im verwaltungsgerichtlichen Verfahren innerhalb einer zweiwöchigen Rechtsmittelfrist einzulegen. Auch § 173 SGG und § 129 FGO sehen eine generelle Befristung im sozial- bzw. finanzgerichtlichen Verfahren vor.

Gesetzgeber wohl auch die Übernahme dieser beispielhaften Auslegungspraxis gewollt sein.[313]

a) Die Abhilfebefugnis nach § 148 VwGO

§ 148 VwGO lautet: „Hält das Verwaltungsgericht, der Vorsitzende oder der Berichterstatter, dessen Entscheidung angefochten wird, die Beschwerde für begründet, so ist ihr abzuhelfen; sonst ist sie unverzüglich dem Oberverwaltungsgericht vorzulegen."

Wie § 571 ZPO a.F. spricht auch der Wortlaut des § 148 VwGO nur von der Begründetheit und nicht von der Zulässigkeit der Beschwerde. Der vorherrschenden Meinung zu § 571 ZPO a.F. gleich, vertritt deshalb *Meyer-Ladewig* die Ansicht, dass die Abhilfe auch einer unzulässigen Beschwerde zulässig sei. Selbst einer gegen eine unanfechtbare Entscheidung eingelegten Beschwerde dürfe der iudex a quo abhelfen, da die Abhilfebefugnis letztlich Ausfluss der Änderungsbefugnis von Amts wegen sei.[314] Für sich betrachtet scheint darin die Anerkennung einer freien Abänderbarkeit befristet anfechtbarer Beschlüsse zu liegen. Doch wird diese These keineswegs konsequent durchgehalten, was sich vor allem in den Erwägungen zur Statthaftigkeit der Gegenvorstellung zeigt.[315] Dabei geht *Meyer-Ladewig* weiterhin zutreffend davon aus, dass die Gegenvorstellung als Anregung der Wahrnehmung richterlicher Änderungsbefugnis statthaft sei, soweit das Gericht seine Entscheidung noch ändern könne.[316] Wäre aber der beschließende Richter – nach Maßgabe der extensiven Auslegung des § 148 VwGO – tatsächlich in der Lage, seine Beschlüsse von Amts wegen frei abzuändern, dürfte demgemäß an der Funktion der Gegenvorstellung als generell statthaften Rechtsbehelf gegen unanfechtbare Beschlüsse kein Zweifel verbleiben. Dieser Konsequenz der Ausgangsthese wird jedoch nicht Rechnung getragen. So sei die Gegenvorstellung gegen Beschlüsse, die der Beschwerde aufgrund des Ablaufs der Beschwerdefrist nicht mehr zugänglich seien, die in materielle Rechtskraft erwüchsen und die das Gericht aus allgemeinen prozessrechtlichen Grundsätzen bänden, unzulässig.[317] Die Bindung kraft allgemeiner Prozessgrundsätze

---

313 Maßgebend hat dabei freilich der *jeweilige Meinungsstand vor Inkrafttreten der ZPO-Reform* zu sein, denn nur diesen konnte der Gesetzgeber zur Grundlage seiner Novellierung machen; Rechtsprechung und Literatur nach dem 1. Januar 2002 (Art. 53 Nr. 3 ZPO-RG) bleibt deshalb außer Betracht.

314 In *Schoch/Schmidt-Aßmann/Pietzner*, VwGO, § 148, Rn. 3.

315 *Meyer-Ladewig*, in *Schoch/Schmidt-Aßmann/Pietzner*, VwGO, vor § 124, Rn. 13 ff.

316 *Meyer-Ladewig*, in *Schoch/Schmidt-Aßmann/Pietzner*, VwGO, vor § 124, Rn. 15. Sei dies der Fall, so verpflichteten letztlich rechtsstaatliche Erwägungen das Gericht, die in Form einer Gegenvorstellung vorgebrachten Einwendungen zu prüfen, um gegebenenfalls nach Erkenntnis der Rechtswidrigkeit die Entscheidung abzuändern, vgl. *Meyer-Ladewig*, in *Schoch/Schmidt-Aßmann/Pietzner*, VwGO, vor § 124, Rn. 21.

317 *Meyer-Ladewig*, in *Schoch/Schmidt-Aßmann/Pietzner*, VwGO, vor § 124, Rn. 16 ff..

resultiere dabei nicht aus der Innenbindung im eigentlichen Sinne, da die Verwaltungsgerichtsordnung eben keine § 577 Abs. 3 ZPO entsprechende Vorschrift beinhalte. Da auch § 318 ZPO nicht gelte, ließe sich eine Antwort auf die Frage nach der Bindung nur im Einzelfall mittels einer Abwägung zwischen den Erfordernissen der Gerechtigkeit und der Rechtssicherheit beantworten. Sei als Ergebnis dieser Abwägung ein Überwiegen des Bedürfnisses nach einer rechtssicheren Entscheidung zu konstatieren, vermöge das Gericht seine Entscheidung trotz nachträglicher Überzeugung von der Rechtswidrigkeit nicht abzuändern.[318]

Offen bleibt, aus welchem Grunde das Gericht diesen Einschränkungen nicht unterliegen soll, wenn der beschwerte Beteiligte gegen den formell rechtskräftigen Beschluss eine offensichtlich unstatthafte „Beschwerde" einlegt.[319] Letztlich entschiede die bloße Bezeichnung des Rechtsbehelfs über die Frage der Abänderbarkeit eines Beschlusses. Ein Ergebnis, das vor allem dann nicht überzeugen kann, wenn man wie *Meyer-Ladewig* davon ausgeht, dass – schon nach den Motiven der Reichscivilprozessordnung – die Beschwerde die Gegenvorstellung umfasse und deshalb die Befugnis, unzulässigen Beschwerden abhelfen zu dürfen, aus der allgemeinen Änderungsbefugnis zu folgern sei, welche wiederum die Beschlussabänderung außerhalb des Beschwerdeverfahrens ermögliche.[320] Jedenfalls lässt sich angesichts dieser Begrenzung richterlicher Selbstremedur von keiner freien Änderungsbefugnis sprechen, welche die von *Meyer-Ladewig* verfochtene Möglichkeit der Abhilfe unzulässiger Beschwerden ausreichend erklärte.

Unter ähnlichen Friktionen leidet die Ansicht *Schenkes*. Ihm zufolge sei die Abhilfe „einer nicht zulässigen, z.B. nach § 152 nicht statthaften oder verspätet eingelegten, aber sachlich berechtigten Beschwerde möglich, sofern die angegriffene Entscheidung nicht ausdrücklich vom Gesetz als unabänderlich bezeichnet ist; ebenso bei Gegenvorstellungen eines Betroffenen oder auch

---

318 *Meyer-Ladewig*, in *Schoch/Schmidt-Aßmann/Pietzner*, VwGO, vor § 124, Rn. 17 f..

319 Diese folgewidrige Diskrepanz vermeidet etwa *Bowitz* (Staats- und Kommunalverwaltung 1977, S. 142 ff., 144) der dem Ausgangsgericht zwar versagt, einer unzulässigen Beschwerde gemäß § 148 VwGO abzuhelfen, aber in der Folge das nicht statthafte oder verfristete Rechtsmittel in eine Gegenvorstellung umdeutet. Die Abänderung durch den Richter unterliegt damit in jedem Falle denselben Einschränkungen, gleichviel, ob sie durch eine unzulässige Beschwerde oder unmittelbar durch eine Gegenvorstellung angeregt wurde.

320 *Bettermann*, ZZP 88 (1975), S. 364 ff., 410; *Meyer-Ladewig*, in *Schoch/Schmidt-Aßmann/Pietzner*, VwGO, § 148, Rn. 3 (Fn. 10) bezieht sich ausdrücklich auf die Argumentation *Bettermanns*, ohne dieser im Rahmen der Kommentierung der Gegenvorstellung Rechnung zu tragen. Dass den Erwägungen für Beschlüsse, die nach der CPO bzw. ZPO ursprünglich mit der einfachen Beschwerde anzufechten waren, zu folgen ist, wurde bereits herausgearbeitet, C II 4 b. Bedenken bestehen jedoch gegen die Übertragbarkeit dieser Argumentation auf befristet anfechtbare Beschlüsse.

von Amts wegen nach den allgemeinen für Gegenvorstellungen geltenden Grundsätzen."[321] Im Gegensatz zur weiten Abänderungsbefugnis des iudex a quo nach Einlegung einer unzulässigen Beschwerde, stehe dem Gericht dieses Recht außerhalb eines förmlichen Rechtsmittelverfahrens aber nur nach Maßgabe der „allgemeinen für Gegenvorstellungen geltenden Grundsätze" zu; dies hat letztlich einen Vorbehalt zugunsten einer Beurteilung „nach allgemeinen prozessrechtlichen Grundsätzen", in der insbesondere „verletzte Grundrechte" bzw. die „Schwere des prozessualen Unrechts zu berücksichtigen" seien, zur Folge.[322] Diese Diskrepanz in den Voraussetzungen der Abänderbarkeit gerichtlicher Beschlüsse lässt sich nicht mit dem Charakter der Abhilfeentscheidung als Entscheidung in einem förmlichen Rechtsmittelverfahren rechtfertigen,[323] wenn gleichzeitig auf formelle Voraussetzungen des Rechtsmittels zur Gänze verzichtet wird und das Gericht auch offensichtlich unstatthaften „Beschwerden" gegen ausdrücklich unanfechtbare, letztinstanzliche Entscheidungen (z.B. § 152 VwGO) ohne weiteres abzuhelfen vermag.

Demgegenüber brauche nach *Happ*[324] die Beschwerde, deren Abhilfe in Frage steht, zwar nicht in jeder Hinsicht zulässig zu sein, insbesondere schränke das Versäumen der Beschwerdefrist die Abhilfebefugnis des iudex a quo nicht ein, jedoch sei zumindest die Statthaftigkeit des Rechtsmittels erforderlich, weil das Abhilfeverfahren eine im Grundsatz anfechtbare Entscheidung voraussetze. Die Abhilfe von Beschwerden gegen Beschlüsse oder Beschwerdeentscheidungen des Oberverwaltungsgerichts würde demnach ausscheiden, da diese Rechtsmittel nach §§ 146 Abs. 1, 152 Abs. 1 VwGO nicht statthaft wären. Eine allgemeine Abänderungsbefugnis von Amts wegen stehe dem beschließenden Richter nicht zur Seite. Eine Änderung könne nur nach Maßgabe gesetzlicher Bestimmungen, wie § 148 Abs. 1 VwGO oder § 80 Abs. 7 VwGO, vorgenommen werden.[325] Anders als etwa *Meyer-Ladewig* sieht *Happ* in § 148 VwGO keine deklaratorische Norm, in der die Bindungsfreiheit verwaltungsgerichtlicher Beschlüsse vorausgesetzt werde, sondern

---

321 *Kopp/Schenke*, § 148, Rn. 1; gleicher Ansicht ist *Redeker/v.Oertzen*, § 148, Rn. 2.

322 *Kopp/Schenke*, vor § 124, Rn. 9 ff., 10.

323 Dieser Differenzierungsgrund klingt aber bei *Kopp/Schenke* (vor § 124, Rn. 10) an, der die Frage nach der Befugnis des Gerichts „zur Änderung seiner Entscheidung *außerhalb eines förmlichen Rechtsmittelverfahrens* von Amts wegen oder auf Gegenvorstellung Betroffener hin" neu stellt, ohne den Unterschied zum weiten Abänderungsrecht nach Einlegung des Rechtsmittels der Beschwerde (§ 148 VwGO) weiter zu begründen.

324 *Eyermann/Happ*, 148, Rn. 4.

325 *Eyermann/Happ*, § 124, Rn. 5; zwar sei nach seiner Meinung die Gegenvorstellung auch gegen abänderliche Beschlüsse gewohnheitsrechtlich anerkannt (Rn. 7), doch gesteht er diesen Rechtsbehelf dem Beteiligten nur bei Verstößen gegen Verfahrensgrundrechte zu und gerade nicht mit dem Ziel, „eine für materiell fehlerhaft angesehene Entscheidung zu korrigieren" (Rn. 6).

qualifiziert die Abhilfebefugnis des § 148 VwGO als eine originäre Möglichkeit der Beschlussabänderung.[326] Gesteht man dem Richter die Möglichkeit zur Selbstkontrolle nur *im* Abhilfeverfahren zu, ist es konsequent, die Zulässigkeit des Rechtsmittels zur Abhilfevoraussetzung zu machen. Ansonsten ließe sich die Abhilfe kaum sinnvoll gegen eine verbotene Abänderung außerhalb des förmlichen Verfahrens abgrenzen; die grundsätzlich bestehende Innenbindung verwaltungsgerichtlicher Beschlüsse würde durch die Abhilfe offensichtlich unzulässiger Beschwerden unterminiert. Allerdings stellt sich in der Folge die berechtigte Frage, warum gerade die Statthaftigkeit einer Beschwerde die Abhilfemöglichkeit auslösen soll, in concreto, warum nicht auch der Ablauf der Beschwerdefrist die Eröffnung des Abhilfeverfahrens und damit die Befugnis zur Abänderung zu blockieren vermag.[327]

Mit diesem Bedenken trägt sich auch das OVG Berlin[328], welches einer Beschwerde gegen einen Abhilfebeschluss eines Verwaltungsgerichts mit der Begründung stattgab, dass einem zwar statthaften, aber eben verfristeten Rechtsmittel abgeholfen worden wäre. Nach Auffassung des Gerichts müsse der iudex a quo ebenso wie der iudex ad quem der Versäumung der Beschwerdefrist Rechnung tragen; deren Ausschlusswirkung stehe nicht zur Disposition des Verwaltungsgerichts. Die Möglichkeit der Abhilfe unzulässiger Beschwerden lasse sich auch nicht unter Hinweis auf die herrschende Meinung in der Zivilprozessordnung begründen. Letztere werde nämlich nur im Falle einer einfachen, nicht fristgebundenen Beschwerde vertreten.

Auch *Guckelberger*[329] tritt dieser Kritik bei. Der Wortlaut des § 148 Abs. 1 S. 1 VwGO sei insoweit nicht eindeutig. Stünde dem beschließenden Richter trotz der Versäumnis der Beschwerdefrist die Abhilfemöglichkeit offen, würde entgegen der Absicht des Gesetzgebers (§§ 57 Abs. 2 VwGO, 224 ZPO) faktisch eine Verlängerung der Notfrist ermöglicht. Dem abhelfenden Gericht können nicht mehr Befugnisse als dem Beschwerdegericht zustehen. Vor allem aber sei die Einlegung der Beschwerde im Interesse der Rechtssicherheit befristet worden, was es auch bei der Frage der Abänderbarkeit zu beachten gelte.

Diese Gegenansicht klingt zunächst einleuchtend, fußt aber bei genauerem Hinsehen auf einer petitio principii. Im Wesentlichen werden zwei scheinbar

---

[326] Diesen Blickwinkel verrät insbesondere auch sein Hinweis, dass es eine von den gesetzlichen Vorschriften unabhängige generelle Befugnis des Verwaltungsgerichts, seine Beschlüsse von Amts wegen abzuändern, nicht gebe, vgl. *Happ*, a.a.O.:,

[327] So auch *Stein/Jonas/Grunsky*, 21. Aufl., § 571, Rn. 4, Einl. vor § 511, Rn. 11, der hinsichtlich der Abhilfe unzulässiger (einfacher) Beschwerden darauf hinweist, dass die Statthaftigkeit unter den Zulässigkeitsvoraussetzungen eines Rechtsmittels keine Sonderstellung einnehme.

[328] OVG Berlin, 9. Juni 1995, Az. 8 S 190.95.

[329] In *Sodan/Ziekow*, § 148, Rn. 9 f..

selbständige Argumente angeführt. Zum einen diene die befristete Anfechtbarkeit der Erzielung einer rechtssicheren Entscheidung. Dieser Zweck werde nicht nur durch eine Überprüfung der Entscheidung in einer höheren Instanz, sondern gleichermaßen durch die Abänderung durch das erkennende Gericht vereitelt. Der Ablauf der Rechtsmittelfrist markiere damit sowohl die zeitliche Grenze der Anfechtbarkeit als auch der Abänderbarkeit eines Beschlusses. Insoweit ist zu konzedieren, dass eine Entscheidung der formellen Rechtskraft und der Innenbindung bedarf, um rechtssicher und endgültig eine Rechtsfolge aussprechen zu können. Da aber der Ablauf einer Rechtsmittelfrist zunächst nur im Zusammenhang mit der formellen Rechtskraft zu sehen ist,[330] impliziert diese Argumentation letztlich den Schluss vom Eintritt der formellen Rechtskraft auf die Innenbindung einer Entscheidung. Beide Entscheidungswirkungen dienen zwar der Rechtssicherheit, agieren aber im Grundsatz unabhängig voneinander. Als Beispiel für dieses Trennungsprinzip möge hier die prozessuale Situation bei der einfachen Beschwerde nach § 567 ZPO a.F. dienen. Letztinstanzliche Beschlüsse, die der einfachen Beschwerde unterliegen, werden nach der herrschenden Meinung zwar formell rechtskräftig und sind auf diese Weise vor einer (weiteren) Anfechtung durch die Beteiligten hinreichend geschützt.[331] Gleichwohl zeitigen sie keine bindende Wirkung, welche eine Abänderung durch den erkennenden Richter verböte. Dieser unterschiedliche Geltungsschutz im Anwendungsbereich der einfachen Beschwerde war stringent und wäre auch im Falle der Befristung eines Rechtsmittels (§ 147 Abs. 1 VwGO) zu akzeptieren, soweit dem Gesetzgeber nur am baldigen Eintritt der formellen Rechtskraft und nicht auch an der raschen Erzielung einer unabänderlichen und damit in jeder Hinsicht endgültigen Entscheidung gelegen hätte. Gerade darin liegt aber ein weiterer Mangel obiger Argumentation. Ohne eine eingehendere teleologische Betrachtung der §§ 147, 148 VwGO, in concreto einer hinreichenden Untersuchung der zugrundeliegenden gesetzgeberischen Vorstellung, wird als ratio legis der Anfechtungsbefristung die Innenbindung einer Entscheidung proklamiert. Die zweite grundsätzliche Erwägung liegt in der Postulation konvergenter Prüfungs- und Entscheidungsbefugnisse des iudex a quo und iudex ad quem. Die Befugnis des erkennenden Richters, einer begründeten Beschwerde abzuhelfen, hänge gleichermaßen, wie die „Änderungsbefugnis" des Beschwerdegerichts, von der Zulässigkeit des Rechtsmittels und damit der Wahrung der Rechtsmittelfrist ab. Diesem Denkansatz liegt erkennbar die Vorstellung zugrunde, dass der iudex a quo *über* das Rechtsmittel der Beschwerde entscheidet.[332] Plausibel wäre diese These jedoch nur dann, wenn der beschließende Richter tatsächlich dem „Anfechtungsprinzip" verpflichtet wäre und

---

330 §§ 173 VwGO, 705 ZPO, 19 EGZPO.
331 Nachweise unter C I 2 a.
332 So auch *Gilles*, S. 184.

nicht wie im Falle des § 571 ZPO a.F. kraft seiner allgemeinen Änderungsbefugnis und lediglich *auf* die Beschwerde hin handelte.[333] Würde er demgegenüber zur Abänderung durch § 148 VwGO nicht konstitutiv befugt, sondern stünde dieses Recht dem iudex a quo auch ohne Beschwerdeeinlegung zu, könnte es auf die formelle Zulässigkeit der Anfechtung nicht ankommen. Auch das Argument konvergenter Entscheidungsvoraussetzungen verfing demnach nur dann, basierte es auf der Erkenntnis der grundsätzlichen Innenbindung verwaltungsgerichtlicher Beschlüsse. Die gölte es dann auch außerhalb des Abhilfeverfahrens zu beachten.[334]

Die verwaltungsgerichtliche Rechtsprechung[335] schließlich beschäftigt sich mit der Innenbindung von Beschlüssen vornehmlich unter dem Blickwinkel der Zulässigkeit einer Gegenvorstellung gegen unanfechtbare gerichtliche Entscheidungen. Als gemeinsamer Ausgangspunkt dient dabei die Erkenntnis, dass die Gegenvorstellung als Anregung an das Gericht zu verstehen ist, seine Entscheidung von Amts wegen abzuändern. Abgesehen vom Ausnahmefall qualifizierter Fehlerhaftigkeit etwa bei der Verletzung von Verfahrensgrundrechten sei die Gegenvorstellung nur dann zulässig, wenn dem Gericht die Befugnis zur Abänderung seiner Entscheidung außerhalb des Abhilfeverfahrens zustünde. Dabei wird die bindende Wirkung verwaltungsgerichtlicher Beschlüsse und damit die Unzulässigkeit der dagegen gerichteten Gegenvorstellungen gemeinhin bei letztinstanzlichen Entscheidungen über die Zulassung eines Rechtsmittels gegen Urteile angenommen. So ist nach der Rechtsprechung des Bundesverwaltungsgerichts die Abänderbarkeit eines Beschlusses, der die Beschwerde der Nichtzulassung der Revision gemäß § 132 VwGO zurückweist, abzulehnen. „Denn mit der Zurückweisung der Nichtzulassungsbeschwerde wird die Entscheidung der Vorinstanz rechtskräftig (§ 133 V 3 VwGO), und ein durch rechtskräftige Entscheidung beendetes Verfahren kann nur mit den außerordentlichen Rechtsbehelfen wieder aufgenommen werden, die § 153 VwGO hierfür vorsieht."[336] Obgleich dem im Er-

---

[333] Vgl. dazu *Bettermann*, ZZP 88 (1975), S. 365, 410.

[334] *Guckelberger* geht zwar von einer grundsätzlichen Innenbindung verwaltungsgerichtlicher Beschlüsse aus. Dies zeigen insbesondere seine Überlegungen zur Gegenvorstellung; demnach sollen Gerechtigkeitsaspekte nur *ausnahmsweise* das Interesse an einer rechtssicheren unabänderlichen Entscheidung überwiegen, soweit gravierende Fehler, wie eine Verletzung des rechtlichen Gehörs, vorlägen. Begründet wird diese regelhafte bindende Wirkung jedoch nicht, *Guckelberger*, in *Sodan/Ziekow*, § 150, Rn. 10.

[335] Vgl. dazu u.a. OVG Weimar, Vors. des 3. Senats, NVwZ 1998, S. 1087 f.; OVG Koblenz, 11. Senat, 21. März 1990, Az. 11 A 74/88, 11 E 47/88; VGH Kassel, NJW 1987, S. 1354 f.; OVG Koblenz, NJW 1986, S. 1707 f.; BayVGH, BayVBl. 1972, S. 130 f..

[336] BVerwG, NJW 2001, S. 1294 f., 1294; erging der Verwerfungsbeschluss jedoch unter Verletzung des Grundsatzes des rechtlichen Gehörs, bejaht das BVerwG (NJW 1994,

gebnis sicherlich zuzustimmen ist, sind diese Erwägungen für eine grundsätzliche Klärung der Innenbindung verwaltungsgerichtlicher Beschlüsse nur von begrenztem Aussagewert. Im Ergebnis wird einem formellen und materiell rechtskräftigen Urteil eine Ausstrahlungswirkung unterstellt, ohne die Selbständigkeit der Beschlusswirkung auch nur in Betracht zu ziehen.[337] Darüber hinaus wird die Innenbindung eines verwaltungsgerichtlichen Beschlusses vielfach an dessen materielle Rechtskraft geknüpft. Den – der materiellen Rechtskraft fähigen – Entscheidungen komme dabei eine Bindungswirkung zu, die dem Gericht eine nachträgliche Änderung grundsätzlich verbiete.[338] Maßgebend für die Eingrenzung der materiell rechtskräftigen Beschlüsse sei die Eigenart des jeweiligen Beschlussgegenstandes. Soll nach Sinn und Zweck der getroffenen Entscheidung die entschiedene Streitfrage verbindlich und abschließend geregelt werden, sei die Rechtskraftfähigkeit des Beschlusses und damit die Innenbindung entweder aufgrund einer entsprechenden Anwendung des § 318 ZPO oder aus allgemeinen Erwägungen der Rechtssicherheit grundsätzlich zu bejahen.[339] Neben den genannten, Klageverfahren abschließenden Beschlüssen liege vor allem in den Entscheidungen nach § 47 VwGO[340], in Kostenfestsetzungsbeschlüssen[341] und in den stattgebenden oder versagenden Entscheidungen im einstweiligen Rechtsschutz gemäß §§ 80 Abs. 5, 123 VwGO[342] eine endgültige und bindende Regelung.

---

S. 674) ausnahmsweise eine Abänderung der Entscheidung zum Zwecke der Selbstkontrolle.

337 Die Auffassung, dass in den Fällen, in denen ein Beschluss zur formellen Rechtskraft des Urteils führt, dem Grundsatz der Rechtssicherheit der Vorzug vor dem Interesse an einer gerechten bzw. richtigen Entscheidung zu geben ist, vertritt die oberverwaltungsgerichtliche Rechtsprechung auch bezüglich der Beschlüsse nach § 124 a Abs. 5 VwGO, vgl. OVG Frankfurt (Oder), NVwZ 2001, S. 451; OVG Bremen, NordÖR 1999, S. 23; OVG Weimar, Vors. des 3. Senats, NVwZ 1998, S. 1087 f..

338 OVG Frankfurt (Oder), NVwZ 2001, S. 451; OVG Hamburg, JZ 1958, S. 67; *Clausing*, in *Schoch/Schmidt-Aßmann/Pietzner*, § 122, Rn. 4, 6.

339 *Clausing*, a.a.O., mit weiteren Nachweisen.

340 BVerwG, NVwZ 1986, S. 372, unter Hinweis auf die urteilsersetzende Funktion.

341 BayVGH, NVwZ-RR 1995, S. 362 f..

342 Zum Anordnungsverfahren etwa OVG Hamburg, NVwZ-RR 1994, S. 366 f.; VGH Kassel, NJW 1984, S. 378 f. OVG Münster, NJW 1984, S. 1577 ff.; OVG Münster, NVwZ 1983, S. 354f.; a.A. BayVGH, NJW 1985, S. 879 f.; VGH Kassel, DÖV 1968, S. 139; bejahend für das Verfahren über die Anordnung oder Wiederherstellung der aufschiebenden Wirkung (insbes. § 80 Abs. 5 VwGO) VGH Mannheim, NVwZ-RR 1995, S. 174 ff., 175; OVG Berlin, NVwZ 1990, S. 681 f.; OVG Lüneburg, NVwZ-RR 1995, S. 376 f.; ablehnend BayVGH, a.a.O.; vgl. auch *Clausing*, in *Schoch/Schmidt-Aßmann/Pietzner*, VwGO, § 121, Rn. 15 ff., mit weiteren Nachweisen.

Gegen eine solche unmittelbare Verknüpfung von materieller Rechtskraft und Innenbindung bestehen, wie eingangs geschildert,[343] dogmatische Bedenken. Stellt man diese gleichwohl hintan, zeigt sich eine methodische Parallele zum zivilprozessualen Ansatz[344], „urteilsähnlichen" bzw. „streitentscheidenden" Beschlüssen bindende Wirkung zuzumessen. Nach beiden Ansichten ist der konkrete Beschlussgegenstand zu betrachten, um das Bedürfnis nach einer unabänderlichen Entscheidung feststellen zu können. Dabei kommt aber auch der sinnentsprechende Ansatz in der Verwaltungsgerichtsordnung nicht über eine dezisionistische Aufzählung bindender Beschlüsse hinaus. Auf die Herausarbeitung handhabbarer Kriterien, vermöge derer materiell rechtskräftige Beschlüsse zuverlässig auszumachen wären, wird zur Gänze verzichtet.

Einen anderen Weg, bindende von abänderbaren Beschlüssen zu scheiden, verfolgt der Bayerische Verwaltungsgerichtshof.[345] Ausgehend von der Prämisse, dass der Frage der Zulässigkeit einer Gegenvorstellung und damit der Abänderbarkeit gerichtlicher Entscheidungen ein Konflikt zwischen Rechtssicherheit und Gerechtigkeit zugrunde liegt, sei grundsätzlich in Betracht zu ziehen, dass die Überprüfung einer Entscheidung durch eine höhere Instanz der Gerechtigkeit, die zeitliche Einschränkung der Rechtsmitteleinlegung dagegen der Rechtssicherheit diene. Die befristete Anfechtbarkeit bilde demnach eine Synthese dieser beiden konfligierenden Prinzipien. Rücksichtlich dieser gesetzlichen Wertentscheidung müsse dem Gericht die Befugnis, seine Entscheidungen außerhalb eines formell zulässigen Rechtsmittelverfahrens abzuändern, immer dann abgesprochen werden, wenn dieses Ziel durch die Einlegung eines befristeten Rechtsmittels hätte erreicht werden können oder aber die Abänderung einer Rechtsmittelentscheidung mit der Begründung begehrt wird, die sachliche Überprüfung der Vorentscheidung wäre fehlerhaft vorgenommen worden. Wurde dagegen ein von vorneherein unanfechtbarer Beschluss erlassen bzw. wird die Abänderung eines Rechtsmittelbeschlusses wegen des Verfahrens in der Rechtsmittelinstanz begehrt, könne der gesetzlichen Anordnung der befristeten Anfechtbarkeit keine Bedeutung für die Frage der Innenbindung entnommen werden. Nur im letzteren Falle stehe der Abän-

---

343 Ausführlich hierzu unter C I 2 b.

344 Vgl. C II 2 und C V; zu den daraus entstehenden Abgrenzungsschwierigkeiten vgl. die Rechtsprechung des BFH unter C IV 2 c.

345 BayVGH, BayVBl. 1972, S. 130 f.. Der Verwaltungsgerichtshof äußert sich nicht explizit zur Möglichkeit, einen Beschluss im Rahmen der Abhilfe einer unzulässigen, weil unstatthaften Beschwerde abzuändern; da er aber die ihm vorliegende Gegenvorstellung von vorneherein als unzulässig erachtet hätte, soweit deren „Ziel durch ein Rechtsmittel hätte erreicht werden können", kann davon ausgegangen werden, dass auch der BayVGH die Abhilfe einer unstatthaften Beschwerde ablehnt, stellt doch auch die Beschwerde nach vorherrschender Meinung ein Rechtsmittel dar; zur Rechtsnatur der einfachen Beschwerde allgemein vgl. *Fraga Novelle*, S. 26.

derung durch das Gericht und damit der Zulässigkeit eingelegter Gegenvorstellungen nicht die Befristung der Beschwerde entgegen.[346] Doch hätte der Verwaltungsgerichtshof die Abänderbarkeit der Entscheidung konsequenterweise auch im letztgenannten Falle ablehnen müssen. Denn auch der Begrenzung des Instanzenzugs liegt eine Abwägung des Gesetzgebers zwischen der materiellen und formellen Seite des Rechtsstaatsprinzips zugrunde. Dient die Überprüfung in der zweiten Instanz der Gerechtigkeit, verschafft demgegenüber die Unanfechtbarkeit einer Entscheidung der Rechtssicherheit Geltung. Somit bringt die gesetzliche Begrenzung des Instanzenzugs auf Ausgangs- und Beschwerdeinstanz die genannten Prinzipien zu einem Ausgleich, unabhängig davon, ob dadurch die Überprüfung der Vorentscheidung oder die Kontrolle des Verfahrens in der Beschwerdeinstanz abgeschnitten wird. Der vertretene Ansatz vermag folglich die Begrenzung der Innenbindung einer Beschwerdeentscheidung auf die Überprüfung der erstinstanzlichen Entscheidung nur schwerlich zu begründen.[347] Zudem ist auch dem Verwaltungsgerichtshof vorzuhalten, dass die „Synthese der formellen und materiellen Seite des Rechtsstaatsprinzips", die sich in der Befristung eines Rechtsmittels finde, letztlich nur die gesetzgeberische Entscheidung zur Unanfechtbarkeit und damit zur formellen Rechtskraft beschreibt. Indes dienen zwar sowohl die formelle Rechtskraft als auch die Innenbindung unzweifelhaft der Rechtssicherheit, doch vermag die bloße Gemeinsamkeit in der Zielsetzung eben nicht den Schluss von der Unanfechtbarkeit befristet anfechtbarer Beschlüsse auf deren Unabänderlichkeit zu tragen.

Diese Bedenken sind schließlich auch dem Teil der verwaltungsgerichtlichen Rechtsprechung entgegenzubringen, der befristet anfechtbare Beschlüsse gänzlich für unabänderlich erachtet, da die generelle Befristung der Beschwerde auch Ausdruck der gesetzgeberischen Absicht sei, einen baldigen Abschluss des Verfahrens herbeizuführen.[348] Um dieses Motiv nicht zu durchkreuzen bzw. das Vertrauen der Beteiligten, dank der Notfrist alsbaldig

---

[346] Im Interesse der Rechtssicherheit macht der BayVGH die Abänderbarkeit darüber hinaus davon abhängig, ob die „im Beschluss ausgesprochene Rechtslage im offenen Widerspruch zum Gesetz steht", BayVBl. 1972, S. 130 f., 131. Abgesehen von diesem Ausnahmefall verficht damit auch der BayVGH die grundsätzliche Innenbindung verwaltungsgerichtlicher Beschlüsse.

[347] Insoweit konsequent dagegen VGH Kassel, NJW 1987, S. 1354 f., 1355, der den „vom Gesetzgeber gewollten Abschluß des Verfahrens" generell dahin versteht, „daß Beschlüsse, die über ein Rechtsmittel oder einen Rechtsbehelf entscheiden und unanfechtbar sind, der Abänderung des darüber entscheidenden Gerichts entzogen sind".

[348] Wobei auch in diesen Entscheidungen die Notwendigkeit einer Ausnahme im Falle einer Verfahrensgrundrechtsverletzung betont wird, vgl. insbes. OVG Koblenz, NJW 1986, S. 1706 f., unter ausdrücklicher Bezugnahme auf die Ausführungen *Schneiders*, DRiZ 1965, S. 288 ff.; OVG Weimar, Vors. des 3. Senats, NVwZ 1998, S. 1087 f.; OVG Koblenz, Beschl. v. 21.3.1990, Az. 11 A 74/88, 11 E 47/88.

eine endgültige Entscheidung zu erlangen, nicht zu enttäuschen, sei grundsätzlich von der Unabänderlichkeit befristet anfechtbarer Beschlüsse auszugehen.[349]

Als Zwischenergebnis bleibt demnach festzustellen, dass sich die verwaltungsrechtliche Rechtspraxis trotz der generellen Abhilfebefugnis in § 148 Abs. 1 VwGO keineswegs zur allgemeinen Bindungsfreiheit befristet anfechtbarer Beschlüsse bekennt. Fernerhin konnte keine in ihrer Plausibilität und Verbreitung derart überlegene und deshalb für den ZPO-Reformgesetzgeber möglicherweise beispielhafte Ansicht zur Innenbindung von Beschlüssen ausgemacht werden. Als in sich schlüssig stellte sich allenfalls die Auffassung *Guckelbergers* dar, der die Abhilfe einer unstatthaften bzw. verfristeten Beschwerde ablehnt und gleichzeitig die grundsätzliche Innenbindung anfechtbarer Beschlüsse verficht. Dabei blieb jedoch die zugrundegelegte These – es entspräche dem Willen des Gesetzgebers, mittels der Befristung der Beschwerde baldigst für eine endgültige Entscheidung zu sorgen – unbelegt.

b) Die Abhilfebefugnis nach § 174 SGG

§ 174 SGG lautet: „Hält das Sozialgericht oder der Vorsitzende, dessen Entscheidung angefochten wird, die Beschwerde für begründet, so ist ihr abzuhelfen; sonst ist sie unverzüglich unter Benachrichtigung der Beteiligten dem Landessozialgericht vorzulegen."

Trotz des identischen Gesetzeswortlauts entbindet *Meyer-Ladewig*[350] das Gericht – anders als im verwaltungsgerichtlichen Verfahren – hier nicht von jeglicher Zulässigkeitsprüfung. Die Abhilfe einer begründeten Beschwerde setze zum einen voraus, dass die Beschwerde als Prozesshandlung wirksam eingelegt sei. Tatsächlich wird dadurch die Abhilfebefugnis des Sozialgerichts zwar nicht spürbar beschränkt, steht doch der Ablauf der Beschwerdefrist (§ 173 SGG) einer wirksamen Einlegung der Beschwerde nicht entgegen. Gleichwohl lässt sich an diesem Erfordernis ein Wandel des dogmatischen Verständnisses der Abhilfebefugnis ablesen. Betrachtete man Letztere nämlich als einen Ausfluss der freien Änderbarkeit gerichtlicher Beschlüsse und läge darob in der Abhilfe tatsächlich nur eine Entscheidung anlässlich der Beschwerde,[351] ließe sich ohne weiteres auch auf die wirksame Einlegung des Rechtsmittels verzichten. Zur Abänderung wäre dann nur die Begründetheit der Beschwerde, genauer die nachträglich bessere Einsicht des Gerichts in die

---

[349] Anlass zu diesen Erwägungen gaben zwar Gegenvorstellungen gegen Beschwerdeentscheidungen, vgl. etwa OVG Koblenz, NJW 1986, S. 1706 f., doch verfangen diese Argumente gleichermaßen bei der Betrachtung der Innenbindung erstinstanzlicher Beschlüsse, die mit Ablauf der Beschwerdefrist unanfechtbar wurden.

[350] SGG, § 174, Rn. 2.

[351] *Meyer-Ladewig*, in *Schoch/Schmidt-Aßmann/Pietzner*, VwGO, § 148, Rn. 3.

Rechtswidrigkeit seiner Entscheidung erforderlich. Die divergierende Gesetzesauslegung im Vergleich zu § 148 VwGO wird auch angesichts einer weiteren Voraussetzung der Abhilfebefugnis augenscheinlich. Die Beschwerde müsse nämlich „an sich gegeben sein, darf sich also nicht gegen eine Entscheidung richten, die unanfechtbar ist."[352] Vermag aber der iudex a quo nur solchen Beschwerden abzuhelfen, die sich gegen grundsätzlich anfechtbare Beschlüsse richten, wird die Statthaftigkeit der Beschwerde de facto zur Abhilfevoraussetzung erhoben.[353] Auch diese Ansicht setzt sich damit dem Einwand aus, der Statthaftigkeit unter den Zulässigkeitsvoraussetzungen eines Rechtsmittels, insbesondere gegenüber der Wahrung der Rechtsmittelfrist, unberechtigterweise eine Sonderstellung einzuräumen.

Freilich fußt dieses Verbot, unstatthaften Beschwerden abzuhelfen, nicht auf der grundsätzlichen Erkenntnis von der innerprozessualen Bindungswirkung unanfechtbarer Beschlüsse. Konterkariert wird das Abhilfeverbot nämlich durch die Befugnis des beschließenden Gerichts, einen unanfechtbaren Beschluss, etwa auf eine Gegenvorstellung hin, frei abzuändern. Nur Entscheidungen, die in materielle Rechtskraft erwüchsen, könnten danach nicht frei abgeändert werden.[354] Materielle Rechtskraft zeitigten dabei Beschlüsse, soweit sie selbständig und endgültig Entscheidungen träfen, wie etwa ein die Revision verwerfender Beschluss, Entscheidungen der Berufungsgerichte in Beschlussform, stattgebende oder zurückweisende Beschlüsse über Anträge auf Erlass einer einstweiligen Anordnung oder Kostenbeschlüsse nach §§ 192, 193, 197 SGG.[355] Im Unklaren bleibt insoweit, warum im Abhilfeverfahren nach § 174 SGG diese Bindungswirkung materiell rechtskräftiger Beschlüsse nicht zu beachten sei[356] respektive ein unanfechtbarer, nach obigem Ansatz

352 *Meyer-Ladewig*, SGG, § 174, Rn. 2; ebenso *Bley*, in *Bley/Gitter*, § 174, Anm. 2 b.

353 Das ergibt im Übrigen auch der Verweis (*Meyer-Ladewig*, a.a.O.) auf den Katalog unanfechtbarer Entscheidungen in der Kommentierung zu § 172, *Meyer-Ladewig*, SGG, § 172, Rn. 4, 5. Darunter finden sich neben Urteilen, Gerichtsbescheiden, revisiblen Beschlüssen auf Berufung hin (§§ 153 Abs. 4, 158 S. 3 SGG) auch unanfechtbare Beschlüsse des LSG und Beschlüsse, die kraft Gesetzes unanfechtbar sind. In Anbetracht dieser Aufzählung sind Beschlüsse schlechterdings undenkbar, die zwar anfechtbar sind, gegen die aber eine Beschwerde nicht statthaft sein soll. Infolgedessen erscheint es nicht nachvollziehbar, warum die Forderung nach einer statthaften Beschwerde gleichwohl als zu weitgehend erachtet wird, *Meyer-Ladewig*, SGG, § 174, Rn. 2.

354 *Meyer-Ladewig*, SGG, § 142, Rn. 3 a.

355 *Meyer-Ladewig*, SGG, a.a.O., und § 141, Rn. 5; auch die ins Felde geführte Selbständigkeit und Endgültigkeit einer Entscheidung beschreibt eher die Wirkungsweise der Innenbindung als dass sie in Grenzfällen als verlässliches Differenzierungskriterium taugte, vermöge dessen bindende von abänderbaren Entscheidungen abgegrenzt werden könnten.

356 Zwar würde bei einigen materiell rechtskräftigen Beschlüssen (z.B. §§ 153 Abs. 4, 158 SGG) die Abhilfe nach § 174 SGG schon mangels Statthaftigkeit der Beschwerde aus-

aber materiell nicht rechtskraftfähiger Beschluss auf Gegenvorstellung, aber nicht auf Beschwerde hin vom Ausgangsgericht abgeändert werden könne.

Auch das LSG Niedersachsen koppelt die Bindungswirkung von Beschlüssen an die materielle Rechtskraft.[357] Beschlüsse seien grundsätzlich frei abänderbar, da für sie keine Bindung nach §§ 318 ZPO, 202 SGG gesetzlich angeordnet werde; diese ergebe sich schon aus der Abhilfebefugnis nach § 174 SGG. Dies gelte jedoch nicht für Beschlüsse, die materiell rechtskräftig würden, insbesondere, wenn anstelle eines Urteils ein Streit entschieden werde. Klarzustellen ist hier, dass das Landessozialgericht den Wortlaut der Abhilferegelung zu Unrecht als Argument für seine Ansicht reklamiert. Der generalisierende Wortlaut des § 174 SGG bietet nämlich keine Ansatzpunkte für eine differenzierende Betrachtung verwaltungsgerichtlicher Beschlüsse. Räumt man der Vorschrift über das Abhilfeverfahren hinaus Maßgeblichkeit auch für die Frage der Abänderbarkeit von Beschlüssen ein, so würde dies im Gegenteil dagegen sprechen, mittels einer konkreten Untersuchung des Beschlussinhalts zwischen bindenden und abänderbaren Beschlüssen zu unterscheiden.

*Behn*[358] dagegen sieht die Befugnis des iudex a quo, unzulässigen Beschwerden gemäß § 174 SGG abzuhelfen, darin begründet, dass der Richter infolgedessen veranlasst werden solle, die ihm generell freistehende Änderung vorzunehmen. Das Recht zur Abhilfe solcher Beschwerden bestimme sich demnach nach der Änderungsbefugnis außerhalb des Abhilfeverfahrens. Dort seien wiederum nur Beschwerdeentscheidungen des LSG von einer Änderung

---

scheiden, doch blieben daneben andere Entscheidungen (z.B. Kostenbeschlüsse und Beschlüsse über Anträge auf einstweilige Anordnung des SG), deren materielle Rechtskraft keinen innerprozessualen Bestandsschutz zeitigte.

357 *Breithaupt* 68 (1979), S. 482; ebenso *Kummer*, in *Peters/Sautter/Wolff*, § 142, Rn. 42 ff..

358 In *Peters/Sautter/Wolff*, § 174, Rn. 4; die freistehende Änderungsbefugnis, deren Gebrauch auch durch eine unzulässige Beschwerde veranlasst werden könne, versucht Behn mit zwei Reichsgerichtsbeschlüssen (RGZ 33, 377, 37, 385) zu untermauern. Inmitten beider Entscheidungen standen jedoch Streitwertbeschlüsse, die – anders als sozialgerichtliche Beschlüsse – nur der einfachen und damit nicht fristgebundenen Beschwerde unterlagen. Auch wenn in der Fristbindung allein kein zwingender Beweis für die Innenbindung eines Beschlusses liegt, zeugt aber jedenfalls die Anwendbarkeit des § 534 CPO – anders als die des § 172 SGG – vom Verzicht des Gesetzgebers auf eine rechtssichere unabänderliche Entscheidung, ausführlich dazu unter C II 4 b. Vor allem jedoch war das Prozessgericht wie das Gericht der höheren Instanz nach § 16 GKG ohnehin berechtigt, von Amts wegen die Beschlüsse abzuändern. Dem lag wiederum die Erwägung zugrunde, dass „im Interesse der Staatskasse die Festsetzung keine bindende sein dürfe", RGZ 44, 406. Eine vergleichbare Gesetzeslage, die eine Heranziehung der Reichsgerichtsbeschlüsse rechtfertigen würde, besteht damit nicht.

ausgenommen.[359] Dieser Auffassung zufolge wäre dem iudex a quo die Möglichkeit zur Abhilfe einer begründeten Beschwerde nur dann verschlossen, wenn das Rechtsmittel in nicht statthafter Weise (§ 177 SGG) gegen eine Beschwerdeentscheidung des Landessozialgerichts eingelegt wurde. Dabei wird zur Begründung des Ausnahmecharakters von Beschwerdeentscheidungen einerseits auf einen Beschluss des OLG Stuttgart[360] verwiesen, in welchem die Abänderung einer Beschwerdeentscheidung „im Interesse der Rechtssicherheit und entsprechend den allgemeinen Grundsätzen über das Wesen der Rechtsmittel" abgelehnt wurde. Doch wurde bereits unter C I 2 e dargestellt, dass allein der Hinweis auf die Rechtssicherheit oder das Wesen des Rechtsmittelzuges nicht genügt, um die Innenbindung von Beschlüssen zu begründen. Denn ließe sich tatsächlich eine Regelungslücke hinsichtlich der Innenbindung im Beschlussverfahren ausmachen, wäre die Unabänderlichkeit bestimmter Beschlüsse – methodisch korrekt – durch eine analoge Anwendung der entsprechenden Vorschrift des Urteilsverfahrens (§ 318 ZPO) zu begründen. Der Maßstab läge dabei in der Vergleichbarkeit der Interessenlage, in concreto, inwieweit eine Abwägung der kompetitiven Prinzipien der Rechtssicherheit auf der einen Seite und der Einzelfallgerechtigkeit auf der anderen Seite tatsächlich ein überwiegendes, einem Urteil vergleichbares Interesse an der Bindungswirkung ergäbe. Die andere Entscheidung, auf der die Ansicht *Behns* aufbaut, ist ein Beschluss des Bundesfinanzhofs[361], in dem die Zulässigkeit einer Gegenvorstellung gegen Beschwerdeentscheidungen verneint wird. Voraussetzung einer zulässigen Gegenvorstellung sei nämlich das Recht des angegangenen Gerichts seine Entscheidungen abzuändern. An dieser Voraussetzung fehle es aber immer dann, wenn die Abänderung einer auf eine befristete Beschwerde hin ergangene unanfechtbare Beschwerdeentscheidung begehrt werde. Denn die selbständige, befristete Anfechtbarkeit diene gerade dem Zweck, eine Streitfrage rasch und endgültig zu klären.[362] Auch dieser Begründungsansatz überzeugt nicht. Zum einen fußt die Überlegung des Bundesfinanzhofs ersichtlich auf der unbewiesenen Annahme, dass Telos der Befristung der finanzgerichtlichen Beschwerde nicht nur die Unanfechtbarkeit, sondern auch die Unabänderlichkeit ist.[363] Selbst wenn sich aber belegen ließe, dass der Gesetzgeber der Befristung diese Aufgabe beimaß, könnte die Bindungswirkung nicht auf Beschwerdeentscheidungen beschränkt werden. Vielmehr wäre dann auch bei erstinstanzlichen Entscheidungen des Sozialgerichts davon auszugehen, dass der Ablauf der Beschwerdefrist für die beabsichtigte rasche und endgültige Klärung der Streitfrage sorgte. Das Glei-

---

359 In *Peters/Sautter/Wolff*, § 172, Rn. 33, § 177, Rn. 2, 4.
360 JZ 1959, S. 445 f..
361 BFH NV 1991, S. 463.
362 BFH, a.a.O..
363 Ausführlich dazu unter C I 2 a.

che gölte für erstinstanzliche Beschlüsse der Landessozialgerichte, da sie zumindest ihrer Art nach der befristeten Anfechtbarkeit unterlägen. Nähme man sodann wie *Behn* an, dass die Abhilfe unzulässiger Beschwerden auf der allgemeinen Änderungsbefugnis beruht, so wäre die Unabänderlichkeit der genannten Beschlüsse konsequenterweise auch bei der Entscheidung nach § 174 SGG zu berücksichtigen. Eine „freistehende Änderungsbefugnis", von der das Gericht auf eine unzulässige Beschwerde hin ohne weiteres Gebrauch machen könne, ist damit auch unter Zugrundelegung der Überlegungen *Behns* nicht auszumachen. Ein in sich schlüssiges, paradigmatisches Konzept der Innenbindung gerichtlicher Beschlüsse vermag damit auch die Ansicht *Behns* nicht zu entwerfen.

Einen völlig konträren Standpunkt zur zitierten sozialgerichtlichen Literatur nimmt *Zeihe*[364] ein. Das erkennende Gericht habe seiner Meinung nach keine freie Abänderungsbefugnis inne, sondern es sei vielmehr auf die Möglichkeit der Abhilfeentscheidung (§ 174 SGG) bzw. die ausdrücklichen gesetzlichen Bestimmungen der Abänderbarkeit (z.B. § 199 Abs. 2 S. 3 a.E. SGG) zu verweisen. So zeige gerade die Existenz dieser Bestimmungen, dass sozialgerichtliche Beschlüsse nicht schlechthin abänderbar seien; anderenfalls hätte es des gesetzlichen Hinweises auf die Abänderbarkeit nicht bedurft.[365] Die gegenteilige Auffassung im Zivilprozessrecht gründe sich auf der Unbefristetheit der einfachen Beschwerde und könne daher im sozialgerichtlichen Verfahren keine Geltung beanspruchen.[366] Vermöge das Gericht einen wirksamen Beschluss auch nach beliebiger Zeit noch abzuändern, sei dies schließlich mit dem Bedürfnis nach Rechtsfrieden und Rechtssicherheit nicht zu vereinbaren. Folgerichtig verneint *Zeihe*[367] die Abänderungsbefugnis der Landessozialgerichte, da sie dem Sinn eines fristgebundenen Beschwerdeverfahrens und dem Erfordernis der Rechtssicherheit zuwiderlaufe. Aus diesen Gründen lehnt er auch die Abhilfe unzulässiger Beschwerden gemäß § 174 SGG ab.[368] Ebenso wie dem Beschwerdegericht sei dem iudex a quo, etwa im Falle der Versäumnis der Beschwerdefrist, eine Entscheidung in der Sache versagt.[369] Dieser Denkansatz ist in sich schlüssig. Insbesondere korreliert die restriktive Auslegung der Abhilfebefugnis mit der gleichzeitig vertretenen Ansicht zur grundsätzlichen Frage der Abänderbarkeit sozialgerichtlicher Beschlüsse. Gleichwohl bleibt auch *Zeihe* den Nachweis schuldig, inwieweit der Fristbindung der Beschwerde tatsächlich das Gesetzesziel ent-

---

[364] *Zeihe*, § 142, Anm. 2b, § 172, Anm. 4 d; § 174, Anm. 4 c.
[365] *Zeihe*, § 142, Anm. 2b.
[366] *Zeihe*, a.a.O., § 172, Anm. 4 d.
[367] *Zeihe*, § 176, Anm. 4 e.
[368] *Zeihe*, § 174, Anm. 4 c; im Ergebnis ebenso *Leitherer*, Handbuch zum Sozialrecht, Rn. 797.
[369] A.a.O., vgl. auch *Zeihe*, § 172, Anm. 4 d.

nommen werden kann, neben der Unanfechtbarkeit für die baldige Unabänderlichkeit eines Beschlusses zu sorgen.

Auch im Anwendungsbereich des Sozialgerichtsgesetzes reüssiert keine Auffassung zur Innenbindung sozialgerichtlicher Beschlüsse, welche dem Gesetzgeber – aufgrund ihrer Stringenz und ihrer Verbreitung – bei der Übernahme der generellen Befristung einerseits und der Abhilferegelung andererseits als beispielhaft hätte erscheinen können. Schließlich entspinnt sich an der generellen Abhilfebefugnis gemäß § 174 SGG kein der Auslegung des § 571 ZPO a.F. vergleichbares Verständnis von der Abänderbarkeit gerichtlicher Beschlüsse.

c) Die Abhilfebefugnis nach § 130 Abs. 1 FGO

Der Wortlaut der finanzgerichtlichen Abhilfebestimmung deckt sich mit den entsprechenden Regelungen in § 148 VwGO und § 174 SGG.[370] Anders als in jenen Verfahrensordnungen besteht hier jedoch eine gefestigte Rechtsprechung des Bundesfinanzhofs, die dem Finanzgericht die Abhilfe einer unzulässigen Beschwerde versagt, gleichviel, ob die Beschwerde nicht statthaft ist[371] oder etwa erst nach Ablauf der Beschwerdefrist[372] eingelegt wurde. Hülfe dennoch das Finanzgericht etwa einer unzulässigen Nichtzulassungsbeschwerde ab, träfe es gar eine offenbar gesetzeswidrige Entscheidung, an welche sich der Bundesfinanzhof nicht gebunden fühlt.[373] Von diesem Verbot macht der Bundesfinanzhof keine Ausnahmen und misst insbesondere der Frage, ob der iudex a quo außerhalb des Rechtsmittelverfahrens zu einer Änderung der betreffenden Entscheidung berechtigt wäre oder sich auch insoweit einem Abänderungsverbot gegenübersähe, keine Bedeutung zu.[374]

Diese Einheitlichkeit der Rechtsprechung zum Umfang der Abhilferegelung im finanzgerichtlichen Beschwerdeverfahren steht im völligen Kontrast zum weitgespannten Meinungsspektrum, welches die Rechtsprechung des Bundesfinanzhofs zur Innenbindung finanzgerichtlicher Beschlüsse im Übrigen kennzeichnet.

---

370 § 130 Abs. 1 FGO lautet: „Hält das Finanzgericht, der Vorsitzende oder Berichterstatter, dessen Entscheidung angefochten wird, die Beschwerde für begründet, so ist ihr abzuhelfen; sonst ist sie unverzüglich unter Benachrichtigung der Beteiligten dem Landessozialgericht vorzulegen."

371 BFH/NV 1996, S. 60; BFH, BStBl. II 1984, S. 562 f.

372 BFH, BStBl. II 1989, S. 850 f..

373 BFH, a.a.O.; die Unzulässigkeit der Beschwerde ergab sich dabei aus dem Ablauf der Beschwerdefrist und nicht in Ermangelung der Statthaftigkeit des Rechtsmittels. Die Entscheidung erging vor Inkrafttreten des 2. FGOÄndG vom 19. Dezember 2000; gemäß § 115 Abs. 3, 5 FGO a.F. wäre das Finanzgericht also grundsätzlich zur Abhilfe der Nichtzulassungsbeschwerde befugt gewesen.

374 Vgl. BFH/NV 1997, S. 259 f., 517 f., zum Verbot der Abhilfe einer unzulässigen Beschwerde gegen einen versagenden PKH-Beschluss.

α) Die formelle Rechtskraft als Regelung der Innenbindung

Auf den ersten Blick scheint die strikte Interpretation des § 130 Abs. 1 FGO eine schlüssige Komponente eines einheitlichen Konzepts der Innenbindung finanzgerichtlicher Beschlüsse zu sein, welches durch die vorherrschende Rechtsprechung des Bundesfinanzhofs zur Abänderungsbefugnis des Richters außerhalb des Abhilfeverfahrens komplettiert wird. So lehnt der Bundesfinanzhof in der überwiegenden Zahl seiner Entscheidungen, die sich mit der Zulässigkeit der Beschlussabänderung beschäftigen, die Aufhebung oder Änderung einer formell rechtskräftigen Entscheidung auf eine Gegenvorstellung hin grundsätzlich ab.[375] Nur in den besonderen Fällen der Verletzung von Verfahrensgrundrechten oder willkürlicher Entscheidungen dürfe von dieser regelhaften Bindungswirkung abgewichen werden. Demzufolge markiere der Eintritt der formellen Rechtskraft die äußerste Grenze der Abänderbarkeit finanzgerichtlicher Beschlüsse. Dabei beschränke sich die bindende Wirkung der formellen Rechtskraft gerade nicht auf letztinstanzliche Beschwerdeentscheidungen, sondern führe insbesondere auch zur Unabänderlichkeit erstinstanzlicher Beschlüsse.[376] Mit der Unanfechtbarkeit käme einer Entscheidung immer auch innerprozessuale Bestandskraft zu. In der Folge wäre dem Finanzgericht nach Ablauf der zweiwöchigen Beschwerdefrist (§ 129 Abs. 1 FGO) die Möglichkeit der Beschlussabänderung abgeschnitten. Die Beschlüsse des Bundesfinanzhofs würden dabei bereits mit wirksamem Erlass unabänderlich, weil formell rechtskräftig.

Aus zweierlei Gründen verliert diese Rechtsprechung aber ihre anfängliche Überzeugungskraft. Zum einen konvergieren auch nach diesem Ansatz die Abänderungs- und Abhilfebefugnis des Ausgangsgericht nur eingeschränkt. Denn nimmt man an, dass die allgemeine Abänderungsbefugnis des iudex a quo mit Eintritt der formellen Rechtskraft endet, muss konsequenterweise – jedenfalls bis zu diesem Zeitpunkt – dem iudex a quo auch die Möglichkeit offen stehen, einer unzulässigen Beschwerde abzuhelfen. Die restriktive Auslegung des § 130 Abs. 1 FGO lässt sich damit nicht vereinbaren, was den ersten Eindruck einer einheitlichen Leitidee bindender Beschlüsse widerlegt.

Vor allem ist obiger Rechtsprechung aber die bedenkenlose Verknüpfung der Innenbindung eines Beschlusses mit dessen formeller Rechtskraft entgegen-

---

375 BFH/NV 2000, S. 1132; BFH/NV 1999, S. 499; BFH/NV 1998, S. 32; BFH/NV 1997, S. 887 f.; BFH/NV 1995, S. 534; BFH, 5. Senat, Beschluss vom 7. August 2002, Az. V S 14/02; vgl. auch BFH, 7. Senat, Beschluss vom 14. Mai 2002, Az. VII B 76/01; BFH, 10. Senat, Beschluss vom 10. September 2002, Az. X S 2/02;.

376 BFH, a.a.O.; jüngst bestätigt von BFH, 3. Senat, Beschluss vom 22 . Januar 2003, Az. III B 120/02, demnach sei eine formell rechtskräftige Zurückweisung eines Antrags auf Bewilligung von Prozesskostenhilfe nur in bestimmten Ausnahmefällen abänderbar, „wenn das Recht auf rechtliches Gehör des gesetzlichen Richters verstoßen worden ist oder die Entscheidung jeder gesetzlichen Grundlage entbehrt“.

zuhalten. Wie unter C I 2 a ausgeführt wurde, bezwecken zwar sowohl die formelle Rechtskraft als auch die Innenbindung den Geltungsschutz einer gerichtlichen Entscheidung, gleichwohl unterscheiden sie sich wesentlich in ihrem Adressatenkreis. Die formelle Rechtskraft richtet sich grundsätzlich an das übergeordnete Gericht im Instanzenzug, die Innenbindung dagegen an den erlassenden Richter. Die nur begrenzt vergleichbaren Wirkungsfelder bedingen grundsätzlich eine dogmatische Trennung beider Institute. Lediglich in dem Ausnahmefall, dass der Gesetzesgeber die Anfechtungsmöglichkeit nachweislich auch zur Herbeiführung einer endgültigen Gewissheit der im Streite stehenden Frage befristete, erscheint es gerechtfertigt, eine Interdependenz anzunehmen und etwa aus dem Ablauf der Anfechtungsfrist bzw. aus der Unanfechtbarkeit einer Entscheidung deren bindende Wirkung zu folgern. Der Bundesfinanzhof begnügt sich demgegenüber, die Unabänderlichkeit eines Beschlusses mit dem blanken Verweis auf die formelle Rechtskraft zu begründen, ohne sich dabei aber mit obigen Bedenken gegen eine derartige Schlussfolgerung auseinander zu setzen.

β) Die Selbstbindung des Gerichts als Folge materieller Rechtskraft

Vor allem der 11. Senat des Bundesfinanzhofs koppelt die Frage der Innenbindung von der formellen Rechtskraft einer Entscheidung ab. Demnach vermöge das beschließende Gericht einen formell rechtskräftigen Beschluss durchaus in zulässiger Weise abzuändern. So erkennt der Senat zum Beispiel Gegenvorstellungen als zulässige Rechtsbehelfe gegen ablehnende Prozesskostenhilfebeschlüsse an, „da diese lediglich formell, nicht jedoch materiell in Rechtskraft erwachsen“[377]. Würden Beschlüsse dagegen materiell rechtskräftig, seien sie für das beschließende Gericht weder aufhebbar noch abänderbar.[378] Materielle Rechtskraft zeitigten dabei Beschlüsse, deren Inhalt Gegenstand innerer Rechtskraft sein könne, was zunächst vor allem für urteilsvertretende Beschlüsse angenommen wurde.[379] Darüber hinaus wird inzwischen auch solchen Entscheidungen materielle Rechtskraftfähigkeit beigemessen, welche „selbständig und abschließend“ über eine Streitfrage entschieden.[380]

Zunächst ist wiederum klarzustellen, dass der Bestimmung der Innenbindung anhand der materiellen Rechtskraft dogmatische Bedenken entgegenzubrin-

---

377 BFH/NV 1998, S. 198.

378 BFH a.a.O.; BFH/NV 1996, S. 774 f.; BFH/NV 1995, S. 315; vgl. zudem BFH/NV 1999, S. 182 f.; BFH/NV 1991, S. 463; BFHE 128, 32, 89, 332.

379 Zum Revisionsverwerfungsbeschluss vgl. BFHE 89, 332, 128, 32.

380 Vgl. u.a. BFH/NV 1988, S. 180; BFH/NV 1991, S. 467, BFH/NV 1991, S. 547; BFH, 3. Senat, Beschluss vom 17. Juni 1999, Az: III S 1/99, unter Hinweis auf *Gräber/v.Groll*, § 110 Anm.1.

gen sind.[381] Wie aber schon im Rahmen der Darstellung der verwaltungsgerichtlichen Rechtspraxis bemerkt wurde, verbirgt sich hinter diesem verfehlten Ausgangspunkt letztlich die Maßgeblichkeit des konkreten Beschlussgegenstandes, anhand dessen das Bedürfnis nach einer unabänderlichen Entscheidung zu beurteilen ist. Insoweit deckt sie sich mit der Überlegung, nur urteilsähnlichen Beschlüssen eine den Urteilen entsprechende Unabänderlichkeit zu gewähren. Jedoch lässt sich auch dieser Ansatz nicht sinnvoll auf den Bereich außerhalb des Abhilfeverfahrens beschränken. Um Folgerichtigkeit zu wahren, hätte man desgleichen die Frage der Abhilfe unzulässiger Beschwerden obigem Maßstab unterstellen müssen. Diese Schlussfolgerung bleibt der Bundesfinanzhof schuldig und vertritt stattdessen die eingangs erwähnte restriktive Interpretation des § 130 FGO.

Schließlich birgt die Beurteilung des einzelnen Entscheidungsinhalts zudem die Gefahr der Rechtsunklarheit in sich. Die Eigenart eines Beschlusses, eine bestimmte Frage selbständig und abschließend zu entscheiden, lässt sich durchaus unterschiedlich beurteilen und vermag deshalb seine Aufgabe, als trennscharfes Differenzierungskriterium zu fungieren, nur sehr eingeschränkt zu erfüllen. Gerade die Rechtsprechung des Bundesfinanzhofs zur materiellen Rechtskraft finanzgerichtlicher Beschlüsse gibt Anlass zu dieser Einschätzung. So betrachtet etwa der 7. Senat des Bundesfinanzhofs die Ablehnung eines Prozesskostenhilfeantrags als materiell rechtskraftfähigen Beschluss, bei dem die Wiederaufnahme des Verfahrens gemäß § 134 FGO grundsätzlich statthaft sei.[382] Einen diametral entgegengesetzten Standpunkt vertritt der 11. Senat, demzufolge Beschlüsse, welche Anträge auf Bewilligung von Prozesskostenhilfe ablehnten, lediglich formell, nicht jedoch materiell in Rechtskraft erwüchsen und deshalb grundsätzlich auf eine Gegenvorstellung hin abänderbar seien.[383] Andere Gegenvorstellungen, die sich gegen *Beschwerde*entscheidungen richteten, wies der Senat in derselben Entscheidung als unzulässig zurück, da diese „materiell rechtskräftig geworden und daher weder abänder- noch aufhebbar" seien. Darunter befand sich auch ein Beschluss, mit dem der Bundesfinanzhof eine Beschwerde gegen die Versagung der Prozesskostenhilfe als unzulässig verwarf.[384] Welche Überlegung sich hinter dieser differenzierenden Betrachtung verbirgt, verdeutlicht eine jüngere

381 Dazu ausführlich unter C I 2 b.

382 BFH/NV 1993, S. 305; vgl. auch *Offerhaus*, in *Hübschmann/Hepp/Spitaler*, § 134, Rn. 6. Diese Entscheidungen ergingen zur alten Rechtslage vor Inkrafttreten des 2. FGO-Änderungsgesetzes vom 19. Dezember 2000; bis zu diesem Zeitpunkt war die Beschwerde gegen Beschlüsse im Verfahren der Prozesskostenhilfe statthaft, vgl. nunmehr § 128 Abs. 2 FGO.

383 BFH/NV 1998, S. 198; vgl. auch BFH/NV 1997, S. 704.

384 BFH/NV, a.a.O.; vgl. auch BFH/NV 1996, S. 774; *Schwarz*, in *Hübschmann/Hepp/Spitaler*, § 142, Rn. 290.

Entscheidung des 8. Senats, in der die Zulässigkeit einer Gegenvorstellung gegen eine Beschwerdezurückweisung verneint wurde. Zwar werde „von einigen Senaten des BFH die Gegenvorstellung gegen einen Beschluss des BFH über einen Antrag auf Prozesskostenhilfe als zulässig angesehen, weil dieser lediglich formell, aber nicht materiell in Rechtskraft erwachse. [...] Im Streitfall wendet sich der Antragsteller aber nicht gegen einen Beschluss des BFH, durch den sein Prozesskostenhilfeantrag abgelehnt worden ist, sondern gegen die Zurückweisung seiner Beschwerde gegen die ablehnende Entscheidung des Finanzgerichts (FG). Diese Beschwerde war nach § 128 der Finanzgerichtsordnung (FGO) alter Fassung zulässig und gemäß § 129 FGO fristgebunden. Ein Beschluss des BFH über eine fristgebundene Beschwerde wird auch materiell und nicht nur formell rechtskräftig und ist daher grundsätzlich weder änderbar noch aufhebbar."[385] Unabhängig vom eigentlichen, erstinstanzlichen Beschlussgegenstand liege demnach bereits in der Entscheidung über das fristgebundene Rechtsmittel der Beschwerde die – für die Rechtskraftfähigkeit maßgebliche – selbständige und abschließende Entscheidung.[386] Gleichwohl finden sich daneben auch zahlreiche Entscheidungen, in denen der Bundesfinanzhof – dessen ungeachtet – zwischen einzelnen Beschwerdeentscheidungen respektive deren Rechtskraftfähigkeit differenziert. So seien Beschlüsse, mit denen Beschwerden wegen einer Nichtzulassung der Revision verworfen würden, materiell rechtskräftig;[387] nicht aber Beschwerdeentscheidungen, die auf eine Beschwerde in Sachen der Anordnung zur Bestellung eines Bevollmächtigten[388], wegen einer abgelehnten Akteneinsicht[389] oder im Verfahren der Richterablehnung[390] ergingen. In diesen Fällen erweitert der Bundesfinanzhof den Kreis bindender Beschlüsse und billigt nicht nur materiell rechtskräftigen Beschlüssen Innenbindung zu, sondern spricht, ohne dies allerdings weiter zu begründen, dem Gericht die Befugnis zur Abänderung seiner Beschlüsse auch dann ab, wenn unanfechtbare Beschlüsse des Beschwerdegerichts vorlägen, welche aufgrund einer befristeten Beschwerde ergangen sind.[391]

---

385 BFH, 8. Senat, Beschluss vom 24. April 2002, Az. VIII S 2/02.

386 Vgl. insoweit auch 3. Senat, Beschluss vom 17. Juni 1999, Az. III S 1/99; BFH/NV 1999, S. 182 f..

387 BFH/NV 1997, S. 132 f..

388 BFH a.a.O.; a.A. BFH/NV 1996, S. 774, zur Verwerfung einer Beschwerde gegen die Bestellung eines Bevollmächtigten und die Zurückweisung eines Bevollmächtigten.

389 BFH/NV 1993, S. 485.

390 BFH/NV 1991, S. 463.

391 BFH/NV, a.a.O.; BFH/NV 1993, S. 485; BFH/NV 1999, S. 1368; a.A. BFH/NV 1997, S. 132 f.; in diesem Beschluss wiederum sah sich der 11. Senat trotz der Befristung des Rechtsmittels – die PKH-Beschwerde unterlag der Frist des § 129 Abs. 1 FGO (*Schwarz*, in *Hübschmann/Hepp/Spitaler*, § 142, Rn. 274) – als befugt an, eine Be-

Diese kurze Rechtsprechungsübersicht mag zum einen die rechtspraktischen Probleme vor Augen führen, welche entstehen, wenn die bindende Wirkung gerichtlicher Beschlüsse vom konkreten Beschlussgegenstand abhängig gemacht wird. Dass die daraus resultierende Unsicherheit in der Behandlung einzelner Entscheidungen der Rechtssicherheit abträglich ist, bedarf keiner weiteren Erläuterung. Zum anderen aber offenbaren einzelne Entscheidungen des Bundesfinanzhofs, dass eine konsequente Umsetzung seines Verständnisses des (Urteilsähnlichkeits- bzw.) Rechtskraftkriteriums zu unerwünschten Ergebnissen führte bzw. den Kreis bindender Beschlüsse zu eng zöge und deshalb – letztlich aber folgewidrig – das dogmatische Grundkonzept, welches eigentlich auf der Qualität des Beschlussgegenstandes aufbaut, in kaum nachvollziehbarer Weise modifiziert wird.

γ) Die generelle Rechtskraftfähigkeit der Beschwerdeentscheidungen des Bundesfinanzhofs

Die engen Grenzen innerprozessualer Bindungswirkung, die nach einer konsequenten Betrachtung des jeweiligen Beschlussgegenstands zu ziehen wären, bricht der Bundesfinanzhof vor allem im Bereich der Beschwerdeentscheidungen auf, welchen generell innerprozessualer Bestandsschutz zugebilligt wird. Dabei ist sich zunächst ins Gedächtnis zu rufen, dass eine Beurteilung des spezifischen Beschlussgegenstands, wie sie zur Ermittlung der Bindung zivilprozessualer Beschlüsse entwickelt wurde,[392] die scheinbar lückenhafte gesetzliche Regelung zum Anlass nimmt, im Einzelfall zu prüfen, ob sich ein dem Urteilsverfahren vergleichbares Bedürfnis nach einer bindenden und damit rechtssicheren Entscheidung feststellen lässt. Den Ausschlag gebe dabei die Qualität der konkreten Streitfrage, welche der zu untersuchende Beschluss zu entscheiden habe. Lässt sich sonach ein urteilsähnlicher und nicht nur prozessleitender Charakter des Beschlussinhalts nachweisen, spielt es für die Zuerkennung bindender Wirkung keine Rolle, in welcher Instanz darüber entschieden wurde. Umgekehrt wird ein Beschluss prozessleitender Funktion nicht schon dann urteilsähnlich, wenn er von einem Gericht übergeordneter Instanz erlassen wurde. Dies kann auch § 318 ZPO (bzw. § 322 ZPO) entnommen werden, der zwischen Urteilen verschiedener Instanzen nicht differenziert. Legt man diesen Maßstab zugrunde, so erscheint es demnach verfehlt, einer sachlichen Beschwerde*zurückweisung* materielle Rechtskraft und damit Unabänderlichkeit beizulegen, dies aber bei einer sachlich entsprechenden, erstinstanzlichen Entscheidung des Finanzgerichts oder des Bundesfinanzhofs abzulehnen. Da der prozessuale und sachliche Streitgegenstand erster Instanz gleichzeitig den Gegenstand der sachlichen Rechtsmittelent-

---

schwerdeentscheidung über die Anordnung zur Bestellung eines Bevollmächtigten abzuändern, da es dieser an materieller Rechtskraft ermangele.

392 Siehe insoweit die Darstellung unter C II 2.

scheidung darstellt, muss die Beschwerdezurückweisung hinsichtlich ihrer Qualität und damit der materiellen Rechtskraftfähigkeit denklogisch mit der des angegriffenen Beschlusses konvergieren.[393] Verneinte man also zum Beispiel den urteilsähnlichen Charakter einer Prozesskostenhilfeversagung, so fehlte dieser auch der insoweit ergehenden Beschwerdezurückweisung.[394] Von der Abänderlichkeit müsste selbst dann ausgegangen werden, wenn man der Beschwerdezurückweisung eine abschließende, selbständige und damit – nach Ansicht des Bundesfinanzhofs – urteilsähnliche Entscheidung über den *prozessualen* Rechtsmittelgegenstand entnähme. Dann wäre zwar unter Umständen die Zulässigkeit der Beschwerde bindend festgestellt;[395] gleichwohl würde der iudex ad quem dadurch nur gehindert, die Beschwerde*zurückweisung* in eine Beschwerde*verwerfung* abzuändern, jedoch nicht, die Entscheidung in der Sache zu revidieren. Schließlich steht auch der Devolutiveffekt der Beschwerde einer Änderung des Beschlusses nicht entgegen. Nach einer sachlichen Rechtsmittelzurückweisung dauert die devolvierende Wirkung der Beschwerde fort, so dass die Abänderungskompetenz weiterhin dem Rechtsmittelgericht obliegt.[396] Soweit also obige Rechtsprechung eine sachliche Beschwerdezurückweisung – trotz des keineswegs streitentscheidenden oder urteilsähnlichen Charakters der angefochtenen Ausgangsentscheidung – als

---

393 Zum prozessualen und sachlichen Rechtsmittelgegenstand der Beschwerdeentscheidung vgl. *Ratte*, S. 85 f..

394 Diesen Zusammenhang erkennt BFH/NV 1997, 799: „Allerdings ist die Gegenvorstellung gegen einen Beschluss des BFH über die Ablehnung eines Antrags auf die PKH statthaft. Denn gegen diesen Beschluss ist einerseits die Beschwerde nicht gegeben, andererseits erwächst er nicht in materielle Rechtskraft. Insoweit ist ebenso wie im Fall einer Beschwerdeentscheidung über die Ablehnung eines PKH-Antrags die Gegenvorstellung auch statthaft gegen einen vom BFH erlassenen ablehnenden Beschluss".

395 Dass eine Sachentscheidung aufgrund des Vorrangs der Zulässigkeitsvoraussetzungen eine rechtskraftfähige Feststellung der Zulässigkeit der Klage oder des Rechtsmittels in sich trägt, ist zumindest für das erstinstanzliche Sachurteil keineswegs unumstritten, vgl. dazu MünchKommZPO-*Gottwald*, § 322, Rn. 163. Dabei ist auch zu beachten, dass nach wohl herrschender Meinung die Zulässigkeit der Beschwerde sogar offen bleiben könne, wenn die Beschwerde jedenfalls unbegründet ist, vgl. OLG Köln, NJW 1974, S. 1551 mit zust. Anm. *Gottwald*, NJW 1974, S. 2241; KG Berlin, NJW 1976, S. 2353; *Musielak/Ball*, § 572, Rn. 11; *Zöller/Gummer*, § 572, Rn. 20; *Stein/Jonas/Grunsky*, 21. Aufl., § 575, Rn. 1. Ausgehend von dieser Meinung käme eine materiell rechtskräftige Feststellung der Zulässigkeit des Rechtsmittels durch eine sachliche Beschwerdezurückweisung ohnehin nicht in Betracht.

396 Zum Einfluss der Rechtsmittelentscheidung auf die Abänderbarkeit vgl. die Ausführungen unter C I 2 d.

materiell rechtskräftig und damit unabänderlich einstuft, befindet sie sich im unauflöslichen Widerspruch mit ihrem argumentativen Ausgangspunkt.[397]

Demgegenüber ist bei der Betrachtung der Beschwerde*verwerfung* zunächst zu berücksichtigen, dass nach einer verwerfenden Rechtsmittelentscheidung die Anfallswirkung nur hinsichtlich des prozessualen Rechtsmittelgegenstandes fortdauert[398] und es aus diesem Grunde dem Beschwerten grundsätzlich freistünde, beim iudex a quo die Abänderung des erstinstanzlichen Beschlusses anzuregen.[399] Auch die Bindung im Instanzenzug verböte diese Vorgehensweise nicht, da lediglich eine Entscheidung über die Zulässigkeit des Rechtsmittels vorläge und somit der Primat der sachlichen Rechtsmittelentscheidung nicht griffe. Als prozessual zulässiger Weg, eine abweichende Entscheidung in der Sache zu erreichen, bietet sich aber auch die Überprüfung und Aufhebung des Verwerfungsbeschlusses durch das Rechtsmittelgericht an. Höbe der iudex ad quem seine Rechtsmittelentscheidung auf, erstarkte der Devolutiveffekt der Beschwerde; eine erneute (nun auch sachliche) Rechtsmittelentscheidung schiene erreichbar. Die Abänderbarkeit der Beschwerdeverwerfung bestimmt sich dabei wiederum nach der Innenbindung des obergerichtlichen Beschlusses.[400] So wurde bereits unter C I 2 b β behufs der Abgrenzung der Innenbindung von der materiellen Rechtskraft erläutert, dass eine Rechtsmittelverwerfung grundsätzlich keinen eigenen außerprozessualen Wirkungsraum hat, sondern völlig im innerprozessualen Verfahrensraum des angefochtenen Urteils oder Beschlusses aufgeht. Sowohl die Wiederholung der Beschwerde als auch die Gegenvorstellung zum Beschwerdegericht verstießen damit gegebenenfalls gegen die innerprozessuale Bindungswirkung der Beschwerdeverwerfung. Selbst im Falle einer nachträglichen Veränderung des entscheidungserheblichen Sachverhalts, könnte der Beschwerdeführer die bindend festgestellten Zulässigkeitsmängel seines Rechtsmittels nur dann „heilen“, wenn er – noch vor Ablauf der offenen Beschwerdefrist – entweder sein Rechtsmittel erneut einlegte oder die entsprechende Abänderung der

---

397 Aus diesem Grunde ist es etwa abzulehnen, dass der 8. Senat des BFH in seinem Beschluss vom 24. April 2002 (Az. VIII S 2/02), in dem er über die Zulässigkeit einer Gegenvorstellung gegen eine Beschwerdezurückweisung zu entscheiden hatte, die Frage, ob der angegriffene PKH-Beschluss materiell rechtskräftig würde, dahingestellt sein ließ.

398 Ausführungen hierzu unter C I 2 d.

399 Schon rücksichtlich dieser unterschiedlichen Abänderungszuständigkeit erscheint es problematisch, wenn die Beschwerdeentscheidung offen lässt, ob die Beschwerde als unzulässig verworfen oder als unbegründet zurückgewiesen wird, zur abweichenden Ansicht vgl. Nachweise in Fn. 395.

400 Die formelle Rechtskraft des *angefochtenen* Beschlusses scheidet als Maßstab der Abänderbarkeit der Beschwerdeentscheidungen von vorneherein aus, setzt sie doch gerade die Innenbindung der Rechtsmittelentscheidung voraus, vgl. Ausführungen unter C I 2 b γ.

Rechtsmittelentscheidung erfolgreich anregte. Nach Ablauf der Anfechtungsfrist sorgt dagegen die innerprozessuale Bindungswirkung respektive deren Novenfestigkeit im Interesse der Rechtssicherheit und -klarheit für eine endgültige Unabänderlichkeit der Beschwerdeverwerfung.[401] Misst man demnach der Beschwerdeverwerfung tatsächlich bindende Wirkung bei, erschiene die kategorische Ablehnung der Abänderbarkeit grundsätzlich plausibel. Begreift man dagegen, wie der Bundesfinanzhof[402], die Bindung einer Entscheidung als Auswirkung der materiellen Rechtskraft innerhalb des Verfahrens, verliert obige Schlussfolgerung ihre Stimmigkeit. Die Selbstbindung verböte die Abänderung eines Beschlusses nur, *soweit* dessen materielle Rechtskraft reichte. Die Gegenvorstellung des Beschwerdeführers bzw. die avisierte abändernde Entscheidung dürfte zwar „nicht in Widerspruch zu einer früheren Verwerfungsentscheidung stehen, [...] die dem Richter [...] im weiteren Verfahren ein abweichendes Erkenntnis verwehrt. Wie weit die Bindung an die Vorentscheidung reicht, bestimmt sich nach deren Rechtskraftumfang. [...] Das bedeutet, daß derselbe Sachverhalt, der bereits Gegenstand einer früheren Verwerfungsentscheidung war, bei der Prüfung der Zulässigkeit des erneut eingelegten Rechtsmittels nicht anders beurteilt werden darf.“[403] Soweit sich der Sachverhalt in entscheidungserheblichen Punkten veränderte, führte die Ansicht des Bundesfinanzhofs damit zur Abänderbarkeit der Rechtsmittelverwerfung und damit zur Zulässigkeit einer dahingehenden Gegenvorstellung. Anders als die Innenbindungswirkung reicht die Wirkung der materiellen Rechtskraft eben nicht über die zeitlichen Grenzen des Streitgegenstandes hinaus.[404] Die strikte Ablehnung der Abänderbarkeit der Rechtsmittelverwerfung durch den Bundesfinanzhof ist damit im Ergebnis zwar zutreffend, wird aber der eigenen Gedankenführung nicht gerecht.[405] Darüber hinaus bieten gerade die Entscheidungen zur Abänderbarkeit der Beschwerdeverwerfung Gelegenheit, den nach Ansicht des Bundesfinanzhofs maßgeblichen Aspekt einer urteilsähnlichen bzw. rechtskraftfähigen Entscheidung näher zu betrachten. So weist der Bundesfinanzhof insbesondere zur Begründung der Rechtskraftfähigkeit von Beschwerdeverwerfungen wiederkehrend

---

401 Ausführlich hierzu unter C I 2 b β und γ.

402 Die Beschwerdeentscheidung sei nach dem BFH „materiell rechtskräftig geworden und daher weder abänderbar noch aufhebbar. Die *Rechtskraft bindet* nicht nur die Beteiligten, sondern auch *das Gericht.*“ BFH/NV 1997, 132 f. [textliche Hervorhebung durch den Autor]; BFH/NV 1996, 774 f..

403 BGH, NJW 1991, S. 1116 ff.; zu den Grenzen der materiellen Rechtskraft vgl. auch BFHE 89, 332; BFH/NV 1988, 180; BFH/NV 1991, 547.

404 Beachte hierzu C I 2 b γ.

405 Diese Unstimmigkeit spricht freilich nicht primär gegen den methodischen Ansatz, die bindende Wirkung vom konkreten Beschlussgegenstand abhängig zu machen, sondern vor allem gegen die vom BFH vertretene, bedenkenlose Gleichschaltung von materieller Rechtskraft- und Innenbindungswirkung.

darauf hin, dass die Entscheidung in materielle Rechtskraft erwüchse, da schließlich über das Rechtsmittel der Beschwerde *selbständig und abschließend* entschieden würde.[406]

Das jeweilige Maß an *Selbständigkeit* scheint der Bundesfinanzhof danach zu bemessen, inwieweit der konkrete Beschluss, hier die Beschwerdeverwerfung, in einem gesonderten, vom übergreifenden Urteilsverfahren scheidbaren Verfahren ergeht. Die Kriterien für die Selbständigkeit eines Verfahrens lässt er dabei freilich im Unklaren; in Betracht käme, die Verselbständigung an der besonderen gesetzlichen Ausgestaltung, der besonderen Zweckbindung oder dem separaten Prozessgegenstand des Verfahrens festzumachen. Doch sähe man darin tatsächlich hinreichende Gesichtspunkte der Urteilsähnlichkeit, würde neben der Beschwerdeverwerfung erst recht den Beschlüssen im Prozesskostenhilfe- und im Richterablehnungsverfahren Urteilscharakter zuteil.[407] Gerade diesen Entscheidungen spricht der Bundesfinanzhof aber die Urteilsähnlichkeit ab.

Für die Urteilsähnlichkeit eines Beschlusses zu postulieren, dass in der Sache *abschließend* entschieden werden müsse, kommt gar einem logischen Fehlschluss gleich: Abschließend entschieden wird über einen konkreten Prozessgegenstand nämlich nur dann, soweit es ausgeschlossen ist, dass über die selbe Frage abweichend befunden bzw. die erlassene Entscheidung aufgehoben oder abgeändert wird. Nur in diesen Fällen hat eine Entscheidung abschließenden bzw. endgültigen Charakter. Die Frage aber, ob bestimmte Beschlüsse abänderlich sind oder davon abgewichen werden darf, bildet gerade den Ausgangspunkt der vorliegenden Untersuchung, gilt es doch Beschlüsse mit Innenbindungswirkung von abänderlichen Beschlüssen zu scheiden.[408]

Diese Friktionen in der Rechtsprechung zeigen letztlich das Bedürfnis, bestimmte Beschlüsse vom Grundsatz der Maßgeblichkeit des konkreten Beschlussgegenstandes auszunehmen und die Frage der Innenbindung unabhängig vom – als im Ergebnis unpassend befundenen – dogmatischen Ansatz zu beantworten.

---

406 Vgl. etwa BFH, 3. Senat, Beschluss vom 17. Juni 1999, Az. III S 1/99; BFH/NV 1991, 547; BFH/NV 1989, 180.

407 Ausführlich zum Sonderverfahrenscharakter als Merkmal der Urteilsähnlichkeit einer Entscheidung siehe unter C V 3 b α.

408 Der abschließende Charakter eines Beschlusses lässt sich auch nicht an der Erschöpfung des Beschwerdewegs festmachen. Eine letztinstanzliche Entscheidung ist zwar vor einer Abänderung durch die übergeordnete Instanz geschützt, jedoch sagt die formelle Rechtskraft grundsätzlich nichts über die Abänderbarkeit der Entscheidung durch das erkennende Gericht aus.

### δ) Die befristete Anfechtbarkeit als Kriterium der Innenbindung

In anderen Entscheidungen gesteht sich der Bundesfinanzhof die partielle Insuffizienz seines Ansatzes ein[409] und versucht, das überschießende Bedürfnis nach Innenbindung zu kompensieren, indem er Beschwerdeentscheidungen bindende Wirkung zuerkennt, soweit sie auf eine befristete Beschwerde hin ergangen sind.[410] Den Ausgangspunkt dieser Rechtsprechung bildet eine Entscheidung zur Bindungswirkung einer Beschwerdezurückweisung, die in einem Richterablehnungsverfahren erging. Danach soll die Befristung der eingelegten Beschwerde „einen baldigen Abschluß des Nebenverfahrens herbeiführen. [...] Die selbständige (befristete) Anfechtbarkeit der das Ablehnungsgesuch zurückweisenden Entscheidung des FG dient dem Zweck, die Frage, ob ein Ablehnungsgrund gegen einen Richter des FG vorliegt, rasch und endgültig zu klären."[411] Verwiesen wird dabei auf eine Entscheidung des OVG Koblenz[412], in der sich das Gericht im Interesse der Rechtssicherheit für die Unabänderlichkeit von befristet anfechtbaren Beschlüssen ausspricht. Insoweit gilt es jedoch wiederum zu bedenken, dass der Schluss von der befristeten Anfechtbarkeit auf die Innenbindung nur dann gerechtfertigt ist, wenn sich die ins Feld geführte gesetzgeberische Zwecksetzung konkret nachweisen ließe.[413] Blickt man über dieses Defizit hinweg, fällt wiederum die verengte Betrachtungsweise auf, die der Bundesfinanzhof seiner Rechtsprechung zugrundelegt.[414] Dem gesetzgeberischen Zweck, eine prozessuale (Streit-) Frage alsbald endgültig zu klären, die sich hinter der Befristung der Anfechtbarkeit verberge,[415] ist mit jeder unabänderlichen Entscheidung gedient, gleichviel, ob es sich dabei um eine befristet anfechtbare, nunmehr formell rechtskräftige Ausgangsentscheidung oder um eine obergerichtliche, auf befristete Beschwerde hin ergangene Entscheidung handelt.[416] Misst man also der Befristung der Beschwerdeeinlegung ausschlaggebende Bedeutung für die Abänderbarkeit einer Entscheidung zu, müsste konsequenterweise von der Innenbindung aller befristet anfechtbarer letztinstanzlicher Beschlüsse ausgegangen werden; die Fähigkeit zur materiellen Rechtskraft könnte dagegen dahingestellt bleiben.

---

409 In concreto lehnt der BFH in diesen Fällen die Rechtskraftfähigkeit bestimmter Beschwerdeentscheidungen ab, wodurch gleichzeitig einer – bereits aus der materiellen Rechtskraft folgenden – Bindungswirkung die Grundlage entzogen wird, BFH/NV 1997, S. 132 f., BFH/NV 1993, S. 485.

410 BFH/NV 1991, S. 463; BFH/NV 1993, S. 485; BFH/NV 1999, S. 1368.

411 BFH/NV 1991, S. 463.

412 OVG Koblenz, NJW 1986, S. 1706 f..

413 Zum Argument der Befristung der Anfechtbarkeit vgl. insbesondere unter C I 2 a.

414 Vgl. auch unter C IV 2 α.

415 OVG Koblenz, a.a.O., unter Verweis auf *Schneider*, DRiZ 1965, S. 291.

416 Vgl. insoweit auch die Ausführungen unter C I 2 a a.E. und C I 2 e β.

Der Bundesfinanzhof offenbart mit dem zusätzlichen Kriterium nicht nur die begrenzte Leistungsfähigkeit seiner Grundthese, dass die Rechtskraftfähigkeit respektive die Qualität des konkreten Beschlussgegenstands regelmäßig für die Zuerkennung von bindender Wirkung ausschlaggebend sei, sondern desavouiert deren Plausibilität insgesamt. Denn existierte tatsächlich der gesetzgeberische Wille, mit der befristeten Anfechtbarkeit für baldige Unabänderlichkeit zu sorgen, so handelte man diesem zuwider, billigte man bestimmten, befristet anfechtbaren Beschlüssen rücksichtlich des konkreten Beschlussgegenstands keine Innenbindung zu.

ε) Das Kriterium der materiellen Rechtskraft in der finanzgerichtlichen Literatur

Anders als die Rechtsprechung versagt die nahezu einhellige finanzgerichtliche Kommentarliteratur dem iudex a quo nicht grundsätzlich die Befugnis, einer unzulässigen Beschwerde gemäß § 130 FGO abzuhelfen.[417] So meint *Ruban*[418] zwar, dass der überwiegenden Ansicht im zivil- und verwaltungsgerichtlichen Verfahrensrecht, welche die Abhilfemöglichkeit im Falle einer statthaften, ansonsten aber unzulässigen Beschwerde bejaht, für die Finanzgerichtsordnung nicht Folge zu leisten sei. Denn insbesondere für den Zivilprozess werde die Befugnis des Gerichts, einer unzulässigen, aber sachlich berechtigten Beschwerde abzuhelfen, damit begründet, dass es dem Gericht bei der einfachen (unbefristeten) Beschwerde ohnehin freistehe, seine Entscheidung zu ändern. Diese Erwägung treffe für das finanzgerichtliche Verfahren, das nur die befristete Beschwerde vorsehe, nicht zu. In Ausnahmefällen sei das Finanzgericht zu einer Abänderung seiner Entscheidungen befugt, wie zum Beispiel bei der Festsetzung des Streitwerts nach § 25 GKG oder bei Entscheidungen, die nur deklaratorischen Charakter hätten. Im Übrigen aber könne das Finanzgericht einer unzulässigen, sachlich begründeten Beschwerde dann abhelfen, wenn es unabhängig vom Rechtsmittelverfahren zu einer Änderung seiner Entscheidung berechtigt sei.[419] So ließen sich vor allem Beschlüsse, die in formelle, aber nicht in materielle Rechtskraft erwüchsen, auf eine unzulässige Beschwerde hin abändern,[420] wogegen sich etwa urteilsähnliche Beschlüsse, auf die §§ 155 FGO, 318 ZPO entsprechend anzuwenden sei, als materiell rechtskräftig und damit unabän-

---

417 *Gräber/Ruban*, § 130, Rn. 2; *Beermann/Ehlers*, § 130, Rn. 5; *Tipke/Seer*, § 130, Rn. 12.

418 A.a.O..

419 Einstellungsbeschluss nach Klagerücknahme, Ablehnung der Fortsetzung des Verfahrens nach übereinstimmender Erledigterklärung, vgl. *Gräber/Ruban*, a.a.O..

420 Z.B. nicht anfechtbare Beschlüsse über Anträge auf Prozesskostenhilfe oder Aussetzung der Vollziehung, vgl. *Gräber/Ruban*, vor § 115, Rn. 26 f..

derlich darstellten.[421] Diese Meinung wird grundsätzlich auch von *Seer*[422], *Ehlers*[423], *Offerhaus*[424] und *Lange*[425] vertreten.

Der Notwendigkeit eines Gleichlaufs zwischen Abhilfe- und allgemeiner Abänderungsbefugnis wird dabei – im Unterschied zur dargestellten Rechtsprechung – Rechnung getragen.[426] Demnach wären Beschlüsse, die sich nach Betrachtung des konkreten Beschlussgegenstandes als bindend erwiesen, auch auf eine unzulässige Beschwerde hin der Abänderung durch den iudex a quo entzogen; umgekehrt ließe sich einer unzulässigen Beschwerde immer dann abhelfen, richtete sich diese gegen eine grundsätzlich abänderliche Entscheidung. Gleichwohl enthält sich auch die Literatur, praktikable Kriterien für die Bestimmung bindender (rechtskraftfähiger) Beschlüsse auszuarbeiten, wiewohl die höchst widersprüchliche Rechtsprechung des Bundesfinanzhofs ein entsprechendes Bedürfnis in aller Deutlichkeit vor Augen führte. Vor allem aber setzt auch sie sich grundlegender Kritik aus, soweit sie dieser Rechtsprechung folgt und generell die Unabänderlichkeit eines unanfechtbaren, auf befristete Beschwerde hin ergangenen Beschwerdebeschlusses verficht.[427]

ζ) Ergebnis

Abschließend ist auf die Ausgangsfrage der Untersuchung zurückzukommen und festzustellen, dass die – insoweit geeinte – finanzgerichtliche Rechtsprechung zur finanzgerichtlichen Abhilferegelung (§ 130 FGO) gegen eine Übertragung der Auslegung des § 571 ZPO a.F. auf § 572 Abs. 1 ZPO spricht. Die völlige Bindungsfreiheit gerichtlicher Beschlüsse wird im Anwendungsbereich der Finanzgerichtsordnung, soweit ersichtlich, nicht einmal angedacht. Darüber hinaus dürfte die finanzgerichtliche Rechtsprechung angesichts der zum Teil evidenten Widersprüche kaum als Modell der zivilprozessualen Regelung in § 572 Abs. 1 ZPO gedient haben.

---

421 Beispielhaft erwähnt Ruban insoweit revisionsverwerfende oder –zurückweisende Beschlüsse des BFH und Beschlüsse, welche die Nichtzulassungsbeschwerde verwerfen oder zurückweisen, *Gräber/Ruban*, a.a.O..

422 *Tipke/Seer*, § 130, Rn. 12, vor § 115, Rn. 41.

423 *Beermann/Ehlers*, § 130, Rn. 5.

424 *Offerhaus* in *Hübschmann/Hepp/Spitaler*, § 130, Rn. 10.

425 *Lange* in *Hübschmann/Hepp/Spitaler*, vor §§ 115-134, Rn. 42 ff., zur Zulässigkeit der Gegenvorstellung gegen Beschlüsse, die nicht der materiellen Rechtskraft zugänglich sind.

426 Insoweit hebt sich die vorliegende Ansicht auch von den vergleichbaren Meinungen in der VwGO und im SGG ab, welche in ähnlicher Weise den konkreten Beschlussgegenstand zum Maßstab der Abänderbarkeit gerichtlicher Beschlüsse nehmen, vgl. unter C IV 2 a und b.

427 Vgl. u.a. *Gräber/Ruban*, vor § 115, Rn. 27 a.E..

d) Ergebnis der verfahrensübergreifenden Betrachtung

Die für den Gesetzgeber beispielhaften Abhilferegelungen in § 148 Abs. 1 VwGO, § 174 SGG und § 130 Abs. 1 FGO werden gemeinhin – trotz ihres Wortlauts – nicht entsprechend dem überkommenen Verständnis des § 571 ZPO a.F. ausgelegt. Die These, dass der Gesetzgeber die zivilprozessualen Beschlüsse jeglicher innerprozessualer Bindung entheben wollte, indem er das Abhilfeverbot abschaffte bzw. die generelle Abhilfebefugnis einführte, findet in der Auslegung dieser Vorschriften mithin keine Bestätigung. Überhaupt wird die Auslegung der Abhilfebefugnis bzw. die Diskussion um die Bindungswirkung von keiner in Verbreitung und Plausibilität derart prominenten Ansicht beherrscht, dass deren Adaption bereits in der Übernahme der entsprechenden Vorschriften zu sehen wäre.

3. Praktische Konsequenzen einer an § 571 ZPO a.F. orientierten Auslegung

Obgleich schon die verfahrensübergreifende Betrachtung eindeutig gegen einen Rückgriff auf die Auslegung der Abhilferegelung in § 571 ZPO a.F. zu sprechen scheint, sollen im Folgenden die praktischen Konsequenzen, die eine Übertragung der Auslegung mit sich brächte, kurz umrissen werden.

a) Reichweite dieser Auslegung

Zweifelhaft erscheint zuvörderst, ob sich die Übertragung der zu § 571 ZPO a.F. entwickelten Auslegung auf den gesetzlichen Anwendungsbereich der sofortigen Beschwerde beschränkte und dementsprechend lediglich die Abänderbarkeit der im ersten Rechtszug ergangenen Entscheidungen der Amts- und Landgerichte (§ 567 Abs. 1 ZPO) nach sich zöge. Wie die Abhilfebefugnis im Verfahren der einfachen Beschwerde (§ 571 ZPO a.F.) bestimmt auch hier die Rechtsnatur der Abhilferegelung deren Reichweite. Enthielte § 572 Abs. 1 ZPO eine konstitutive Regelung der Abänderungsbefugnis zugunsten des Erstgerichts, dann wäre die Annahme der Bindungsfreiheit zwingend auf den Anwendungsbereich der sofortigen Beschwerde zu begrenzen, um das gesetzliche Regel-Ausnahme-Verhältnis von bindenden zu abänderbaren Beschlüssen nicht umzukehren. Stünde dem iudex a quo dagegen die Befugnis der Abänderung unabhängig von der Einlegung der Beschwerde zu, stellte sich jedweder Beschluss als bindungsfrei dar.

Sieht man von der potentiellen Relevanz der generellen Befristungsregelung (§§ 567 Abs. 1, 569 Abs. 1 ZPO) für die Innenbindung der Beschlüsse ab,[428] wäre mangels einer – § 318 ZPO vergleichbaren – generellen gesetzlichen Innenbindungsregelung wohl vom Grundsatz der Abänderbarkeit gerichtlicher Beschlüsse auszugehen. Denn wie vor Inkrafttreten des ZPO-Reformgesetzes gölte es nicht die Bindungsfreiheit, sondern die Bindungswirkung eines Be-

---

[428] Vgl. Ausführungen unter C VI.

schlusses zu begründen.[429] Würde man die Bindungsfreiheit auf Beschlüsse beschränken, welche der Abhilfebefugnis des § 572 Abs. 1 ZPO unterlägen, führte dies zudem zu willkürlichen Unterschieden hinsichtlich der innerprozessualen Bindungswirkung. Bindende wären von nichtbindenden Beschlüssen durch eine Trennlinie geschieden, welche nicht nur zwischen den einzelnen Instanzen, sondern auch zwischen den verschiedenen Gerichten verliefe. Der gleiche Beschluss wäre, abhängig davon, ob er vom Amts- oder Landgericht in erster Instanz oder vom Beschwerde-, Berufungs- oder Oberlandesgericht im ersten Rechtszug erlassen worden war, im ersten Falle abänderlich, im zweiten Falle bindend. Während etwa der – nach Ablauf der Beschwerdefrist – formell rechtskräftige Kostengrundbeschluss im Sinne des § 91 a ZPO weiterhin vom Gericht erster Instanz abgeändert werden könnte, stellte sich ein in der gleichen Sache ergangener Beschluss des Berufungsgerichts als unabänderlich dar. Ein ablehnender Prozesskostenhilfebeschluss wäre für das Amts- oder Landgericht auch noch nach Ablauf der Beschwerdefrist abänderbar; wurde gegen diesen Beschluss dagegen rechtzeitig Beschwerde eingelegt und entschied das Beschwerdegericht sachlich über das Rechtsmittel, wäre eine Abänderungsbefugnis für das Beschwerdegericht abzulehnen. Für eine derartige Diskrepanz bestünde jedoch kein sachlicher Grund. Ein solchermaßen abgestufter Bestandsschutz findet sich weder im Urteilsverfahren (§ 318 ZPO) noch wurde er – unter Geltung der alten Rechtslage – für das Beschlussverfahren nachhaltig vertreten.[430] Vor allem aber spräche ein derartig selektiver Rückgriff auf die überkommene Abhilferegelung (§ 571 ZPO a.F.) letztlich gegen die eigene Argumentation. Es ist wenig überzeugend, einerseits die Annahme der freien Abänderbarkeit gerichtlicher Beschlüsse auf die wörtliche Übernahme der Abhilferegelung zu stützen, andererseits aber mit dem überkommenen Verständnis des § 571 ZPO a.F. zu brechen. Zumal § 572 Abs. 1 ZPO nicht als Ausfluss einer allgemeinen Bindungsfreiheit anzusehen wäre, sondern konstitutiv für die Abänderbarkeit bestimmter Beschlüsse sorgte; dies entzöge wiederum der These, dass der iudex a quo auch unzulässigen Beschwerden abhelfen könne, die argumentative Grundlage.[431]

Sähe man also die Bindungsfreiheit zivilprozessualer Beschlüsse angesichts der Übernahme der Abhilferegelung des § 571 ZPO a.F. Einzug halten, wären gerichtliche Beschlüsse über den unmittelbaren Anwendungsbereich des § 572 Abs. 1 ZPO hinaus als abänderbar anzusehen. Diesen Ansatz vertritt

---

[429] Zur alten Rechtslage vgl. unter C II 4 b und insbesondere *Bettermann*, ZZP 88 (1975), S. 365 ff., 408 ff..

[430] Dies gilt jedenfalls für den zivilprozessualen Bereich. Die in sich widersprüchliche Rechtsprechung des BFH zur Unabänderlichkeit von Beschwerdeentscheidung (siehe unter C IV 2 c) bleibt dabei außer Betracht.

[431] *Bettermann*, ZZP 88 (1975), S. 365 ff., 408 ff..

etwa *Reichhold*[432], der unter Hinweis auf die eingeführte Abhilferegelung anmerkt, dass § 318 ZPO auf Beschlüsse generell nicht anzuwenden sei und Beschlüsse deshalb nur ausnahmsweise von bindender Wirkung wären. Anerkennte man dessen Prämisse der Bindungsfreiheit von Beschlüssen, ist in der Folge zu prüfen, ob eine Ausnahme zumindest bei Statthaftigkeit des Rechtsbeschwerdeverfahrens anzuerkennen wäre oder sogar in diesem Falle der angegriffene Beschluss zur Disposition des erlassenden Gerichts stünde.

b) Das Verhältnis einer allgemeinen Bindungsfreiheit zum Abhilfeverbot im Rechtsbeschwerdeverfahren

In Betracht käme danach, bei Beschwerdeentscheidungen und Beschlüssen des Berufungsgerichts und des Oberlandesgerichts im ersten Rechtszug vom allgemeinen Grundsatz der Bindungsfreiheit insoweit Ausnahmen zu gewähren, als bei diesen Beschlüssen die Abhilferegelung des § 572 Abs. 1 ZPO gerade nicht eingreift: Gegen die genannten Beschlüsse findet nämlich die Rechtsbeschwerde nach §§ 574 ff. ZPO statt. Die Möglichkeit der Abhilfe ist dort nicht vorgesehen. Im Rechtsbeschwerdeverfahren würde demnach die Abhilferegelung in § 572 Abs. 1 ZPO durch § 575 ZPO (lex specialis) derogiert. Dies entspräche im Übrigen auch der Vorstellung des Gesetzgebers, der in der Begründung zu § 575 Abs. 1 S. 1 ZPO ausdrücklich darauf hinwies, dass sich aus der Beschränkung der Einlegungsmöglichkeiten auf das Rechtsbeschwerdegericht (iudex ad quem) zugleich ergebe, dass eine Abhilfebefugnis der Vorinstanz ausscheide.[433]

Vermöchte dies vom Ergebnis her durchaus zu überzeugen, ließe sich jedoch eine solch umfassende Ausnahme von der Annahme allgemeiner Bindungsfreiheit nur dann schlüssig begründen, soweit im Ausschluss der *Abhilfe* im Rechtsbeschwerdeverfahren wiederum ein *allgemeines Abänderungsverbot* zu sehen wäre. Die insoweit denkbaren Regelungsalternativen lassen sich der Diskussion um die verschiedenen Fassungen des Abhilfeverbots im Verfahren der sofortigen Beschwerde (§ 540 Abs. 3 CPO bzw. § 577 Abs. 3 ZPO a.F.) entnehmen.[434] In Betracht käme demnach, dass das Abhilfeverbot erst nach der tatsächlichen Einlegung der Rechtsbeschwerde gölte, bereits im Zeitraum vor Einlegung die Abänderung verbäte oder gar jedwede – ihrer Art nach der Rechtsbeschwerde unterliegende – Entscheidung einem Abänderungsverbot unterwürfe. Die letztgenannte Überlegung befruchtete de facto die vorherrschende Auslegungspraxis zu § 577 Abs. 3 ZPO a.F. und untersagte die Abänderung auch jener Beschlüsse der Beschwerde-, Berufungs- und Oberlandesgerichte, welche im konkreten Einzelfall mangels gesetzlicher oder gerichtlicher Zulassung (§ 574 Abs. 1 Nr. 1 und 2 ZPO) der Rechtsbe-

---

432 *Reichhold* in *Thomas/Putzo*, § 329, Rn. 12.

433 BT-Drucks. 14/4722, S. 117.

434 Ausführlich hierzu unter C II 4 a.

schwerde gar nicht zugänglich wären. Freilich bliebe bei dieser Argumentation unberücksichtigt, dass anders als bei § 577 Abs. 3 ZPO a.F. hier keine Regelung besteht, die dem Gericht die „Änderung seiner der Rechtsbeschwerde *unterliegenden* Beschlüsse" verbietet. Der vom Gesetzgeber gewollte Ausschluss der Abhilfe beschränkt sich vielmehr auf ein tatsächlich offenstehendes Rechtsbeschwerdeverfahren, hat also dabei nicht die Unabänderlichkeit und Innenbindung bestimmter Beschlüsse im Auge, sondern soll nach Einlegung der Rechtsbeschwerde für eine möglichst zeitnahe Entscheidung des Bundesgerichtshofs sorgen. Dem Abhilfeverbot kann deshalb keine Aussage über die Abänderlichkeit jener Beschlüsse entnommen werden, gegen welche die Rechtsbeschwerde mangels gesetzlicher oder richterlicher Zulassung nicht statthaft ist. Für diese Auslegung spricht neben dem teleologischen und grammatischen Argument auch das praktische Ergebnis. Läge nämlich im Ausschluss der Abhilfe zugleich ein Abänderungsverbot, wären alle Beschlüsse des Beschwerde-, des Berufungs- und des Oberlandesgerichts gleichermaßen unabänderlich. Jeder zivilprozessuale Beschluss der genannten Gerichte zeitigte in der Folge Innenbindung, gleichviel, ob er im konkreten Einzelfalle anfechtbar oder unanfechtbar wäre. Zumindest im Ergebnis konterkarierte diese extensive Auslegung des Abhilfeausschlusses gleichzeitig den argumentativen Ausgangspunkt, der in der allgemeinen Bindungsfreiheit zivilprozessualer Beschlüsse läge.[435] Damit steht fest, dass dem Ausschluss der Abhilfe im Rechtsbeschwerdeverfahren keine Regelungswirkung hinsichtlich einer generellen Selbstbindung der Vorinstanz[436] zukommen kann. Ein Abänderungshindernis läge demnach darin nur, soweit das Gesetz bzw. ein Gericht im Sinne des § 574 Abs. 1 Nr. 2 ZPO die Rechtsbeschwerde tatsächlich zuließe.

Es stellte sich deshalb das angedeutete Folgeproblem, ob das Verbot der Abhilfe bereits vor der Einlegung der Rechtsbeschwerde oder erst nachher eingriffe. Zu berücksichtigen wäre hier, dass der Gesetzgeber keinerlei Notwendigkeit sah, das Verbot der Abhilfe eigens anzuordnen. Abweichend zum Gesetzeswortlaut in § 540 Abs. 3 CPO (bzw. § 577 Abs. 3 ZPO a.F.) spricht er zudem nicht einmal vom Verbot der „*Abänderung*", sondern tatsächlich nur vom Fehlen der „*Abhilfebefugnis* der Vorinstanz".[437] Weiterhin knüpfte er dieses Verbot an die (tatsächliche) Einlegung beim iudex a quem, aus der sich das Fehlen einer Abhilfebefugnis „ergebe".[438] Diese Entscheidung des Gesetzgebers erklärt sich, zieht man die exkludierende Devolutiv-

---

435 Vgl. auch C IV 3 a; die Kritik an der Auffassung, nur den Entscheidungen höherer Instanzen Bestandsschutz zu gewähren, trifft auch die vorliegende Meinung.

436 Gemeint sind die Gerichte i.S.d. § 574 Abs. 1 Nr. 2 ZPO.

437 BT-Drucks. 14/4722, S. 117.

438 BT-Drucks. 14/4722, S. 117.

wirkung eines Rechtsmittels in Betracht: Wie *Bettermann*[439] zutreffend bemerkt, war etwa die ausdrückliche Abhilferegelung des § 571 ZPO a.F. trotz der freien Abänderbarkeit der unbefristet anfechtbaren Beschlüsse notwendig, um klarzustellen, dass der iudex a quo auch nach Einlegung der Beschwerde abänderungs- bzw. (nunmehr) abhilfebefugt gewesen war. Fehlt mit anderen Worten eine ausdrückliche Regelung der Abhilfebefugnis, fällt die Rechtssache mit Einlegung des Rechtsmittels automatisch beim instanziell übergeordneten Gericht an, was die Vorinstanz zugleich von jeder Entscheidungsbefugnis ausschließt. Davon ging auch der Gesetzgeber des ZPO-Reformgesetzes aus. Der Vorinstanz wurde dabei keine Abhilfemöglichkeit eingeräumt; dies zeigt sich schon daran, dass die Rechtsbeschwerde nicht beim iudex a quo eingelegt werden kann. Besteht keine Abhilfebefugnis, ist auch der Devolutiveffekt der Rechtsbeschwerde nicht gehemmt.[440] Dies hat wiederum zur Folge, dass die *Vorinstanz mit Einlegung des Rechtsmittels* aufgrund des Anfalls beim Rechtsbeschwerdegericht jeglicher *Entscheidungsbefugnis entsetzt* wird. Aus diesem Grunde brauchte der Gesetzgeber das Abhilfeverbot nicht eigens anzuordnen, sondern konnte sich mit der Nichtregelung des Abhilfeverfahrens begnügen. Im Ergebnis ist deshalb festzuhalten, dass das Rechtsbeschwerdeverfahren kein originäres Abhilfe- oder gar Abänderungsverbot auszeichnet, sondern die Vorinstanz nach Einlegung der Rechtsbeschwerde lediglich durch den Devolutiveffekt an der Abänderung des Beschlusses gehindert wird.

Plädierte man folglich – angesichts des neu eingeführten Abhilfeverfahrens – für die allgemeine Abänderbarkeit gerichtlicher Beschlüsse, ließen sich von diesem Grundsatz auch solche Beschlüsse nicht ausnehmen, gegen welche im Einzelfall die Rechtsbeschwerde *grundsätzlich statthaft* wäre.[441] Die Übertra-

---

439 *Bettermann*, ZZP 88 (1975), S. 365 ff., 408 ff..

440 Die Einlegung der Rechtsbeschwerde zeitigt somit unmittelbar devolvierende Wirkung, wogegen der Devolutiveffekt bei der sofortigen Beschwerde erst nach der Nichtabhilfeentscheidung mit Vorlage an das Beschwerdegericht (§ 572 Abs. 1 S. 1 Hs. 2 ZPO) eintritt, vgl. zur alten Rechtslage (§ 571 ZPO a.F.) *Werner*, S. 62.

441 Zieht man entgegen obigem Ansatz in Betracht, dass der Gesetzgeber durchaus eine generelle Regelung der Innenbindung befristet anfechtbarer Beschlüsse durch das ZPO-Reformgesetz einführte (vgl. Ausführungen unter C VI), erscheint der Verzicht auf ein gesetzliches Abhilfeverbot insoweit selbstverständlich, da der Vorinstanz ohnehin nach Erlass des Beschlusses versagt wäre, ihren Beschluss abzuändern (Ausnahme: § 572 Abs. 1 ZPO). Die Systemwidrigkeit der allgemeinen Bindungsfreiheit zeigt auch die Erwägung, dass der Vorinstanz zumindest nach Einlegung der Rechtsbeschwerde aufgrund des Devolutiveffekts die Möglichkeit der Abänderung abgeschnitten würde. Wäre der iudex a quo aber nach der gesetzgeberischen Vorstellung tatsächlich im Zeitraum zwischen Erlass des Beschlusses und Einlegung der Rechtsbeschwerde abänderungsbefugt, dann hätte der ZPO-Reformgesetzgeber die Zulässigkeit der Einlegung der Rechtsbeschwerde nicht auf das Rechtsbeschwerdegericht konzent-

gung der Auslegung des § 571 ZPO a.F. auf § 572 Abs. 1 ZPO hätte – mit anderen Worten – zur Folge, dass zivilprozessuale Beschlüsse grundsätzlich als frei abänderbar anzusehen wären. Erst die *tatsächliche* Einlegung der Rechtsbeschwerde beim iudex ad quem würde dafür sorgen, dass die Vorinstanz ihre Entscheidung nicht mehr abändern könnte.

c) Beispiele abänderbarer Beschlüsse

Sieht man sich nicht schon infolge der abweichenden Interpretation der Beispielsregelungen in § 148 Abs. 1 VwGO, § 174 SGG und § 130 Abs. 1 FGO an einer Übertragung der Auslegung des § 571 ZPO a.F. gehindert, so ist sie jedenfalls aufgrund ihrer praktischen Auswirkungen abzulehnen. Im Vergleich zur Rechtslage unter Geltung des restriktiven § 577 Abs. 3 ZPO a.F. hätte sie die grundsätzliche Bindungsfreiheit auch der mit der sofortigen Beschwerde anzugreifenden Beschlüsse zur Folge. Insbesondere wären von der Möglichkeit der Abänderung auch solche Entscheidungen nicht ausgenommen, bei denen das Bedürfnis nach bindender Wirkung bislang einhellig bejaht wurde. Zu nennen sind hier insbesondere die einen (Kosten-) Streit der Beteiligten entscheidenden Beschlüsse im Sinne der §§ 91 a, 99 Abs. 2, 93, 269 Abs. 4 ZPO oder auch die Entscheidungen im Richterablehnungsverfahren (§ 46 ZPO) bzw. der Wiedereinsetzungsbeschluss gemäß § 238 ZPO. Gewährte man gleichwohl derartigen Beschlüssen, etwa aufgrund ihres streitentscheidenden Charakters, bindende Wirkung, wäre das – nach Maßgabe dieser Auslegung – als Gesetzesverstoß zu werten. Denn die Abhilferegelung in § 572 Abs. 1 ZPO, als eine Bestimmung der Bindungsfreiheit zivilprozessualer Beschlüsse, schneidet die Möglichkeit einer differenzierenden Betrachtung angesichts seines generellen Wortlauts von vorneherein ab.

Im Einzelnen würde damit eine an § 571 ZPO a.F. orientierte Auslegung bedeuten:

Der beschließende Richter wäre berechtigt, einer sofortigen Beschwerde abzuhelfen. Die Möglichkeit zur Abhilfe eröffnete sich bereits dann, wenn der iudex a quo die Beschwerde für begründet hielte. Von der Zulässigkeit des Rechtsmittels hinge die Abhilfe dagegen nicht ab, gleichviel ob es sich um eine unstatthafte oder eine nach Ablauf der zweiwöchigen Notfrist (§ 569 Abs. 1 S. 1 ZPO) eingelegte und damit verfristete Beschwerde handelte. Darüber hinaus wäre das Ausgangsgericht befugt, einen als falsch erkannten Beschluss von Amts wegen[442] oder auf Gegenvorstellung hin abzuändern; die

riert (§ 575 Abs. 1 S. 1 ZPO), sondern durch einen Vorrang der Einlegung beim iudex a quo sichergestellt, dass dieser vom Ende seiner Abänderungsbefugnis ohne weiteres erführe.

442 Die Abänderung nichtbindender Beschlüsse von Amts wegen ist dann zuzulassen, wenn der Beschluss von Amts wegen auf Grundlage des Offizialbetriebs erlassen wurde oder der Beschluss eine typische Maßnahme der Prozessleitung (§ 136 ZPO)

Einlegung der sofortigen Beschwerde bedingte mithin die Abänderungsbefugnis des iudex a quo nicht. Weiterhin wären auch letztinstanzliche Beschwerdeentscheidungen, die über das Rechtsmittel der sofortigen Beschwerde befänden, abänderbar. Von der grundsätzlichen Abänderbarkeit gerichtlicher Beschlüsse dürfte konsequenterweise selbst dann keine Ausnahme zugelassen werden, wenn gegen die Beschwerdeentscheidung des Landgerichts oder des Oberlandesgerichts die Rechtsbeschwerde zum Bundesgerichtshof (§ 133 GVG) nach § 574 Abs. 1 ZPO statthaft sein sollte. Erst der Devolutiveffekt nach eingelegter Rechtsbeschwerde beseitigte die Möglichkeit der Vorinstanz zur Abänderung der Beschwerdeentscheidung. Dies gölte entsprechend bei erstinstanzlichen Beschlüssen der Oberlandesgerichte oder bei Beschlüssen des Berufungsgerichts, gegen welche die Rechtsbeschwerde aufgrund ausdrücklicher gesetzlicher Bestimmung (§ 574 Abs. 1 Nr. 1) oder gerichtlicher Zulassung (§ 574 Abs. 1 Nr. 2 ZPO) statthaft wäre. Endlich stünde auch dem Bundesgerichtshof nach sachlicher Entscheidung über die Rechtsbeschwerde die Befugnis zu, seinen Beschluss auf Gegenvorstellung hin oder von Amts wegen abzuändern.[443] Der Rückgriff auf die überkommenen Auslegung des § 571 ZPO a.F. hätte, soweit man sich konsequent an dem tragenden Wortlaut der Neuregelung orientierte, die Bindungsfreiheit nahezu aller zivilprozessualer Beschlüsse zur Folge. Mittels der Entscheidungsform des Beschlusses ließe sich de facto keinerlei rechtssichere, weil verbindliche Klärung einer Rechtsfrage mehr erreichen.[444]

Dass diese Folge in praxi nicht tragbar ist, zeigen schließlich auch die Widersprüche in der Darstellung *Reichholds*[445]. Durchaus konsequent lehnt er zunächst grundsätzlich die Innenbindung gerichtlicher Beschlüsse ab. Dass er Verweisungsbeschlüsse (§§ 281, 506 ZPO) von der Abänderbarkeit ausnimmt,[446] stellt dabei – rücksichtlich der „translativen" Wirkung der Verwei-

---

darstellte. Ansonsten ist für das Tätigwerden des Gerichts nach dem Grundsatz des Parteibetriebs ein entsprechender Beteiligtenantrag notwendig. Das ergibt auch eine Gesamtanalogie zu den §§ 319 ff. ZPO: Sobald die „Urteilsabänderung" über die bloße Berichtigung von Schreibfehlern o.ä. (§ 319 ZPO) hinausgeht und damit u.U. substantielle Veränderungen (z.B. § 321 a ZPO) des Entscheidungsinhalts zur Folge hat, obliegt die Verfahrenseinleitung der *Parteieninitiative*.

443 Das Abhilfeverbot im Rechtsbeschwerdeverfahren wendet sich an die Vorinstanz, nicht an das Rechtsbeschwerdegericht, vgl. BT-Drucks. 14/4722, S. 117.

444 Die fehlende Innenbindung gerichtlicher Beschlüsse hätte zudem zur Folge, dass auch keine materielle Rechtskraft einkehrte, setzt letztere doch nach zutreffender Ansicht die innerprozessuale Bindungswirkung der Entscheidung voraus, vgl. C I 2 b und *Baumgärtel*, MDR 1968, S. 970 ff., 972.

445 In *Thomas/Putzo*, § 329, Rn. 12.

446 A.a.O..

sung[447] – noch keine Ausnahme von seiner These der allgemeinen Bindungsfreiheit dar. Seinem Ausgangspunkt widerspricht jedoch die Annahme der Unabänderlichkeit der Berufungsverwerfung (§ 522 Abs. 1 ZPO). Die Innenbindung der Berufungsverwerfung nach § 522 Abs. 1 ZPO ergäbe sich nämlich – in der Konsequenz des Ansatzes *Reichholds* – denklogisch nicht bereits aus der Statthaftigkeit der Rechtsbeschwerde, sondern erst aus der Einlegung der Rechtsbeschwerde.[448] Vorher wäre das Berufungsgericht nicht an den Verwerfungsbeschluss gebunden; eine Ausnahme für streitentscheidende Beschlüsse oder Entscheidungen, welche die materielle Rechtskraft eines Urteils bewirkten, würde letztlich den einzigen argumentativen Anhalt der vorliegenden Ansicht kappen, der in dem generellen Wortlaut der Neuregelung liegt.[449] Weiterhin versucht er die praktischen Verwerfungen seines Ansatzes dadurch abzumildern, dass er zum einen für eine Abhilfeentscheidung des iudex a quo neben der Begründetheit der Beschwerde auch deren Statthaftigkeit verlangt[450] und zum anderen die Abänderbarkeit eines Beschlusses auf eine Gegenvorstellung hin von dem Eintritt der materiellen Rechtskraft abhängig macht.[451] Ähnliche Folgewidrigkeiten weist auch die Kommentierung *Gummers* auf. Verfocht dieser vor dem Inkrafttreten des ZPO-Reformgesetzes noch, materiell rechtskräftigen bzw. auf fristgebundene Beschwerden ergangenen Beschlüssen sei Innenbindung beizumessen,[452] erachtet er diese Beschränkungen der Abänderbarkeit aufgrund der neueingeführten Gehörsrüge (§ 321 a ZPO) und der generellen Befristung der Beschwerde als nicht mehr haltbar;[453] aus diesem Grunde sei die Gegenvorstellung, also die Überprüfung und die Abänderbarkeit einer Entscheidung durch das erlassende Gericht,

---

447 Zur fehlenden Befassung nach Erlass des Verweisungsbeschlusses ausführlich unter C I 2 d γ.

448 Vgl. unter C IV 3 a.

449 Im Ergebnis ist diese Abänderbarkeit der Berufungsverwerfung freilich unvertretbar und zeigt letztlich die Praxisuntauglichkeit des Ansatzes. Klarzustellen ist, dass in obiger Kritik keine Aussage über die Plausibilität einer Differenzierung in streitentscheidende, bindende Beschlüsse und sonstige abänderbare Beschlüsse liegt. Doch stellt jene Methode letztlich einen eigenen Lösungsweg für das Problem der Innenbindung zivilprozessualer Beschlüsse dar, ausführlich dazu unter C V. Die strikte Trennung beider Meinungen scheint erforderlich, da ein Ansatz, der die Bindung eines Beschlusses von der Qualität des konkreten Beschlussgegenstandes abhängig macht, keine argumentative Kraft aus dem unbeschränkten Wortlaut der neueingeführten, generellen Abhilferegelung (§ 572 Abs. 1 ZPO) ziehen kann.

450 Eine entsprechende Auffassung findet sich im Anwendungsbereich des SGG dargestellt und schon dort als unhaltbar zurückgewiesen, vgl. C IV 2 b.

451 *Reichhold* in *Thomas/Putzo*, vor § 567, Rn. 15.

452 *Zöller/Gummer*, 22. Aufl., § 567, Rn. 24

453 *Zöller/Gummer*, § 567, Rn. 23 a.E..

„allgemein zulässig“[454]. Einen völlig konträren Ansatz vertritt er demgegenüber im Rahmen seiner Darstellung der Entscheidungswirkung eines Beschwerdebeschlusses. Das Beschwerdegericht sei danach „an seine eigene Entscheidung gebunden, sofern diese nicht im höheren Rechtszug abgeändert oder aufgehoben wird (§ 318 ZPO) oder mit einer solchen im Widerspruch steht.“[455]

#### 4. Ergebnis

Das überkommene Verständnis von der Abhilferegelung in § 571 ZPO a.F. lässt sich für die Auslegung des § 572 Abs. 1 ZPO nicht fruchtbar machen. Die daraus resultie-rende freie Abänderungsbefugnis des iudex a quo widerspräche zum einen der Auslegung der Abhilferegelungen in den anderen Verfahrensordnungen, die sich der Reformgesetzgeber zum gesetzlichen Vorbild nahm (§§ 148 Abs. 1 VwGO, 130 Abs. 1 FGO, 174 SGG); zum anderen wären die praktischen Auswirkungen dieser Auslegung nicht mehr handhabbar. Die Neuregelung des § 572 Abs. 1 ZPO, also die Abhilfebefugnis im Verfahren der sofortigen Beschwerde, ist damit als Ausgangspunkt für eine Lösung des Problems der Bindungsfreiheit zivilprozessualer Beschlüsse ungeeignet.

### V. Die Unterteilung in urteilsähnliche bzw. streitentscheidende und lediglich prozessleitende Beschlüsse

Bislang war das Kriterium der Urteilsähnlichkeit wegen der vorrangigen gesetzlichen Regelung der Innenbindung in § 577 Abs. 3 ZPO a.F. (bzw. des § 571 ZPO a.F.) abzulehnen.[456] Da das ZPO-Reformgesetz das gesetzliche Abänderungsverbot jedoch zugunsten einer generellen Abhilfebefugnis abgeschaffen hat,[457] wird die Bedeutung des konkreten Beschlussgegenstandes nunmehr ins Zentrum der Diskussion um die Bindungswirkung zivilprozessualer Beschlüsse rücken.[458] Zu einem verstärkten Interesse am Maßstab der Urteilsähnlichkeit dürfte auch die jüngste Rechtsprechung des Bundesgerichtshofs führen. So ließ zum einen der 9. Senat unlängst erkennen, dass er – ungeachtet der Einführung der generellen Abhilfebefugnis durch § 572

---

[454] *Zöller/Gummer*, 23. Aufl., § 567, Rn. 26; vgl. aber nunmehr die im Eindruck der Plenarentscheidung des Bundesverfassungsgerichts (BVerfG, NJW 2003, S. 1924 ff.) angestellten einschränkenden Bemerkungen, *Zöller/Gummer*, § 567, Rn. 22 ff..

[455] *Zöller/Gummer*, § 572, Rn. 33. Es liegt nahe, dass *Gummer* die Innenbindung einer Beschwerdeentscheidung als Folge der Fristbindung (so schon *Zöller/Gummer*, 22. Aufl., § 567, Rn. 24) und damit als zwangsläufige Ausnahme vom Grundsatz unbeschränkter Abänderbarkeit ansieht. Freilich erklärt dies nicht die Exklusivität des Bestandsschutzes von Beschwerdeentscheidungen, vielmehr gölte es daneben, auch befristet anfechtbaren Beschlüssen der ersten Instanz Innenbindung einzuräumen, ausführlich dazu unter C I 2 a und C VI 1.

[456] Siehe Ausführungen unter C II 2 und 4.

[457] Zu den relevanten Neuregelungen des Beschwerdeverfahrens vgl. C III.

[458] Vgl. etwa *Peters*, FS für *Geimer* (2002), S. 811 ff..

Abs. 1 ZPO – weiterhin von einer entsprechenden Anwendbarkeit des § 318 ZPO auf das Beschlussverfahren ausgehe.[459] Zum anderen grenzte der 8. Senat den Begriff der Urteilsähnlichkeit etwas ein, indem er darauf hinwies, dass eine Analogie zu § 318 ZPO nur bei einem Beschluss gerechtfertigt sei, der, einem anfechtbaren Zwischenurteil gleich, entweder eine Entscheidung in der Hauptsache träfe oder über die Zulässigkeit der Klage oder eines Rechtsbehelfs befände, nicht aber bei Entscheidungen für Beschlüsse, die lediglich prozessleitenden Inhalt hätten.[460]

Wurde in der Literatur bis dato auf eine genauere Untersuchung dieses differenzierenden Ansatzes weitgehend verzichtet,[461] macht es die Novellierung des Beschwerdeverfahrens notwendig, sich eingehend mit der Bestandskraft von Beschlüssen unter dem Blickwinkel der Urteilsähnlichkeit des Beschlussgegenstandes zu beschäftigen.

1. Die obligate Konvergenz von Abänderungs- und Abhilfebefugnis als Prämisse eines systemgerechten Konzepts der Innenbindung gerichtlicher Beschlüsse

Bevor die dogmatischen Grundlagen der Ansicht näher beleuchtet werden, ist vorweg, rücksichtlich der Ergebnisse der verfahrensübergreifenden Darstellung, auf eine wesentliche systematische Vorgabe hinzuweisen. Ein folgerichtiges Konzept der Innenbindung lässt sich auf dem Kriterium der Urteilsähnlichkeit nur dann aufbauen, wenn der Interdependenz Beachtung geschenkt wird, die in dem Verhältnis der allgemeinen Abänderungsbefugnis zum Abhilferecht im Beschwerdeverfahren besteht. Würde demnach ein urteilsähnlicher und damit bindungswürdiger Entscheidungsinhalt festgestellt, wäre in der Folge nicht nur die Zulässigkeit einer Gegenvorstellung abzulehnen, sondern daneben auch die Möglichkeit der Beschlussabänderung bei Einlegung einer begründeten, aber *unzulässigen* Beschwerde zu versagen. Ein urteilsgleicher Beschluss ließe sich nur dadurch abändern, dass der iudex a quo einer zulässigen und begründeten Beschwerde gemäß § 572 Abs. 1 ZPO abhülfe oder im Falle der Nichtabhilfe der iudex ad quem eine entsprechende Beschwerdeentscheidung[462] erließe. Handelte es sich nach den Grundsätzen

---

459 NJW 2002, S. 1577; diese Entscheidung erging zur Zulässigkeit der außerordentlichen Beschwerde und enthält den Hinweis, dass im Ausnahmefall von Verfahrensgrundrechtsverletzungen eine „Einschränkung der sich aus § 318 ZPO ergebenden Bindung" gerechtfertigt ist und „in *diesen* Fällen" das Gericht im Wege der Selbstkorrektur seinen Beschluss abändern kann. Das heißt, *im Übrigen* geht das Gericht grundsätzlich von der Bindungswirkung einzelner Beschlüsse aus.

460 BGH NJW 2002, S. 2795 ff., 2797.

461 Vgl. *Fraga Novelle*, S. 65; *Werner*, S. 54 f..

462 Also entweder im Sinne der Beschwerde den angefochtenen Beschluss aufhebt und in der Sache selbst entscheidet oder gemäß § 572 Abs. 3 ZPO dem Gericht oder Vorsit-

dieser Ansicht dagegen um keinen urteilsähnlichen, bindenden Beschluss, wäre das Gericht dagegen nicht gehindert, die Entscheidung von Amts wegen[463] oder auf eine Gegenvorstellung hin aufzuheben. Desgleichen könnte der iudex a quo einer begründeten Beschwerde abhelfen, gleichviel, ob die Zulässigkeitsvoraussetzungen der sofortigen Beschwerde vorliegen oder nicht. Dabei wäre für die Frage der Abänderbarkeit irrelevant, ob der Beschluss vom Ausgangsgericht oder letztinstanzlich vom Beschwerdegericht erlassen wurde. Der instanzielle Rang des erlassenden Gericht hat auf die Urteilsnatur des sachlichen Beschlussinhalts keinen Einfluss.[464]

Allenfalls im Hinblick auf die Entscheidung über die Zulässigkeit des Rechtsmittels ergäben sich denkbare Abweichungen: Gestünde man nämlich der Entscheidung über die Zulässigkeit des Rechtsmittels stets Urteilsähnlichkeit zu,[465] erlangte der Beschwerdebeschluss *insoweit* innerprozessualen Bestandsschutz, auch wenn das angefochtene, erstinstanzliche Judizium im Übrigen rein prozessleitender Qualität wäre.[466] Nach einer bindenden Rechtsmittelverwerfung hätte dies aber aufgrund des Vorrangs der Zulässigkeitsvoraussetzungen zur Folge, dass das Beschwerdegericht nicht nur an einer Änderung des fehlerhaften Verwerfungsbeschlusses gehindert wäre, sondern sich auch einer Sachentscheidung, in concreto der Abänderung des angegriffenen Beschlusses, zu enthalten hätte. Das *Ausgangsgericht* dagegen wäre trotz der Beschwerdeverwerfung in der Lage, seinen nichtbindenden Ausgangsbeschluss abzuändern, da sich die Anfallswirkung eines *unzulässigen* Rechtsmittels auf die Entscheidung über die Zulässigkeit beschränkte.[467] Gäbe der iudex ad quem demgegenüber der Beschwerde statt und entnähme man weiterhin der *sachlichen* Rechtsmittelentscheidung die bindende Feststellung der Zulässigkeit des Rechtsmittels[468], wäre dem Beschwerdegegner zwar die

---

zendem, von dem die beschwerende Entscheidung erlassen war, die erforderliche Anordnung überträgt.

463 Zu den Voraussetzungen einer Beschlussabänderung von Amts wegen vgl. Fn. 442.

464 So weist schon *Lüdemann*, der ebenfalls das Kriterium der Urteilsähnlichkeit verficht, zutreffend darauf hin, dass ansonsten insofern ein unlöslicher Widerspruch entstünde, als ein jeder Beschluss der Beschwerdeinstanz bindend wäre, während gleichartige Beschlüsse für das Gericht erster Instanz, der Berufungs- und Revisionsinstanz als abänderlich erachtet würden, S. 39 f.; im Ergebnis ebenso *Peters*, FS für *Geimer* (2002), S. 811 ff..

465 Auf dieser Prämisse dürfte auch die vom BFH verfochtene Unabänderlichkeit seiner Beschwerdeentscheidungen fußen, vgl. insoweit unter C IV 2 c a.E..

466 Eine Gegenvorstellung des Beschwerdeführers, welche die Abänderung (Aufhebung) einer Beschwerdeverwerfung anempfähle, wäre deshalb aufgrund der bindenden Wirkung der Verwerfung von vorneherein unzulässig.

467 Zum Einfluss der Beschwerdeentscheidung auf die Abänderungsbefugnis vgl. die grundsätzliche Überlegung unter C I 2 d $\alpha$.

468 Zur abweichenden Ansicht vgl. Fn. 395.

Möglichkeit abgeschnitten, die Verwerfung der Beschwerde anzuregen, nicht jedoch, auf die Abänderung der nichtbindenden Entscheidung über den sachlichen Rechtsmittelgegenstand hinzuwirken. Schließlich hinderte eine sachliche Beschwerdezurückweisung den Beschwerdeführer nicht, eine Gegenvorstellung mit dem Ziel einzulegen, die nichtbindende Entscheidung über den sachlichen Rechtsmittelgegenstand abzuändern.[469] Wenn sich also die zugrundeliegende Beschwerde gegen eine nicht urteilsähnliche und damit abänderbare Erstentscheidung richtete, genössen auch Beschwerdeentscheidungen – selbst unter der Annahme, dass jedweder Beschwerdebeschluss eine urteilsähnliche Entscheidung über die Zulässigkeit des Rechtsmittels enthielte – in einem nur sehr eingeschränkten Maße Bestandsschutz.

Dieser methodischen Vorgabe zum Trotz plädiert etwa *Ball*[470] einerseits für die Unabänderlichkeit materiell rechtskräftiger Beschlüsse, andererseits spricht er im Rahmen seiner Erläuterungen zu § 572 Abs. 1 ZPO der unbeschränkten Abhilfebefugnis des iudex a quo das Wort. Demnach hänge die Abhilfebefugnis „allein davon ab, ob das Gericht die Beschwerde für begründet hält. Deren Zulässigkeit spielt daher im Abhilfeverfahren keine Rolle. Auch wo die Beschwerde unstatthaft ist, darf das Untergericht der in ihr enthaltenen Gegenvorstellung abhelfen."[471] Vor Inkrafttreten des ZPO-Reformgesetzes war diese Meinung in sich schlüssig: Materiell rechtskräftig und damit bindend wurden ausnahmslos Beschlüsse, die der sofortigen Beschwerde gemäß § 577 ZPO a.F. unterlagen;[472] die extensive Auslegung der Abhilfebefugnis konnte aber die Innenbindung solcher Beschlüsse nicht unterminieren, da dort das generelle Abhilfeverbot des § 577 Abs. 3 ZPO a.F. Anwendung fand. Nunmehr unterliegen jedoch auch die der sofortigen Beschwerde zugänglichen Beschlüsse der Abhilfebefugnis des iudex a quo. Die Ansicht *Balls* ist darob nicht mehr haltbar; denn es seien zwar seiner Meinung nach Beschlüsse, die in materielle Rechtskraft erwüchsen oder diese herbeiführten, unabänderlich und deshalb keiner Gegenvorstellung zugänglich, gleichwohl reichte eine unzulässige, weil unstatthafte oder verfristete Beschwerde aus, um den iudex a quo in Stand zu setzen, mittels einer Abhilfeentscheidung die bindende Wirkung des Beschlusses zu überwinden.

Die Konvergenz von Abänderungs- und Abhilfebefugnis und die daraus resultierenden Grenzen innerprozessualer Bindungswirkung gilt es also zwingend zu beachten und daraus zu erinnern, wenn nun im Weiteren die praktischen Konsequenzen eines auf dem Kriterium der Urteilsähnlichkeit gründenden Konzepts der Entscheidungswirkungen untersucht werden.

---

469 Zum Einfluss der Beschwerdeentscheidung auf die Abänderungsbefugnis vgl. a.a.O..

470 *Musielak/Ball*, § 567, Rn. 27.

471 *Musielak/Ball*, § 572, Rn. 4.

472 *Musielak/Ball*, 2. Auflage, § 567, Rn. 27, § 571, Rn. 2.

## 2. Die Korrelation von Urteilsähnlichkeit und Rechtskraftfähigkeit des Entscheidungsinhalts

Die grundsätzliche Erwägung, die Bindungswirkung vom konkreten Beschlussgegenstand abhängig zu machen, wird im Grunde von zwei sinnverwandten Auffassungen geteilt. So ist trotz des Abänderungsverbots in § 577 Abs. 3 ZPO a.F. schon vor Inkrafttreten des ZPO-Reformgesetzes vertreten worden, lediglich urteilsähnlichen bzw. streitentscheidenden Beschlüssen *Innenbindung* beizumessen. Der dogmatische Ausgangspunkt liegt dabei entweder in einer analogen Anwendung des § 318 ZPO oder in der Feststellung eines den Urteilen vergleichbaren, allgemeinen Bedürfnisses nach Rechtssicherheit. Stets aber bildet der Inhalt des konkreten Beschlusses den entscheidenden Maßstab, weswegen Beschlüssen prozessleitenden Inhalts von vornherein bindende Wirkung abgesprochen wird.[473] Auf die Relevanz des Entscheidungsinhalts wird letztlich aber auch von dem Teil der Literatur und Rechtsprechung verwiesen, welcher die Voraussetzungen der Innenbindung nicht selbständig bestimmt, sondern dabei an der *materiellen Rechtskraftfähigkeit* eines Beschlusses anknüpft und diese wiederum vom Inhalt der Entscheidung abhängig macht.[474] Werden Innenbindung und materielle Rechtskraft dabei lediglich den gleichen Vorbedingungen unterworfen, erscheint das vertretbar, handelt es sich doch um durchaus wesensgleiche Beschlusswirkungen, welche beide den Bestand- und Geltungsschutz eines Beschlusses zur Folge haben und auf diese Weise den Widerstreit von Gerechtigkeit und Rechtssicherheit entscheiden.[475] In diesem Sinne erscheint der Ansatz *Peters*[476], die Bestandskraft zivilprozessualer Beschlüsse, also die Selbstbindung und die materielle Rechtskraft, einheitlich nach der Urteilsähnlichkeit des Beschlusses zu beurteilen, um gegebenenfalls § 318 ZPO und zugleich § 322 ZPO analog anzuwenden, durchaus konsequent. Aufgrund der vielfach vertretenen teleologischen Verklammerung beider Entscheidungswirkungen lässt sich das Kriterium der Urteilsähnlichkeit damit kaum isoliert

---

473 Vgl. dazu Ausführungen unter C II 2.

474 *Clausing*, in *Schoch/Schmidt-Aßmann/Pietzner*, § 122, Rn. 4, 6; *Meyer-Ladewig*, SGG, § 142, Rn. 3 a, § 141, Rn. 5; *Gräber/Ruban*, vor § 115, Rn. 27; *Baumgärtel*, MDR 1968, S. 970 ff.; vgl. außerdem Nachweise unter C I 2 b.

475 *Musielak/Ball*, § 567, Rn. 27; danach sei die Annahme der Bindungswirkung befristet anfechtbarer Beschlüsse angesichts „der Abschaffung des Abhilfeverbots durch § 572 Abs. 1 ZPO" überholt und die Abänderung auf eine Gegenvorstellung hin nur dann nicht zuzulassen, wenn die betreffenden Beschlüsse in materielle Rechtskraft erwachsen sind oder diese herbeigeführt haben". Strikt davon zu trennen ist die dogmatisch verfehlte Ansicht, welche die Selbständigkeit der Innenbindungswirkung bestreitet und sie stattdessen zur Erscheinungsform der materiellen Rechtskraft im innerprozessualen Bereich erklärt, vgl. unter C I 2 b und C IV 2 c β zur zweifelhaften Rechtsprechung des BFH.

476 *Peters*, FS für *Geimer* (2002), S. 811 ff..

betrachten, sondern ist teilweise in Beziehung zu setzen mit dem methodischen Pendant des rechtskraftfähigen Entscheidungsinhalts.[477]

### 3. Dogmatische Herleitung des Urteilsähnlichkeitskriteriums

Die dogmatische Grundlage für das Kriterium der Urteilsähnlichkeit liegt in einer analogen Anwendung des § 318 ZPO (bzw. des 322 ZPO). Denn selbst wenn umfassendere Rechtssicherheitserwägungen oder das Erfordernis einer Abwägung zwischen Rechtssicherheit und Gerechtigkeit vorgeschützt werden, bilden genau genommen doch „dieselben Gründe, die zum Erlaß der Vorschrift des § 318 ZPO für die Urteile geführt haben“[478], die argumentative Basis für die Annahme innerprozessualer Bindungswirkung.[479] Dass die Relevanz des konkreten Beschlussgegenstands Ergebnis einer analogen Rechtsfortbildung des § 318 ZPO ist, zeigt im Übrigen schon der Begriff der „Urteilsähnlichkeit“, welcher lediglich die Vergleichbarkeit der Interessenlagen im Urteils- und Beschlussverfahren in Worte zu fassen versucht. Die Plausibilität dieses Ansatzes hängt damit davon ab, dass zum einen das Gesetz eine entsprechende Regelungslücke aufweist und zum anderen der geregelte Sachverhalt, also die Bindungswirkung eines Urteils, mit dem nicht geregelten Sachverhalt, der Innenbindung bestimmter Beschlüsse, vergleichbar ist.

#### a) Regelungslücke

Anzuknüpfen ist dabei an den Stand der Diskussion, der zuletzt unter Geltung der alten Rechtslage erreicht wurde. Bereits unter C II 1 wurde dahingehend festgestellt, dass die Verweisungsvorschrift des § 329 Abs. 1 ZPO nicht als abschließende Regelung ausgelegt werden kann. Ein argumentum e contrario, welches gegen eine entsprechende Anwendung aller nicht erwähnten Gesetzesvorschriften und somit auch gegen eine Analogie zu § 318 ZPO spräche, ist mithin nicht gerechtfertigt. Ferner lässt sich auch der gesetzlichen Anordnung innerprozessualer Bindung im Urteilsverfahren (§ 318 ZPO) nicht negativ die Bindungsfreiheit gerichtlicher Beschlüsse entnehmen. Nach Inkrafttreten des ZPO-Reformgesetzes und der Abschaffung des § 577 Abs. 3 ZPO a.F. ermangelt es der Zivilprozessordnung jedenfalls einer *unmittelbaren* Bestimmung in Bezug auf die Abänderbarkeit von Beschlüssen, zumal sich, wie erwähnt,[480] § 572 Abs. 1 ZPO trotz seiner Wortlautidenti-

---

477 Gleichwohl bleibt der grundsätzlichen Problematik der materiellen Rechtskraft von Beschlüssen einer separaten Betrachtung vorbehalten, ausführlich dazu unter D.

478 *Lüdemann*, S. 27.

479 Entsprechend will *Hirsch* (S. 21) einen rechtskraftfähigen Inhalt eines Beschlusses nur dann anerkennen, wenn das urteilsgleiche Bedürfnis nach Rechtssicherheit und Rechtsgewissheit vorläge. Zutreffend entgegnet dem *Pieper* (S.95), dass dies im Grunde zwar zutreffend die für eine Analogie erforderliche Ähnlichkeit der Interessenlagen umschreibt, jedoch statt dieses allgemeinen Maßstabs die Merkmale herauszuarbeiten seien, welche eine Analogie rechtfertigten.

480 Vgl. unter C IV.

tät mit § 571 ZPO a.F. keine über das eigentliche Abhilfeverfahren hinausgehende Regelungswirkung entnehmen lässt. Legte man § 572 Abs. 1 ZPO gleichwohl einen Aussagewert für die Innenbindung bei, spräche die Vorschrift sogar gegen eine Differenzierung nach dem Maßstab der Urteilsähnlichkeit. Denn der generalisierende Wortlaut der Abhilferegelung in § 572 Abs. 1 ZPO würde durch eine konkrete Untersuchung des jeweiligen Beschlussgegenstands und der Differenzierung zwischen bindenden und abänderbaren Beschlüssen geradezu konterkariert.[481]

Obgleich auch keine Vorschrift existiert, welche die Abänderbarkeit *expressis verbis* regelte, so ist doch – bereits hier – darauf hinzuweisen, dass der Gesetzgeber in der Begründung zum ZPO-Reformgesetz bzw. zur Novellierung des Beschwerdeverfahrens nicht erkennen lässt, dass das generelle Abänderungsverbot nach § 577 Abs. 3 ZPO tatsächlich einer Differenzierung nach der Qualität des jeweiligen Beschlussgegenstands weichen sollte.[482] Die innerprozessuale Bindungswirkung urteilsähnlichen Beschlüssen vorzubehalten, scheint gar dem Sinn des Reformgesetzes zu widersprechen, wollte man doch durch die Befristung der Beschwerde der Ungewissheit über die Endgültigkeit gerichtlicher Entscheidungen generell „im Bereich der Nebenentscheidungen" entgegenwirken.[483] Daneben zeigt eine verfahrensübergreifende Betrachtung[484], dass im Anwendungsbereich der Verwaltungsgerichtsordnung, des Sozialgerichtsgesetzes und der Finanzgerichtsordnung das Kriterium der Urteilsähnlichkeit nicht derart reüssierte, dass die Annahme, der Gesetzgeber hätte auch die Übernahme einer dahingehenden Auslegungspraxis beabsichtigt, gerechtfertigt erschiene. Trotz dessen soll – behufs einer weitergehenden Examination des Ansatzes – zunächst von einer gesetzlichen Regelungslücke ausgegangen werden.

b) Ähnlichkeit der Sachverhalte

Eine rechtsfortbildende Ausweitung der Innenbindung erfordert neben einer Regelungslücke zudem, dass Urteile und Beschlüsse bestimmten Beschlussinhalts nach Maßgabe der gesetzlichen Wertung, die sich hinter dem existierenden Prozessrechtssatz (§ 318 ZPO) verbirgt, als vergleichbar zu bewerten und aufgrund dieser Gleichartigkeit auch gleich zu behandeln sind.[485] Die Selbstbindung des Gerichts ist Ergebnis einer Abwägung zwischen dem Gebot der Rechtssicherheit und dem öffentlichen Interesse an der Erreichung des höchstmöglichen Grades an Einzelfallgerechtigkeit. Bei Urteilen hat sich der

---

481 Vgl. insoweit auch Besprechung von LSG Niedersachsen (*Breithaupt* 68 (1979), S. 482) unter C IV 2 b.

482 BT-Drucks. 14/4722, S. 68 f.; S. 110 ff..

483 BT-Drucks. 14/4722, S. 68.

484 Vgl. unter C IV 2.

485 *Larenz*, S. 366.

Gesetzgeber dabei zugunsten der Autorität des Spruchkörpers und des Vertrauens der Beteiligten in die Autorität und Maßgeblichkeit der Rechtsprechung entschieden und dem Gericht deshalb sowohl die Abänderung des gefällten Judizes als auch die Abweichung davon verboten.[486] Allein die Kenntnis um den Normzweck des § 318 ZPO für eine Analogie reicht nicht aus und kann lediglich als Ausgangspunkt der weiteren Aufgabe dienen, diejenige Eigenschaft eines Urteils festzustellen, welche das Bedürfnis nach Innenbindung auslöst, und in der Folge den Kreis der Beschlüsse zu ziehen, welche dieses Merkmal teilen und deshalb vergleichbarer, urteilsähnlicher Qualität sind.

Ein festgefügter und stringenter Kanon handhabbarer Kriterien für die Bestimmung der Urteilsähnlichkeit konnte sich bisher aber weder in der Zivilprozessordnung noch in anderen Verfahrensordnungen herausbilden, obgleich schon die Begründung der Reichscivilprozessordnung den Unterschied zwischen Prozessleitung und Beschlüssen mit Urteilsnatur als bekannt voraussetzte. So kommt im allgemeinen Teil der Entwurfbegründung die „Beseitigung der Urtheilsnatur“ der Beweisverfügung zur Sprache. Nach dem gemeinen deutschen Prozessrecht, insbesondere der hannoverschen Prozessordnung, bedeutete die Beweisverfügung noch die richterliche Feststellung des Beweissatzes und der Beweislast. Notwendig war deshalb die richterliche Regelung der Beweislast, also ein richterlicher Ausspruch mit Urteilsnatur und Bindungswirkung. Im Gegensatz dazu ging die Reichscivilprozessordnung von der Regelung der Beweislast durch das Gesetz aus, was einen regelnden Beweisbeschluss obsolet machte. Weil die Beweisverfügung also „keine Beweisauflage, keine Aufforderung an die Parteien, nachträglich den Beweis von Thatsachen anzutreten, [...] keine Regelung der Beweislast“ zu enthalten brauchte, hatte sie „dieselbe Natur, wie jede andere prozessleitende Verfügung“.[487] Im Übrigen lassen sich aber weder dem Wortlaut der gesetzlichen Terminologie der aktuellen Zivilprozessordnung noch den Gesetzesmaterialien zur Reichscivilprozessordnung Anhaltspunkte dafür entnehmen, dass das Gesetz von „Anordnung“ oder „Verfügung“ spräche, wenn es ein prozessleitendes, abänderliches Dekret meinte, dagegen urteilsähnliche Dekrete immer als „Entscheidungen“ bezeichnete.[488]

Ausgehend von der zitierten Passage in den Motiven wurde die Urteilsähnlichkeit bzw. Urteilsnatur erstmals von *Planck*[489] zur Voraussetzung der Un-

---

486 Vgl. u.a. MünchKommZPO-*Musielak*, § 318, Rn. 1; *Baumbach/Lauterbach/Hartmann*, § 318, Rn. 2.

487 *Hahn*, S. 133 f.; zur prozessleitenden Natur der Anordnung der Trennung, Verbindung oder Aussetzung vgl. *Hahn*, S. 217; zur Abänderbarkeit prozessleitender Beschlüsse vgl. *Hahn*, S. 288.

488 Vgl. *Planck*, § 76, S. 450; *Schultz*, S. 25.

489 § 79, S. 475 f..

abänderlichkeit eines Beschlusses gemacht. Entsprechend der gemeinrechtlichen Theorie sei je nach dem Inhalt der Entscheidung zwischen prozessleitenden und dezisiven Dekreten zu differenzieren.[490] Die Prozessleitung meine dabei die „Aufgabe des Richters, dafür zu sorgen, dass die Parteienthätigkeit in einer den Anforderungen der Prozessordnung genügenden und dem Zweck der Herbeischaffung einer zur Aburtheilung brauchbaren Grundlage entsprechender Weise sich entfalte. Der Erlaß der dazu erforderlichen Anordnungen ist die richterliche Prozessleitung."[491] Prozessleitende Beschlüsse und Verfügungen wären ohne weiteres abänderlich, was schon die Motive der Reichsprozessordnung als selbstverständlich betrachteten.[492] Das Wesen der Aburteilung bestehe demgegenüber darin, dass der Richter „mit Verbindungskraft für die Betheiligten nach vorgängiger Prüfung des vorgelegten Thatbestandes an dem Masse des darauf anwendbaren Rechts zum Zwecke der endgültigen Erledigung jedes ferneren Streits oder Zweifels ausspricht, was bezüglich der behandelten Frage Rechtens ist und folglich sein soll"[493]. Die Prozessleitung sei demnach eine Verfügung, die „nur anordnet und anordnen will, dass etwas geschehen solle oder unterbleiben solle"[494]; demgegenüber enthalte ein Urteil immer eine Entscheidung, „was folglich für die Zukunft sein solle"[495]. Prozessleitende Beschlüsse wären etwa der Beweis- und der Aussetzungsbeschluss. Urteilsnatur besäßen die Beschwerdeentscheidung oder die Bewilligung oder Zurückweisung eines Ablehnungsgesuches.[497]

Wie aber *Schultz*[498] nachwies, führt *Planck* mit dieser Differenzierung letztlich nur seine, nach dem gemeinen Recht entworfene Unterscheidung zwischen „Anordnung" und „Entscheidung" fort, welche sich an den beiden altgermanischen Gerichtszweigen der Exekutive und Reflexion orientierte. Jedoch war die Theorie *Plancks* schon vor Inkrafttreten der Reichscivilprozessordnung als undurchführbar abzulehnen. So stellte *Schultz* treffend fest, dass letztlich nicht zu klären ist, ob ein Dekret „den Zweck hat, anzuordnen, dies oder jenes soll geschehen oder unterbleiben, oder ob nicht darüber hinaus ihm noch weitere, den ganzen Prozeß einschneidend beeinflussende Wirkungen innewohnen"[499].

---

490 A.a.O.; zur gemeinrechtlichen Unterscheidung zwischen prozessleitenden und entscheidenden Dekreten, vgl. *Planck*, § 76, S. 448 f..

491 *Planck*, § 74, S. 440.

492 *Planck*, § 79, S. 475 f.; *Hahn*, S. 288.

493 *Planck*, § 75, S. 442.

494 *Planck*, § 76, S. 450.

495 *Planck*, § 79, S. 475.

497 A.a.O..

498 S. 41 ff., 61 ff..

499 *Schultz*, S. 51 ff., 70 f..

### α) Die verfahrensrechtliche Verselbständigung als Kriterium der Urteilsähnlichkeit

Trotz aller Kritik wurde der Grundgedanke *Plancks*, die Frage der Bindungswirkung eines Beschlusses von dessen Urteilsnatur abhängig zu machen, unter anderen von *Lüdemann*[500] wiederaufgegriffen. Demnach sei der eigentliche Grund für die Innenbindung von Urteilen nicht deren streitentscheidender Inhalt, sondern vielmehr die verfahrensabschließende Wirkung. Das gewöhnliche Endurteil zeichne sich nämlich vor allem dadurch aus, dass es einen Rechtsstreit erledige respektive diesen in der jeweiligen Instanz zu einem Abschluss bringe. Notwendige, aber hinreichende Voraussetzung der Urteilsnatur eines Beschlusses sei demnach die verfahrensbeendigende Funktion einer Entscheidung. Letztere erfüllten aber nicht nur Beschlüsse, die außerhalb eines Erkenntnisverfahrens ergingen,[501] sondern auch solche, die innerhalb eines Urteilsverfahrens, Zwischenurteilen vergleichbar, über im Laufe des Rechtsstreits aufgetretene Streitigkeiten entschieden. Ausschlaggebend sei die Beendigung eines besonderen Verfahrens („Sonderprozesses"), in dem zur Erforschung des maßgeblichen Sachverhalts gegebenenfalls Ermittlungen von Amts wegen vorgenommen oder eine Beweiserhebung angeordnet würde. Inmitten stünde ein besonderer Prozessgegenstand, der vom Streitgegenstand der Hauptsache unterschieden werden könne. Schließlich werde ein selbständiger Sonderzweck verfolgt, der in der Bewährung der für das Sonderverfahren in Betracht kommenden Rechtsnormen liege, ohne unmittelbar dem Hauptzweck zu dienen. Sei nach diesen Maßstäben die Urteilsnatur eines Beschlusses zu bejahen, führten dieselben Rechtssicherheitserwägungen, die dem Erlass des § 318 ZPO zugrunde lägen, zur Annahme bindender Wirkung des urteilsähnlichen Beschlusses.[502] Die Idee eines Sonderprozesses, der im Laufe eines Rechtsstreits zu entscheiden ist, stammt ursprünglich von *Sauer*. Seiner Ansicht nach erfüllten die Sonderprozesse als Teile eines Prozessganzen einen „selbständigen Zweck, der zwar ebenfalls dem Prozesszweck dienen soll, aber doch von ihm unabhängig ist."[503]

Die Urteilsähnlichkeit eines Beschlusses am Grad der verfahrensrechtlichen Verselbständigung vom Urteilsverfahren festzumachen, wird in der Diskussi-

---

500 S. 24 ff., 26.

501 Als Beispiel nennt *Lüdemann* das Entmündigungsverfahren, das Arrestverfahren (§§ 916 ff. ZPO) und das Verfahren auf Vollstreckbarerklärung eines Schiedsspruchs (§ 1064 ZPO).

502 *Lüdemann*, S. 27.

503 *Sauer*, § 7 IV, S. 116. Die „Sondersachgestaltung" der Sonderprozesse zeige sich vor allem bei einer unrichtigen Entscheidung. Im Unterschied zu anderen Zwischenentscheidungen sei in diesem Fall die Erfüllung des Prozesszwecks des Hauptprozesses nicht behindert, § 10 III, S. 197.

on um die Innenbindung gerichtlicher Beschlüsse wiederholt vertreten.[504] Entgegen der Kritik *Schmidts*[505] beruht die Argumentation dabei nicht auf einem Zirkelschluss, lässt sich die verfahrensabschließende Eigenschaft doch gerade unabhängig von der Endgültigkeit der Entscheidung bestimmen. Ausschlaggebend ist dabei allein die Qualität des vorangehenden Verfahrens. Lässt sich das Beschlussverfahren deutlich vom eigentlichen Urteilsverfahren abgrenzen und stellt es sich deshalb für die Verfahrensbeteiligten als abgesondertes bzw. selbständiges Verfahren dar, so erscheint es schon aus Rechtssicherheitserwägungen, in concreto zum Schutze des Vertrauens in die Autorität und Maßgeblichkeit der Rechtsprechung, erforderlich, den scheinbar eigenständigen Ausspruch nicht der Abänderung im weiteren Fortgang des Urteilsverfahrens zu unterwerfen. Geht der Beschluss dagegen verfahrensmäßig völlig im Hauptsacheverfahren auf, stellt sich die Beschlussentscheidung nach außen nicht als definitive, urteilsähnliche Entscheidung einer selbständigen Rechtsfrage dar; vielmehr bildet das darauf ergehende Urteil den Abschluss sowohl des Beschluss- als auch des Urteilsverfahrens.[506] Infolge unterschiedlicher Ansatzpunkte, welche sich mit einem gesonderten Verfahrensablauf, einem eigenen Prozessgegenstand und einer besonderen gesetzlichen Ausgestaltung bieten, ist dieser Methode gar eine gewisse Trennschärfe zu eigen. Freilich ist zu bedenken, dass sie kaum die Differenziertheit der Betrachtung zu steigern vermag. So wird schon in den Motiven zur Reichscivilprozessordnung davon ausgegangen, dass die gesetzliche Anordnung eines Beschluss- bzw. Beschwerdeverfahrens immer vom Gedanken getragen ist, durch „Ausscheiden nebensächlicher Streitpunkte den Stoff des Rechtsstreits für die übrigen Rechtsmittel und damit das Verfahren selbst zu vereinfachen."[507] Aus diesem Grunde wird sich im Falle eines grundsätzlich beschwerdefähigen Beschlusses stets ein besonderes Verfahren, ein besonderer Prozessgegenstand und ein

---

[504] *Pieper*, S. 54; *Rosenberg/Schwab*, 10. Aufl., § 60 II 2 b; BayObLGZ 86, S. 136 f., danach sei das Richterablehnungsverfahren „ein *selbständiges* Zwischenverfahren, in welchem über das Ablehnungsgesuch mit dem darin geltend gemachten Ablehnungsgrund nach § 45 Abs. 1 ZPO grundsätzlich durch *gesonderten* Beschluss zu entscheiden ist. Diese Entscheidung ist, sobald sie Rechtskraft erlangt, für das weitere Verfahrens bindend."; KG Berlin, MDR 1988, S. 237, das Verfahren gemäß § 46 Abs. 2 ZPO sei „ein prozessuales Nebenverfahren mit eigenem Streitgegenstand"; weitere Nachweise bei *Schmidt*, S. 92, Fn. 2; als ein Aspekt unter mehreren klingt die verfahrensrechtliche Selbständigkeit etwa auch bei OLG München, AnwBl. 1970, S. 136 f.: „Das Kostenfestsetzungsverfahren ist – obwohl ein Teil des zwischen den Parteien anhängigen Rechtsstreits – vom Gesetz völlig selbständig ausgestaltet worden.".

[505] S. 92.

[506] Die Selbstbindung des Gerichts an seine in derartigen Sonderprozessen getroffenen Entscheidungen gewährleistete zudem, dass das spätere Verfahren auf einer sicheren prozessualen Grundlage abläuft und eine unökonomische Neueröffnung des Sonderverfahrens vermieden wird.

[507] *Hahn*, S. 374.

besonderer in der Bewährung spezifischer Vorschriften liegender Prozesszweck feststellen lassen. Der „Sonderprozesscharakter“ ist insoweit in der Natur anfechtbarer Beschlüsse angelegt.[508] Dass danach Beschlüsse über die Ablehnung von Gerichtspersonen, über die Zeugen- und Sachverständigenpflicht und Kostenfestsetzungs- und Sicherheitsleistungsbeschlüsse unzweifelhaft als bindende Beendigung von Sonderprozessen anzusehen sind,[509] erscheint folgerichtig. Schwer nachzuvollziehen ist allerdings, dass *Lüdemann* dem Prozesskostenhilfeverfahren keinen Sonderprozesscharakter zuerkennt, obgleich hierbei einem besonderen Zweck, nämlich einer unbemittelten Partei den Zugang zu den Gerichten zu ermöglichen, in einem besonderen, gesetzlich ausgestalteten Verfahren (§§ 114 ff. ZPO) nachgegangen wird. Auch die Einschätzung, dass es den Zwangsmittelbeschlüssen (§§ 380 Abs. 2, 390 Abs. 2, 888 Abs. 1 ZPO) anders als den Strafbeschlüssen (§§ 380 Abs. 1, 390 Abs. 1 ZPO), welche „in erster Linie nicht die Beseitigung des Ungehorsams, sondern seine Sühne zum Gegenstand“ hätten, an einem besonderen Prozessgegenstand ermangelte, da sie unmittelbar dem Hauptprozess dienten, verwundert.[510] Zwangsmittelbeschlüsse wären demnach abänderlich, Ordnungsstrafbeschlüsse dagegen nicht. Erscheint eine unterschiedliche Behandlung dieser Beschlüsse unter Zugrundelegung obiger Maßstäbe jedenfalls zweifelhaft,[511] führt die strikte Anwendung des Sonderprozessgedankens in anderen Fällen zu evident verfehlten Ergebnissen. So hätten nach *Lüdemann* Beschlüsse über die Zulässigkeit eines Rechtsmittels (§ 522 Abs. 1 ZPO, § 552 ZPO) mangels eigenen Prozessgegenstandes lediglich den Anschein des Verfahrensabschlusses, schlössen tatsächlich aber keinen Sonderprozess ab und wären damit sämtlich für das erlassende Gericht abänderlich.[512] Doch gerade Verwerfungsbeschlüsse begründen aufgrund der unmittelbaren Auswirkung auf die Rechtskraft des angegriffenen Urteils das Bedürfnis nach der

---

508 Dass im Grunde alle anfechtbaren Beschlüsse in einem vom Hauptsachverfahren mehr oder minder verselbständigten Sonderverfahren ergehen, zeigte sich im Übrigen schon im Rahmen der Abgrenzung der Wirkbereiche von Innenbindung und materieller Rechtskraft, vgl. unter C I 2 b.

509 S. 30 f., 32 f., 36 f..

510 S. 35.

511 Insbesondere zeigt bereits die abgestufte gesetzliche Regelung in § 380 Abs. 1 und Abs. 2 ZPO („[...] im Falle wiederholten Ausbleibens [...]“), dass Zwangsmittel und Strafbeschlüsse keineswegs eine „völlig verschiedene Zweckrichtung“ haben, sondern beide ausschließlich „der öffentlichen Natur der Zeugnispflicht“ (*Hahn*, S. 310 f.) Rechnung tragen, vgl. *Schmidt*, S. 182. Die Erfüllung der Zeugenpflicht stellt aber durchaus einen gegenüber der Hauptsache spezialisierten Prozessgegenstand dar, was schon ein Vergleich mit dem anerkannten Sonderprozess über die Pflicht zur Eidesleistung (S. 27) ergibt.

512 S. 37 f..

Definitivität ihres Ausspruchs. Denn, wie *Lüdemann*[513] eingangs seiner allgemeinen Überlegung vollkommen zutreffend feststellt, ist es ausschließlich die Rechtssicherheit, die verlangt, dass eine Entscheidung, die ein Streitverhältnis abschließt, nicht von ihrem Urheber wieder abgeändert werden kann. Das gesetzte Untersuchungsziel, nämlich den Kreis der Beschlüsse, die ein den Urteilen vergleichbares Maß an Endgültigkeit bedürfen und insoweit urteilsähnlich sind, *abschließend* festzulegen, lässt sich mithilfe des Gesichtspunkts des Verfahrensabschlusses mithin nicht erreichen.

β) Der im bürgerlichen Recht begründete Anspruch als urteilsähnlicher Beschlussgegenstand im Sinne der materiellrechtlichen Rechtskrafttheorie

Verknüpft man die Frage der innerprozessualen Bindungswirkung mit der Rechtskraftfähigkeit einer Entscheidung,[514] steht nicht die konkrete Ausgestaltung des prozessualen Verfahrens im Mittelpunkt der Betrachtung, sondern die Qualität des konkreten Beschlussgegenstandes. Insoweit wurde bis in die dreißiger Jahre des letzten Jahrhunderts – im Eindruck der materiellen Rechtskrafttheorie[515] – vertreten, dass nur solche Beschlüsse Urteilsnatur hätten, welche über *im bürgerlichen Recht begründete Ansprüche* entschieden und nicht das prozessuale Verhältnis beträfen; nur in diesem Rahmen sei eine analoge Anwendung der Bestimmungen über die Bestandskraft von Urteilen gerechtfertigt.[516] Schlösse man zudem die Rechtskraftfähigkeit von Entscheidungen, welche einen prozessrechtlichen Gegenstand hätten, nicht von vorneherein aus, ließe sich der Kreis materieller Rechtskraft nicht mehr sinnvoll begrenzen, sondern erfasste neben Prozessurteilen auch alle anderen Entscheidungen, soweit sie formelle Rechtskraft genössen.[517] Diese Auffassung wich jedoch bald der Einsicht, dass es für eine derartige Einschränkung der materiellen Rechtskraft keine gesetzliche Grundlage gäbe und insbesondere etwa auch Prozessurteile oder prozessuale Gestaltungsklagen, welchen kein materiellrechtlicher Anspruch zugrunde läge, der materiellen Rechtskraft fähig seien.[518]

---

513 S. 27.

514 Zu diesem Ansatz vgl. Ausführungen unter C V 2 a.E. und C I 2 b.

515 Ausführlich zum Streit zwischen materieller und prozessualer Rechtskrafttheorie unter D I.

516 Vgl. etwa *Kleinfeller*, FS für *Wach* (1913), S. 373 ff., 412; weitere Nachweise bei *Pieper*, S. 81, Fn. 1.

517 *Kleinfeller*, FS für *Wach* (1913), S. 373 ff., 396; KG Berlin, OLG-Rspr. 22, S. 361; OLG Kassel, Rspr. 18, S. 412.

518 Vgl. insbesondere *Herriger*, JW 1934, S. 2502, Besprechung von LG Altona, JW 1934, S. 2502; weitere Nachweise bei *Pieper*, S. 86; vgl. auch *Baumgärtel*, MDR 1968, S. 970 ff., 971.

### γ) Der Ausspruch über eine beanspruchte Rechtsfolge als urteilsähnlicher Beschlussgegenstand

Im Gegensatz zur materiellrechtlichen Rechtskraftlehre verlangt *Gündner*[519] eine Entscheidung nicht über einen bürgerlich-rechtlichen Anspruch, sondern sieht die Bedingung für die Unabänderlichkeit einer Entscheidung – in analoger Anwendung des § 322 ZPO – im „endgültigen und vorbehaltlosen Ausspruch über eine beanspruchte Rechtsfolge", „d.h. über eine Rechtsfolge, auf deren Feststellung die Partei einen Anspruch erhebt". Lediglich prozessleitende Anordnungen, welche nicht über eine beanspruchte Rechtsfolge entschieden, wären demnach die Anberaumung, Aufhebung, Verlegung und Vertagung von Terminen (§§ 216, 227, 337 ZPO), die Bestimmung und Änderung richterlicher Fristen (z.B. §§ 109 Abs. 2, 113, 224, 225, 226 ZPO), die Beschlüsse, welche die Aussetzung und Aufnahme des Verfahrens beträfen (z.B. §§ 148 ff., 246 f. ZPO) oder auch die Entscheidung über die Einleitung eines Beweissicherungsverfahrens (§ 490 ZPO).[520] Rechtskraftfähige Entscheidungen enthielten dagegen rechtsmittelverwerfende Beschlüsse,[521] Kostenfestsetzungsbeschlüsse (§ 104 ZPO) und die isolierte Kostenentscheidung nach § 91 a ZPO.[522] Desgleichen wäre die Entscheidung über das Gesuch um Erlass eines Arrests oder einer einstweiligen Verfügung ein der materiellen Rechtskraft fähiger Ausspruch über den Sicherungsanspruch des Antragstellers.[523] Weiterhin enthielten Beschlüsse, welche die Ablehnung von Richtern, Urkundsbeamten und Sachverständigen (§§ 45 f., 48 f. ZPO) regelten, trotz ihrer verfahrensleitenden Funktion Entscheidungen über die beanspruchte

---

519 *Gündner* nähert sich dem Problem der Unabänderlichkeit formell rechtskräftiger Beschlüsse über die materielle Rechtskraft (-fähigkeit). Zwar erkennt er, dass die Verweisung in § 329 ZPO keineswegs abschließend ist, S. 22. Da er sich aber der Eigenständigkeit der Innenbindungswirkung nicht bewusst ist, erwägt er keine analoge Anwendung des § 318 ZPO (S. 13, S. 19 f.), sondern erblickt – fälschlicherweise (C I 2 b) – in der materiellen Rechtskraft das maßgebliche Abänderungshindernis, S. 17 ff.. Gleichwohl erscheinen die Untersuchungsergebnisse *Gündner*s auf vorliegende Diskussion übertragbar, gelangt er doch im Laufe seiner Überlegung schließlich zu der Frage, inwieweit Beschlüsse der materiellen Rechtskraft aufgrund ihrer „Wesensverwandtschaft" mit Urteilen (S. 25) unterlägen.

520 *Gündner*, S. 27 ff..

521 *Gündner*, S. 32; wobei *Gündner* es bei dieser Feststellung belässt, ohne weiter auszuführen, über welchen Anspruch letztlich entschieden wird. Im Falle der sachlichen Berufungszurückweisung gemäß § 522 Abs. 2 S. 1 ZPO dürfte danach wohl von einer Entscheidung über den materiellen Anspruch auszugehen sein. Die Berufungsverwerfung gemäß § 522 Abs. 1 ZPO betrifft dagegen wohl den prozessualen Anspruch auf Überprüfung der angegriffenen Entscheidung bzw. Zugang zur nächsten Instanz, als Ausfluss des Justizgewährungsanspruchs.

522 *Gündner*, S. 39 f..

523 *Gündner*, S. 36 f..

Rechtsfolge eines konkreten Sachverhalts.[524] Auch die Verwerfung des Antrags auf Erlass eines Versäumnisurteils (§§ 335, 336 ZPO) spreche eine Entscheidung über eine beanspruchte Rechtsfolge, nämlich den Anspruch auf Erlass des Versäumnisurteils, aus.[525] Gerade die beiden letzten Beispiele machen deutlich, dass die Urteilsähnlichkeit eines Beschlusses dabei nicht nur bei solchen Entscheidungen bejaht würde, welche entweder über den materiellen Hauptsacheanspruch selber befinden (§ 522 Abs. 2 ZPO) oder sich zumindest unmittelbar auf das dahingehende Erkenntnis auswirken (§ 522 Abs. 1 ZPO), sondern ein urteilsähnlicher Entscheidungsgegenstand nach dieser Ansicht bereits dann vorläge, wenn der Beteiligte *gegen das Gericht* einen Ausspruch über eine verfahrensrechtliche Rechtsfolge beansprucht. Diese Ansicht wird auch von *Kahlke*[526] geteilt. Demnach sei Gegenstand des Zwischenstreits über ein Richterablehnungsgesuch der Anspruch auf den gesetzlichen Richter. Dies habe mit dem behaupteten materiellen Anspruch nichts zu tun. Er gehöre vielmehr dem Verfahrensrecht selbst an. Gleichwohl werde über diesen besonderen Streitgegenstand „ausschließlich und abschließend" innerhalb des Beschlussverfahrens entschieden.[527] Schließlich klingt auch in manchen Entscheidungen des Bundesgerichtshofs an, dass der maßgebliche Aspekt für eine analoge Anwendung des § 318 ZPO bzw. die Urteilsähnlichkeit eines Beschlusses in der Entscheidung über einen materiellen oder prozessualen Anspruch gesehen wird. So liege im Wiedereinsetzungsbeschluss „im Gegensatz zu frei abänderbaren prozessleitenden Anordnungen eine unmittelbare Gestaltung des Prozessverhältnisses zwischen den Parteien und eine uneingeschränkte *Entscheidung über ein von der antragstellenden Partei in Anspruch genommenes Recht*"[528].

Der Ansatz *Gündners* bedarf einer differenzierten Betrachtung. Zunächst ist entgegenzuhalten, dass zur Bestimmung der Urteilsähnlichkeit auf den Wortlaut des § 322 ZPO, in concreto den „erhobenen Anspruch", zurückgegriffen wird. Zutreffend wendet *Schmidt*[529] insoweit ein, dass der CPO-Gesetzgeber mit dieser Begrifflichkeit nicht den Kreis der rechtskraftfähigen Entscheidungen eingrenzen wollte, sondern ratio legis war, innerhalb des Urteilsinhalts die Grenzen der Rechtskraft festzulegen bzw. – entgegen der Lehre *Savignys*[530] – die Rechtskraft der Präjudizialpunkte auszuschließen. Nach den Mate-

---

524 *Gündner*, S. 31.
525 *Gündner*, S. 32.
526 ZZP 95 (1982), S. 288 ff., 293, 301; zustimmend KG Berlin, MDR 1988, S. 237.
527 *Kahlke*, ZZP 95 (1982), S. 288 ff., 301.
528 BGH, FamRZ 1991, S. 1191[textliche Hervorhebung stammt vom Autor], unter Bezugnahme auf RGZ 125, 68, 71.
529 *Schmidt*, S. 96.
530 S. 350 ff., 429 ff., 451 f.; nach *Savigny* wären auch präjudizielle Anspruchsvoraussetzungen der Rechtskraft zugänglich gewesen, vgl. *Schmidt*, a.a.O..

rialien zur Civilprozessordnung würde nämlich – im Sinne *Ungers*[531] – durch die Parteien der „Gegenstand ihres Streites im Petitum ausgedrückt und begrenzt". Da aber die Rechtskraft über das Klagebegehren der Parteien nicht hinausreichen sollte, waren die Urteile nur insoweit für rechtskräftig erklärt worden, „als über den durch Klage oder Widerklage erhobenen Anspruch entschieden ist."[532] Das Tatbestandsmerkmal des erhobenen Anspruchs taugt demnach zur Bestimmung, *inwieweit* eine grundsätzlich rechtskraftfähige Entscheidung materielle Rechtskraft zeitigt, jedoch nicht zur Bestimmung, *ob* eine Entscheidung überhaupt urteilsähnlich bzw. rechtskraftfähig ist. In diesem Sinne ist auch die Auslegung des „Anspruches" im Sinne des § 322 ZPO durch die Vertreter der prozessualen Rechtskrafttheorie zu verstehen, welche darunter „das auf rechtskraftfähige Feststellung einer Rechtsfolge gerichtete Begehren, das durch den gestellten Antrag und den seiner Begründung vorgetragenen Sachverhalt gekennzeichnet wird", subsumieren.[533] Derartige Definitionen dienen gleichfalls nur der Beschreibung der sachlichen Rechtskraftgrenzen, indem sie den Streitgegenstandsbegriff vom bürgerlichrechtlichen Anspruchsbegriff emanzipieren und auf eine prozessuale Grundlage stellen, welche durch den Klageantrag und den zu seiner Begründung vorgetragenen Sachverhalt gebildet werde.[534] Auch der prozessuale Streitgegenstandsbegriff erscheint damit grundsätzlich ungeeignet, urteilsähnliche von sonstigen Beschlüssen zu scheiden. Darüber hinaus entgegnete schon *Pieper*[535] der sinnverwandten Auffassung *Herrigers*[536], wonach eine rechtskraftfähige Entscheidung dann vorläge, wenn „Rechtsfolgen eines dem Gericht zur Entscheidung unterbreiteten konkreten Tatbestandes ausgesprochen werden", dass dieser Ansatz jedenfalls nicht das reklamierte Differenzierungspotential in sich bärge. Diese Voraussetzungen erfüllten nämlich alle gerichtlichen Beschlüsse, da das Gericht stets bestimmte Tatsachen unter bestimmte rechtliche Vorschriften subsumiere und damit in allen Fällen ein Ausspruch über Rechtsfolgen gegeben sei. Ferner ist darauf hinzuweisen, dass *Gündner*, soweit er zur Bestimmung bindender Beschlüsse darauf abstellt, ob der Beschluss einen „endgültigen und vorbehaltlosen Ausspruch" enthält,[537] genau genommen einem Zirkelschluss unterliegt, da definiendum gerade die Unabänderlichkeit und damit die Endgültigkeit eines Beschlusses ist. Was

---

531 S. 628.

532 Vgl. zu alledem die *Hahn*, S. 290 ff..

533 *Rosenberg*, § 87 II 2; ZZP 57 (1932), S. 185 ff., 317; weitere Nachweise bei *Gündner*, S. 26.

534 *Rosenberg*, FS für *Schmidt*, S. 256 ff., 266; zur Entwicklung und den Grenzen des (zweigliedrigen) Streitgegenstandsbegriffs vgl. Reischl, S. 208 ff..

535 S. 88 f..

536 JW 1934, S. 1197 f. und S. 2502.

537 *Gündner*, S. 27.

bleibt, ist die These, dass ein rechtskraftfähiger Entscheidungsgegenstand immer dann zu bejahen sei, soweit über einen „Anspruch" eines Verfahrensbeteiligten entschieden werde. Letztlich verbindet sich darin die Notwendigkeit der bindenden Wirkung eines Urteils mit dessen Funktion, Rechtsunsicherheit zu beseitigen, welche durch die Ungewissheit um das Bestehen und die Reichweite eines materiellrechtlichen oder prozessualen Anspruchs zu entstehen droht. Überträgt man diese Überlegung auf das Beschlussverfahren, erscheint es prima facie plausibel, Beschlüsse immer dann als urteilsähnlich und bindend zu qualifizieren, soweit über einen materiellen oder verfahrensrechtlichen Anspruch eines Beteiligten entschieden und dadurch möglicherweise die Rechtssphäre eines Beteiligten tangiert wird. Diese Erwägung, dass die Unabänderlichkeit eines Beschlusses bereits dann notwendig ist, wenn eine Rechtsverletzung im Raume steht, liegt schon den Motiven der Civilprozessordnung von 1877 zugrunde. Danach wirkten die der sofortigen Beschwerde unterliegenden Entscheidungen auf Rechte des Gegners oder eines Dritten ein und seien „*deshalb* einer Rechtskraft fähig und es ist deren baldiger Eintritt für den ungestörten Fortgang des Verfahrens und für das entgegenstehende Interesse der Betheiligten nothwendig"[538]. Insoweit moniert aber *Schmidt*[539], dass die Bindung eines Beschlusses zu Unrecht von der Entscheidung über einen Anspruch abhängig gemacht werde, vielmehr sei auf diesen Prüfungspunkt zu verzichten, um sich ausschließlich der Frage zuzuwenden, ob ein überwiegendes Bedürfnis nach einer rechtssicheren Entscheidung existiert. Dem kann nicht beigepflichtet werden. Denn, wie eingangs erläutert wurde, gehen die Überlegungen zur analogen Anwendung des § 318 ZPO bzw. des § 322 ZPO gerade von der Fragestellung aus, welche Beschlüsse aufgrund ihres Entscheidungsinhalts der Bindungswirkung bedürften. Statt dies mithilfe einer Abwägung praeter legem zu ermitteln, orientiert sich obige Ansicht an der gesetzlichen Regelung in §§ 318, 322 ZPO und favorisiert damit den methodisch überzeugenderen Weg der Analogie.

538 *Hahn*, S. 377; im Ergebnis ebenso BPatG, GRUR 1986, S. 54, danach sei das Gericht an eine unanfechtbare Kostenentscheidung in entsprechender Anwendung des § 318 ZPO gebunden, denn diejenigen Beschlüsse, „die normalerweise mit der sofortigen Beschwerde angegriffen werden können, greifen stets in fremde Rechte ein oder begründen Ansprüche des Gegners oder dritter Personen; sie müssen daher zu einer endgültigen rechtskräftigen Entscheidung führen".

539 S. 96 ff.. Auch der weitere Einwand (S. 98), dass im Urteilsverfahren die materielle Rechtskraft (§ 322 ZPO) nach der prozessualen Streitgegenstandstheorie (*Rosenberg/Schwab/Gottwald*, § 95, S. 530 ff.) ebenfalls keine Entscheidung über einen sachlichen Anspruch i.S.d. § 194 BGB erfordere, wird zu Unrecht erhoben. Steht nämlich, wie etwa im Falle des Richterablehnungsverfahrens, ein verfahrensrechtlicher Anspruch im Raume, so dürfte vorliegende Meinung wohl auch der Zurückweisung eines unzulässigen Ablehnungsgesuchs einem Prozessurteil vergleichbare, bindende Wirkung zubilligen.

Trotz alledem lässt sich der Überlegung – genau betrachtet – kein taugliches Abgrenzungskriterium entnehmen, da im Dunkeln bleibt, unter welchen Voraussetzungen insbesondere ein verfahrensrechtlicher Anspruch auf die Feststellung einer bestimmten Rechtsfolge anzunehmen ist. Erklärlich mag der verfahrensrechtliche Anspruch des Beteiligten zwar noch im Rahmen des Richterablehnungsverfahrens sein, in welchem es das Verfahrensgrundrecht auf den gesetzlichen Richter (Art. 101 Abs. 1 S. 2 GG) zu bewahren gilt. Im Unklaren bleibt dagegen bereits die Herkunft des von *Gündner* angeführten Anspruchs auf Erlass eines Versäumnisurteils. Fraglich erscheint weiterhin, über welchen prozessrechtlichen Anspruch im Berichtigungsbeschluss (§§ 319, 320 ZPO), in Ordnungs- oder Zwangsstrafbeschlüssen oder in der Festsetzung des Streitwerts (§§ 3 ZPO, 18 GKG) entschieden wird.[540] Die Annahme eines prozessualen Anspruchs dürfte in diesen Fällen hauptsächlich auf der „Durchsetzbarkeit" des vermeintlichen Beteiligtenrechts fußen, was, zum Grundsatz gewendet, jedoch die Unabänderlichkeit aller anfechtbaren Beschlüsse zur Folge hätte. Fernerhin lässt sich die Annahme eines Anspruchs vielfach nur dann nachvollziehen, soweit die Existenz eines allgemeinen Rechtsschutzanspruchs des einzelnen gegen die staatlichen Gerichte zugrundegelegt würde, der dann – im Sinne der Auffassung *Gündners* – als Gegenstand prozessualer Entscheidungen betrachtet werden könnte. Falls die Existenz eines solch allgemeinen Beschlussgegenstandes grundsätzlich anerkannt würde, ließe sich die Urteilsähnlichkeit aber wiederum nicht auf bestimmte Beschlüsse beschränken, sondern führte ebenfalls zur Bestandskraft aller formell rechtskräftiger Beschlüsse.[541] Vereinzelt muss *Gündner* auf den anfänglich postulierten *Anspruch* auf Feststellung einer bestimmten Rechtsfolge gar völlig verzichten, um Beschlüssen dann jedenfalls innerprozessualen Bestandsschutz gewähren zu können, wenn über die „Rechtsfolgen eines konkreten Tatbestandes"[542] entschieden würde. In anderen Fällen wird die Unabänderlichkeit eines Beschlusses mit dem keineswegs klarierenden Hinweis begründet, dass es sich um eine „wirkliche"[543] oder „echte Entscheidung"[544] handele bzw. über „wirkliche Ansprüche"[545] entschieden würde. *Gündners*

---

540 *Gündner*, S. 37, 40 ff..

541 Den Rechtsschutzanspruch als Gegenstand einer Entscheidung über Prozessfragen spricht auch *Kleinfeller* – unter dem Blickwinkel der materiellen Rechtskrafttheorie – an, vgl. *Kleinfeller*, FS für *Wach* (1913), S. 79 ff., 22 ff..

542 S. 41, zur materiellen Rechtskraft von Strafbeschlüssen.

543 S. 38, zur Entscheidung über die Verpflichtung des Schuldners zur Leistung des Offenbarungseides nach § 900 Abs. 4 ZPO.

544 S. 40, zur Festsetzung des Streitwerts nach §§ 3 ZPO, 25 GKG.

545 S. 39, zum Kostenfestsetzungsbeschluss (§ 104 ZPO). Dieser entscheidet über die Höhe des *prozessualen* Erstattungsanspruchs (OLG München, AnwBl 1970, S. 136 f.) und teilt damit keineswegs die Rechtsnatur eines wirklichen, weil materiellen An-

Ansicht ist abzulehnen. Der Begriff des Anspruches ist zu vage, als dass darin ein verlässliches Merkmal eines urteilsähnlichen Entscheidungsinhalts läge.

δ) Die Streitentscheidung als Kriterium der Urteilsähnlichkeit

Anders als *Gündner* sehen insbesondere *Baumgärtel*[546] und ein Teil der Rechtsprechung[547] in der Streitentscheidung den maßgeblichen Aspekt für die Bindungswirkung eines Urteils. Von der Urteilsähnlichkeit eines Beschlusses sei nur dann zu sprechen, wenn ein Streit, der *zwischen den Beteiligten* bestehen müsse, unmittelbar entschieden werde bzw. der Beschluss die materielle Rechtskraft eines Streitentscheids durch Urteil bewirke.[548]

Unmittelbar streitentscheidend wäre etwa die Vorwegentscheidung zur elterlichen Sorge nach § 627 ZPO.[549] Auch der Kostenfestsetzungsbeschluss nach § 104 ZPO sei urteilsähnlich, da er über die Höhe des *prozessualen Erstattungsanspruchs* entscheide und „zwischen den Beteiligten, die sich im Kostenfestsetzungsverfahren in ihren Parteirollen gegenüberstehen," endgültig feststelle, „ob dieser Posten von der unterlegenen Partei verlangt werden kann oder nicht".[550] Die Rechtsnatur des im Streit befindlichen Anspruchs spiele dabei keine Rolle. Die materielle Rechtskraft einer Streitentscheidung, welche in einem Urteil ausgesprochen werde, bewirkten der formell rechtskräftige Verwerfungsbeschluss des Berufungsgerichts nach § 522 Abs. 1 ZPO, der Zurückweisungsbeschluss des Berufungsgerichts gemäß § 522 Abs. 2 ZPO, der Beschluss des Revisionsgerichts auf eine Nichtzulassungsbeschwerde (§ 544 ZPO) hin[551] und die Revisionsverwerfung durch Beschluss (§ 552 Abs. 1, 2 ZPO). Eine Abänderung bzw. Aufhebung dieser Beschlüsse hätte unmittelbaren Einfluss auf die Rechtskraft des Urteils, da erneut die suspendierende Wirkung der Berufung bzw. der Nichtzulassungsbeschwerde (§ 544 Abs. 5 S. 1 ZPO) eingriffe. Daneben wirkt der Berichtigungsbeschluss (§ 319 ZPO) insoweit auf die materielle Rechtskraft ein, als die Bindungswirkung der ma-

---

spruchs, sondern entstammt wie andere verfahrensrechtliche Ansprüche dem Prozessrecht.

546 MDR 1968, S. 970 ff..

547 OLG München, AnwBl 1970, S. 136 f.; ebenso OLG München, AnwBl 1982, S. 532 f.; vgl. auch OLG München, JurBüro 1986, S. 1226.

548 Letzten Aspekt betont vor allem *Musielak/Ball*, § 567, Rn. 27.

549 *Baumgärtel*, MDR 1968, S. 970 ff., 971.

550 OLG München, AnwBl 1970, S. 136 f..

551 § 544 Abs. 5 S. 3 ZPO weist ausdrücklich darauf hin, dass mit Erlass des Beschlusses, der die Beschwerde ablehnt, das angefochtene Urteil rechtskräftig wird. Gibt das Revisionsgericht der Beschwerde statt, indem es die Revision durch Beschluss zulässt, wirkt sich auch das auf die Rechtskraft des angegriffenen Urteils aus. In diesem Falle gilt nämlich die Einlegung der Nichtzulassungsbeschwerde als Einlegung der Revision (§ 544 Abs. 6 S. 2 ZPO), so dass erst mit Verkündung des Revisionsurteils Rechtskraft einkehren kann.

teriellen Rechtskraft nunmehr die Neufassung des Urteils ergreift.[552] Auch auf die neu eingeführte Anhörungsrüge in § 321 a ZPO lässt sich diese Überlegung übertragen. Denn nach § 705 S. 2 ZPO wird der Eintritt der formellen und in der Folge der materiellen Rechtskraft durch die rechtzeitige Einlegung der Rüge nach § 321 a ZPO gehemmt. Verwürfe der iudex a quo die Rüge als unzulässig oder wiese er sie als unbegründet zurück, so erginge ein unanfechtbarer Beschluss (§ 321 a Abs. 4 S. 4 ZPO), der zur formellen und materiellen Rechtskraft des erstinstanzlichen, nicht berufungsfähigen Urteils führte und deshalb nach dieser Ansicht unabänderlich sein muss. Im Sinne dieser Ansicht dürfte wohl auch der 8. Senat des Bundesgerichtshofs zu verstehen sein, der jüngst darauf verwies, dass eine analoge Anwendung von § 318 ZPO nur bei solchen Beschlüssen gerechtfertigt sei, die entweder eine Entscheidung in der Hauptsache träfen[553] oder über die Zulässigkeit einer Klage oder eines Rechtsbehelfs befänden,[554] nicht aber bei Beschlüssen, die, wie die Entscheidung über eine Aussetzung des Verfahrens, nur prozessleitenden Inhalt hätten.[555] Auf Grundlage dieses Verständnisses ließe sich auch die Urteilsähnlichkeit eines Wiedereinsetzungsbeschlusses schlüssig erklären. Keine Relevanz hätte dabei zwar der Umstand, dass über ein von der antragstellenden Partei in Anspruch genommenes Recht entschieden wird.[556] Entscheidend dürfte nach der vorliegenden Ansicht vielmehr sein, dass die Wiedereinsetzung Auswirkungen auf die Rechtskraft eines streitentscheidenden Urteils hat.[557] Wird deshalb um die Wiedereinsetzung in eine Beschwerdefrist (§ 569 Abs. 1 S. 1 ZPO) nachgesucht, so müsste bei der Frage der Urteilsähnlichkeit des Wiedereinsetzungsbeschlusses differenziert werden. Ist die mit der Beschwerde angegriffene Entscheidung selbst materiell rechtskräftig, so wäre die Urteilsähnlichkeit zu bejahen. Dies setzte aber wiederum voraus, dass entweder über einen Streit befunden wurde oder aber die Entscheidung die Rechtskraft eines Urteils berührte. Urteilsähnlich und damit unabänderlich wäre etwa die Wiedereinsetzung in die Frist des § 569 Abs. 1 ZPO bzw. die Ablehnung der Wiedereinsetzung, wenn sich die Beschwerde gegen eine Berufungsverwerfung (§ 522 Abs. 1 ZPO) richtete. Wendet sich die Beschwerde gegen eine Prozesskostenhilfeablehnung, wäre nach den Grundsätzen der vor-

---

552 Vgl. *Fraga Novelle*, S. 82.

553 Scil. „unmittelbare Streitentscheidungen".

554 Scil. „Entscheidungen, welche die materielle Rechtskraft eines streitentscheidenden Urteils bewirkten".

555 BGH, NJW 2002, S. 2995 ff., 2997; ausführlich zu dieser Entscheidung unter C II 2.

556 Denn dieses „Recht" richtet sich gegen das Gericht, nicht gegen die Gegenpartei im Prozessrechtsverhältnis; vgl. gleichwohl BGH, FamRZ 1993, S. 1191.

557 Ebenso BAG, MDR 1984, S. 83: „Der die Wiedereinsetzung in den vorigen Stand ablehnende Beschluß ist deshalb rechtskraftfähig, weil anderenfalls die Rechtskraft des Beschlusses nach § 519 und § 554 a ZPO nachträglich beseitigt würde."

liegenden Ansicht die Urteilsähnlichkeit der Wiedereinsetzung dagegen zu verneinen.

Betrachtet man die Erwägungen *Baumgärtels* aber genauer, fällt auf, dass das kontradiktorische Element nicht näher erläutert wird, sondern stattdessen der Gegensatz zu den „bloßen Verfahrensentscheidungen“ betont wird.[558] Dieser Mangel der positiven Bestimmbarkeit der Urteilsähnlichkeit findet sich in der Literatur beständig. So erblickt auch *Peters*[559] in der Urteilsähnlichkeit eines Beschlusses das maßgebliche Unterscheidungskriterium, um bindende Beschlüsse von den sonstigen prozessleitenden Beschlüssen zu scheiden, ohne dabei jedoch die Voraussetzungen der Urteilsähnlichkeit nur im Groben zu skizzieren. Er begnügt sich vielmehr mit einer Aufzählung urteilsähnlicher Beschlüsse und verweist im Übrigen auf die Abänderbarkeit der Beschlüsse, die *bloß* eine verfahrensleitende Funktion erfüllten.[560] Diese negative Abgrenzung vermag aber zur Lösung der Problematik der Innenbindung zivilprozessualer Beschlüsse kaum etwas beizutragen.[561] Soweit Beschlüsse nämlich *nicht* ausschließlich prozessleitender Funktion sind, kann in der Folge nicht auf den urteilsähnlichen Charakter der Entscheidung geschlossen werden, da Beschlüsse verbleiben, welche sowohl eine prozessleitende Aufgabe erfüllen als auch urteilsähnliche Züge tragen. Auf eine positive Bestimmung der Urteilsähnlichkeit kann in diesen Fällen nicht verzichtet werden. Darüber hinaus ist zu bedenken, dass als Prozessleitung zwar gemeinhin die richterliche Tätigkeit verstanden wird, welche – dem gesetz- und zweckmäßigen Ablauf des Verfahrens dienend – für eine erschöpfende und zügige Verhandlung und rasche Beendigung des Rechtsstreits sorgt,[562] gleichwohl besteht keine Einigkeit über die konkreten Merkmale, welche einen prozessleitenden Beschluss ausmachten.[563] Wie *Werner*[564] zutreffend anführt, mag die ausschließlich prozessleitende Funktion des Beweisbeschlusses außer Zweifel stehen,[565] dagegen ergäben sich bereits bei Beschlüssen im Ablehnungsverfahren (§§ 42 ff. ZPO) Zweifel. Einerseits soll hier die prozessuale Vorfrage der Befangenheit des Richters aus dem Hauptsacherechtsstreit ausgeklammert und das Verfahren auf diese Weise entschlackt werden, andererseits steht aber – zumindest im

---

558 *Baumgärtel*, MDR 1968, S. 970 ff., S. 971.
559 *Peters*, FS für *Geimer* (2002), S. 811 ff..
560 *Peters*, FS für Geimer (2002), S. 811 ff, 814 f., 819.
561 Kritisch auch *Schmidt*, S. 93.
562 *Rosenberg/Schwab/Gottwald*, § 79 I, S. 435; *Schmidt*, S. 96 f..
563 *Schmidt*, S. 157.
564 S. 96 f..
565 *Werner*, S. 96; ausschließlich die äußere Verfahrensleitung betreffen auch die Beschlüsse im Rahmen der Termin- und Fristbestimmung (§§ 225, 226, 227, 357, 431 ZPO) oder Entscheidungen über die Trennung und Verbindung von Verfahren (§§ 145, 147 ZPO).

Falle der Richterablehnung – der verfassungsrechtlich geschützte Anspruch auf den gesetzlichen Richter inmitten eines abgegrenzten, gesetzlich besonders geregelten und damit insoweit mit dem Erkenntnisverfahren durchaus vergleichbaren Sonderverfahren.

So bleibt die Frage, wann im Sinne der vorliegenden Ansicht ein Streit zwischen den Beteiligten angenommen werden kann. Eine rein tatsächliche Prüfung, ob im Einzelfall eine Meinungsverschiedenheit zwischen den Beteiligten bestand oder nicht, darf dabei freilich nicht ausschlaggebend sein, da sich unterschiedliche Rechtsansichten hinsichtlich jeder prozessualen Frage im Vorfeld eines entsprechenden Beschlusses entwickeln können, was gegebenenfalls zur Urteilsähnlichkeit unanfechtbarer, eindeutig prozessleitender Beschlüsse führte. Erforderlich ist vielmehr eine normative Verankerung des streitentscheidenden Charakters des Beschlusses. Zu erwägen ist dabei, die überkommene Diskussion um die Abgrenzung der „Anordnung" im Sinne des § 766 ZPO von der „Entscheidung" im Sinne des § 793 ZPO im Zwangsvollstreckungsverfahren zu befruchten. Dabei käme insbesondere in Betracht, die gerichtlichen Beschlüsse am Grad der Mitwirkung der Parteien – inwieweit ihnen also Gelegenheit geboten wurde, im Vorgang der Entscheidung ihre gegenseitigen Interessen zu artikulieren – in „Dezisivdekrete" und „einfache Dekrete" zu unterteilen.[566] Demnach wäre jeder Beschluss auf einseitige Vorstellung hin ein einfaches Dekret, ging der Entscheidung dagegen eine „*wechselseitige Verteidigung*"[567] voran, läge ein urteilsähnliches Dezisivdekret vor. Entscheidend wäre danach, inwieweit das Gericht nach dem Gesetz verpflichtet ist, den Verfahrensbeteiligten vor Erlass des Beschlusses rechtliches Gehör zu gewähren. Gesetzlich verankert ist der Anspruch auf rechtliches Gehör in Art. 103 Abs. 1 GG.[568] Danach hat das Gericht Personen, welche durch die Entscheidung in ihrer Rechtslage betroffen werden, rechtliches Gehör einzuräumen.[569] Nicht rechtsbeeinträchtigend sind im ordentlichen Zivilprozess lediglich unanfechtbare prozesstechnische Entscheidungen, wie die Verbindung und Trennung von Verfahren, Anberaumung von Terminen, die (Nicht-) Verlängerung von Fristen oder vorbereitende Maßnahmen, die das Gericht gemäß

---

566 Diese Differenzierung wurde wohl erstmals von *v.Goenner* (S. 130 ff.) noch zum gemeinen deutschen Recht vertreten; siehe dazu auch *Schultz*, S. 27 ff..

567 *v.Goenner*, a.a.O., S. 162 [textliche Hervorhebung stammt vom Autor].

568 Die ZPO regelt das rechtliche Gehör nur in einzelnen Vorschriften, wie z.B. in §§ 91 a Abs. 2, 99 Abs. 2 S. 2, 118 Abs. 1 S. 1, 136 Abs. 2, 137 Abs. 4, 225 Abs. 2, 616 Abs. 1, 844 Abs. 1 ZPO; dabei handelt es sich keinesfalls um eine abschließende Aufzählung, sondern lediglich um einzelne einfachgesetzliche Ausformungen des allgemeinen, verfassungsrechtlich garantierten Grundsatzes, vgl. *Waldner*, S. 139.

569 Zum Anspruch auf rechtliches Gehör vgl. *Rosenberg/Schwab/Gottwald*, § 85, S. 155; *Waldner*, a.a.O..

§ 273 Abs. 2 ZPO oder § 360 ZPO trifft.[570] Ansonsten ergehen jedoch rechtsbeeinträchtigende Beschlüsse, vor deren Erlass den Beteiligten rechtliches Gehör zu gewähren ist. Das gilt insbesondere auch für Beschlüsse im Aussetzungsverfahren, im Richterablehnungsverfahren oder – nach überwiegender Meinung – auch im Prozesskostenhilfeverfahren.[571] Die Parteien haben damit zumeist das Recht, sich in rechtlicher und tatsächlicher Hinsicht zum jeweiligen Verfahrensgegenstand zu äußern und ihre gegenteiligen Standpunkte zu formulieren.[572] Entnähme man die streitentscheidende Natur folglich allein dem Anspruch auf rechtliches Gehör, würden im Zivilverfahren – bis auf wenige Ausnahmen – durchweg Dezisivdekrete ergehen. Streitentscheidenden Charakter hätten sogar die im Verfahren der freiwilligen Gerichtsbarkeit ergehenden Beschlüsse. Denn nach Ansicht des Bundesverfassungsgerichts ist der Anspruch auf rechtliches Gehör gemäß Art. 103 Abs. 1 GG selbst in den Amts- bzw. Rechtsfürsorgeverfahren unmittelbar geltendes Verfahrensrecht.[573] Freilich steht angesichts des insoweit herrschenden Untersuchungs- und Offizialgrundsatzes außer Zweifel, dass es sich – zumindest in diesen klassischen Bereichen der freiwilligen Gerichtsbarkeit – um typischerweise *nichtstreitige* Verfahren handelt, in denen keine streitentscheidenden Beschlüsse ergehen. Auch die Geltung des Anspruchs auf rechtliches Gehör kann deshalb nicht als Indikator für die streitentscheidende Funktion und damit die Urteilsähnlichkeit eines konkreten Beschlusses dienen.

Deutlich enger wäre der Kreis streitentscheidender Beschlüsse zu ziehen, wenn der streitentscheidende Charakter einer Entscheidung abgelehnt würde, soweit die *mündliche Verhandlung* vom Gesetz freigestellt wird (§ 128 Abs. 4 ZPO). Dieser Schluss ist aber nicht stringent, da zum einen auch nach Inkrafttreten des ZPO-Reformgesetzes gemäß § 495 a ZPO ein streitiges Urteil nach vollständig schriftlich abgewickelten Verfahren ergehen kann. Zum anderen erfassen die Fälle, in denen das Gesetz trotz der Beschlussform die mündliche Verhandlung ausdrücklich anordnet (§ 128 Abs. 4 a.E. ZPO), wie etwa im Falle des Berichtigungsbeschlusses (§ 330 Abs. 2 ZPO) oder beim Beschluss im Sinne des § 1063 Abs. 2 ZPO,[574] gerade nicht die typischerweise als streit-

---

570 Siehe dazu *Waldner*, S. 144 f..

571 BGHZ 89, 65; BVerfGE 20, 280, 282, 347, 349; *Rosenberg/Schwab/Gottwald*, § 85 III 4 b, S. 458; weitere Nachweise bei *Waldner*, S. 150 f..

572 Ausnahmen von der vorherigen Anhörung können sich lediglich im Verfahren über den Arrest oder die einstweilige Verfügung ergeben, wenn die vorherige Anhörung des Antragsgegners die Sicherung der gefährdeten Interessen vereiteln würde, oder bei Überraschungsmaßnahmen im Zwangsvollstreckungsrecht, *Waldner*, 161 ff.

573 BVerfG, NJW 1988, S. 125.

574 Einschränkend ist zudem zu bemerken, dass selbst in den Fällen der §§ 330 Abs. 2, 1063 Abs. 2 ZPO eine mündliche Verhandlung nur dann vorgeschrieben ist, wenn ein entsprechender Antrag gestellt wurde.

entscheidend eingestuften Beschlüsse, wie etwa die Kostenentscheidungen gemäß §§ 91 a, 99 Abs. 2, 93, 128 Abs. 3 ZPO.[575]

Einen bemerkenswerten Gesichtspunkt bringt auch eine Entscheidung des OLG München zu Tage, in welcher die *Vollstreckbarkeit* des Kostenfestsetzungsbeschlusses als Indiz der Urteilsähnlichkeit gewertet wird.[576] Demnach sei der Kostenfestsetzungsbeschluss „ein zwar in seinen Grundlagen von der Kostenentscheidung in der Hauptsache abhängiger, im Übrigen aber selbständiger Titel, aus dem die Zwangsvollstreckung stattfindet (§ 794 Abs. 1 Nr. 2 ZPO)“[577]. Die dahinterliegende Idee leuchtet ein, bezweckt doch die Zwangsvollstreckung gerade, „dem Vollstreckungsgläubiger, dem der Staat als Inhaber des Zwangsmonopols die Selbsthilfe verbietet, die Verwirklichung seines Anspruchs [...] zu ermöglichen. Dieses Interesse dient der Wahrung des Rechtsfriedens und der Rechtsordnung [...].“[578] Das Bedürfnis, eine Entscheidung im Wege staatlichen Zwanges durchsetzen zu können, deutet auf einen natürlichen Interessengegensatz hin, der zur Durchsetzung privater Rechte die Anwendung staatlichen Zwangs erforderlich werden lässt. In diesem Sinne begründete der vollstreckungsfähige Inhalt eines Beschlusses die Annahme einer Streitentscheidung und damit das urteilsähnliche Bedürfnis nach Bindungswirkung.[579] Nach Maßgabe dieser Erwägung dürften als streitentscheidende Beschlüsse insbesondere gelten: Kostenfestsetzungsbeschlüsse

---

575 So auch MünchKommZPO/Aktualisierungsbd.-*Peters*, § 128, Rn. 6, der deshalb erwägt, auf urteilsähnliche Beschlüsse § 128 Abs. 1 und 2 ZPO analog anzuwenden, diese Idee aber letztlich verwirft. *Peters* merkt in diesem Zusammenhang an, dass der Gesetzgeber die systematische Einteilung in prozessleitende und urteilsähnliche Beschlüsse offensichtlich nicht berücksichtigt habe. In Wahrheit zeigt sich auch insoweit, dass der Gesetzgeber die Anwendbarkeit gesetzlicher Vorschriften eben nicht von der vagen Differenzierung in urteilsähnliche und sonstige Beschlüsse abhängig machen wollte. Diese gesetzgeberische Entscheidung gölte es freilich auch bei der Auslegung der Abhilferegelung zu beachten.

576 OLG München, AnwBl 1970, S. 136 f..

577 OLG München, a.a.O..

578 BVerfGE 61, 126, 136.

579 In Betracht käme, die erhöhte Bestandskraft dieser vollstreckungsfähigen Entscheidungen schon aus der Verweisung des § 795 S. 1 ZPO auf § 767 Abs. 2 ZPO herauszulesen. Die Präklusionsnorm dient nämlich der Absicherung der materiellen Rechtskraftwirkung unanfechtbar gewordener Entscheidungen, BGH, NJW 1983, S. 228 ff. 230; BGH, NJW 1996, S. 57 ff.. Da zudem keine richterliche Entscheidung materielle Rechtskraft erlangt, die nicht auch Innenbindung zeitigt (vgl. die Ausführungen unter C I 2 b und D II 1), scheint der Schluss von der Geltung des § 767 Abs. 2 ZPO auf die Unabänderlichkeit der betreffenden Entscheidungen auf den ersten Blick gerechtfertigt. Freilich ist dabei zu beachten, dass die Zwangsvollstreckung aus einem Beschluss schon vor Eintritt der formellen Rechtskraft möglich ist und § 767 Abs. 2 ZPO etwa bei Kostenfestsetzungsbeschlüssen nur im Rahmen der begrenzten Rechtskraft der Entscheidung wirkt, *Zöller/Herget*, § 104, Rn. 21.

(§§ 794 Abs. 1 Nr. 2, 104 Abs. 1 ZPO), Beschlüsse im vereinfachten Verfahren über den Unterhalt Minderjähriger (§§ 794 Abs. 1 Nr. 2 a, 649, 655 ZPO), die Beschlüsse gemäß §§ 99 Abs. 2, 269 Abs. 4, 887, 888, 890 Abs. 1 ZPO,[580] Arrestbeschlüsse, einstweilige Verfügungen (§ 794 Abs. 1 Nr. 3 ZPO), Vollstreckungsbescheide (§§ 794 Abs. 1 Nr. 4, 700 ZPO)[581] und die Vollstreckbarerklärung eines Schiedsspruchs (§§ 794 Abs. 1 Nr. 4 a, 1064 ZPO). Freilich ist zu bedenken, dass eine Entscheidung nur dann einen der Zwangsvollstreckung fähigen Inhalt hat, wenn der (Vollstreckungs-) Schuldner zu einer Leistung verpflichtet wird. Bei Gestaltungs-, Feststellungs- oder Prozessurteilen ist dies aber gerade nicht vonnöten. So kann fehlende Vollstreckbarkeit jedenfalls nicht als Indiz gegen den streitentscheidenden Charakter „feststellender" oder „gestaltender" Beschlüsse, wie etwa den Entscheidungen im Richterablehnungsverfahren, den Kostengrundbeschlüssen, den Beschlüssen im Klausel- oder Vollstreckungserinnerungsverfahren (§§ 732, 766 ZPO) oder der Zurückweisung eines Arrestgesuchs, gewertet werden. Umgekehrt ist die zwangsweise Vollstreckbarkeit keineswegs ein untrügliches Kriterium für die streitentscheidende Natur eines Beschlusses. So entscheiden die Ordnungsgeld- oder Zwangsgeldbeschlüsse §§ 141 Abs. 3, 380 Abs. 1, 390 Abs. 1, 409 Abs. 1, 613 Abs. 2 ZPO keinen Streit zwischen den Beteiligten, sondern dienen ausschließlich „der öffentlichen Natur der Zeugnispflicht"[582].

Damit ist als Zwischenergebnis festzuhalten, dass sich mit Hilfe prozessualer Vorschriften streitentscheidende Beschlüsse nicht eindeutig identifizieren lassen.[583] Zurückzukommen ist deshalb auf den gedanklichen Ausgangspunkt der Erwägung, dass gerade das *kontradiktorische Element* im Rechtsverhältnis zwischen Kläger und Beklagten die Bindungswirkung des streitentscheiden-

---

580 Auch der BGH (NJW 2002, S. 754 f.) geht davon aus, dass *Ordnungsmittelbeschlüsse* nach § 890 Abs. 1 ZPO entsprechend § 318 ZPO grundsätzlich unabänderlich sind. Desgleichen dürfe der iudex a quo die *Androhung* eines Ordnungsmittels i.S.d. § 890 Abs. 2 ZPO nur ausnahmsweise aufgrund einer Verletzung eines Verfahrensgrundrechts „unter Einschränkung seiner Bindung gem. § 318 ZPO" abändern, BGH, NJW 2000, S. 590. Demgegenüber wäre unter Zugrundelegung obiger Ansicht die Urteilsähnlichkeit der bloßen Androhung wohl abzulehnen, da dieser Beschluss weder selbständig vollstreckbar ist noch unmittelbar einen Streit entscheidet noch auch auf die Rechtskraft eines Urteils einwirkt.

581 Die Unabänderlichkeit und materielle Rechtskraft ergibt sich beim Vollstreckungsbescheid jedoch schon aus der Verweisung des § 700 Abs. 1 ZPO. Wie auf das Versäumnisurteil sind damit auch auf den Vollstreckungsbescheid §§ 318, 322 ZPO entsprechend anzuwenden.

582 *Hahn*, S. 310 f..

583 Wäre vor Inkrafttreten des ZPO-Reformgesetzes noch die befristete Anfechtbarkeit als Spezifikum streitentscheidender Beschlüsse in Betracht gekommen, schneidet die generelle Befristung der Beschwerde in § 572 Abs. 1 ZPO diese Differenzierungsmöglichkeit nunmehr ab, vgl. einerseits *Hahn*, S. 377, andererseits BT-Drucks. 14/4722, S. 68, 114.

den Urteils bedingt. Die zugrundeliegende Prämisse erscheint plausibel: Im Gegensatz zum Streit um einen verfahrensrechtlichen Anspruch, der lediglich im Verhältnis zum verfahrensleitenden Gericht besteht, unterminiert ein nicht endgültig geklärter Streit innerhalb der Rechtsgemeinschaft den Rechtsfrieden und gefährdet in letzter Konsequenz das Verbot der Selbsthilfe bzw. das staatliche Gewaltmonopol.[584] Der aus dem Rechtsstaatprinzip[585] folgende Anspruch auf wirkungsvolle *Durchsetzung privater Rechte* umfasst damit auch die Endgültigkeit gerichtlicher Streitentscheidungen.[586] Zum gleichen Ergebnis kommt *Habscheid* im Rahmen seiner Untersuchung der Zulässigkeit des Schiedsverfahrens im Rahmen der freiwilligen Gerichtsbarkeit.[587] Die Vereinbarung einer schiedsrichterlichen Entscheidung sei nur bei *echten Streitsachen* zulässig. Diese zeichneten sich dadurch aus, dass sich die Beteiligten als Gegner gegenüberstünden, das Verfahren durch Anträge eingeleitet würde und der Verfahrensgegenstand in der Disposition der Parteien läge, also das Verfahren der *Durchsetzung ihrer subjektiven Rechte* diene.[588] „Echte Streitsachen liegen immer dann vor, wenn das Gericht als einzige an und für sich dazu berufene Instanz über subjektive Rechte mit endgültiger Wirkung zu entscheiden hat, mögen die Beteiligten den Richter in Einverständnis angerufen haben oder nicht; gleichgültig muß auch sein, ob die Entscheidung auf Grund einer streitigen Verhandlung gefällt wird."[589] Entscheidend sei, dass in der Regel zwischen den Parteien Streit herrsche, da es um die Durchsetzung ihrer subjektiven Rechte gehe. Die Quintessenz dieser Überlegung liegt in der Erkenntnis, dass zur Bestimmung des Kreises urteilsähnlicher, streitentscheidender Beschlüsse nicht auf prozessuale Umstände zurückzugreifen, sondern allein darauf abzustellen ist, ob der Beschluss einen Streit über subjektive Rechte zwischen den Verfahrensbeteiligten entscheidet. Ist folglich Gegenstand eines Beschlussverfahrens das Bestehen oder Nichtbestehen privatrechtlicher Ansprüche, ist ein insoweit ergehender Beschluss streitentscheidend und damit urteilsähnlich. Nur dann lässt sich eine vergleichbare Interessenlage bejahen, welche – eine planwidrige Regelungslücke vorausgesetzt – die analoge Anwendung des § 318 ZPO rechtfertigte. Dieser Denkansatz bricht übrigens nicht mit den Prinzipien der formellen Rechtskrafttheorie.[590] Denn im Unterschied zum materiellrechtlichen Ansatz (C V 3 b β) ist keine Ent-

[584] Auch nach *Smid* liegt die Funktion der Rechtskraft respektive der richterlichen Streitentscheidung darin, die zwischen den Parteien *über das in ihrem Verhältnis zueinander geltende Recht* bestehende Ungewissheit zu beseitigen, *Smid*, S. 369.

[585] BVerfG, NJW 2002, S. 2227 f..

[586] In diesem Sinne auch *Grunsky*, S. 483 f., 487.

[587] *Habscheid*, ZZP 66 (1953), S. 188 ff..

[588] *Habscheid*, ZZP 66 (1953), S. 192.

[589] *Habscheid*, ZZP 66 (1953), S. 193.

[590] Vgl. dazu unter D I.

scheidung über einen *bürgerlich-rechtlichen* Anspruch vorausgesetzt. Weiterhin käme nach vorliegender Ansicht auch einem Prozessurteil Bindungswirkung zu, da es *den Streit* über einen Anspruch jedenfalls insoweit entscheidet, als verbindlich festgestellt wird, dass der Anspruch mit der konkret eingelegten Klage (derzeit) nicht durchsetzbar ist.[591]

Der Kreis urteilsähnlicher Beschlüsse ist damit entgegen aller gegenteiligen Überlegungen in der Literatur eng begrenzt. Keinen Streit über einen zwischen den Beteiligten bestehenden Anspruch entscheiden insbesondere Beschlüsse im Aussetzungsverfahren und im Zwangsvollstreckungsverfahren[592]. Auch im Richterablehnungsverfahren ergeht in diesem Sinne kein urteilsähnlicher Beschluss, gleichviel, ob das Gesuch zurückgewiesen oder für begründet erklärt wird. Dabei mag zwar über einen verfahrensrechtlichen Anspruch befunden werden, doch besteht dieser nicht im Verhältnis zwischen den Prozessbeteiligten. Auch das Arrest- und einstweilige Verfügungsverfahren befriedet keinen Streit um einen privatrechtlichen Anspruch. Streitgegenstand ist jedenfalls nicht der zu sichernde Anspruch, über welchen ausschließlich im Hauptsacheverfahren befunden wird.[593] Ein subjektiver Anspruch auf Sicherung eines Geld- oder Individualanspruchs, der sich gegen den verfahrensbeteiligten Schuldner richtete und in Streit stehen könnte, existiert nicht.[594] Subjektive Rechte zwischen Beteiligten eines Beschlussverfahrens betreffen dagegen die Kostengrundbeschlüsse nach Erledigung der Hauptsache (§ 91 a

---

591 Ebenso *Werner*, S. 95.

592 Auch ein etwaiger „Vollstreckungsanspruch" stellt keinen Anspruch gegen den Vollstreckungsschuldner dar, sondern richtet sich gegen den Staat auf Inanspruchnahme des staatlichen Gewaltmonopols, *Smid*, S. 150, mit weiteren Nachweisen.

593 Statt vieler *Zöller/Vollkommer*, vor § 916, Rn. 5; *Stein/Jonas/Grunsky*, vor § 916, Rn. 8.

594 Das ist vor allem *Grunsky* (a.a.O.) entgegenzuhalten, der einen – wohl verfahrensrechtlichen – Anspruch des Gläubigers auf Sicherung *gegen den Schuldner* annimmt. Zutreffend dagegen *Heinze* (MünchKommZPO, vor § 916, Rn. 9 ff.) mit dem Hinweis, dass der Anspruch auf Sicherung letztlich Folge des Selbsthilfeverbots und damit Ausfluss des Justizgewährungsanspruchs sei. Als solcher richte er sich gegen den Staat als Träger der Justizhoheit. Dabei ist klarstellend zu bemerken, dass sich diese Diskussion vorrangig um den *Umfang* der Rechtskraft (so ausdrücklich *Grunsky*, a.a.O., und *Walker*, Rn. 144) dreht und insoweit im Einfluss des Streits zwischen materieller und prozessualer Streitgegenstandstheorie steht, vgl. v.a. *K.Blomeyer*, ZZP 65 (1952), S. 52 ff., 56 ff.. Die vorliegende Frage nach dem streitentscheidenden Charakter einer Entscheidung muss davon getrennt werden, betrifft sie doch die separate Problematik der Bestimmung urteilsähnlicher und damit rechtskraftfähiger Beschlüsse, in diesem Sinne auch *Schmidt*, S. 140, mit Verweis auf *Friesenhahn*, S. 27; vgl. auch die Ausführungen zur materiellen Rechtskrafts- und Streitgegenstandstheorie unter D II 2.

ZPO),[595] Beschwerdeentscheidungen nach Anfechtung der Kostenentscheidung eines Anerkenntnisurteils (§ 99 Abs. 1 ZPO) und die Kostenentscheidung nach Klagerücknahme (§ 269 Abs. 3 S. 3 ZPO). Über die Höhe des prozessualen Kostenerstattungsanspruchs entscheidet der Kostenfestsetzungsbeschluss gemäß § 104 Abs. 1 ZPO; über einen Zahlungsanspruch befindet der Vollstreckungsbescheid (§§ 700 Abs. 1, 688 Abs. 1 ZPO). Schließlich entscheiden auch Schiedssprüche unmittelbar einen Streit über schiedsfähige vermögens- und nichtvermögensrechtliche Ansprüche (§ 1030 ZPO) und sind aus diesem Grunde als urteilsähnliche Entscheidungen anzusehen.[596]

Soweit man über diesen engen Kreis streitentscheidender Entscheidungen hinaus auch andere Beschlüsse aufgrund ihres scheinbar urteilsähnlichen Verfahrensgegenstandes als bindend ansähe, überschritte man mangels Vergleichbarkeit der Interessenlagen die Grenzender Analogie, die Demarkation rechtskraftfähiger respektive sonstiger Beschlüsse würde unschlüssig und zugleich fluktuierend.[597]

4. Ergebnis

Billigte man der Qualität des konkreten Entscheidungsinhalts Maßgeblichkeit für die Frage der Innenbindung von Beschlüssen zu, ließe sich dieser Ansatz nur als analoge Anwendung des § 318 ZPO dogmatisch begründen. Die Urteilsähnlichkeit eines Beschlusses umschriebe dabei die interessenmäßige Vergleichbarkeit zum stets bindenden Urteil. Bindungsauslösende Eigenschaft der gerichtlichen Urteile wäre die Streitentscheidung. Beschlüsse wären in diesem Sinne nur dann urteilsähnlich, wenn sie auf die Bestandskraft eines streitentscheidenden Urteils Einfluss hätten oder selbst über subjektive Rechte im Verhältnis der Beteiligten entschieden. Nur innerhalb dieses begrenzten Kreises ließe sich eine analoge Anwendung des § 318 ZPO rechtfertigen. Im Übrigen wären Beschlüsse abänderbar. Eine analoge Anwendung des § 318 ZPO respektive eine Unterteilung in urteilsähnliche und sonstige Beschlüsse setzte aber weiterhin voraus, dass eine gesetzliche Regelungslücke hinsichtlich der Bindungswirkung zivilprozessualer Beschlüsse festzustellen wäre.[598]

---

595 Die Kostengrundbeschlüsse befinden über den – mit Rechtshängigkeit der Klage entstandenen, aufschiebend bedingten (MünchKommZPO-*Belz*, vor § 91, Rn. 5; *Thomas/Putzo*, vor § 91, Rn. 9 f.) – prozessualen Kostenerstattungsanspruch dem Grunde nach.

596 MünchKommZPO-*Gottwald*, § 322, Rn. 30.

597 Angesichts eines derartigen Dammbruches erhielte der Vorwurf *Werners* (S. 88), das Kriterium der Rechtskraftfähigkeit der Entscheidung sei inhaltsleer und vermöge deshalb die Frage nach der Bestandskraft gerichtlicher Beschlüsse nicht zu beantworten, volle Berechtigung.

598 Zum Vorliegen einer Regelungslücke vgl. unter C V 3 a.

## VI. § 572 Abs. 1 ZPO als abschließende Regelung der Abänderbarkeit anfechtbarer Beschlüsse

### 1. Vorüberlegung

Einige Stellen in der Begründung des ZPO-Reformgesetzes lassen an einer offensichtlichen Regelungslücke jedoch zweifeln und legen vielmehr den Schluss nahe, dass der Novellierung des Beschwerderechts die Vorstellung des Reformgesetzgebers zugrunde lag, die Bestandskraft zivilprozessualer Beschlüsse würde sich im Vergleich zu der bis dahin geltenden Rechtslage erhöhen. Den gegenteiligen Effekt erzielte man jedoch, mäße man nur manchen, urteilsähnlichen Beschlüssen Innenbindung bei und zöge dadurch den Kreis bindender Entscheidungen enger als unter Geltung des generellen Abänderungsverbots des § 577 Abs. 3 ZPO a.F.. Notwendig ist deshalb, die Gesetzesmaterialien daraufhin zu untersuchen, ob der Gesetzgeber vor allem die Beschwerdefrist nicht nur behufs des baldigen Eintritts der formellen Rechtskraft einführte, sondern darüber hinaus auch eine definitive Klärung bestimmter Rechtsfragen durch unanfechtbare *und unabänderliche* Entscheidungen anstrebte. In diesem Falle wäre § 572 Abs. 1 ZPO als abschließende Regelung der Abänderbarkeit anfechtbarer Beschlüsse zu verstehen. Der iudex a quo wäre in der Folge nur dann berechtigt, einen wirksam erlassenen Beschluss abzuändern, wenn dadurch einer Beschwerde gemäß § 572 ZPO abgeholfen würde. Ein solcher negativer Regelungsgehalt des § 572 Abs. 1 ZPO ginge einer Analogie des § 318 ZPO und damit der Differenzierung in urteilsähnliche und sonstige Beschlüsse vor; es fehlte dann mit anderen Worten an einer für eine analoge Gesetzesanwendung notwendigen gesetzlichen Regelungslücke.[599] Die Abhilfebefugnis wäre konstitutiven Charakters und bildete nicht nur eine Erscheinungsform einer allgemeinen Abänderungsbefugnis, wie das im Anwendungsbereich des § 571 ZPO a.F. der Fall war.[600] Infolgedessen eröffnete sich dem iudex a quo die Möglichkeit der Abhilfe i.S.d. § 572 Abs. 1 ZPO nicht schon nach Einlegung einer begründeten, aber unzulässigen Beschwerde. Um den Grundsatz der Innenbindung nicht zu unterminieren, dürfte nur einer zulässigen und begründeten Beschwerde abgeholfen werden.

### 2. Die Begründung der generellen Abhilfebefugnis

Der Gesetzgeber folgte mit Einführung der Befugnis, einer sofortigen Beschwerde abhelfen zu können, dem Beispiel anderer Verfahrensordnungen, in concreto § 148 Abs. 1 VwGO, § 130 Abs. 1 FGO und § 174 SGG. Dabei war trotz einer verfahrensübergreifenden Betrachtung keine Auslegungspraxis dieser Abhilferegelungen auszumachen, welche eine plausible Antwort auf die grundsätzliche Frage der Innenbindung gerichtlicher Beschlüsse zu geben

---

599 *Larenz*, S. 370 ff., 376.

600 Vgl. Ausführungen unter C II 4 und *Bettermann*, ZZP 88 (1975), S. 365 ff., 408 ff..

vermocht hätte.[601] Aus dem entsprechenden Hinweis in der Gesetzesbegründung lässt sich weder ein Argument für noch gegen die Bindungswirkung anfechtbarer Beschlüsse gewinnen.

a) Die Abhilfebefugnis als Möglichkeit zur Selbstkorrektur *innerhalb* des Beschwerdeverfahrens nach der Überlegung von *Kunz*

Dass die Bestandskraft der formell rechtskräftigen Beschlüsse, die der sofortigen Beschwerde unterlagen, grundsätzlich nicht angetastet werden sollte, lässt sich aber ohne weiteres anderen Erwägungen des Gesetzgebers entnehmen. So wird in der Begründung des ZPO-Reformgesetzes bezüglich der Reformbedürftigkeit respektive des unklaren gesetzgeberischen Grundes des vormaligen Abhilfeverbots in § 577 Abs. 3 ZPO a.F. vor allem auf die Untersuchung von *Kunz* verwiesen.[602] *Kunz* hatte insoweit zu bedenken gegeben, dass der Richter im Falle der Verletzung des rechtlichen Gehörs trotz des § 577 Abs. 3 ZPO a.F. zur Abhilfe berechtigt und verpflichtet sei. Er stellt dabei dem Abänderungsverbot nach Einlegung der sofortigen Beschwerde die instanzerhaltenden Rechtsbehelfe des Widerspruchs gegen einen Arrestbeschluss gemäß § 924 ZPO und des Einspruchs gegen ein Versäumnisurteil gemäß § 338 ZPO gegenüber. Trotz der Befristung beider Rechtsbehelfe habe der Gesetzgeber in diesen Fällen die Befreiung des iudex a quo von der Bindung an die erlassene Entscheidung, den Gedanken der Instanzerhaltung und damit die Chance zur Entlastung des übergeordneten Gerichts höher bewertet als die gegen eine nochmalige Befassung sprechenden Gründe.[603] Dass dem Betroffenen dagegen bei befristet anfechtbaren Beschlüssen die Instanz und damit das rechtliche Gehör unter Hinweis auf den Beschleunigungseffekt der Beschwerdefrist entzogen wird,[604] stellt seiner Meinung nach einen klaren Wertungswiderspruch dar. Berücksichtige man zudem die Vorteile, welche die Möglichkeit zur Selbstkorrektur und der Entlastung des höheren Gerichts mit sich brächte, so wäre gar die vollständige Derogation des § 577 Abs. 3 ZPO a.F. zu bedenken.[605] Weiterhin zeige vor allem die Zurückverweisungsbestimmung im Berufungsverfahren (§ 538 Abs. 2 ZPO), dass der Gesetzgeber das Ziel der Vermeidung des Instanzverlusts dem Zweck der raschen Prozessbeendigung und der baldigen Herbeiführung einer rechtskräftigen Entscheidung keineswegs unterordnet.[606] Statt einer analogen Anwendung der Zurückverweisungsvorschriften, die eine wenig prozessökonomische Zwischenschaltung der höheren Instanz implizierte,[607] sei § 577 Abs. 3 ZPO auf-

---

601 Vgl. Ausführungen unter C IV 2.

602 BT-Drucks. 14/4722, S. 114.

603 *Kunz*, S. 193.

604 *Kunz*, S. 183 f..

605 *Kunz*, S. 195 f..

606 *Kunz*, S. 199.

607 BT-Drucks. 14/4722, S. 114.

grund obiger Erwägungen jedenfalls dann teleologisch zu reduzieren, wenn dem Betroffenen vor Erlass der Entscheidung keine Gelegenheit zur Stellungnahme gegeben wurde.[608]

Das zentrale Argument dieses Ansatzes findet sich dabei in der Erwägung, dass sich das Abhilfeverbot respektive die Diskrepanz zum Widerspruchs- und Einspruchsverfahren nicht mit dem Hinweis auf den vom Gesetzgeber verfolgten Zweck, möglichst rasch für klare Verhältnisse zu sorgen,[609] rechtfertigen ließe.[610] Denn helfe der Richter ab und werde die Abhilfeentscheidung nicht erneut angefochten, so *werde der Zweck der Befristung ebenso rasch erreicht wie mit einer Beschwerdeentscheidung*. Werde dagegen nicht abgeholfen oder die Abhilfeentscheidung angefochten, dann hätte die Verzögerung des Verfahrens zumindest die Instanzerhaltung des Betroffenen zur Folge.[611] *Kunz* geht es also ausschließlich darum, dem nichtgehörten Beteiligten die erste Instanz zu erhalten und deshalb bereits in der ersten Instanz das Maß an Rechtsschutz zu gewähren, welches er gegebenenfalls in der Beschwerdeinstanz zu erreichen imstande wäre. Sachentscheidungsvoraussetzung einer jedweden Beschwerdeentscheidung ist aber die Zulässigkeit des Rechtsmittels. Damit sind die Grenzen dieser Argumentation hinlänglich definiert: Die Frage nach einer teleologischen Reduktion des § 577 Abs. 3 ZPO a.F. und damit nach der Möglichkeit der Abhilfe durch den iudex a quo stellt sich nur dann, wenn vom Betroffenen eine *zulässige und begründete* Beschwerde eingelegt wird. Denn gestattete man darüber hinaus die Abhilfe einer begründeten, aber unzulässigen Beschwerde, wird nicht lediglich die Instanz erhalten, sondern der Rechtsschutz erweitert, da dem Betroffenen in der ersten Instanz ein Mehr an Rechtsschutz gewährt würde als ihm nach dem Prüfungsrahmen der übergeordneten Instanz zugestanden hätte. Führte mit anderen Worten die Gestattung der Abhilfe trotz einer Befristung des Rechtsmittels zur Möglichkeit des iudex a quo, unstatthaften oder insbesondere verfristeten Beschwerden abzuhelfen, so wäre das Abänderungsverbot durch den gesetzgeberischen Gedanken der Verfahrensbeschleunigung durchaus gerechtfertigt. Dies wird von *Kunz* im Rahmen seiner Ausführungen zum Abhilfeverfahren deutlich herausgestellt. Die Abhilfe einer sofortigen Beschwerde – unter Derogation des § 577 Abs. 3 ZPO a.F. – erfordere, dass die Beschwerde zulässig, insbesondere form- und fristgerecht eingelegt werde.

---

608 *Kunz*, S. 223.

609 *Hahn*, S. 377.

610 *Kunz*, S. 183 f..

611 Nach *Kunz*, S. 184, läge ein weiterer Vorteil darin, dass nach der Zurückweisung der Beschwerde gegen die Abhilfeentscheidung duae conformes sententiae vorlägen und deshalb nach § 568 Abs. 2 ZPO a.F. eine weitere Beschwerde regelmäßig erfolglos bleibe. Nach Abschaffung der weiteren Beschwerde zugunsten der Rechtsbeschwerde i.S.d. § 574 ZPO spielt dieses Argument jedoch keine Rolle mehr.

„Einer unzulässigen Beschwerde darf der Richter dagegen nicht abhelfen, selbst wenn er sie für begründet hält. Die Abhilfeprüfung soll dem Betroffenen in den „Gehörfällen" die erste Instanz erhalten, nicht aber seinen Rechtsschutz erweitern."

Dieser Kritik nahm sich der Gesetzgeber an und führte deshalb nach dem Beispiel von *Kunz* eine generelle Abhilfebefugnis ein, da das strikte Abhilfeverbot durch den Gedanken der Beschleunigung nicht hinreichend geklärt würde.[612] Dabei ist aber nochmals klarzustellen, dass der Zweck, möglichst rasch für klare Verhältnisse zu sorgen, es nicht rechtfertigt, dem Erstrichter zu versagen, einer zulässigen und begründeten Beschwerde abzuhelfen und stattdessen auf die ergebnisgleiche Anrufung des iudex ad quem zu verweisen. Dagegen trägt der Beschleunigungsgedanke zweifellos das Verbot der Abhilfe, wenn dem Betroffenen der Gang vor das Beschwerdegericht von vorneherein verschlossen wäre oder eine Abhilfeentscheidung gar den Instanzenzug von Neuem eröffnete.[613] Da der Gesetzgeber offensichtlich nur das durch den Beschleunigungszweck nicht gedeckte Übermaß an Bindungswirkung im Auge hatte und kein Hinweis in der Gesetzesbegründung darauf zu finden ist, dass dem Gedanken der Beschleunigung auch darüber hinaus und damit grundsätzlich Relevanz verweigert würde, ist die Befugnis des § 572 Abs. 1 ZPO auf die Abhilfe zulässiger und begründeter Beschwerden einzuschränken.

Daneben sei bemerkt, dass gerade die von *Kunz* geschilderten Gehörsfälle, in denen dem iudex a quo die Befugnis zur instanzerhaltenden Selbstkorrektur gegeben wird,[614] die Parallele der generellen Abhilfebefugnis zur neugeschaffenen Gehörsrüge gemäß § 321 a ZPO aufzeigen. Auch dort ist der Erstrichter nun erstmalig in der Lage, eine Verletzung des Anspruchs auf rechtliches Gehör selbständig zu korrigieren. Da die Möglichkeit der Abhilfe im Beschwerdeverfahren aber nicht auf Gehörsfälle begrenzt ist, sondern die

---

612 BT-Drucks. 14/4722, S. 114, dort findet sich auch der Hinweis auf die entsprechende Kritik *Brauns* (MünchKommZPO, § 577, Rn. 9) und *Grunskys* (*Stein/Jonas*, 21. Aufl., § 577, Rn. 11), welche sich den Ausführungen *Kunz* anschließen.

613 Diese Hemmung des Verfahrensabschlusses dräue insbesondere bei unanfechtbaren Beschlüssen des Erstgerichts, die grundsätzlich zwar der sofortigen Beschwerde zugänglich wären, aber aufgrund des Ablaufs der Beschwerdefrist in formelle Rechtskraft erwachsen sind.

614 Der Gesichtspunkt der Instanzerhaltung, welche die generelle Abhilfebefugnis gemäß § 572 Abs. 1 ZPO auszeichnet, dürfte zudem Anlass für die Erwartung des Gesetzgebers gewesen sein, durch die Selbstkontrolle des Erstgerichts die Zahl der Verfassungsbeschwerden und außerordentlichen Beschwerden vermindern zu können. Anders als eine beschwerdegerichtliche Fehlerkorrektur, welche regelmäßig eine unanfechtbare Beschlussentscheidung darstellt, erhält die Selbstkorrektur durch den iudex a quo den Beteiligten nämlich die Instanz, was die Möglichkeit einer zusätzlichen fachgerichtlichen Fehlerkorrektur eröffnet.

Selbstkorrektur im Falle jedweder Rechtsverletzung offen steht, kann darin tatsächlich ein „erweitertes Gegenstück“[615] zur Abhilfe im Urteilsverfahren (§ 321 a ZPO) gesehen werden.[616] Denn diese Einschätzung des Gesetzgebers stützt sich ersichtlich auf den Aspekt der Selbstkorrektur, sagt aber nichts über die divergierenden Zulässigkeitsvoraussetzungen beider Abhilfeverfahren aus. Erfüllte auch die Abhilfebefugnis gemäß § 572 Abs. 1 ZPO die Funktion, die Korrektur unanfechtbarer Beschlüsse zu ermöglichen, indem sie den beschließenden Richter zur Abhilfe unzulässiger Beschwerden befugte und ipso facto eine freie Abänderungsbefugnis an die Hand gäbe, hätte der Gesetzgeber der Gehörsrüge „bei erstinstanzlichen *unanfechtbaren* Urteilen“ (§ 321 a ZPO) insbesondere nicht die „Abhilfemöglichkeit des Erstgerichts *im* neu geregelten *Beschwerde*verfahren“ gegenübergestellt.[617]

b) Die Einführung der generellen Abhilfebefugnis als Forderung der Rechtspraxis

Abgesehen vom Streben nach einer Verfahrensangleichung und den dogmatischen Bedenken gegen das strikte Abhilfeverbot veranlasste auch ein mehrfach geäußerter Praxiswunsch den Gesetzgeber zur Einführung der Abhilfemöglichkeit des Ausgangsgerichts.[618] Am deutlichsten wurde diese Forderung der Rechtspraxis auf dem 61. Deutschen Juristentag formuliert, der sich in der Abteilung Verfahrensrecht mit der Frage beschäftigte, ob sich im Interesse eines effektiven Rechtsschutzes Maßnahmen zur Vereinfachung, Vereinheitlichung und Beschränkung der Rechtsmittel und Rechtsbehelfe des Zivilverfahrensrechts empfehlen. Im Zentrum stand dabei das wegweisende Gutachten *Gottwalds*, in dem unter anderen auch die Reformbedürftigkeit des Beschwerdeverfahrens untersucht wurde.[619] *Gottwald* spricht sich darin für die Möglichkeit der Abhilfe auch im Verfahren der sofortigen Beschwerde aus und wendet sich damit gegen die Bedenken der Kommission für das Zivilprozessrecht.[620] Die Kommission für das Zivilprozessrecht hatte nämlich die Idee der Abhilfe bei der sofortigen Beschwerde verworfen, da neben den in Urteilsform ergehenden Entscheidungen (§ 318 ZPO) auch den urteilsähnlichen, weil streitentscheidenden Beschlüssen eine abhilfefeste Bestandskraft zu-

---

615 BT-Drucks. 14/4722, S. 69.

616 Wohlgemerkt ohne dass der Abhilfebefugnis eine bindungsbrechende Wirkung unterstellt werden müsste, vgl. dazu Ausführungen unter C IV 1.

617 BT-Drucks. 14/4722, a.a.O. [textliche Hervorhebung stammt vom Autor]. Ansonsten erschiene die Selbstkorrektur gemäß § 572 Abs. 1 ZPO – entsprechend der Terminologie *Bettermanns* (ZZP 88 (1975), S. 365 ff., 408 f.) – nicht als Abhilfe *der* Beschwerde respektive als Entscheidung *über* die Beschwerde *im* Beschwerdeverfahren, sondern als Beschluss*abänderung anlässlich* der Beschwerde.

618 BT-Drucks. 14/4722, S. 114.

619 *Gottwald*, Gutachten zum 61. DJT, A 88 ff..

620 Bericht der Kommission für das Zivilprozeßrecht, 1977, S. 177.

kommen müsse. In den übrigen Fällen spräche insbesondere die Befristung, welche den Zweck habe, offene Streitfragen möglichst bald einer abschließende Klärung zuzuführen, für das Abhilfeverbot. Das Abhilfeverfahren würde sich dabei hemmend auswirken, weil vor der Abhilfe rechtliches Gehör gewährt werden müsste, und die Abhilfeentscheidung selber wiederum anfechtbar und abhilfefähig wäre.[621] Aufgrund eines gleichzeitig einzuführenden, allgemeinen Verbesserungsverfahrens verlöre dieses Argument nach Meinung *Gottwalds* jedoch an Gewicht.[622] Zumindest bei nicht urteilsvertretenden Beschlüssen sollte demnach die Abhilfe gestattet werden.[623] Diese Empfehlung wurde vom Plenum der Abteilung Verfahrensrecht angenommen; eine Beschränkung der Abhilfebefugnis auf nicht urteilsvertretende bzw. urteilsähnliche Beschlüsse lag der Beschlussfassung dabei nicht (mehr) zugrunde.[624]

Angesichts dieser Empfehlung[625] wird zweierlei deutlich:

Zum einen war die Abhilfemöglichkeit des Ausgangsgerichts stets nur als „Vorschaltrechtsbehelf" im Verfahren der sofortigen Beschwerde gedacht; die Abhilfe auch unzulässiger Beschwerden zu gestatten und damit befristet anfechtbaren Beschlüssen der freien Abänderbarkeit (außerhalb des Beschwerdeverfahrens) preiszugeben, war dagegen nicht Gegenstand des vom Gesetzgeber erwähnten Praxiswunsches. Aus diesem Grunde stand selbst für die insoweit sehr kritische Kommission für das Zivilprozessrecht außer Frage, dass die Einführung der Abhilfe nicht zur Abänderbarkeit unanfechtbarer Beschlüsse führen würde; für den Einwand der Kommission, die Abhilfe hemme einen baldigen, endgültigen Verfahrenabschluss, hätte aber gerade dann Anlass bestanden. Auch *Gottwalds* Reformempfehlung zielt erkennbar darauf ab, lediglich die Abhilfe einer zulässigen und begründeten Beschwerde zu gestatten. Die weitreichenden Konsequenzen der Möglichkeit zur Korrektur unanfechtbarer Beschlüsse brauchten deshalb nicht problematisiert zu werden. Auf dieser Empfehlung *Gottwalds* basierte letztlich auch der von der Abteilung für Verfahrensrecht gefasste Beschluss zur Einführung der Abhilfe, welcher wiederum als entsprechender „Praxiswunsch" Eingang in das ZPO-Reformgesetz fand.

---

621 Bericht der Kommission für das Zivilprozeßrecht, a.a.O..

622 Vgl. *Gottwald*, Gutachten zum 61. DJT, A27 ff., A 104 (These A 5); dieser Empfehlung kam der Gesetzgeber (BT-Drucks. 14/4722, S. 85) mit der Einführung der Anhörungsrüge (§ 321 a ZPO) – allerdings beschränkt auf erstinstanzliche, nicht berufungsfähige Urteile – nach.

623 Vgl. *Gottwald*, Gutachten zum 61. DJT, A 89, A 109 (These C 20).

624 Vgl. Plenum der Abteilung Verfahrensrecht des 61. DJT, Beschluss VI. 1, I 71.

625 Vgl. insoweit auch BRV, DRiZ 1994, S. 270; DRB, DRiZ 1999, S. 428.

Zum anderen ist zu berücksichtigen, dass sich der Gesetzgeber trotz entsprechender Reformüberlegungen gegen eine differenzierende Abhilferegelung entschied. So wurde sowohl von *Gottwald* in seinem Gutachten zum 61. Deutschen Juristentag als auch im Bericht der Kommission für das Zivilprozessrecht eine Beschränkung auf nicht urteilsvertretende bzw. nicht urteilsähnliche Beschlüsse erwogen. Der Gesetzgeber, der in diesem Zusammenhang ausdrücklich auf die entsprechenden Empfehlungen des 61. Deutschen Juristentages zurückgriff,[626] entschied sich mit anderen Worten bewusst dafür, eine generelle Abhilferegelung für alle Beschlüsse einzuführen, und damit gegen eine Differenzierung in urteilsähnliche, streitentscheidende Beschlüsse einerseits und sonstige Beschlüsse andererseits. Alle Beschlüsse sind damit, wie es bereits der Wortlaut des § 572 Abs. 1 ZPO nahe legt, der gleichen Abhilferegelung zu unterwerfen. Die Entscheidung des Gesetzgebers zur einheitlichen Anwendung der Regelung zeigt im Übrigen auch § 572 Abs. 1 S. 2 ZPO. Diese gesetzliche Regelung nimmt nämlich nur solche beschwerdefähigen Entscheidungen von der Abhilfemöglichkeit aus, auf welche § 318 ZPO *unmittelbar* Anwendung findet. Die Gesetzesbegründung stellt dies ohne jeden Zweifel klar, indem es „die Abhilfe bei einer sofortigen Beschwerde gegen ein Zwischenurteil (z.B. § 387 Abs. 3) oder gegen Nebenentscheidungen von Endurteilen (§ 99 Abs. 2 )“ ausschließt, „weil § 318 ZPO dem entgegensteht“.[627] Dagegen bleiben sinnverwandte und deshalb naheliegende Entscheidungen in Beschlussform, wie etwa die Kostengrundentscheidung nach Erledigung der Hauptsache (§ 91 a ZPO) oder der „Zwischenstreit“ über die Ablehnung einer Gerichtsperson (§ 46 ZPO), auf welche § 318 BGB *analog* angewendet wird, unerwähnt. Im Umkehrschluss ist deshalb zu folgern, dass § 572 Abs. 1 S. 1 ZPO insoweit unterschiedslos Anwendung zu finden hat. Auch dies spricht klar für den vorliegend vertretenen Ansatz, dass dem iudex a quo in jedem Falle nur die Abhilfe einer zulässigen und begründeten Beschwerde durch § 572 Abs. 1 ZPO gestattet wird.[628]

c) Die Abhilfe im Kostenfestsetzungsverfahren

Dass durch die Abschaffung des Abhilfeverbots bzw. die Einführung der Abhilfebefugnis ausschließlich die Abhilfe einer zulässigen und begründeten Beschwerde innerhalb des Beschwerdeverfahrens eröffnet werden sollte, im

---

626 BT-Drucks. 14/4722, S. 114.

627 BT-Drucks. 14/4722, S. 115.

628 Dem Wortlaut des § 572 Abs. 1 ZPO würde freilich auch die entgegengesetzte Interpretation der Abhilfebefugnis gerecht werden. Dem iudex a quo zu befugen, unzulässigen Beschwerden abzuhelfen und damit letztlich eine freie Abänderungsbefugnis auch hinsichtlich urteilsähnlicher Beschlüsse zu installieren, ist jedoch abzulehnen, weil insbesondere die praktischen Konsequenzen nicht handhabbar wären und dieses Auslegungsergebnis vor allem vom Willen des Gesetzgebers bzw. vom Zweck des Gesetzes nicht gedeckt wäre.

Übrigen aber an der Bindungswirkung der nur befristet anfechtbaren Beschlüsse nicht gerüttelt wurde, lässt sich auch den Ausführungen des Gesetzgebers zur Abhilfebefugnis des Rechtspflegers im Kostenfestsetzungsverfahren entnehmen.

Vor Inkrafttreten der 3. RPflÄndG, also vor dem 1. Oktober 1998, war gegen den Kostenfestsetzungsbeschluss des Rechtspflegers die befristete Erinnerung gemäß §§ 11 Abs. 1 S. 2 RpflG a.F., 104 Abs. 3 ZPO statthaft. Einer *zulässigen und* begründeten Erinnerung gegen die Kostenfestsetzung konnte der Rechtspfleger gemäß §§ 11 Abs. 2 S. 1, 21 Nr. 1 RPflG a.F. abhelfen.[629] War die Erinnerung unzulässig, weil die Erinnerungsfrist versäumt worden war, und wurde deshalb zugleich um Wiedereinsetzung in den vorigen Stand nachgesucht, so vermochte der Rechtspfleger der begründeten Erinnerung nur dann abzuhelfen, wenn er dem Wiedereinsetzungsantrag stattgab und damit der Erinnerung zu ihrer Zulässigkeit verhalf.[630] Nach einhelliger Meinung durfte der Rechtspfleger – im Falle der Unzulässigkeit des Rechtsbehelfs – selbst einer einfachen Erinnerung nicht gemäß § 571 ZPO a.F. abhelfen, da die Verweisung in § 11 Abs. 4 RPflG a.F. durch die ausdrückliche Regelung der Abhilfevoraussetzungen in § 11 Abs. 2 S. 3 RPflG a.F., welche auch für den Rechtspfleger galt, gesperrt war.[631] Half der Rechtspfleger nicht ab, konnte der Richter entscheiden, wenn er die Erinnerung für *zulässig* und begründet hielt (§ 11 Abs. 2 S. 3 1. Alt. RPflG a.F.). Durch das 3. RPflÄndG wurde das Rechtsbehelfsverfahren gegen Rechtspflegerentscheidungen grundlegend geändert. Seither ist nach § 11 Abs. 1 RPflG das Rechtsmittel gegeben, welches auch nach allgemeinen verfahrensrechtlichen Vorschriften zulässig wäre. Gegen den Kostenfestsetzungsbeschluss war darob die sofortige Beschwerde gemäß §§ 104 Abs. 3 S. 1, 577 ZPO a.F. eröffnet. Das beseitigte aber nicht nur die Durchgriffserinnerung, sondern auch die Abhilfemöglichkeit des Rechtspflegers (§§ 11 Abs. 1 RPflG n.F., 577 Abs. 3 ZPO a.F.). Lediglich im Fall der befristeten Erinnerung, wenn der Wert des Beschwerdegegenstandes 100,- DM oder weniger betrug (§§ 11 Abs. 2 S. 1 RPflG n.F., 567 Abs. 2 S. 2 ZPO a.F.), konnte der Rechtspfleger auch weiterhin gemäß § 11 Abs. 2 S. 2 RPflG n.F. einer zulässigen und begründeten Erinnerung abhelfen.[632]

---

629 *Dallmayer*, § 11, Rn. 146 a; *Arnold/Meyer-Stolte/Hansens*, 4. Aufl., § 11, Rn. 26.

630 Vgl. etwa MünchKommZPO-*Belz*, 1. Aufl., 1992, § 104, Rn. 91; *Bergerfurth*, Rpfleger 1971, S. 395; *Stöber*, Rpfleger 1976, S. 301; a.A. OLG München, Rpfleger 1976, S. 300 f., das zwar ebenfalls die Abhilfe einer unzulässigen, weil verfristeten Erinnerung ablehnte, aber für die Entscheidung über die Wiedereinsetzung nur die Zuständigkeit des Richters eröffnet sah.

631 *Dallmayer*, § 11, Rn. 133, mit weiteren Nachweisen.

632 An der Zulässigkeit der Erinnerung als Voraussetzung der Abhilfebefugnis wurde auch nach der Neufassung des § 11 RPflG festgehalten, *Arnold/Meyer-Stolte/Hansens*, 5. Aufl., § 11, Rn. 56; MünchKommZPO-*Belz*, § 104, Rn. 110, demzufolge der

Diesen „Missgriff"[633] zu beseitigen, war schließlich ein Hauptmotiv der Einführung der generellen Abhilfebefugnis in das Verfahren der sofortigen Beschwerde durch das ZPO-Reformgesetz. Nunmehr sei es nämlich „auch dem Rechtspfleger wieder möglich, einer Beschwerde im Kostenfestsetzungsverfahren abzuhelfen. Diese Befugnis hatte er mit dem Inkrafttreten des 3. RPflÄndG am 1. Oktober 1998 (BGBl. I S. 2030) verloren."[634]

Durch die Neuregelung wird demnach der Rechtspfleger erneut in Stand gesetzt, einer zulässigen und begründeten Beschwerde gemäß §§ 11 Abs. 1 RPflG n.F., 572 Abs. 1 ZPO abzuhelfen. Die Annahme eines weitergehenden Motivs, welche die Befugnis des Rechtspflegers umgriffe, auch unstatthaften oder verfristeten Beschwerden abzuhelfen, findet in der Gesetzesbegründung dagegen keine Grundlage. Hätte eine entsprechende gesetzgeberische Intention tatsächlich bestanden, wäre gerade angesichts der vorangegangenen unklaren Gesetzeslage eine Klarstellung des Gesetzgebers zu erwarten gewesen.[635] Dies umso mehr, zieht man zum Vergleich das Verfahren der sofortigen Erinnerung gemäß § 11 Abs. 2 RPflG heran, das auch nach Inkrafttreten des ZPO-Reformgesetzes bei fehlender Statthaftigkeit der sofortigen Beschwerde wegen des Nichterreichens des Beschwerdewerts (§ 567 Abs. 2 S. 2 ZPO) dem Beteiligten die Möglichkeit bietet, gegen den Kostenfestsetzungsbeschluss mit der sofortigen Erinnerung vorzugehen.[636] Dabei wird der Rechtspfleger nach wie vor durch § 11 Abs. 2 S. 2 RPflG be-

---

Rechtspfleger prüfen muss, „ob die Erinnerung zulässig und ganz oder teilweise begründet ist"; *Thomas/ Putzo*, 22. Aufl., § 104, Rn. 35.

633 So ausdrücklich *Arnold/Meyer-Stolte/Hansens*, 6. Aufl., § 11, Rn. 29.

634 BT-Drucks. 14/4722, S. 69.

635 Im Ergebnis ebenso *Arnold/Meyer-Stolte/Hansens*, 6. Aufl., § 11, Rn. 29 a; demnach sei das Erstgericht aufgrund der Abhilfebefugnis verpflichtet zu prüfen, „ob es die Beschwerde für *zulässig und begründet* erachtet", „um gegebenenfalls seine nachträglich als unrichtig erkannte Entscheidung zu korrigieren" [textliche Hervorhebung stammt vom Autor]; ebenso *Baumbach/Lauterbach/Hartmann*, § 104, Rn. 57, demnach habe der Rechtspfleger gemäß §§ 572 Abs. 1 ZPO, 11 Abs. 1 RPflG abzuhelfen, soweit er „die sofortige Beschwerde für statthaft, zulässig und begründet hält, was er prüfen darf und muß", a.A. zur Abhilfebefugnis allgemein *Baumbach/Lauterbach/Albers*, § 572, Rn. 3.

636 § 11 Abs. 2 RPflG gewährt auch bzw. gerade dann die Möglichkeit der Erinnerung, wenn das Rechtsmittel, das nach den allgemeinen Vorschriften gegeben ist, im Einzelfall unzulässig sein sollte. Nur diese Auslegung steht im Einklang mit Art. 19 Abs. 4 GG, vgl. BVerfG, FamRZ 2001, S. 828. Dagegen ist die Erinnerung nicht eröffnet, wenn die sofortige Beschwerde nur aufgrund der Nichtbeachtung einzelner Zulässigkeitsvoraussetzungen unzulässig sein sollte, etwa nach Ablauf der Beschwerdefrist, a.A. *Baumbach/Lauterbach/Hartmann*, § 104, Rn. 44. Dies steht im Übrigen auch mit Art. 19 Abs. 4 GG im Einklang, da dem Beschwerten in diesem Fall nicht von vorneherein jede Möglichkeit der richterlichen Kontrolle der Entscheidung verwehrt wurde.

fugt, einer zulässigen und begründeten Erinnerung abzuhelfen.[637] Dass am Erinnerungsverfahren des § 11 Abs. 2 RPflG und damit an den Voraussetzungen des Abhilferechts des Rechtspflegers etwas geändert werden sollte, kann der Begründung des ZPO-Reformgesetzes nicht entnommen werden. Gäbe man nun dem Rechtspfleger im Beschwerdeverfahren die Möglichkeit, unzulässigen Beschwerden abzuhelfen, lägen im Ergebnis unterschiedliche Abhilferegelungen vor. Dass diese Diskrepanz sinnlos wäre, führt insbesondere die Leichtigkeit, mit welcher sich § 11 Abs. 2 RPflG umgehen ließe, vor Augen. Versäumte nämlich der Beteiligte die Erinnerungsfrist, wäre eine abhelfende Entscheidung des Rechtspflegers bzw. des Richters im Erinnerungsverfahren von vorneherein ausgeschlossen. Legte der Beteiligte in diesem Falle keine Erinnerung, sondern „Beschwerde" ein, stünde – die Begründetheit seines Rechtsbehelfs vorausgesetzt – einer abhelfenden Entscheidung des Rechtspflegers nichts im Wege.[638] Denn auf die Zulässigkeit der Beschwerde, welche sowohl mangels Erreichens des Beschwerdewertes als auch wegen der Versäumung der Beschwerdefrist zu verneinen wäre, käme es danach nicht an.

Schlussendlich spricht deshalb auch ein Vergleich mit der Abhilfebefugnis im Erinnerungsverfahren der Kostenfestsetzung dafür, dass es dem Gesetzgeber ausschließlich darum ging, dem iudex a quo die Abhilfe einer zulässigen und begründeten sofortigen Beschwerde zu ermöglichen. Dieser Meinung wird auch vom OLG Koblenz geteilt.[639]

---

637 *Arnold/Meyer-Stolte/Hansens*, 6. Aufl., § 11, Rn. 56; *Hansens*, Rpfleger 2001, S. 573 ff., 576; *Thomas/Putzo*, § 104, Rn. 35; *Baumbach/Lauterbach/Hartmann*, § 104, Rn. 81.

638 Wenn man also entweder § 572 Abs. 1 ZPO generell extensiv auslegt (vgl. unter C IV) oder im konkreten Einzelfall mangels Urteilsähnlichkeit des Kostenfestsetzungsbeschlusses auf die Zulässigkeit der Beschwerde als Voraussetzung der Abhilfe verzichtet, so etwa *Peters*, FS für *Geimer* (2002), S. 811 ff., 815.

639 OLG Koblenz, MDR 2002, S. 909 f.. Das Gericht hatte über eine sofortige Beschwerde im Kostenfestsetzungsverfahren zu befinden. Vorausgegangen war eine Nichtabhilfeentscheidung des Rechtspflegers (§§ 11 Abs. 1 RPflG n.F., 104 Abs. 3 S. 1, 567 Abs. 1 Nr. 1, 572 Abs. 1 S. 1 ZPO), mit welcher ein Antrag auf Wiedereinsetzung in die versäumte Frist der sofortigen Beschwerde abgelehnt worden war. Das OLG Koblenz hob die Ablehnung des Wiedereinsetzungsantrages auf, da es dem Rechtspfleger insoweit an der Zuständigkeit gemäß § 237 ZPO gefehlt hätte; diese setze nämlich voraus, dass dem Gericht auch die Sachentscheidung über die nachgeholte Prozesshandlung, hier die sofortige Beschwerde, zustünde. Im Beschwerdeverfahren könne der Rechtspfleger aber nur dann – im Rahmen der Abhilfe – sachlich über die Beschwerde entscheiden, soweit er diese für *zulässig und begründet* hält, also zugleich einem gestellten Wiedereinsetzungsantrag nachkommt. Hielte der Rechtspfleger dagegen den Wiedereinsetzungsantrag für unbegründet und damit die *Beschwerde für unzulässig*, sei ihm eine sachliche Abhilfeentscheidung verwehrt.

### d) Die Erinnerungsentscheidung des Gerichts gemäß §§ 573 Abs. 1 S. 3, 572 Abs. 2 ZPO

Die Befugnis zur Abhilfe unzulässiger, insbesondere verfristeter Beschwerden schüfe zudem einen Wertungswiderspruch zum Umfang der Erinnerungsentscheidung des Prozessgerichts. Dort hat das Gericht von Amts wegen auch die Zulässigkeit des Rechtsbehelfs zu überprüfen. Dies ergibt sich zum einen aus der Verweisung des § 573 Abs. 1 S. 3 ZPO auf den die Zulässigkeit und Begründetheit des Rechtsmittels umgreifenden Prüfungsrahmen des Beschwerdegerichts § 572 Abs. 2 ZPO. Zum anderen wird auf die Konvergenz zwischen der Erinnerungsentscheidung und der Beschwerdeentscheidung ausdrücklich in den Gesetzesmaterialien zum ZPO-Reformgesetz hingewiesen.[640] Befugte man nun das Gericht erster Instanz, der gegen die Erinnerungsentscheidung eingelegten sofortigen Beschwerde (§ 573 Abs. 2 ZPO) trotz der Unzulässigkeit des Rechtsmittels abzuhelfen, bezöge sich das zwar nicht auf dieselbe Rechtsbehelfsfrist. Durch das ZPO-Reformgesetz wurde nämlich die sofortige Eventualbeschwerde (sog. „Durchgriffserinnerung") im Sinne des §§ 576, 577 Abs. 4 ZPO a.F. abgeschafft, wonach für die Erinnerung und die sofortige Beschwerde dieselbe Rechtsbehelfsfrist galt, welche ab Zustellung der Entscheidung des Richterkommissars bzw. des Urkundsbeamten zu laufen begann.[641] Gleichwohl erschiene es willkürlich, dem Gericht die Aufhebung des Beschlusses zu gestatten, soweit dessen formelle Rechtskraft nicht auf dem Ablauf der *Erinnerungsfrist* (§§ 573 Abs. 1 S. 1, S. 3, 572 Abs. 2 ZPO), sondern der Versäumung der *Beschwerdefrist* (§ 572 Abs. 1 S. 1 ZPO) beruhte. Aufzulösen ist diese Diskrepanz nur durch die generelle Geltung der engen Abhilfebefugnis.

Ein Widerspruch täte sich auch im Erinnerungsverfahren selbst auf, da dem ersuchten oder beauftragten Richter oder dem Urkundsbeamten eine Abhilfemöglichkeit bereits im Falle der Begründetheit der Erinnerung eröffnet würde (§§ 573 Abs. 1 S. 1, S. 3, 572 Abs. 1 S. 1 ZPO), das Gericht jedoch die Entscheidung nur auf eine zulässige und begründete Erinnerung hin abzuändern vermag. Doch kann die Abänderungsbefugnis des beauftragten oder ersuchten Richters bzw. des Urkundsbeamten des Gerichts denklogisch nicht weitergehen als die des Gerichts, nimmt doch der beauftragte oder ersuchte Richter lediglich übertragene Rechte des Gerichts in Anspruch und handelt der Urkundsbeamte gar nur als dessen ausführendes Organ.[642]

---

[640] BT-Drucks. 14/4722, S. 116.

[641] *Stein/Jonas/Grunsky*, 21. Aufl., § 577, Rn. 14; *Thomas/Putzo*, 22. Aufl., § 576, Rn. 2, § 577, Rn. 11.

[642] *Hahn*, S. 377.

#### e) Sonstige Äußerungen des Gesetzgebers hinsichtlich der Abhilfemöglichkeit des Ausgangsgerichts

Daneben bestätigen auch andere Bemerkungen in der Gesetzesbegründung, dass mit der generellen Abhilfemöglichkeit lediglich das Beschwerdeverfahren novelliert, nicht aber eine generelle Abänderbarkeit eingeführt werden sollte. Insbesondere weist der Gesetzgeber darauf hin, dass dem Erstrichter dadurch eine „schnelle Selbstkorrektur“[643] seines Beschlusses ermöglicht werde, indem er sie im Abhilfeverfahren „kurzerhand zurückzunehmen und zu berichtigen“[644] in der Lage wäre. Diesem zeitlichen Aspekt nähme man aber jegliche Relevanz, eröffnete man die Abhilfe auch bei unzulässigen, weil verfristeter Beschwerden. Auch die Erwartung des Gesetzgebers[645], das Verfahren finde nach der Abhilfe einer Beschwerde seinen *endgültigen Abschluss* in der ersten Instanz, erschiene völlig unbegründet, wenn der iudex a quo – zeitlich unbegrenzt – auf jeden begründeten Einwand hin, seinen Beschluss abändern könnte (bzw. müsste) und diese Entscheidung von neuem den Gang vor das Beschwerdegericht eröffnete.

#### f) Ergebnis

Die Einführung der Abhilfemöglichkeit (§ 572 Abs. 1 ZPO) im Verfahren der sofortigen Beschwerde ist vom gesetzgeberischen Gedanken getragen, fehlerhafte Beschlüsse nicht erst durch das Beschwerdegericht zu korrigieren, sondern bereits eine instanzerhaltende Selbstkorrektur durch das Ausgangsgericht zu ermöglichen. Das Beschwerdegericht befasst sich mit der Korrektur von Fehlern oder der Nachholung des rechtlichen Gehörs, soweit der Beschwerte eine zulässige und begründete Beschwerde einlegt. In diesem Umfang sollte die Abhilfebefugnis des Erstgerichts eröffnet werden. Dies kann der Gesetzesbegründung entnommen werden. In der Begründung der Abhilfemöglichkeit des Ausgangsgerichts finden sich keine Hinweise auf eine Entscheidung des Gesetzgebers, dem Ausgangsgericht auch die Abhilfe unzulässiger Beschwerden zu gestatten und damit die Abänderung auch außerhalb des eigentlichen Beschwerdeverfahrens zu ermöglichen. Vereinzelte Bemerkungen sprechen gar gegen einen solchen Umfang der Abhilfe- bzw. Abänderungsbefugnis.

### 3. Die Entscheidung des Gesetzgebers zur Innenbindung anfechtbarer Beschlüsse

Insbesondere im Rahmen der Begründung der generellen Befristung der Beschwerde bezieht der Gesetzgeber zur Problematik der Innenbindung deutlich

[643] BT-Drucks. 14/4722, S. 69.
[644] BT-Drucks. 14/4722, S. 114.
[645] A.a.O..

Stellung und bedeutet seine Entscheidung *zugunsten* der bindenden Wirkung befristet anfechtbarer Beschlüsse.

a) Die Begründung der generellen zeitlichen Befristung der Beschwerde

Bereits im allgemeinen Teil der Begründung stellt dies der Gesetzgeber unmissverständlich klar. „Die einfachen Beschwerden, die bereits nach geltendem Recht in der Minderzahl sind, ziehen das Verfahren unangemessen in die Länge und lassen die Verfahrensbeteiligten hinsichtlich der *Endgültigkeit der gerichtlichen Entscheidung* im Ungewissen. Dieser Zustand gefährdet die Rechtssicherheit. Angesicht der bestehenden Belastung der Justiz kann zudem eine Bindung richterlicher und nichtrichterlicher Arbeitskraft durch die Beschwerden, die erst nach langer Zeit eingelegt werden und das Wiedervorlegen der bereits abgelegten Akten, das erneute Einarbeiten des Richters in den Streitstoff sowie die schwierige Prüfung einer etwaigen Verwirkung oder prozessualen Überholung verursachen, gerade im Bereich der Nebenentscheidungen nicht mehr hingenommen werden. Die gleichen Überlegungen gelten für die Erinnerung, die durch den Entwurf ebenfalls generell befristet wird."[646] Nicht weniger deutlich tritt die Vorstellung von der Unabänderlichkeit befristet anfechtbarer Beschlüsse in der Einzelbegründung der generellen Geltung der Beschwerdefrist hervor: „Eine allgemeine Befristung dient dem berechtigten Interesse der Beteiligten nach Beschleunigung des Verfahrens und *möglichst frühzeitig klaren Rechtsverhältnissen*, während ein Gegeninteresse an der Möglichkeit einer unbefristeten, d.h. auch nach Monaten oder Jahren gegebenen Anfechtungsmöglichkeit, schwer zu erkennen ist, zumal *bei nachträglicher Änderung* der Sachlage eine *neuer Antrag* gestellt werden kann."[647]

Dieses Interesse an der zeitnahen Herbeiführung einer unabänderlichen Entscheidung, welches mit der generellen Befristung verfolgt wird, liegt übrigens auch dem vielfach geäußerten Reformwunsch zugrunde, den der Gesetzgeber mit § 569 Abs. 1 ZPO verwirklichen wollte.[648] So empfahl bereits die Kommission zur Vorbereitung einer Reform der Zivilgerichtsbarkeit von 1961, die einfache Beschwerde zugunsten einer generellen Befristung dieses Rechtsmittels abzuschaffen.[649] „Das Bedürfnis nach Beschleunigung des Beschwerdeverfahrens und *nach klaren Rechtsverhältnissen*"[650] bestehe demnach auch bei Entscheidungen, die mit der einfachen Beschwerde angefochten werden kön-

646 BT-Drucks. 14/4722, S. 68 [textliche Hervorhebung stammt vom Autor].
647 BT-Drucks. 14/4722, S. 111 [textliche Hervorhebung stammt vom Autor].
648 BT-Drucks. 14/4722, S. 111.
649 Bericht der Vorbereitungskommission, 1961, S. 222 f..
650 Bericht der Vorbereitungskommission, 1961, S. 222 [textliche Hervorhebung stammt vom Autor].

nen.[651] Explizit kommt das – mit der generellen Beschwerdefrist verfolgte – Ziel des endgültigen Verfahrensabschlusses zudem auf dem 61. Deutschen Juristentag, in concreto im oben erwähnte Gutachten *Gottwalds*[652], zur Sprache. Jede Beschwerde sei demnach zu befristen, denn „bei allen Entscheidungen von gewisser Bedeutung besteht ein Bedürfnis nach Rechtssicherheit. Die Gegenpartei möchte wissen, ob und in welcher Weise ein Rechtsstreit weitergeführt wird und die betroffenen Richter, ob der Streit *endgültig erledigt* ist und nicht mehr ‚aufgewärmt' werden muß. Ein Gegeninteresse der betroffenen Partei, daß die Entscheidung auch noch nach längerer Zeit überprüft werden kann, ist dagegen schwer zu erkennen. Sofern sich die Sachlage nachträglich ändert, kann ohnehin ein neuer Antrag gestellt werden."[653] Aber nicht allein diese Erwägungen zeigen die der befristeten Anfechtbarkeit beigelegte Wirkung der Unanfechtbarkeit und Unabänderlichkeit, sondern insbesondere auch die im Rahmen der Diskussion zum Vorschlag eines allgemeinen Verbesserungsverfahrens ausgedrückte Erwartung, mithilfe einer befristeten Anhörungsbeschwerde den durch die Gegenvorstellung und die Beschwerde wegen greifbarer Gesetzeswidrigkeit entstandenen Wildwuchs beschneiden zu können.[654] Ein solches Verbesserungsverfahren vermöchte freilich die Fälle der Gegenvorstellung nur dann in sich aufzunehmen, wenn dem formlosen Rechtsbehelf im Übrigen wirksam Einhalt geboten würde. Erforderlich wäre, dem iudex a quo außerhalb des Verbesserungsverfahrens die Befugnis zu nehmen, unanfechtbare Beschlüsse abzuändern. Gleichwohl empfiehlt *Gottwald*[655] mit der Streichung des § 577 Abs. 3 ZPO a.F., eine gesetzliche Regelung der Innenbindung gerichtlicher Beschlüsse aufzuheben. Die dadurch entstehende Regelungslücke wird im Konzept *Gottwalds* und hierfort im ZPO-Reformgesetz jedoch nahtlos von der Wirkung der generellen Befristung der Beschwerde geschlossen.

Vermag auch die Schlussfolgerung von der Befristung eines Rechtsmittels auf die Innenbindung einer formell rechtskräftigen Entscheidung keine Allgemeingültigkeit zu beanspruchen,[656] steht vorliegend die Intention des Reformgesetzgebers außer Zweifel, mit der Einführung der generellen Befristung das

---

651 Den Vorschlag der Vorbereitungskommission unterstützte auch *Kissel*. Der Vorteil einer generellen Notfrist läge demnach neben einer beschleunigten Erledigung aller Rechtsstreitigkeiten in „der damit verbundenen möglichst frühzeitigen Rechtsklarheit"; vgl. *Kissel*, S. 98.

652 *Gottwald*, Gutachten zum 61. DJT, A 88 f., A 109 (These C 19); Plenum der Abteilung Verfahrensrecht des 61. DJT, Beschluss III. 2..

653 *Gottwald*, a.a.O. [textliche Hervorhebung stammt vom Autor].

654 Diskussionsbeitrag auf dem 61. DJT, I 114.

655 *Gottwald*, Gutachten zum 61. DJT, A 89 , A 109 (These C 20).

656 Zur Kritik an dieser Konklusion vgl. MünchKommZPO-*Braun*, vor § 567, Rn. 6; *Peters*, FS für *Henckel*, S. 655 ff., 666 ff..

Verfahren alsbald zu einem endgültigen Abschluss zu führen.[657] Die teleologische Interferenz erstreckt sich dabei auf alle Beschlüsse, die ihrer Art nach der sofortigen Beschwerde unterliegen. In innerprozessuale Bestandskraft erwachsen danach insbesondere beschwerdefähige Beschlüsse erster Instanz (§ 567 Abs. 1 ZPO) nach Ablauf der Beschwerdefrist, Beschlüsse, gegen die mangels ausreichender Beschwerdesumme die sofortige Beschwerde nicht zulässig ist (§ 567 Abs. 2 ZPO) und Beschwerdeentscheidungen (§ 574 Abs. 1 ZPO), gleichviel, ob gegen diese die Rechtsbeschwerde nicht statthaft oder wegen Ablauf der Rechtsbeschwerdefrist unzulässig ist. Gerade am Beispiel eines erstinstanzlichen Beschlusses wird dabei das beabsichtigte Zusammenwirken formeller Rechtskraft und Innenbindung deutlich. Ist die Beschwerdefrist ungenutzt verstrichen und sonach formelle Rechtskraft eingekehrt, ist der Beteiligte darauf zu verweisen, bei Änderung der Sachlage einen neuen Antrag beim Erstgericht zu stellen. Denn ein anderer Rechtsfolgenausspruch hinsichtlich desselben Verfahrensgegenstandes ist für den Beteiligten in keiner Instanz zu erreichen. So verbietet die formelle Rechtskraft eine Abänderung durch das Beschwerdegericht; die Innenbindung wendet sich gegen eine Abänderung durch das Erstgericht. Dagegen dräue Ungewissheit das Rechtsverhältnis zu ergreifen, vermöchte das Erstgericht einer unzulässigen, weil verfristeten Beschwerde abzuhelfen oder seinen formell rechtskräftigen Beschluss auf eine Gegenvorstellung hin abzuändern; zumal in beiden Fällen erneut die sofortige Beschwerde statthaft wäre. Im Übrigen würde die Rechtssicherheit durch die Abänderungsbefugnis des Erstgerichts auch dann unterminiert, wenn die Abänderung allein bei einer zulässigen und begründeten Beschwerde zur *Pflicht* erwüchse.[658]

Die Erwägungen des Gesetzgebers legen zudem hinlänglich dar, dass die Endgültigkeit eines Beschlusses nach Inkrafttreten des Reformgesetzes nicht von dessen Urteilscharakter abhängen sollte, sondern gerade im vormaligen Bereich der einfachen Beschwerde, bei nicht streitentscheidenden Beschlüssen, die Ungewissheit über die Bestandskraft dieser Entscheidungen durch die neu eingeführte generelle Befristung zu beseitigen wäre. Die Bestandskraft zivilprozessualer Beschlüsse an der Unterscheidung urteilsähnlicher und sonstiger Beschlüsse festzumachen, verstieße gegen diese gesetzgeberische Regelungsabsicht. Als Beleg mag hier die Überlegung *Peters*[659] dienen, den Mangel an Bestandskraft „sonstiger Beschlüsse“ mit Hilfe der Lehre vom

---

657 A.A. *Peters*, FS für *Geimer* (2002), S. 811 ff., der jedoch die insoweit eindeutige Begründung des ZPO-Reformgesetzes unberücksichtigt lässt.

658 Darüber hinaus wäre diesem Einwand entgegen zu halten, dass der Befugnis des Gerichts, einen fehlerhaften Beschluss abzuändern, auch eine entsprechende Amtspflicht folgte, zumindest, soweit die Abänderung von einem der Beteiligten angeregt würde; vgl. insoweit Ausführungen unter C II 4 b a.E..

659 *Peters*, FS für *Geimer* (2002), S. 811 ff., 816.

*Rechtsschutzbedürfnis* zu kompensieren. So ließe sich der Erneuerung von Anträgen und Rechtsbehelfen, wie der Gegenvorstellung, ohne weiteres fehlendes Rechtsschutzbedürfnis entgegenhalten, wenn sich das Beteiligtenbegehren prozessual überholt hat oder eine Gegenvorstellung wiederholt wird, obgleich die Sachlage unverändert ist bzw. auf keinen entscheidungserheblichen, bislang verborgenen Gesichtspunkt hingewiesen wird, also letztlich ein Missbrauch des Verfahrensrechts vorzuwerfen ist.[660] Im diametralen Gegensatz dazu hofft der Gesetzgeber, vermöge der einheitlichen Befristung der Beschwerde Rechtssicherheit zu erzielen, da „die bisher bei der unbefristeten, einfachen Beschwerden zu lösende Problematik der Verwirkung, der prozessualen Überholung oder des Missbrauchs, wenn die Beschwerde erst nach sehr langer Zeit eingelegt wird, entfällt“[661].

b) Die Begründung der Anhörungsrüge (§ 321 a ZPO)

Die neu eingefügte Anhörungsrüge (§ 321a ZPO) eröffnet dem erstinstanzlichen Gericht im Falle der gerügten Verletzung des Anspruchs auf rechtliches Gehör (Art. 103 Abs. 1 GG) die Möglichkeit der Selbstkorrektur bei unanfechtbaren Urteilen. Im Gesetzgebungsverfahren nahm der Bundesrat zu dieser Vorschrift Stellung und kritisierte an der vorgeschlagenen Regelung unter anderen, dass sie grundsätzlich für alle Verfahrensentscheidungen zu gelten habe, bei denen die Verfahrensordnung einen ordentlichen Rechtsbehelf nicht mehr vorsähe, wie etwa beim Beschluss gemäß § 127 Abs. 2 S. 2 Hs. 2 ZPO.[662] Die Bundesregierung lehnte eine Ausdehnung der Anhörungsrüge auf alle Verfahrensentscheidungen im Interesse der Rechtssicherheit ab, nahm den Einwand des Bundesrates aber zum Anlass, im weiteren Gesetzgebungsverfahren den Abbau rechtsmittelbeschränkender Regelung, wie des § 127 Abs. 2 S. 2 Hs. 2 ZPO zu prüfen.[663]

Die Überlegung, die Anhörungsrüge auf die unanfechtbare Prozesskostenhilfeversagung auszuweiten, lässt die gesetzgeberische Idee erkennen, mithilfe der generellen Befristung der Beschwerdemöglichkeit auch für eine zeitnahe Unabänderlichkeit der entsprechenden Beschlüsse zu sorgen. Denn vor Inkrafttreten des ZPO-Reformgesetzes konnten ablehnende Beschlüsse im Prozesskostenhilfeverfahren ohne weiteres frei abgeändert werden. Zum Teil wurde darauf hingewiesen, dass diese Entscheidungen ihrer Art nach der einfachen Beschwerde unterlägen, angesichts der unbefristeten Anfechtbarkeit aber und mangels einer § 577 Abs. 3 ZPO a.F. entsprechenden Vorschrift kei-

660 *Baumbach/Lauterbach/Hartmann*, Einl. III, Rn. 66; zum Rechtsschutzbedürfnis allgemein vgl. auch *Rosenberg/Schwab/Gottwald*, § 92 IV, S. 515 ff..
661 BT-Drucks. 14/4722, S. 111.
662 Stellungnahme des Bundesrates, BT-Drucks. 14/4722, S. 148.
663 Gegenäußerung der Bundesregierung, BT-Drucks. 14/4722, S. 156.

ne Bindungswirkung zeitigten.[664] Nach anderer Ansicht hätten Beschlüsse im Prozesskostenhilfeverfahren lediglich prozessleitenden Charakter und wären schon deshalb – etwa auf eine Gegenvorstellung hin – jederzeit abänderbar.[665] Die Frage, ob Beschlüsse im Sinne des § 127 Abs. 2 S. 2 Hs. 2 ZPO in einen Katalog rügefähiger Entscheidungen (§ 321 a ZPO) aufzunehmen wären, hätte sich deshalb unter Fortgeltung der alten Rechtslage nicht gestellt. Nunmehr wird aber nach der Vorstellung des Gesetzgebers die partielle Abänderbarkeit im Beschlussverfahren eingeschränkt. Beschlüsse, die befristet mit der sofortigen Beschwerde anzufechten sind, lassen sich lediglich auf eine zulässige und begründete Beschwerde hin abändern. Da auch ablehnende Prozesskostenbeschlüsse fürderhin nur mit der sofortigen Beschwerde nach § 127 Abs. 2 S. 2 Hs. 1 ZPO angefochten werden können[666], werden auch sie innerprozessual bestandskräftig. Dies gilt selbst dann, wenn die Ablehnung gemäß § 127 Abs. 2 S. 2 Hs. 2 ZPO unanfechtbar sein sollte, da sie jedenfalls ihrer Art nach der sofortigen Beschwerde unterliegt. Dass sich daran die Überlegung des Bundesrates anschließt, die neu eingeführte Anhörungsrüge auch auf den Fall eines weder anfechtbaren noch abänderbaren versagenden Beschlusses zu übertragen, erscheint schlechterdings stringent. Dagegen wäre die Kontroverse im Gesetzgebungsverfahren nicht zu erklären, könnte der Beschluss mangels Urteilscharakter ohnehin jederzeit abgeändert werden.

c) Die Zulassung der Rechtsbeschwerde

Die freie Abänderbarkeit formell rechtskräftiger Beschlüsse widerspräche zudem den Grundsätzen des neu eingeführten Rechtsbeschwerdeverfahrens, gleichviel, ob man die Bindungsfreiheit auf nicht urteilsähnliche, sonstige Beschlüsse beschränkte oder gar jedweden zivilprozessualen Beschluss als abänderbar einschätzte. Wie bereits unter C IV 3 b dargestellt wurde, enthält das Rechtsbeschwerdeverfahren nämlich kein – den § 577 Abs. 3 ZPO a.F. (§ 540 Abs. 3 CPO) vergleichbares – Abhilfe- bzw. Abänderungsverbot. Die Abänderungsbefugnis der Vorinstanz endete im Falle der grundsätzlichen Abänderbarkeit des Beschlusses erst zum Zeitpunkt der Einlegung der Rechtsbeschwerde.

Daraus ergäbe sich ein unauflöslicher Konflikt mit den Grundsätzen des Rechtsbeschwerdeverfahrens, betrachtet man den vom Gesetzgeber avisierten

---

664 *Werner*, S. 151 ff; ebenso u.a. *Schmidt*, S. 171.

665 So lehnte der BGH die außerordentliche Beschwerde gegen ablehnende Prozesskostenhilfebeschlüsse regelmäßig ab und verwies die Beteiligten auf die innerinstanzielle Abhilfemöglichkeit, da solche Entscheidungen nicht in Rechtskraft erwüchsen, vgl. BGH, NJW 2002, S. 2179; NJW 1998, S. 82; BGH, NJW 1997, S. 3318; ähnlich *Zöller/Vollkommer*, § 329, Rn. 38; *Zöller/Philippi*, § 127, Rn. 43; *Gündner*, S. 42; *Schmidt*, S. 171.

666 Die Beschwerdefrist beträgt aber abweichend von § 569 Abs. 1 S. 1 ZPO nicht zwei Wochen, sondern gemäß § 127 Abs. 2 S. 3 ZPO n.F. einen Monat.

Charakter der Zulassungsentscheidung. Nach § 574 Abs. 1 Nr. 2 ZPO ist die Rechtsbeschwerde nur zulässig, wenn das Gericht „sie in *dem* Beschluss zugelassen hat". Wie im Falle der Berufungs- oder Revisionszulassung[667] stellt das Gesetz durch diese Formulierung klar, dass eine nachträgliche Entscheidung über die Zulassung respektive die Abänderung einer bereits getroffenen Zulassungsentscheidung ausgeschlossen sein soll. Der Gesetzgeber sanktioniert insoweit die hinsichtlich der Revisionszulassung gefestigte Rechtsprechung[668], welche eine ausdrückliche Zulassung der Revision verlangt bzw. das Fehlen eines Zulassungsausspruchs als Nichtzulassung wertet und in der Folge zur Unstatthaftigkeit der Revision kommt. Eine Ergänzung des Urteils nach § 321 ZPO scheide danach aus, da keine unterbliebene Entscheidung nachgeholt, sondern eine getroffene Entscheidung *entgegen § 318 ZPO* abgeändert würde.[669] Dass als Regelungsvorbild gerade die Unabänderlichkeit der Revisionszulassungsentscheidung diente, stellt der Gesetzgeber auch in der Gesetzesbegründung klar. So sei das Rechtsbeschwerdeverfahren „revisionsähnlich ausgestaltet",[670] die Zulassung „in *dem* Beschluss" auszusprechen und die Zulassungs- oder Nichtzulassungsentscheidung nicht angreifbar.[671] Sowohl der Gesetzeswortlaut als auch die Gesetzesbegründung sprechen damit gegen die Abänderlichkeit der Zulassungsentscheidung.[672]

Verknüpfte man die Innenbindung eines Beschlusses mit dessen Urteilsähnlichkeit, stünde dagegen die Entscheidung über die Zulassung der Rechtsbeschwerde regelmäßig unter dem Vorbehalt der Abänderung. Denn für die Beurteilung der streitentscheidenden Urteilsnatur ist es grundsätzlich irrelevant, ob ein erstinstanzlicher Beschluss eines Amts-, Landes-, Oberlandes-, oder eines Berufungsgerichts vorliegt oder etwa das Beschwerdegericht sachlich über die Beschwerde entscheidet.[673] Das eröffnete aber nicht nur die systemwidrige Möglichkeit der nachträglichen Zulassung der Rechtsbeschwerde,

---

667 § 511 Abs. 2 ZPO lautet: „Die Berufung ist nur zulässig, wenn 1. [...] oder 2. das Gericht des ersten Rechtszugs die Berufung *im Urteil* zugelassen hat.". Nach § 543 Abs. 1 ZPO findet eine Revision nur statt, „wenn sie 1. das Berufungsgericht *in dem Urteil* oder 2. das Revisionsgericht auf Beschwerde gegen die Nichtzulassung zugelassen hat." [textliche Hervorhebung stammt vom Autor].

668 So ausdrücklich BGH, NJW 1981, S. 2755 f., 2756; BGH, NJW 1980, S. 785 f.; BGHZ 44, 395 ff., 397; im Ergebnis ebenso *Musielak/Ball*, ZPO, § 543, Rn. 14 ff.; MünchKommZPO-*Wenzel*, § 546, Rn. 46 ff..

669 BGHZ 44, 395 ff., 397.

670 BT-Drucks. 14/4722, S. 69.

671 BT-Drucks. 14/4722, S. 116; anders als im Revisionsrecht (§ 544 ZPO) verzichtet hier der Gesetzgeber sogar auf die Möglichkeit der Nichtzulassungsbeschwerde.

672 Dass die Unabänderlichkeit der Zulassungsentscheidung im Interesse der Rechtsmittelklarheit schlechterdings notwendig ist, soll hier nur angedeutet werden, vgl. hierzu BGH, NJW 1981, S. 2755 f., 2756.

673 Vgl. Ausführungen unter C V 1.

also die Abänderung der Nichtzulassungsentscheidung, sondern insbesondere auch die *Abänderbarkeit der Zulassungsentscheidung*. Erst mit der tatsächlichen Einlegung der Rechtsbeschwerde beim iudex ad quem (§ 575 Abs. 1 S. 1 ZPO) endete kraft der devolvierenden Wirkung des Rechtsmittels die Abänderungsmöglichkeit der Vorinstanz.[674] Bis zu diesem Zeitpunkt vermöchte das Gericht aber die Zulassung der Rechtsbeschwerde wieder aufzuheben.

Dieses Dilemma lässt sich auch nicht dadurch auflösen, dass die einheitliche Entscheidung gedanklich in eine abänderliche Hauptentscheidung, also den nicht-streitentscheidenden Beschluss, und in eine bindende Nebenentscheidung über die Zulassung aufgespaltet würde. Gleichwohl konstatiert *Lipp*[675], dass die Zulassung in dem angefochtenen Beschluss enthalten sein müsse und eine nachträgliche Zulassung deshalb – auch im Falle der Fehlerhaftigkeit der Nichtzulassung – ausgeschlossen sei. Im Unklaren bleibt dabei, woraus sich diese Unabänderlichkeit ergeben soll, wenn man, wie *Lipp*, von der grundsätzlichen Abänderbarkeit gerichtlicher Beschlüsse ausgeht.[676] Dabei wird augenscheinlich übersehen, dass die Bindung einer *Zulassungsentscheidung im Urteilsverfahren* (§§ 543 Abs. 1 Nr. 2, 511 Abs. 2 Nr. 2 ZPO) auf der innerprozessualen Bindungswirkung gemäß § 318 ZPO (i.V.m. § 555 Abs. 1 ZPO) beruht und damit letztlich *an der Innenbindung des Urteils teilhat*[677], ohne eine originäre Bindungswirkung unabhängig von der Entscheidungsform zu zeitigen. Damit bleibt festzuhalten, dass das Kriterium der Urteilsähnlichkeit als Maßstab der Innenbindung vielfach zur Abänderlichkeit der Zulassungs- bzw. Nichtzulassungsentscheidung führte und aus diesem Grunde der Vorstellung des Gesetzgebers vom neu eingeführten Rechtsbeschwerdeverfahren zuwiderlief. Betrachtete man dagegen die Abhilfe einer zulässigen und begründeten Beschwerde gemäß § 572 Abs. 1 ZPO als abschließende Regelung der Abänderbarkeit zivilprozessualer Beschlüsse, fügte sich das Verfahren der Rechtsbeschwerde, in concreto die Unabänderlichkeit der Zulassungsentscheidung, ohne Friktionen in das System bindender Gerichtsentscheidungen ein.

### 4. Ergebnis

Der Gesetzgeber beabsichtigt mit der Novellierung des Beschwerderechts die Bestandskraft zivilprozessualer Beschlüsse im Vergleich zur überkommenen

---

674 Vgl. Ausführungen unter C IV 3 b und C I 2 d β. Die in § 574 Abs. 3 S. 2 ZPO angeordnete Bindung des Rechtsbeschwerdegerichts will hierbei lediglich die Annahmeprüfung durch den iudex ad quem ausschließen, sagt aber – für sich gesehen – nichts über die Selbstbindung der Vorinstanz aus.

675 MünchKommZPO/Aktualisierungsbd.-*Lipp*, § 574, Rn. 10.

676 MünchKommZPO/Aktualisierungsbd.-*Lipp*, vor § 567, Rn. 9 ff..

677 BGHZ 44, 395 ff., 397; MünchKommZPO/Aktualisierungsbd.-*Wenzel*, § 543, Rn. 26.

Rechtslage zu stärken. Insbesondere die generelle Befristung soll dabei nach der Vorstellung des Gesetzgebers für einen endgültigen und bindenden Abschluss des Verfahrens sorgen. Die Idee, urteilsähnliche Beschlüsse von den sonstigen Beschlüssen zu scheiden, um auf diese Weise den Kreis bindender Beschlüsse bestimmen zu können, ist mit der Intention, auch in den Nebenverfahren die Rechtsfrage definitiv zu klären, nicht in Einklang zu bringen.

Um gleichwohl dem erkennenden Gericht eine prozessökonomische Möglichkeit der Selbstkorrektur an die Hand zu geben, schuf der Gesetzgeber § 572 Abs. 1 S. 1 ZPO. Der iudex a quo wird dadurch in Stand gesetzt, einer sofortigen Beschwerde abzuhelfen. § 572 Abs. 1 S. 1 ZPO konstituiert eine Abänderungsmöglichkeit aber ausschließlich *im* Beschwerdeverfahren. Um die normative Grenzlinie zur Bindungswirkung formell rechtskräftiger Beschlüsse nicht aufzuheben, eröffnet § 572 Abs. 1 S. 1 ZPO die Abhilfebefugnis nur, soweit das Gericht einer zulässigen und begründeten Beschwerde abhilft.[678] Nimmt man den Ausnahmefall einer Verfahrensgrundrechtsverletzung aus, ist § 572 Abs. 1 S. 1 ZPO deshalb als abschließende Regelung der Abänderbarkeit anfechtbarer Beschlüsse anzusehen.[679] Für eine analoge Anwendung des § 318 ZPO auf urteilsähnliche Beschlüsse fehlt damit die erforderliche gesetzliche Regelungslücke.[680]

---

678 LAG Frankfurt, 2. Kammer, Beschluss vom 14. August 2002, Az. 2 Ta 404/02. Im Ergebnis wohl ebenso *Musielak*, § 329, Rn. 15. Sprach sich dieser nämlich in der Vorauflage seines Kommentars unter Verweis auf die Abhilferegelung des § 571 ZPO a.F. noch für die Abänderung außerhalb des Beschwerdeverfahrens aus (*Musielak*, 2. Aufl., § 329; Rn. 13 ff.), meint er dazu nun: „Für diese Auffassung sprach, dass solchen Beschlüssen regelmäßig ein geringeres prozessuales Gewicht zukam und dass deshalb nicht aus Gründen der Rechtssicherheit an ihnen trotz Mängeln festgehalten werden musste. Da eine Unterscheidung bei den durch § 572 Abs. 1 S. 1 erfassten Entscheidungen nach ihrer prozessualer Bedeutung nicht möglich ist, muss im Interesse des Vertrauens der betroffenen Partei auf den Bestand der vom Gericht erlassenen Entscheidung die Abänderung davon abhängig gemacht werden, dass der Beschluss angefochten wird." Dass dieser Begrenzung auf die Abänderbarkeit innerhalb des Beschwerdeverfahrens und der dadurch erzielten Rechtssicherheit die Möglichkeit der Abhilfe unzulässiger, weil unstatthafter oder verfristeter Beschwerden völlig zuwiderliefe, liegt auf der Hand.

679 Unberührt bleiben die gesetzlichen Ausnahmebestimmungen, z.B. §§ 124, 150, 381 Abs. 1 S. 3, 620 b, 721 b Abs. 3 ZPO.

680 Hätte der Gesetzgeber gewollt, dass das Problem der Innenbindung von Beschlüssen mit Hilfe einer analogen Anwendung des § 318 ZPO gelöst würde, hätte er sich zudem bei der Begründung des *§ 572 Abs. 1 S. 2 ZPO* dazu geäußert, inwieweit auch eine *analoge Anwendung des § 318 ZPO* die Möglichkeit der Abhilfe versperrte, vgl. BT-Drucks. 14/4722, S. 115.

# D. Die materielle Rechtskraft

## I. Die materielle Rechtskraft im Urteilsverfahren

Wie bereits unter C I 2 b dargestellt wurde, schützt die materielle Rechtskraft die Maßgeblichkeit des Entscheidungsinhaltes eines Urteils, in dem sie dem Richter im neuen Verfahren die Möglichkeit abschneidet, eine widersprechende Entscheidung zu erlassen. Lange Zeit war dabei umstritten, wie diese Bindungswirkung dogmatisch einzuordnen bzw. zu erklären ist. Nach der materiellrechtlichen Rechtskrafttheorie wirke ein rechtskräftiges Urteil unmittelbar auf die materielle Rechtslage ein. Eine Divergenz zwischen der im Urteil festgestellten und der wahren Rechtslage sei deshalb ausgeschlossen, da ein richtiges Urteil einen zusätzlichen Tatbestand für die ausgesprochene Rechtsfolge schaffe, ein unrichtiges Urteil dagegen die materielle Rechtslage entsprechend verändere. Ein zu Unrecht aberkannter Anspruch erlösche, ein fälschlich zuerkannter gelange zur Entstehung.[681] Ein derartiges Verständnis der Rechtskraftwirkung korreliert mit der römischrechtlichen Vorstellung von der prätorianischen Streiteinsetzung (*litis contestatio*), welche die erhobene formale Prozesshandlung (*actio*) konsumierte, indem sie das zugrundeliegende Rechtsverhältnis (*obligatio*) umformte und die *actio* dadurch rechtsgrundlos werden ließ.[682] Ohne einer derartigen materiellrechtlichen Novationswirkung rechtskräftiger Urteile das Wort zu reden, schafft etwa *Pohle* eine zumindest faktische Konformität zwischen wahrer und festgestellter Rechtslage, indem er einem rechtskräftigen Urteil die Wirkung einer *unwiderleglichen* Vermutung für die Richtigkeit des Rechtsfolgenausspruchs zumisst.[683] Dagegen spricht die – mittlerweile nahezu einhellig vertretene – prozessuale Rechtskrafttheorie dem rechtskräftigen Urteil jeglichen Einfluss auf die materielle Rechtslage ab.[684] Auch danach vermag sich aber ein Pro-

---

681 Umfangreiche Rechtsprechungs- und Literaturnachweise zur materiellen Rechtskrafttheorie finden sich bei MünchKommZPO-*Gottwald*, § 322, Rn. 7; *Stein/Jonas/Leipold*, 21. Aufl., § 322, Rn. 23; als Vertreter dieser Ansicht sind insbesondere *Pagenstecher*, S. 302 ff., derselbe, ZZP 37 (1908), S. 1 ff.; *Kohler*, S. 64 ff.; *Wach*, S. 133 f.; vgl. auch die Rechtsprechung des Reichsgerichts RGZ 46, 334, 336, 71, 309, 311, 78, 390, 395.

682 *Reischl*, S. 10 ff., 170 f.. Soweit keine *actiones in personam* und damit keine obligatio dem Streitverhältnis zugrunde lag (z.B. im Falle von *actiones in rem*), ging der Beklagtenschutz durch die Novation jedoch ins Leere. In diesen Fällen stand dem Beklagten deshalb die *exceptio rei iudicatae vel in iudicium deductae* zur Seite, vgl. *Reischl*, S. 18 f..

683 *Pohle*, GS für *Calamandrei* (1958), S. 377 ff.; *Blomeyer*, JR 1968, S. 407 ff., 409.

684 *Hellwig*, § 229, S. 777 ff.; *Rosenberg/Schwab/Gottwald*, § 151 III 2, S. 915 ff.; BGHZ 3, 82, 86, 36, 365, 367; zuweilen finden sich aber auch heute noch Entscheidungen, in denen das Urteil etwa als Rechtsgrund einer Leistung angesehen wird, vgl. hierzu *Braun*, S. 7, Fn. 32; BAG, NJW 1980, S. 141 ff., 143; OLG Koblenz, NJW-RR 1987, S. 391 f.; vgl. auch BGH, NJW 2000, S. 590 f., wonach bei Eintritt der materiellen

zessbeteiligter nicht erfolgreich auf die vom Urteilsausspruch abweichende materielle Rechtslage zu berufen, da es dem Richter verwehrt sei, über die festgestellte Rechtsfolge erneut zu verhandeln und zu entscheiden („ne bis in idem“).[685] Nach Auffassung der ursprünglichen prozessualen Rechtskrafttheorie, der sogenannten Bindungstheorie, sei dem Gericht lediglich eine abweichende Entscheidung verboten; bei einem entsprechenden Rechtsschutzinteresse wäre die Wiederholung der Klage dagegen zuzulassen. Die Rechtskraft stelle gerade kein Prozesshindernis dar.[686]

Zuvörderst ist darauf hinzuweisen, dass die Vehemenz und die Dauer des Theorienstreits in keinem Verhältnis zu seiner praktischen Bedeutung stehen,[687] führen die verschiedenen Meinungen doch im Wesentlichen zu gleichen Ergebnissen. Dabei ist insbesondere der Einwand zurückzuweisen, dass sich die Geltung eines Urteils auf Grundlage der materiellen Rechtskrafttheorie nicht auf die Prozessbeteiligten beschränken ließe, sondern wegen des rechtsschöpfenden Charakters der Entscheidung eine *inter omnes* Wirkung indiziert sei. *Leipold*[688] weist zutreffend darauf hin, dass der Auswirkung der Rechtskraft auf das materielle Recht – anders als eine generell-abstrakte Rechtsnorm – eine subjektive Beschränkung zu eigen sei, welche nicht über das vom Prozessverhältnis vorgegebene Rechtsverhältnis hinausgreife. Weiterhin wurde der materiellen Rechtskrafttheorie zu Unrecht vorgeworfen, dass sie die Rechtskraft von Prozessurteilen nicht plausibel zu begründen vermöge. Wiederum mit *Leipold* ist davon auszugehen, dass das Einwirkungsobjekt der Rechtskraft, das materielle Recht, im Sinne „des Rechts der Materie“ zu verstehen sei, also im Falle eines Prozessurteils das Prozessrecht.[689] Bei einem unrichtigen Prozessurteil würde insoweit auf die Rechtsbeziehung der Prozessbeteiligten unmittelbar ändernd eingewirkt, als den Prozessbeteiligten das (prozessuale) Recht aberkannt wird, mit der erhobenen Klage ein Sachurteil über den behaupteten sachlichen Anspruch herbeizuführen. Gleichwohl bleibt an der materiellrechtlichen Rechtskrafttheorie zu kritisieren, dass es für den Schutz des Entscheidungsinhalts des Urteils nicht notwendig ist, dem Prozessrechtsinstitut der Rechtskraft eine materiellrechtliche Gestaltungswirkung

---

Rechtskraft eines klageabweisenden Urteils „der vollständige und nicht nur ‚bloß vorläufige‘ Verlust der Forderung“ drohe.

685 Statt vieler *Rosenberg/Schwab/Gottwald*, a.a.O.; *Baumbach/Lauterbach/Hartmann*, vor § 322, Rn. 12; *Musielak*, § 322, Rn. 5; *Zöller/Vollkommer*, vor § 322, Rn. 19.

686 *Hellwig*, §229, S. 777 ff..

687 MünchKommZPO-*Gottwald*, § 322, Rn. 12; *Stein/Jonas/Leipold*, 21. Aufl., § 322, Rn. 26; *Braun* sieht den Theorienstreit sich gar um eine rein terminologische Frage ranken, S. 7.

688 *Stein/Jonas/Leipold*, 21. Aufl., § 322, Rn. 26; vgl. auch *Reischl*, S. 172.

689 A.a.O..

zu oktroyieren.[690] Auch der Rückgriff auf die überkommene Rechtslage im Falle der Wiederaufnahme oder einer erfolgreichen rechtskraftüberwindenden Schadensersatzklage nach § 826 BGB lässt sich mit der prozessualen Rechtskrafttheorie schlüssiger erklären. Schließlich verbleiben auch insofern Bedenken gegen die materielle Rechtskrafttheorie, als die von ihr verfochtene rechtsschöpfende Tätigkeit des Richters letztlich gegen den Gewaltenteilungsgrundsatz verstieße.[691] Angesichts dieser Friktion ist in Kauf zu nehmen, dass das prozessuale Verständnis der Rechtskraft die Parteien mit einer Art doppelten Rechtsordnung, der richtigen und der faktischen, leben lässt.[692] Dagegen geht der Einwand, die Bindung der Parteien an das Urteil ergebe sich nach der prozessualen Rechtskrafttheorie erst über die Bindung des Folgerichters, gleichsam als Reflexwirkung, ins Leere, wenn man mit *Gottwald* davon ausgeht, dass die Rechtskraft die Parteien unmittelbar erfasst.[693] Schließlich zeitigt die materielle Rechtskraft nicht nur eine Bindung, welche dem Gericht lediglich verböte, in einem neuen Prozess abweichend zu entscheiden, sondern es gilt sowohl für die Parteien als auch das Gericht im Folgeprozess ein striktes „ne bis in idem". Wird die gleiche Klage bei unverändertem Lebenssachverhalt erneut erhoben, so ist sie aufgrund der Streitgegenstandsidentität mit rechtskräftig abgewiesener Klage als unzulässig zurückzuweisen. Die Rechtskraft ist insoweit als negative Prozessvoraussetzung anzusehen. Bildet dagegen die rechtskräftig ausgesprochene Rechtsfolge nur einen Teil der richterlichen Rechtsfindung im neuen Verfahren, so ist die neue Klage freilich nicht aufgrund entgegenstehender Rechtskraft als unzulässig abzuweisen, sondern es ist dem Gericht nach Maßgabe des ne-bis-in-idem-Grundsatzes verboten, über die rechtskräftige präjudizielle Vorfrage erneut zu verhandeln bzw. zu entscheiden.[694]

## II. Die materielle Rechtskraft zivilprozessualer Beschlüsse

Erst mit Anerkennung der prozessualen Rechtskrafttheorie[695] avancierte die Überzeugung, dass Beschlüsse der materiellen Rechtskraft fähig sind, zur

---

690 *Reischl*, S. 174; *Fraga Novelle*, S. 73; *Werner*, S. 30; *Baumbach/Lauterbach/Hartmann*, vor § 322, Rn. 9.

691 Vgl. *Rosenberg/Schwab*, 13. Aufl., § 152 III 1, S. 927 f.; *Werner*, S. 27.

692 MünchKommZPO-*Gottwald*, § 322, Rn. 12.

693 *Rosenberg/Schwab/Gottwald*, § 151 II 3, S. 916; MünchKommZPO-*Gottwald*, § 322, Rn. 14.

694 Siehe zu alledem MünchKommZPO-*Gottwald*, § 322, Rn. 6 ff., 10 f..

695 So maßen frühe Verfechter der materiellen Rechtskrafttheorie einer gerichtlichen Entscheidung nur dann materielle Rechtskraft bei, soweit sie über materiellrechtliche Ansprüche befanden (arg. verb. § 322 ZPO), vgl. etwa *Wilmowski/Levy*, § 293, Anm. 2.; *Kleinfeller*, FS für *Wach* (1913), S. 375. Dieser These folgend wurde nicht nur die materielle Rechtskraft von Prozessurteilen abgelehnt, sondern auch die Rechtskraftfähigkeit von Beschlüssen grundsätzlich bestritten, *Kleinfeller*, S. 236; weitere Nachweise bei *Pieper*, S. 80.

herrschenden Meinung in der zivilprozessualen Literatur[696] und Rechtsprechung[697]. Trotz dieses einhelligen Ausgangspunktes weichen die einzelnen Auffassungen über die Voraussetzungen der Rechtskraftfähigkeit zum Teil deutlich voneinander ab. Bevor sich der Problematik der materiellen Rechtskraft einzelner Beschlüsse zugewandt wird, sollen diese verschiedenen Lösungsansätze zunächst allgemein dargestellt werden.

1. Innenbindung und formelle Rechtskraft als Voraussetzungen der materiellen Rechtskraft

Einigkeit besteht noch über die Grundvoraussetzungen der materiellen Rechtskraft. Selbstverständlich erscheint dabei die Forderung, dass der Beschluss formell rechtskräftig sein muss. Solange der formale Bestand einer Entscheidung unter dem Vorbehalt steht, dass die Prozessbeteiligten von ihrer Anfechtungsmöglichkeit Gebrauch machen und aus diesem Grunde eine Abänderung durch den iudex ad quem droht, macht es keinen Sinn, dem Beschluss in einem anderen Verfahren bindende Wirkung beizumessen. Wie im Urteilsverfahren vermag deshalb auch im Beschlussverfahren nur eine formell rechtskräftige Entscheidung materielle Rechtskraft zu zeitigen. Darüber hinaus dürfte außer Zweifel stehen, dass der materiellen Rechtskraft jedweder gerichtlicher Entscheidung die Bindungswirkung im innerprozessualen Bereich voranzugehen hat. Denn anderenfalls dräue der außerprozessualen Bindungswirkung stets durch eine Entscheidungsabänderung seitens des erkennenden Gerichts der Boden entzogen zu werden. Ist aber ein Beschluss nicht einmal im laufenden Verfahren für das erlassende Gericht bindend, kann von seinem Entscheidungsinhalt erst recht keine Maßgeblichkeit für andere Verfahren ausgehen.[698] Zumindest im Urteilsverfahren erscheint es gleichwohl obsolet, die Innenbindung in den üblichen Prüfungskanon materieller Rechtskraft aufzunehmen,[699] da ein Urteil bei Eintritt formeller Rechtskraft ipso iure (§ 318 ZPO) unabänderlich ist.[700] Die materielle Rechtskraft eines *Beschlusses* setzt damit neben der formellen Rechtskraft auch die innerprozessuale Bindungswirkung der Entscheidung voraus.

---

696 MünchKommZPO-*Gottwald*, § 322, Rn. 28 ff.; *Zöller/Vollkommer*, § 329, Rn. 42; *Stein/Jonas/Leipold*, 21. Aufl., § 322 , Rn. 60; *Stein/Jonas/Roth*, 21. Aufl., § 329, Rn. 21; *Baumbach/Lauterbach/Hartmann*, § 329, Rn. 21; *Blomeyer*, S. 136 ff.; *Werner*, S. 84 ff.; *Fraga Novelle*, S. 74 ff.; *Peters*, FS für *Geimer* (2002), S. 811 ff; *Gündner*, S. 22 ff.

697 BGH, NJW 1981, S. 1962; BGH, NJW 1985, S. 1336.

698 Zu diesem a maiore ad minus Argument vgl. schon *Hauck*, S. 32, *Pieper*, S. 91.

699 Insoweit konsequent MünchKommZPO-*Gottwald*, § 322, Rn. 24 ff..

700 *Werner* (S. 32) entnimmt diesem „Automatismus, daß kein Urteil formell rechtskräftig wird, das nicht der Innenbindung unterliegt", eine Interdependenz zwischen Unanfechtbarkeit und Unabänderlichkeit, die auch im Beschlussverfahren zu beachten sei, vgl. auch *Schmidt*, S. 67.

### 2. Die Rechtskraftfähigkeit des Beschlussinhalts

Fernerhin wird nicht nur bei der Frage der innerprozessualen Innenbindung, sondern auch im Rahmen der Diskussion um die materielle Rechtskraft gerichtlicher Beschlüsse vertreten, dass die Qualität des konkreten Entscheidungsinhalts für die Rechtskraftfähigkeit eines Beschlusses entscheidend sei. Soweit Beschlüsse in formelle Rechtskraft erwüchsen und inhaltlich eine rechtskraftfähige Entscheidung bärgen, seien sie der materiellen Rechtskraft zugänglich und deshalb eine analoge Anwendung des § 322 ZPO grundsätzlich zu befürworten.[701] Zum Teil wird auch insofern die „Urteilsähnlichkeit" einer Entscheidung postuliert.[702] Wie bereits im Rahmen der Untersuchung der Innenbindung[703] dargelegt, liegt darin jedoch nur dann ein plausibles und zugleich distinktives Abgrenzungskriterium, soweit auf die streitentscheidende und damit urteilsähnliche Funktion eines Beschlusses abgestellt wird. Rechtskraftfähigen Inhalts wären danach nur Beschlüsse, die entweder unmittelbar die materielle Rechtskraft eines streitentscheidenden Urteils bewirkten oder selbst über Ansprüche im Verhältnis der Beteiligten entschieden.[704] Klarstellend sei erneut bemerkt, dass vorliegende Ansicht zwar den Begriff des Streites materiellrechtlich interpretiert, aber keineswegs die Wirkung der Rechtskraft im materiellen Recht zu finden glaubt und es damit den ursprünglichen Vertretern der materiellen Rechtskrafttheorie gleichtäte.[705] Unberechtigt sind desgleichen die Bedenken, dass der „Anspruch" im Sinne von § 322 ZPO nicht mit dem „Anspruch" im Sinne des § 194 BGB gleichzusetzen sei, sondern im rein prozessualen Sinne als Streitgegenstand verstanden werden müsse.[706] Dieser Einwand moniert letztlich, dass die Frage der Bindungswirkung mit Hilfe einer *materiellen Untersuchung des Streitgegenstandes* beantwortet werde, obgleich im Urteilsverfahren gemeinhin anerkannt sei, dass ein positivistischer Ansatz zur Bestimmung der Grenzen des sachlichen Streitgegenstands nicht tauge. Dem ist entgegenzuhalten, dass es dort um den Umfang der materiellen Rechtskraft geht, hier jedoch das „Ob" der Bestandskraft einer Entscheidung im Vordergrund steht und insoweit der Gegenstand der Streitentscheidung unter einem völlig anderen Blickwinkel zu betrachten ist. Im Übrigen ist zu erinnern, dass auch der Bundesgerichtshof trotz des zweigliedrigen prozessualen Streitgegenstandsbegriffs nicht ausschließlich mit dem Klageantrag und dem – mit Hilfe des Maßstabs der Verkehrsauffas-

---

701 MünchKommZPO-*Gottwald*, § 322, Rn. 28; *Stein/Jonas/Roth*, 21. Aufl., § 329, Rn. 21; *Stein/Jonas/Leipold*, 21. Aufl., § 322, Rn. 60.

702 *Baumbach/Lauterbach/Hartmann*, § 329, Rn. 21; *Peters*, Festschrift für *Geimer* (2002), S. 811 ff., 814, 819.

703 Vgl. Ausführungen unter C V 3 b δ a.E..

704 A.a.O..

705 Darauf wurde bereits unter C V 3 b δ hingewiesen.

706 Vgl. etwa *Fraga Novelle*, S. 78.

sung zu komplettierenden – vorgebrachten Lebenssachverhalt auskommt, sondern die Relevanz und Dazugehörigkeit einzelner Tatsachen tatsächlich auch unter Zuhilfenahme eines normativen Maßstabs beurteilt.[707]

Nicht streitentscheidend und damit der materiellen Rechtskraft nicht fähig wären nach vorliegender Ansicht Beschlüsse im Aussetzungsverfahren, im Zwangsvollstreckungsverfahren, im Verfahren über den Arrest und die einstweilige Verfügung oder etwa im Richterablehnungsverfahren. Einen rechtskraftfähigen Inhalt hätten dagegen urteilsvertretende Beschlüsse, welche ein Rechtsmittel oder einen Rechtsbehelf als unzulässig verwerfen oder als unbegründet zurückweisen und damit die materielle Rechtskraft eines Urteils bewirken.[708] Über Ansprüche zwischen den Beteiligten entscheiden sonach: Kostengrundbeschlüsse nach Erledigung der Hauptsache (§ 91 a ZPO), Beschwerdeentscheidungen nach Anfechtung der Kostenentscheidung eines Anerkenntnisurteils (§ 99 Abs. 1 ZPO), die Kostenentscheidung nach Klagerücknahme (§ 269 Abs. 3 S. 3 ZPO), der Kostenfestsetzungsbeschluss gemäß § 104 Abs. 1 ZPO, der Vollstreckungsbescheid (§§ 700 Abs. 1, 688 Abs. 1 ZPO) und Schiedssprüche (§ 1030 ZPO).[709] Soweit Beschlüsse das urteilstypische Spezifikum der Streitentscheidung nicht teilten, wäre diesen Beschlüssen keine (inner- und) außerprozessuale Bindungswirkung zueigen. Um dabei der drohenden dilatorischen Wirkung wiederholender Anträge effektiv entgegenwirken zu können, wird von den Verfechtern des Urteilsähnlichkeitskriteriums zuweilen empfohlen, auf die Lehre vom Rechtsschutzbedürfnis zurückzugreifen.[710]

### 3. Das Bedürfnis nach Rechtskraft

Dagegen meint *Blomeyer*, dass materielle Rechtskraft schon dort einkehre, wo ein entsprechendes Bedürfnis nach einer endgültigen Entscheidung bestehe.[711] Gegenstand seiner Untersuchung ist dabei die Erinnerungsentscheidung in der Mobiliarzwangsvollstreckung, die er entsprechend seiner Prämisse daraufhin untersucht, ob sie trotz ihrer bestimmungsgemäß vorübergehenden Geltung mit dem Bedürfnis verbunden sei, in der bestimmten Zeitspanne bis zur Beendigung der Zwangsvollstreckung den Streit über die Zulässigkeit der

---

707 Ausführlich dazu *Reischl*, S. 211 ff..

708 MünchKommZPO-*Gottwald*, § 322, Rn. 28; die materielle Rechtskraft eines Urteils bewirken der formell rechtskräftige Verwerfungsbeschluss des Berufungsgerichts nach § 522 Abs. 1 ZPO, der Zurückweisungsbeschluss des Berufungsgerichts gemäß § 522 Abs. 2 ZPO, der Beschluss des Revisionsgerichts auf eine Nichtzulassungsbeschwerde (§ 544 ZPO) hin, die Revisionsverwerfung durch Beschluss (§ 552 Abs. 1, 2 ZPO), der Berichtigungsbeschluss gemäß § 319 ZPO, der Beschluss gemäß § 321 a Abs. 4 S. 4 ZPO auf eine Anhörungsrüge hin.

709 MünchKommZPO-*Gottwald*, § 322, Rn. 30.

710 *Peters*, Festschrift für *Geimer* (2002), S. 811, 816.

711 *Blomeyer*, S. 136 ff..

Zwangsvollstreckung endgültig zu beenden. Dabei sei materielle Rechtskraft bereits dann geboten, wenn die dauernde Wiederholung desselben Begehrens Rechtsunfrieden zu stiften drohe oder die Gefahr divergierender Entscheidungen nicht auszuschließen sei.[712] Ähnlich argumentiert *Schmidt*, der die Notwendigkeit für den Eintritt materieller Rechtskraft eines formell rechtskräftigen und unabänderlichen Beschlusses nur bei einem entsprechenden Bedürfnis nach Rechtssicherheit, Rechtsfrieden und der Erhaltung der Rechtsposition des einzelnen bejaht.[713] Dagegen befürworten *Hauck* und *Kleinfeller* ein Bedürfnis nach materieller Rechtskraft schon dann, wenn die gerichtliche Entscheidung in einem späteren Verfahren erneut zur Entscheidung stehen kann.[714]

### 4. Der Wirkungsraum als Voraussetzung der Einkehr materieller Rechtskraft

Nach der wohl herrschenden Meinung in der Literatur würde ein formell rechtskräftiger und bindender Beschluss bereits dann materiell rechtskräftig, soweit ein entsprechender außerprozessualer Wirkungsraum vorhanden wäre.[715] Über das jeweilige Verfahren wirke eine Entscheidung hinaus, wenn die Möglichkeit bestehe, dass der bereits entschiedene Streit nochmals zum Gegenstand eines Verfahrens gemacht werde. Dies sei immer dann der Fall, wenn es der beschwerten Partei grundsätzlich offen stünde, durch einen neuen Antrag den gleichen Sachverhalt nochmals einem Gericht zur Entscheidung zu unterbreiten.[716]

### 5. Stellungnahme

Die vorgenannten Ansichten lassen sich nur dann auf ihre Sinnhaltigkeit hin überprüfen, wenn man sich die Heterogenität vergegenwärtigt, welche die Problematik der materiellen Rechtskraft von Beschlüssen kennzeichnet. Zunächst stellt sich dabei die grundsätzliche Frage nach dem denkbaren *Anwendungsbereich materieller Rechtskraft eines Beschlusses.* Zu diesem Zwecke

---

712 S. 140 f..

713 S. 97 f.. Diese Ansicht lässt sich nicht mit seiner ausführlich begründeten Konklusion, „daß jede Entscheidung, die unabänderlich und formell rechtskräftig ist – soweit ein Wirkbereich vorhanden ist – auch materiell rechtskräftig wird“ (S. 73), vereinbaren; auf diesen Widerspruch weisen auch *Werner* (S. 90 f., Fn. 198) und *Fraga Novelle* (S. 79, Fn. 390) hin.

714 *Hauck*, S. 74; *Kleinfeller*, S. 397; ausführlich dazu *Werner*, S. 88 ff..

715 Zuletzt *Fraga Novelle*, S. 80; *Werner*, S. 92 f.; *Rosenberg/Schwab/Gottwald*, § 152 I, S. 919. Nach *Pieper* stellt die außerprozessuale „Wirkungsmöglichkeit“ dagegen eine notwendige, aber nicht hinreichende Voraussetzung der materiellen Rechtskraft eines unanfechtbaren und unabänderlichen Beschlusses dar; daneben sei eine urteilsähnliche Ausgestaltung des Beschlussverfahrens notwendig, die eine erschöpfende Sachverhaltsaufklärung garantiere, S. 97. Nur dann, bei einer entsprechenden Richtigkeitsgewähr, sei die Endgültigkeit einer Entscheidung gerechtfertigt.

716 *Werner*, S. 96.

ist es insbesondere erforderlich, Wirkungsbereich und Wirkung der materiellen Rechtskraft gegenüber der innerprozessualen Bindungswirkung abzugrenzen. Dabei kann auf die Definition der unterschiedlichen Verfahrensräume im Beschlussverfahren zurückgegriffen werden. Sodann ist sich dem eigentlichen Problem der *Rechtskraftfähigkeit eines Beschlusses* zuzuwenden. Hierbei ist zu untersuchen, welche Voraussetzungen ein Beschluss neben seiner formellen Rechtskraft und der innerprozessualen Bindungswirkung weiterhin zu erfüllen hat, um materielle Rechtskraft zeitigen zu können.

a) Das Erfordernis eines Wirkungsraumes

In Rahmen dieser zwiegespaltenen Betrachtung beschreibt das „Vorhandensein eines Wirkungsraumes“[717] weniger eine Voraussetzung der Rechtskraftfähigkeit eines Beschlusses als vielmehr die Frage der Abgrenzung des inner- und außerprozessualen Verfahrensraums einer erlassenen Entscheidung. Diese verschiedenen Verfahrensbereiche eines Beschlusses wurden schon unter C I 2 b β voneinander geschieden. Dabei war zu konstatieren, dass – in Analogie zum verfahrenseröffnenden Klageantrag im Urteilsverfahren – die gesetzlich vorgeschriebenen Beteiligtenanträge im Sinne des § 567 Abs. 1 Nr. 2 ZPO eine rechtssichere Definition des verfahrensrechtlichen Innen- bzw. Außenbereichs eines Beschlusses ermöglichen. Ermangelt es in Einzelfällen an derartigen Verfahrensanträgen, entfalten die entsprechenden Beschlüsse keinen eigenen außerprozessualen Wirkungsraum. So gehen etwa Rechtsmittelentscheidungen, welche in Beschlussform ergehen, völlig im innerprozessualen Verfahrensraum des angefochtenen Urteils oder Beschlusses auf.[718] Aus diesem Grunde ist für die Zulässigkeit der Wiederholung eines als unzulässig verworfenen Rechtsmittels die Innenbindung und nicht die materielle Rechtskraft der Verwerfungsentscheidung maßgebend. Ähnlich verhält es sich bei von Amts wegen ergehenden gerichtlichen Beschlüssen, deren Erlass nicht von entsprechenden verfahrenseröffnenden Beteiligtenanträgen abhängt. Ein eigener außerprozessualer Verfahrensbereich ist auch hier abzulehnen. In ihrer Wirkung unterscheidet sich inner- und außerprozessuale Bindungswirkung nur in Anbetracht eines neuen Streitgegenstandes. Anders als die materielle Rechtskraft unterliegt die Innenbindung nicht den zeitlichen Grenzen des Streitgegenstandes.[719] Trotz einer nachträglichen Änderung des entscheidungserheblichen Sachverhalts ist es dem iudex a quo grundsätzlich untersagt, seinen bindenden Beschluss abzuändern. Der Beteiligte kann statt-

717 *Werner*, S. 98.

718 Das gilt sowohl im Falle der Anfechtung eines Urteils, also für die Verwerfung oder Zurückweisung der Berufung (§ 522 Abs. 1, 2 ZPO) oder der Nichtzulassungsbeschwerde (§ 544 ZPO), als auch nach einer Anfechtung eines Beschlusses für Beschwerdeentscheidungen.

719 Vgl. Ausführungen unter C I 2 b γ.

dessen bei der Ausgangsinstanz einen neuen Antrag stellen. Das Gericht des neuen Verfahrens wäre an einem abweichenden Beschluss nicht gehindert, da sich die materielle Rechtskraft der Erstentscheidung nicht auf den neuen Streitgegenstand bezöge. Diese typische Eigenart der Innenbindung, die innerprozessuale Bestandskraft unabhängig vom Auftreten entscheidungserheblicher Neutatsachen durch ein rigides Abweichungs- und Abänderungsverbot zu schützen, gilt für Endurteile ausnahmslos[720] und ist im Beschlussverfahren zumindest in den Fällen eines gesetzlich vorgeschriebenen, klageähnlichen Beteiligtenantrags[721] zu beachten. Ausnahmen von diesem Grundsatz sind nur zuzulassen, soweit einem Beschluss mangels notwendigen Verfahrensantrags kein außerprozessualer Verfahrensraum zu eigen ist und etwaige Neutatsachen denklogisch ausschließlich im gleichen Verfahren geltend gemacht werden können.[722] Nach alledem besteht ein denkbarer Wirkungsbereich für die materielle Rechtskraft eines Beschlusses dann, wenn die Beteiligten bezüglich des gleichen Prozessgegenstandes mit Hilfe eines neuen Antrags ein neues Verfahren eröffnen könnten. Das vielfach postulierte Erfordernis eines Wirkungsraumes für die materielle Rechtskraft geht dabei in der Abgrenzung zwischen inner- und außerprozessualem Verfahrensbereich eines Beschlusses auf. Eine eigenständige Voraussetzung der Rechtskraftfähigkeit von Beschlüssen liegt darin nicht. Das Gericht des Folgeverfahrens ist sodann an eine Entscheidung im Vorprozess nur gebunden, soweit sich die Streitgegenstände in beiden Verfahren decken und der erlassene Beschluss tatsächlich materielle Rechtskraft zeitigt.

### b) Das Bedürfnis nach Rechtskraft

Nachdem nun die Grenze zwischen inner- und außerprozessualem Verfahrensbereich eines Beschlusses definiert und damit zugleich der denkbare Wirkungsraum materieller Rechtskraft bestimmt wurde, stellt sich in der Folge die Frage, welche Beschlüsse grundsätzlich rechtskraftfähig sind. Dabei ist vorweg darauf hinzuweisen, dass nur jene Meinung in der Literatur die Rechtskraftfähigkeit einer Entscheidung einer weiteren, über die Unanfechtbarkeit und die Innenbindung hinausgreifenden Voraussetzung unterwirft, die ein besonderes Bedürfnis für die außerprozessuale Bindungswirkung postuliert und zu diesem Zwecke im Einzelfall prüft, ob Rechtssicherheit, Rechtsfrieden und die Erhaltung zugesprochener Rechtspositionen etwaige Gerechtigkeitserwägungen überwiegen. Insbesondere statuiert auch das Er-

---

720 Zur Bindungswirkung von Zwischenurteilen vgl. unter C I 2 b γ.

721 Gemäß § 567 Abs. 1 Nr. 2 ZPO.

722 Die zeitlichen Grenzen des Streitgegenstandes beschränken gegebenenfalls die Innenbindung eines von Amts wegen ergehenden Beschlusses. Darüber hinaus gilt dies – unter Beachtung etwaiger Rechtsmittelfristen – auch für einen rechtsmittelverwerfenden Beschluss, vgl. näher hierzu C I 2 b γ.

fordernis eines rechtskraftfähigen Entscheidungsinhalts keine zusätzliche Voraussetzung. Denn diesem Ansatz zufolge wäre bereits die Innenbindung ausschließlich urteilsähnlichen bzw. streitentscheidenden Beschlüssen vorbehalten. Letztlich decken sich aber die Begriffe der Urteilsähnlichkeit eines Beschlusses und des rechtskraftfähigen Entscheidungsinhalts und werden gar häufig synonym verwendet,[723] soweit überhaupt zwischen der materiellen Rechtskraft und der Innenbindung unterschieden wird.[724] Erforderte demnach die Urteilsnatur eines Beschlusses die innerprozessuale Bindungswirkung der Entscheidung, wäre nach dieser Ansicht stets auch ein rechtskraftfähiger Entscheidungsinhalt festzustellen. Wie oben ausgeführt, erhöht auch die Forderung nach einem entsprechenden Wirkungsraum materieller Rechtskraft nicht die Anforderungen an die Rechtskraftfähigkeit eines Beschlusses; vielmehr wird grundsätzlich jedem innerprozessual bindenden Beschluss auch in einem neuen Verfahren Bindungswirkung beigelegt.[725]

Letztlich vermag nur eine derartige Kontinuität der Bindungswirkung zu überzeugen. Dafür spricht vor allem, dass Innenbindung und materielle Rechtskraft denselben teleologischen Erwägungen entspringen und letztlich beide auf einem überwiegenden Bedürfnis nach einer endgültigen Entscheidungen fußen. So sind sowohl Innenbindung als auch materielle Rechtskraft letztlich Ausfluss des Rechtsstaatsprinzips, das voraussetzt, dass jedweder Rechtsstreit um der Rechtssicherheit und des Rechtsfriedens willen irgendwann ein Ende haben muss.[726] Aufgrund dieser Wesensgleichheit wäre es nicht schlüssig, im innerprozessualen Raum eine Bindung anzunehmen, sie aber im außerprozessualen Bereich aufgrund etwaiger Gerechtigkeitserwägungen abzulehnen.[727] Unterschiedliche Bestandsschutzniveaus im inner- und außerprozessualen Verfahrensbereich erschienen auch deshalb bedenklich, weil der Innen- vom Außenbereich eines Beschlusses lediglich durch den formalen Akt des Beteiligtenantrags getrennt wird und es demnach der Verfahrensbeteiligte in der Hand hätte, die innerprozessuale Bindungswirkung dadurch zu umgehen, dass er den zurückgewiesenen Antrag beim Gericht der ersten Instanz neu stellte.[728] Die Rechtssicherheitserwägung, welche zur Unabänderlichkeit im laufenden Verfahren führte, würde auf diese Weise völlig konterkariert. Diese Erwägung steht auch nicht im Widerspruch zur abgestuften Bindungswirkung im Falle der nachträglichen Veränderung des entscheidungserheblichen Sachverhalts. Dort erweist sich die innerprozessuale

---

723 So etwa *Baumgärtel*, JZ 1968, S. 970, 971.

724 Zu alledem vgl. auch D II 2 bzw. C V 3 b δ und C II 2.

725 *Werner*, S. 98; *Fraga Novelle*, S. 80.

726 So jüngst BVerfG, NJW 2003, S. 1924 ff., 1924.

727 So auch *Werner*, S. 90 f.; *Fraga Novelle*, S. 79 f.; *Schmidt*, S. 69.

728 Zur Überschreitung der prozessualen Grenze zwischen Innen- und Außenbereich durch den „alten" Antrag im neuen Verfahren vgl. *Blomeyer*, S. 121.

Bindung grundsätzlich als novenfest, wogegen die materielle Rechtskraft den zeitlichen Grenzen des Streitgegenstandes unterliegt. Diese Divergenz ist jedoch gerechtfertigt, da dort die innerprozessuale Unabänderlichkeit vorrangig nicht der Endgültigkeit der Entscheidung und damit der Rechtssicherheit dient. Vielmehr werden die Neutatsachen einem neuen Verfahren vorbehalten, um im Interesse der Rechtsklarheit nach außen hin erkennbar zu machen, dass über einen neuen Streitgegenstand entschieden wird, also Bestand und Geltung der Erstentscheidung keineswegs zur Disposition stehen.[729]

Gelangt man deshalb zum Ergebnis, dass ein Beschluss das erlassende Gericht innerhalb des gleichen Verfahrens bindet, ist folgerichtig auch von der Rechtskraftfähigkeit der Entscheidung auszugehen und die weitere Ermittlung eines spezifischen Bedürfnisses nach materieller Rechtskraft obsolet. Formelle Rechtskraft und Innenbindung stellen damit notwendige, aber auch hinreichende Voraussetzungen der materiellen Rechtskraft dar.

c) Die „rechtskraftähnliche" Wirkung des Rechtsschutzbedürfnisses

Besonders *Peters*[730] meint, dass die materielle Rechtskraft nicht erforderlich sei, da sich der Gefahr, dass das Verfahren ansonsten durch wiederholende Anträge nicht zur Ruhe käme, effektiv durch die Lehre vom Rechtsschutzbedürfnis vorbeugen ließe. Wiederhole der Beteiligte lediglich seine früheren Behauptungen und Beweise, so wäre der wiederholende Antrag ohne weiteres als unzulässig zurückzuweisen, weil kein Rechtsschutzbedürfnis für die nochmalige Prüfung desselben Streitstoffes bestehe.[731] Das Rechtsschutzbedürfnis sei nämlich nicht an den subjektiven Vorstellungen des Rechtsschutzbegehrenden zu messen, sondern unterliege objektiven Kriterien. Aus diesem Grunde besitze der formell rechtskräftig beschiedene Antragsteller kein schützenswertes Bedürfnis nach erneuter Inanspruchnahme eines Gerichts. Zu diesem Ergebnis sei im Übrigen auch die durch die ne-bis-in-idem-Lehre verdrängte prozessuale Rechtskrafttheorie gekommen, welche die Bindung des Richters nach einer sachlichen Klageabweisung betont hatte.[732]

Diese Ansicht verkennt die Grenzen, die dem Prozessinstitut des Rechtsschutzbedürfnisses gezogen sind. Zuvörderst ist zu erinnern, dass der hauptsächliche Sinn des Rechtsschutzbedürfnisses darin liegt, zweckwidrige Prozesse zu vermeiden und zu verhindern, dass über Rechtsstreitigkeiten im Rahmen der Begründetheitsprüfung entschieden wird, obgleich der spezifische Prozesszweck des (konkret gewählten) Rechtsschutzes nicht bedarf.[733] Das Rechtsschutzbedürfnis fehlt vor allem dann, wenn das Rechtsschutzziel

---

729 Vgl. weiterhin die Ausführungen unter C I 2 b γ.

730 *Peters*, ZZP 90 (1977), S. 145 ff.; derselbe, FS für *Geimer* (2002), S. 811 ff.

731 *Peters*, ZZP 90 (1977), S. 145 ff., 154; ebenso *Behn*, BayVBl. 1983, S. 690 ff., 694 f..

732 *Peters*, a.a.O..

733 Vgl. *Stein/Jonas/Schumann*, 21. Aufl., vor § 253, Rn. 101.

durch andere Rechtsschutzmittel billiger, schneller, sicherer oder wirkungsvoller erreicht werden kann.[734] Die Wiederholung einer rechtskräftig abgewiesenen Klage kann deshalb nur insoweit als Gesichtspunkt des Rechtschutzbedürfnisses angesehen werden, als man die materielle Rechtskraft entgegen der ne-bis-in-idem-Lehre nicht als Wiederholungsverbot interpretierte, sondern darin lediglich ein Abweichungsverbot sieht.[735] Steht dann – rücksichtlich einer materiell rechtskräftigen Vorentscheidung – a priori fest, dass sachlich kein abweichender Rechtsfolgenausspruch zu erreichen sein wird, erscheint es folgegerecht, dem Kläger bereits ein schutzwürdiges Interesse an der erneuten Inanspruchnahme des Gerichts zu versagen respektive die Klage wegen fehlenden Rechtsschutzbedürfnisses durch Prozessurteil abzuweisen. Selbst in diesem Falle handelt es sich dabei aber nicht um einen spezifischen Anwendungsfall des Rechtsschutzbedürfnisses, sondern, wie *Schumann*[736] treffend bemerkt, lediglich „um eine Restriktion der Rechtskraft, die gespeist ist aus spezifischen Erwägungen der Rechtskraft". Diese Erwägung lässt sich als solche nicht auf Entscheidungen übertragen, die gerade keine materielle Rechtskraft zeitigen, ist doch der Richter in diesen Fällen grundsätzlich nicht gehindert, in der gleichen Sache erneut zu verhandeln und gegebenenfalls abweichend zu entscheiden. Nur in dem Ausnahmefall, dass sich die erneute Antragstellung als rechtsmissbräuchlich bzw. querulatorisch darstellte, könnte das Fehlen des Rechtsschutzbedürfnisses erwogen werden.[737] Solange diese äußerste Grenze jedoch nicht erreicht würde, wäre damit jeder Antrag des Beteiligten, mit dem auf bislang unberücksichtigte rechtliche Gesichtspunkte hingewiesen würde oder der lediglich der Erläuterung des eigenen, abweichenden Rechtsstandpunktes diente, erneut auf seine Begründetheit hin zu prüfen. Dies gölte erst recht, wenn der Antragsteller bereits vor Erlass der Entscheidung existierende, bisher aber verborgen gebliebene Tatsachen oder neue Beweismittel anführte. Denn im außerprozessualen Bereich eines Verfahrens vermag letztlich einzig die materielle Rechtskraft einer Ent-

---

734 Vgl. *Rosenberg/Schwab/Gottwald*, § 92 IV 1, S. 516; die Fälle der „Rechtsbehelfkonkurrenz" stellt auch *Schumann* (a.a.O.., Rn. 105 ff.) als zentralen Anwendungsbereich des Rechtsschutzbedürfnisses dar.

735 *A.Blomeyer*, § 88 III 2, S. 442 f.; *Schönke/Kuchinke*, § 75 II 1, S. 348 ff..

736 *Stein/Jonas/Schumann*, 21. Aufl., vor § 253, Rn. 110; auf die Notwendigkeit, Wiederholungsfall und Rechtsschutzbedürfnis zu unterscheiden, weist auch *Pohle* hin, S. 216.

737 So auch BayVGH (BayVBl. 1970, S. 261 f.), der einen erneuten Armenrechtsantrag – mangels materieller Rechtskraft der vorhergehenden Versagung – als zulässig, wegen unveränderter tatsächlicher Lage aber letztlich unbegründet ansieht; zum Ausnahmefall des Rechtsmissbrauchs bzw. Querulantentums allgemein vgl. *Stein/Jonas/Schumann*, 21. Aufl., vor § 253, Rn. 117; *Pohle*, FS für *Lent*, S. 228; *A.Blomeyer*, § 30 X, S. 149 f.; *Stephan*, S. 46 ff.; *Schönke*, S. 34 f.; *Schönke/Kuchinke*, § 33 VI, S. 149 f.; *Rosenberg/Schwab/Gottwald*, § 92 IV 2 a, S. 516 a.E.; *Baumbach/Lauterbach/Hartmann*, Einl. III, Rn. 53 ff., 66 ff..

scheidung tatsächliches Partei- oder Beteiligtenvorbringen zu präkludieren.[738] Fände ein Beschlussverfahren demnach einen Abschluss in einer formell, aber nicht materiell rechtskräftigen Entscheidung, müsste der Richter im Folgeverfahren von neuem eine Entscheidung auf Grundlage des bisherigen Sach- und Streitstandes treffen, ohne bestimmte Einwände ausschließen zu können. Selbst wenn der Antragsteller Tatsachen oder rechtliche Hinweise in etwaigen „Vorverfahren" ohne weiteres vorbringen hätte können, wären sie vom Gericht zu berücksichtigen. Die in diesen Fällen von *Peters*[739] verfochtene Analogie zu *§ 296 Abs. 2 ZPO*, kraft derer verspätetes Vorbringen bei grober Nachlässigkeit zurückzuweisen wäre, ist als systemwidrig abzulehnen: Die genannten Präklusionsvorschriften betreffen *ausschließlich den innerprozessualen Raum*[740], die Frage der Antragswiederholung stellt sich aber gerade im außerprozessualen Bereich. Für die außerprozessuale Präklusion sorgt im Urteilsverfahren dagegen die materielle Rechtskraft unanfechtbarer Urteile.

Eine analoge Anwendung des § 296 ZPO im außerprozessualen Bereich wäre zudem mit der praktischen Schwierigkeit verbunden, dass der Richter im neuen Verfahren die Präklusion nicht nach dem klaren zeitlichen Maßstab des § 767 Abs. 2 ZPO[741] beurteilen könnte. Die Feststellung der Schuldhaftigkeit der Verspätung im Sinne des § 296 ZPO erforderte vielmehr die Kenntnis um den konkreten Ablauf des vorangegangenen Verfahrens, was insbesondere nach einem zwischenzeitlichen Zuständigkeitswechsel den Verfahrensfortgang erheblich hemmte.

Schließlich erscheint es keineswegs widerspruchsfrei, einerseits die materielle Rechtskraft gerichtlicher Beschlüsse abzulehnen, andererseits aber mit Hilfe eines vergleichsweise flexibleren Maßstabes des Rechtsschutzbedürfnisses bzw. einer Analogie zu §§ 278 ff. ZPO zu versuchen, die Möglichkeit der Herbeiführung einer neuen Entscheidung durch das Fehlen des Rechtschutzbedürfnisses auszuschließen.[742]

d) Ergebnis

Gelangt man zur Erkenntnis, dass ein Beschluss das erlassende Gericht innerhalb des gleichen Verfahrens bindet, ist folgerichtig auch von der Rechtskraft-

---

738 Auch wenn man die außerprozessuale Präklusion in eine Rechtskraft-, eine rechtskraftergänzende und schließlich eine rechtskraftfremde Präklusion unterteilte, bedeutete dies keineswegs die Anerkennung einer rechtskraftautonomen Präklusion, welche unabhängig von einer materiell rechtskräftigen Entscheidung zu wirken in der Lage wäre, vgl. hierzu *Otto*, S. 66 ff..

739 *Peters*, ZZP 90 (1977), S. 145 ff., 155 f..

740 Siehe etwa *Otto*, S. 37 ff..

741 Im schriftlichen Verfahren ist der Zeitpunkt maßgebend, den das Gericht für die Einreichung von Schriftsätzen setzte (§§ 128 Abs. 2 S. 2, 283 ZPO), vgl. *Zöller/Herget*, § 767, Rn. 15.

742 Diese Kritik übt bereits *Pieper*, S. 150 f..

fähigkeit der Entscheidung auszugehen. Formelle Rechtskraft und Innenbindung stellen notwendige, aber auch hinreichende Voraussetzungen der materiellen Rechtskraft dar. Die materielle Rechtskraft eines Beschlusses ist keineswegs obsolet. Mit Hilfe des Instituts des Rechtsschutzbedürfnisses ließe sich der Möglichkeit der Wiederholung abgewiesener Anträge und damit der durch widersprechende Entscheidungen drohenden Rechtsunsicherheit nicht effektiv vorbeugen. Auch wiederholende Anträge wären grundsätzlich auf ihre Begründetheit zu prüfen. Ausnahmen bildeten missbräuchliche oder querulatorische Eingaben.[743]

### 6. Die Entscheidung des ZPO-Reformgesetzgebers zur generellen Rechtskraftfähigkeit beschwerdefähiger Beschlüsse

#### a) Die Begrenzung der Rechtskraftfähigkeit auf urteilsähnliche Beschlüsse als konkurrierender Lösungsansatz

Unterstellt man die Untersuchung der Rechtskraftfähigkeit von Beschlüssen der Prämisse der notwendigen Koinzidenz inner- und außerprozessualer Bindungswirkung, verbleiben als denkbare Lösungsansätze entweder die Differenzierung nach dem Kriterium der Urteilsähnlichkeit oder die grundsätzliche Außenbindung beschwerdefähiger Beschlüsse. Von diesen beiden entspricht aber nur Letzterer dem im Rahmen der Untersuchung der innerprozessualen Bindungswirkung gefundenen Ergebnis, erwies sich die Differenzierung in urteilsähnliche und sonstige Beschlüsse letztlich doch als Verstoß gegen die abschließende gesetzliche Regelung der Abänderbarkeit in § 572 Abs. 1 S. 1 ZPO.[744] Nach dem Inkrafttreten des ZPO-Reformgesetzes ist insofern von der generellen Innenbindung anfechtbarer Beschlüsse auszugehen. Im Grunde zwingt damit schon der Grundsatz des Gleichlaufs inner- und außerprozessualer Bindungswirkung zur Annahme genereller Rechtskraftfähigkeit beschwerdefähiger Beschlüsse.

Ungeachtet dieses systematischen Arguments lässt sich aber auch anhand des ZPO-Reformgesetzes respektive dessen Begründung und Systematik nachweisen, dass nach dem Inkrafttreten der Novelle auch im außerprozessualem Bereich von der Bindungswirkung gerichtlicher Beschlüsse auszugehen ist und die materielle Rechtskraft keineswegs dem engen Kreis urteilsähnlicher Entscheidungen vorbehalten werden sollte.

---

743 Dagegen unterliegt das Antragsrecht – anders als etwa das Recht zur Einlegung der einfachen, unbefristeten Beschwerde (§§ 567 Abs. 1, 569 Abs. 1 ZPO a.F.) – wohl nicht der Verwirkung. So dürfte regelmäßig schon der Vertrauenstatbestand fehlen, der beim Gericht die berechtigte Erwartung weckte, ein entsprechendes Rechtsschutzgesuch werde in der betreffenden Rechtssache nicht mehr eingereicht werden, zur Verwirkung der Gerichtsschutzgarantie vgl. *Rosenberg/Schwab/Gottwald*, § 147 III 8 c, S. 899; *Dütz*, NJW 1972, S. 1025 ff., 1027 f..

744 Vgl. unter C VI 3 und 4.

Vorab gilt es insofern aber, einem Bedenken gegen die dogmatische Grundlage des vorliegenden Ansatzes nachzugehen. So wird einer generalisierenden Qualifizierung materiell rechtskräftiger Beschlüsse vereinzelt entgegengehalten, dass lediglich das Kriterium der Urteilsähnlichkeit sich auf eine analoge Anwendung des § 322 ZPO stützen könne.[745] Zuzugestehen ist diesem Einwand, dass die Zivilprozessordnung keine Regelung enthält, welche die materielle Rechtskraft zivilprozessualer Beschlüsse anordnen würde. Doch ist diese Regelungslücke keineswegs auf das Beschlussverfahren beschränkt, sondern betrifft im gleichen Maße die im Urteilsverfahren ergehenden Entscheidungen. Insbesondere ordnet auch § 322 ZPO nicht an, *welche* Entscheidungen in materielle Rechtskraft erwüchsen.[746] Mit Hilfe dieser Vorschrift sollten vielmehr die innerhalb eines Urteils bestehenden *Grenzen* der materiellen Rechtskraft – insbesondere mit Blick auf die Theorie *von Savignys*[747] und der noch weitergehenden Formel *Windscheids*[748] – festgelegt werden.[749] Liegt aber der Regelungsbereich der Norm ausschließlich in der Bestimmung des Umfangs materieller Rechtskraft, vermag es schon aus diesem Grund nicht zu überzeugen, die Rechtskraftfähigkeit urteilsähnlicher Beschlüsse auf eine analoge Anwendung des § 322 ZPO zu stützen. Fernerhin ist zu berücksichtigen, dass obige Erkenntnis einer Koinzidenz von inner- und außerprozessualer Bindungswirkung indiziert, der Feststellung der Innenbindung eines gerichtlichen Beschlusses auch im prozessualen Außenbereich Maßgeblichkeit beizumessen.[750] Die Notwendigkeit eines Ineinandergreifens inner- und außerprozessualer Bindungswirkung zugestanden, wird die Regelungslücke hinsichtlich der Rechtskraft damit letztlich durch eine entsprechende Anwen-

---

745 Diese Kritik klingt insbesondere bei *Peters*, FS für *Henckel* (1995), S. 656 ff., 665 f. (Fn. 57), an, demzufolge nur urteilsähnliche Beschlüsse in materielle Rechtskraft erwüchsen, da der entsprechende Ansatz unter Geltung der alten Gesetzeslage, innerprozessual bindenden Beschlüssen (vgl. § 577 Abs. 3 ZPO a.F.) generell Rechtskraftfähigkeit beizumessen, beliebig erschiene; vgl. zudem *Peters*, FS für *Geimer* (2002), S. 811 ff., 814.

746 Vgl. etwa *Stein/Jonas/Leipold*, 21. Aufl., § 322, Rn. 51; *Musielak*, § 322, Rn. 4.

747 S. 350 ff., 429 ff., 451 f.; danach sollte nicht nur der Entscheidungstenor in Bestandskraft erwachsen, sondern auch die als Urteilselemente bezeichneten Präjudizialpunkte und die Entscheidung über erhobene Einreden.

748 S. 396 ff.. Nach *Windscheid* dehne sich die Bindungswirkung der materiellen Rechtskraft – über den Ansatz *Savignys* hinaus – auch auf die im Urteil getroffenen Tatsachenfeststellungen aus.

749 *Hahn*, S. 290 ff.; vgl. hierzu auch MünchKommZPO-*Gottwald*, § 322, Rn. 78.

750 Diese logische Reihenfolge ist der Erkenntnis geschuldet, dass die Innenbindung eine Grundvoraussetzung des Eintritts materieller Rechtskraft darstellt und als solche den Anfang der Untersuchung der Rechtskraftfähigkeit eines Beschlusses bildet, vgl. D II 1.

dung der Innenbindungsregelung geschlossen.[751] Die Regelungswirkung der proklamierten analogen Anwendung des § 322 ZPO ginge deshalb in jedem Falle ins Leere.

Ungeachtet dessen entschied sich der Gesetzgeber auch im außerprozessualen Bereich eindeutig gegen eine Differenzierung in urteilsähnliche und sonstige Beschlüsse und damit für eine allgemeine Bindungswirkung grundsätzlich anfechtbarer Beschlüsse. Dies zeigt eine nähere Betrachtung des ZPO-Reformgesetzes.

b) Die Begründung des ZPO-Reformgesetzes

Wie bereits im Rahmen der Untersuchung der Innenbindungswirkung ausführlich dargestellt wurde, ging der Gesetzgeber davon aus, dass nach Ablauf der Beschwerdefrist grundsätzlich von der Bestandskraft der Entscheidung auszugehen sei. Diese Vorstellung des Gesetzgebers fußt jedoch nicht nur auf der formellen Rechtskraft und der Innenbindung einer Entscheidung, sondern auch auf der Maßgeblichkeit der Entscheidung in einem neuen Verfahren. So wird in der Gesetzesbegründung darauf hingewiesen, dass die allgemeine Befristung der Beschwerde dem berechtigten Interesse an „möglichst frühzeitig klaren Rechtsverhältnissen“[752] diene und die Ungewissheit „hinsichtlich der Endgültigkeit der gerichtlichen Entscheidung“[753] beseitigt werden solle. Insbesondere der Begriff der *Endgültigkeit* einer Entscheidung erschöpft sich dabei nicht in der Erwartung des formalen Fortbestands des Beschlusses, sondern impliziert die Maßgeblichkeit des Entscheidungsinhalts, also das Verbot, im gleichen oder in einem künftigen Verfahren über den gleichen Verfahrensgegenstand erneut und unter Umständen anders zu entscheiden. Die These, der Gesetzgeber spräche abweichend von diesem Begriffsverständnis von der Rechtsklarheit eines Rechtsverhältnisses und der Endgültigkeit einer Entscheidung, obgleich bereits ein erneuter Antrag genügte, um eine widersprechende Entscheidung zu erzielen, überzeugt demgegenüber nicht. Ist demnach auch die verfahrensübergreifende Bindungswirkung als zentraler Befristungszweck anzusehen, lässt die generelle zeitliche Beschränkung der Anfechtbarkeit keinen Raum, die materielle Rechtskraft den urteilsähnlichen Beschlüssen vorzubehalten. Vielmehr tragen nach den Vorstellungen des Gesetzgebers grundsätzlich alle beschwerdefähigen Beschlüsse die Fähigkeit zur Endgültigkeit in sich.

---

[751] Verficht man die Rechtskraftfähigkeit urteilsähnlicher Beschlüsse, handelt es sich – genau betrachtet – um eine doppelt analoge Anwendung des § 318 ZPO. Nach vorliegend vertretener Ansicht ist dagegen die abschließende Regelung der Abänderbarkeit eines Beschlusses in § 572 Abs. 1 S. 1 ZPO auf den Wirkbereich der materiellen Rechtskraft analog anzuwenden.

[752] BT-Drucks. 14/4722, S. 111.

[753] BT-Drucks. 14/4722, S. 68.

Diese Normvorstellung lässt sich fernerhin auch der Gesetzgebungsgeschichte der neu eingefügten Anhörungsrüge (§ 321a ZPO) entnehmen. So lehnte es die Bundesregierung trotz eines entsprechenden Einwands des Bundesrates[754] ab, den Anwendungsbereich der Anhörungsrüge auf Beschlüsse, in concreto den § 127 Abs. 2 S. 2 Hs. 2 ZPO, im Interesse der Rechtssicherheit auszudehnen.[755] Allein die Erwägung, die Anhörungsrüge auf die unanfechtbare Prozesskostenhilfeversagung auszuweiten, zeigt bereits die gesetzgeberische Entscheidung, selbst einem ablehnenden Prozesskostenbeschluss, der jedenfalls seiner Art nach der sofortigen Beschwerde unterliegt, Rechtskraftfähigkeit beizulegen. Denn könnte das Gericht die Verletzung des Gehöranspruchs bereinigen, indem es trotz des formell rechtskräftigen Versagungsbeschlusses die Prozesskostenhilfe auf einen neuen Antrag hin bewilligte, bestünde letztlich keine Notwendigkeit über die Ausdehnung des § 321 a ZPO a.F. nachzudenken.[756] Dem Gericht wird es durch die Anhörungsrüge gerade in jenen Fallgestaltungen ermöglicht, unbeabsichtigte Verletzungen des Gehörsanspruchs zu korrigieren, in welchen dem Betroffenen nach alter Rechtslage ausschließlich die Möglichkeit blieb, Verfassungsbeschwerde einzulegen.[757]

Schlechterdings augenfällig wird die Regelungsabsicht jedoch dann, wenn der Gesetzgeber bei der Betrachtung der Befristungsfolgen darauf hinweist, dass der Beteiligte „bei *nachträglicher Änderung der Sachlage*“ einen neuen Antrag stellen kann.

Daraus ergibt sich zunächst, dass für den Beteiligten die *innerprozessuale* Möglichkeit, einen anderweitigen Rechtsfolgenausspruch erreichen zu können, mit Auslauf der Beschwerdefrist definitiv endet. Der Beschluss wird damit nicht nur formell rechtskräftig, sondern bindet zudem das erlassende Gericht.[758] Legte man hier die bisherigen Ergebnisse der Untersuchung

---

754 Stellungnahme des Bundesrates, BT-Drucks. 14/4722, S. 148.

755 Gegenäußerung der Bundesregierung, BT-Drucks. 14/4722, S. 156.

756 Während die Zulässigkeit einer Gegenvorstellung die Anhörungsrüge in jeder Hinsicht obsolet machte (vgl. unter C VI 3 b), ist die Schlagkräftigkeit dieses Arguments im außerprozessualen Bereich freilich etwas geringer. So brächte die Wiederholung des Prozesskostenhilfeantrags im Vergleich zur Anhörungsrüge (§ 705 ZPO) insbesondere den Nachteil mit sich, dass eine *Rückbeziehung der Prozesskostenhilfe* auf die Zeit vor Stellung des zweiten Antrags – zumindest – zweifelhaft erscheint. Gegen eine Rückbeziehung argumentiert der VGH München, NVwZ-RR 1994, S. 240. Anderer Ansicht ist das OLG Brandenburg (FamRZ 1997, S. 1542 f.), wenn die verspätete Stellung des Antrags auf einem Fehler des Gerichts beruht. Materiellrechtlich vermag zwar der zweite Prozesskostenhilfeantrag die Verjährung nicht erneut zu hemmen (§ 204 Abs. 1 Nr. 14 BGB), doch bedeutet dies für den Beteiligten aufgrund der sechsmonatigen Nachfrist (§ 204 Abs. 2 BGB) keinen Nachteil, soweit das zweite Prozesskostenhilfeverfahren innerhalb dieses Zeitraums durchgeführt wird.

757 BT-Drucks. 14/4722, S. 63.

758 Zur innerprozessualen Bindungswirkung vgl. unter C VI 2, 3.

zugrunde, folgte aus der Innenbindung, dass dem iudex a quo selbst nach einer Änderung des entscheidungserheblichen Sachverhalts untersagt wäre, seinen Beschluss im gleichen Verfahren abzuändern[759]. Der Beteiligte wäre deshalb in jedem Falle gehalten, seinen Antrag beim Gericht erster Instanz erneut zu stellen.[760] Hinsichtlich desselben Prozessgegenstands konvergierte die innerprozessuale Bindungswirkung zwingend mit dem außerprozessualen Wiederholungsverbot, welches die materielle Rechtskraft der Entscheidung zeitigte, gleichviel, ob es sich dabei um einen urteilsähnlichen oder sonstigen Beschluss handelte. Diese Feststellung deckt sich exakt mit der Normvorstellung des Gesetzgebers, nach der die Beteiligten selbst beim Auftreten etwaiger Neutatsachen auf die Stellung eines neuen Antrags zu verweisen wären und sie erst die Veränderung des Lebenssachverhalts in Stand setzte, mittels eines neuen Antrags zu einer günstigeren Entscheidung zu gelangen. Insbesondere bildete die Qualität des Entscheidungsinhalts auch nach der Gesetzesbegründung kein maßgebliches Kriterium für den außerprozessualen Bestands- und Geltungsschutz.

Auf einen wesentlichen Aspekt der Rechtskraftwirkung beschwerdefähiger Beschlüsse weist der Gesetzgeber expressis verbis hin: Um nach Ablauf der Beschwerdefrist und damit nach Einkehr formeller Rechtskraft des Beschlusses erfolgreich einen neuen Antrag stellen zu können, muss sich die Sachlage *geändert* haben.[761] Unzulässig ist ein neuer Antrag demnach, wenn der identische Lebenssachverhalt und damit derselbe Prozess- bzw. Streitgegenstand dem Gericht erneut zur Entscheidung vorgelegt wird. Insoweit versagt das *ne-bis-in-idem*-Gebot der materiellen Rechtskraft, über den bereits entschiedenen Streitgegenstand erneut zu verhandeln und zu entscheiden. Damit entfällt die nach alter Rechtslage in Ausnahmefällen notwendige, aber diffizile Prüfung, unter welchen Voraussetzungen die Wiederholung des Antrags am mangelnden Rechtsschutzbedürfnis scheitert.[762]

Weiterhin verlangt der Gesetzgeber für eine erfolgreiche Antragserneuerung die *Nachträglichkeit* der Sachverhaltsänderung. Präkludiert sind somit alle Tatsachen, die zwar im Entscheidungszeitpunkt schon existierten, aber dem

---

[759] Insoweit sei erinnert, dass eine Abänderung schon dann vorläge, wenn das Gericht eine widersprechende Entscheidung erließe, vgl. C I 1.

[760] Vgl. Ausführungen unter C I 2 b γ und D II 5 a.

[761] Vgl. BT-Drucks. 14/4722, S. 111.

[762] Dem entspricht auch die gesetzgeberische Absicht, dem Richter die schwierige Prüfung des fehlenden Rechtsschutzbedürfnisses einer erst nach langer Zeit eingelegten einfachen Beschwerde zu ersparen, BT-Drucks. 14/4722, S. 68, 111. Erneut ist darauf hinzuweisen, dass man dem Beteiligten, der sein Rechtsschutzziel nicht erreicht hat, jedenfalls bei der ersten Antragswiederholung ein Bedürfnis zur weiteren Verfolgung seines Begehrs gewiss nicht absprechen kann, vgl. *Blomeyer*, S. 112, ausführlich zum Institut des Rechtsschutzbedürfnisses unter D II 5 c.

Gericht nicht vorgetragen wurden. Allein die *zeitlichen Grenzen des Streitgegenstandes* entscheiden dabei über den Umfang der Präklusionswirkung der materiellen Rechtskraft. Für die Überlegung, die Wirkung der materiellen Rechtskraft eines Beschlusses auf Tatsachen zu beschränken, von denen der Beteiligte Kenntnis hatte, bietet die Gesetzesbegründung keinen Anhaltspunkt.[763]

Schließlich geht der Gesetzgeber davon aus, dass nur die Änderung der *Sachlage* einen neuen Antrag des Verfahrensbeteiligten rechtfertigte. Nicht ausreichend wäre, wenn sich lediglich die *Beweislage* hinsichtlich bestimmter, im Entscheidungszeitpunkt bereits existenter Tatsachen änderte.[764] Rechtskraft ist demnach auch im Beschlussverfahren der jeweilige *sachliche Streit- bzw. Prozessgegenstand*, der in tatsächlicher Hinsicht durch den jeweiligen Lebenssachverhalt bestimmt wird.[765]

Diese Erwägungen in der Gesetzesbegründung sind unmissverständlich und stellen die Absicht des Gesetzgebers außer Zweifel, mit Hilfe der generellen Befristung der Beschwerde auch solchen Nebenentscheidungen zur Außenbindung zu verhelfen, die vormals der einfachen Beschwerde unterlagen. Von der Urteilsnatur des Entscheidungsinhalts kann die Rechtskraftfähigkeit eines Beschlusses demnach nicht abhängen.

c) Die Einführung der Präklusion im Beschwerdeverfahren (§ 571 Abs. 3 ZPO)

Darüber hinaus verweist auch die Neuerung, verspätetes Vorbringen im Beschwerdeverfahren ausschließen zu können, auf die generelle Rechtskraftfähigkeit beschwerdefähiger Beschlüsse. § 571 Abs. 3 ZPO lautet: „Der Vorsitzende oder das Beschwerdegericht kann für das Vorbringen von Angriffs- und Verteidigungsmitteln eine Frist setzen. Werden Angriffs- und Ver-

---

763 Zur Problematik der eingeschränkten Rechtskraft der im Arrestverfahren ergehenden Entscheidungen vgl. Ausführungen unter E IV 3.

764 Gerade diese Feststellung des Gesetzgebers beantwortet – jedenfalls zum Teil – die Frage *Klausers* (Diskussionsbeitrag auf dem 61. DJT, I 97), wann „bei einer nicht oder nicht fristgerecht eingelegten sofortigen Beschwerde ein neuer Antrag, über den das Gericht erneut entscheiden muss, zulässig" sei, also „welche Umstände [...] sich verändert oder wesentlich verändert haben" müssten. Letztlich war der Ausschluss von Alttatsachen durch materiell rechtskräftige Beschlüsse schon dem Gutachten *Gottwalds* (Gutachten zum 61. DJT, A 89) zu entnehmen, der im Rahmen seiner Empfehlung, sämtliche zivilprozessualen Beschwerden zu befristen, anmerkte: „Ein Gegeninteresse der betroffenen Partei, daß die Entscheidung auch noch nach längerer Zeit überprüft werden kann, ist dagegen schwer zu erkennen. Sofern sich die *Sachlage* nachträglich ändert, kann ohnehin ein neuer Antrag gestellt werden." Der von *Klauser* angedeuteten Besonderheiten im Prozesskostenhilfeverfahren wird erst unter E I 3 a α nachgegangen.

765 Zur Definition des Streitgegenstandes *Rosenberg/Schwab/Gottwald*, § 95, S. 530 ff..

teidigungsmittel nicht innerhalb der Frist vorgebracht, so sind sie nur zuzulassen, wenn nach der freien Überzeugung des Gerichts ihre Zulassung die Erledigung des Verfahrens nicht verzögern würde oder wenn die Partei die Verspätung genügend entschuldigt. Der Entschuldigungsgrund ist auf Verlangen des Gerichts glaubhaft zu machen." Der Gesetzgeber reagierte mit dieser Vorschrift auf eine Entscheidung des Bundesverfassungsgerichts[766], nach der eine Zurückweisung verspäteten Vorbringens im Beschwerdeverfahren nach alter Rechtslage eine Verletzung des Anspruchs auf rechtliches Gehör dargestellt hätte. Nach Ansicht des Bundesverfassungsgerichts gebe Art. 103 Abs. 1 GG den Beteiligten eines gerichtlichen Verfahrens grundsätzlich das Recht, sich zu dem für die Entscheidung erheblichen Sachverhalt zu äußern, was wiederum das Gericht verpflichte, das Vorbringen der Beteiligten zu berücksichtigen. Eine einfachgesetzliche Ausformung dieses Anspruchs stelle das Novenrecht im Beschwerdeverfahren gemäß § 570 ZPO a.F. dar. Eine entsprechende Anwendung der §§ 296 Abs. 1, 2 ZPO und des § 528 Abs. 1 ZPO a.F. verstieße demgegenüber gegen den klaren Wortlaut des § 570 ZPO, missachte den Ausnahmecharakter der Präklusionsvorschriften und *deren einschneidende Folgen* und würde dementsprechend den Anspruch auf rechtliches Gehör in verfassungswidriger Weise einschränken.

Die vom Bundesverfassungsgericht angesprochenen nachteiligen Folgen ergeben sich dabei aus der Endgültigkeit des Ausschlusses zurückgewiesenen Vorbringens: So weist *Prütting*[767] darauf hin, dass das zurückgewiesene Vorbringen nicht nur bei der Entscheidung unberücksichtigt bleibe, sondern darüber hinaus von der präkludierenden Wirkung der materiellen Rechtskraft erfasst werde. Das sei, was *Prütting* zu Recht betont, Voraussetzung dafür, dass die Zurückweisungsvorschriften ihren Zweck erfüllen können. Auch nach *Lüke*[768] erfülle die Zurückweisung nur dann ihren Zweck, wenn sie auch „rechtskraftbeständig" sei, das heißt, dass zurückgewiesenes Vorbringen von der negativen Wirkung der materiellen Rechtskraft, also von deren Präklusionswirkung, erfasst werde, obgleich das Gericht des Vorprozesses den Prozessstoff bewusst nicht ausgeschöpft habe. Diese Konsequenz sei für die Literatur so selbstverständlich, dass sie nur ausnahmsweise angesprochen werde. Eine Selbstverständlichkeit, die sich aber erst seit Inkrafttreten der Verordnung über das Verfahren in bürgerlichen Rechtsstreitigkeiten vom 13. Februar 1924, der sogenannten *Emminger*-Novelle, ergibt.[769] Vorher gestattete § 252 CPO zwar, nachträglich vorgebrachte Verteidigungsmittel auf Antrag des Klägers zurückzuweisen, doch war dies für den Beklagten ohne

---

766 BVerfG, NJW 1982, S. 1635.

767 MünchKommZPO, § 296, Rn. 180.

768 S. 31 ff. 32.

769 RGBl. 1924 I, S. 135 ff; zu den grundlegenden Änderungen dieser Novelle vgl. *Rosenberg/Schwab/Gottwald*, § 5 II 2 a, S. 25.

materiellen Nachteil, da der Verlust nur für die erste Instanz galt bzw. das zurückgewiesene Verteidigungsmittel in der Berufungsinstanz von neuem geltend gemacht werden konnte.[770] In der Berufungsinstanz wurde dagegen von einer entsprechenden Geltung des § 252 CPO abgesehen, um zu vermeiden, dass „der Beklagte mit dem zurückgewiesenen Vorbringen definitiv ausgeschlossen wäre“[771]. Vielmehr erging in diesem Falle gemäß § 502 CPO ein vollstreckbares Urteil, in dem die Geltendmachung des zurückgewiesenen Vorbringens ausdrücklich vorbehalten wurde. Behufs weiterer Beschleunigung des Zivilprozesses schaffte die *Emminger*-Novelle das Vorbehaltsurteil ab.[772] Seitdem gehen die als verspätet zurückgewiesenen Angriffs- und Verteidigungsmittel, soweit sie in der Berufungsinstanz zurückgewiesen werden, *endgültig* verloren. Wie *Otto*[773] zutreffend anmerkt, geht dabei die innerprozessuale Präklusion, welche die Verspätungszurückweisung zeitigt, ohne weiteres in die außerprozessuale Präklusion der materiellen Rechtskraft über, da der Gesetzgeber nicht das Vorbehaltsurteil gestrichen hat, um die Parteien in einen zweiten Prozess zu drängen.[774]

Dieser Entwicklung der gesetzlichen Regelung innerprozessualer Präklusion ist zweierlei zu entnehmen. Zum einen ist sich vor Augen zu führen, dass die Zivilprozessordnung seit Inkrafttreten der Novelle vom 13. Februar 1924 die

---

770 Zur Begründung der §§ 252, 502 CPO vgl. *Hahn*, S. 130 f..

771 *Hahn*, S. 130.

772 Daneben wurden insbesondere Angriffsmittel in die Präklusionsvorschrift aufgenommen, das Antragserfordernis aufgehoben und die freie Überzeugungsbildung des Gerichts eingeführt, vgl. hierzu u.a. *Otto*, S. 38 ff..

773 *Otto*, S. 40; ders., 50 Jahre BGH (2000), S. 161 ff., 166. Dies gilt erst recht, vergegenwärtigt man sich, dass aufgrund des Vorbehaltsurteils der Rechtsstreit hinsichtlich der vorbehaltenen Verteidigungsmittel lediglich „in der Berufungsinstanz anhängig“ blieb, *Hahn*, S. 131. Erfasste die materielle Rechtskraft nicht auch das zurückgewiesene Vorbringen, hätte die Abschaffung des Vorbehaltsurteils etwa dem aufrechnungsberechtigten Beklagten gar den Vorteil gebracht, die zurückgewiesenen Tatsachen des Aufrechnungseinwandes nach Klageerhebung *in der ersten Instanz* geltend machen zu können. In diesem Sinne ist wohl auch die Kritik *Ottos* an der Meinung *Rosenbergs* zu verstehen, vgl. *Otto*, S. 40, Fn. 31; ders., 50 Jahre BGH (2000), S. 161 ff., 166, Fn. 24. Diese Kritik gilt freilich nicht, wenn bereits der Aufrechnungseinwand als solcher als verspätet zurückgewiesen wurde und damit gar keine Entscheidung über die Gegenforderung i.S.d. § 322 Abs. 2 ZPO erginge, vgl. MünchKommZPO-*Gottwald*, § 322, Rn. 187.

774 Erst die Vereinfachungsnovelle von 1977 sorgte schließlich dafür, dass auch die Zurückweisung verspäteten Vorbringens in der ersten Instanz die endgültige Präklusion zur Folge hat, indem sie Angriffs- und Verteidigungsmittel, die das erstinstanzliche Gericht zu Recht zurückgewiesen hat, auch in der Berufungsinstanz ausschloss; zu weiteren Änderungen im Präklusionsrecht durch die Novelle vgl. *Otto*, 50 Jahre BGH (2000), S. 161 ff., 175 f.; Bericht der Kommission für das Zivilprozeßrecht, 1977, S. 52 ff., 56 ff..

Zurückweisung verspäteten Vorbringens in der Berufungsinstanz stets mit der außerprozessualen Präklusionswirkung der materiellen Rechtskraft verknüpfte und auf diese Weise – seit Abschaffung des Vorbehaltsurteils – mit dem endgültigen Verlust des Angriffs- bzw. Verteidigungsmittels sanktionierte. Hätte der Gesetzgeber des ZPO-Reformgesetzes mit dem überkommenen Verständnis der konzertierten Wirkung inner- und außerprozessualer Präklusion brechen respektive ein „Nachverfahren" für das verspätete Vorbringen – entsprechend der gemeinrechtlichen Verweisung ad separatum [775]– eröffnen wollen, wäre ein entsprechender Hinweis in der Gesetzesbegründung zu erwarten gewesen. Zum anderen lehrt die Entwicklungsgeschichte der Präklusionsnormen, dass letztlich nur der endgültige Verlust generalpräventiv auf die Prozessbeteiligten einwirkt, ihre Angriffs- und Verteidigungsmittel rechtzeitig vorzubringen.[776] Die These aber, dass der Gesetzgeber wider diese Erfahrung allein angesichts der innerprozessuale Ausschlusswirkung auf ein „schleuniges, auf Prozessförderung bedachtes Vorbringen" hoffte, vermag nicht zu überzeugen. Andererseits erscheint es aber auch nicht plausibel, dass die Präklusion des § 571 Abs. 3 ZPO in einen rechtskraftfreien Verfahrensraum gestellt und die Wirkung der Verspätungszurückweisung auf einen Entlastungs- bzw. Gliederungseffekt beschränkt werden sollte.[777]

Weiters sprechen auch die praktischen Ergebnisse gegen die Annahme einer isolierten Präklusion im innerprozessualen Bereich. Vorrangig bei Beschwerdeverfahren über die Rechtmäßigkeit von Beschlüssen, welche auf Antrag eines Beteiligten ergehen, führt dies zu sachlich nicht gerechtfertigten Unterschieden. Denn weist das Beschwerdegericht entscheidungserhebliche, vom Antragssteller vorgebrachte Tatsachen gemäß § 571 Abs. 3 ZPO als verspätet zurück, könnte jener, soweit der Entscheidung des Beschwerdegerichts keine materielle Rechtskraft zukäme, beim erstinstanzlichen Gericht erneut einen Antrag stellen, ohne dass er mit den zurückgewiesenen Tatsachen ausgeschlossen wäre. Wird dagegen entscheidungserhebliches Vorbringen des Antragsgegners zurückgewiesen, träfen Letzteren die Folgen der Präklusion ungleich härter, da er endgültig mit seinem Vorbringen ausgeschlossen wäre. Selbst wenn man nämlich neben der materiellen Rechtskraft auch die innerprozessuale Bindungswirkung der Beschwerdeentscheidung ablehnte, könnte der Antragsgegner sein zurückgewiesenes Vorbringen gleichwohl nicht zur Substantiierung einer Gegenvorstellung verwenden, da dieser Rechtsbehelf den innerprozessualen Verfahrensraum betrifft und damit jedenfalls vom

---

775 Vgl. hierzu *Hahn*, S. 130.

776 Zum Normzweck der Vorschriften über die Zurückweisung verspäteten Vorbringens vgl. MünchKommZPO-*Prütting*, § 296, Rn. 1 ff..

777 Zu den Funktionen der Präklusionsnormen vgl. *Otto*, S. 149 ff..

präkludierenden Bannstrahl des Zurückweisungsbeschlusses getroffen würde.[778]

Der Gesetzgeber hoffte, durch die neueingeführte Möglichkeit der Verspätungszurückweisung (§ 571 Abs. 3 ZPO) die Beteiligten zu einem beschleunigten, auf Prozessförderung bedachtes Vorbringen anzuhalten.[779] Dieser Gesetzeszweck lässt sich nur erreichen, soweit sich die Präklusion des verspäteten Vorbringens in einem etwaigen Folgeverfahren fortsetzt. Auch die Systematik im ZPO-Reformgesetz prämittiert damit die materielle Rechtskraft grundsätzlich anfechtbarer, formell rechtskräftiger Beschlüsse.

d) Ergebnis

Der Gesetzgeber entschied sich mit der Einführung des ZPO-Reformgesetzes für die außerprozessuale Bindungswirkung formell rechtskräftiger, grundsätzlich beschwerdefähiger Beschlüsse. Sowohl die Gesetzesbegründung als auch der Funktionszusammenhang des ZPO-Reformgesetzes lassen daran keinen Zweifel. Diese Regelungsabsicht lässt sich ohne Friktionen umsetzen, berücksichtigt man die Notwendigkeit der Koinzidenz von Innenbindung und materieller Rechtskraft einer Entscheidung. Dogmatisch legitimiert wird diese Überlegung durch eine analoge Anwendung des § 572 Abs. 1 S. 1 ZPO, welcher die Abänderbarkeit anfechtbarer Beschlüsse abschließend regelt.

7. Die Verfahrensausgestaltung als Kriterium der Rechtskraftfähigkeit

a) Allgemeine Kontroverse um die Suffizienz summarischer Verfahren

Wiederholt wird in der Diskussion um die Rechtskraftfähigkeit von Beschlüssen geltend gemacht, dass das Beschlussverfahren im Vergleich zum Urteilsverfahren eine geringere Richtigkeitsgewähr biete. Die Endgültigkeit einer gerichtlichen Entscheidung und damit auch die materielle Rechtskraft setze aber voraus, dass in dem vorangegangenen Verfahren die Möglichkeit zur erschöpfenden Sachaufklärung gegeben werde[780]. So führe etwa die „mehr

---

778 Eine solche Diskrepanz entstünde zum Beispiel im Beschwerdeverfahren über einen ablehnenden Beschluss im Richterablehnungsverfahren (§ 46 ZPO) oder in Beschwerdeverfahren über Beschlüsse, die auf eine Vollstreckungserinnerung (§ 766 ZPO) oder einem Vollstreckungsschutzantrag i.S.d. § 765 a ZPO ergangen sind. So könnte der vollstreckungsschutzbegehrende Schuldner das zurückgewiesene Angriffsmittel zur Grundlage eines wiederholenden Antrags machen. Der Gläubiger wäre dagegen nach Erlass des Einstellungsbeschlusses endgültig mit dem zurückgewiesenen Verteidigungsmittel ausgeschlossen, da selbst der Antrag nach § 765 a Abs. 4 ZPO eine Veränderung der Sachlage erforderte.

779 BT-Drucks. 14/4722, S. 113.

780 Vgl. insbesondere *Pieper*, S. 97. So gewährleiste etwa das Vollstreckungsverfahren anders als das vorangehende Erkenntnisverfahren keine ausreichende Richtigkeit seiner Entscheidungen, soweit eine mündliche Verhandlung nicht stattfinde (§ 128 Abs. 4 ZPO i.V.m. §§ 764 Abs. 3, 769 Abs. 3, 891 ZPO) oder der Gegner nicht gehört werde (§§ 834, 846, 857, 886 ZPO).

summarische Natur" des Zwangsvollstreckungsverfahrens zu einer vergleichsweise unvollkommenen Entscheidungsgrundlage in den betreffenden Erinnerungs- und Beschwerdeverfahren, weshalb die insoweit ergehenden Beschlüsse nicht die Bestandskraft rechtskräftiger Urteile verdienten.[781] Dementsprechend wird die materielle Rechtskraft der in *summarischen Verfahren* ergehenden Beschlüsse von einem Teil der Literatur generell abgelehnt.[782] Nach *Schmidt* sei eine erschöpfende Erörterung des Streitstoffs, welche eine genügende Gewähr für die Richtigkeit der ergehenden Entscheidung biete, erforderlich, da das Institut der materiellen Rechtskraft seine innere Berechtigung daher herleite, „dass die der Rechtskraft fähigen Entscheidungen in einem mit allen Garantien des Rechtszugs ausgestatteten Verfahren ergangen sind und unter diesen Umständen Fehlerquellen auf ein Mindestmaß zurückgeführt werden können, insoweit aber auch im Interesse der Rechtssicherheit in Kauf genommen werden müssen"[783].[784] Insbesondere die auf bloße Glaubhaftmachung abstellenden Arrest- und einstweilige Verfügungsverfahren zeichneten sich aber nicht durch eine so weitgehende Richtigkeitsgewähr aus.[785] Wegen der unvollkommen geprüften Tatsachengrundlage spricht *Peters*[786] sogar Kostenfestsetzungsbeschlüssen (§ 104 ZPO) einen urteilsähnlichen Entscheidungsinhalt und damit die Fähigkeit zur materiellen Rechtskraft ab; die Einzelposten würden „ja nur summarisch geprüft". Einen anderen Weg wählt *Scherer*. Soweit eine Entscheidung im summarischen Verfahren zur endgültigen Befriedigung des Gläubigers führen solle, dürfe die Anforderung an das Beweismaß durch die Glaubhaftmachung nicht reduziert, sondern müsse vielmehr der volle Beweis im Sinne von § 286 ZPO erbracht werden.[787]

Zweifel, ob summarische Verfahren zum Erlass einer inner- und außerprozessual bindenden Entscheidung führen können, ergeben sich vor allem angesichts der Besonderheiten in der Beweisführung, welche die Anordnung der Glaubhaftmachung (§ 294 ZPO) zeitigt. So ist zum einen – anders als im Regelfall der richterlichen Überzeugungsbildung (§ 286 ZPO) – eine tatsächliche Behauptung schon dann glaubhaft gemacht, wenn der behauptete Tatsachenablauf überwiegend wahrscheinlich ist.[788] Zum anderen unterliegt

---

781 *Peters*, ZZP 90 (1977), S. 145 ff., 149.

782 *Peters*, FS für *Geimer*, S. 811 ff., 815; *Bongen/Renaud*, NJW 1991, S. 2886 ff., 2887; *Schmidt*, S. 142 ff.; *Cohn*, JW 1915, S. 1338 ff., 1421 ff..

783 BGHZ 9, 129, 133.

784 *Schmidt*, S. 142.

785 *Schmidt*, S. 143

786 *Peters*, FS für *Geimer* (2002), S. 811 ff., 815.

787 S. 75 ff..

788 Statt vieler MünchKommZPO-*Prütting*, § 294, Rn. 24 mit weiteren Nachweisen; a.A. *Gottwald* (S. 217), der für eine erfolgreiche Glaubhaftmachung die subjektive Gewissheit des Urteilers auf Basis des objektiv begrenzten Beweismaterials fordert; ähnlich *Leipold*, (S. 94 ff.), für die „materiell-akzessorische Verfügung", die anders als die

die Durchführung der Glaubhaftmachung nicht den Formvorschriften des Strengbeweisverfahrens, insbesondere nicht den Grundsätzen der Unmittelbarkeit (§ 355 ZPO) und der Parteiöffentlichkeit (§ 357 ZPO). Hinsichtlich der Formerleichterung der Beweisaufnahme ähnelt die Glaubhaftmachung gar dem Verfahren des Freibeweises.[789] Vor allem aber sind die Beteiligten eines summarischen Verfahrens zur Glaubhaftmachung der behaupteten Tatsachen auf präsente Beweismittel beschränkt, die ohne Verzögerung des Verfahrens unmittelbar verfügbar sind.

Den kritischen Stimmen in der Literatur, welche aufgrund dieser Eigenheiten die Rechtskraftfähigkeit einer im summarischen Verfahren ergehenden Entscheidung ablehnen, hält *Blomeyer*[790] entgegen, dass das summarische Verfahren im Vergleich zum normalen Erkenntnisverfahren zwar keine gleichermaßen erschöpfende Sachaufklärung gewährleiste, dieses Defizit aber aufgewogen werde. Denn zum einen biete das summarische Verfahren eine prozessuale Flexibilität, die es ermögliche, das jeweilige Verfahren durch die besondere Art der Beweisführung den unterschiedlichen Erfordernissen des Einzelfalls anzupassen und auf diese Weise für ein erhöhtes Maß an Einzelfallgerechtigkeit zu sorgen; zum anderen ergebe sich ein Zeitgewinn, der die Beteiligten schneller und damit effektiver zu ihrem Recht verhelfe.[791] Auch die Formerleichterung bei der Glaubhaftmachung (§ 294 Abs. 1 ZPO) stehe dem Eintritt materieller Rechtskraft nicht entgegen; so erwachse nach herrschender Meinung auch das Prozessurteil in materielle Rechtskraft, obgleich die Prozessvoraussetzungen im formlosen Verfahren des Freibeweises geprüft würden.[792] Insbesondere aber ordne das Gesetz das summarische Verfahren dann an, wenn entweder über weniger bedeutende oder weniger weitreichende Prozessgegenstände zu entscheiden sei.[793]

Gerade der letztgenannte Aspekt vermag die Dysfunktionalität der oben geschilderten Einwände zu veranschaulichen. So entschied sich der Gesetzgeber – angesichts der geringeren Bedeutung im Vergleich zu den üblichen Streit-

---

„offene Verfügung“ nicht auf einer Interessensabwägung basiere, sondern eine materielle Vorprüfung voraussetze.

789 Vgl. dazu *Peters*, S. 66.

790 S. 142 ff..

791 *Blomeyer*, a.a.O..

792 *Blomeyer*, S. 143; so in der Tat die Meinung der Rechtsprechung BGH, NJW 1997, S. 3319 f., NJW-RR 1993, S. 1338 f.; NJW 1987, S. 2875 f., ebenso *Baumbach/Lauterbach/Hartmann*, vor § 284, Rn. 9; *Blomeyer*, S. 143; *Musielak/Foerste*, § 284, Rn. ; a.A. *Rosenberg/Schwab/Gottwald*, § 112 II 3, S. 639; MünchKommZPO-*Prütting*, § 284, Rn. 27 ff.; *Peters*, S. 113 ff..

793 Als Beispiele kommen hier Kostenfestsetzungsbeschlüsse (§ 104 ZPO), Entscheidungen im Prozesskostenhilfeverfahren (§ 114 ff. ZPO) oder Beschlüsse auf eine Vollstreckungserinnerung (§ 766 ZPO) hin in Betracht.

gegenständen im Klageverfahren[794] – gegen eine zeitaufwendige, weil allseitig erschöpfende Sachverhaltsaufklärung,[795] nicht aber gegen die Bindungswirkung der ergehenden Entscheidungen.[796] Spräche man den in summarischen Verfahren ergehenden Urteilen und Beschlüssen die inner- und außerprozessuale Maßgeblichkeit generell ab und eröffnete man damit den prozessualen Weg für verfahrensinterne Abänderungsentscheidungen und etwaige Folgeverfahren, konterkarierte man somit das Beschleunigungsanliegen, welches ursprünglich zur Anordnung der Glaubhaftmachung führte. Im Übrigen entschied sich auch der *Gesetzgeber* des ZPO-Reformgesetzes für die außerprozessuale Bindungswirkung beschwerdefähiger Beschlüsse, obgleich ihm *bewusst* war, dass diesen Entscheidungen nicht immer eine erschöpfende Sachaufklärung vorangehen wird. Der dieserhalb verminderten Richtigkeitsgewähr trug er dadurch Rechnung, dass er das Beschwerdeverfahren im Gegensatz zum neu geregelten Berufungsverfahren als eine vollwertige zweite Tatsacheninstanz erhielt.[797] Der Grund für diese unterschiedliche Ausgestaltung liege eben darin, dass „den im Beschwerdeverfahren angefochtenen Entscheidungen in der Regel kein mit dem erstinstanzlichen Urteilsverfahren vergleichbares förmliches Verfahren mit eingehender Tatsachenfeststellung und ausführlich begründeter Abschlussentscheidung zugrunde liegt. Das Beschwerdegericht muss daher die Möglichkeit haben, neue Tatsachen und Beweise uneingeschränkt zu berücksichtigen."[798] Nach Maßgabe der *einfachgesetzlichen Regelung* in der Zivilprozessordnung ist deshalb davon auszugehen, dass der summarische Charakter eines Verfahrens der Bestandskraft der Entscheidung nicht entgegensteht.[799]

---

[794] Der Entwurf zur CPO fordert „namentlich in Fällen, in denen durch die beantragte Entscheidung *den Rechten des Gegners nicht definitiv präjudizirt* wird, statt eines Beweises die Glaubhaftmachung der zur Begründung des Antrags dienenden thatsächlichen Behauptungen [...]." (*Hahn*, S. 281). Der Gesetzgeber trug sich augenscheinlich mit der Vorstellung, dass die Entscheidungen, welche auf eine Glaubhaftmachung hin ergingen, hinsichtlich des *Hauptsachestreits* vorläufigen Charakters wären. Dagegen wird die Definitivität einer Entscheidung, die *nicht* über gegenseitige Ansprüche befindet, keineswegs in Abrede gestellt, ähnlich *Scherer*, S. 85 ff..

[795] In der Begründung des CPO-Entwurfes (*Hahn*, S. 281) heißt es: „Um zu *verhüten, daß der Rechtsstreit verzögert* oder verweitläufigt werde, war es erforderlich, [...] die Glaubhaftmachung von der Voraussetzung abhängig zu machen, daß die Beweisaufnahme sofort erfolgen kann."

[796] In diesem Sinne auch *Blomeyer*, S. 144 f..

[797] BT-Drucks. 14/4722, S. 69.

[798] BT-Drucks. 14/4722, S. 113.

[799] Dieser Ansicht ist auch der weit überwiegende Teil der Literatur vgl. etwa MünchKommZPO-*Gottwald*, § 322, Rn. 31; *Stein/Jonas/Grunsky*, vor § 916, Rn. 13 ff.; *Zöller/Vollkommer*, vor § 916, Rn. 13; *Schuschke/Walker*, vor § 916, Rn. 21, § 922, Rn. 24 f.; *Blomeyer*, S. 143 f.. Gerade der Umstand, dass die Glaubhaftmachung in jedem Falle auf einer ausdrücklichen gesetzlichen Regelung beruht, rechtfertigt es, ei-

### b) Die Wahrung rechtlichen Gehörs als notwendige Voraussetzung der Rechtskraft

Fernerhin ist zu untersuchen, inwieweit die *im Grundgesetz gewährten Verfahrensgrundrechte*, namentlich der Anspruch auf rechtliches Gehör gemäß Art. 103 Abs. 1 GG, der einfachgesetzlichen Ausgestaltung eines Verfahrens, das zum Erlasse einer materiell rechtskräftigen Entscheidung führen soll, einen Mindeststandard setzt und ob dieser im summarischen Verfahren gewahrt wird. Anlass zu dieser Prüfung gibt eine Plenarentscheidung des Bundesverfassungsgerichts zur verfassungsrechtlichen Gewährleistung fachgerichtlichen Rechtsschutzes bei Verstößen gegen den Anspruch auf rechtliches Gehör.[800] Das Bundesverfassungsgericht weist eingangs seiner Entscheidung daraufhin hin, dass der Anspruch auf wirkungsvollen Rechtsschutz[801] keinen immerwährenden Rechtsweg gewährleiste, sondern lediglich eine einmalige Möglichkeit zur Einholung einer gerichtlichen Entscheidung eröffne.[802] Insofern nehme das verfassungsrechtlich gesicherte Rechtsschutzsystem im Interesse der Rechtssicherheit und des Rechtsfriedens ein verbleibendes Risiko falscher Rechtsanwendung in Kauf. Die Unabänderlichkeit auch falscher Entscheidungen sei aber hinnehmbar, „weil durch institutionelle Vorkehrungen und entsprechende Verfahrensvorgaben Sorge dafür getragen worden ist, dass Rechtsanwendungsfehler möglichst unterbleiben. Die Unabhängigkeit der Richter (Art. 97 Abs. 1 GG) soll sichern, dass die Gerichte ihre Entscheidung allein an Gesetz und Recht ausrichten. Die Verfahrensgrundrechte insbesondere Art. 101 Abs. 1 S. 2 und *Art. 103 Abs. 1 GG* sollen gewährleisten, dass die richterliche Entscheidung willkürfrei durch eine nach objektiven Kriterien bestimmte Instanz *auf einer hinreichend gesicherten Tatsachengrundlage* und auf Grund einer unvoreingenommen rechtlichen Würdigung *unter Einbeziehung des Vortrags der Parteien* ergeht.“[803] Daraus ist im Umkehrschluss zu folgern, dass die Bestandskraft einer Entscheidung der Garantie eines wirkungsvollen Rechtsschutzes nur gerecht wird, soweit die genannten Verfah-

---

nerseits den bloßen Freibeweis abzulehnen, wenn das Verfahren zum Erlass einer materiell rechtskräftigen Entscheidung führen soll (*Rosenberg/Schwab/Gottwald*, § 112 II 3, S. 639), aber andererseits den in – gleichermaßen formerleichterten (*Peters*, S. 66) – summarischen Verfahren ergehenden Urteilen und Beschlüssen inner- und außerprozessuale Bindungswirkung zuzusprechen (MünchKommZPO-*Gottwald*, § 322, Rn. 31). Nur dann ist die Erleichterung des Beweisziels und des Beweisverfahrens eben gesetzlich angeordnet und die Ausnahme vom grundsätzlichen formalisierten Streng- bzw. Vollbeweisverfahren (§§ 286, 355 ff. ZPO) gerechtfertigt.

800 BVerfG, NJW 2003, S. 1924 ff..

801 Dieser sei wesentlicher Bestandteil des Rechtsstaates und werde sowohl durch die Rechtsweggarantie gemäß Art. 19 Abs. 4 GG als durch den allgemeinen Justizgewährungsanspruch verbürgt, BVerfG, NJW 2003, S. 1924 ff., 1924.

802 BVerfG, a.a.O..

803 BVerfG, NJW 2003, S. 1924 ff., 1924 f. [textliche Hervorhebung stammt vom Autor].

rensgrundrechte beim Erlasse der Entscheidung ausreichend berücksichtigt werden. Die Unabänderlichkeit einer Entscheidung, also deren formelle Rechtskraft, Innenbindung und materielle Rechtskraft, wäre mit anderen Worten nicht verfassungskonform,[804] soweit die gesetzliche Ausgestaltung des betreffenden Verfahrens gegen die Unabhängigkeit des Richters (Art. 92 Abs. 1 GG), die Garantie des gesetzlichen Richters (Art. 101 Abs. 1 S. 2 GG) oder den Anspruch auf rechtliches Gehör (Art. 103 Abs. 1 GG) verstieße.

c) Der verfassungsrechtliche Anspruch auf rechtliches Gehör und dessen Spannungsverhältnis zum einfachgesetzlichen Präsenzerfordernis gemäß § 294 Abs. 2 ZPO

In summarischen Verfahren ist insbesondere die Verkürzung des Anspruchs auf rechtliches Gehör zu untersuchen.[805] Dabei soll der grundsätzlichen Frage nachgegangen werden, inwieweit gerade die *Beschränkung auf präsente, liquide Beweismittel* (§ 294 Abs. 2 ZPO) eine unzulässige Einschränkung des rechtlichen Gehörs bedeutet und damit die Entscheidungen in der Folge nicht auf einer „hinreichend gesicherten Tatsachengrundlage" ergehen können.[806] So laufen die Beteiligten eines summarischen Verfahrens stets Gefahr, mit erheblichen Beweis- bzw. Tatsachenvorbringen allein deshalb ausgeschlossen zu werden, weil die Beweisaufnahme gemäß § 294 Abs. 2 ZPO nicht sofort erfolgen kann.

Als Beispiele mögen hier die Entscheidungen im Verfahren über den Arrest oder die einstweilige Verfügung (§§ 916 ff. ZPO) und die Kostengrundbeschlüsse im Sinne der §§ 91 a, 269 Abs. 3 S. 3 ZPO dienen. Dabei ergehen

---

804 Sollte sich insoweit die Annahme der Rechtskraftfähigkeit der im summarischen Verfahren erlassenen Entscheidungen als Widerspruch zur Werteordnung des Grundgesetzes erweisen, wäre dem Gebot der verfassungskonformen Auslegung Folge zu leisten und die Bindungswirkung dieser Entscheidungen abzulehnen; jedenfalls bei den im summarischen Verfahren ergehenden Urteilen und Beschlüssen stellt die generelle Rechtskraftfähigkeit der Entscheidungen nicht die „allein mögliche" Auslegung dar; zur verfassungskonformen Auslegung allgemein vgl. *Larenz*, S. 339 ff..

805 Außer Zweifel steht dabei die Zulässigkeit einer Entscheidung, welche im Verfahren des Arrests oder der einstweiligen Verfügung zwar ohne vorherige Anhörung des Antragsgegners ergangen ist, aber diese Verfahrensweise zur Sicherung der gefährdeten Interessen erforderlich war und dem Betroffenen ausreichend Möglichkeit zur nachträglichen Äußerung gegeben wird, statt vieler *Waldner*, S. 161 f..

806 Die Problematik wird dadurch verschärft, dass die Regelung des § 294 Abs. 2 ZPO nicht nur für den Antragsteller gilt, der sich auf das Präsenzerfordernis durch den Zeitpunkt seiner Antragsstellung einzurichten vermag, sondern gleichermaßen den Antragsgegner auf die eingeschränkte Möglichkeit der „Gegenglaubhaftmachung" verweist, vgl. hierzu *Stein/Jonas/Leipold*, 21. Aufl., § 294, Rn. 18; das OLG München (FamRZ 1976, S. 696 ff.) wies etwa ein Beweisangebot des Beklagten unter Verweis auf § 294 Abs. 2 ZPO zurück, obgleich im konkreten Fall die Glaubhaftmachung nicht zwingend vorgeschrieben war, § 620 a Abs. 2 S. 2 ZPO; RGZ 30, 414 ff..

die Kostengrundbeschlüsse zwar nicht schon von Gesetzes wegen in einem summarischen Verfahren, gleichwohl bleiben nichtpräsente Beweismittel auch hier gemeinhin unberücksichtigt.[807] Die Frage, inwieweit eine solche Beschränkung der zulässigen Beweismittel den Anspruch auf rechtliches Gehör verletzt, stellt sich damit gleichermaßen, wie im originären Anwendungsbereich des § 294 Abs. 2 ZPO.[808] Aus der Betrachtung sind dagegen jene Fälle auszuscheiden, in denen das Gesetz die Glaubhaftmachung nicht vorschreibt, sondern „genügen“ lässt, wie etwa in §§ 104 Abs. 2[809], 605 Abs. 2 ZPO. Dort sind die Beteiligten nach einhelliger Meinung nämlich nicht auf das Anbieten präsenter Beweismittel beschränkt.[810]

Sodann ist zu prüfen, ob der verfassungsrechtliche Anspruch auf rechtliches Gehör den Verfahrensbeteiligten das Recht gibt, Beweise vorzubringen, die nicht sofort aufgenommen werden können, und bis zu welchem Maße sich gegebenenfalls ein Eingriff in diesen Schutzbereich des Verfahrensgrund-

---

807 Soweit jedenfalls streitige, nicht liquide beweisbare Tatsachen vorgebracht werden, *Musielak/Wolst*, § 91 a, Rn. 22; *Thomas/Putzo*, § 91 a, Rn. 46 f.; MünchKommZPO-*Lindacher*, § 91 a, Rn. 52; *Zöller/Vollkommer*, § 91 a, Rn. 26; OLG Düsseldorf, JR 1995, S. 205; a.A. OLG Hamm, AnwBl. 1990, S. 48, danach sei selbst die Vernehmung geladener und erschienener Zeugen nicht geboten. Jedoch dürfte die Nichtberücksichtigung *präsenter* Beweismittel in jedem Falle als eine ungerechtfertigte Verkürzung des Anspruchs auf rechtliches Gehör zu werten sein, da es dieses Verfahrensgrundrecht auch vor Erlass einer isolierten Kostenentscheidung zu berücksichtigen gilt (BVerfGE 34, 157, 159, 60, 313, 317, 67, 96, 99) und selbst prozessökonomische Erwägungen nicht griffen.

808 Damit erweist sich die Differenzierung *Peters* (FS für *Geimer* (2002), S. 811 ff., 815) einerseits die Rechtskraftfähigkeit eines Kostenfestsetzungsbeschlusses wegen der unvollkommenen Tatsachengrundlage (§§ 104 Abs. 2 S. 1 i.V.m. 294 Abs. 2 ZPO) abzulehnen, aber andererseits die Bindungswirkung einer Kostengrundentscheidung nach Erledigung der Hauptsache (§ 91 a ZPO) zu bejahen, unter dem Gesichtspunkt der effektiven Wahrung rechtlichen Gehörs als unhaltbar.

809 Die materielle Rechtskraft des Kostenfestsetzungsbeschlusses ist insofern problematisch, als die Entscheidung über den Antrag auf Festsetzung der Kosten gemäß § 21 Nr. 1 RPflG dem Rechtspfleger übertragen ist. Trotz der Weisungsfreiheit (§ 9 RPflG) genießt der *Rechtspfleger insoweit keine richterliche Unabhängigkeit i.S.d. Art. 97 GG* (so jedenfalls BVerfG, NJW 2000, S. 1709 ff., 1709; zu Recht kritisch *Gottwald*, FamRZ 2000, S. 1477 f.). Die materielle Rechtskraft der Rechtspflegerentscheidungen lässt sich jedoch dadurch rechtfertigen, dass das Gesetz eine (Kontroll-) Entscheidung des Richters sicherstellt, gleichviel, ob die Kostenfestsetzung der Anfechtung durch das Rechtsmittel der Beschwerde (§§ 104 Abs. 3 S. 1, 567 Abs. 1 ZPO) oder lediglich der sofortigen Erinnerung (§§ 11 Abs. 2, 567 Abs. 2 S. 2 ZPO) unterliegt.

810 *Zöller/Geimer*, § 294, Rn. 3; *Musielak/Huber*, § 294, Rn. 5; weitergehend MünchKommZPO-*Prütting*, § 294, Rn. 22, dem zufolge die erschwerende Regelung der Glaubhaftmachung bereits dann nicht anzuwenden sei, soweit sie gesetzlich nicht gefordert wird, sondern die Anordnung im Ermessen des Gerichts steht, vgl. z.B. §§ 118 Abs. 2 S. 1, 531 Abs. 2 S. 2 ZPO.

rechts rechtfertigen lässt. Dabei wird gemeinhin davon ausgegangen, dass der Gehörsanspruch den Parteien „ein Recht auf Information, Äußerung und Berücksichtigung" sichert.[811] Da sich die richterliche Überzeugung vom Vorliegen bestimmter Tatsachen aber nicht auf Grundlage bloßer Behauptungen bildet, muss das Äußerungsrecht denklogisch durch das Recht, Beweis dafür anzubieten, flankiert werden.[812] In diesem Sinne weist auch das Bundesverfassungsgericht auf die Pflicht des Gerichts hin, „erhebliche Beweisanträge" zu berücksichtigen.[813] Ebenso besteht in der Literatur gemeinhin die Überzeugung, dass der Gehörsanspruch letztlich ins Leere liefe, wenn er nicht auch das Recht zur Beweisführung umfasste und auf diese Weise dem zivilprozessualen Beibringungsgrundsatz Rechnung trüge.[814]

Gleichwohl findet sich in den Entscheidungen des Bundesverfassungsgerichts regelmäßig die Formel, dass Art. 103 Abs. 1 GG keinen Schutz davor biete, „daß ein angebotener Beweis aus Gründen des formellen oder materiellen Rechts nicht erhoben wird. Die Nichtberücksichtigung eines erheblichen Beweisangebots verstößt jedoch dann gegen Art. 103 I GG, wenn sie im Prozeßrecht keine Stütze mehr findet."[815] Auch nach der Ansicht *Waldners* gehöre zwar zur aggressiven Komponente des Äußerungsrechts das Recht, Beweis anzubieten, jedoch schließe das rechtliche Gehör keineswegs prozessuale Vorschriften aus, die zur Ablehnung von Beweisanträgen berechtigten. Diese

---

811 BVerfG, NJW 2003, S. 1924 ff., 1926; vgl. statt vieler *Nolte*, in *v.Mangoldt/Klein/Starck*, Art. 103 I, Rn. 29. Nur kraft dieser komplexen Wirkung vermag das Äußerungsrecht den Verfahrensbeteiligten instand zu setzen, effektiv Einfluss auf die gerichtliche Entscheidung nehmen zu können, vgl. BVerfGE 8, 89, 95. Soll sich der Gehörsanspruch nicht in einem formalen Beteiligungsrecht erschöpfen, ist dem Beteiligten nicht nur Gelegenheit zur rhetorischen Stellungnahme zu geben, sondern das Gericht zu verpflichten, dessen Ausführungen im Rahmen seiner Entscheidungsfindung zu berücksichtigen, vgl. BVerfGE 11, 218, 220, 34, 344, 347, 81, 97, 107, 83, 24, 35, 86, 133, 145; statt vieler *Schulze-Fielietz*, in *Dreier*, Art. 103 I, Rn. 58; *Nolte*, in *v.Mangoldt/Klein/Starck*, Art. 103 I, Rn. 53.

812 *Waldner*, S. 28, mit weiteren Nachweisen.

813 BVerfG, NVwZ 1995, S. 1096 f., 1097; BVerfGE 69, 141, 143.

814 Vgl. statt vieler *Schwab/Gottwald*, S. 53; *Rosenberg/Schwab/Gottwald*, § 85 III 1, S. 457; *Smid*, ZZP 97 (1984), S. 245 ff., 274. Zwar ist den Beteiligten rechtliches Gehör auch in Verfahren zu gewähren, in denen der Untersuchungsgrundsatz gilt (*Waldner*, S. 141), jedoch setzt die effektive Wahrung des Gehörsanspruchs hier nicht das Recht zur Beweisführung voraus. Das Gericht ist vielmehr verpflichtet, *von Amts wegen* die entscheidungserheblichen Tatsachen zu erforschen und ihre Wahrheit festzustellen. Dies ist etwa im summarischen Verfahren der Richterablehnung (§ 44 Abs. 2 ZPO) zu beachten, soweit der Prozessgegner des Antragstellers angehört wird; zum rechtlichen Gehör im Richterablehnungsverfahren allgemein vgl. *Waldner*, S. 147.

815 BVerfG, NVwZ 1995, S. 1096 f., 1097; vgl. auch BVerfGE 50, 32, 35 f.; BVerfGE 65, 305, 307; BVerfGE 69, 145, 148; erstmals in diesem Sinne BVerfGE 18, 380, 383.

Vorschriften steckten die Grenzen ab, bis zu denen die Beweisangebote nicht abgelehnt werden dürfen.[816] Obgleich die Effektivität eines (Verfahrens-) *Grundrechts* nicht zuletzt von einer rechtsklaren Definition des Schutzbereichs abhängt, scheint damit die herrschende Meinung den Beteiligten rechtliches Gehör nur nach Maßgabe dessen zuzugestehen, was die einfachgesetzliche Verfahrensordnung zulässt.[817] Auf diesen interpretatorischen Missstand, der letztlich zu einer „gesetzeskonformen Verfassungsauslegung" führte, weist insbesondere *Frohn* hin. Die methodische Schwierigkeit resultiert dabei aus der „grundrechtsprägenden Funktion" des einfachen Gesetzesrechts, die im Anwendungsbereich des Art. 103 Abs. 1 GG zu berücksichtigen ist.[818] So konturieren die Normen des einfachgesetzlichen (Verfahrens-) Rechts eigentlich erst den Tatbestand des Grundrechts, indem sie eine bestimmte Lebenssituation als eine solche „vor Gericht" definieren.[819] Gerade aber wegen der normgeprägten Tatbestandsstruktur ist es notwendig, einen grundrechtsspezifischen Schutzbereich des Gehörsanspruchs zu präformieren. Zumindest diesen Mindestanforderungen, die im Hinblick auf ein ausreichendes rechtliches Gehör von Verfassung wegen gestellt werden müssen, hat das einfache Recht, welches den Gehörsanspruch im Einzelnen ausgestaltet, zu genügen.[820] Sollte der Gesetzgeber in den verfassungsrechtlich gesicherten Schutzbereich eingreifen, ist der Eingriff entsprechend der allgemeinen Grundrechtsdogmatik auf seine verfassungsrechtliche Rechtfertigung zu untersuchen.[821]

---

816 *Waldner*, S. 29; *Waldner* (S. 24) spaltet den Gehörsanspruch grundsätzlich auf in eine *defensive* Komponente hinsichtlich aller – vom Gericht oder anderen Beteiligten eingebrachten – Entscheidungsgrundlagen und eine *aggressive* Komponente, die das Recht beinhalte, vor Gericht Anträge zu stellen und Ausführungen zu machen.

817 Ebenso *Frohn*, S. 45.

818 *Frohn*, S. 46; der Begriff der „grundrechtsprägenden Funktion" stammt ursprünglich von *Lerche*, 98. Zum weiteren Problem der inhaltlichen Determinierung des Gehörsanspruchs durch das vorkonstitutionelle, einfache Verfahrensrecht vgl. BVerfGE 9, 89, 96; *Frohn*, S. 45 ff..

819 *Frohn*, a.a.O..

820 BVerwG, NVwZ 1984, S. 234 f.. Zuweilen wird der spezifisch verfassungsrechtliche Gehalt des rechtlichen Gehörs auch „Minimalgarantie" (*Waldner*, S. 192 ff.) oder „Mindestbestand an Rechten" (*Kopp*, AöR 106 (1981), S. 604 ff., 618 f.) genannt. Kritisch insoweit *Mauder* (S. 60 ff.), der eine Kongruenz der einfachgesetzlichen Gehörsregelung mit dem verfassungsrechtlichen Schutzbereich verficht. Richtigerweise ist dabei jedoch die (Aus-) Gestaltungsfreiheit des Gesetzgebers zu berücksichtigen und deshalb zwischen Setzung und Anwendung des gehörsrelevanten einfachen Rechts zu unterscheiden, zutreffend *Waldner*, S. 193. Ungeklärt ist dabei aber, inwieweit diese verfassungsrechtliche Minimalgarantie einen Wesensgehaltsnukleus enthält, der auch vom Gesetzgeber nicht angetastet werden darf; zur Wesensgehaltsgarantie von Prozessgrundrechten allgemein vgl. *A.Bruns*, S. 172 ff..

821 Vgl. insoweit auch *Schmidt-Aßmann*, in *Maunz/Dürig*, Art. 103 I, Rn. 14 ff..

Demnach ist davon auszugehen, dass Art. 103 Abs. 1 GG dem Einzelnen – unabhängig von der konkreten einfachgesetzlichen Verfahrensausgestaltung – eine Stellung im Verfahren sichert, die darüber hinausgeht, ein bloßes Objekt der richterlichen Entscheidung zu sein, und ihm die Möglichkeit gibt, vor einer Entscheidung, die seine Rechte betrifft, zu Wort zu kommen, um als Subjekt Einfluss auf das Verfahren und sein Ergebnis nehmen zu können.[822] Zu diesem Zwecke ist dem Verfahrensbeteiligten vor Erlass der gerichtlichen Entscheidung *ausreichend Gelegenheit* zu geben, sich zu äußern und für seine Äußerungen Beweis zu erbringen[823].[824] Dieses Recht steht grundsätzlich auch den Beteiligten eines summarischen Verfahren zu.

Dabei besteht der Anspruch auf rechtliches Gehör nicht zeitlich unbegrenzt. Das Verfahrensgrundrecht fordert die Gelegenheit zur Äußerung, nicht die tatsächliche Äußerung der Beteiligten.[825] Aus diesem Grunde ist zu erwägen,

---

822 BVerfG, NJW 2003, S. 1924 ff., 1926.

823 Allein der Umstand, dass das Präsenzerfordernis von den Beteiligten verlangt, die Beweismittel zum Gericht zu bringen, dagegen das bloße Erbieten zur Glaubhaftmachung nicht ausreicht (*Baumbach/Lauterbach/Hartmann*, § 294, Rn. 9), steht als konsequente Umsetzung des Beibringungsgrundsatzes nicht im Konflikt zu Art. 103 Abs. 1 GG; zum Verhältnis des Beibringungsgrundsatzes zum rechtlichen Gehör vgl. *Waldner*, S. 5 f.. Dagegen dürfte im Hauptsacheverfahren die Effektuierung der Beweismittelbeibringung vermittels staatlicher Ordnungs- und Zwangsmittel (§§ 381, 390 ZPO) ein Gebot des Justizgewährungsanspruches sein.

824 Art. 103 Abs. 1 GG verpflichtet das Gericht grundsätzlich, die angebotenen Beweise zu erschöpfen, entscheidungserhebliche Beweisanträge zu erheben und von einer vorweggenommenen Beweiswürdigung abzusehen (vgl. etwa BVerfG, NJW-RR 2001, 1006 f.; NJW 1986, S. 833; weitere Nachweise bei *Baumbach/Lauterbach/Hartmann*, § 286, Rn. 24). Folgt man obiger Prämisse, dass dieser Schutzbereich des Verfahrensgrundrechts nicht ohne weiteres zur Disposition einfachgesetzlicher Regelungen stehen kann, ist auch § 287 Abs. 1 S. 2 ZPO auf seine verfassungsrechtliche Rechtfertigung hin zu untersuchen. Nach herrschender Meinung stellt § 287 Abs. 1 S. 2 ZPO nämlich die Beweiserhebung in das Ermessen des Gerichts und löst die Bindung des Gerichts an Beweisanträge der Parteien; vgl. etwa BGH, NJW 2002, S. 128 f.; NJW 1991, S. 1412 ff., 1413; *Gottwald*, S. 230; kritisch *Grunsky*, S. 456. Bedenken ergeben sich insbesondere, soweit der Normzweck, der die Schadensermittlung gemäß § 287 Abs. 1 ZPO trägt, nicht darin liegt, die tatsächliche Wirkung der materiellen Schadensersatzansprüche durch eine Reduzierung der Beweisanforderungen zu sichern (effektiver Rechtsschutz), sondern prozesswirtschaftliche Erwägungen (vgl. § 287 Abs. 2 ZPO) zugrunde liegen (*Stein/Jonas/Leipold*, 21. Aufl., § 287, Rn. 1).

825 Statt vieler *Schwab/Gottwald*, S. 55. Das Bundesverfassungsgericht weist insbesondere in den Entscheidungen zur Verfassungskonformität zivilprozessualer Präklusionsnormen auf die zeitliche Beschränkung des Verfahrensgrundrechts hin. Danach bestünden keine Bedenken gegen derartige Verfahrensvorschriften, soweit „die betroffene Partei *ausreichend Gelegenheit* zu ihrem Sachvortrag hatte, die Gelegenheit aber schuldhaft ungenutzt verstreichen ließ. Damit ist dem Anspruch auf rechtliches Gehör Genüge getan.“, BVerfGE 54, 117, 123.

ob der Anspruch auf rechtliches Gehör jedenfalls dadurch gewahrt wird, dass das Gericht den Beteiligten trotz des summarischen Verfahrens eine kurze Frist setzt, innerhalb deren sie die Beweismittel zur Substantiierung ihrer Tatsachenbehauptungen beschaffen und so für die Präsenz der Beweismittel im Entscheidungszeitpunkt sorgen können. Freilich kann das Setzen einer angemessenen Frist nicht bedeuten, den Entscheidungszeitpunkt solange hinauszuschieben, bis alle angebotenen Beweise tatsächlich beigebracht werden können und so einer sofortigen Beweisaufnahme nichts mehr im Wege steht. Das würde letztlich den Beschleunigungszweck des einfachgesetzlichen Präsenzerfordernisses unterminieren, der einen fixen, nicht der jeweiligen Erreichbarkeit eines Beweismittel unterliegenden (bzw. sofortigen) Entscheidungszeitpunkt voraussetzt. Andererseits ist zu beachten, dass Art. 103 Abs. 1 GG ein subjektives Verfahrensgrundrecht beinhaltet, dem eine typisierende Schutzbereichsdefinition grundsätzlich nicht gerecht zu werden vermag.[826] Das Präsenzerfordernis bedeutet damit wohl stets einen Eingriff in das Verfahrensgrundrecht, dem nur bei einer ausreichenden Rechtfertigung durch ein anderes Verfassungsgut verfassungsrechtliche Unbedenklichkeit bescheinigt werden kann.

d) Das Recht zur Beweisführung in einzelnen summarischen Verfahren

α) Das Verfahren über den Arrest bzw. die einstweilige Verfügung

Wird im Verfahren über den Arrest oder die einstweilige Verfügung die dreitägige Ladungsfrist (§ 217 ZPO) auf wenige Stunden abgekürzt, steht dies einer ausreichenden Gelegenheit zur Beweisführung im Sinne des Art. 103

---

826 Auch, wenn sich bestimmte Beweismittel typischerweise innerhalb einer bestimmten Frist beibringen lassen, kann der konkrete Einzelfall besondere, nicht vom Beteiligten zu vertretende Beibringungsschwierigkeiten aufweisen, die eine vom Regelfall abweichende Fristlänge notwendig machen. Das Bundesverfassungsgericht weist darauf hin, dass die Zurückweisung von Angriffs- und Verteidigungsmitteln nach dem Ablauf einer objektiv zu kurz bemessenen Frist gegen den Anspruch auf rechtliches Gehör verstoße (BVerfGE 49, 212, 216) bzw. der Ausschluss verspäteten Vorbringens ohne vorwerfbares Verhalten der präkludierten Partei mit dem Verfahrensgrundrecht nicht zu vereinbaren sei, BVerfG, NJW 1987, S 2003 ff., 2004 mit zahlreichen Nachweisen. Freilich bildet die *Vorwerfbarkeit* nicht in allen Fällen eine notwendige Voraussetzung für die Nichtberücksichtigung verspäteten Beteiligtenvorbringens. So befugt § 356 ZPO das Gericht, einen entscheidungserheblichen Beweisantrag – trotz sorgfältigen Prozessverhaltens der beweisbelasteten Partei – unberücksichtigt zu lassen, soweit der Aufnahme des Beweises ein auf ungewisse Dauer nicht behebbares Hindernis entgegensteht. Diese Regelung ist verfassungskonform (BVerfG, NJW 1985, S. 3005 f., 3006), da die Rechtsschutzeffektivität den Gegner vor einer überlangen bzw. ungewissen Verfahrensdauer schützt. Der Ausschluss verspäteten Vorbringens ohne vorwerfbares Beteiligtenverhalten ist folglich immer dann mit dem Verfahrensgrundrecht auf rechtliches Gehör vereinbar, soweit eine solche Regelung *zum Schutze eines anderen Verfassungsguts* erforderlich ist.

Abs. 1 GG von vorneherein entgegen. Vor allem dem Antragsgegner wird das Beweisführungsrecht faktisch genommen, wenn er sich zur Gegenglaubhaftmachung bestimmter Tatsachen bzw. etwaiger Einwendungen und Einreden ausschließlich auf Beweismittel stützen kann,[827] die sofort aufgenommen werden können. Dabei ist dieser Eingriff in den Anspruch auf rechtliches Gehör, wie auch die vollständige Versagung der vorherigen Anhörung, gerechtfertigt, wenn eine längere Ladungs- bzw. Äußerungsfrist das verfassungsrechtlich geschützte Recht des Gegners auf effektiven Rechtsschutz vereitelte.[828]

Da die Sicherung des materiellen Anspruches im Allgemeinen jedoch nicht von der endgültigen Einschränkung des Beweisführungsrechts abhängt, wäre der Eingriff nur dann verhältnismäßig, wenn dem Betroffenen die Möglichkeit gegeben wird, die zunächst ausgeschlossenen Beweise nachträglich nochmals anzubieten.[829] Gibt das Gericht einem Arrestgesuch nach mündlicher Verhandlung durch Urteil (§ 922 Abs. 1 ZPO) statt, kommt eine Nachholung der Gehörsgewährung durch das Berufungsgericht in Betracht. Dabei bietet die Rechtsmittelinstanz grundsätzlich nur dann einen angemessenen Verfahrensraum zur Nachholung rechtlichen Gehörs, wenn das Rechtsmittelgericht die Beweisangebote tatsächlich noch berücksichtigen kann.[830] Diese funktionale Gleichwertigkeit im Vergleich zum erstinstanzlichen Verfahren weist die zivilprozessuale Berufungsinstanz trotz der Verschärfung der Präklusionsvorschriften durch das ZPO-Reformgesetz[831] auf. Das Berufungsgericht hat nämlich die angebotenen Beweise auch dann aufzunehmen, wenn sie in der ersten Instanz wegen § 294 Abs. 2 ZPO ausdrücklich zurückgewiesen wurden. So fällt der gesetzliche Ausschluss nichtpräsenter Angriffs- und Verteidigungsmittel (§ 294 Abs. 2 ZPO) weder unter § 531 Abs. 1 ZPO noch beruht die Nichtberücksichtigung auf einer Nachlässigkeit im Sinne des § 531

---

827 Zur Behauptungs- und Beweislast im summarischen Verfahren vgl. *Stein/Jonas/Grunsky*, § 920, Rn. 10 ff..

828 Zum Recht auf wirkungsvollen Rechtsschutz allgemein vgl. BVerfG, NJW 2003, S. 1924 ff., 1924; zur Funktion dieses Rechts als Schranke des Art. 103 Abs. 1 GG vgl. statt vieler *Schmidt-Aßmann*, in *Maunz/Dürig*, Art. 103 I, Rn. 14 ff..

829 Geht man davon aus, dass Art. 103 Abs. 1 GG grundsätzlich das Recht auf *vorherige* Anhörung gewährleistet (*Schmidt-Aßmann*, in *Maunz/Dürig*, Art. 103 I, Rn. 14 f.), ist die Nachholung der Anhörung korrekterweise als Heilung des Schutzbereichseingriffs anzusehen, BVerfGE 5, 9, 10; *Schwab/Gottwald*, S. 56; a.A. *Pieroth/Schlink*, Rn. 1081 f., wonach aufgrund der Normgeprägtheit des Art. 103 Abs. 1 GG gar kein Eingriff vorläge.

830 *Schwab/Gottwald*, S. 56, wonach regelmäßig eine weitere Tatsacheninstanz notwendig sei; *Schmidt-Aßmann*, in *Maunz/Dürig*, Art. 103 I, Rn. 19; zur Heilung einer Gehörsverkürzung vgl. auch BVerfGE 5, 9, 10.

831 BT-Drucks. 14/4722, S. 64, 100 ff..

Abs. 2 Nr. 3 ZPO.[832] Selbst unter der Annahme, dass sich die Besonderheiten des summarischen Verfahrens in jedem Falle auch in der Rechtsmittelinstanz fortsetzten,[833] stünde dieser Umstand der grundsätzlichen Heilbarkeit einer Gehörsverkürzung in der Rechtsmittelinstanz nicht entgegen.[834] So hat der Beschwerte unter Ausnutzung der einmonatigen Rechtsmittelfrist die Gelegenheit, für die Präsenz des Beweismittels zu sorgen, indem er seiner Rechtsmittelschrift schriftliche Aussagen (an Eides statt, § 294 Abs. 1 ZPO) oder privat eingeholte Sachverständigengutachten beifügt[835] bzw. bis zur mündlichen Berufungsverhandlung für die Präsenz der Zeugen und Sachverständigen sorgt. Der Bundesgerichtshof weist in diesem Zusammenhang ausdrücklich darauf hin, dass die Ladung eines Zeugen durch eine den Termin vorbereitende Maßnahme (§ 273 Abs. 1 Nr. 4 ZPO) im Hinblick auf § 294 Abs. 2 ZPO keinen Bedenken begegnet.[836] Dabei hat er insbesondere auch Gelegenheit, zu Gesichtspunkten, die erst durch die Glaubhaftmachung des Prozessgegners auftauchen, und auf die der Beteiligte aufgrund des Präsenz-

832 Auch wenn das Arrestgesuch nach mündlicher Verhandlung durch Urteil abgelehnt wurde, dürfen in der Berufungsinstanz nunmehr präsente Beweismittel des *Antragstellers* nicht nach § 531 Abs. 2 Nr. 3 ZPO zurückgewiesen werden. Dass die nichtpräsenten Beweismittel erstinstanzlich nicht geltend gemacht werden konnten, mag zwar unter Umständen darauf beruhen, dass der Antrag zeitlich vor der sofortigen Verfügbarkeit des Beweismittels gestellt wurde, jedoch liegt darin keine nachlässige Nichtgeltendmachung eines *Angriffsmittels* i.S.d. § 531 Abs. 2 Nr. 3 ZPO, sondern allenfalls eine vorwerfbare *Verfrühung des Angriffs*.

833 Nach Ansicht *Walkers* (*Schuschke/Walker*, § 922, Rn. 18, 21) gölten die beschleunigungswirksamen Besonderheiten des Arrestverfahrens, insbesondere die Glaubhaftmachung, aufgrund der Eilbedürftigkeit auch in der Rechtsmittelinstanz, ebenso *Stein/Jonas/Grunsky*, § 922, Rn. 30. Vermag die These im Falle der erstinstanzlichen Versagung vorläufigen Rechtsschutzes ohne weiteres zu überzeugen, ergeben sich bei der Anfechtung einer stattgebenden Entscheidung Zweifel; insbesondere liegt die Eilbedürftigkeit, die sich aus der drohenden Rechtsvereitelung *zu Lasten des Antragstellers* ergab, nicht mehr vor, da weder die Berufung noch die Beschwerde (§ 570 Abs. 1 ZPO) aufschiebende Wirkung zeitigen. Ein Interesse an einem beschleunigten Verfahren, das zu einer raschen Entscheidung über die Rechtmäßigkeit einer Anordnung führte, ließe sich allenfalls *auf Seiten des Antragsgegners* bejahen, droht diesem doch durch eine zwischenzeitliche Vollziehung der angeordneten Maßregel eine faktische Rechtsvereitelung. Doch rechtfertigte dieses abstrakte Beschleunigungsinteresse gerade nicht, entscheidungserhebliche Beweisangebote des *Antragsgegners* unberücksichtigt zu lassen und deshalb *von einer Aufhebung* des erstinstanzlichen Arrests oder der einstweiligen Verfügung *abzusehen*.

834 Wurde der Anspruch auf rechtliches Gehör im Verfahren des einstweiligen Rechtsschutzes verkürzt, genügte nach dem Bundesverfassungsgericht (NJW 2003, S. 1924 ff., 1927) gar die Nachholung des rechtlichen Gehörs im Hauptsacheverfahren.

835 Weitere Beispiele siehe bei *Stein/Jonas/Leipold*, 21. Aufl., § 294, Rn. 11 ff..

836 BGH, FamRZ 1989, S. 273 f.; *Stein/Jonas/Leipold*, 21. Aufl., § 294, Rn. 11, § 273, Rn. 29; *Stein/Jonas/Grunsky*, § 922, Rn. 23.

gebots in der ersten Instanz nicht mehr reagieren konnte, nunmehr Stellung zu nehmen.[837] Ordnete das Gericht den Arrest oder die einstweilige Verfügung ohne mündliche Verhandlung (§ 922 Abs. 1 ZPO) durch Beschluss an, lässt sich das verkürzte Beweisführungsrecht in der mündlichen Verhandlung nach Einlegung des Widerspruchs gemäß § 924 Abs. 1 ZPO bzw. in der Rechtsmittelinstanz nach Einlegung der Berufung gegen das Bestätigungsurteil (§ 925 Abs. 1 ZPO) nachholen.[838]

β) Die summarischen Zwischenentscheidungen und die Kostengrundentscheidungen gemäß §§ 91 a Abs. 1, 269 Abs. 3 S. 3 und Abs. 4 ZPO

Diese Kompensationsfunktion des Rechtsmittelverfahrens lässt sich nicht unbesehen auf andere summarische Verfahren übertragen. Stets ist zunächst die Rechtfertigung eines vermeintlichen Eingriffs zu untersuchen, beruht doch die Anordnung der Glaubhaftmachung vielfach nicht auf dem Bedürfnis, die Durchsetzbarkeit privater Rechte im Sinne des effektiven Rechtsschutzes zu erhalten, sondern auf rein *prozessökonomischen* Erwägungen. Gerade etwa die Verfahren, welche zum Erlass der Kostengrundbeschlüsse im Sinne der §§ 91 a, 269 Abs. 3 S. 3 ZPO führen, werden gemeinhin auf präsente Beweismittel beschränkt, um eine schnelle und ohne Aufwand zu erlangende Kostenentscheidung zu ermöglichen.[839] Nach Ansicht *Smids*[840] dürfe jedoch die grundrechtlich verbürgte Gewährung rechtlichen Gehörs nicht durch prozessökonomische Aspekte relativiert werden. Art. 103 Abs. 1 GG hätte die unmittelbare verfahrensrechtliche Konsequenz, dass das Gericht verpflichtet wäre, den Parteien die Möglichkeit einzuräumen, mit ihrem Vorbringen gehört zu werden. Das Gericht wäre demnach stets gehalten, *allen entscheidungserheblichen Beweisangeboten* nachzugehen.[841] Der gesetzliche Beschleunigungszweck wäre „bedingungslos einer verfassungskonformen Interpretation des § 91 a ZPO" zu opfern.

---

837 Zu dieser dialektischen Qualität des rechtlichen Gehörs vgl. insbesondere *Schwab/Gottwald*, S. 52; *Smid*, S. 276.

838 Da das Präsenzgebot respektive die Glaubhaftmachung auch in der mündlichen Verhandlung nach Einlegung eines Widerspruchs gilt (statt vieler vgl. *Stein/Jonas/Grunsky*, § 925, Rn. 14), sind die Prozessbeteiligten auf die Berufungsinstanz zu verweisen, soweit sie sich bestimmten entscheidungserheblichen Gesichtspunkten erstmals in der erstinstanzlichen mündlichen Verhandlung gegenübersehen und diesen nur mit nichtpräsenten Beweismittel begegnen könnten. Schon hier ist jedoch einschränkend anzumerken, dass aufgrund der *Unbefristetheit* des Widerspruchs die Endgültigkeit des stattgebenden Beschlusses ohnehin erst dann einkehren kann, nachdem der Arrest durch Urteil (§ 925 ZPO) bestätigt worden ist.

839 Vgl. *Smid*, MDR 1985, S. 189 ff., 190; ders., ZZP 97 (1984), S. 246 ff., 250 ff..

840 A.a.O..

841 Soweit die Beweiserhebung nicht ohnehin nach allgemeinen zivilprozessualen Grundsätzen, etwa aufgrund Präklusion (§§ 282, 296 ZPO) des betreffenden Vorbringens, abgeschnitten sei, *Smid*, ZZP 97 (1984), S. 245 ff., 275.

Dem ist insoweit beizupflichten, als der Grundsatz der Prozessökonomie niemals einen Eingriff in den Schutzbereich des Art. 103 Abs. 1 GG zu rechtfertigen vermag. Trotz seines unbeschränkten Wortlauts sind dem Verfahrensgrundrecht auf rechtliches Gehör zwar Schranken gesetzt, doch können diese ausschließlich durch gleichrangige Schutzgüter der Verfassung markiert werden.[842] Insbesondere „Grundrechte Dritter und andere mit Verfassungsrang ausgestattete Rechtswerte sind mit Rücksicht auf die Einheit der Verfassung und die von ihr geschützte gesamte Wertordnung ausnahmsweise imstande, auch uneinschränkbare Grundrechte in einzelnen Beziehungen zu begrenzen“[843]. Einen solchen Verfassungsrang nimmt die Prozessökonomie aber nicht ein. Vielmehr ist sie lediglich eine prozessuale Ausformung des allgemeinen Verhältnismäßigkeitsgebots, hat doch der Staat, der das eigenmächtige Verfolgen von Ansprüchen verbat, Recht und Gerechtigkeit mit der geringstmöglichen Belastung und Verzögerung für den Bürger herzustellen:[844] Unter möglichen Verfahrensgestaltungen gibt die Prozessökonomie den Ausschlag zugunsten der billigsten und schnellsten Gestaltung. Prozessökonomisch ist ein Verfahren, das die Zielsetzungen des Prozesses mit einem Minimum an Aufwand maximal verwirklicht.[845] Als rechtsethisches Prinzip spielen prozessökonomische Erwägungen dabei nicht nur im rechtspolitischen Bereich, also im Rahmen der Gesetzgebung, eine Rolle, sondern sind auch im Rahmen der Gesetzesauslegung zu beachten.[846] Darin liegt aber zugleich die Grenze einer verfahrensökonomischen Argumentation, die niemals geeignet ist, „den vom Gesetz vorgesehenen prozessualen Weg zu verschließen und damit die Partei in ihren ‚prozessualen Rechten' zu beschneiden.“[847] Die Prozesswirtschaftlichkeit vermag demnach weder einfaches Recht zu derogieren noch lässt sich damit ein Eingriff in kollidierendes Verfassungsrecht rechtfertigen. Insbesondere *Lindacher* hält diesen Vorrang des verfassungsrechtlichen Gehörgewährleistungsgebots vor Verfahrensökonomieerwägungen für überdehnt und wendet ein, dass dieser Ansatz – zum Grundsatz gewendet – letztlich dazu führte, dass jede streitige Prozesslage über eine vollständige Beweisaufnahme zu klären wäre.[848] Dabei wird jedoch übersehen, dass das

---

842 *Schmidt-Aßmann*, in *Maunz/Dürig*, Art. 103 I, Rn. 16.

843 BVerfGE 28, 243, 261, 49, 24, 56; vgl. insoweit auch *Schmidt-Aßmann*, in *Maunz/Dürig*, Art. 103 I, Rn. 17.

844 *Schumann*, FS für *Larenz* (1973), S. 271 ff., 281; *Gottwald*, ZZP 93 (1980), S. 1 ff., 20; *Noske*, S. 58 ff..

845 *Schumann*, FS für *Larenz* (1973), S. 271 ff., 277 f..

846 *Schumann*, FS für *Larenz* (1973), S. 271 ff., 273 ff..

847 *Gaul*, ZZP 74 (1961), S. 49, 80; einhellige Meinung vgl. *Schumann*, FS für *Larenz* (1973), S. 271 ff., 287; *Gottwald*, ZZP 93 (1980), S. 1 ff., 20; *Tappeiner*, S. 138 f..

848 Vgl. MünchKommZPO-*Lindacher*, § 91 a, Rn. 22 f..

rechtliche Gehör in den meisten Fällen tatsächlich durch Rechtsgüter mit Verfassungsrang wirksam begrenzt wird.[849]

Bedingt nämlich nicht die effektive Durchsetzbarkeit materieller Rechte eine Verkürzung des rechtlichen Gehörs, kommt besonders das verfassungsrechtliche *Beschleunigungsgebot* als egalisierendes Rechtsgut in Betracht, welches zugleich ein objektiv-institutionelles Element des Rechtsstaatsprinzips und eine Ausformung des verfassungsrechtlich geschützten Rechts auf wirkungsvollen Rechtsschutz darstellt.[850] Der Anspruch auf wirksamen Rechtsschutz verlangt dabei nicht nur einen faktischen Verfahrenszugang, sondern zugleich eine beschleunigte Verfahrensabwicklung bis zur eigentlichen Sachentscheidung.[851] Auch nach Auffassung des Bundesverfassungsgerichts müssen strittige Rechtsverhältnisse im Interesse der Rechtssicherheit in angemessener Zeit geklärt werden.[852] Dabei ist die Bemessung einer „unverhältnismäßig langen Prozessdauer" noch von mancher Unsicherheit geprägt.[853] Dennoch dürfte außer Zweifel stehen, dass die Herbeiführung einer Streitentscheidung in angemessener Zeit nicht der Prozesswirklichkeit entspräche und letzten Endes gar die „Funktionsfähigkeit der Rechtspflege"[854] gefährdete, soweit der Gehörsanspruch das Gericht tatsächlich verpflichtete, jedwede *prozessuale Vorfrage* erst nach einer vollständigen Sachaufklärung und der Aufnahme auch nichtpräsenter Beweismittel zu entscheiden. Zur Wahrung der Rechtsschutzeffektivität erscheint es gerechtfertigt, das rechtliche Gehör vor Verfahrens- bzw. Zwischenentscheidungen, die nur der *Vorbereitung der eigentlichen Sachentscheidung* dienen, generell einzuschränken.[855] Namentlich im Verfahren der

---

849 *Schmidt-Aßmann*, in *Maunz/Dürig*, Art. 103 I, Rn. 18. Zur Kontroverse, ob kollidierendes Verfassungsrecht den Schutzbereich eines Grundrechts begrenzt oder als Eingriffsrechtfertigung dient, vgl. *Pieroth/Schlink*, Rn. 314 ff..

850 *Benda/Weber*, ZZP 96 (1983), S. 285 ff., 298; BVerfG, NJW 2003, S. 1924 ff.; *Schmidt-Aßmann*, in *Maunz/Dürig*, Art. 103 I, Rn. 18; *Schwab/Gottwald*, S. 57; *Gottwald*, ZZP 93 (1980), S. 1 ff., 12.

851 *Gottwald*, a.a.O.; vgl. auch BVerfGE 54, 39, 41; MünchKommZPO-*Lüke*, Einl., Rn. 146; *Tappeiner*, S. 180.

852 BVerfG, NJW 2001, S. 214 ff., 215; vgl. auch BVerfGE 88, 118, 124; BVerfG, NJW 1997, S. 2811 ff., 2812; BVerfG, NJW 2000, S. 797.

853 Vgl. BVerfG, NJW 2001, S. 214 ff., 215.

854 *Schmidt-Aßmann*, in *Maunz/Dürig*, Art. 103 I, Rn. 18; kritisch zum Argumentationstopos der Funktionsfähigkeit der Rechtspflege, *A.Bruns*, S. 171 f..

855 Das Präsenzgebot in summarischen Verfahren steht einer zeitaufwendigen Sachaufklärung in Form einer gesonderten Beweisaufnahme entgegen und ist deshalb *geeignet*, das jeweilige Hauptsacheverfahren bis zur eigentlichen Sachentscheidung zu beschleunigen und die Möglichkeit, binnen angemessener Zeit zu einer richterlichen Entscheidung zu gelangen, zu steigern. § 294 Abs. 2 ZPO ist zudem *notwendig*, da sich ein vergleichbares Maß an Verfahrensbeschleunigung durch eine andere Regelung, die das rechtliche Gehör weniger verkürzte, nicht erreichen lässt. Namentlich böte auch eine den § 296 Abs. 1 ZPO entsprechende Zurückweisungsregelung keine

Richterablehnung (§ 44 Abs. 2 ZPO), der Nebenintervention (§ 71 Abs. 1 S. 2 ZPO), der Fristverkürzung oder -verlängerung (§ 224 Abs. 2 ZPO), der Terminsänderung (§ 227 Abs. 2 ZPO) oder der Zurückweisung verspäteten Vorbringens (§ 296 Abs. 4 ZPO) erscheint deshalb die Anordnung der Glaubhaftmachung respektive die Bindungswirkung der ergehenden Beschlüsse verfassungsrechtlich unbedenklich.[856]

Anders ist dies allerdings bei den vorgenannten Kostengrundbeschlüssen gemäß §§ 91 a, 269 Abs. 3 S. 3, Abs. 4 ZPO, welche der eigentlichen Sachentscheidung nicht vorgeschaltet sind, sondern nach übereinstimmender Erledigungserklärung oder wirksamer Klagerücknahme in selbständigen Beschlussverfahren ergehen. Eine Verkürzung des rechtlichen Gehörs in den Verfahren nach §§ 91 a, 269 Abs. 3, 4 ZPO kann damit von vorneherein nicht dem Ziel einer beschleunigten Herbeiführung einer übergreifenden *Hauptsacheentscheidung* dienen. Das *Beschlussverfahren* aber würde durch eine gesonderte Beweisaufnahme nicht derart in die Länge gezogen, dass eine Verkürzung im Interesse des Beschleunigungsgebots angezeigt wäre, zumal das Verfahren, das zum Erlass der Kostengrundentscheidung führt, nicht schon mit Klageerhebung, sondern erst nach übereinstimmender Erledigungserklärung oder Antragstellung (§ 269 Abs. 4 ZPO) beginnt.

Würde folglich Art. 103 Abs. 1 GG das Gericht verpflichten, den Beteiligten vor Erlass der Kostengrundentscheidungen (§§ 91 a Abs. 1, 269 Abs. 3 S. 3 ZPO) ausreichend Gehör zu verschaffen, und würden dennoch nur sofort aufnehmbare Beweise berücksichtigt, würde das Verfahrensgrundrecht in ungerechtfertigter Weise verletzt, soweit keine zumutbare Möglichkeit bestand, für die Präsenz entscheidungserheblicher Beweise im Entscheidungszeitpunkt zu sorgen.[857] Dabei würden gerade eine jener Verfahrensvorgaben nicht be-

---

gleichwertige Alternative, da verspätetes Vorbringen demnach nur bei einem vorwerfbaren Verhalten des Beteiligten präkludiert würde. § 294 Abs. 2 ZPO erklärt dagegen alle nicht sofort aufnehmbaren Beweise zu unstatthaftem Vorbringen und schließt damit eine gesonderte Beweisaufnahme auch bei sorgfältigem Beteiligtenverhalten aus. Schließlich bringt die Regelung den Konflikt zwischen dem Anspruch auf rechtliches Gehör und dem Beschleunigungsgebot wohl auch zu einem *angemessenen* Ausgleich. Insbesondere tangiert das Präsenzerfordernis weder das durch Art. 103 Abs. 1 GG geschützte Informations- und Äußerungsrecht noch wird das Recht zur Beweisführung gänzlich genommen. Die Glaubhaftmachung begrenzt zwar in zeitlicher Hinsicht das Beweisführungsrecht, jedoch wird dafür der Kreis der zulässigen Beweismittel nicht unerheblich erweitert (§ 294 Abs. 1 ZPO). Vor allem aber ist zu berücksichtigen, dass aufgrund der Regelung keine Angriffs- oder Verteidigungsmittel ausgeschlossen werden, die sich auf die Hauptsache beziehen.

856 Weitere Beispiele bei *Scherer*, S. 9 ff..

857 Eine Heilung der Gehörsverkürzung durch eine nachträgliche Anhörung in der Beschwerdeinstanz scheidet aus, da die Beteiligten grundsätzlich vor Erlass der Entscheidung anzuhören sind. Eine nachträgliche Anhörung greift in den Schutzbereich

achtet, welche der Bestandskraft gerichtlicher Entscheidungen ihre rechtsstaatliche Legitimität gäben.[858] Andererseits ist freilich zu gewärtigen, dass vom prozessökonomischen Anliegen dieser Regelungen letztlich nichts übrig blieb, ginge das Gericht stets auch nicht-präsenten Beweisen nach.[859]

Einen Weg aus diesem Dilemma weist *Smid*[860], der den *Kostenbeschluss gemäß § 91 a ZPO* seiner gehörspezifischen Relevanz enthebt, indem er die Zustimmung[861] des Beklagten zur klägerischen Erledigungserklärung als Abstandsnahme von der möglichen weiteren Verteidigung interpretiert. Der *Beklagte* habe es grundsätzlich in der Hand, „durch die Erklärung eines sofortigen Anerkenntnisses der Klage bei Wegfall seiner Einwendungen während des Prozesses oder durch Beibehaltung seines Klageabweisungsantrags in anderen Fällen mit seinen gegen die Klage vorgebrachten Einwendungen weiterhin Gehör zu finden“ und „seine Einwendungen mittels der Instrumentarien eines unabgekürzten Erkenntnisverfahrens unter Beweis zu stellen“.[862] Würde der *Beklagte* demnach einer Erledigungserklärung zustimmen, wäre davon auszugehen, dass er die *ausreichende Gelegenheit zur Gehörverschaffung*, die sich im Erledigungsstreit oder im Verfahren nach § 93 ZPO geboten hätte, bewusst nicht wahrnahm und insoweit auf das Recht zur Beweiserhebung verzichtete. Ein Interesse des *Klägers* an weiterer Sachaufklärung sei aufgrund der grundsätzlichen Kostentragungspflicht des Beklagten, die im Sinne eines „confessus pro iudicato habetur“ dessen Verhalten zu entnehmen sei, regelmäßig nicht gegeben.[863] Nach *Lindacher*[864] spreche gegen diesen Ansatz, dass der Beklagte dadurch in den – rechtspolitisch unerwünschten – Erledigungsstreit getrieben würde. Indes ist dieser Einwand unberechtigt, spart sich

des Verfahrensgrundrechts ein und bedürfte einer Rechtfertigung durch das Schutzbedürfnis gewichtiger Interessen; vgl. BVerfGE 63, 227 ff., 233 f.; weitere Nachweise bei *Schmidt-Aßmann*, in *Maunz/Dürig*, Art. 103 I, Rn. 94. Die Nachholung vermag – mit anderen Worten – nur einen gerechtfertigten Eingriff, keine unzulässige Verletzung des Verfahrensgrundrechts zu heilen.

858 BVerfG, NJW 2003, S. 1924 ff., 1924.

859 Soweit das Gericht das Vorbringen nicht schon aufgrund individualisierender Verspätungsvorschriften (§§ 282, 296 ZPO), die den Ausschluss erheblicher Angriffs- und Verteidigungsmittel vom konkreten Verhalten der Beteiligten abhängig machen, zurückzuweisen vermag.

860 *Smid*, ZZP 97 (1984), S. 245 ff., 301.

861 Vgl. den im geplanten Justizmodernisierungsgesetz (www.bmj.de) vorgesehenen § 91 a Abs. 1 S. 2 ZPO; danach müsste der Beklagte innerhalb einer zweiwöchigen Notfrist ausdrücklich widersprechen, um einen Kostenbeschluss nach § 91 a Abs. 1 S. 1 ZPO vermeiden zu können.

862 *Smid*, ZZP 97 (1984), S. 299 f..

863 *Smid*, MDR 1985, S. 189, 192; ausnahmsweise ist eine Beweisaufnahme nur dann nicht obsolet, wenn dem Gericht ein Mehr an Sachverhalt vorliegt, als er in den Erledigungserklärungen der Beteiligten angesichtig wird, *Smid*, a.a.O..

864 MünchKommZPO, § 91 a, Rn. 53.

der Beklagte durch die Erledigung der Streitsache doch die Gebührendifferenz im Vergleich zur Entscheidung des Erledigungsstreits nach vollständiger Beweiserhebung.[865] Läge man folglich die Zustimmung des Beklagten zur klägerischen Erledigungserklärung im Sinne *Smids* aus, ließe sich die prozessökonomische Funktion des § 91 a ZPO wahren, ohne dabei den Anspruch auf rechtliches Gehör verletzen zu müssen.[866]

Hingegen lässt sich das Verhalten des Beklagten im Falle einer Klagerücknahme gemäß § 269 Abs. 3 S. 3 ZPO nicht als Abstandsnahme einer möglichen weiteren Verteidigung interpretieren. Ist nämlich der Anlass zur Einreichung der Klage vor Rechtshängigkeit weggefallen und wurde die Klage daraufhin unverzüglich zurückgenommen, unterliegt der Verfahrensweg, der letztlich in das summarische Beschlussverfahren mündet, zu keinem Zeitpunkt der Einflussnahme des Beklagten. Eine prozessuale Alternative zum summarischen Kostenverfahren im Sinne des § 269 Abs. 3 S. 3 ZPO bietet sich für den Beklagten nicht. Insbesondere ist für die Wirksamkeit der klägerischen Prozesshandlung nicht die Zustimmung des Beklagten vonnöten. Erst nach Beginn der mündlichen Verhandlung hängt der Entfall des Hauptsachestreits, in dem sich dem Beklagten ausreichend Gelegenheit geboten hätte, Gehör zu verschaffen, von dessen Einwilligung in die Klagerücknahme ab.[867] Im Vergleich zur Situation der Erledigung nach Rechtshängigkeit liegt hierin eine „umgekehrte Asymmetrie"[868] der prozessualen Parteistellungen. Lediglich dem Kläger steht es in dieser Verfahrenskonstellation offen, sich für eine vollständige Aufklärung des Sachverhalts zu entscheiden und die Klage mit der Kostenlast gemäß § 269 Abs. 3 S. 2 ZPO zurückzunehmen, um in einem gesonderten Prozess eine Entscheidung nach streitiger Verhandlung zu errei-

---

865 *Smid*, ZZP 97 (1984), S. 245 ff., 302.

866 *Smid*, ZZP 97 (1984), S. 245 ff., 313. Alternativ schlägt *Elzer* (NJW 2002, S. 2006 ff., 2007) vor, dass der Kläger – ungeachtet einer denkbaren, aber vom Kläger wegen der Unwägbarkeit der Billigkeitsentscheidung nicht gewollten übereinstimmenden Erledigungserklärung – eine Kostenfeststellungsklage „weiter" verfolgen dürfe, soweit davon auszugehen wäre, dass er bei streitiger Entscheidung voll obsiegte. Gestünde man dem Kläger diese prozessuale Möglichkeit grundsätzlich zu, erschiene eine offene Billigkeitsentscheidung nach übereinstimmender Erledigungserklärung (§ 91 a ZPO) tatsächlich unbedenklich, verzichtete der Kläger doch auf die Kostenfeststellungsklage und damit auf die „ausreichende Gelegenheit" der Anhörung. Der Nachteil an dieser Lösung ist jedoch, dass der Beklagte letztlich keine Möglichkeit hätte, durch eine Zustimmung zur klägerischen Erledigungserklärung die Kosten des Verfahrens niedrig zu halten.

867 In praxi dürften jedoch kaum Fälle auftreten, in denen infolge eines „erledigenden" Ereignisses vor Klagezustellung die Rücknahme der Klage gleichwohl erst nach Beginn der mündlichen Verhandlung (§ 269 Abs. 1 ZPO) erklärt wird.

868 Vgl. insoweit *Smids* Betrachtung der prozessualen Ausgangslage im Falle der übereinstimmenden Erledigungserklärung, ZZP 97 (1984), S. 245 ff., 301.

chen. Angesichts dieser ungleichen prozessualen Reaktionsmöglichkeiten der Verfahrensbeteiligten wäre es mit dem Anspruch auf rechtliches Gehör nicht vereinbar, wenn das Äußerungsrecht des Beklagten durch ein Präsenzgebot eingeschränkt würde. Darüber hinaus widerspräche eine rigide Begrenzung auf den bisherigen Sach- und Streitstand häufig auch dem klägerischen Interesse. So weist *Elzer*[869] zutreffend darauf hin, dass vor allem jenen Klägern, welche die Ungewissheit der summarischen Billigkeitsentscheidung scheuten, auch nach Einführung des § 269 Abs. 3 S. 3 ZPO die prozessuale Möglichkeit offen stehen müsse, eine Entscheidung nach vollständiger Sachaufklärung herbeizuführen.[870] *Elzer* bejaht aus diesem Grunde die Zulässigkeit einer Klageänderung auf Feststellung der Kostentragungspflicht des Beklagten. Diese prozessuale Vorgehensweise ist jedoch abzulehnen, da sie der Normvorstellung des Gesetzgebers völlig zuwiderliefe. So wurde die privilegierte Klagerücknahme gemäß § 269 Abs. 3 S. 3 ZPO gerade deshalb geschaffen, weil eine Feststellungsklage angesichts der Bezifferbarkeit des Schadens unzulässig ist.[871] Dem Kläger bliebe stattdessen nur, die Klage mit der Kostenlast gemäß § 269 Abs. 3 S. 2 ZPO zurückzunehmen und einen etwaigen materiellen Kostenerstattungsanspruch gesondert zu verfolgen. Das Anliegen des Gesetzgebers, aus Gründen der Prozessökonomie einen Folgeprozess über die Kostenerstattung zu vermeiden,[872] droht angesichts solcher prozessualer Ausweichmanöver freilich konterkariert zu werden.

Ein kategorischer Ausschluss der Beweiserhebung widerspräche somit nicht nur dem verfassungsrechtlichen Anspruch auf rechtliches Gehör, sondern auch der prozesswirtschaftlichen ratio des § 269 Abs. 3 S. 3 ZPO. Statt eines strikten Präsenzerfordernisses sollte deshalb die Entscheidung über das Ausmaß der Sachaufklärung den Parteien überantwortet werden. Im idealtypischen Fall[873], in dem tatsächlich ein Anlass zur Klage bestand, wird der

---

869 NJW 2002, S. 2006 ff., 2007.

870 Darüber hinaus sei das Rechtsschutzbedürfnis für eine Kostenfeststellungsklage auch dann gegeben, wenn der Kläger die Rücknahme der Klage nicht unverzüglich erklärte. An der Berechtigung des *Unverzüglichkeitskriteriums* als Beschränkung der privilegierten Klagerücknahme (§ 269 Abs. 3 S. 3 ZPO) mag man zurecht zweifeln (vgl. etwa *Hannich/Meyer-Seitz/Engers*, § 269, Rn. 11; das geplante Justizmodernisierungsgesetz sieht nunmehr eine Streichung der Unverzüglichkeit der Klagerücknahme vor, zur Begründung des Entwurfes vgl. www.bmj.de), doch steht angesichts des Gesetzeswortlauts und der Gesetzesbegründung (BT-Drucks. 14/4722, S. 81) außer Zweifel, dass im Falle einer versäumten Klagerücknahme die Kostenautomatik des § 269 Abs. 3 S. 2 ZPO eingreift und der Kläger auf die gesonderte Verfolgung seines materiellen Kostenerstattungsanspruchs verwiesen ist.

871 BT-Drucks. 14/4722, S. 81.

872 BT-Drucks. 14/4722, S. 81.

873 Den der Gesetzgeber offensichtlich vor Augen hatte, vgl. BT-Drucks. 14/4722, S. 81.

Beklagte[874], um die Kosten des Verfahrens niedrig zu halten,[875] die Behauptungen des Klägers ohnehin nicht bestreiten und erst recht keinen Gebrauch von seinem grundsätzlichen Recht zur Beweisführung machen. Das Gericht entscheidet sodann über die Schlüssigkeit der Klage im Moment des „erledigenden Ereignisses“ bzw. über den geltend gemachten materiellen Kostenerstattungsanspruch.[876] Bestreitet der Beklagte demgegenüber die klägerischen Behauptungen oder möchte der Kläger das Risiko einer Entscheidung zu seinen Lasten nicht eingehen und bietet deshalb weitergehenden Beweis an, ist selbst jenen Beweisen nachzugehen, die nicht sofort aufgenommen werden können. Dabei lässt sich diese Auslegung durchaus mit dem Gesetzeswortlaut vereinbaren. Gemäß § 269 Abs. 3 S. 3 ZPO darf das Gericht nämlich erst dann eine summarische Kostenentscheidung treffen, nachdem es feststellen konnte, dass der Anlass zur Einreichung der Klage vor Rechtshängigkeit weggefallen ist. Dabei kann der Gesetzesbegründung entnommen werden, dass unter dem Wegfall des Klageanlasses die „Erledigung“ der Hauptsache zu verstehen sei, welche wiederum voraussetzt, dass „die ursprünglich zulässige und begründete Klage durch ein nach Rechtshängigkeit erfolgtes Ereignis unzulässig oder unbegründet wird“[877]. Die *Frage der Erledigung*, die bislang im Rahmen der Begründetheit der Kostenfeststellungsklage zu prüfen war, stellt sich nunmehr bei der Prüfung der *Zulässigkeit der Klagerücknahme* (§ 269 Abs. 3 S. 3 ZPO). Nach dem Gesetzeswortlaut entscheidet das Gericht darüber vor seiner Billigkeitsentscheidung und nicht nach Maßgabe einer lediglich summarischen Tatsachenprüfung, also in streitiger Verhandlung und – gegebenenfalls – nach voller Beweisaufnahme.[878] Zudem erklärt sich auch der

---

874 Nach Klagerücknahme weist das Gericht den Beklagten auf seine Kostenentscheidung hin, setzt ihn sowohl über den Inhalt der Klage als auch über den klägerischen Antrag im Sinne des § 269 Abs. 4 ZPO in Kenntnis und räumt ihm Gelegenheit zur Äußerung ein.

875 Dem Beklagten kommt zwar in jedem Falle die Kostenreduktion gemäß Nr. 1211 KV i.V.m. § 11 Abs. 1 GKG auf eine Gerichtsgebühr zugute, doch entstehen weiterhin keine Auslagen (Nr. 9000 ff. KV) für eine etwaige Beweisaufnahme.

876 Vgl. BT-Drucks. 14/4722, S. 81; zur Entscheidung des Gerichts gemäß § 269 Abs. 3 S. 3 ZPO vgl. auch *Elzer*, NJW 2002, S. 2006 ff., 2007. Eine summarische Rechtsprüfung ist dem Richter entgegen der herrschenden Meinung (BGH, NJW 1954, S. 1038; OLG Stuttgart, MDR 1997, S. 1137 f.) nicht gestattet, vgl. *Göppinger*, S. 212 f.; *Rosenberg/Schwab/Gottwald*, § 87 III 7 a, S. 470; MünchKommZPO-*Lindacher*, § 91 a, Rn. 55.

877 BT-Drucks. 14/4722, S. 81.

878 Vgl. *Elzer*, NJW 2002, S. 2006 ff., 2008. Nach *Elzer* stehe die Klagerücknahme aus diesem Grunde unter der unausgesprochenen Bedingung, dass das Gericht die Voraussetzungen des § 269 Abs. 3 S. 3 ZPO bejahe. Eine derartige innerprozessuale Bedingung mag durchaus sinnvoll sein, muss jedoch ausdrücklich erklärt werden, da die Klagerücknahmeerklärung anderenfalls nicht „ins Leere“ ginge, sondern die Hauptsache mit der Kostenautomatik des § 269 Abs. 3 S. 2 ZPO beendete.

gesetzliche Hinweis auf den „bisherigen Sach- und Streitstand“ nur unter der Prämisse einer streitigen Erledigungsfeststellung; im Gegensatz zur prozessualen Situation bei einer übereinstimmenden Erledigungsklärung (§ 91 a Abs. 1 ZPO) dürfte es in praxi nämlich kaum vorkommen, dass eine streitige Verhandlung über die Hauptsache einer Kostenentscheidung nach § 269 Abs. 3 S. 3 ZPO vorangeht und auf diese Weise eine verwertbare Entscheidungsgrundlage geschaffen wird. Schließlich ist auch die Absicht des Gesetzgebers zu beachten, mit Hilfe der Neuregelung in Absatz 3 Satz 3, „einem materiell-rechtlichen Kostenerstattungsanspruch Rechnung zu tragen, ohne dass ein neues Verfahren erforderlich wird“ [879]. Diese Normvorstellung würde freilich nur unzureichend umgesetzt, berücksichtigte man einen materiellrechtlichen Kostenerstattungsanspruch allenfalls dann, wenn sein Bestehen sich ohne besondere Schwierigkeiten, insbesondere ohne Beweisaufnahme, feststellen ließe.[880] Auch aus diesem Grunde ist den Beteiligten vor einer Kostenentscheidung gemäß § 269 Abs. 3 S. 3 ZPO ausreichend Gelegenheit zu geben, sich umfassend zum entscheidungserheblichen Sachverhalt zu äußern. Nur dann wird dem Gericht eine sachgerechte Beurteilung des materiellen Kostenerstattungsanspruchs ermöglicht, die eine Berücksichtigung im Rahmen der Kostenentscheidung rechtfertigte.[881] Soweit aber das Gericht den Wegfall des Klageanlasses streitig feststellt, bevor es über die Kostentragungspflicht gemäß § 269 Abs. 3 S. 3 ZPO entscheidet, wird auch dem verfassungsrechtlichen Anspruch auf rechtliches Gehör Genüge getan.

e) Ergebnis

Damit bleibt festzuhalten, dass der verfassungsrechtliche Anspruch auf rechtliches Gehör konkrete Anforderungen an die einfachgesetzliche Ausgestaltung solcher Verfahren setzt, die zum Erlass einer bindenden Entscheidung führen. Doch selbst in summarischen Verfahren, in denen die Zivilprozessordnung die Glaubhaftmachung anordnet, wird von diesem Mindeststandard nur insoweit abgewichen, als es eine Kollision zwischen dem rechtlichen Gehör und einem anderen Grundrecht oder Verfassungsgut, insbesondere dem Grundsatz effektiven Rechtsschutzes, im Sinne der praktischen Konkordanz aufzulösen gilt. Das Verfahrensgrundrecht des Art. 103 Abs. 1 GG wird in diesen Fällen nicht verletzt, sondern zugunsten kollidierendem Verfassungsrecht verhältnismäßig eingeschränkt. Im Ergebnis sind damit auch die sum-

---

879 BT-Drucks. 14/4722, S. 81.

880 So die h.M. zur Kostenentscheidung nach übereinstimmender Erledigungserklärung, vgl. BGH, NJW 2002, S. 680 f.; BGH, JurBüro 1981, S. 209 f.; *Zöller/Vollkommer*, § 91 a, Rn. 24; *Rosenberg/Schwab/Gottwald*, § 87 III 7 a, S. 470; *Musielak/Wolst*, § 91 a, Rn. 24.

881 BGH, NJW 2002, S. 680 f..

marischen Verfahren derart ausgestaltet, dass den Beteiligten ausreichend Gelegenheit zur Äußerung im Sinne des Art. 103 Abs. 1 GG gegebenwird. Verfassungsrechtliche Bedenken gegen die inner- und außerprozessuale Bindungswirkung der insoweit ergehenden Entscheidungen erscheinen deshalb unberechtigt.

8. Ergebnis

Nach Inkrafttreten des ZPO-Reformgesetzes ist von der materiellen Rechtskraft formell rechtskräftiger und innerprozessual bindender Beschlüsse auszugehen.

## E. Die inner- und außerprozessuale Bindungswirkung einzelner Beschlüsse

Im Folgenden soll untersucht werden, inwieweit sich der Grundsatz der Innenbindung und materiellen Rechtskraft anfechtbarer Beschlüsse in einzelnen Beschlussverfahren praktisch auswirkt. Dargestellt werden die Wirkungen anfechtbarer Beschlüsse im Prozesskostenhilfe-, Aussetzungs-, Zwangsvollstreckungs- und Arrestverfahren.[882]

### I. Die Beschlüsse im Prozesskostenhilfeverfahren

Das Prozesskostenhilfeverfahren war bislang geprägt durch die unbefristete Anfechtbarkeit und die damit verbundenen Bindungsfreiheit teilweise zurückweisender oder gänzlich versagender Beschlüsse.[883] Infolgedessen war das Verfahren von einem Geflecht unterschiedlichster Rechtsmittel und Rechtsbehelfe durchzogen, welche von der Erhebung der einfachen Beschwerde, der außerordentlichen Beschwerde, der Untätigkeitsbeschwerde, der Rechtspflegeerinnerung und der Wiederholung der Beschwerde bis zur Einlegung einer Gegenvorstellung, der Einreichung eines Abänderungsantrags und schließlich der Stellung eines erneuten Bewilligungsantrages reichten.[884] Demgegenüber machte es sich der ZPO-Reformgesetzgeber zur Aufgabe, im Bereich der Nebenentscheidungen für eine angemessene Verfahrenslänge und ausreichende Rechtssicherheit zu sorgen, indem er eine generelle Befristung der Beschwerdemöglichkeit einführte.[885] Dabei zeigt vor

---

882 Weitergehend sei auf die Darstellungen von *Werner* (S. 98 ff.) und *Fraga Novelle* (S. 81 ff.) verwiesen.

883 Gemäß §§ 127 Abs. 3 S. 2, 567 Abs. 1 1. Alt. , 571 ZPO a.F.. Teilweise zurückgewiesen wird ein unbeschränkter Antrag dann, wenn nur für einen Teil des Sachantrags Prozesskostenhilfe bewilligt wird, die beantragte Beiordnung eines Rechtsanwalts abgelehnt wird oder Zahlungen angeordnet werden, vgl. MünchKommZPO-*Wax*, § 127, Rn. 35.

884 MünchKommZPO-*Wax*, § 127, Rn. 14, 25, 27 ff..

885 BT-Drucks. 14/4722, S. 68. Der gesetzgeberische Wille zur materiellen Rechtskraft der Prozesskostenhilfeversagung ergibt sich auch aus der Begründung der einmonatigen Beschwerdefrist in § 127 Abs. 2 S. 3 ZPO. Die Angleichung an die Rechtsmittel-

allem die Diskussion um die Ausdehnung der Anhörungsrüge (§ 321 a ZPO) auf die unanfechtbare Prozesskostenhilfeversagung (§ 127 Abs. 2 S. 2 Hs. 2 ZPO),[886] dass die Bindungswirkung befristet anfechtbarer Beschlüsse im Allgemeinen und der Prozesskostenhilfeentscheidungen im Speziellen durchaus der gesetzgeberischen Absicht entspricht.[887] Die Statthaftigkeit eines förmlichen Rügeverfahrens hätte nämlich dahingestellt bleiben können, wäre der Gesetzgeber davon ausgegangen, dass sich die Gehörsverletzung auch künftig auf eine unbefristete Gegenvorstellung hin oder nach einer Antragswiederholung heilen ließe.[888] Dieser gesetzgeberischen Vorstellung ist sich bei der Untersuchung der einzelnen Beschlüsse im Prozesskostenhilfeverfahren zu erinnern.

## 1. Die einzelnen Beschlüsse und deren Anfechtbarkeit

Das Gericht bewilligt die beantragte Prozesskostenhilfe, soweit die Partei gemäß §§ 114, 115 ZPO bedürftig ist und die beabsichtigte Rechtsverfolgung oder -verteidigung hinreichende Erfolgsaussichten bietet und nicht mutwillig erscheint. Die Bewilligung ergeht durch Beschluss. Sie unterliegt der sofortigen Beschwerde durch die Staatskasse (§ 127 Abs. 2, 3 ZPO), soweit der Antragsteller nach seinen persönlichen oder wirtschaftlichen Verhältnissen keine Zahlungen zu leisten hat. Dagegen ist die sofortige Beschwerde des Prozessgegners gemäß § 127 Abs. 2 S. 1, Abs. 3 ZPO ausgeschlossen. Die Bewilligung ist selbst dann für den Prozessgegner unanfechtbar, wenn das Gericht (im Sinne des § 574 Abs. 1 Nr. 2 ZPO) die Rechtsbeschwerde zugelassen haben sollte.[889]

---

frist in der Hauptsache sei danach notwendig, weil die Ablehnung der Prozesskostenhilfe für die unbemittelte Partei annähernd gleiche Auswirkungen habe wie ein beschwerendes Urteil, BT-Drucks. 14/4722, S. 76. Hierin liegt zunächst der Hinweis, dass der versagende Beschluss der Durchsetzung materieller Ansprüche faktisch genauso entgegenstehen kann wie ein materielles Urteil. Doch ließen sich im Übrigen beide Fälle kaum vergleichen, wenn der Antragsteller im Prozesskostenhilfeverfahren nach Ablauf der eigentlichen „Überlegungsfrist“ weiterhin die Möglichkeit zur Durchsetzung seines gegenteiligen Standpunktes vermittels der Wiederholung des Prozesskostenhilfegesuchs hätte.

886 BT-Drucks. 14/4722, S. 149, 156.

887 Dazu unter C VI 2 und 3 (Innenbindung) und D II 6 (materielle Rechtskraft).

888 Dazu schon unter C VI 3 b und D II 6 b.

889 Der Rechtsbeschwerde des Antragsgegners ermangelte es an der Statthaftigkeit. Ist nämlich die Anfechtung einer Entscheidung gesetzlich ausgeschlossen, vermag an dieser Unanfechtbarkeit auch eine (verfehlte) Rechtsmittelzulassung nichts zu ändern, BGH, NJW 2002, S. 3554 f.. § 127 Abs. 2 S. 1, Abs. 3 ZPO regelt die Anfechtung der Bewilligung abschließend und sieht ein Rechtsmittel des Prozessgegners nicht vor. Infolgedessen ist nicht nur eine sofortige Beschwerde, sondern auch eine Rechtsbeschwerde des Prozessgegners unstatthaft. Darüber hinaus fehlt dem Gegner die erforderliche Beschwer, da er durch die Gewährung der Prozesskostenhilfe keinen

Wird der Antrag auf Gewährung von Prozesskostenhilfe zurückgewiesen, kann der Antragsgegner gegen diesen Beschluss mit der sofortigen Beschwerde vorgehen (§ 127 Abs. 1 S. 1 Hs. 1 ZPO). Dies gilt dann nicht, wenn mit der sofortigen Beschwerde die Beurteilung der hinreichenden Erfolgsaussichten oder der mutwilligen Rechtsverfolgung gerügt werden soll und in der Hauptsache mangels Erreichens der Erwachsenheitssumme (§ 511 Abs. 2 Nr. 1 ZPO) kein berufungsfähiges Urteil vorliegt. Hinsichtlich der Beurteilung des streitigen Rechtsverhältnisses wird damit in Haupt- und Prozesskostenhilfeverfahren ein Gleichlauf des Instanzenzugs erreicht, was die Gefahr widersprüchlicher Entscheidungen bannt.[890] Lehnt das Berufungsgericht oder das Oberlandesgericht im ersten Rechtszug[891] einen Prozesskostenhilfeanspruch ab oder bestätigt das Beschwerdegericht den ablehnenden Prozesskostenhilfebeschluss erster Instanz, steht dem Antragsteller gemäß § 574 Abs. 1 Nr. 2 ZPO die Rechtsbeschwerde zum Bundesgerichtshof offen, soweit die Rechtsbeschwerde in der Entscheidung zugelassen wurde. Das Beschwerderecht des Antragstellers ist grundsätzlich nicht auf Beschlüsse beschränkt, durch welche die Prozesskostenhilfe gänzlich versagt wird, sondern umfasst alle dem Antragsteller ungünstigen Entscheidungen.[892] Die sofortige Beschwerde ist damit auch gegen die Ratenanordnung, die Anordnung von Zahlungen aus dem Vermögen oder gegen die Versagung oder Einschränkung der Anwaltsbeiordnung statthaft.[893]

Ändern sich die persönlichen oder wirtschaftlichen Verhältnisse des Antragstellers wesentlich, so kann das Gericht seine Entscheidung über die zu leistenden Zahlungen gemäß § 120 Abs. 4 ZPO ändern. Gegen eine Änderungsentscheidung zu Lasten des Antragstellers kann dieser wiederum sofortige Beschwerde gemäß § 127 Abs. 2 S. 2 Hs. 1 ZPO einlegen.[894] Wird dagegen die Bewilligung unter Ratenanordnung zugunsten des Antragstellers abgeändert und nunmehr ratenfreie Prozesskostenhilfe gewährt, ist die Staatskasse nach § 127 Abs. 3 ZPO beschwerdebefugt. Liegt einer der Fälle des § 124 ZPO vor und wurde deshalb von Anfang an zu Unrecht Prozesskosten-

---

unmittelbaren rechtlichen Nachteil erleidet, *Zöller/Philippi*, § 127, Rn. 12, 14; *Kalthoener/Büttner/Wrobel-Sachs*, Rn. 870.

890 Zu widersprüchlichen Entscheidungen käme es, wenn das Beschwerdegericht die Erfolgsaussichten abweichend von dem in der Hauptsache abschließend entscheidenden Gericht des ersten Rechtszuges beurteilte, vgl. BT-Drucks. 14/4722, S. 75 f..

891 Etwa bei einem Hauptsacheverfahren gemäß §§ 1062 ff. ZPO.

892 *Werner*, S. 144 ff.; *Kalthoener/Büttner/Wrobel-Sachs*, Rn. 865.

893 *Künzl/Koller*, Rn. 517.

894 Die sofortige Beschwerde ist auch dann das statthafte Rechtsmittel, wenn der Änderungsbeschluss (§ 29 Nr. 4 c RPflG) vom Rechtspfleger erlassen wurde, § 11 Abs. 1 RPflG. Da Gegenstand der Änderungsentscheidung ausschließlich die wirtschaftlichen und persönlichen Verhältnisse sind, greift die Beschwerdebeschränkung in § 127 Abs. 2 S. 2 Hs. 2 ZPO nicht ein.

hilfe gewährt, kann die Bewilligung durch Beschluss aufgehoben werden. Die Aufhebung der Bewilligung unterliegt dabei wiederum der sofortigen Beschwerde des Antragstellers.[895]

Besteht im Hauptsacheverfahren Anwaltszwang gemäß § 78 Abs. 1 ZPO wird der Partei im Bewilligungsbeschluss der von ihr namentlich benannte Rechtsanwalt beigeordnet (§ 121 Abs. 1 ZPO). Im Parteiprozess beschließt das Gericht unter den Voraussetzungen des § 121 Abs. 2 ZPO auf Antrag die Beiordnung. Sollte im Einzelfall ein anderer als der beantragte Anwalt beigeordnet oder die Beiordnung gänzlich versagt werden, kann der Antragsteller[896] dagegen mit der sofortigen Beschwerde vorgehen, § 127 Abs. 2 S. 2 Hs. 1 ZPO.

Da diese Beschlüsse folglich allesamt der Anfechtung durch die sofortige Beschwerde gemäß §§ 567 Abs. 1 Nr. 1, 127 Abs. 2 S. 3, 569 Abs. 1 ZPO unterliegen, erwachsen sie mit ihrer Unanfechtbarkeit ohne weiteres in formelle Rechtskraft.[897]

2. Die Innenbindung

Bislang wurde gemeinhin davon ausgegangen, dass die im Prozesskostenhilfeverfahren ergehenden Beschlüsse *zu Gunsten des Antragstellers* frei abgeändert werden können. So wies insbesondere der Bundesgerichtshof obiter seiner Entscheidungen zur Zulässigkeit der außerordentlichen Beschwerde darauf hin, dass besonders im Fall der Verweigerung von Prozesskostenhilfe die Verweisung auf die Abhilfe durch den iudex a quo nahe liege, da eine solche Entscheidung nicht in „Rechtskraft" erwachse und deshalb auf Gegenvorstellung hin jederzeit abänderbar sei.[898] Demgegenüber wird die Bewilligung von Prozesskostenhilfe gemeinhin als bindender Beschluss angesehen.[899] Dies

---

895 Dies gilt auch dann, wenn der Rechtspfleger die Aufhebung mangels subjektiver Bewilligungsvoraussetzungen beschließt (§§ 124 Nr. 2, 3 und 4, 20 Nr. 4 c, 11 Abs. 1 RPflG).

896 Dagegen hat der Rechtsanwalt in der Regel kein eigenes Beschwerderecht, *Kalthoener/Büttner/Wrobel-Sachs*, Rn. 871 f..

897 Zur Rechtslage vor Inkrafttreten des ZPO-Reformgesetzes vgl. *Werner*, S. 150 und Ausführungen unter B.

898 BGH, ZIP 1997, S. 1757; BGH, NJW 1997, S. 3318 f.; zuletzt BGH, NJW 2002, S. 2179, zur Versagung der Anwaltsbeiordnung; zustimmend MünchKommZPO-*Wax*, § 117, Rn. 4; *Zöller/Philippi*, § 127, Rn. 43; inkonsequent dagegen OLG Köln, FamRZ 1996, S. 809, danach sei zwar die materielle Rechtskraft und Innenbindung eines unbefristet anfechtbaren Aufhebungsbeschlusses (§ 124 Nr. 4 ZPO) abzulehnen, gleichwohl wäre der Anwendungsbereich der Gegenvorstellung auf Ausnahmefälle zu beschränken, da Rechtssicherheit und Rechtsklarheit erforderten, dass es auch dann bei der letztinstanzlichen Entscheidung über die Entziehung bleibe, wenn die im konkreten nachgereichten Belege eine andere Entscheidung gerechtfertigt hätten.

899 Statt vieler *Werner*, S. 154; MünchKommZPO-*Wax*, § 124, Rn. 1, § 120, Rn. 17 f., mit weiteren Nachweisen.

ergäbe sich aus § 124 ZPO, welcher die Abänderbarkeit der Bewilligung abschließend regele.[900] Das Vertrauen des Antragstellers auf den Bestand der Prozesskostenbewilligung sei demnach grundsätzlich zu schützen,[901] soweit nicht eine *nachträgliche* Veränderung der Verhältnisse die Anpassung der Zahlungsanordnung gemäß § 120 Abs. 4 ZPO rechtfertigte.[902]

Will man obigem Gesetzesanliegen, auch in den Nebenentscheidungen für einen endgültigen Verfahrensabschluss zu sorgen, gerecht werden, ist die vormals nur partielle Selbstbindung des Gerichts auf alle Beschlüsse im Prozesskostenhilfeverfahren auszuweiten. Das erkennende Gericht darf nunmehr auch seine ablehnenden Beschlüsse im Prozesskostenhilfeverfahren[903] ausschließlich im Rahmen eines Beschwerdeverfahrens abändern, wenn dadurch gemäß § 572 Abs. 1 S. 1 ZPO einer *zulässigen und begründeten* Beschwerde abgeholfen wird. Nach wie vor ist das Gericht an bewilligende Beschlüsse gebunden, soweit keiner der in § 124 ZPO geregelten Ausnahmegründe einschlägig ist.

Innenbindungswirkung ist auch den Beiordnungsbeschlüssen zu eigen, gleichviel, ob der Anwalt zur Vertretung bereit ist (§ 121 Abs. 2 ZPO) oder es sich um die Beiordnung eines Notanwalts gemäß § 121 Abs. 5 ZPO handelt. Zu beachten ist jedoch, dass § 48 Abs. 2 BRAO dem Gericht die Befugnis zur Abänderung des Beiordnungsbeschlusses einräumt, soweit dies der Rechtsanwalt beantragt. Liegt die Aufhebung des Beiordnungsbeschlusses im Interesse der Partei, die dem Rechtsanwalt Auftrag und Prozessvollmacht ohne weiteres entziehen kann, aber behufs einer anderweitigen Beiordnung auf die Abänderung des früheren Beiordnungsbeschlusses angewiesen ist,[904] so ist auch der unbemittelten Partei ein Antragsrecht analog § 48 Abs. 2 BRAO einzuräumen.[905]

Daneben haben sowohl die Aufhebungsentscheidung gemäß § 124 ZPO als auch die Abänderung der Zahlungsanordnung im Sinne des § 120 Abs. 4 ZPO bindende Wirkung. Das Prozesskostenhilfeverfahren bietet damit für den

---

900 OLG Köln, MDR 2003, S. 771.

901 *Kalthoener/Büttner/Wrobel-Sachs*, Rn. 830 mit weiteren Nachweisen.

902 Die Änderung der maßgebenden persönlichen oder wirtschaftlichen Verhältnisse muss nach der Entscheidung über die Prozesskostenhilfe eingetreten sein. Tatsachen, die zu diesem Zeitpunkt bereits vorlagen, können eine Änderung nicht begründen, vgl. jüngst LAG Kiel, Beschluss vom 5. Juni 2003, Az. 2 Ta 122/03; LAG Hamm, Beschluss vom 7. März 2003, Az. 4 Ta 609/02.

903 Bindend sind demnach nicht nur die Versagung der Prozesskostenhilfe, sondern auch die Ablehnung der Beiordnung oder die nicht antragsgemäße Beiordnung.

904 MünchKommZPO-*Wax*, § 121, Rn. 16, 20.

905 OLG Köln, FamRZ 1992, S. 966 f.; OLG Düsseldorf, FamRZ 1995, 241 f.; *Thomas/Putzo*, § 78 c, Rn. 6, a.A. OLG Frankfurt, MDR 1989, S. 168; *Zöller/Philippi*, § 121, Rn. 34.

Rechtsbehelf der Gegenvorstellung aufgrund der umfassenden Bestandskraft seiner Beschlüsse grundsätzlich keinen Raum mehr.[906]

### 3. Die materielle Rechtskraft

#### a) Die materielle Rechtskraft der Zurückweisung des Prozesskostenhilfegesuchs

##### α) Rechtskraftfähigkeit

Die Problematik der Bindungswirkung konzentriert sich im Prozesskostenhilfeverfahren auf die Frage der Zulässigkeit der Antragswiederholung, da sich bislang durch die Stellung eines neuen Antrags die Unsicherheiten hinsichtlich der außerordentlichen Abänderung eines Beschlusses ohne weiteres umgehen ließen.[907] Die Zulässigkeit einer Antragswiederholung stand dabei außer Zweifel, war doch allgemeine Meinung, dass der Prozesskostenhilfeversagung keine materielle Rechtskraft zukam.[908]

Freilich ist diese Auffassung nach der Novellierung des Beschwerderechts nicht mehr zu halten. Der Zurückweisungsbeschluss ist der materiellen Rechtskraft zugänglich, da er das erlassende Gericht bindet und nach Eintritt seiner Unanfechtbarkeit in formelle Rechtskraft erwächst, also die notwendigen, aber auch hinreichenden Eigenschaften einer außerprozessual bindenden Entscheidung in sich trägt. Ein neuer Prozesskostenhilfeantrag ist infolge ent-

---

906 So nun auch *Kalthoener/Büttner/Wrobel-Sachs*, Rn. 862, wonach die Selbstbindung des Gerichts „bei dem jetzt *fristgebundenen* Rechtsmittel" zu beachten sei. Eine Selbstkorrektur sei nur bei einer Verletzung des rechtlichen Gehörs sowie von Wiedereinsetzungs- oder Wiederaufnahmegründen statthaft, da die Gegenvorstellung kein Rechtsbehelf sei, „mit dem generell eine weitere Überprüfung der Entscheidung auf etwaige Fehler erreicht werden kann". Freilich wird die Wirkung der Innenbindung verkannt, soweit darauf hingewiesen wird, dass die Gegenvorstellung mangels materieller Rechtskraft der Entscheidung zu bescheiden sei (Rn. 862). Da die materielle Rechtskraft der Prozesskostenhilfeablehnung verneint wird (Rn. 522), ergibt sich zudem eine nicht gerechtfertigte Diskrepanz zwischen inner- und außerprozessualer Bindungswirkung, kritisch auch *Gottwald*, FamRZ 1989, S. 412.

907 *Musielak/Fischer*, § 127, Rn. 26. Freilich ist zu beachten, dass Prozesskostenhilfe auf einen neuen Antrag hin erst ab Stellung dieses Antrags gewährt werden kann, die Gegenvorstellung dagegen die Gewährung der Prozesskostenhilfe auf den ersten Antrag hin betrifft (*Stein/Jonas/Bork*, 21. Aufl., § 127, Rn. 5); auch im letzten Falle hilft dies jedoch nicht darüber hinweg, dass Prozesskostenhilfe frühestens ab dem Zeitpunkt bewilligt werden kann, in dem sämtliche entscheidungserheblichen Unterlagen vorgelegt wurden, MünchKommZPO-*Wax*, § 118, Rn. 21.

908 BGH, NJW 1997, S. 3318 f.; OLG Karlsruhe, MDR 1989, S. 918; *Gottwald/Semmelmayer*, JZ 1993, S. 415 ff., 416; *Gottwald*, FamRZ 1989, S. 412; so auch *Kalthoener/Büttner/Wrobel-Sachs*, Rn. 522; *Künzl/Koller*, Rn. 506 ff.; *Baumbach/Lauterbach/Hartmann*, § 127, Rn. 42; *Zöller/Philippi*, § 127, Rn. 44; *Musielak/Fischer*, § 127, Rn. 6; OLG Naumburg, OLG-NL 2003, S. 91 f.; OLG Zweibrücken, ZInsO 2003, S. 716 f..

gegenstehender Rechtskraft als unzulässig zurückzuweisen, soweit der Antragsteller nicht glaubhaft macht, dass sich der Sachverhalt in den entscheidungserheblichen Punkten, welche den rechtskräftigen Zurückweisungsbeschluss trugen, geändert hat.

Dabei lässt die umfängliche Ausschlusswirkung der Rechtskraft keinen Raum, zwischen einer Abweisung mangels hinreichender Erfolgsaussichten einerseits oder fehlender Bedürftigkeit andererseits zu differenzieren. Selbst wenn der Prozesskostenhilfeantrag nur wegen Fehlens einzelner erheblicher Unterlagen zurückgewiesen wurde und der Antragsteller dem neuen Antrag nunmehr die ausstehenden Schriftstücke beifügte, verböte sich angesichts der Identität der Verfahrensgegenstände eine (abweichende) Entscheidung („ne bis in idem"). Sowohl die Verspätungszurückweisung gemäß § 118 Abs. 2 S. 4 ZPO als auch die neueingeführte Präklusion im Beschwerdeverfahren gemäß § 571 Abs. 3 ZPO gehen deshalb in einem (funktionsnotwendigen) außerprozessualen Tatsachenausschluss auf.[909] Wird der Antrag dagegen als *unzulässig* zurückgewiesen, kann der Antragsteller seinen Antrag unter Vermeidung des prozessualen Mangels wiederholen. Doch dürfte die Unzulässigkeit des Antrags selten sein und wohl nur bei der Prozesskostenhilfeablehnung wegen der Nichtbeachtung des Vordruckzwangs (§ 117 Abs. 3, 4 ZPO) die Entscheidung tragen. Denn selbst wenn man in der Erklärung zu den persönlichen und wirtschaftlichen Verhältnissen gemäß § 117 Abs. 2 ZPO eine notwendige Voraussetzung für die Zulässigkeit sähe, gölte es, der Doppelrelevanz der Bedürftigkeit in Zulässigkeit und Begründetheit des Gesuchs Rechnung zu tragen. Für die Zulässigkeit reichte demnach die einseitige Behauptung der Bedürftigkeit aus.[910] Erst im Rahmen der Begründetheit käme es auf die Vollständigkeit der Angaben im Vordruck und der dazugehörigen Belege an. Dass Lücken oder Mängel in der Darlegung oder Glaubhaftmachung zur Unbegründetheit, nicht schon zur Unzulässigkeit des Gesuchs führen, zeigt auch § 118 Abs. 2 S. 4 ZPO[911], der eine erneute An-

---

909 Auf die Notwendigkeit des Ineinandergreifens inner- und außerprozessualer Präklusion im Falle des § 571 Abs. 3 ZPO wurde bereits hingewiesen, C II 6 c. Erstmals dürfte dadurch auch der *Gesetzeszweck des Ausschlusses nach § 118 Abs. 2 S. 4 ZPO* erreicht werden, welcher nicht in einer – prozessökonomisch verfehlten (*Gottwald*, FamRZ 1989, S. 412, Anm. zu OLG Köln, FamRZ 1989, S. 411 f.) – Exklusivität eines zweiten Prozesskostenhilfeverfahrens für die versäumte Glaubhaftmachung lag, sondern darauf abzielte, der unzulänglichen Mitwirkung des Antragstellers und der daraus entstehenden Notwendigkeit wiederholter Rückfragen und Mehrarbeit des Gerichts Einhalt zu gebieten, um auf diese Weise das Bewilligungsverfahren zu straffen und zugleich der zunehmenden Belastung der Justizhaushalte entgegenzuwirken, BT-Drucks. 10/3054, S. 17 f..

910 Zur Behandlung doppelrelevanter Tatsachen BGHZ 124, 237, 240.

911 § 118 Abs. 2 S. 4 ZPO sanktioniert nicht nur mangelnde Glaubhaftmachung, sondern auch, „bestimmte Fragen nicht oder ungenügend beantwortet" zu haben.

tragsstellung nach Fristablauf und rechtskräftiger Ablehnung ersichtlich ausschließen wollte.[912]

Die materielle Rechtskraft des Prozesskostenhilfebeschlusses lässt endlich auch das völlig überdehnte Verständnis des Rechtsschutzbedürfnisses als faktischen Rechtskraftersatz obsolet werden.[913] Mag nämlich das Rechtsschutzbedürfnis eine Zulässigkeitsvoraussetzung jedweder Prozesshandlung bilden, so ist doch daran festzuhalten, dass nur bei eindeutig prozesszweckwidriger Prozessbetreibung das Rechtsschutzbedürfnis fehlt.[914] Relevante Anwendungsbereiche des Prozessrechtsinstituts finden sich genau genommen nur im Falle einer gleichwertigen Rechtsbehelfskonkurrenz oder rechtsmissbräuchlichen und schikanösen prozessualen Vorgehens.[915] Andere Zulässigkeitsprobleme, wie der Rechtskrafteinwand bei einer Antrags- oder Rechtsbehelfswiederholung, sollten dagegen nicht über das Rechtsschutzbedürfnis gelöst werden.[916] Würde man trotz alledem die materielle Rechtskraft eines zurückweisenden Beschlusses im Prozesskostenhilfeverfahren ablehnen, könnte ein Prozesskostenhilfegesuch jederzeit erneut gestellt werden.[917] Dieser wesensimmanenten Grenzen wird das Institut des Rechtsschutzbedürfnisses allerdings enthoben, soweit man, wie jüngst das OLG Naumburg, einem wiederholten Prozesskostenhilfeantrag das Rechtsschutzbedürfnis abspricht, da „dieser auf *denselben Sachverhalt* gestützt wird wie der erste Antrag. Letzteres gilt umso mehr, als es der mit seiner infolge Nichteinhaltung der Beschwerdefrist unterlegene Antragsteller ansonsten in der Hand hätte, die gesetzliche Frist des § 127 Abs. 3 Satz 3 ZPO durch bloße Stellung eines neuen Prozesskostenhilfeantrags zu unterlaufen. Weder dem neuen Prozesskostenhilfegesuch der Klägerin noch ihrem Beschwerdevorbringen sind *neue Tatsachen* zu entnehmen, die nunmehr die Bewilligung von Prozesskostenhilfe – abweichend vom ersten amtsgerichtlichen Beschluss vom 06.05.2002 – rechtfertigen könnten. So enthält der neue Antrag vom 29.07.2002 *lediglich ergänzende Rechtsausführungen* [...].“[918]

---

[912] BT-Drucks. 10/3054, S. 17 f..

[913] Allgemein zur abzulehnenden Auslegung des Rechtsschutzbedürfnisses durch Rechtsprechung und Literatur vgl. *Stein/Jonas/Schumann*, 21. Aufl., vor § 253, Rn. 101 ff.; weitere Ausführungen unter C II 5 c.

[914] *Stein/Jonas/Schumann*, 21. Aufl., vor § 253, Rn. 101.

[915] *Stein/Jonas/Schumann*, 21. Aufl., vor § 253, Rn. 105 ff. und 117 mit Beispielen.

[916] *Stein/Jonas/Schumann*, 21. Aufl., vor § 253, Rn. 110, 117.

[917] Insoweit konsequent BGH, NJW 1997, S. 3318 f.; *Rosenberg/Schwab/Gottwald*, § 90 VII 1, S. 503.

[918] OLG Naumburg, OLG-NL 2003, S. 91 f.; eine ähnlich überdehnte Auffassung vom Institut Rechtsschutzbedürfnisse haben MünchKommZPO-*Wax*, § 117, Rn. 4; *Stein/Jonas/Bork*, 21. Aufl., § 117, Rn. 33; OLG Bamberg, FamRZ 1997, S. 756 f.; zur Rechtslage nach Inkrafttreten des ZPO-Reformgesetzes, *Baumbach/Lauterbach/Hartmann*, § 127, Rn. 42, 102 („Indessen ist das Rechtsschutzbe-

### β) Grenzen des Wiederholungsverbots

Bejaht man die Rechtskraftfähigkeit der Ablehnung der Prozesskostenhilfe, schließt sich die Frage nach der Wiederholbarkeit des Antrags an. So wies schon *Klauser*[919] am 61. Deutschen Juristentag im Rahmen der Diskussion um die von *Gottwald*[920] vorgeschlagene generelle Befristung der Beschwerde darauf hin, dass insbesondere im Prozesskostenhilfeverfahren unklar sei, „welche Umstände sich verändert oder wesentlich verändert haben" müssen, damit ein neuer Antrag nach rechtskräftiger Ablehnung zulässig gestellt werden könnte.

Im Grundsatz ist, wie oben dargestellt, ein Wandel des Sachverhalts in jenen Punkten zu fordern, auf welchen die rechtskräftige Ablehnung der Prozesskostenhilfe beruhte. Wurde demnach der Antrag mangels Erfolgsaussichten in der Hauptsache zurückgewiesen, ist eine Änderung des den Hauptsacheanspruch tragenden Sachverhalts vonnöten.[921] Soweit mangelnde Bedürftigkeit zum Versagungsbeschluss führte, kann der Antragsteller seinen Antrag erst nach Eintritt der vormals fehlenden Voraussetzungen, also einer Verschlechterung seiner wirtschaftlichen Verhältnisse, erfolgreich wiederholen. Die materielle Rechtskraft erschöpft sich also nicht darin, dass sie die Geltendmachung der Prozesskostenhilfe für die Vergangenheit ausschließt. Allein der anderweitige Bewilligungszeitraum ergibt keinen neuen Streitgegenstand. Dieser Grundsatz wird durch einen Vergleich mit den Wirkungen einer rechtskräftigen Abweisung einer Unterhaltsklage bestätigt.[922] Eine Klage auf Unterhalt für zukünftige Zeiträume ist dort solange ausgeschlossen, bis neue entscheidungserhebliche Tatsachen eingetreten sind.[923] Gleichzeitig zeigt dieses Beispiel aber auch, dass nach jeder, wenn auch nur geringfügigen Änderung der subjektiven Bewilligungsvoraussetzungen der Prozesskostenhilfeantrag wiederholt werden darf. Denn der Streit- respektive Verfahrensgegenstand des Prozesskostenhilfeverfahrens wird nicht nur durch den eigentlichen Antrag, sondern auch durch den die objektiven und subjektiven Bewilligungsvoraussetzungen tragenden Sachverhalt gebildet. Jegliche

---

dürfnis [...] streng zu prüfen und dürfte durchweg zu verneinen sein, soweit neue Tatsachen fehlen [...]"); ebenso *Zöller/Philippi*, § 117, Rn. 6; *Künzl/Koller*, Rn. 507.

919 Diskussionsbeitrag auf dem 61. DJT, Diskussion, I 97.

920 Gutachten zum 61. DJT, Gutachten, A 88 f..

921 Berücksichtigt man, dass eine solche tatsächliche Veränderung zugleich einen neuen Streitgegenstand in der Hauptsache hervorbrächte, liegt im obigen Beschluss genau genommen die endgültige Ablehnung der Prozesskostenhilfe für den konkreten Hauptsachestreitgegenstand.

922 Eine vergleichende Betrachtung erscheint vorliegend gerechtfertigt, weil sowohl die Unterhaltsklage als auch der Prozesskostenhilfeantrag auf stets *wandelbaren Verhältnissen* beruhen.

923 BGH, FamRZ 1984, S. 1001 ff., 1003. MünchKommZPO-*Gottwald*, § 322, Rn. 143.

Veränderung der diesbezüglichen tatsächlichen Verhältnisse führt deshalb ipso facto zur Substitution des Streitgegenstands.[924]

Ungleich schwerer fällt die Beurteilung der Wiederholbarkeit des Antrags, wenn die Abweisung zum Teil auf *falschen Feststellungen* beruht. Ändert sich insoweit der zugrundeliegende Sachverhalt oder andere Faktoren der subjektiven Bewilligungsvoraussetzung, ist zu prüfen, inwieweit an den falschen Feststellungen festzuhalten und deshalb die Prozesskostenhilfe überhaupt nicht oder nur unter Anordnung von Ratenzahlungen bewilligt werden kann, obgleich dem Antragsteller nach der objektiven Sachlage unter Umständen ein Anspruch auf Prozesskostenhilfe (bei geringeren Raten) zustünde. Ähnliche Probleme ergeben sich, wenn der ablehnende Prozesskostenhilfebeschluss aufgrund mangelnder Darlegung der Bewilligungsvoraussetzungen ohne tatsächliche Feststellungen erlassen wurde.

Im vergleichbaren Fall der *Abänderungsklage* eines (zusprechenden) Unterhaltsurteils verficht die Rechtsprechung zur Wahrung der rechtskräftigen Grundlagen des abzuändernden Urteils eine Bindung an alle unverändert gebliebenen tatsächlichen Verhältnisse, selbst wenn die früheren Feststellungen falsch gewesen sein mögen.[925] Soweit im Urteil in bestimmter Hinsicht keine Feststellungen getroffen wurden, träte jedenfalls eine Bindung an die vorhandenen Feststellungen ein.[926]

Diese Ansicht ist jedoch abzulehnen, da sie den dogmatischen Grenzen der materiellen Rechtskraft nicht gerecht wird.[927] Insbesondere zeitigt die materielle Rechtskraft nur dann Wirkung („ne bis in idem"), wenn identische *Streitgegenstände* vorliegen oder der Streitgegenstand der rechtskräftigen Entscheidung etwaige Vorfragen betrifft. Hat sich aber der entscheidungstragende Sachverhalt – auch nur partiell – verändert, scheidet eine Streitgegenstandsidentität von vorneherein aus, da der Sachverhaltswandel einen gänzlich neuen Streitgegenstand schuf. Darüber hinaus betrifft eine rechtskräftige Entscheidung über den Unterhalt keine Vorfragen der späteren Abänderungsentscheidung, denn *vorgreiflich* sind allenfalls die tatsächlichen Feststellungen, auf deren Grundlage die frühere Entscheidung getroffen wurde. Diese erwachsen aber nicht in materielle Rechtskraft.[928] Dieses Ergebnis ist auf die

---

924 Das entzieht zwar automatisch dem Einwand entgegenstehender Rechtskraft den Boden, führt aber nicht zwingend zugleich zur Begründetheit des Antrags, in concreto zur (erhöhten) Bedürftigkeit im Sinne des §§ 114, 115 ZPO.

925 BGH, FamRZ 1987, S 368 ff.; BGH, FamRZ 1979, S. 694 ff., 695 f.; ebenso *Rahm/Künkel/Stollenwerk*, Rn. 775 f., mit weiteren Nachweisen.

926 BGH, FamRZ 1992, S. 539 ff., 540, mit weiteren Nachweisen; ebenso *Rahm/Künkel/Stollenwerk*, Rn. 775.

927 Zu den praktischen Schwierigkeiten und den Unstimmigkeiten dieses Ansatzes vgl. *Gottwald*, FamRZ 1992, S. 1374 ff..

928 Vgl. *Gottwald*, FS für *Schwab* (1990), S. 151 ff., 161 ff..

vorliegende Frage der Zulässigkeit der Antragswiederholung im Prozesskostenhilfeverfahren zu übertragen. Stützt das Gericht seine rechtskräftige Ablehnung auf eine mangelnde Bedürftigkeit der unbemittelten Partei, so kann der Antragsteller seinen Antrag nach einer Veränderung des die Bedürftigkeit bestimmenden Sachverhalts wiederholen. Der Einwand entgegenstehender Rechtskraft geht ins Leere, da die Sachverhaltsänderung einen neuen Verfahrensgegenstand schuf. Im Rahmen der Begründetheitsprüfung ist das Gericht auf Grundlage des geänderten Sachverhalts nicht an einer *freien Neubeurteilung der Prozesskostenhilfe* durch die frühere Entscheidung gehindert.[929]

γ) Der sozialhilferechtliche Charakter der Prozesskostenhilfe

„Die Prozesskostenhilfe ist eine Leistung der staatlichen Daseinsfürsorge. Der Antrag auf Bewilligung richtet sich an den Staat; begehrt wird eine finanzielle Unterstützung aus öffentlichen Mitteln zum Zwecke der Prozessführung. Der mit einem solchen Antrag befasste Richter bewilligt oder versagt eine staatliche ‚Fürsorgeleistung'; er übt also *Sozialhilfe im Bereich der Rechtspflege* aus."[930] Gerade in dieser besonderen rechtlichen Natur der Prozesskostenhilfe liegt eines der Hauptargumente gegen die Annahme materieller Rechtskraft.

Der Verfahrensgegenstand erschöpfe sich in der Entscheidung über die Gewährung einer staatlichen Vergünstigung. Am Ende des „staatsgerichteten Verwaltungsverfahrens" stehe keine den sonstigen gerichtlichen Verfahren vergleichbare Streitentscheidung, sondern eine Art Verwaltungsentscheidung.[931] Entbehrten Beschlüsse jedoch eine streitentscheidende Funktion, fehle ihnen die Fähigkeit zur materiellen Rechtskraft. Diese Auffassung greift ersichtlich auf das überkommene Kriterium der Urteilsähnlichkeit zurück, demzufolge gerade der streitentscheidende Entscheidungsinhalt rechtskraftfähige von sonstigen Beschlüssen scheide.[932]

Einen differenzierteren Ansatz entwickelt *Smid*[933] im Rahmen seiner Untersuchung der Anwendbarkeit des Art. 19 Abs. 4 GG auf Akte der freiwilligen Gerichtsbarkeit. Die Heterogenität der unterschiedlichen Aufgaben der freiwilligen Gerichtsbarkeit und damit der Tätigkeitsfelder des Gerichts mache es notwendig, Rechtsprechung und Rechtsweg im Sinne von Art. 92 und Art. 19

---

929 Genauso ist zu verfahren, wenn der Antragsteller seinen Mitwirkungspflichten zunächst nicht nachkam und deshalb keine tatsächlichen Feststellungen getroffen wurden; allerdings ist dem Antragsteller hier die Möglichkeit verschlossen, zum Nachweis der Nachträglichkeit der Sachverhaltsänderung auf den früheren Beschluss bzw. dessen Feststellungen zu verweisen.

930 BVerfGE 35, 348, 355.

931 Vgl. OVG Münster, DVBl. 1983, S. 952 ff.; ebenso *Dunz*, NJW 1962, S. 814 f.; *Schmidt*, S. 167; *Behn*, BayVBl. 1983, S. 690, 694.

932 Hierzu bereits unter C II 2 und V.

933 *Smid*, S. 1 ff.; zum Charakter einer Kostenentscheidung gegen Dritte als administrative Gerichtsentscheidung vgl. *Smid*, NJW 1989, S. 1578 ff..

Abs. 4 GG einerseits und materieller Verwaltung andererseits voneinander abzugrenzen. Das einzelne Verfahren wäre demnach entweder Prozess oder Rechtsfürsorge.[934] Dabei umgrenze der materielle Rechtsprechungsbegriff nicht nur den Anwendungsbereich der Rechtsweggarantie, sondern berge gleichermaßen Relevanz für die Zuerkennung materieller Rechtskraft. Denn nur Akte materieller Rechtsprechung könnten rechtskräftige Entscheidungen produzieren;[935] Entscheidungen dagegen, die nicht in einem „Prozess" ergingen, sondern Verfahren administrativer Struktur beendeten, seien keine rechtskräftigen (urteilsersetzenden) Entscheidungen.[936] Abweichend von der herrschenden Meinung sei materielle Rechtsprechung dabei nicht monokausal über das Kriterium der Streitentscheidung zu definieren; diese Methode führe insbesondere dann zu Sinnwidrigkeiten, wenn es die (rechtsprechende) Qualität des Strafprozesses, der Gestaltungsurteile oder bestimmter (streitiger) Verfahren in der freiwilligen Gerichtsbarkeit zu bestimmen gelte.[937] Materielle Rechtsprechung liege vielmehr dann vor, wenn der Richter als *unparteiischer Dritter* uninteressiert am Verfahrensergebnis das streitige Recht mit den Methoden des Rechts erkenne; Verwaltung dagegen sei stets Partei der von ihr durchgeführten Verfahren.[938] Ein tragendes Strukturprinzip eines Prozesses bilde demnach das „Zwei-Parteien Schema"[939], auf dem die Unparteilichkeit der Rechtserkenntnis des Gerichts beruhe.[940] Sobald das Gericht nicht im Dreiecksverhältnis zu zwei streitenden Parteien Recht spreche, sondern als Gegenüber eines Beteiligten das Recht festlege, handele es strukturell nicht als unparteiischer Dritter.[941] Will man im Einzelfall eine kontentiose Verfahrensstruktur feststellen, seien „fremdnützige Beteiligte"[942], die zur Wahrung des öffentlichen Interesses in ein Rechtsfürsorgeverfahren eingeschalten sind, von wirklichen Parteien zu unterscheiden. Dabei träten die Beteiligten eines administrativ strukturierten Verfahrens nicht auf, um ihr „eigenes" Recht geltend zu machen, sondern wirkten an der Erreichung des Verfahrenszwecks mit.[943]

---

934 *Smid*, S. 1 ff..
935 *Smid*, S. 381.
936 Vgl. *Smid*, S. 453.
937 *Smid*, S. 181 ff., 196 ff., 207 ff..
938 *Smid*, S. 251.
939 *Smid*, NJW 1989, S. 1578 ff., 1579.
940 Vgl. *Smid*, S. 425.
941 *Smid*, NJW 1989, S. 1578 ff., 1581.
942 *Smid*, S. 426.
943 *Smid*, S. 431. Auch an dieser Stelle der Untersuchung droht die eingangs proklamierte Abgrenzung zur herrschenden Meinung zu verschwimmen. Denn letztlich wird hier die Unparteilichkeit des Richters nicht zur eigenständigen Voraussetzung materieller Rechtsprechung erhoben, sondern als Ergebnis des Streits der Parteien um eigene Rechte definiert.

An diesen Maßstäben gemessen dürfte die Prozesskostenhilfe als Verfahren der Rechtsfürsorge zu beurteilen sein.[944] So ist der Gegner des Hauptsacheverfahrens trotz seines Anhörungsrechts (§ 118 Abs. 1 S. 1 ZPO) am Prozesskostenhilfeverfahren nicht beteiligt.[945] Auch richtet sich der Prozesskostenhilfeanspruch ausschließlich gegen den Staat.[946] Die Staatskasse aber hat gerade nicht die Stellung eines „Antragsgegners" im Prozesskostenhilfeverfahren; so wird der Bezirksrevisor weder im Verfahren angehört[947] noch wird ihm der Prozesskostenhilfebeschluss von Amts wegen mitgeteilt (§ 127 Abs. 3 S. 6 ZPO). Weiters beschränkt sich dessen Beschwerderecht auf die fehlende „Selbstbeteiligung"[948] der bedürftigen Partei. Eine Zwei-Parteien Konstellation im obigen Sinne lässt sich im Prozesskostenhilfeverfahren nicht feststellen. Das Gericht scheint demnach in Ansehung seiner strukturellen Parteilichkeit keine andere Stellung einzunehmen als eine Verwaltungsbehörde.[949] Die Beschlüsse im Prozesskostenhilfeverfahren wären somit keine materielle Rechtsprechung, sondern müssten als administrative Akte, denen die Fähigkeit zur materiellen Rechtskraft fehlte, behandelt werden.

Jedoch kann sowohl der herkömmlichen Unterteilung in streitentscheidende und sonstige Entscheidungen als auch dem auf dem Zwei-Parteien Schema basierenden Unparteilichkeitskriterium *Smids* nur dann Maßgeblichkeit für die Frage der Rechtskraftfähigkeit von (Prozesskostenhilfe-) Beschlüssen beigemessen werden, wenn es eine *gesetzliche Regelungslücke* zu schließen gölte. Einfachgesetzliche Regelungen werden durch diese Überlegungen nämlich nicht derogiert. Wie unter D II ausführlich dargestellt wurde, ist aber seit dem

---

944 Obgleich auch das Bundesverfassungsgericht richterliche Akte in rein materieller Anschauung als öffentliche Gewalt im Sinne des Art. 19 Abs. 4 GG einstuft, wenn die Gerichte nicht in ihrer „typischen Funktion als Instanzen der unbeteiligten Streitentscheidung" entscheiden (vgl. BVerfG, NJW 2003, S. 1924 ff., 1925, mit weiteren Nachweisen), ist gleichwohl zu bezweifeln, ob es dem Prozesskostenhilfebeschluss den spruchrichterlichen Charakter abspräche. So hat das Fachgericht über die Erfolgsaussichten der *streitigen* Hauptsache unter Berücksichtigung der in der Regel *konträren* Stellungnahme des Prozessgegners zu entscheiden und darob befinden sich „die arme Partei und ihr Gegner in einem Spannungsverhältnis, das demjenigen ähnlich ist, in dem sich im Urteilsverfahren Kläger und Beklagter gegenüberstehen", BayVerfGH, JZ 1962, S. 673 ff..

945 *Kalthoener/Büttner/Wrobel-Sachs*, Rn. 153; *Stein/Jonas/Bork*, 21. Aufl., § 118, Rn. 7; *Schmidt*, S. 167; a.A. *Werner*, S. 151 f..

946 *Kalthoener/Büttner/Wrobel-Sachs*, a.a.O..

947 Die Unparteilichkeit des Richters werde im Prozess aber gerade durch die Distanzierung des Richters gegenüber der Tatsachengrundlage seines Erkenntnisses gewährleistet, welche wiederum die Waffengleichheit der Parteien bei der Tatsachenfeststellung bedinge, *Smid*, S. 298 ff., 311. Ein materieller Rechtsprechungsakt setze damit zwingend die Gewährung rechtlichen Gehörs voraus, *Smid*, S. 312.

948 *Stein/Jonas/Bork*, 21. Aufl., § 127, Rn. 10.

949 *Smid*, NJW 1989, S. 1578 ff., 1581.

Inkrafttreten des ZPO-Reformgesetzes aufgrund der novellierten Regelung des Beschwerderechts von der Rechtskraftfähigkeit anfechtbarer Beschlüsse auszugehen. Diese gesetzgeberische Entscheidung gilt es zu beachten, gleichviel, ob die Gewährung von Prozesskostenhilfe eines streitentscheidenden Charakters entbehrte oder administrative Züge trüge.[950]

In diesem Zusammenhang sei schließlich noch auf eine Entscheidung des OVG Münster hingewiesen, wonach Prozesskostenhilfebeschlüsse aufgrund ihres Fürsorgecharakters keine größere Bestandskraft zeitigten als entsprechende Verwaltungsentscheidungen.[951] Die Zulässigkeit eines wiederholten Antrags beurteile sich deshalb nach den entsprechenden Regelungen der §§ 48 ff. VwVfG.[952] Insoweit ist zunächst die entsprechende Anwendung *verwaltungs*verfahrensrechtlicher Regelungen zu kritisieren. Die Prozesskostenhilfe ist eine Sonderform der Sozialhilfe. Maßgebende Verfahrensvorschriften finden sich demnach im SGB X. Wird im Sozialhilfeverwaltungsverfahren nach Erlass einer bestandskräftigen Entscheidung erneut ein Antrag auf die Begünstigung gestellt, bestimmt sich das Vorgehen der Behörde im Falle der Rechtswidrigkeit der Vorentscheidung nach § 44 Abs. 1 SGB X. Normzweck dieser Regelung ist die weitgehende Verwirklichung der materiellen Gerechtigkeit zugunsten des Bürgers, aber zu Lasten der Bindungswirkung nicht begünstigender Verwaltungsakte.[953] Selbst nach Eintritt der Bestandskraft können danach nicht begünstigende, rechtswidrige Verwaltungsakte zurückgenommen werden. Im Falle der Antragswiederholung wäre die Behörde deshalb nicht gehindert, die Sozialleistung nunmehr zu bewilligen.[954] Dies gilt auch dann, wenn ein rechtswidriger Verwaltungsakt durch ein Gericht bestätigt wurde, die Sache also rechtskräftig geworden ist.[955] Dennoch

---

950 Dies gilt jedenfalls für ablehnende Prozesskostenhilfebeschlüsse, die der sofortigen Beschwerde unterliegen. Wird das Prozesskostenhilfegesuch jedoch durch eine *unanfechtbare* Entscheidung zurückgewiesen, läge nach der Ansicht *Smids* genau genommen ein *Verstoß gegen Art. 19 Abs. 4 GG* vor, da gegen Akte der öffentlichen Gewalt Rechtsschutz zu gewähren ist. Diese Frage braucht vorliegend aber nicht entschieden zu werden, da hier auf die entsprechenden Ausführungen des Bundesverfassungsgerichts (NJW 2003, S. 1924 ff.) zum Justizgewährungsanspruch im Falle von Verfahrengrundrechtsverletzungen und deren Bedeutung für eine unanfechtbare Prozesskostenhilfeversagung verwiesen werden kann, vgl. Darstellung unter E I 3 a δ.

951 DVBl. 1983, S. 952 ff..

952 OVG Münster, a.a.O..

953 KassKomm-*Steinwedel*, § 44 SGB X, Rn. 2.

954 Soweit der Bürger die falsche Tatsachengrundlage nicht zu vertreten hat, besteht gar ein Anspruch auf Rücknahme mit Wirkung für die Vergangenheit, § 44 Abs. 1, Abs. 4 SGB X.

955 Vgl. *Hauck/Noftz/Vogelsang*, § 44 SGB X, Rn. 16; ebenso BSGE 51, 139, 142; in diesem Sinne bereits BSGE 13, 48, 49, zur Vorgängerregelung in § 40 KOVVfG; KassKomm-*Steinwedel*, § 44 SGB X, Rn. 5, mit weiteren Nachweisen.

ist eine entsprechende Anwendung sozialhilferechtlicher Verfahrensvorschriften abzulehnen.[956] Mag die Prozesskostenhilfe materiell auch Sozialhilfe sein, wird sie formell doch in einem Gerichtsverfahren gewährt, das sich vom Verwaltungsverfahren gerade durch seine dem Rechtsfrieden und der Rechtssicherheit dienende Formstrenge abhebt.[957] Neben der Vergleichbarkeit fehlt es daneben vor allem an einer Regelungslücke, welche einer analogen Anwendung des § 44 Abs. 1 SGB X Raum gäbe. Die Auslegung der neugefassten Regelungen des Beschwerderechts ergibt nämlich sowohl eine inner- als auch außerprozessuale Bindungswirkung anfechtbarer Prozesskostenhilfebeschlüsse.

δ) Verfassungsrechtliche Bedenken gegen die endgültige Versagung der Prozesskostenhilfe durch einen von vorneherein unanfechtbaren Beschluss

Mag die materielle Rechtskraft eines ablehnenden Beschlusses auch der einfachgesetzlichen Regelung in der Zivilprozessordnung entsprechen, ist gleichwohl der weiteren Frage nachzugehen, ob es den Vorgaben, die der einfachgesetzlichen Ausgestaltung der Prozesskostenhilfe durch die Verfassung gesetzt sind, genügt, wenn die beantragte Prozesskostenhilfe und mit ihr die gerichtliche Rechtsdurchsetzung endgültig versagt wird, weil etwa die bedürftige Partei entscheidungserhebliche Belege nicht rechtzeitig eingereicht hat.

Nach der Rechtsprechung des Bundesverfassungsgerichts ist das Recht auf Prozesskostenhilfe in der *Rechtsschutzgleichheit*[958] bzw. im Prinzip des *sozialen Rechtsstaats*[959] verfassungsrechtlich verankert. Danach habe der Gesetzgeber dafür Sorge zu tragen, „dass auch die unbemittelte Partei in die Lage versetzt wird, ihre Belange in einer dem Gleichheitsgebot gemäßen Weise im Rechtsstreit geltend zu machen. Die Angleichung der Situation von Bemittelten und Unbemittelten im Bereich des Rechtsschutzes kann dabei keine vollständige sein. Ihr Ausmaß liegt vielmehr in der Gestaltungsfreiheit des

956 So auch *Behn*, BayVBl. 1983, S. 690 ff., 694; *Albers*, GS für *Martens* (1987), S. 283 ff., 294.

957 *Behn*, BayVBl. 1983, S. 690 ff., 694; freilich verliert dieses Argument etwas an Durchschlagskraft, berücksichtigt man, dass § 44 SGB X auch im Sozialgerichtsverfahren Anwendung findet. So kann das SG über den Anspruch auf § 44 SGB X mitentscheiden und deshalb die Behörde unmittelbar zu einer abweichenden Entscheidung verpflichten, ohne dass vorher etwa eine Untätigkeitsklage erhoben werden müsste, KassKomm-*Steinwedel*, § 44 SGB X, Rn. 17, mit weiteren Nachweisen.

958 Die Rechtsschutzgleichheit wird von Art. 3 Abs. 1 GG in Verbindung mit Art. 20 Abs. 3 GG gewährleistet, BVerfG, FamRZ 2003, S. 833 f.; BVerfGE 81, 347, 356; *Stein/Jonas/Bork*, 21. Aufl., vor § 114 I-III, Rn. 8.

959 Art. 20 Abs. 1 GG in Verbindung mit Art. 3 Abs. 1 GG bilden dabei die verfassungsrechtliche Grundlage für das Prinzip des sozialen Rechtsstaats, BVerfGE 78, 104, 117, 56, 139, 143, 22, 83, 86, 9, 124, 131; *Rosenberg/Schwab/Gottwald*, § 90 I, S. 489 f..

Gesetzgebers."[960] Das Prozesskostenhilfeverfahren müsse von Verfassungs wegen nur so ausgestaltet werden, dass der armen Partei der Zugang zu Rechtsschutzverfahren nicht von vorneherein unmöglich gemacht und die Rechtsverfolgung und Rechtsverteidigung *nicht unverhältnismäßig erschwert* werde.[961]

In diesem Sinne ist zu prüfen, ob durch die Rechtskraftfähigkeit einer Prozesskostenhilfeversagung die Rechtswahrnehmung für die unbemittelte Partei im unverhältnismäßigen Maße erschwert wird. Dabei liegt die sachliche Rechtfertigung der materiellen Rechtskraft von Prozesskostenhilfebeschlüssen in dem Anliegen, auch im Bereich der Nebenentscheidungen im Interesse der Rechtssicherheit die Endgültigkeit gerichtlicher Entscheidungen außer Zweifel zu stellen und die mit der Antragswiederholung automatisch verbundene Belastung der Justiz durch Wiedervorlage und erneutes Einarbeiten zu vermeiden.[962] Zu diesem Zwecke erscheint es durchaus geeignet und auch erforderlich, die unbemittelte Partei von vorneherein – bei Meidung einer endgültigen Versagung der Prozesskostenhilfe – zu verpflichten, den Vordruck im Sinne des § 117 Abs. 3, 4 ZPO vollständig auszufüllen, die entsprechenden Belege fristgemäß[963] beizufügen und etwaigen Anordnungen, bestimmte Tatsachen glaubhaft zu machen (§ 118 Abs. 2 S. 1 ZPO), rechtzeitig nachzukommen. Ein solche „Betonung der Darlegungs- und Beweislast des Antragstellers im Prozesskostenhilfeverfahren"[964] ist auch nicht unangemessen, hat es die unbemittelte Partei doch selbst in der Hand, ihre prozessualen Mitwirkungspflichten zu erfüllen.[965] Demgegenüber vermag der Antragsteller selbst durch ein sorgfaltgerechtes Prozessverhalten kaum zu beeinflussen, ob das Gericht das Vorliegen der objektiven und subjektiven Bewilligungsvoraussetzungen zutreffend beurteilt. Hieran knüpft sich die eigentliche Erschwernis für die unbemittelte Partei im Vergleich zur Rechtslage vor Inkrafttreten des ZPO-Reformgesetzes. Wird die Prozesskostenhilfe nämlich

---

960 BVerfGE 78, 104, 118; vgl. auch BVerfGE 81, 347, 357, mit weiteren Nachweisen. In diesem Sinne sei es verfassungsrechtlich unbedenklich, dass dem Unbemittelten durch das derzeit geltende Prozesskostenhilferecht nicht ermöglicht werde, seine Rechte auch dann zu verfolgen oder zu verteidigen, wenn die Erfolgschance nur eine entferntere ist, BVerfGE, a.a.O..

961 BVerfGE 81, 347, 358.

962 So zur generellen Befristung der Beschwerde BT-Drucks. 14/4722, S. 68.

963 Bevor es einen ablehnenden Beschluss erlässt, setzt das Gericht gemäß § 118 Abs. 2 S. 4 ZPO eine entsprechende Frist und fordert den Antragsteller unter Hinweis auf den Mangel auf, innerhalb der Frist für die Glaubhaftmachung zu sorgen, *Kalthoener/Büttner/Wrobel-Sachs*, Rn. 171.

964 So schon BT-Drucks. 10/3054, S. 17.

965 Sollte der Antragsteller unverschuldet an der Einhaltung der gesetzten Frist gehindert sein, ist verspätetes Vorbringen analog § 296 Abs. 1 ZPO bzw. § 283 S. 2 ZPO zu berücksichtigen, *Gottwald*, FamRZ 1989, S. 412.

zu Unrecht versagt, so schneidet die materielle Rechtskraft des Versagungsbeschlusses dem Antragsteller die Möglichkeit ab, das Gericht mit Hilfe der Antragswiederholung (bzw. Gegenvorstellung) instand zu setzen, die beantragte Prozesskostenhilfe dennoch zu bewilligen, nachdem es bessere Einsicht in die Rechtmäßigkeit seines Beschlusses erlangt hat. In diesen Fällen bleibt es bei der Endgültigkeit der Prozesskostenhilfeversagung auch dann, wenn der Richter seinen Fehler mittlerweile erkannt hat und „nachbesserungsbereit" wäre. Gleichwohl dürfte der Überbürdung dieses Risikos falscher Rechtsanwendung keine grundsätzliche Verkennung von der Bedeutung und Tragweite der Rechtsschutzgleichheit zugrunde liegen.[966] Zumeist ist gegen den Beschluss die sofortige Beschwerde (§ 127 Abs. 2 S. 3 ZPO) statthaft, so dass der Antragsteller schon auf diese Weise eine abweichende *Abhilfe- oder Beschwerdeentscheidung* zu erwirken vermag. Die Unanfechtbarkeit der Prozesskostenhilfebeschlüsse ist dagegen selten und beschränkt sich in der ersten Instanz auf die Versagung der Prozesskostenhilfe für eine nicht rechtsmittelfähige Hauptsache gemäß § 127 Abs. 2 S. 2 Hs. 2 ZPO, soweit das Gericht den Antrag mangels Erfolgsaussichten oder wegen Mutwilligkeit abgelehnt hat. Der Antragsteller ist zudem nicht gehindert, seinen Antrag erneut zu stellen, sobald sich der entscheidungserhebliche Sachverhalt nachträglich geändert hat. Im Übrigen trug schon nach bisheriger Rechtslage die unbemittelte Partei das Risiko eines fehlerhaften Beschlusses, soweit das Gericht trotz des wiederholten Antrags auf seiner fehlerhaften Rechtsanwendung beharrte. In diesem Falle verhilft nämlich auch die Einlegung einer Verfassungsbeschwerde nicht zur Bewilligung der Prozesskostenhilfe, da es das Bundesverfassungsgericht ablehnt nachzuprüfen, ob die Gerichte bei ihrer Entscheidung über die Bedürftigkeit des Antragstellers oder die Erfolgsaussichten der Rechtsverfolgung das einfache Gesetz richtig anwendeten,[967] und dabei gerade in Kauf nimmt, dass dem Antragsteller endgültig und zu Unrecht der Zugang zu den Gerichten verweigert wird. Die Verfassungskonformität der Rechtskraft eines ablehnenden Prozesskostenhilfebeschlusses kann auch einer anderen Entscheidung des Bundesverfassungsgerichts entnommen werden, in der das Gericht über die Weigerung der Fachgerichte, nach einer rechtskräftigen Ablehnung die Prozesskostenhilfe auf erneuten Antrag hin zu bewilligen, zu befinden hatte.[968] Der Annahme materieller Rechtskraft brachte das Bundesverfassungsgericht dabei keine grundsätzlichen Bedenken verfassungsrechtlicher Art entgegen. Vielmehr wäre die fachgerichtliche Entscheidung – nach Maßgabe der im Zivilprozessrecht herrschenden Meinungen – nicht mit zivilprozessualen Grundsätzen vereinbar gewesen und hätte deshalb einer ausrei-

966 MünchKommZPO-*Wax*, § 114, Rn. 4.
967 BVerfG, FamRZ 1984, S. 1206 ff., 1207.
968 BVerfGE 52, 139, 145.

chenden sachlichen Begründung entbehrt.[969] Letztlich hat damit das Bundesverfassungsgericht die Entscheidung über die Geltung des ne-bis-in-idem-Grundsatzes im Prozesskostenhilfeverfahren der Gestaltungsfreiheit des Gesetzgebers überantwortet. Von dieser Gestaltungsfreiheit hat der Gesetzgeber nunmehr durch das ZPO-Reformgesetz, in concreto durch die Novellierung des Beschwerderechts, Gebrauch gemacht und sich im Interesse der Rechtssicherheit für die materielle Rechtskraft im Prozesskostenhilfeverfahren entschieden. Trotz des erhöhten Risikos einer fehlerhaften, aber endgültigen Versagung von Prozesskostenhilfe durch von vorneherein unanfechtbare Entscheidungen dürfte die Rechtskraftfähigkeit der insoweit ergehenden Beschlüsse damit keine verfassungsrechtlich unvertretbare Einschränkung der *Rechtsschutzgleichheit* darstellen.

Damit sind aber nicht alle verfassungsrechtlichen Bedenken ausgeräumt. Denn handelte es sich im Einzelfall tatsächlich um einen von vorneherein unanfechtbaren Beschluss, würde die Versagung mit ihrem Erlass bestandskräftig, gleichviel, ob das Gericht dabei eine grundsätzlich unrichtige Anschauung von der Bedeutung der Rechtsschutzgleichheit vertrat oder nicht.[970] Eine weitere fachgerichtliche Überprüfung fände nicht statt. In dieser Hinsicht tritt die Endgültigkeit eines erstinstanzlichen Zurückweisungsbeschlusses jedoch mit den tragenden Entscheidungsgründen des bereits erwähnten Plenarbeschlusses des Bundesverfassungsgerichts vom 30. April 2003 in Konflikt.[971] Das Bundesverfassungsgericht stellt in dieser Entscheidung fest, dass es gegen den aus dem Rechtsstaatsprinzip abzuleitenden Justizgewährungsanspruch verstieße, wenn die Verfahrensordnung keine fachgerichtliche Abhilfemöglichkeit für den Fall vorsähe, dass ein Gericht in entscheidungserheblicher Weise den Anspruch auf rechtliches Gehör verletzt. Grundsätzlich sichere der allgemeine Justizgewährungsanspruch das Offenstehen des Rechtsweges, wenngleich auch keinen Rechtsweg ad infinitum. Als rechtsstaatliches Minimum sei nur die einmalige Möglichkeit zur Einholung einer gerichtlichen Entscheidung über die geltend gemachten Rechte und Pflichten garantiert. Das Risiko falscher Rechtsanwendung könne im Interesse der Rechtssicherheit und des Rechtsfriedens grundsätzlich in Kauf genommen werden, da insbesondere durch Art. 101 Abs. 1 S. 2 GG oder Art. 103 Abs. 1 GG Vorkehrungen gegen Rechtsanwendungsfehler getroffen seien.[972] Rechtsschutz garantiere der Justizgewährungsanspruch aber auch bei einem Verstoß gegen Verfahrensgrundrechte, welche erstmalig durch ein Gericht verletzt werden. Beharrte man hier

---

969 BVerfGE a.a.O..

970 Erst dann läge nach der Auffassung des Bundesverfassungsgerichts (BVerfGE 81, 347, 358) ein verfassungsrechtlich relevanter Verstoß gegen den Anspruch auf gleichen Zugang zum Rechtsschutz vor.

971 BVerfG, NJW 2003, S. 1924 ff..

972 BVerfG, NJW 2003, S. 1924 ff., 1924 f..

auf dem Grundsatz, dass es keinen Rechtsschutz gegen den Richter gebe, verbliebe dort ein Rechtsschutzdefizit und würde die vom Justizgewährungsanspruch gedeckte Garantie einer einmaligen gerichtlichen Entscheidung über eine behauptete Rechtsverletzung verweigert. Aufgrund der Besonderheiten des verfassungsgerichtlichen Verfahrens und angesichts der Subsidiarität der Verfassungsbeschwerde sei nur im fachgerichtlichen Verfahren geeigneter Rechtsschutz zu erlangen.[973]

Die Relevanz des Plenarbeschlusses für die vorliegende Problematik ergibt sich aus der Rechtsnatur des *Anspruchs auf Prozesskostenhilfe*, dem das *Verfahrensgrundrecht* der *Rechtsschutzgleichheit* zugrunde liegt: Infolge des Verbots der Selbsthilfe ist der Einzelne zur Durchsetzung und Verteidigung seiner privaten Rechtspositionen auf die Inanspruchnahme staatlicher Gerichte verwiesen. Aus diesem Verbot folgt die Verpflichtung des Staates gegenüber den Bürgern zur Rechtspflege und Justizgewährung. Da jedoch der Zugang zu den Gerichten zum Teil erhebliche finanzielle Aufwendungen für Gerichts- und Anwaltskosten voraussetzt, die einer armen Partei die Rechtsverfolgung bzw. Rechtsverteidigung faktisch verschlösse, ist es notwendig, die Durchsetzung der materiellen Rechte unbemittelter Personen durch eine staatliche Fürsorgeleistung zu gewährleisten.[974] Verfahrensgegenstand des Prozesskostenhilfeverfahrens ist mit anderen Worten die Herstellung von Rechtsschutz- oder Waffengleichheit zwischen der bemittelten und unbemittelten Partei. Dieser Anspruch ist Ausfluss aus Art. 3 Abs. 1 GG und dem Rechtsstaatsprinzip und stellt nach einhelliger Meinung ein Verfahrensgrundrecht dar.[975] Da dieses Verfahrensgrundrecht erstmalig in einem gerichtlichen Verfahren verletzt werden kann, gebietet der Justizgewährungsanspruch behufs der Schließung einer sonst drohenden Rechtsschutzlücke eine einmalige gerichtliche Kontrolle, ob der Rechtsschutzgleichheit im Prozesskostenhilfeverfahren Genüge getan wurde.[976]

Der Endgültigkeit eines ablehnenden Beschlusses im Prozesskostenhilfeverfahren begegnet demnach dann kein verfassungsrechtliches Bedenken, wenn die Möglichkeit eines einmaligen gerichtlichen Rechtsschutzes grundsätzlich offen steht. Unterliegt deshalb die Versagung der Prozesskostenhilfe der sofortigen Beschwerde, ist die Endgültigkeit des ablehnenden Beschlusses ver-

---

973 BVerfG, NJW 2003, S. 1924 ff., 1927 f..

974 BVerfGE 78, 104, 117; BVerfGE 81, 347, 356; *Stein/Jonas/Bork*, 21. Aufl., vor § 114 I-III, Rn. 7; *Franke*, S. 39; *Philippi*, FS für *Schneider* (1997), S. 267 ff..

975 *Voßkuhle*, NJW 2003, S. 2193 ff, 2197, mit weiteren Nachweisen.

976 Sähe man mit *Wax* (MünchKommZPO, § 114, Rn. 2; a.A. *Zimmermann*, Rn. 1) in der unrechtmäßigen Ablehnung beantragter Prozesskostenhilfe die Verweigerung der Beteiligung am eigentlichen Rechtsschutzverfahren und damit eine Verletzung rechtlichen Gehörs gemäß Art. 103 Abs. 3 GG, wären die Grundsätze obiger Bundesverfassungsgerichtsentscheidung sogar unmittelbar anzuwenden.

fassungsgemäß und die materielle Rechtskraft ohne Einschränkung zu bejahen. Dagegen verstieße es gegen den aus dem Rechtsstaatsprinzip abzuleitenden Justizgewährungsanspruch, wären die Versagungsbeschlüsse nicht nur von vorneherein unanfechtbar, sondern zugleich inner- und außerprozessual bindend. Um oben angeführte einmalige fachgerichtliche Prüfung zu ermöglichen, ist deshalb entweder dem erlassenden Gericht oder einem Gericht übergeordneter Instanz die Befugnis zu geben, die Entscheidung auf eine etwaige Verletzung der Rechtsschutzgleichheit hin zu überprüfen und im Falle eines Verstoßes abzuändern. Erst danach können Innenbindung, formelle und materielle Rechtskraft einer unanfechtbaren Prozesskostenhilfeablehnung vorbehaltlos bejaht werden.[977]

b) Die materielle Rechtskraft der Prozesskostenhilfebewilligung bzw. des Beiordnungsbeschlusses

Materielle Rechtskraft zeitigt auch die Prozesskostenhilfebewilligung.[978] Die außerprozessuale Relevanz dieses Beschlusses braucht dabei nicht durch einen „Aufhebungsantrag" des Prozessgegners konstruiert werden.[979] Als Beispiel ist vielmehr die Bindung des Urkundsbeamten bzw. des Gerichts (nach Erinnerung gemäß § 128 Abs. 3 BRAGO) im Festsetzungsverfahren zu nennen. Aufgrund dessen sind Fragen, welche die zugrundeliegende Bewilligungsentscheidung in ihrer Geltung berührten, präjudiziert.[980]

c) Die materielle Rechtskraft einer Abänderungsentscheidung (§ 120 Abs. 4 ZPO)

Auch die Abänderung der Prozesskostenhilfebewilligung nach einer wesentlichen Veränderung der subjektiven Bewilligungsvoraussetzung im Sinne des § 120 Abs. 4 ZPO wird materiell rechtskräftig. Dabei schließt die außerpro-

---

977 Auf welche Weise diese fachgerichtliche Selbstkorrektur vonstatten zu gehen hat, soll erst im letzten Abschnitt der Arbeit (F) im Rahmen der allgemeinen Prüfung der Überwindbarkeit inner- und außerprozessualer Bindungswirkung im Falle einer Verfahrensgrundrechtsverletzung dargestellt werden. Statt die Rechtsschutzgleichheit in den Katalog rügefähiger Verfahrensgrundrechte aufzunehmen, erschiene insoweit aber systemgerechter, die genannten Unanfechtbarkeitsklauseln im Prozesskostenhilfeverfahren zu streichen und auf diese Weise dem rechtsstaatlichen Minimum einer einmaligen gerichtlichen Kontrolle zu genügen.

978 Ebenso *Werner*, S. 156.

979 So aber *Werner*, S. 156. Doch kann mangels gesetzlichen Antragsrechts in einem solchen Begehren des Prozessgegners nur die Anregung an das erlassende Gericht liegen, den Bewilligungsbeschluss abzuändern. Formlose Gegenvorstellungen betreffen jedoch immer den innerprozessualen Verfahrensraum und damit den Wirkungsbereich der Innenbindung, zur Abgrenzung der verschiedenen Verfahrensräume vgl. C 2 b β.

980 Im Ergebnis ebenso *Musielak/Fischer*, § 121, Rn. 31; *Waldner*, JurBüro 1996, S. 536, der aber die Maßgeblichkeit der Bewilligungsentscheidung fälschlicherweise auf die systematische Trennung von Bewilligungs- und Festsetzungsverfahren und den Vertrauensschutz des Anwalts zurückführt.

zessuale Bindungswirkung eine Änderung zum Nachteil des Antragstellers aus, so dass – mit dem Ziel einer günstigeren Ratenzahlungsanordnung – erneut ein Prozesskostenhilfeantrag gestellt werden kann, soweit sich die Verhältnisse auch nach dem Erlass der Abänderungsentscheidung nicht geändert haben.[981] Davon abgesehen kann eine *weitere* Abänderungsentscheidung im Sinne des § 120 Abs. 4 ZPO grundsätzlich nur auf solche Umstände gestützt werden, die nach dem Erlass der früheren rechtskräftigen Abänderungsentscheidung eingetreten sind.[982]

### d) Die materielle Rechtskraft einer Aufhebungsentscheidung (§ 120 Abs. 4 ZPO)

Die Relevanz der materiellen Rechtskraft einer Aufhebungsentscheidung liegt in ihrer impliziten Ablehnung des ursprünglichen Prozesskostenhilfeantrags. Will der Antragsteller für die gleiche Instanz erneut Prozesskostenhilfe beantragen, hat er die Bindungswirkung des aufhebenden und zugleich ablehnenden Beschlusses zu beachten. Erst nach einer Veränderung des Sachverhalts in dem Punkt, welche die rechtskräftige Aufhebungs- bzw. Ablehnungsentscheidung trug, kann die unbemittelte Partei erneut einen Prozesskostenhilfeantrag stellen: Nach einer rechtskräftigen Aufhebung der Prozesskostenhilfebewilligung wegen unrichtiger Darstellung des Sachverhalts in der Hauptsache (§ 124 Nr. 1 ZPO) ist der Antragsteller erst dann in der Lage, durch die Wiederholung seines Antrags eine abweichende Entscheidung zu erwirken, nachdem sich *insoweit* die Tatsachenlage geändert hat. In den Fällen des § 124 Nr. 2 und 3 ZPO schließt die materielle Rechtskraft der Aufhebungsentscheidung einen neuen Antrag solange aus, als keine neuen Tatsachen in Bezug auf die subjektiven Bewilligungsvoraussetzungen vorgebracht werden können. Der Aufhebung wegen eines Zahlungsrückstandes (§ 124 Nr. 4 ZPO) ermangelt es dagegen eines spezifischen Bezugs auf fehlende Bewilligungsvoraussetzungen, weshalb die Möglichkeit eines neuen Prozesskostenhilfeantrags durch jegliche Änderung des Verfahrensgegenstandes eröffnet würde, gleichviel, ob sie auf einem Sachverhaltswandel in bezug auf die Erfolgsaussichten in der Hauptsache oder der Bedürftigkeit beruhte.

Der Streit darüber, ob der Entzug der Prozesskostenhilfe gemäß § 124 ZPO Nr. 2 Alt. 2 , Nr. 4 ZPO eine erneute Bewilligung für den geltend gemachten

---

981 Der erneute Antrag ist als unzulässig zurückzuweisen, da er gegen die materielle Rechtskraft des (abgeänderten) Bewilligungsbeschlusses verstößt. Die materielle Rechtskraftwirkung der Abänderungsentscheidung bindet damit das Gericht im Folgeverfahren nicht unmittelbar, sondern vermittels der abgeänderten Entscheidung.

982 Vgl. die Parallele im Urteilsverfahren, wo § 323 ZPO eine Rechtskraftdurchbrechung nur hinsichtlich der neuen Veränderungen gestattet und umgekehrt die Rechtskraftbindung auch hinsichtlich falscher Bewertungen oder Feststellungen besteht, vgl. MünchKommZPO-*Gottwald*, § 323, Rn. 82 ff..

Hauptsachestreitgegenstand generell ausschließe[983], lediglich bis zu einer wesentlichen Verschlechterung der persönlichen oder wirtschaftlichen Verhältnisse nicht in Betracht komme[984] oder keinerlei Auswirkung auf die Zulässigkeit eines Neuantrags habe[985], lässt sich unter dem Gesichtspunkt der Rechtskraftwirkung nur sehr eingeschränkt entscheiden. Das Wiederholungsverbot der materiellen Rechtskraft steht einem Neuantrag zwar bei gleichgebliebenen Sachverhalt entgegen, doch, ob darüber hinaus gehend die Veränderung der Bedürftigkeit wesentlich sein muss oder die Prozesskostenbewilligung für diesen Streitgegenstand überhaupt ausscheidet, ist in der Tat eine Frage des Sanktionscharakters dieser Norm.[986]

## II. Die im Aussetzungsverfahren ergehenden Beschlüsse

Die generelle Befristung der Beschwerde durch das ZPO-Reformgesetz (§ 567 Abs. 1 ZPO) hat für die im Aussetzungsverfahren ergehenden Beschlüsse erhebliche Bedeutung. Fürderhin unterliegt nicht nur die Ablehnung der Aussetzung der sofortigen Beschwerde, sondern jedweder Beschluss, durch den die Aussetzung des Verfahrens angeordnet oder abgelehnt wird. Die überkommene Differenzierung in Aussetzungs- und Ablehnungsbeschlüsse in § 252 ZPO a.F. entscheidet dessenthalben nicht mehr über die Art der Anfechtung.[987] Diesem Aspekt gilt es bei der Untersuchung der Innenbindung und der materiellen Rechtskraft der Aussetzungsbeschlüsse besondere Beachtung zu schenken. Dabei wird der von *Werner*[988] vorgeschlagenen Differenzierung in von Amts wegen und auf Antrag ergehende Beschlüsse gefolgt; Unterfallgruppen bilden dabei die im Ermessen des Gerichts stehenden bzw. die gesetzlich vorgeschriebenen Entscheidungen.

### 1. Die Innenbindung

#### a) Die Aussetzung von Amts wegen

##### α) Ermessensentscheidungen (§§ 148, 149, 247 ZPO)

Soweit das Gericht bislang beschloss, das Verfahren gemäß §§ 148, 149, 247 ZPO auszusetzen, war die Innenbindung des Aussetzungsbeschlusses nicht zu problematisieren, da die Beteiligten gegen die Aussetzung unbefristet Beschwerde einlegen konnten (§ 252 ZPO a.F.) und deshalb § 577 Abs. 3 ZPO a.F. nicht galt.[989] Nunmehr ist aber auch die Anordnung der Aus-

---

983 OLG Köln, FamRZ 1998, S. 1524 f.; MünchKommZPO-*Wax*, § 124, Rn. 11, 14, mit weiteren Nachweisen.

984 OLG Zweibrücken, Rpfleger 2002, S. 526; OLG Koblenz, FamRZ 1996, S. 1427.

985 *Kalthoener/Büttner/Wrobel-Sachs*, Rn. 856, mit weiteren Nachweisen.

986 Vgl. dazu OLG Köln, FamRZ 1987, S. 1169 f., mit überzeugendem Hinweis auf die Entstehungsgeschichte der Norm.

987 BT-Drucks. 14/4722, S. 80.

988 S. 105.

989 Vgl. etwa *Werner*, S. 105.

setzung mit der sofortigen Beschwerde gemäß §§ 567 Abs. 1, 252 ZPO anzufechten. Infolgedessen scheint die bindende Wirkung der „positiven“ Aussetzungsbeschlüsse aufgrund der generellen Regelung des § 572 Abs. 1 S. 1 ZPO[990] festzustehen. Doch besteht des ungeachtet die freie Abänderungsbefugnis des erlassenden Gerichts nach Inkrafttreten des ZPO-Reformgesetzes fort. § 572 Abs. 1 S. 1 ZPO wird insoweit von der lex specialis des § 150 ZPO derogiert. Danach kann das Gericht die von ihm erlassene, eine Aussetzung betreffende Anordnung wieder aufheben. Eine innerprozessuale Bindungswirkung der in §§ 148, 149, 247 ZPO normierten Aussetzungsbeschlüsse ist deshalb zu verneinen.

Ungleich schwerer lässt sich demgegenüber die Frage nach der Innenbindung der „ablehnenden“ Beschlüsse beantworten. Nach *Werner*[991] unterlägen diese Entscheidungen zwar der sofortigen Beschwerde und damit grundsätzlich der Innenbindung gemäß § 577 Abs. 3 ZPO a.F., doch sei auch die Ablehnung der Aussetzung eine die „Aussetzung betreffende Anordnung“ im Sinne des § 150 ZPO. Demnach vermöge das Gericht seinen ablehnenden Beschluss ohne weiteres aufzuheben. Für die Anwendbarkeit des § 150 ZPO spräche neben dem Gesetzeswortlaut insbesondere die Überlegung, dass die Vorschrift ansonsten eine Selbstverständlichkeit aussagte, ergäbe sich doch die Abänderbarkeit der Aussetzungsanordnung schon aus §§ 571, 252 ZPO a.F..[992] Weiterhin liefe eine Selbstbindung des Gerichts dem aus der Ermessensvorschrift abzuleitenden Zweckmäßigkeitsprinzip zuwider.[993] Dem ist zu widersprechen. Der Gesetzeswortlaut ist insoweit indifferent.[994] Dass der Gesetzgeber die Ablehnung der Aussetzung nicht der Abänderungsbefugnis des erlassenden Gerichts gemäß § 150 ZPO unterwerfen wollte, lässt sich zunächst der Gesetzesbegründung entnehmen, wonach „die *Anordnung* einer Trennung, Verbindung oder Aussetzung [...] prozessleitender Natur“ sei und „daher von dem Gericht, welches sie erlassen hat, wieder aufgehoben werden“ dürfe.[995] Weiterhin ist zu bedenken, dass eine Auslegung in extenso auch zur Abänderbarkeit einer Ablehnung eines gesetzlichen Aussetzungsantrags

---

990 Grundsätzlich beschränkt § 572 Abs. 1 S. 1 ZPO – als abschließende Regelung der Abänderbarkeit anfechtbarer Beschlüsse – die Abänderbefugnis des iudex a quo auf die Möglichkeit, einer zulässigen und begründeten Beschwerde abzuhelfen, vgl. C VI.

991 S. 106 f..

992 *Werner*, S. 107; in Anschluss an *Hein*, S. 224 ff..

993 *Werner*, S. 107 ff..

994 *Pieper*, S. 79.

995 *Hahn*, S. 217. Diese Passage in der Gesetzesbegründung verdeutlicht zudem, dass § 150 ZPO schon nach der Normvorstellung des Gesetzgebers lediglich der Klarstellung der Abänderbarkeit dienen sollte, vgl. *Pieper*, S. 79 f.. Da das erlassende Gericht nach dem Inkrafttreten des ZPO-Reformgesetzes allein aufgrund der Regelung in *§ 150 ZPO* zur Aufhebung der Aussetzungsanordnung befugt wird (s.o.), ist die Vorschrift *erstmals zur konstitutiven Regelung erwachsen*.

führte. Diese Entscheidung sollte aber nach dem Willen des Gesetzgebers „für den Fortgang des Verfahrens und dessen Rechtsbeständigkeit eine der Rechtskraft ähnliche, unverrückbare Basis“[996] bieten. Die freie Abänderbarkeit der Aussetzungsablehnung nach § 150 ZPO ließe sich mit diesem Ziel der Rechtsbeständigkeit freilich nicht vereinbaren.[997] Schließlich besteht – zumindest in Anbetracht der von Amts wegen ergehenden Aussetzungsbeschlüsse (§§ 148, 149, 247, 614 Abs. 1, 2, 953 ZPO) – auch kein Bedürfnis für einen derartig überdehnten Anwendungsbereich des § 150 ZPO: Weist nämlich das Gericht die Anregung eines Beteiligten, das Verfahren von Amts wegen auszusetzen, zurück, so unterliegt dieser Beschluss nicht der sofortigen Beschwerde.[998] Die sofortige Beschwerde findet nach § 252 ZPO vielmehr nur gegen die Ablehnung der Aussetzung statt. Von einer *Ablehnung* kann jedoch nur dann gesprochen werden, wenn das Gericht einen entsprechenden Beteiligtenantrag abschlägig bescheidet.[999] Entschließt sich das Gericht dagegen, eine bestimmte Maßregel, über deren Anordnung sie nur von Amts wegen zu entscheiden hat, nicht zu erlassen, so wird dadurch kein Antrag zurückgewiesen, auch wenn ein Beteiligter angeregt haben sollte, den Sachverhalt daraufhin zu prüfen, ob die gesetzlichen Voraussetzungen eines Vorgehens im Amtswege vorliegen.[1000] Letztlich wiederholt § 252 ZPO damit die Generalklausel des § 567 Abs. 1 Nr. 2 ZPO. Dies bestätigt im Übrigen auch die Gesetzesbegründung. Danach sei „für den Fall der Ablehnung eines *Aussetzungsgesuchs*“ die sofortige Beschwerde das geeignete Rechtsmittel. Dass aber als „Gesuch“ gerade nicht die formlose Anregung eines Beteiligten zu verstehen ist, zeigt wiederum die parallele Begrifflichkeit in § 567 Abs. 1 Nr. 2 ZPO. § 252 ZPO ist damit nur dann einschlägig, wenn ein gesetzlich normierter Aussetzungsantrag abgelehnt wird;[1001] die Vorschrift statuiert insbesondere kein Beschwerderecht im Sinne des § 567 Abs. 1 Nr. 1 ZPO, soweit ein Beschluss ausschließlich von Amts wegen ergehen kann. Regt demnach ein Beteiligter an, dass das Verfahren gemäß §§ 148, 149, 247 ZPO ausgesetzt wird, und weist das Gericht dieses Begehren zurück, so unterliegt diese Entscheidung nicht der sofortigen Beschwerde und in der Folge auch nicht der Innenbindung anfechtbarer Beschlüsse gemäß § 572 Abs. 1 S. 1 ZPO. Diese Absenz einer gesetzlichen Innenbindungsregelung eröffnet

---

[996] *Hahn*, S. 253, zur Befristung der Beschwerde gegen die Ablehnung eines Aussetzungsgesuchs.

[997] *Pieper*, S. 80.

[998] OLG Düsseldorf, NJW 1973, S. 2032, zu § 620 ZPO a.F. i.V.m. § 252 ZPO; zustimmend *Rosenberg/Schwab/Gottwald*, § 147 III 4 a, S. 897; MünchKommZPO-*Bernreuther*, § 614, Rn. 16; *Baumbach/Lauterbach/Albers*, § 614, Rn. 6; *Musielak/Borth*, § 614, Rn. 13; a.A. MünchKommZPO-*Feiber*, § 252, Rn. 20.

[999] Vgl. OLG Düsseldorf, NJW 1973, S. 2032.

[1000] OLG Düsseldorf, a.a.O..

[1001] Einen Beteiligtenantrag sehen etwa §§ 65, 152 ff., 246 ZPO vor.

sodann Raum für eine Einzeluntersuchung. Dabei ist in der Tat aufgrund des den §§ 148, 149, 247 ZPO zugrundeliegenden Zweckmäßigkeitsprinzips von der Abänderbarkeit „ablehnender" Beschlüsse auszugehen. Eine Selbstbindung des Gerichts würde vor allem prozessökonomischen Erwägungen widersprechen.[1002]

Beschlüsse, welche im Rahmen des Aussetzungsverfahrens gemäß §§ 148, 149, 247 ZPO ergehen, zeitigen damit keine innerprozessuale Bindungswirkung.

β) Die gesetzlich vorgeschriebene Aussetzung gemäß §§ 614 Abs. 1, 2, 640 f, 953 ZPO

Gegen die Anordnung der Verfahrensaussetzung findet gemäß § 252 ZPO die sofortige Beschwerde statt. Gleichwohl kann das Gericht den von ihm erlassenen Beschluss gemäß § 150 ZPO wieder aufheben. § 150 ZPO ist in seinem Anwendungsbereich nicht auf Beschlüsse beschränkt, deren Erlass im Ermessen des Gerichts stehen. Die gegenteilige Ansicht *Werners*, nach welcher Entscheidungen, die das Gesetz zwingend anordneten, nicht der Abänderungsbefugnis des Gerichts unterlägen, findet weder im Wortlaut des § 150 ZPO noch in der Gesetzesbegründung[1003] eine Stütze. Das zugrundeliegende Bedenken, eine freie Abänderungsmöglichkeit widerspräche dem zwingenden Charakter der gesetzlichen Aussetzungsvorschrift, verkennt, dass § 150 ZPO selbstverständlich nicht zur Änderung gesetzlich vorgeschriebener Verfahrensanordnungen befugte,[1004] sondern sich auf die Abänderung fehlerhafter Beschlüsse beschränkte und somit neben § 155 ZPO anzuwenden ist.[1005] Nur soweit das Gericht bei seiner Beschlussfassung irrtümlich einen Sachverhalt annahm, der es zur Aussetzung des Verfahrens verpflichtet hätte, ermöglichte § 150 ZPO eine Selbstremedur außerhalb des Beschwerdeverfahrens.

Beschließt das Gericht dagegen auf eine entsprechende Anregung des Beteiligten hin, das Verfahren nicht gemäß §§ 614 Abs. 1, 2, 640 f, 953 ZPO auszusetzen, so ist diese Entscheidung unanfechtbar. Die Frage der Innenbindung lässt sich damit nicht an der generellen Maßgabe des § 572 Abs. 1 S. 1 ZPO beantworten. Im Rahmen einer konkreten Betrachtung der Abänderbarkeit

---

1002 Vgl. *Werner*, S. 107 ff..

1003 *Hahn*, S. 217.

1004 MünchKommZPO-*Peters*, § 150, Rn. 2.

1005 Vgl. etwa MünchKommZPO-*Peters*, § 155, Rn. 5; *Baumbach/Lauterbach/Hartmann*, § 155, Rn. 1; *Zöller/Greger*, § 155, Rn. 2. Selbst *Roth* (in *Stein/Jonas*, 21. Aufl., § 150, Rn. 1, 8 f.) bejaht die Anwendbarkeit des § 150 auf Aussetzungsbeschlüsse, deren Erlass gesetzlich vorgeschrieben ist. Lediglich im Falle *antragsgebundener* Aussetzung sei nicht § 150 ZPO, sondern ausschließlich § 155 ZPO anwendbar, *Stein/Jonas/Roth*, 21. Aufl., § 155, Rn. 1.

dieser Beschlüsse ist zu bedenken, dass die Selbstbindung das Gericht nicht nur in einer Ermessensentscheidung präjudizierte, sondern unter Umständen gar der gesetzlichen Aussetzungspflicht zuwiderliefe. Die Abänderbarkeit der Fortsetzungsbeschlüsse ist deshalb zu bejahen. Gleichwohl kommt *Werner*[1006] hier zur Innenbindung der Fortsetzungsbeschlüsse, indem er einerseits die „Aussetzungsablehnung“ der Innenbindungsregelung des sofortigen Beschwerdeverfahrens unterwirft und andererseits – mangels richterlichen Ermessens – eine Abänderungsbefugnis gemäß § 150 ZPO ablehnt. Wie schon unter C I 2 β dargestellt wurde, versucht *Werner* dem daraus resultierenden Dilemma zwischen richterlicher Selbstbindung und gesetzlicher Aussetzungspflicht die praktische Relevanz zu nehmen, indem er von der verfehlten Annahme ausgeht, der Richter entscheide trotz unveränderten Lebenssachverhalts nach Erlangung besserer Erkenntnis über einen neuen Sachverhalt. Die Aussetzung tangiere deshalb nicht die Geltung des früheren Fortsetzungsbeschlusses.[1007] Dieser perspektivische Streitgegenstandsbegriff würde jedoch das Institut der Innenbindung wirkungslos machen, liegt doch die praktische Relevanz gerade in der Unabänderlichkeit fehlerhafter Entscheidungen, gleichviel, ob diese auf einer fehlerhaften Sachverhaltskenntnis oder auf einer verfehlten Rechtsanwendung beruhen.[1008]

Stattdessen ist davon auszugehen, dass weder die Anordnung der Aussetzung gemäß §§ 614 Abs. 1, 2 , 640 f, 953 ZPO noch ein entsprechender Fortsetzungsbeschluss von bindender Wirkung ist.

b) Die Aussetzung auf Antrag

α) Ermessensentscheidung (§ 65 ZPO)

Setzt das Gericht den Hauptprozess auf Antrag einer Partei bis zur rechtskräftigen Entscheidung über die Hauptintervention gemäß § 65 ZPO aus, kann es diese Anordnung wieder aufheben (§ 150 ZPO). Bindende Wirkung hat die Aussetzung trotz ihrer befristeten Anfechtbarkeit (§ 252 ZPO) nicht. Lehnt das Gericht dagegen den Aussetzungsantrag einer Partei ab, findet gegen diesen Beschluss die sofortige Beschwerde gemäß §§ 252, 567 Abs. 1 Nr. 2 ZPO statt. Die Ablehnung der Aussetzung kann das Gericht demnach nur auf eine zulässige und begründete Beschwerde hin abändern (§ 572 Abs. 1 S. 1 ZPO). Im Übrigen zeitigt der Beschluss damit Innenbindungswirkung.

β) Die gesetzlich vorgeschriebene Aussetzung gemäß §§ 152, 153, 154, 246, 614 Abs. 3 ZPO

Die Aussetzungsbeschlüsse können zwar von den Beteiligten mit der sofortigen Beschwerde angefochten (§ 252 ZPO) werden, dennoch sind sie für das

---

1006 S. 110 f.

1007 *Werner*, S. 111.

1008 Vgl. insoweit auch *Werner*, S. 114.

erlassende Gericht gemäß § 150 ZPO nicht bindend. Demgegenüber lehnt vor allen *Roth*[1009] die Anwendbarkeit der Abänderungsbefugnis im Sinne des § 150 ZPO ab, sofern es sich um eine antragsgebundene Zwangsaussetzung im Sinne der §§ 152, 153 ZPO handelt. Jedoch wäre Voraussetzung eines solchen Anwendungsvorrangs, dass § 155 ZPO als lex specialis die allgemeine Regelung in § 150 ZPO derogierte. Ein solches Verhältnis der beiden Normen ist jedoch abzulehnen: Die Regelungen der §§ 152-155 ZPO wurden erst durch die Novelle vom 17. Mai 1898 in die Civilprozessordnung eingefügt. Anlass war damals, dass die bestehende Aussetzungsregelung in § 148 ZPO nicht als ausreichend empfunden wurde, da sie zum einen dem Gericht die Aussetzung nicht zur Pflicht machte und zum anderen die Befugnis zur Aussetzung auf den Fall beschränkte, dass über die Statusfrage ein Rechtsstreit bereits anhängig ist. Wird in der Folge ein Verfahren nach diesen Vorschriften ausgesetzt, kann die Partei, welche außerhalb des vorgreiflichen Rechtsstreits steht, gemäß § 66 ZPO als Streitgenosse ihres Gegners in diesen Rechtsstreit eintreten und so den Fortgang der Sache sichern. Da dieser Weg jedoch mit Kosten verbunden ist, erschien es dem CPO-Gesetzgeber nicht gerechtfertigt, die Partei selbst dann hierauf zu beschränken, wenn der Gegner die Betreibung des Rechtsstreits, der zur Aussetzung Anlass gegeben hat, verzögert.[1010] Aus diesem Grunde räumt § 155 ZPO dem Gericht die Befugnis ein, auf Antrag der betreffenden Partei die Aussetzungsanordnung aufzuheben, selbst wenn die gesetzlichen Voraussetzung für eine Aussetzungsanordnung gemäß §§ 152, 153 ZPO noch vorlägen. Dagegen trifft § 155 ZPO keinerlei Aussage über die Frage, ob der Richter an einen fehlerhaften Aussetzungsbeschluss gebunden ist. Vor allem aufgrund dieser unterschiedlichen Regelungsbereiche ist ein Spezialitätsverhältnis zwischen § 150 ZPO und § 155 ZPO abzulehnen.[1011] Bestätigung findet dieses Ergebnis auch durch eine systematische Betrachtung. So soll § 155 ZPO das Gericht lediglich instandsetzen, zu prüfen, ob im Einzelfall das vom Justizgewährungsanspruch gedeckte Bedürfnis nach einer zeitnahen Streitentscheidung aufgrund der Verzögerung des vorgreiflichen Rechtsstreits die Nachteile einer inzidenten Feststellung des Statusverhältnisses überwiegt. Der Aussetzungsbeschluss gemäß §§ 152, 153 ZPO wird damit „im Nachhinein" dem pflichtgemäßen Ermessen des Gerichts unterworfen. Im Ergebnis besteht damit kein Unterschied zur Aussetzung nach § 65 ZPO, wo bereits die Anordnung – und nicht erst die Fortdauer – der Aussetzung auf einer Ermessensentscheidung des Gerichts beruht. Im Falle der Aussetzungsanordnung nach § 65 ZPO steht die Anwendbarkeit des § 150 ZPO aber auch für *Roth*[1012] außer Zweifel. Hier wie

---

1009 *Stein/Jonas/Roth*, 21. Aufl., § 155, Rn. 1.
1010 *Hahn/Mugdan*, S. 91.
1011 Vgl. auch *Werner*, S. 114 f..
1012 *Stein/Jonas/Roth*, 21. Aufl., § 150, Rn. 8.

dort ist demnach von der Aufhebbarkeit der Aussetzungsanordnung gemäß § 150 ZPO auszugehen. Die Innenbindung der antragsgebundenen Zwangsaussetzungsanordnungen ist folglich abzulehnen.[1013]

Dagegen wird das Gericht durch seinen Beschluss, durch welchen er einen Antrag auf Aussetzung des Verfahrens gemäß §§ 152, 153, 246, 614 Abs. 3 ZPO zurückweist, gebunden. Diese Entscheidung unterliegt der sofortigen Beschwerde gemäß §§ 252, 567 Abs. 1 Nr. 2 ZPO und damit auch dem außerhalb des Beschwerdeverfahrens geltenden Abänderungsverbot gemäß § 572 Abs. 1 S. 1 ZPO.

2. Die materielle Rechtskraft

Materiell rechtskräftig können ausschließlich innerprozessual bindende Beschlüsse werden. Innenbindungswirkung zeitigen hierbei, wie ausgeführt wurde, die ablehnenden Beschlüsse im antragsgebundenen Aussetzungsverfahren (§§ 65, 152, 153, 246, 614 Abs. 3 ZPO). Diese Beschlüsse sind auch der formellen Rechtskraft fähig, da gegen sie das befristete Rechtsmittel der sofortigen Beschwerde gemäß §§ 252, 567 Abs. 1 Nr. 2 ZPO stattfindet. Aufgrund des gesetzlich normierten Antragsrechts ergibt sich auch ein relevanter Wirkungsraum für die materielle Rechtskraft der Fortsetzungsbeschlüsse. Soweit nämlich die Partei trotz unveränderten Sachverhalts den Antrag auf Aussetzung des Verfahrens wiederholt, hat das Gericht den neuen Antrag ohne sachliche Prüfung als unzulässig zurückzuweisen. Dass in diesen Fällen die Geltung einer falschen Entscheidung weder durch eine ausdrückliche Aufhebung noch durch die Stattgabe eines erneuten Antrags außer Kraft gesetzt werden kann, ist als zwingende Folge der gesetzlichen Regelung und im Interesse der Rechtssicherheit in Kauf zu nehmen.[1014] Haben sich dagegen nach Erlass des ablehnenden Beschlusses die tatsächlichen Entscheidungsgrundlagen geändert, kann der Beteiligte erneut einen Antrag auf Aussetzung des Verfahrens stellen, ohne dabei gegen die materielle Rechtskraft des Fortsetzungsbeschlusses zu verstoßen.

---

1013 Im Ergebnis ebenso *Werner*, S. 115. Lehnt das Gericht die Aufhebung der Aussetzung gemäß § 155 ZPO ab, so kann es auch diesen Beschluss, wie die Aussetzung selbst, gemäß § 150 ZPO aufheben. Eine Selbstbindung tritt auch insoweit nicht ein. In der Folge kann das Gericht einen erneuten Antrag nach § 155 ZPO nicht unter Verweis auf die materiell rechtskräftige Ablehnung des ersten Antrags zurückweisen.

1014 *Werner*, S. 121. Schon das gesetzliche Antragserfordernis macht deutlich, dass der Gesetzgeber eine Verfahrensaussetzung in diesen Fällen nicht als obligat erachtete.

## III. Die im Zwangsvollstreckungsverfahren ergehenden Beschlüsse

### 1. Einführung

Die Frage, ob und inwieweit im Rahmen des Zwangsvollstreckungsverfahrens ergehende Beschlüsse in materielle Rechtskraft erwachsen, wird insbesondere von *Peters*[1015] grundsätzlich verneint. Zwar anerkennt er die Virulenz der Rechtskraftproblematik bei der Wiederholung eines abgelehnten Antrags oder Rechtsbehelfs,[1016] doch gewährleiste das Zwangsvollstreckungsverfahren aufgrund seiner „mehr summarischen Natur“ nicht dieselbe Richtigkeit einer Entscheidung wie das Urteilsverfahren. Erinnerungs- und Beschwerdeverfahren wären in praxi Eilsachen, denen eine vergleichsweise unvollkommene Entscheidungsgrundlage zu eigen sei. Schon aus diesem Grund bestünden Bedenken, Beschlüssen im Zwangsvollstreckungsverfahren materielle Rechtskraft beizumessen.[1017] Darüber hinaus bestehe auch kein Bedürfnis nach außerprozessualer Bindungswirkung. Beschränke sich der Antragsteller nämlich darauf, seine früheren Behauptungen und Beweise zu wiederholen, wäre der Antrag oder Rechtsbehelf mangels Rechtsschutzbedürfnisses unzulässig. Würden dagegen „neue“ Tatsachen zur Entscheidung gebracht, deren Vortrag im ersten Verfahren schuldhaft versäumt wurde, seien diese nur entsprechend den Präklusionsvorschriften im Urteilsverfahren zuzulassen.[1018]

Diese Einwände *Peters* sind zurückzuweisen. Insbesondere steht die verfahrensrechtliche Ausgestaltung des Zwangsvollstreckungsverfahrens der Einkehr materieller Rechtskraft nicht entgegen. Wie unter D II 7 dargestellt, ist es vorrangig der verfassungsrechtliche Anspruch auf rechtliches Gehör, der sicher stellt, dass eine bindende Entscheidung auf einer hinreichend gesicherten Tatsachengrundlage ergeht.[1019] Dabei bieten selbst summarische Verfahren ausreichend Gelegenheit zur Gehörsverschaffung,[1020] so dass dem rechtsstaatlichen Mindeststandard an Sachaufklärung in jedem Falle Genüge getan wird. Verfassungsrechtliche Bedenken gegen die Bestandskraft gerichtlicher Entscheidungen sind nicht gerechtfertigt, zumal zu berücksichtigen ist, dass es sich bei den Erinnerungs- und Beschwerdeverfahren in der Zwangsvollstreckung in der Regel nicht um summarische Verfahren im Sinne des § 294 ZPO handelt.[1021] Die Beteiligten in diesen Verfahren vermögen grundsätzlich eine

---

1015 *Bruns/Peters*, § 14 VII, S. 87 ff.; *Peters*, ZZP 90 (1977), S. 145 ff.; *Peters*, FS für *Henckel* (1995), S. 655 ff..

1016 *Bruns/Peters*, § 14 VII 2 a, S. 88; *Peters*, ZZP 90 (1977), S. 145 ff., 146.

1017 *Peters*, ZZP 90 (1977), S. 145 ff., 146 f..

1018 *Peters*, a.a.O., S. 154 ff..

1019 BVerfG, NJW 2003, S. 1924 ff., 1924.

1020 Ausführlich zum rechtlichen Gehör in summarischen Verfahren vgl. unter D II 7.

1021 Zur Innenbindung der unanfechtbaren Einstellungsbeschlüsse im Vollstreckungsverfahren nach §§ 707, 709, 769 ZPO, welche auf ein summarisches Verfahren hin ergehen, sei auf die Ausführungen unter E III 3 a.E. verwiesen.

erschöpfende Sachaufklärung zu erreichen, sind sie doch in ihrem Vorbringen nicht auf präsente Beweismittel beschränkt. Weitere Gelegenheiten der Anhörung, die gar über die Äußerungsmöglichkeiten im Urteilsverfahren hinausgehen, bieten sich im Abhilfeverfahren (§ 572 Abs. 1 ZPO) und in der Beschwerdeinstanz. Letztere hat der Gesetzgeber, anders als die Berufungsinstanz (§ 531 Abs. 2 ZPO),[1022] als volle Tatsacheninstanz (§ 571 Abs. 1 ZPO) erhalten.[1023]

Fernerhin lässt sich unter Hinweis auf ein fehlendes Rechtsschutzbedürfnis keineswegs die gleiche verfahrensmäßige Situation herstellen, wie sie im Falle der materiellen Rechtskraft der Entscheidung bestünde.[1024] So ermangelt es der Wiederholung eines abgewiesenen Antrags nur in dem Ausnahmefall einer missbräuchlichen oder querulatorischen Eingabe am Bedürfnis zur weiteren Verfolgung des Rechtschutzziels. Ansonsten bleibt dem Gericht trotz der formell rechtskräftigen Ablehnung eine sachliche Prüfung des erneuten Antrags nicht erspart. Auch eine analoge Anwendung der Präklusionsvorschriften im Urteilsverfahren ist abzulehnen. Zum einen betreffen diese Vorschriften ausschließlich den innerprozessualen Raum, wogegen sich die Wiederholung des Antrags im außerprozessualen Bereich der vorangehenden Antragsablehnung abspielt.[1025] Zum anderen hat der Gesetzgeber das Problem der Verspätungspräklusion im Beschlussverfahren einer ausdrücklichen Regelung (§ 571 Abs. 3 ZPO) zugeführt, ohne den verhaltensbezogenen Maßstab auf die außerprozessuale Fortwirkung der Entscheidung auszudehnen.[1026] Der innerprozessuale Ausschluss verspätet vorgebrachter Angriffs- und Verteidigungsmittel lässt sich ausschließlich durch die umfassende Wirkung der materiellen Rechtskraft in den außerprozessualen Verfahrensbereich der Entscheidung transponieren.[1027]

Die Rechtskraftfähigkeit der im Zwangsvollstreckungsverfahren ergehenden Beschlüsse ist deshalb dem Grunde nach zu bejahen, soweit die zu untersuchende Entscheidung formell rechtskräftig ist und das Gericht innerprozessual bindet.[1028] Dies entspricht im Übrigen auch der weit überwiegenden Meinung

---

1022 BT-Drucks. 14/4722, S. 101.

1023 BT-Drucks. 14/4722, S. 113.

1024 Vgl. unter D II 5 c.

1025 Vgl. unter C I 2 .

1026 BT-Drucks. 14/4722, S. 113.

1027 Zum Zusammenhang zwischen innerprozessualer Verspätungs- und außerprozessualer Rechtskraftpräklusion vgl. Ausführungen unter D II 6 c.

1028 Dementsprechend heißt es in den Gesetzesmaterialien (*Hahn*, S. 445): „Die *Entscheidungen im Zwangsvollstreckungsverfahren* dürfen ihrer Natur entsprechend nicht nach längerer Zeit noch in Frage gestellt werden; sie müssen mit Ablauf einer kurzen Frist *unwiderruflich* sein. Übrigens ist dadurch die Erneuerung eines zurückgewiesenen Antrags des Gläubigers nicht ausgeschlossen.“. Da der CPO-Gesetzgeber freilich nicht

in Literatur und Rechtsprechung[1029] und soll im Folgenden anhand einzelner im Zwangsvollstreckungsverfahren ergehender Entscheidungen ausgeführt werden.

2. Das Erinnerungsverfahren abschließende Beschlüsse

a) Der erinnerungszurückweisende Beschluss

Im Zentrum der vollstreckungsrechtlichen Rechtskraftdiskussion steht seit jeher der zurückweisende Beschluss im Erinnerungsverfahren. Sobald der Schuldner seine Vollstreckungserinnerung wiederholt, stellt sich die Frage nach der materiellen Rechtskraft der zurückweisenden Entscheidung. Die ganz herrschende Meinung[1030] bejaht die materielle Rechtskraft der Erinnerungszurückweisung, weist aber darauf hin, dass andere Rügemöglichkeiten erhalten blieben, selbst wenn diese bei Erlass der ersten Erinnerungsentscheidung bekannt waren oder bekannt hätten sein müssen. Die zeitliche Präklusion nach § 767 Abs. 2 ZPO wäre nicht anwendbar.[1031]

α) Die inner- und außerprozessuale Bindungswirkung

Nach dem vorliegend vertretenen Ansatz erwächst die Erinnerungsentscheidung in materielle Rechtskraft, soweit sie formell rechtskräftig und innerprozessual bindend ist. Der Beschluss nach § 766 ZPO unterliegt der sofortigen Beschwerde gemäß §§ 793, 567 Abs. 1 Nr. 1 ZPO. Insbesondere nach Ablauf der Beschwerdefrist (§ 569 Abs. 1 ZPO) kehrt formelle Rechtskraft ein. Daneben unterliegt der Zurückweisungsbeschluss der Innenbindung nach Maßgabe der abschließenden Regelung des § 572 Abs. 1 S. 1 ZPO. Das Vollstreckungsgericht ist demnach zur Abänderung seines Beschluss nur insoweit befugt, als es einer zulässigen und begründeten Beschwerde abhilft. Infolgedessen ist der herrschenden Meinung beizupflichten und von der materiellen Rechtskraft der Erinnerungsentscheidung auszugehen.

Verfehlt erscheint dagegen die These, dass § 767 Abs. 2 ZPO im Erinnerungsverfahren keine Anwendung finde. In der Tat wäre es in sich widersprüchlich, einerseits die materielle Rechtskraft einer Entscheidung zu bejahen, aber andererseits die feststehende zeitliche Grenze derselben in Ab-

---

nur den formalen Bestand, sondern auch die inhaltliche Geltung der zwangsvollstreckungsrechtlichen Entscheidung außer Frage stellen wollte, impliziert der Hinweis auf die Antragserneuerung die Veränderung des entscheidungserheblichen Sachverhalts.

1029 Vgl. *Fraga Novelle*, S. 106 ff.; *Blomeyer*, S. 128 ff.; MünchKommZPO-*Schmidt*, § 766, Rn. 55; *Zöller/Herget*, § 766, Rn. 38; *Stein/Jonas/Münzberg*, § 766, Rn. 55 mit weiteren Nachweisen.

1030 *Schuschke/Walker*, § 766, Rn. 32; *Rosenberg/Gaul*, § 37 IX 2, S. 595 f.; *Stein/Jonas/Münzberg*, § 766, Rn. 55; *Zöller/Stöber*, § 766, Rn. 38; *Blomeyer*, S. 136 ff..

1031 *Schuschke/Walker*, a.a.O..

rede zu stellen.[1032] Vielmehr ist der Grund für die Zulässigkeit einer erneuten Erinnerung im „punktuellen" Streitgegenstand des Erinnerungsverfahrens zu suchen. Entschieden wird lediglich über die jeweils erhobene Verfahrensrüge.[1033] Wie im Urteilsverfahren ist dabei vom zweigliedrigen Streitgegenstandsbegriff auszugehen, der durch den Antrag des Beteiligten und den zugrunde liegenden Lebenssachverhalt gebildet wird.[1034] Hinsichtlich ihres Prozessantrags sind mehrere Vollstreckungserinnerungen unzweifelhaft identisch, wird durch diese doch die Unzulässigkeitserklärung derselben Zwangsvollstreckungsmaßnahme begehrt. Bleibt die Frage, inwieweit derselbe Lebenssachverhalt erneut zur Entscheidung gestellt wird, wenn etwa wegen der Unpfändbarkeit einer Sache Erinnerung eingelegt wird, obgleich die Unzulässigkeitserklärung der Zwangsvollstreckungsmaßnahme bereits – unter dem Aspekt der Überpfändung – materiell rechtskräftig zurückgewiesen wurde. Um Rechtsunsicherheiten zu vermeiden, ist es grundsätzlich abzulehnen, die Einheitlichkeit des Lebenssachverhalts ausschließlich auf Grundlage einer „natürlichen Betrachtungsweise" zu beurteilen,[1035] welche – angesichts desselben Pfändungsvorgangs – wohl zur Annahme einer Sachverhalts- und damit Streitgegenstandsidentität führte. Richtigerweise hat die Abgrenzung der verschiedenen Sachverhaltsstränge auch anhand normstrukturierter Kriterien zu erfolgen.[1036] Stellt demnach der Beteiligte in einem Folgeverfahren einen identischen Antrag auf der Basis eines objektiv unveränderten Sachverhalts, so handelt es sich nur dann um den gleichen Streitgegenstand, wenn die nunmehr vorgetragenen Tatsachen einen entscheidungserheblichen Kern ergeben, auf den es auch im abgeschlossenen Verfahren *materiellrechtlich* ankam.[1037] Im obigen Beispielsverfahren liegt der entscheidungserhebliche Tatsachenkern der materiell rechtskräftigen Erinnerungsentscheidung im wertmäßigen Umfang der bereits gepfändeten Gegenstände (§ 803 Abs. 1 S. 2 ZPO), wogegen sich die anschließende Erinnerung auf die besondere Funktion des konkreten Pfändungsgegenstands (§ 811 Abs. 1 ZPO) stützt. Aus dieser Verschiedenheit des entscheidungserheblichen Tatsachenkerns resultiert die Verschiedenheit des Lebenssachverhalts und damit der Streitgegenstände. Regelmäßig bewirkt damit die materielle Rechtskraft einer Erinnerungsentscheidung nicht den Ausschluss solcher Tatsachen, die eine noch nicht vorge-

---

[1032] So der Vorwurf *Peters*, Festschrift für *Henckel* (1995), S. 655 ff. 665 ff..

[1033] *Rosenberg/Gaul*, § 37 IX 2, S. 596.

[1034] Vgl. dazu die Darstellung bei *Reischl*, S. 217 ff..

[1035] Kritisch insbesondere *Reischl*, S. 217 ff.; *Musielak*, NJW 2000, S. 3593 ff.

[1036] *Reischl*, S. 224; ohne eine normorientierte Betrachtungsweise kommt auch die höchstrichterliche Rechtsprechung nicht aus, vgl. die Rechtsprechungsanalyse *Reischls*, S. 217 ff.. Zu den Grenzen des prozessualen Streitgegenstandsbegriffs vgl. bereits unter D II 2.

[1037] In diesem Sinne auch *Musielak*, NJW 2000, S. 3593 ff., 3599.

brachte Rüge begründen.[1038] Dies ist jedoch Ausfluss des Streitgegenstandsbezugs der materiellen Rechtskraft und stellt *keine Einschränkung deren zeitlicher Grenze* dar.

Freilich fußt die These des punktuellen Streitgegenstandes und der dadurch begrenzten materiellen Rechtskraft der Erinnerungsentscheidung auf der Prämisse, dass die Eingrenzung auf einen bestimmten Streitgegenstand tatsächlich der Disposition des Antragsstellers unterliegt. Ginge man nämlich mit *Karsten Schmidt*[1039] davon aus, dass der Entscheidungsgegenstand durch den Beteiligtenantrag nicht effektiv umgrenzt wird, sondern das Vollstreckungsgericht auf jegliche Vollstreckungserinnerung hin über die Zulässigkeit der Zwangsvollstreckungsmaßnahme in toto entscheidet, präkludierte eine materiell rechtskräftige Erinnerungs- oder Beschwerdeentscheidung in der Tat *alle* vor dem Beschluss objektiv vorhanden gewesenen Tatsachen, gleichviel, ob sie schon vorgebrachte Rügen betreffen oder nicht.[1040] Die Annahme eines unbegrenzten Verfahrensgegenstandes lässt sich jedoch nicht schlüssig begründen. Insbesondere hätte eine solch erhebliche Einschränkung des Dispositionsgrundsatzes einer ausdrücklichen gesetzlichen Regelung bedurft, was etwa die entsprechenden Ausnahmeregelungen in den §§ 767 Abs. 3 ZPO und 145 PatG dartun. Außerdem erschiene es systemwidrig, entnähme man der streitgegenstandsbezogenen materiellen Rechtskraftwirkung ein allgemeines *streitgegenstandsübergreifendes* „Konzentrationsgebot“[1041].[1042]

β) Erstreckung der materiellen Rechtskraft auf erinnerungsbefugte Dritte

Anerkennt man dem Grunde nach die Rechtskraftfähigkeit eines erinnerungszurückweisenden Beschlusses, schließt sich in der Folge die Frage an, inwieweit sich die materielle Rechtskraft auf erinnerungsbefugte Dritte erstreckt. Insbesondere *Blomeyer*[1043] ist der Meinung, dass die materielle Rechtskraft des erinnerungszurückweisenden Beschlusses nicht nur für einen verfahrensbeteiligten Vollstreckungsschuldner Wirkung zeitige, sondern es auch dem erinnerungsbefugten Dritten versage, die Erinnerung bei unverändertem Sachverhalt erneut zu erheben.

---

1038 *Stein/Jonas/Münzberg*, § 766, Rn. 55; *Rosenberg/Gaul*, § 37 IX 2, S. 596.

1039 MünchKommZPO-*Schmidt*, § 766, Rn. 38.

1040 Folgerichtig MünchKommZPO-*Schmidt*, § 766, Rn. 55.

1041 MünchKommZPO-*Gottwald*, § 322, Rn. 159.

1042 Zutreffend wird gemeinhin davon ausgegangen, dass § 767 Abs. 3 ZPO gerade keine auf materieller Rechtskraft beruhende, sondern lediglich eine auf § 767 ZPO zugeschnittene verschuldensabhängige, *rechtskraftfremde* Präklusion darstellt, statt vieler MünchKommZPO-*Gottwald*, a.a.O.; *Stein/Jonas/Münzberg*, § 767, Rn. 52 ff. mit weiteren Nachweisen.

1043 S. 149 ff..

Zutreffend lehnt er zunächst die Annahme einer allgemeinen Rechtskrafterstreckung kraft zivilrechtlicher Abhängigkeit ab, nach deren Maßgabe sich die materielle Rechtskraft immer dann auf Dritte erstrecke, wenn die Beteiligten des jeweiligen Prozesses die Rechtsfolge einverständlich durch ein Rechtsgeschäft herbeiführen könnten.[1044] Dabei fehle es an der Vergleichbarkeit zwischen dem auf richterlicher Erkenntnis beruhendem Urteil und dem rechtgeschäftlichem Zusammenwirken, welches auf einem auf die Herbeiführung eines bestimmten Rechtsergebnisses gerichteten *einverständlichen* Handlungswillen fuße.[1045] Fernerhin zweifelt er auch die von *Schwab*[1046] vertretene Drittwirkung der Rechtskraft an. Die zugrundeliegende These, die Richtigkeit einer zwischen den Parteien erfolgten rechtskräftigen Feststellung könne auch von einem Dritten nicht mehr bestritten werden,[1047] setze sich jedenfalls im Ergebnis über die subjektiven Rechtskraftgrenzen des § 325 ZPO hinweg.[1048] Doch lasse sich die Rechtskrafterstreckung auf erinnerungsbefugte Dritte in einer vollstreckungsautonomen Untersuchung gewinnen. Im Vergleich zum verfahrensbeteiligten Vollstreckungsschuldner habe der beeinträchtigte Dritte die Stellung eines Nebenbetroffenen. Diesem werde das Anfechtungsrecht im Sinne des § 766 ZPO aber nicht vom Gesetz verliehen, sondern sei den objektiven Zulässigkeitsnormen im Wege der teleologischen Auslegung zu entnehmen. In dieser Hinsicht bestehe ein Auslegungsspielraum, der es ermögliche, dem Dritten angesichts seiner geringeren Betroffenheit das Anfechtungsrecht nur unter dem Vorbehalt zu gewähren, dass das entsprechende Recht des Hauptbetroffenen nicht materiell rechtskräftig versagt wurde.[1049]

Allerdings erscheint auch dieser Begründungsansatz verfehlt. Angesichts der gesetzlichen Regelung in den §§ 322, 325 ZPO steht außer Zweifel, dass die materielle Rechtskraft ausschließlich inter partes, also zwischen den Beteiligten des konkreten Verfahrens, wirkt und nur in den gesetzlich normierten Ausnahmefällen eine Bindung Dritter zeitigt. Dieses einfachgesetzliche Regel- Ausnahmeprinzip ist strikt zu beachten, droht ansonsten der verfassungsrechtliche Anspruch auf rechtliches Gehör (Art. 103 Abs. 1 GG) unzulässigerweise eingeschränkt zu werden. Wie bereits unter D II 7 darge-

---

[1044] Insbesondere *Bettermann*, S. 79 ff..

[1045] *Blomeyer*, S. 158.

[1046] ZZP 77 (1964), S. 125 ff., 129 ff.

[1047] Der Unterschied zur Rechtskrafterstreckung im eigentlichen Sinne läge in der Möglichkeit des Dritten, das rechtskräftig festgestellte Recht im Widerspruch zum ergangenen Urteil für sich selbst in Anspruch zu nehmen, soweit es für seine eigene Rechtsstellung keine präjudizielle Wirkung hat, zur Abgrenzung vgl. MünchKomm-ZPO-*Gottwald*, § 325, Rn. 7.

[1048] *Blomeyer*, S. 160 f..

[1049] *Blomeyer*, S. 171 f..

stellt wurde, setzt eine bindende Gerichtsentscheidung nämlich voraus, dass die Beteiligten grundsätzlich Gelegenheit hatten, sich im Vorgang der Entscheidung ausreichend Gehör zu verschaffen, was insbesondere „ein Recht auf Information, Äußerung und Berücksichtigung" erfasst.[1050] Mit dieser verfassungsrechtlichen Vorgabe lässt sich die von prozessökonomischen Erwägungen[1051] getragene Rechtskrafterstreckung nicht vereinbaren.[1052] Deshalb darf einem erinnerungsbefugten Dritten nach einem materiell rechtskräftigen erinnerungszurückweisenden Beschluss die Erhebung der Erinnerung hinsichtlich desselben Streitgegenstandes nur dann versagt werden, wenn er im Erinnerungsverfahren des „Hauptbetroffenen" ausreichend angehört wurde.[1053]

γ) Die präjudizielle Wirkung außerhalb vollstreckungsrechtlicher Erinnerungsverfahren

Die Bindungswirkung eines materiell rechtskräftigen erinnerungszurückweisenden Beschlusses wird gemeinhin auf ein späteres Erinnerungsverfahren beschränkt. Eine präjudizielle Wirkung für zivilrechtliche Bereicherungs- und Schadensersatzklagen könne und solle die Erinnerungsentscheidung nicht haben.[1054] Diese Auffassung vermag nicht zu überzeugen, bricht sie doch mit den Grundsätzen materieller Rechtskraftwirkung. Insbesondere lässt sich die außerprozessuale Bindungswirkung nicht auf die bloße Zurückweisung des Rechtsbehelfs beschränken, sondern betrifft, wie das klageabweisende Urteil, den gesamten Subsumtionsschluss und damit auch die tragenden Zurückweisungsgründe.[1055] Anders als die Entscheidungen im Arrest- und einstweiligen Verfügungsverfahren stehen die Beschlüsse im Zwangsvollstreckungsverfahren dabei nicht unter dem Vorbehalt einer anderweitigen Entscheidung in der Hauptsache und sind in diesem Sinne nicht einstweilig.

Dagegen wendet sich wiederum *Blomeyer*[1056] und gibt zu bedenken, dass eine „außervollstreckungsmäßige Nachwirkung" anders als bei Entscheidungen gemäß §§ 767, 771 ZPO schlichtweg nicht denkbar sei, da die formellen Zwangsvollstreckungsnormen, deren Einhaltung mit der Erinnerung überwacht werde, lediglich die Frage des zwangsweisen Erlangens, nicht jedoch

1050 BVerfG, NJW 2003, S. 1924 ff., 1924 f..

1051 Insbesondere *Blomeyer* (S. 152f., 172) plädiert für die Rechtskrafterstreckung der gegenüber dem Schuldner ergangenen Erinnerungsentscheidung auf erinnerungsbefugte Dritte, um die mit der Zulassung Dritter zur Erinnerung drohende Flut von Erinnerungsverfahren eindämmen zu können.

1052 Ebenso MünchKommZPO-*Gottwald*, § 325, Rn. 7 f..

1053 Statt vieler *Rosenberg/Gaul*, § 37 IX, S. 596.

1054 Vgl. *Rosenberg/Gaul*, § 37 IX, S. 596; *Schuschke/Walker*, § 766, Rn. 32.

1055 Zum Umfang der materiellen Rechtskraft eines klageabweisenden Urteils vgl. *Rosenberg/Schwab/Gottwald*, § 153 IV 2 a, S. 925.

1056 S. 139 f..

diejenige des Behaltens des zwangsweise Erlangten regelten. Jene Frage bleibe vielmehr der Regelung durch das gewöhnliche Zivilrecht überlassen.

Dem ist insoweit beizupflichten, als eine spezifische *Vollstreckungskraft*, wie sie etwa *Böhm*[1057] in Ausdehnung der öffentlich-rechtlichen Pfandrechtstheorie verficht, dem Charakter des Zwangsvollstreckungsverfahrens zuwiderliefe. Allein der Wegfall der zwangsvollstreckungsrechtlichen Rechtsbehelfe nach Beendigung der Zwangsvollstreckung vermag die Rechtslage nicht festzuschreiben, da eine materiell-rechtliche Güterverteilung gerade nicht Aufgabe der Zwangsvollstreckung ist.[1058]

Nach der herrschenden, gemischt privat-öffentlichrechtlichen Pfandrechtstheorie hängt die Zuweisung des erlangten Erlöses vielmehr von dem *Bestand eines Pfändungspfandrechts* ab. Dabei entsteht aber ein solches Pfändungspfandrecht nur dann, wenn neben dem Bestand der zu sichernden Forderung auch die Zugehörigkeit der Pfandsache zum Schuldnervermögen und die *Einhaltung der wesentlichen Verfahrensvoraussetzungen* zu bejahen sind.[1059] Setzt jedoch das Pfändungspfandrecht die Wahrung der wesentlichen Verfahrensvorschriften voraus, betrifft eine Vielzahl formeller Zwangsvollstreckungsnormen – mit den Worten *Blomeyers* – nicht nur die Frage des zwangsweisen Erlangens, sondern auch diejenige des Behaltens des zwangsweise Erlangten. So steht dem Schuldner gegen den Vollstreckungsgläubiger nach der Verwertung einer unpfändbaren Sache im Sinne des § 811 Abs. 1 ZPO ein bereicherungsrechtlicher Anspruch gemäß § 812 Abs. 1 S. 1 Alt. 2 BGB zu. Der Versteigerungserlös wurde ohne Pfändungspfandrecht und damit rechtsgrundlos erlangt.[1060] Soweit der Gläubiger schuldhaft die Verwertung der unpfändbaren Sachen erwirkt hat, kommt darüber hinaus ein Schadensersatzanspruch gemäß §§ 823 Abs. 2 BGB in Verbindung mit § 811 ZPO in Betracht.[1061] Desgleichen kann etwa der Grundpfandgläubiger, sollte der Gerichtsvollzieher Grundstückszubehör entgegen § 865 Abs. 2 ZPO

---

1057 S. 52 f., 68, 88; vgl. insoweit Kritik *Gauls*, ZZP 110 (1997), S. 3 ff., 6 f..

1058 Statt vieler MünchKommZPO-*Schilken*, § 804, Rn. 31.

1059 MünchKommZPO-*Schilken*, § 804, Rn. 13 ff.; *Brox/Walker*, Rn. 383. Nach der öffentlichrechtlichen Theorie (vgl. etwa *Stein/Jonas/Münzberg*, vor § 704, Rn. 141 ff., § 804, Rn. 4 ff.) entstünde ein Pfändungspfandrecht bereits auf Grundlage einer wirksamen Pfändung; gleichwohl läge darin kein Recht zum endgültigen Behaltendürfen. Im Ergebnis lehnen damit auch die Verfechter eines rein prozessualen Pfändungspfandrechts den Ausschluss materiell-rechtlicher Ausgleichsansprüche durch eine rechtskraftähnliche Vollstreckungskraft ab, vgl. *Stein/Jonas/Münzberg*, § 771, Rn. 86.

1060 *Baumbach/Lauterbach/Hartmann*, § 811, Rn. 3; MünchKommZPO-*Schilken*, § 811, Rn. 16; a.A. *Schuscke/Walker*, § 811, Rn. 11.

1061 *Baumbach/Lauterbach/Hartmann*, a.a.O. Der Verhalten des betreibenden Gläubigers ist rechtswidrig, da jedenfalls nach der gemischten Pfandrechtstheorie an unpfändbaren Sachen kein Pfändungspfandrecht entstehen kann , vgl. MünchKommZPO-*Schilken*, § 811, Rn. 16.

als bewegliche Sache gepfändet (§ 808 ZPO) und verwertet haben, die Herausgabe des Erlöses verlangen;[1062] hier hindert die Nichtbeachtung einer wesentlichen Verfahrensvorschrift (§ 865 Abs. 2 ZPO) das Entstehen des Pfändungspfandrechtes.[1063] Darüber hinaus sind durchaus materiell-rechtliche Ausgleichsansprüche denkbar, die unabhängig von der Existenz eines Pfändungspfandrechts bestehen und trotzdem auf die Art und Weise der Zwangsvollstreckung rekurrieren. So wird etwa das Verbot der Überpfändung (§ 803 Abs. 1 S. 2 ZPO) als reine Ordnungsvorschrift eingestuft, deren Außerachtlassung die Entstehung eines Pfändungspfandrechts nicht hindere.[1064] Dennoch wird gemeinhin anerkannt, dass ein Verstoß gegen § 803 Abs. 1 S. 2 ZPO nach Beendigung der Zwangsvollstreckung zu etwaigen Schadensersatzansprüchen des Schuldners führen kann.[1065] Angesichts dieser Beispiele wird klar, dass eine verfahrensübergreifende Bindung des erinnerungszurückweisenden Beschlusses durchaus Maßgeblichkeit für die Entscheidung über eine sich anschließende zivilrechtliche Ausgleichsklage besitzt, gleichviel, ob die Nichtbeachtung formeller Zwangsvollstreckungsnormen unmittelbar Ausgleichsansprüche begründete oder sich zunächst auf die Existenz eines Pfändungspfandrechts auswirkt und so mittelbar materiell-rechtliche Folgen zeitigt.

Im Ergebnis ist deshalb davon auszugehen, dass der bloße Entfall vollstreckungsrechtlicher Rechtsbehelfe zwar keine endgültige Güterverteilung zu bewirken vermag und die Ergebnisse des Zwangsvollstreckungsverfahrens deshalb einer Überprüfung am Maßstab des materiellen Rechts unterwerfen sind. Im Rahmen dieses materiell-rechtlichen Ausgleichs muss aber den *Grenzen der Rechtskraft und der Präklusion* Beachtung geschenkt werden.[1066] Weist das Vollstreckungsgericht demnach eine Erinnerung des Grundstückseigentümers, mit der ein Verstoß gegen § 864 f. ZPO mangels Bestandteilseigenschaft des Pfändungsgegenstandes (§ 808 Abs. 1 ZPO) gerügt wird, materiell rechtskräftig zurück, ist dieses Verfahrensergebnis auch bei der Beurteilung eines eventuell bereicherungsrechtlichen Ausgleichsanspruches maßgebend. Vorbehaltlich neuer entscheidungserheblicher Tatsachen wäre die Frage der Rechtsgrundlosigkeit respektive des Bestehens eines Pfän-

---

1062 *Baumbach/Lauterbach/Hartmann*, § 865, Rn. 14; *Gaul*, NJW 1989, S. 2509 ff., 2515, zum Bereicherungsanspruch des Grundstückseigentümers nach einer fehlerhaften Bestandteilspfändung.

1063 *Rosenberg/Schilken*, § 49 II 6 e, S. 764.

1064 MünchKommZPO-*Schilken*, § 804, Rn. 13; *Musielak/Becker*, § 804, Rn. 5.

1065 § 803 Abs. 1 S. 2 ZPO ist als Schutzgesetz im Sinne des § 823 Abs. 1 ZPO aufzufassen, vgl. RGZ 143, 118, 125; BGH, JR 1956, S. 185 f.; MünchKommZPO-*Schilken*, § 803, Rn. 43; *Zöller/Stöber*, § 803, Rn. 5; *Baumbach/Lauterbach/Hartmann*, § 803, Rn. 11; *Musielak/Becker*, § 803, Rn. 16.

1066 MünchKommZPO-*Schilken*, § 804, Rn. 31.

dungspfandrechts präjudiziert.[1067] Eine „außervollstreckungsrechtliche Nachwirkung" ist mithin zu bejahen, gleichgültig, ob der Grundstückseigentümer erfolglos Vollstreckungserinnerung einlegte oder gegen die Pfändung seines vermeintlichen Eigentums (§§ 93 f., 946 BGB) mit Widerspruchsklage (§ 771 ZPO) intervenierte.[1068] Nur der Vollständigkeit halber sei noch angemerkt, dass, soweit der Schuldner materiellen Ausgleich durch die Erhebung eines Amtshaftungsprozesses zu erreichen versucht, der Zurückweisungsbeschluss das Gericht des Klageverfahrens nicht zu binden vermag. Die Erinnerungsentscheidung erging nämlich zwischen dem Vollstreckungsgläubiger und -schuldner und damit nicht zwischen den präsumtiven Parteien des Amtshaftungsprozesses.[1069]

b) Die stattgebende Erinnerungsentscheidung

Auch der Beschluss, durch welchen der Erinnerung stattgegeben und die Zwangsvollstreckungsmaßnahme für unzulässig erklärt wird, erwächst in materielle Rechtskraft. So unterliegt die Erinnerungsentscheidung gemäß §§ 793, 567 Abs. 1 Nr. 1 ZPO der sofortigen Beschwerde durch den Vollstreckungsgläubiger und ist als solche der formellen Rechtskraft fähig. Zudem ist das erlassende Gericht außerhalb des Abhilfeverfahrens an die Unzulässigkeitserklärung gemäß § 572 Abs. 1 S. 1 ZPO gebunden. Neben der von der materiellen Rechtskraft zu unterscheidenden Gestaltungswirkung ergibt sich jedoch nur ein begrenzter Wirkungsraum für die außerprozessuale Bindungswirkung der Erinnerungsstattgabe. Erklärt das Vollstreckungsgericht die Vollstre-

---

[1067] Genau genommen wächst *nicht die rechtliche Begründung der Klageabweisung in materielle Rechtskraft*, also die abstrakte Feststellung mangelnder Bestandteilseigenschaft, sondern die „Beurteilung" der damaligen Sachlage. Der Schuldner wäre infolgedessen mit allen *Tatsachen präkludiert*, welche zum Zeitpunkt der Erinnerungszurückweisung schon vorlagen und zur Begründung der Bestandteilseigenschaft dienen konnten, vgl. *Musielak*, § 322, Rn. 49; in diesem Sinne auch MünchKommZPO-*Gottwald*, § 322, Rn. 167.

[1068] Dabei wirkt sich die materielle Rechtskraftwirkung der Vollstreckungserinnerung auch auf deren Verhältnis zur Widerspruchsklage aus. Zwar betreffen beide Rechtsbehelfe unterschiedliche Streitgegenstände, so dass der Einwand entgegenstehender Rechtskraft von vorneherein ausscheidet (vgl. MünchKommZPO-*Schmidt*, § 771, Rn. 9); insbesondere bildet das Veräußerung hindernde Recht und nicht der Verstoß gegen § 865 ZPO den eigentlichen Streitgegenstand einer Drittwiderspruchsklage, a.A. *Stein/Jonas/Münzberg*, § 771, Rn. 81. Doch stellt der erinnerungszurückweisende Beschluss im obigen Beispielsfall auch für eine spätere Drittwiderspruchsklage präjudiziell fest, dass der gepfändete Gegenstand kein Grundstücksbestandteil im Sinne des § 93 f. BGB ist.

[1069] Vgl. *Blomeyer*, S. 140. Dies gilt insbesondere auch dann, wenn es sich um den Sonderfall einer Gläubigererinnerung im Sinne des § 766 Abs. 2 ZPO handelt. Da der Gerichtsvollzieher nicht Verfahrensgegner ist (MünchKommZPO-*Schmidt*, § 766, Rn. 60), kann die (stattgebende oder zurückweisende) Erinnerungsentscheidung einen anschließenden Amtshaftungsprozess nicht präjudizieren.

ckungsmaßnahme für unzulässig, wird die Entscheidung gemäß §§ 775 Abs. 1, 776 ZPO vollzogen. Die Zwangsvollstreckung ist demnach vom Vollstreckungsorgan einzustellen und die getroffenen Vollstreckungsmaßregeln sind aufzuheben.[1070] Wiederholt das Vollstreckungsorgan in der Folge, etwa auf eine Anregung des Vollstreckungsgläubigers hin, die für unzulässig erklärte Vollstreckungsmaßnahme und legt der Schuldner dagegen erneut Erinnerung ein, so hat das Vollstreckungsgericht den Pfändungsakt ohne neue inhaltliche Prüfung für unzulässig zu erklären, soweit sich der entscheidungserhebliche Sachverhalt nicht verändert hat. Nur diese Bindungswirkung ist Ausfluss der materiellen Rechtskraft des stattgebenden Beschlusses.

3. Die Beschlüsse im Vollstreckungsschutzverfahren gemäß § 765 a ZPO

Über den Antrag des Schuldners, eine die guten Sitten widersprechende Zwangsvollstreckungsmaßnahme aufzuheben, zu untersagen oder einstweilen einzustellen, entscheidet das Vollstreckungsgericht durch Beschluss. Wird dem Schuldner der beantragte Vollstreckungsschutz versagt, kann er sofortige Beschwerde gemäß § 793 Abs. 1 ZPO einlegen; der Gläubiger hat das gleiche Rechtsmittel gegen die Stattgabe des Antrags.[1071] Sowohl der versagende als auch der stattgebende Beschluss erwächst demnach in formelle Rechtskraft und unterliegt der innerprozessualen Bindungswirkung gemäß § 572 Abs. 1 S. 1 ZPO. Soweit nicht einer zulässigen und begründeten Beschwerde abgeholfen wird, ist das Vollstreckungsgericht grundsätzlich gehindert, seinen Beschluss – etwa auf eine Gegenvorstellung hin – abzuändern. Dieser Grundsatz wird jedoch von der speziellen Ausnahmeregelung in § 765 a Abs. 4 ZPO eingeschränkt; demnach ist das Vollstreckungsgericht jedenfalls bei einer Änderung der Sachlage zur Aufhebung oder Abänderung seines Beschlusses befugt. Wie die Parallelregelung des § 927 ZPO weicht auch § 765 a Abs. 4 ZPO lediglich die Novenfestigkeit innerprozessual bindender Beschlüsse auf, bedeutet aber keine gänzliche Abbedingung der Innenbindungswirkung.[1072] Der Beschluss auf einen Vollstreckungsschutzantrag hin ist damit der materiellen Rechtskraft fähig.[1073] Ein Wirkungsraum für die außerprozessuale Bindungswirkung bietet sich insbesondere dann, wenn der

---

[1070] Soweit das Vollstreckungsorgan nicht selbst am Erinnerungsverfahren beteiligt war, wie etwa im Falle des § 766 Abs. 2 ZPO, resultiert deren Bindung an die Unzulässigkeitserklärung nicht aus der materiellen Rechtskraft der Erinnerungsstattgabe, sondern aus der gesetzlichen Anordnung in den §§ 775 f. ZPO.

[1071] Funktionell zuständig ist der Rechtspfleger gemäß § 20 Nr. 17 RPflG; die Statthaftigkeit der sofortigen Beschwerde ergibt sich damit aus § 11 Abs. 1 RPflG.

[1072] *Gaul*, Rpfleger 1971, S. 41 ff., 48; insoweit verfehlt *Stein/Jonas/Münzberg*, § 765 a, Rn. 29, der darin eine Ausnahme zur materiellen Rechtskraft sieht; zur Novenfestigkeit der Innenbindung allgemein unter C I 2 b γ, Ausführungen zu § 927 ZPO unter E IV 2 a.

[1073] *Fraga Novelle*, S. 111; *Rosenberg/Gaul*, § 43 VI 5, S. 722.

Schuldner nach einer rechtskräftigen Versagung seinen Vollstreckungsschutzantrag wiederholt.

Dabei ist auch hier der Umfang der materiellen Rechtskraft respektive des Streitgegenstandes *punktuell* beschränkt auf den vom Schuldner vorgebrachten Unzulässigkeitsgrund.[1074] Was diesen punktuellen Entscheidungsgegenstand anbetrifft, unterliegt jedoch weder die inner- noch die außerprozessuale Bindungswirkung etwaigen Einschränkungen. So sind sowohl der Abänderungsantrag im Sinne des § 765 a Abs. 4 ZPO als auch ein weiterer Antrag auf Vollstreckungsschutz ohne sachliche Prüfung zurückzuweisen, soweit der Schuldner denselben Härtegrund auf Grundlage einer unveränderten Sachlage einwendet. Mit den zeitlichen Grenzen der materiellen Rechtskraft wäre insbesondere die Zulassung solcher Tatsachen nicht zu vereinbaren, die vor Erlass des Beschlusses bereits vorlagen, aber vom Schuldner noch nicht geltend gemacht werden konnten.[1075] Demnach gilt es, das Vorbringen relevanter neuer Härtegründe scharf von der unzulässigen Wiederholung präkludierter Alttatsachen zu trennen, was wiederum eine klare Definition des Streitgegenstandes erfordert. Zu diesem Zwecke sind die Ergebnisse der Untersuchung der Vollstreckungserinnerung fruchtbar zu machen und die verschiedenen Sachverhaltsstränge unter Zuhilfenahme normstrukturierter Kriterien voneinander zu scheiden.[1076] Anders als im Falle der Vollstreckungserinnerung wird im Rahmen des Vollstreckungsschutzantrages jedoch nicht über die Wahrung einfachgesetzlicher Zwangvollstreckungsregelungen entschieden, sondern über die Verhältnismäßigkeit in Hinblick auf etwaige Grundrechtspositionen des Schuldners gewacht.[1077] Eine rechtliche Aspekte berücksichtigende Differenzierungsmethode hat deshalb die im Einzelfall geltendgemachten höchstpersönlichen Rechtsgüter zum Maßstab einer Streitgegenstandsidentität zu nehmen. Zu Recht berücksichtigte demnach das OLG Köln[1078] eine erstmals im zweiten Vollstreckungsschutzverfahren vorgetragene Lebens- und Gesundheitsgefährdung des Vollstreckungsschuldners (Art. 2 Abs. 2 S. 1 GG), betraf doch die rechtskräftige Zurückweisung des ersten Vollstreckungsschutzantrags ein anderes Rechtsgut und damit einen anderen Streitgegenstand. Im Sinne der vorliegend vertretenen Streitgegen-

---

[1074] Nahezu einhellige Lehre, vgl. *Rosenberg/Gaul*, a.a.O.; *Stein/Jonas/Münzberg*, § 765 a, Rn. 29; *Schuschke/Walker*, § 765 a, Rn. 21.

[1075] So aber *Schuschke/Walker*, § 765 a, Rn. 23; MünchKommZPO-*Heßler*, § 765 a, Rn. 99; zutreffend dagegen *Rosenberg/Gaul* (a.a.O.), wonach § 765 a Abs. 4 ZPO mit den allgemeinen zeitlichen Grenzen der Rechtskraft übereinstimmten und deshalb *neue Beweise* für das bisherige Vorbringen grundsätzlich *nicht ausreichten*.

[1076] Siehe unter E III 2 a $\alpha$; zu den Grenzen des prozessualen Streitgegenstandsbegriffs *Musielak*, Einl., Rn. 76; *Reischl*, S. 229 ff..

[1077] Vgl. dazu mit Nachweisen *Rosenberg/Gaul*, § 43 I 5, S. 710.

[1078] OLG Köln, NJW 1993, S. 2248 f..

standsabgrenzung entschied auch das Bundesverfassungsgericht[1079], dass eine Bindung an den im vorangegangenen Vollstreckungsschutzverfahren ergangenen Zurückweisungsbeschluss aus verfassungsrechtlicher Hinsicht unbedenklich sei, soweit sich der Schuldner darauf beschränke, ein neues „Beweismittel" (ärztliches Attest) für die bereits im ersten Vollstreckungsverfahren eingewandte Gesundheitsgefährdung vorzubringen. Eine abweichende sachliche Entscheidung wäre nur dann eröffnet gewesen, wenn die Krankheit *nach* der vorangegangenen Bescheidung einen nicht vorgesehenen Verlauf genommen hätte.[1080] In der Tat hätte dann die Änderung des entscheidungserheblichen Sachverhalts zu einem anderen Streitgegenstand und damit zu einem zulässigen (zweiten) Vollstreckungsantrag geführt.

Die Innenbindung und in der Folge auch die materielle Rechtskraft der Einstellungsbeschlüsse gemäß §§ 707, 719, 769 ZPO sind dagegen abzulehnen, da die Entscheidungen ihrer Art nach unanfechtbar sind,[1081] die Innenbindungsregelung in § 572 Abs. 1 S. 1 ZPO keine Anwendung findet und die Abänderbarkeit der Beschlüsse dem diesen Normen eigenen Zweckmäßigkeitsprinzip eher gerecht wird. Demnach „kann sowohl das Instanzgericht als auch im Laufe einer höheren Instanz das Gericht dieser Instanz jederzeit eine andere Anordnung erlassen"[1082].

### 4. Die Beschlüsse des Prozessgerichts gemäß §§ 887, 888, 890 ZPO

Die zwangsweise Erwirkung von Handlungen und Unterlassungen ist dem Prozessgericht übertragen. Als bindende Beschlüsse des Prozessgerichts (§ 891 S. 1 ZPO) kommen dabei insbesondere die Ersatzvornahmeermächtigung im Rahmen der Vollstreckung wegen eines Anspruches auf Vornahme einer vertretbaren Handlung (§ 887 Abs. 1 ZPO), der Zwangsmittelbeschluss bei der Vollstreckung wegen eines Anspruches auf Vornahme einer unvertretbaren Handlung (§ 887 Abs. 1 S. 1 ZPO) und die Ordnungsmittelverurteilung zur Erzwingung einer Unterlassung bzw. Duldung (§ 890 Abs. 1 S. 1 ZPO) in Betracht.

---

[1079] BVerfG, WuM 1991, S. 149 f..

[1080] Vgl. auch OLG Saarbrücken, Rpfleger 2003, S. 37 ff.; dort wurde zwar sowohl der rechtskräftig abgewiesene als auch der erneute Vollstreckungsschutzantrag mit der Gesundheitsgefährdung der Mutter des Vollstreckungsschuldners (Art. 2 Abs. 2 GG) begründet, doch konnte ein beachtenswertes Risiko einer Rechtsgutsverletzung erst im zweiten Verfahren aufgrund eines – *nach* Eintritt der formellen Rechtskraft des versagenden Beschlusses – erlittenen Schlaganfalls bejaht werden.

[1081] Vgl. § 707 Abs. 2 S. 2 ZPO; auf die Einstellungsentscheidung im Sinne des § 769 ZPO ist § 707 Abs. 2 S. 2 ZPO analog anzuwenden, *Musielak/Lackmann*, § 707, Rn. 12; *Brox/Walker*, Rn. 1363. Selbst die „Ausnahmebeschwerde" (dazu *Stein/Jonas/Münzberg*, § 707, Rn. 29 f.) solle nach Ansicht des OLG Frankfurt (NJW 2003, S. 140 ff.) nach Inkrafttreten des ZPO-Reformgesetzes abzulehnen sein.

[1082] *Hahn*, S. 427.

### a) Die Ermächtigung zur Ersatzvornahme (§ 887 ZPO)

Die Ermächtigung zur Ersatzvornahme gemäß § 887 Abs. 1 S. 1 ZPO befugt den Gläubiger, die Handlung auf Kosten des Schuldners vornehmen zu lassen bzw. selbst vorzunehmen. Gegen diesen Beschluss (§ 891 S. 1 ZPO) findet die sofortige Beschwerde des Schuldners gemäß §§ 567 Abs. 1 Nr. 1, 793 ZPO statt. Damit erwächst die Ermächtigung mit ihrer Unanfechtbarkeit in formelle Rechtskraft und kann vom Prozessgericht nur auf eine zulässige und begründete sofortige Beschwerde hin abgeändert werden, gemäß § 572 Abs. 1 S. 1 ZPO. Eine Gegenvorstellung des Schuldners, den Beschluss aufzuheben, wäre von vorneherein unzulässig. Da der Beschluss damit sowohl innerprozessual bindet als auch formell rechtskräftig wird, steht seine Rechtskraftfähigkeit außer Zweifel.

Als bedeutsamer außerprozessualer Wirkungsraum der bindenden Entscheidung kommt dabei ein etwaiges Vollstreckungsabwehrverfahren in Betracht, soweit der Schuldner hierin die Erfüllung seiner Verpflichtung geltend macht. Der *Erfüllungseinwand* scheint nämlich auch maßgeblicher Entscheidungsgegenstand der Ersatzvornahmeermächtigung zu sein, setzt doch schon der Wortlaut des § 887 Abs. 1 ZPO voraus, dass der Schuldner die Verpflichtung nicht erfüllt. Die vorherige Anhörung gemäß § 891 S. 2 ZPO böte zudem eine ausreichende Gelegenheit, seinen Einwand vorzubringen. Stünde sodann nach einem rechtskräftigen Erlass des Ermächtigungsbeschlusses fest, dass der Schuldner bis zu diesem Zeitpunkt seiner Verpflichtung aus dem Urteil nicht nachgekommen ist, wäre dies auch im Rahmen der Beurteilung einer Vollstreckungsabwehrklage zu beachten. Dank einer solchen präjudiziellen Wirkung könnte gar die Gefahr widersprechender Entscheidungen gebannt werden.[1083] Doch hat der Beschluss, durch welchen dem Antrag auf Ersatzvornahmeermächtigung stattgegeben wird, keinen solch umfassenden materiell rechtskräftigen Entscheidungsinhalt. Die materielle Rechtskraft eines stattgebenden Beschlusses greift, wie die eines zusprechenden Urteils, nicht über die verbindliche Festlegung der konkret geltend gemachten Rechtsfolge, hier die Ermächtigung zur Ersatzvornahme, hinaus und erfasst insbesondere nicht die mitentschiedenen Vorfragen, wie vor allem Einwendungen, Einreden und Gegenrechte des Beklagten bzw. Schuldners.[1084] So erwächst auch die Zurückweisung des Erfüllungseinwands durch den Ermächtigungsbeschluss nicht selbständig in Rechtskraft. Der Sonderfall, dass in einem Folgeverfahren unter Hinweis auf die (zurückgewiesene) Einwendung eine zur rechtskräfti-

---

[1083] Zum Streit, ob der Erfüllungseinwand im Vollstreckungsverfahren zuzulassen ist, vgl. MünchKommZPO-*Schilken*, § 887, Rn. 6, mit weiteren Nachweisen.

[1084] MünchKommZPO-*Gottwald*, § 322, Rn. 85 ff., 103.

gen (Vor-) Entscheidung gegenteilige Rechtsfolge begehrt wird,[1085] liegt im Verhältnis zwischen dem Ermächtigungsbeschluss und der Vollstreckungsabwehrklage ersichtlich nicht vor, richtet sich Letztere doch nicht unmittelbar gegen die Ersatzvornahmeermächtigung, sondern ist auf die Beseitigung der Vollstreckbarkeit des Titels gerichtet.[1086] Das Prozessgericht, welches über die Vollstreckungsabwehrklage zu befinden hat, ist deshalb nicht gehindert, die Erfüllung der titulierten Verpflichtung zu bejahen, selbst wenn derselbe Einwand im Rahmen des Ermächtigungsbeschlusses zurückgewiesen wurde.[1087]

„Verurteilt“[1088] das Prozessgericht den Schuldner zur Leistung eines Vorschusses (§ 887 Abs. 2 ZPO), liegt darin keine bindende Entscheidung über die Höhe der Vorauszahlung oder gar die endgültigen Kosten der Ersatzvornahme, obgleich gegen den Beschluss die sofortige Beschwerde stattfindet. Die Anordnung des Kostenvorschusses bildet eine gesetzliche Ausnahme vom Grundsatz der Bindungswirkung befristet anfechtbarer Beschlüsse, ergeht die Entscheidung doch „unbeschadet des Rechts auf eine Nachforderung, wenn die Vornahme der Handlung einen größeren Kostenaufwand verursacht“. Der Gläubiger ist deshalb nicht gehindert, den Mehrbetrag durch einen weiteren Antrag auf Verurteilung zur Vorauszahlung der (erhöhten) Kosten gemäß § 887 Abs. 2 ZPO oder – nach vollzogener Ersatzvornahme – im Rahmen der Zwangsvollstreckung gemäß § 788 ZPO geltend zu machen.[1089]

Dagegen erwächst die Entscheidung, durch welche der Antrag des Schuldners, ihn zur kostenpflichtigen Ersatzvornahme zu ermächtigen, zurückgewiesen wird, durchaus in materielle Rechtskraft. Weitere Anträge gleichen Inhalts sind deshalb bei unveränderten Sachverhalt ohne sachliche Prüfung als unzulässig zurückzuweisen.[1090] Die materielle Rechtskraft einer gerichtlichen Entscheidung bildet jedoch nicht nur eine negative Prozessvoraussetzung bei Identität des Streitgegenstandes, sondern bindet das Gericht eines Folgeverfahrens, soweit die rechtskräftige Feststellung des Vorprozesses dort eine ent-

---

[1085] In einem solchem Falle wäre die erhobene Klage im Umfange der entgegenstehenden Rechtskraft als unzulässig abzuweisen. Die Erwägung, dass das stattgebende Urteil über die erneut vorgebrachten Einwendungen nicht rechtskräftig entschieden hat, träte aufgrund der Streitgegenstandsidentität in den Hintergrund, vgl. MünchKommZPO-*Gottwald*, a.a.O.; *Stein/Jonas/Leipold*, 21. Aufl., § 322, Rn. 96 (am Beispiel des Wandelungs- oder Minderungsrechts); vgl. dementsprechend die Ausführungen zum Verhältnis der Klauselerteilung zur Klauselerinnerung (§ 732 ZPO) unter E III 6 b.

[1086] *Thomas/Putzo*, § 767, Rn. 1.

[1087] Ebenso *Stein/Jonas/Brehm*, 21. Aufl., § 887, Rn. 27, 60.

[1088] So ausdrücklich §887 Abs. 2 ZPO. Neben diesem Gesetzeswortlaut werden auch die sinnentsprechenden Begriffe „Erkennen“ in § 888 Abs. 1 ZPO und „Verurteilung“ in § 890 ZPO zur Begründung der urteilsgleichen Entscheidungswirkung angeführt, *Fraga Novelle*, S. 114; RGZ 167, 328, 333.

[1089] Vgl. MünchKommZPO-*Schilken*, § 887, Rn. 16; ebenso *Fraga Novelle*, S. 114.

[1090] LG Wiesbaden, NJW 1986, S. 939 f..

scheidungserhebliche Vorfrage betrifft. Notwendig ist damit, den objektiven Umfang der materiellen Rechtskraft der Antragszurückweisung zu definieren. Zu diesem Zwecke ist auf die Erkenntnisse, die im Rahmen der Untersuchung der Bindungswirkung der Erinnerungszurückweisung gewonnen wurden, zurückzugreifen. Dabei wurde festgestellt, dass die Antragszurückweisung im Beschlussverfahren wie die Klageabweisung im Urteilsverfahren eine Bindung an die entscheidungstragenden Abweisungsgründe zeitigen.[1091] Weist deshalb das Prozessgericht den Ermächtigungsantrag im Sinne des § 887 Abs. 1 ZPO aufgrund der Erfüllung der Verpflichtung aus dem Schuldtitel rechtskräftig zurück, so sind in etwaigen Folgeverfahren, in dem die Frage der Erfüllung der Verpflichtung aus dem Schuldtitel eine Vorfrage der Entscheidung über den eigentlichen Streitgegenstand bildet, all diejenigen Tatsachen ausgeschlossen, welche zum Zeitpunkt der Antragszurückweisung schon vorlagen und welche zur Begründung der Nichterfüllung dienen könnten.[1092] Den praktischen Wirkungsraum für diese präkludierende Wirkung eines zurückweisenden Beschlusses zeigt ein Urteil des Reichsgerichts.[1093] Das Gericht hatte über eine Klage zu befinden, mit welcher vom Vollstreckungsgläubiger die Feststellung begehrt wurde, der Schuldner habe die titulierte Verpflichtung noch nicht erfüllt. Der Klageerhebung war jedoch eine rechtskräftige Zurückweisung eines Antrags auf Verhängung einer Zwangsmaßnahme im Sinne des § 888 Abs. 1 ZPO vorangegangen, welche das Prozessgericht mit der Vornahme der geschuldeten Handlung durch den Schuldner und damit der Erfüllung dessen Verpflichtung begründet hatte.[1094] Zu Recht wies das Reichsgericht die Klage zurück, da dem erhobenen Feststellungsanspruch die sachliche Rechtslage entgegenstünde, die sich aus der Antragszurückweisung ergebe.[1095] Denn über die Frage, ob der Verpflichtung aus dem Schuldtitel erschöpfend nachgekommen sei, habe bereits das Prozessgericht rechtskräftig befunden, was eine andere Entscheidung hierüber, wie eben die beantragte, inhaltlich abweichende Feststellung, hindere.[1096]

---

1091 Dazu unter E III 2 a γ.

1092 So schon RGZ 167, 322, 335; *Pieper*, S. 242; a.A. *Stein/Jonas/Brehm*, 21. Aufl., § 887, Rn. 27, 60, der jedoch übersieht, dass hinsichtlich des Rechtskraftumfangs zwischen einer stattgebenden und einer abweisenden Entscheidung zu differenzieren ist. Zum rechtskräftigen Inhalt einer Klageabweisung vgl. MünchKommZPO-*Gottwald*, § 322, Rn. 167; *Musielak*, § 322, Rn. 49.

1093 RGZ, 167, 322 ff..

1094 Eigentliches Klageziel war, die sachliche Unrichtigkeit der Antragszurückweisung darzutun, um ungeachtet deren Rechtskraft im Eindruck des Feststellungsurteils letztlich doch einen stattgebenden Beschluss im Sinne des § 888 ZPO erwirken zu können, RGZ 167, 322, 336 f..

1095 RGZ 167, 322, 338.

1096 Vgl. RGZ 167, 322, 335.

b) Zur Erwirkung unvertretbarer Handlungen (§ 888 Abs. 1 ZPO) und zur Erzwingung von Unterlassungen und Duldungen (§ 890 ZPO) ergehende Beschlüsse

Gegen den Zwangsmittelbeschluss gemäß § 888 Abs. 1 ZPO, die selbständige Androhung eines Ordnungsmittels gemäß § 890 Abs. 2 ZPO, die Verurteilung zu Ordnungsgeld oder Ordnungshaft gemäß § 890 Abs. 1 ZPO und schließlich gegen die Zurückweisung entsprechender Gläubigeranträge ist die sofortige Beschwerde gemäß § 793 ZPO statthaft. Diese Entscheidungen sind für das Prozessgericht bindend und werden mit Eintritt ihrer Unanfechtbarkeit formell und materiell rechtskräftig.[1097] Diesen Beschlüssen kommt auch außerprozessuale Bedeutung zu. So ist der Gläubiger aufgrund einer rechtskräftigen Antragszurückweisung solange an einer zulässigen erneuten Antragstellung gehindert, als er nicht nachweisen kann, dass sich der Sachverhalt in entscheidungserheblichen Punkten geändert hat. Wurde der Antrag auf Festsetzung etwaiger Zwangsmittel (§ 888 Abs. 1 ZPO) aufgrund der Vornahme der geschuldeten unvertretbaren Handlung abgelehnt, können in etwaigen Folgeverfahren zudem nur Neutatsachen eine anderweitige Entscheidung über den Erfüllungseinwand begründen. Die rechtskräftige Festsetzung von Zwangs- oder Ordnungsmitteln schützt den Schuldner vor dem Antrag des Gläubigers, auf ein erhöhtes Zwangsmittel zu erkennen.[1098]

5. Die im Verfahren zur Abnahme der eidesstattlichen Versicherung ergehenden Beschlüsse (§§ 899 ff. ZPO)

Gegen die Zurückweisung des Auftrags zur Bestimmung eines Termin zur Abgabe der eidesstattlichen Versicherung steht dem Gläubiger die unbefristete Erinnerung gemäß § 766 ZPO offen. Die Entscheidung des Gerichtsvollziehers kann damit erst nach einer zurückweisenden Erinnerungsentscheidung Bestandskraft erlangen. Letztere unterliegt der sofortigen Beschwerde gemäß § 793 ZPO, ist demnach bindend und wird mit ihrer Unanfechtbarkeit formell und materiell rechtskräftig. Weist deshalb das Prozessgericht[1099] die Erinnerung des Gläubigers rechtskräftig zurück, erwächst auch die Ablehnung des Auftrags zur Abnahme der eidesstattlichen Versicherung in materielle Rechtskraft. Ein weiterer Antrag könnte wiederum erst nach einer Verände-

---

[1097] *Fraga Novelle*, S. 114.

[1098] *Stein/Jonas/Brehm*, 21. Aufl., § 890, Rn. 43. Die *Rückforderung beigetriebenen Zwangs- oder Ordnungsgeldes* nach Aufhebung des Titels (dazu MünchKommZPO-*Schilken*, § 890, Rn. 16, mit weiteren Nachweisen) ist kein eigentliches Problem der Rechtskraft obiger Beschlüsse. Diese Entscheidungen würden zwar den Rechtsgrund (§ 812 Abs. 1 S. 2 1. Alt. BGB) für den staatlichen Zugriff auf das schuldnerische Vermögen darstellen, doch besteht mit § 776 ZPO gerade eine Rechtsgrundlage für die Aufhebung rechtskräftiger Vollstreckungsmaßregeln.

[1099] Funktionell zuständig ist der Rechtspfleger gemäß § 20 Nr. 17 RPflG.

rung des entscheidungserheblichen Sachverhalts in zulässiger Weise gestellt werden.

Der Frage nach inner- und außerprozessualer Bindungswirkung ist weiterhin mit Blick auf diejenigen Beschlüsse nachzugehen, mit welchen das Vollstreckungsgericht über den vom Schuldner erhobenen Widerspruch gegen seine Verpflichtung zur Abgabe der eidesstattlichen Versicherung entscheidet. Dabei kann weder die Rechtskraftfähigkeit der stattgebenden noch der zurückweisenden Entscheidung dem Grunde nach angezweifelt werden, unterliegen doch beide der sofortigen Beschwerde gemäß §§ 11 Abs. 1 RPflG, 793 ZPO. Hält der Rechtspfleger deshalb den Widerspruch für begründet und weist er den Antrag des Gläubigers rechtskräftig zurück, so kann ein neuer Antrag aufgrund desselben Titels nur dann zu einem abweichenden Ergebnis führen, wenn zwischenzeitlich eine Veränderung der Umstände eingetreten, insbesondere der Widerspruchsgrund entfallen ist.[1100]

Bestreitet der Schuldner dagegen seine Verpflichtung zur Abgabe der eidesstattlichen Versicherung zu Unrecht, wird der Widerspruch zurückgewiesen. Der materiellen Rechtskraft dieser Entscheidung ist dabei in zwei prozessualen Konstellationen Beachtung zu schenken. Zum einen ist ein weiterer Widerspruch – ohne sachliche Prüfung – aufgrund entgegenstehender Rechtskraft als unzulässig zurückzuweisen, soweit der Schuldner seine erneute Weigerung nur mit solchen Umständen begründet, die schon zum Zeitpunkt der (letztinstanzlichen) Entscheidung über den vorangegangenen Widerspruch bestanden.[1101] Zum anderen ist der Schuldner aufgrund der Präklusionswirkung der rechtskräftigen Widerspruchsentscheidung im Haftbefehlsverfahren mit solchen Tatsachen ausgeschlossen, die bereits im obigen Entscheidungs-

---

[1100] Vgl. *Pieper*, S. 228.

[1101] Vgl. *Schuschke/Walker*, § 900, Rn. 42; ebenso *Musielak/Voit*, § 900, Rn. 25, mit weiteren Nachweisen. Anders als im Falle des § 766 ZPO entscheidet das Gericht nicht über einzelne Anträge, Einwendungen oder Erinnerungen. Der *Streitgegenstand* ist darob nicht die vom Schuldner erhobene Rüge, sondern eben „die *Verpflichtung zur Abgabe der eidesstattlichen Versicherung*" (§ 900 Abs. 4 S. 1 ZPO). Rechtskräftig festgestellt wird die Verpflichtung des Schuldners zur Abgabe der Versicherung, nicht die Unbegründetheit einzelner Einwendungen. § 900 Abs. 4 S. 1 ZPO konstituiert insoweit einen umfassenden Entscheidungsgegenstand, kein „Koppelungsgebot" im Sinne des § 767 Abs. 3 ZPO, zu Letzterem vgl. D III 2 a α, in diesem Sinne wohl auch LG Berlin, DGVZ 1989, S. 60 f..
Begrenzte man trotz allem die materielle Rechtskraft auf den jeweils erhobenen Weigerungsgrund, wie etwa das Fehlen der Verfahrensvoraussetzungen, die unzumutbare Härte im Sinne des § 765 a ZPO oder die wiederholte Abgabe der Versicherung entgegen § 903 ZPO, wäre der Schuldner zur Konzentration seiner Einwendungen gehalten, da er ansonsten bei einer Anordnung der sofortigen Versicherung gemäß § 900 Abs. 4 S. 2 Hs. 2 ZPO den Erlass eines Haftbefehls riskierte, *Schuschke/Walker*, § 901, Rn. 3.

zeitpunkt vorlagen.[1102] Ist dem Haftbefehlsverfahren dagegen keine Entscheidung im Sinne des § 900 Abs. 4 S. 1 ZPO vorausgegangen, so kann er die Verpflichtung zur Abgabe der eidesstattlichen Versicherung uneingeschränkt bestreiten.[1103]

### 6. Die im Verfahren zur Erteilung der Vollstreckungsklausel ergehenden Beschlüsse [1104]

#### a) Die Klauselerteilung durch den Urkundsbeamten der Geschäftsstelle des Prozessgerichts (§ 724 Abs. 2 ZPO) bzw. den Rechtspfleger (§ 20 Nr. 12 RPflG)

Die „Entscheidung"[1105] des Urkundsbeamten der Geschäftsstelle bzw. des Rechtspflegers, durch welche die Vollstreckungsklausel erteilt wird, unterliegt der unbefristeten Erinnerung gemäß § 732 ZPO und ist aus diesem Grunde weder bindend noch wird sie formell rechtskräftig.

#### b) Die Anordnung der Klauselerteilung durch das Beschwerdegericht

Verweigert der Urkundsbeamte die vollstreckbare Ausfertigung und legt der Gläubiger nach erfolgloser Erinnerung (§ 573 ZPO) sofortige Beschwerde (§§ 573 Abs. 2, 567 Abs. 1 S. 1 Nr. 2 ZPO) ein bzw. geht er gegen den ablehnenden Beschluss des Rechtspflegers unmittelbar mit der sofortigen Beschwerde (§§ 11 Abs. 1 RPflG, 567 Abs. 1 Nr. 2 ZPO) vor, zeitigt die darauf hin ergehende Anordnung der Klauselerteilung durch das Beschwerdegericht (§ 572 Abs. 3 ZPO) materielle Rechtskraft. Die Beschwerdeentscheidung erwächst nämlich auch dann in formelle Rechtskraft, wenn das Beschwerdegericht die Rechtsbeschwerde gemäß § 574 Abs. 1 Nr. 2 ZPO zulässt. Dem Gläubiger ermangelt es aufgrund der Erteilung der nachgesuchten Klausel an der notwendigen Beschwer. Darüber hinaus wäre trotz der gerichtlichen Zulassung auch die Rechtsbeschwerde des Schuldners zu verwerfen, da die Anordnung der Klauselerteilung wie die erstinstanzliche Klauselerteilung *ihm gegenüber* unanfechtbar ist.[1106] Allein die Zulassung eines Rechtsmittels führt

---

[1102] *Musielak/Voit*, § 901, Rn. 4 mit weiteren Nachweisen.

[1103] So zutreffend die herrschende Meinung, MünchKommZPO-*Eickmann*, § 901 Rn. 20, mit weiteren Nachweisen. Nach der Gegenmeinung (u.a. *Brox/Walker*, Rn. 1155) soll der Schuldner mit Einwendungen ausgeschlossen sein, die mit einem Widerspruch hätten vorgebracht werden können. Doch bleibt im Unklaren, worauf eine solche rechtskraftfremde Präklusion beruhen soll.

[1104] Genau genommen gehört das Verfahren zur Erteilung der Vollstreckungsklausel zum Erkenntnisverfahren und nicht zum Vollstreckungsverfahren, vgl. *Fraga Novelle*, S. 103.

[1105] Zur streitigen Rechtsnatur der Klauselerteilung vgl. MünchKommZPO-*Wolfsteiner*, § 724, Rn. 1.

[1106] Insbesondere wird durch die Anordnung der Klauselerteilung kein das „Verfahren betreffendes Gesuch" im Sinne des § 567 Abs. 1 Nr. 2 ZPO zurückgewiesen. Notwendig wäre die Bescheidung eines gesetzlich vorgesehenen Antrags; die Anregung, die

nicht zur Anfechtbarkeit einer nach der gesetzlichen Regelung grundsätzlich unanfechtbaren Entscheidung.[1107] Schließlich unterliegt die Anordnung der Klauselerteilung der abschließenden Regelung der Abänderbarkeit gemäß § 572 Abs. 1 S. 1 ZPO.

Soweit der Schuldner in diesem Verfahren als Beteiligter angehört worden ist, meint insbesondere *Wolfsteiner*[1108] im anschließenden Erinnerungsverfahren nach § 732 ZPO einen Wirkungsraum für die materielle Rechtskraft der Anordnung der Klauselerteilung zu erblicken. Der Streitgegenstand sei in beiden Verfahren derselbe, nämlich die Ordnungsgemäßheit der Klauselerteilung. Der Schuldner sei deshalb mit altem Vorbringen gegen die Zulässigkeit der Klausel ausgeschlossen. Nur dieser Ansatz vermeide zudem das jeglicher Prozessökonomie widerstrebende Ergebnis, dass sich unter Umständen derselbe Richter zweimal mit derselben Einwendung des Schuldners befassen müsse.[1109] Dem hält *Münzberg*[1110] entgegen, dass die §§ 732, 768 ZPO eine zwingende Sonderregelung für Einwendungen des Schuldners enthielten und deshalb nur auf Erinnerung oder Klage des Schuldners hin über jene entschieden werde. Dass das Gericht dadurch zweimal mit derselben Einwendung befasst zu werden droht, ergebe sich zwingend aus der gesetzlichen Systematik.

Letzterem ist zuzustimmen. Jedoch verfängt dabei das Argument *Münzbergs*[1111], im Rahmen des Klauselerteilungsbeschwerdeverfahrens würde nur über den Antrag auf Klauselerteilung, nicht jedoch über Einwendungen des Schuldners, welche lediglich Vorfragen wären, rechtskräftig entschieden, keineswegs. So zeigt sich am Beispiel eines stattgebenden Urteils, dass die Beurteilung von etwaigen Vorfragen, wie etwa von Einreden und Gegenrechten des Beklagten, nicht *selbständig* in Rechtskraft erwächst.[1112] Der Beklagte ist

---

eingelegte Beschwerde zurückzuweisen, erfüllt diese Voraussetzung nicht; zu § 568 Abs. 2 ZPO a.F. herrschende Meinung, vgl. *Münzberg*, Rpfleger 1991, S. 209 ff., 210; BayObLG, MittBayNot 1998, S. 271 f.; MDR 2000, S. 1451; a.A. OLG Hamm, Rpfleger 1990, S. 286 f., welches einen Widerspruch auszumachen glaubt, da die herrschende Meinung die Zurückweisung eines Gesuchs (des Gläubigers) im Sinne des § 567 Abs. 1 ZPO anerkenne, soweit im Erinnerungsverfahren (§ 732 Abs. 1 ZPO) die (erteilte) Vollstreckungsklausel aufgehoben werde. Zurückgewiesen wird in letzteren Verfahren jedoch nicht der „Antrag" des Gläubigers, die Erinnerung zurückzuweisen, sondern der ursprüngliche Antrag, die Klausel zu erteilen, *Stein/Jonas/Münzberg*, § 732, Rn. 13.

1107 Zur Bindungswirkung fehlerhafter Zulassungsentscheidungen vgl. BGH, NJW 2003, S. 69, S. 1531.

1108 MünchKommZPO-*Wolfsteiner*, § 732, Rn. 3; § 724, Rn. 47; *Wolfsteiner*, MittBayNot 1998, S. 271 f..

1109 *Wolfsteiner*, a.a.O.; im Ergebnis zustimmend OLG Hamm, Rpfleger 1990, S. 286 f..

1110 *Münzberg*, Rpfleger 1991, S. 209 ff.; *Stein/Jonas/Münzberg*, § 732, Rn. 5.

1111 *Münzberg*, Rpfleger 1991, S. 209 ff., 211.

1112 Statt vieler MünchKommZPO-*Gottwald*, § 322, Rn. 94, 103.

mithin nicht gehindert, das Gegenrecht im Hinblick auf eine *andere* Rechtsfolge geltend zu machen.[1113] Begehrt der Beklagte in einem Folgeverfahren dagegen das kontradiktorische Gegenteil und liegt insoweit *derselbe* Streitgegenstand zugrunde, steht dem die Rechtskraft des ersten Urteils entgegen.[1114] Einen solchermaßen „spiegelbildlich identischen Streitgegenstand“[1115] weisen aber gerade das Klauselerteilungs- und das Erinnerungsverfahren auf, steht doch in beiden Verfahren das „Ob“ der Klauselerteilung in Streit und zur Entscheidung. Gleichwohl ist von diesen objektiven Grenzen der materiellen Rechtskraft angesichts der von *Münzberg* angeführten systematischen Gründe abzuweichen.[1116] So zeigt schon die Anhörungsregelung in § 730 ZPO, dass etwaige Einwendungen des Schuldners nicht als Gegenstand des Klauselerteilungsverfahrens gedacht waren. Erst das Verständnis des Anhörungsrechts als verfassungsrechtliche Verfahrensgarantie (Art. 103 Abs. 1 GG) und die damit verbundene Verstetigung der vorherigen Anhörung auch im Klauselverfahren führten überhaupt zur Notwendigkeit, die Folgen des frühzeitigen Einwendungsvortrages zu bedenken.[1117] Folgte man der Ansicht *Wolfsteiners*, gereichte die avisierte Stärkung des Beteiligungsrechts letztlich aber zum Nachteil für den Schuldner. Wider die gesetzliche Systematik würde das Äußerungsrecht durch die drohende Rechtskraftpräklusion zur umfassenden Äußerungspflicht. Nimmt der Schuldner demnach sein Beteiligungsrecht im Klauselerteilungsverfahren wahr und bringt seine Bedenken schon zu diesem Zeitpunkt vor, so werden diese Vorfragen keiner verbindlichen Entscheidung zugeführt.[1118] Hat sodann das Beschwerdegericht die Klauselerteilung unter Zurückweisung etwaiger Einwendungen des Schuldners angeordnet, ist letzterer nicht gehindert, gegen die Erteilung der Vollstreckungsklausel mit der Erinnerung nach § 732 ZPO vorzugehen.

c) Die Ablehnung der Klauselerteilung durch den Urkundsbeamten der Geschäftsstelle des Prozessgerichts (§ 724 Abs. 2 ZPO) bzw. den Rechtspfleger (§ 20 Nr. 12 RPflG)

Lehnt der Urkundsbeamte die Erteilung der vollstreckbaren Ausfertigung durch Beschluss ab, steht dem Gläubiger die nunmehr *befristete* Erinnerung gemäß § 573 ZPO zu. Hilft der Urkundsbeamte der Erinnerung nicht ab

---

[1113] *Stein/Jonas/Leipold*, 21. Aufl., § 322, Rn. 96.

[1114] *Stein/Jonas/Leipold*, a.a.O.; MünchKommZPO-*Gottwald*, § 322, Rn. 103.

[1115] MünchKommZPO-*Wolfsteiner*, § 724, Rn. 47.

[1116] Die Stringenz dieser Argumente anerkennt auch *Wolfsteiner*, MittBayNot 1998, S. 272. Letztlich ist davon auszugehen, dass sich der ZPO-Gesetzgeber mit der Aufnahme der „Klauselerteilungsnachverfahren“ in §§ 732, 768 ZPO gegen obige Grenzen der materiellen Rechtskraft entschieden hat.

[1117] *Stein/Jonas/Münzberg*, § 730, Rn. 3, will etwa nur im Ausnahmefall der Gefährdung des Vollstreckungserfolgs auf die Anhörung verzichten.

[1118] *Stein/Jonas/Münzberg*, § 732, Rn. 5.

(§§ 573 Abs. 1 S. 2, 572 Abs. 1 ZPO) und wird sie durch das Prozessgericht verworfen oder als unbegründet zurückgewiesen, ist gegen die Erinnerungsentscheidung die sofortige Beschwerde gemäß § 567 Abs. 1 Nr. 2 ZPO einzulegen. Der ablehnende Beschluss kann damit nur auf eine zulässige und begründete Erinnerung bzw. Beschwerde hin abgeändert werden; ansonsten zeitigt er innerprozessuale Bindungswirkung. Insbesondere nach Ablauf der Erinnerungs- oder Beschwerdefrist bzw. nach Erlass einer unanfechtbaren Beschwerdezurückweisung erwächst die Ablehnung des Gesuchs zudem in formelle Rechtskraft. Die Ablehnung der Klauselerteilung ist deshalb der materiellen Rechtskraft fähig. Bei unveränderter Sachlage ist es dem Gläubiger verwehrt, das abgewiesene Gesuch erneut anzubringen.[1119]

*Pieper*[1120] dagegen lehnt eine Bindungswirkung der Ablehnung ab. Dafür bestehe zum einen kein Anlass, soweit der Schuldner noch nicht gehört wurde (§ 730 ZPO), da es sich dann lediglich um einen internen Vorgang zwischen Gericht und Gläubiger handele und der Schuldner ansonsten über Gebühr begünstigt würde. Zum anderen dürfe ein Verfahren mit weit geringerer Richtigkeitsgewähr nicht die Verwirklichung des im Erkenntnisverfahren festgestellten Anspruchs obstruieren.

Zuvörderst ist dabei zu bedenken, dass der Schuldner grundsätzlich auch am Klauselverteilungsverfahren beteiligt ist.[1121] Die Ablehnung der Klauselerteilung ist nicht bloßes Gerichtsinternum, sondern regelt unmittelbar das kontradiktorische Prozessverhältnis zwischen Gläubiger und Schuldner im Verfahren der Klauselerteilung. Darüber hinaus erschiene es sachlich nicht gerechtfertigt, dem Schuldner zunächst die Möglichkeit zur Gehörsverschaffung (Art. 103 Abs. 1 GG) zu versagen, um dann mangels vorheriger Anhörung dem Beschluss eine dem Schuldner günstige Entscheidungswirkung abzusprechen. Dass schließlich in einem Beschlussverfahren definitiv über die Vollstreckbarkeit des Titels entschieden wird, ist unmittelbarer Ausdruck der rechtspolitischen Entscheidung des Reformgesetzgebers, durch die allgemeine Befristung von Beschwerde und Erinnerung den Eintritt „einer schnellen Rechtsklarheit" auch in Nebenverfahren zu ermöglichen.[1122] Das Bedenken, das Beschlussverfahren biete keine ausreichende Richtigkeitsgewähr für eine verbindliche Entscheidung, erscheint – insbesondere rücksicht-

---

1119 Kritisch, aber im Ergebnis ebenso MünchKommZPO/Aktualisierungsbd.-*Wolfsteiner*, § 724, Rn. 3.

1120 S. 206 unter Verweis auf S. 162.

1121 MünchKommZPO-*Wolfsteiner*, § 724, Rn. 47; entgegen der Ansicht *Wolfsteiners* (a.a.O.) ebenso *Stein/Jonas/Münzberg*, § 732, Rn. 5, Fn. 21, mit weiteren Nachweisen.

1122 BT-Drucks. 14 /4722, S. 115, zur Befristung der Erinnerung; zur Beschwerdebefristung vgl. BT-Drucks. 14 /4722, S. 68, S. 111.

lich der durchgehenden Abhilfebefugnis des iudex a quo,[1123] der Erhaltung der Beschwerdeinstanz als volle Tatsacheninstanz[1124] (§ 571 Abs. 2 S. 1 ZPO) und der denkbaren Zulassung der Rechtsbeschwerde[1125] – als unbegründet.[1126]

d) Die Zurückweisung der Erinnerung (§ 732 ZPO)

Erteilt der Urkundsbeamte der Geschäftsstelle oder der Rechtspfleger die beantragte Vollstreckungsklausel, kann der Schuldner mit der unbefristeten Erinnerung gemäß § 732 ZPO seine Einwendungen gegen die Klauselerteilung vorbringen. Über die Erinnerung entscheidet dabei das Gericht, von dessen Geschäftsstelle bzw. von dessen Rechtspfleger die Klausel erteilt worden ist. Die Zurückweisung der Erinnerung durch das Prozessgericht unterlag bislang der *unbefristeten* Beschwerde gemäß § 567 Abs. 1 ZPO a.F.. Nach Inkrafttreten des ZPO-Reformgesetzes ist die *sofortige* Beschwerde (§ 567 Abs. 1 Nr. 2 ZPO) das statthafte Rechtsmittel gegen die Erinnerungsentscheidung. Die Befristung der Anfechtbarkeit führt insbesondere nach Auslauf der zweiwöchigen Beschwerdefrist (§ 569 Abs. 1 S. 1 ZPO) zum Eintritt formeller Rechtskraft. Der Beschluss, mit dem das Gericht die Erinnerung zurückweist, unterliegt auch der innerprozessualen Bindungswirkung und kann nur im Wege der Abhilfe (§ 572 Abs. 1 S. 1 ZPO) auf eine zulässige und begründete Beschwerde hin abgeändert werden. Die Erinnerungsentscheidung erwächst deshalb mit Eintritt der Unanfechtbarkeit auch in materielle Rechtskraft.

---

1123 §§ 724 Abs. 2, 573 Abs. 1 S. 3, 572 Abs. 1 S. 1 ZPO, §§ 20 Nr. 12, 11 Abs. 1 RPflG, 572 Abs. 1 S. 1 ZPO, § 11 Abs. 2 RPflG.

1124 BT-Drucks. 14/4722, S. 113.

1125 Die Anfechtung einer ablehnenden Entscheidung des LG als Berufungsgericht, des OLG bzw. einer Beschwerdeentscheidung war unter Geltung der alten Rechtslage gemäß § 567 Abs. 3 ZPO bzw. § 568 Abs. 2 ZPO a.F. von vorneherein ausgeschlossen. Nach Inkrafttreten des ZPO-Reformgesetzes steht dem Gläubiger in diesen Fällen die zulassungsabhängige Rechtsbeschwerde zur Verfügung (§ 574 ff. ZPO).

1126 Insbesondere bei der Ablehnung der Klauselerteilung durch den Urkundsbeamten des ersten Rechtszugs (§ 724 Abs. 2 ZPO) zeigt sich die Haltlosigkeit des Einwands der mangelnden Richtigkeitsgewähr: Den prozessualen Ausgangspunkt setzt dabei die Zurückweisung des Gesuchs durch den Urkundsbeamten. Auf Erinnerung hin entscheidet derselbe über die Abhilfe des Rechtsbehelfs (§§ 573 Abs. 1 S. 3, 572 Abs. 1 S. 1 ZPO). Bei Nichtabhilfe hat er die Erinnerung dem zuständigen Gericht vorzulegen. Das Prozessgericht entscheidet anschließend über die Zulässigkeit und Begründetheit der Erinnerung (§§ 573 Abs. 1 S. 3, 572 Abs. 2 ZPO). Gegen die Erinnerungsentscheidung des Gerichts kann der Gläubiger sofortige Beschwerde (§ 573 Abs. 2 ZPO) einlegen, ohne auf den bisherigen Tatsachenstoff beschränkt zu sein (§ 571 Abs. 2 S. 1 ZPO). Das Prozessgericht prüft die Rechtmäßigkeit der Ablehnung der Klauselerteilung erneut, nunmehr im Rahmen der Abhilfeentscheidung des Beschwerdeverfahrens (§§ 573 Abs. 2, 572 Abs. 1 S. 1 ZPO). Wird der sofortigen Beschwerde nicht abgeholfen, trifft schließlich das Beschwerdegericht – vorbehaltlich der Zulassung der Rechtsbeschwerde (§ 574 Abs. 1 Nr. 2 ZPO) – eine letztinstanzliche Beschwerdeentscheidung (§ 572 Abs. 2, 3, 4 ZPO).

Die objektiven Grenzen der Bindungswirkung werden durch den Entscheidungsgegenstand des Erinnerungsverfahrens determiniert. Hierbei ist zu berücksichtigen, dass das Erinnerungsverfahren letztlich dazu dient, dem Schuldner, welchem bei Meidung einer Gefährdung des Vollstreckungserfolgs die vorherige Anhörung versagt wurde, nachträglich Gehör zu verschaffen. Zu diesem Zwecke setzt das Erinnerungsverfahren das Verfahren der Klauselerteilung in der gleichen Instanz fort.[1127] Entscheidungsgegenstand ist dabei nicht allein das Gesuch des Gläubigers, die Vollstreckungsklausel zu erteilen, sondern auch die in Form der Erinnerung zur Entscheidung gestellten Einwendungen des Schuldners. Der Schuldner hat damit durch den förmlichen Rechtsbehelf der Erinnerung seine Einwände gleichsam „rechtshängig" gemacht und ist dadurch in der Lage, eine bindende Entscheidung über sein Vorbringen zu erwirken. Durch die Zurückweisung der Erinnerung wird deshalb nicht nur dem Gesuch des Gläubigers stattgegeben, sondern auch die Einwendungen des Schuldners rechtskräftig zurückgewiesen. Die umstrittene Frage, ob die Erinnerungszurückweisung das Urteil auf eine *Klauselgegenklage* (§ 768 ZPO) hin *präjudiziert*, muss deshalb bejaht werden, soweit im Erinnerungsverfahren dieselben (materiellen) Einwendungen wie im Klagewege (§ 768 ZPO) erhoben werden. Aus diesem Grunde ist *Gaul*[1128] zu widersprechen, der einer Erinnerungsentscheidung im Verhältnis zur Klage nach § 768 ZPO auch dann keine Letztverbindlichkeit beimisst. Zwar entspräche diese Ansicht der ursprünglichen Vorstellung des CPO-Gesetzgebers, wonach die Einwendungen des Schuldners im Erinnerungsverfahren auch materieller Natur sein könnten, die Entscheidung insoweit aber lediglich provisorischen Charakter hätte.[1129] Doch wird dieses historische Motiv überlagert durch das aktuelle Bestreben des ZPO-Reformgesetzgebers, durch die Befristung der Beschwerde auch in Nebenverfahren für rechtskräftige Entscheidungen zu sorgen. Ginge man deshalb davon aus, dass im Erinnerungsverfahren auch über materielle Einwendungen entschieden würde,[1130] wäre dem Schuldner nach einer rechtskräftigen Erinnerungszurückweisung der Klageweg versperrt. Das beachtenswerte Anliegen, durch die Zuweisung der materiellen Einwendungen in das Verfahren der Klauselgegenklage dem häufigen Zusammenhang der hierbei zur Erörterung kommenden Fragen mit dem bereits

---

[1127] Vgl. MünchKommZPO-*Wolfsteiner*, § 732, Rn. 1.

[1128] *Rosenberg/Gaul*, § 17 III 1, S. 299.

[1129] *Hahn*, S. 436; die erinnerungstragende Einwendung dürfe demnach „ungeachtet des formell gehörig geführten Nachweises angreifen, daß eine Rechtsnachfolge stattgefunden habe bezw. die bedingende Thatsache eingetreten sei." Wolle der Schuldner aber „eine materielle Entscheidung über die bestrittene Existenz der Bedingung oder die Rechtsnachfolge haben, so kann dieser nur im Wege des kontradiktorischen Verfahrens ergehen, bei welchem gegenüber dem formell ordnungsgemäßen Nachweise des Gläubigers der Schuldner auf den Weg der Klage zur verweisen ist."

[1130] So etwa *Brox/Walker*, Rn. 143.

im ersten Prozess aufgetretenen Rechnung zu tragen,[1131] wäre zudem mit der Ausweitung des Entscheidungsgegenstandes des Erinnerungsverfahrens durchaus vereinbar, entscheidet doch das *Prozessgericht* nicht nur über die Klauselgegenklage, sondern auch über die Klauselerinnerung.[1132]

Interessensgerecht dürfte demnach allein ein *Wahlrecht* des Schuldners sein. Jener vermag materielle Einwendungen gegen die Klauselerteilung sowohl im Rahmen der Klauselgegenklage als auch mittels der Klauselerinnerung zur Entscheidung des Gerichts zu stellen. So wäre es mit dem Wortlaut des § 768 ZPO kaum zu vereinbaren, die materiellen Einwendungen zum obligaten Entscheidungsgegenstand des Erinnerungsverfahrens zu erheben. Dies hätte nämlich zur Folge, dass eine Erinnerung, obgleich der Schuldner seine Rüge erkennbar auf die Geltendmachung eines formellen Fehlers beschränkte, zu einer Entscheidung führte, welche die Rechtmäßigkeit der Klauselerteilung auch in materieller Hinsicht rechtskräftig feststellte. Der Klageweg stünde dem Schuldner nicht länger unbeschadet seiner Erinnerungsbefugnis offen (§ 768 ZPO). Der Streitgegenstand und damit die Reichweite der Erinnerungsentscheidung unterliegt vielmehr der Disposition des Schuldners. Beschränkt sich demnach das Vorbringen des Schuldners auf die Rüge, die Rechtsnachfolge sei nicht ausreichend durch öffentliche oder öffentlich beglaubigte Urkunden nachgewiesen respektive die Rechtsnachfolge ergebe sich nicht aus den vorgelegten Urkunden,[1133], erschöpft sich auch die materielle Rechtskraft der Erinnerungszurückweisung in der Feststellung, dass die formalen Voraussetzungen der Klauselerteilung gewahrt wurden.[1134] Bei gleichbleibendem Sachverhalt wäre eine weitere Klauselerinnerung ohne sachliche

---

[1131] *Hahn*, S. 436.

[1132] Insbesondere ist anders als bei der Vollstreckungserinnerung (§ 766 ZPO) für die Entscheidung über die Erinnerung im Klauselerteilungsverfahren (§ 732 ZPO) nicht das Vollstreckungsgericht im Sinne des § 764 ZPO zuständig.

[1133] Die Schlüssigkeit gehört zu den vom Rechtspfleger zu prüfenden Formalien, vgl. *Schuschke/Walker*, § 768, Rn. 2.

[1134] Letztlich ist das Wahlrecht des Schuldners Ausfluss des punktuellen Streitgegenstandes: Wie bei der Vollstreckungserinnerung (E III 2 a α)bezieht sich auch die materielle Rechtskraft der Zurückweisung der Klauselerinnerung nur auf die jeweils erhobene Verfahrensrüge, also den nicht ausreichend bestimmten Titel (vgl. dazu MünchKommZPO-*Wolfsteiner*, § 724, Rn. 31) oder den mangelnden Urkundsnachweis (§ 726 Abs. 1 ZPO). Vorliegend kommt lediglich hinzu, dass der Schuldner in das Erinnerungsverfahren neben den formalen Rügen weitere Streitgegenstände einführen *kann*, indem er materielle Einwände gegen die Klauselerteilung erhebt.

Prüfung als unzulässig zu verwerfen.[1135] Wendet er darüber hinaus die materiell-rechtliche Unwirksamkeit der Rechtsnachfolge ein, weist aber das Prozessgericht die Erinnerung rechtskräftig zurück, steht auch das Vorliegen der materiellen Voraussetzungen der Klauselerteilung verbindlich fest. Erhöbe der Schuldner ungeachtet dessen die Klauselgegenklage, erginge aufgrund entgegenstehender Rechtskraft ein abweisendes Prozessurteil, soweit nicht die Voraussetzungen der Titelumschreibung nach Erlass der Erinnerungsentscheidung entfallen sind.[1136]

#### e) Die Stattgabe der Erinnerung (§ 732 ZPO)

Wird die Vollstreckungsklausel auf Einwendung des Schuldners nach § 732 ZPO durch das Prozessgericht aufgehoben und die Zwangsvollstreckung aufgrund dieser Klausel für unzulässig erklärt, kann der Gläubiger dagegen sofortige Beschwerde gemäß § 567 Abs. 1 Nr. 2 ZPO einlegen. Läuft die Beschwerdefrist ungenutzt ab oder wird die Erinnerungsentscheidung letztinstanzlich bestätigt, kehrt formelle Rechtskraft ein. Da die Stattgabe der Erinnerung das Prozessgericht innerprozessual bindet (§ 572 Abs. 1 S. 1 ZPO), erwächst der stattgebende Beschluss in materielle Rechtskraft. Die Wiederholung des Gesuchs auf Erteilung der Vollstreckungsklausel scheidet deshalb bei gleichbleibendem Sachverhalt aus.[1137]

## IV. Die im Verfahren des Arrests und der einstweiligen Verfügung ergehenden Beschlüsse

### 1. Die einzelnen Beschlüsse und die insoweit statthaften Rechtsbehelfe

Sieht das Arrestgericht von der Durchführung einer mündlichen Verhandlung ab, wird über das Arrestgesuch des Gläubigers (§ 920 ZPO) durch Beschluss (§§ 128 Abs. 4, 922 Abs. 1 S. 1 ZPO) entschieden. Gegen die Anordnung des Arrestes durch Beschluss kann der Schuldner unbefristet Widerspruch (§ 924 ZPO) erheben. Das Arrestverfahren fällt aufgrund des Widerspruchs nicht der nächsthöheren Instanz an, sondern führt zur Eröffnung der mündlichen Verhandlung, innerhalb derer über die Rechtmäßigkeit des Arrestbefehls

---

[1135] Unter Hinweis auf die Innenbindungswirkung im Ergebnis ebenso *Pieper* (S. 207 f.). Doch erscheint dieser Begründungsansatz abwegig, da eine erneute Klauselerinnerung nach Zurückweisung der früheren ein neues Verfahren eröffnet und damit den außerprozessualen Bereich der formell rechtskräftigen Erinnerungsentscheidung betrifft (zur Abgrenzung der verschiedenen Verfahrensräume vgl. unter C I 2 b β) und zudem die notwendige Koinzidenz von inner- und außerprozessualer Bindungswirkung (ausführlich hierzu unter D II 5 b) unberücksichtigt bleibt.

[1136] Die von *Brox/Walker* (Rn. 143) kritisierte „Doppelspurigkeit“ der Rügemöglichkeit wird auf diese Weise vermieden.

[1137] Darüber hinaus sei auf die Ausführungen zum parallelen Fall der Ablehnung der Klauselerteilung durch den Urkundsbeamten der Geschäftsstelle des Prozessgerichts bzw. den Rechtspfleger verwiesen, vgl. hierzu unter E III 6 c.

verhandelt und durch Endurteil (§ 925 ZPO) entschieden wird. Weist das Gericht das Arrestgesuch dagegen zurück, kann der Gläubiger gegen diesen Beschluss mit dem Rechtsmittel der sofortigen Beschwerde (§ 567 Abs. 1 Nr. 2 ZPO) vorgehen.[1138] Das Beschwerdegericht kann wiederum mündliche Verhandlung anordnen und durch Urteil über die Zulässigkeit und Begründetheit der Beschwerde entscheiden.[1139] Ohne eine mündliche Verhandlung ergeht die Beschwerdeentscheidung dagegen durch Beschluss. Ordnet das Beschwerdegericht den Arrest an, so ist gegen diesen Beschluss wiederum der Rechtsbehelf des Widerspruchs gemäß § 924 ZPO statthaft. Weist das Beschwerdegericht demgegenüber das erstinstanzliche Arrestgericht zur Anordnung des Arrests an (§ 572 Abs. 3 ZPO), ist gegen diesen Beschluss kein Rechtsbehelf statthaft.[1140] Verwirft oder weist das Beschwerdegericht die sofortige Beschwerde des Gläubigers zurück, ist diese Entscheidung unanfechtbar.[1141]

---

1138 Zu erinnern ist, dass eine Zurückweisung des Arrestgesuchs durch Urteil nur dann der Anfechtung durch Berufung unterliegt, wenn der Wert des Beschwerdegegenstandes 600,- € übersteigt (§ 511 Abs. 2 Nr. 1 ZPO). Da jedoch die Überprüfbarkeit der erstinstanzlichen Entscheidung nicht von der Wahl der Verfahrensform durch das Gericht erster Instanz abhängen kann, ist auch nach Inkrafttreten des ZPO-Reformgesetzes von der entsprechenden Anwendung des § 511 Abs. 2 Nr. 1 ZPO auszugehen, vgl. LG Köln, MDR 2003, S. 831; *Musielak*, § 922, Rn. 10 mit weiteren Nachweisen; a.A. *Thomas/Putzo*, § 922, Rn. 7, ohne Begründung.

1139 *Stein/Jonas/Grunsky*, § 922, Rn. 9.

1140 *Stein/Jonas/Grunsky*, § 922, Rn. 11; *Baumbach/Lauterbach/Hartmann*, § 922, Rn. 30; kritisch MünchKommZPO-*Heinze*, § 922, Rn. 11.

1141 § 542 Abs. 2 ZPO zeigt, dass der Gesetzgeber auch nach dem Inkrafttreten des ZPO-Reformgesetzes eine dritte Instanz im einstweiligen Verfügungsverfahren und Arrestverfahren ausschließen wollte. Das gilt auch dann, wenn das Rechtsmittelgericht eine Berufung gegen ein Arresturteil verwirft. Zwar existiert keine vergleichbare Norm zu § 519 b Abs. 2 ZPO a.F., welche den Berufungsbeschluss im Eilverfahren von der grundsätzlichen Anfechtbarkeit (§§ 522 Abs. 1 S. 4, 574 Abs. 1 Nr. 1 ZPO) ausdrücklich ausnähme, doch wäre eine Differenzierung zwischen verwerfenden Berufungsbeschlüssen und –urteilen (§ 542 Abs. 2 ZPO) nicht nachzuvollziehen, vgl. BGH, NJW 2003, S. 69. Aus den gleichen Gründen ist im einstweiligen Verfügungsverfahren und Arrestverfahren die Statthaftigkeit einer Rechtsbeschwerde gegen eine Beschwerdeentscheidung abzulehnen, selbst wenn das Beschwerdegericht die Rechtsbeschwerde ausdrücklich zugelassen haben sollte (§ 574 Abs. 1 Nr. 2 ZPO), vgl. BGH, NJW 2003, S. 1531. Schließlich ist die Rechtsbeschwerde trotz Zulassung (§ 574 Abs. 1 Nr. 2 ZPO) auch dann unstatthaft, wenn das Landgericht als Berufungsgericht in der Hauptsache oder das Oberlandesgericht den Erlass des Arrestes abgelehnt haben. § 542 Abs. 2 ZPO analog schließt nämlich die Revision bzw. Rechtsbeschwerde auch gegen solche Urteile aus, durch die in erster Instanz über die Anordnung eines Arrestes oder einer einstweiligen Verfügung entschieden worden ist; vgl. *Stein/Jonas/Grunsky*, § 922, Rn. 11. Das *Rechtsbeschwerdeverfahren* ist damit *im Verfahren über den Arrest oder die einstweilige Verfügung generell ausgeschlossen*,

Daneben ergeht sowohl die Anordnung der Klageerhebung gemäß § 926 ZPO als auch die Ablehnung des entsprechenden Antrags des Schuldners in Beschlussform. Während der Gläubiger gegen die Anordnung der Klageerhebung lediglich Rechtspflegererinnerung einlegen kann (§ 11 Abs. 2 S. 2 RPflG),[1142] kann der Schuldner gegen die Ablehnung des Fristsetzungsantrags mit der sofortigen Beschwerde gemäß §§ 11 Abs. 1 RPflG, 567 Abs. 2 Nr. 2 ZPO vorgehen. Hinterlegt schließlich der Schuldner den im Arrestbefehl festgestellten Geldbetrag, hebt das Vollstreckungsgericht den Arrestvollzug durch Beschluss (§ 934 Abs. 3 ZPO) auf. Die Aufhebung der Arrestvollziehung kann der Gläubiger mit der sofortigen Beschwerde angreifen, §§ 934 Abs. 4, 567 Abs. 1 Nr. 1 ZPO. Dabei ergeht der Beschluss nach § 934 Abs. 1 ZPO auf Antrag des Schuldners gemäß § 923 ZPO. Demgegenüber ordnet das Gericht die Arrestaufhebung im Falle des § 934 Abs. 2 ZPO von Amts wegen an. Der „Antrag" des Schuldners stellt deshalb nur eine Anregung dar. Lehnt das Vollstreckungsgericht die Aufhebung ab, weist es kein Gesuch i.S.d. § 567 Abs. 1 Nr. 2 ZPO zurück. Konsequenterweise ist es dem Schuldner in diesem Falle anders als bei § 934 Abs. 1 ZPO versagt, die Ablehnung der Arrestaufhebung mit der sofortigen Beschwerde anzugreifen.[1143]

### 2. Die Innenbindung

Die grundsätzliche Kontroverse um die Bindungswirkung der im Arrest- bzw. einstweiligen Verfügungsverfahren ergehenden Entscheidungen wird hauptsächlich im Hinblick auf jene Beschlüsse und Urteile ausgetragen, durch die der Arrest angeordnet wird bzw. das Arrestgesuch zurückgewiesen wird.

#### a) Die Innenbindung der den Arrest anordnenden Beschlüsse

Die Frage der Innenbindung einer Arrestanordnung lässt sich nicht mithilfe des Grundsatzes beantworten, § 572 Abs. 1 S. 1 ZPO stelle eine abschließende Regelung der Abänderbarkeit anfechtbarer Beschlüsse dar. Wie gesehen, unterliegt der stattgebende Beschluss im Arrestverfahren – auch seiner Art nach – nicht der sofortigen Beschwerde, sondern dem besonderen Rechtsbehelf des Widerspruchs gemäß § 924 ZPO.

---

vgl. auch BAG, NJW 2003, S. 1621 f.; a.A. *Baumbach/Lauterbach/Hartmann*, § 922, Rn. 32 (Rechtsbeschwerde gegen Beschluss des OLG); *Zöller/Vollkommer*, § 922, Rn. 13 (Rechtsbeschwerde gegen Beschluss des LG als Berufungsgericht); *Thomas/Putzo*, § 922, Rn. 7 (Rechtsbeschwerde gegen ablehnenden Beschluss des LG als Beschwerdegericht und des OLG); *Musielak/Huber*, § 922, Rn. 10.

1142 Eine sofortige Beschwerde gegen die Anordnung durch den Richter ist dagegen nicht statthaft, da die Anfechtbarkeit mittels der sofortigen Beschwerde im Gesetz nicht ausdrücklich bestimmt ist und die Fristsetzung keine Zurückweisung eines das Verfahren betreffenden Gesuchs darstellt (§ 567 Abs. 1 Nr. 1 und 2 ZPO), vgl. *Stein/Jonas/Grunsky*, § 926, Rn. 10.

1143 Ebenso *Schuschke/Walker*, § 934, Rn. 5; a.A. *Stein/Jonas/Grunsky*, § 934, Rn. 6; MünchKommZPO-*Heinze*, § 934, Rn. 5.

Aus diesem Grunde sprechen etwa *Schmidt*[1144] und *Werner*[1145] diesem Beschluss jegliche innerprozessuale Bindungswirkung ab. Die Innenbindung ergebe sich nicht aus der Regelung des § 927 Abs. 1 ZPO, die den Schuldner instand setzt, die Aufhebung des Arrests wegen veränderter Umstände zu erwirken. Durch diese Regelung sollte lediglich klargestellt werden, dass der Arrestschuldner sein Aufhebungsbegehren auf Umstände stützen dürfe, die zum Zeitpunkt der Entscheidung über den Widerspruch bereits gegeben waren.[1146] § 927 Abs. 1 ZPO zeige somit, dass die Entscheidungen im Arrestverfahren nicht endgültig seien.[1147] Dass der Arrestbefehl auch ohne Vorliegen veränderter Umstände aufgehoben oder abgeändert werden dürfe, könne man auch an der neben dem Aufhebungsantrag bestehenden Möglichkeit, Berufung bzw. Widerspruch einzulegen, erkennen. Stehe nämlich dem Instanzgericht eine unbeschränkte Abänderungsbefugnis zu, dürfe diese dem erlassenden Gericht nicht versagt werden.[1148] Nach *Werner*[1149] beträfen die Innenbindung und der Regelungsbereich des § 927 ZPO schließlich sogar unterschiedliche Probleme, da die Innenbindung nur die Abänderung einer Entscheidung ohne *neuen* Parteivortrag verbiete. Ein Regel- Ausnahmeverhältnis ließe sich deshalb ausschließen.[1150]

Keines dieser Argumente vermag letztlich zu überzeugen:

α) Die Aufhebung wegen veränderter Umstände (§ 927 ZPO) als Ausdruck einer rebus sic stantibus ergangenen Entscheidung

Am Beispiel des Arresturteils wird deutlich, dass § 927 ZPO kein Ausdruck freier Abänderbarkeit der im Arrestverfahren ergehenden Entscheidungen ist, sondern dadurch ausschließlich einer möglichen Veränderung der tatsächlichen Verhältnisse Rechnung getragen werden sollte. Ordnet das Gericht nämlich den Arrest aufgrund mündlicher Verhandlung durch Endurteil an (§ 922 Abs. 1 S. 1 ZPO), ist es an seine Entscheidung grundsätzlich gemäß § 318 ZPO gebunden.[1151] § 927 ZPO bildet dabei eine Ausnahme zur innerprozessualen Bindungswirkung und erlaubt die Aufhebung des Beschlusses

---

1144 S. 144 ff..

1145 S. 130.

1146 *Schmidt*, S. 145.

1147 *Schmidt*, a.a.O.; zustimmend *Werner*, S. 131

1148 *Schmidt*, S. 144.

1149 S. 131.

1150 *Werner*, S. 130 f.. Dass sich die Erwägung *Werners*, die Innenbindung und § 927 ZPO hätten unterschiedliche Regelungsbereiche, nicht mit der – von ihm befürworteten (S. 130) – Interpretation des Gesetzeswortlauts („auch nach Bestätigung“) in Einklang bringen lässt, wonach gerade auch solche Umstände die Aufhebung rechtfertigten, die zum Zeitpunkt der Bestätigung des Arrests bereits objektiv vorhanden wären, liegt auf der Hand.

1151 *Fraga Novelle*, S. 71; *Baur*, S. 91 f..

durch das erlassende Gericht, sollten sich die Umstände nach der Entscheidung über den Arrestantrag[1152] verändert haben.[1153]

Die gemeinhin vertretene Auffassung[1154], der Aufhebungsantrag sei auch dann begründet, wenn Umstände oder Beweismittel vorgebracht würden, die zwar im Moment der Arrestentscheidung schon vorlagen, aber vom Schuldner nicht vorgebracht werden konnten, hat keine gesetzliche Grundlage. Der Gesetzeswortlaut, der von der Aufhebung wegen *veränderter* Umstände spricht, markiert gerade die zeitlichen Grenzen des Prozessgegenstandes und damit der Bestandskraft der Arrestanordnung. Dabei kann die Beifügung des Wortes „auch" entweder als gesetzlicher Hinweis darauf verstanden werden, dass der Anwendungsbereich des § 927 ZPO nicht nur auf bestätigte Arrestbeschlüsse beschränkt ist,[1155] oder man sieht darin, wie schon *Möller*[1156], eine Bezugnahme auf ein zwischenzeitlich ergangenes Bestätigungsurteil. Dagegen ist die Annahme eines syntaktischen Bogens, der nach Ansicht *Schmidts*[1157] von den Worten „auch nach Bestätigung" zu „wegen veränderter Umstände" reiche und ergebe, dass die Aufhebungsklage keine Änderung des Sachverhalts nach Bestätigung des Arrests voraussetze, abwegig.

Dass der Gesetzgeber als veränderten Umstand im Sinne des § 927 ZPO weder die Erlangung besserer Kenntnis des Schuldners vom maßgeblichen Lebenssachverhalt noch neue Mittel der Glaubhaftmachung ansah, lässt sich ohne weiteres der Begründung zu § 686 Abs. 2 CPO (§ 767 Abs. 2 ZPO) ent-

---

1152 Nach herrschender Meinung ist das Widerspruchsverfahren nicht notwendigerweise dem Aufhebungsantrag gemäß § 927 ZPO vorgeschaltet, vgl. *Stein/Jonas/Grunsky*, § 927, Rn. 1, mit weiteren Nachweisen. Als maßgebliche Zeitpunkte kommen nach dieser Ansicht entweder der Schluss der mündlichen Verhandlung über den Arrestantrag, der Schluss der mündlichen Verhandlung über den Widerspruch (§§ 924, 925 ZPO) oder – im Falle einer bisher unwidersprochen gebliebenen Arrestanordnung – der Moment des Erlasses des stattgebenden Beschlusses in Betracht.

1153 Dennoch liegt in § 927 ZPO keine obsolete Regelung, weicht sie die Innenbindung jedenfalls insoweit auf, als eine Ausnahme von ihrer Novenfestigkeit (vgl. Ausführungen unter C I 2 b γ) zugelassen wird. Die Erhebung einer Vollstreckungsgegenklage gemäß § 767 Abs. 1 ZPO wird dem Beklagten dadurch erspart; zu diesem Vorrang des Aufhebungsantrags vgl. MünchKommZPO-*Schmidt*, § 767, Rn. 37.

1154 *Stein/Jonas/Grunsky*, § 927, Rn. 3, mit weiteren Nachweisen.

1155 So schon *Herbst*, ZZP 7 (1884), S. 518 ff., 525 f..

1156 Nach *Möller* (ZZP 10 (1887), S. 498 ff., 509) war die Hinzufügung des Wortes „auch" notwendig, denn das einen „Arrest bestätigende Urteil würde, sofern dasselbe durch ein Rechtsmittel oder durch Einspruch nicht mehr anfechtbar ist, an sich dem Antrage auf Aufhebung des Arrestes entgegenstehen, wenn nicht dieses Urteil nur rebus sic stantibus gälte; daher die Vorschrift des § 807." Daraus sei der Schluss zu ziehen, dass das Aufhebungsverfahren erst nach Aufrechterhaltung der Anordnung im Widerspruchsverfahren zulässig sei, zustimmend *Mädrich*, S. 42; AK-ZPO-*Damm*, § 924, Rn. 6.

1157 S. 145.

nehmen.[1158] Dort werden verschiedene einzelstaatliche Entwürfe zur Vorgängerregelung des § 767 Abs. 2 ZPO angesprochen, welche den Moment des Entscheidungserlasses und nicht den Schluss der mündlichen Verhandlung zum maßgeblichen Zeitpunkt erklärten und in denen „die Wirkung der rechtskräftigen Entscheidung streng festgehalten und die Zulassung der Einwendungen von dem Gesichtspunkte einer Anfechtung des Urtheils *auf Grund veränderter Umstände* aufgefasst“[1159] wurde. Beispielhaft ist die einschlägige Regelung des Norddeutschen Entwurfes zu nennen, welche nur solche Einwendungen zuließ, die „erst nach Erlassung des Urtheils entstanden sind“[1160]. Der Anfechtung auf Grund veränderter Umstände gegenübergestellt und letztlich abgelehnt wurde die weitergehende Regelung des § 6 der preußischen Verordnung vom 4. März 1834, wonach „auch solche Einwendungen vorgebracht werden können, welche nur zu spät zur Kenntnis der Partei gelangt sind“[1161]. Als bloßer Kunstgriff erscheint demgegenüber die Überlegung des Reichsgerichts[1162], nicht nur äußere, objektive Tatsachen, sondern auch innere, subjektive Tatsachen, wie eben die „Erlangung besserer Kenntnis von den das Streitverhältnis beherrschenden äußeren Thatsachen“, zu fassen.

Schließlich wäre nach Maßgabe der herrschenden Meinung auch die grundlegende Systematik der Rechtsbehelfe im Arrestverfahren nicht mehr zu halten. So stellt die Zivilprozessordnung mit dem Widerspruch (§§ 924 f. ZPO) bzw. der Berufung (§ 511 ZPO) einerseits Rechtsbehelfe zur Verfügung, mit denen der Schuldner die Überprüfung der ursprünglichen Rechtmäßigkeit der Anordnung geltend machen kann; andererseits trägt der Aufhebungsantrag gemäß § 927 ZPO dem Umstand Rechnung, dass der Arrest einen vorläufigen Zustand unter der clausula rebus sic stantibus regelt und deshalb nach Veränderung der Entscheidungsgrundlage über die Rechtmäßigkeit der Arrestfort-

---

1158 Der Begriff des „Umstandes“ weist – jedenfalls in der Terminologie des CPO-Gesetzgebers – einen reinen Tatsachenbezug auf. Dies ergibt sich nicht nur aus der Passage in den Materialien zu § 686 Abs. 2 CPO (*Hahn*, S. 438; vgl. auch RGZ 24, 368, 370 f.), sondern auch aus den vom Gesetzgeber beispielhaft genannten Fällen veränderter Umstände (*Hahn*, S. 475 f.). Diese Einschätzung teilt *Reichel* (ZZP 52 (1927), S. 82 f.), der die spätere Ansicht des Reichsgerichts (RGZ 33, 415, 418) ablehnt, „wonach nachträgliche Erlangung neuer Glaubhaftmachungsmittel sich als ‚Veränderung der Umstände‘, d.h. als *neue Tatsache* darstellen soll. Diese Meinung ist zudem unrichtig, da neue Beweismittel für alte Tatsachen natürlich keine neuen Tatsachen sind.“ A.A. etwa *Burgard/Fresemann*, DRiZ 2000, S. 195, 197.

1159 *Hahn*, S. 438.

1160 § 916 des Norddeutschen Entwurfes; vgl. Protokolle der Kommission zur Ausarbeitung des Entwurfs einer Civilprozeßordnung für die Staaten des Norddeutschen Bundes, S. 2137.

1161 *Hahn*, S. 438.

1162 RGZ 24, 368, 370 f..

dauer neu zu entscheiden ist.[1163] Lehnte man aber mit der herrschenden Meinung den allein zeitlichen Maßstab des Gesetzes ab und genügte in der Folge etwa die Änderung der Beweislage zur Begründung des Aufhebungsantrags, würde letztlich die Rechtmäßigkeit des Arresturteils Gegenstand des Aufhebungsverfahrens.

Die systematischen Grenzen verschwömmen gänzlich, gewärtigt man, dass sich der Aufhebungsgrund „Erlangung besserer Kenntnis" nicht plausibel auf die Fälle schuldloser Unkenntnis von tatsächlichen Umständen begrenzen ließe. Zum einen müsste konsequenterweise auch die Änderung der tatsächlichen oder rechtlichen Bewertung durch den Schuldner als die Erlangung besserer (Er-) Kenntnis angesehen werden.[1164] Bloße Nachweisschwierigkeiten würden eine dahingehende Beschränkung jedenfalls nicht rechtfertigen.[1165] Zum anderen ließe sich auch die überkommene Einschränkung durch die *Sorgfältigkeit des Prozessverhaltens* nicht halten. Folgewidrig erscheint dabei die Erwägung, dass die materielle Rechtskraft[1166] der Entscheidungen ein solches schuldbezogenes Korrektiv biete:[1167] Denn einerseits spräche man der materiellen Rechtskraft bzw. der Innenbindung im Arrest und einstweiligen Verfügungsverfahren das Wort, um andererseits die zeitliche Grenzen der Bindungswirkung durch ein „frei erfundenes Schuldprinzip"[1168] zu ersetzen.[1169] Auch das in diesem Zusammenhang stets zitierte Urteil des Reichsgerichts[1170] trägt eine solch gespaltene Betrachtung nicht. Ratio decidendi war nur die Überlegung, dass ein Grund, „den Begriff der veränderten Umstände dahin zu bestimmen, daß er die Erlangung besserer Kenntnis [...] von dem maßgebenden Sachverhalt" ausschließt,[1171] nicht vorgelegen habe. Dabei stellt

---

1163 *Mädrich*, S. 38; Baur, S. 92.

1164 Vgl. etwa *Grunsky*, § 927, Rn. 3 ff..

1165 So aber *Burgard/Fresemann*, DRiZ 2000, S. 195 ff., 197.

1166 Freilich handelt es sich hierbei um den innerverfahrensrechtlichen Raum, so dass das Aufhebungsverfahren – genau genommen – am Maßstab der Innenbindung zu messen wäre.

1167 In diesem Sinne etwa *Burgard/Fresemann*, a.a.O., S. 198.

1168 *Peters*, FS für *Henckel* (1995), S. 655 ff., 666, zum vergleichbarem Ansatz der herrschenden Meinung im Zwangsvollstreckungsverfahren.

1169 Vgl. etwa *Grunsky*, vor § 916, Rn. 14; § 927, Rn. 3; *Burgard/Fresemann*, DRiZ 2000, S. 195 ff..

1170 RGZ 24, 368 ff.. Diese Entscheidung wird etwa von *Burgard/Fresemann* (DRiZ 2000, S. 195), *Walker* (in *Schuschke/Walker*, § 927, Rn. 11) oder *Schilken* (in *Rosenberg/Gaul*, § 77 II 2, S. 1034) trotz deren Überzeugung von der Rechtskraftfähigkeit der im Arrestverfahren ergehenden Entscheidungen zur Begründung des eigenen Billigkeitsmaßstabs angeführt.

1171 Entgegen der Entscheidungsrezension *Burgards* und *Fresemanns* (DRiZ 2000, S. 195 ff., 195) erörterte das Reichgericht keineswegs die Frage, ob die Präklusionsvorschrift des § 767 Abs. 2 ZPO im Aufhebungsverfahren entsprechend anzuwenden sei. Tatsächlich ging es ausschließlich um die zutreffende Auslegung der Gesetzes-

das Reichsgericht klar, dass in der materiellen Rechtskraft der Entscheidung durchaus ein solcher Grund gelegen hätte.[1172] Da aber das Arresturteil – im Eindruck der materiellen Rechtskrafttheorie – nicht als ein „der Rechtskraft fähiges Urteil" betrachtet wurde, sah sich das Gericht nicht gehindert, eine Änderung des subjektiven Kenntnisstandes unter den § 927 ZPO (§ 807 CPO) zu subsumieren und eine tatsachenbezogene Ausschlusswirkung abzulehnen. Eine Aufweichung des Gesetzeswortlauts des § 927 ZPO muss demnach von vorneherein abgelehnt werden, bejaht man die Innenbindung und die materielle Rechtskraft der im Arrest- und einstweiligen Verfügungsverfahren ergehenden Entscheidungen. Doch selbst wenn man, wie etwa *Schmidt*[1173] oder auch *Mädrich*[1174] die Fähigkeit dieser Entscheidungen zu Rechtskraft und Innenbindung ablehnte, besteht keine gesetzliche Grundlage für das systemfremde Kriterium des sorgfältigen Prozessverhaltens; der Kenntnisstand der Partei verändert sich auch dann, soweit eine schuldhafte Unkenntnis vorangegangen sein sollte.[1175] Dass sich das Schuldprinzip auch bei Ablehnung der Rechtskraftfähigkeit von Arrestentscheidungen nicht plausibel begründen lässt, zeigen auch die Widersprüche in der Darstellung *Mädrichs*[1176]. Demnach sei eine Beschränkung des Vorbringens auf nach Verhandlungsschluss im Anordnungsverfahren entstandene Veränderungen weder durch den Wortlaut des § 927 ZPO vorgeschrieben noch zum Schutze materieller Rechtskraft angezeigt, da Urteile im Verfügungsverfahren aufgrund ihres vorübergehenden Charakters keine Rechtskraft zeitigten. Dagegen seien Tatsachen und Beweismittel, die vor Verhandlungsschluss im (Bestätigungs-) Urteilsverfahren bzw. im Berufungsverfahren entstanden und zugänglich gewesen wären, ausgeschlossen. Diese *Präklusionswirkung* entspreche einem *allgemeinen*

---

worte „veränderte Umstände". Insoweit setzte sich das Reichsgericht lediglich mit dem Argument *Möllers* (ZZP 10 (1887), S. 498, 504, Fn. 15) auseinander, wonach das maßgebliche Begriffsverständnis den Materialien (*Hahn*, S. 438) zu § 686 CPO (§ 767 ZPO) entnommen werden könne.

1172 „Aber der Grund, aus welchem einem Urteile gegenüber [...] der von dem Urteile Betroffene mit der Behauptung, daß er infolge seiner mangelhaften Kenntnis nicht alle seine Rechtsbehelfe in dem Rechtsstreite habe vorbringen können, nicht mehr gehört wird, liegt in dem Schutze, auf den ein der Rechtskraft fähiges Urteil neuem thatsächlichen Vorbringen gegenüber Anspruch haben muß." (RGZ 24, 368, 371).

1173 S. 144 ff..

1174 S. 52, Fn. 265.

1175 Das Reichsgericht (RGZ 24, 368, 372) argumentiert in dieser Hinsicht konsequent und stellt allein auf den objektiven Umstand der nachträglichen Kenntniserlangung ab.

1176 S. 52, Fn. 265. Zudem verkennt *Mädrich* die „clausula rebus sic stantibus", die lediglich besagt, dass Entscheidungen, soweit sie auf einer Zukunftsprognose beruhen, bei einer Veränderung wesentlicher Umstände anzupassen sind, vgl. MünchKommZPO-*Gottwald*, § 323, Rn. 12. Keineswegs steht der Vorbehalt der Wandelbarkeit der Verhältnisse jedoch der Einkehr materieller Rechtskraft oder Innenbindung der Entscheidung über den objektiv existierenden Sachstand entgegen (vgl. § 323 Abs. 2 ZPO).

*Prozessrechtsgrundsatz*, der seinen Niederschlag unter anderem *in den §§ 767 Abs. 2, 323 Abs. 2 ZPO* gefunden habe.[1177] Freilich sind es gerade materielle Rechtskraft und Innenbindung, die sich hinter den genannten Vorschriften bzw. dem Ausschluss existierender, aber nicht vorgebrachter Tatsachen verbergen. Weder die inner- noch die außerprozessuale Bindungswirkung unterliegen jedoch dem Vorbehalt vorwerfbaren Parteiverhaltens, sondern statuieren eine strikt zeitliche Grenze.

Rechnete man somit die nachträgliche Kenntniserlangung zu den veränderten Umständen in § 927 ZPO, verstieße man gegen den Wortlaut des Gesetzes, die Normvorstellung des Gesetzgebers und letztlich auch gegen die Systematik des Gesetzes. Deshalb kann von veränderten Umständen im Sinne des § 927 ZPO nur dann die Rede sein, wenn sich die für die Entscheidung maßgeblichen Verhältnisse nach dem Erlass der Arrestanordnung bzw. des Bestätigungsurteils (§ 925 ZPO) tatsächlich geändert haben.[1178] Die Regelung § 927 ZPO stellt damit keine gesetzliche Ausformung einer freien Abänderbarkeit der im Arrestverfahren ergehenden Entscheidungen dar, sondern ist Ausdruck einer rebus sic stantibus ergangenen Entscheidung.

β) Die Widerspruchsentscheidung gemäß § 925 Abs. 2 ZPO als konstitutive Regelung der Abänderbarkeit eines stattgebenden Beschlusses im Arrest- und einstweiligen Verfügungsverfahren

Weiterhin vermag allein der Umstand, dass mit der Berufung bzw. dem Widerspruch einerseits und dem Antrag auf Arrestaufhebung andererseits dem Schuldner alternative Rechtsbehelfe zur Verfügung stehen, über die Abänderlichkeit des Arrestbeschlusses außerhalb des Anwendungsbereichs des § 927 ZPO nichts auszusagen.[1179] Letztlich wäre auf Grundlage dieses Arguments auch von der freien Abänderbarkeit einer Verurteilung zu künftig fällig werdenden Leistungen auszugehen, da dort die Partei ebenfalls die Wahl hat, ob sie Rechtsmittel einlegt oder Abänderungsklage gemäß § 323 ZPO erheben will.[1180] Tatsächlich folgt die Abänderungsbefugnis des *instanzhöheren* Gerichts aus der Natur des Rechtsmittels, welches die Überprüfung der Entscheidung in rechtlicher und tatsächlicher Hinsicht ermöglicht, und hat nichts mit der Bindung des *erlassenden* Gerichts zu tun.[1181]

Gewichtiger erscheint der Hinweis auf die Widerspruchsmöglichkeit des Schuldners. Ausgeführt wird dieser Einwand insbesondere von *Werner*[1182], der zu bedenken gibt, dass der Widerspruch dem Schuldner die Möglichkeit ver-

---

1177 *Mädrich*, S. 53, Fn. 267.
1178 Vgl. auch *Schlüter*, ZZP 80 (1967), S. 447 ff., 455.
1179 So aber *Schmidt*, S. 144.
1180 Statt vieler *Rosenberg/Schwab/Gottwald*, § 158 V 1, S. 956.
1181 Vgl. *Fraga Novelle*, S. 71.
1182 S. 131 f..

schaffe, die Aufhebung oder Abänderung des Arrestbeschlusses zu erwirken, und insoweit dem § 571 ZPO a.F. vergleichbar sei. Gerade aber die gesetzliche Bestimmung der Abhilfe hätte einen der tragenden Gründe der Innenbindungsfreiheit der der einfachen Beschwerde unterliegenden Beschlüsse gebildet. Dieser Auslegung sei Folge zu leisten und den Arrestbeschlüssen deshalb jegliche Bindungswirkung zu verweigern.

Zutreffend ist, dass der Widerspruch kein Rechtsmittel darstellt, welches den Rechtsstreit an die nächsthöhere Instanz devolvierte, sondern der iudex a quo befugt wird, die Rechtmäßigkeit seiner Entscheidung zu überprüfen, um diese gegebenenfalls aufheben zu können. Da der Widerspruch auch dann zur Aufhebung des Arrestes führt, wenn der Arrest von Anfang ungerechtfertigt war, sich die Umstände demnach nicht notwendigerweise verändert haben müssen, handelt es sich jedenfalls um eine innenbindungsrelevante Regelung.[1183] Darüber hinaus teilt die Widerspruchsmöglichkeit in der Tat die Unbefristetheit der einfachen Beschwerde gemäß §§ 567, 571 ZPO a.F..

Ungeachtet mancher Gemeinsamkeiten beider Regelungen darf aber dennoch nicht von der Abänderbarkeit des Arrests im Widerspruchsverfahren auf eine allgemeine Bindungsfreiheit im Arrestverfahren geschlossen werden. Denn allein der Umstand, dass eine gesetzliche Regelung der Abänderbarkeit existiert, vermag nicht die Frage der Innenbindung zu beantworten; stets sind weitere Auslegungskriterien daraufhin zu untersuchen, ob die jeweilige Vorschrift eine Ausnahme vom Grundsatz der Innenbindung konstituiert oder lediglich die allgemeine Bindungsfreiheit außer Zweifel stellt.[1184] So konnte auch im Falle der einfachen Beschwerde erst die Untersuchung der Gesetzesmaterialien den Charakter der Abhilfebefugnis als Ausdruck der Abänderbarkeit unbefristet anfechtbarer Beschlüsse offen legen.[1185] Vorliegend ergibt sich der Regelungsgehalt der Abänderbarkeit im Widerspruchsverfahren aus der Gesetzessystematik. Ordnet das Gericht den Arrest nach Durchführung einer mündlichen Verhandlung durch *Endurteil* an (§ 922 Abs. 1 S. 1 ZPO), ist es an seine Entscheidung grundsätzlich gemäß § 318 ZPO gebunden. § 927 ZPO

---

[1183] Unklar *Fraga Novelle*, S. 71, welche die Frage der Innenbindung durch die Widerspruchsmöglichkeit nicht berührt sieht, da das Gericht entscheide, ob sich der Arrestbefehl nach dem Sach- und Streitstand *bei Schluss der mündlichen Verhandlung* als rechtmäßig darstelle. Freilich ermöglicht dieser entscheidungserhebliche Zeitpunkt dem Gericht nicht nur, eine relevante Veränderung des Sach- und Streitstandes zu berücksichtigen, sondern schafft gleichzeitig die Befugnis zur Selbstremedur *ursprünglicher* Fehler im Rahmen der tatsächlichen oder rechtlichen Beurteilung.

[1184] So etwa *Rosenberg/Schwab/Gottwald*, § 61 II 1 b, S. 337, demzufolge ein besonderer Rechtsbehelf die Unabänderlichkeit eines Beschlusses nur dann indiziert, soweit er befristet ist. Zum teleologischen Zusammenhang zwischen befristeter Anfechtbarkeit und Innenbindungswirkung einer Entscheidung vgl. Ausführungen unter C I 2 a.

[1185] Vgl. Ausführungen unter C II 4 b a.E..

lässt von der innerprozessualen Bindungswirkung nur dann eine Ausnahme zu, wenn Tatsachen, die nach der Entscheidung über den Arrestantrag entstanden sind, die Rechtmäßigkeit der Fortdauer des Arrestes in Frage stellen. Außerhalb der gesetzlichen Rechtsbehelfsverfahren ist das Gericht jedenfalls nicht befugt, sein Urteil aufzuheben oder abzuändern. Wird dagegen der Arrest durch *Beschluss* angeordnet, so kompensiert das Gesetz das Fehlen einer mündlichen Verhandlung vor Entscheidungserlass durch einen im Vergleich zum Urteilsverfahren erweiterten Kreis statthafter Rechtsbehelfe.[1186] Diesem Unterschied zwischen Beschluss- und Urteilsverfahren wurde folglich vom Gesetzgeber Rechnung getragen. Weitere sachliche Gründe, die eine unterschiedliche Behandlung beider Entscheidungsformen respektive deren Wirkungen rechtfertigten, existieren nicht. Darüber hinaus ist zu gewärtigen, dass die besonderen (Zulässigkeits-) Voraussetzungen der gesetzlich geregelten Rechtsbehelfe (§§ 924, 926, 927 ZPO) letztlich obsolet wären, soweit sich die anordnenden Beschlüsse ohnehin frei abändern ließen.[1187]

Somit ist davon auszugehen, dass der Arrest außerhalb der gesetzlich geregelten Rechtsbehelfsverfahren nicht frei abänderbar ist, gleichviel, ob das Gericht den Arrest durch Urteil oder Beschluss angeordnet hat.[1188] Die Möglichkeit, die Rechtmäßigkeit eines Arrestbeschlusses innerhalb des Widerspruchsverfahrens gemäß §§ 924, 925 ZPO überprüfen zu lassen und gegebenenfalls die Aufhebung der Arrestanordnung zu erwirken, ist demnach als konstitutive Ausnahme von der innerprozessualen Bindungswirkung im Arrestverfahren anzusehen. Ein Ausfluss freier Abänderbarkeit liegt darin nicht.

b) Die Innenbindung der den Arrest ablehnenden Beschlüsse

Gegen den das Arrestgesuch zurückweisenden Beschluss steht dem Antragsteller grundsätzlich die sofortige Beschwerde gemäß § 567 Abs. 1 Nr. 2 ZPO zu. Das Arrestgericht ist infolgedessen nur befugt, einer zulässigen und begründeten Beschwerde gegen die Zurückweisung des Arrestgesuchs abzuhelfen, § 572 Abs. 1 S. 1 ZPO. Ansonsten ist der Beschluss unabänderlich.

c) Die Innenbindung der Anordnung der Klageerhebung

Dagegen unterliegt die Anordnung der Klageerhebung aufgrund ihrer Unanfechtbarkeit nicht der generellen Bindungsregelung des § 572 Abs. 1

---

[1186] Neben dem Widerspruchsverfahren (§§ 924, 925 ZPO) ist insbesondere das Rechtfertigungsverfahren gemäß § 942 Abs. 1 und 2 ZPO und das Aufhebungsverfahren gemäß § 942 Abs. 3 ZPO zu nennen.

[1187] In diesem Sinne *Reichhold*, in *Thomas/Putzo*, § 329, Rn. 12; danach sei § 318 ZPO im Arrestverfahren entsprechend anzuwenden, da besondere Rechtsbehelfe vorlägen und deshalb eine Abänderung nur auf diesem Wege zulässig sei.

[1188] Vgl. insbesondere *Fraga Novelle*, S. 71.

S. 1 ZPO. Notwendig ist deshalb eine konkrete Prüfung, inwieweit die Anordnung gemäß § 926 Abs. 1 ZPO der innerprozessualen Bindung bedarf. Zu diesem Zwecke ist zunächst der anordnende Beschluss in die grundsätzliche Anordnung der Klageerhebung und in die Bestimmung der Frist aufzuspalten.[1189]

Nach *Werner*[1190] bedarf die Entscheidung, dass bei Meidung der Arrestaufhebung (§ 926 Abs. 2 ZPO) Klage in der Hauptsache zu erheben ist, innerprozessualer Bestandskraft. So würde die Abänderbarkeit der Anordnung gerade auch für den Gläubiger eine erhebliche Unsicherheit bedeuten, riskierte er doch, entweder im Vertrauen auf die Rechtsbeständigkeit vorschnell Hauptsacheklage zu erheben oder vergeblich auf die Aufhebung der Anordnung zu hoffen. Zudem würde der Schuldner – auf die zeitnahe Klärung der Rechtsfrage im Hauptsacheverfahren vertrauend – vielfach auf eine Weiterbetreibung des Arrestverfahrens verzichten. Aus diesen Gründen müsse die Anordnung der Klageerhebung jedenfalls „dem Grunde nach" bestehen bleiben.[1191] Auf den ersten Blick erscheint die Vertrauensschutzerwägung zugunsten des Schuldners plausibel,[1192] da ihn die Unabänderlichkeit der Anordnung dazu verhülfe, auf die Erhebung spezifischer Arrestrechtsbehelfe rücksichtlich des bevorstehenden Hauptsacheentscheids bzw. der Arrestaufhebung zu verzichten. Drohte dagegen die Aufhebung der Anordnung der Klageerhebung, wäre dem Schuldner keinesfalls zu raten, bis zur tatsächlichen Klageerhebung von der Betreibung des Arrestverfahrens abzusehen. Neben einer Erhöhung der Rechtssicherheit spräche folglich auch die Prozessökonomie für die Innenbindung der Klageanordnung.

Dennoch ist eine *Bindung an die Klageerhebungsanordnung* aufgrund der praktischen Konsequenzen im Ergebnis *abzulehnen*: Unter der Annahme formeller Rechtskraft folgte der Bindung im Verfahren ohne weiteres die materielle Rechtskraft im außerprozessualen Bereich. Auch in etwaigen Folgeverfahren stünde somit die Rechtmäßigkeit des anordnenden Beschlusses fest. Gerade die Entscheidung im Aufhebungsverfahren gemäß § 926 Abs. 2 ZPO wäre präjudiziert, da die Bindungswirkung Einwendungen, welche die Anordnung der Klageerhebung beträfen, präkludierte. Eine unzulässige Fristsetzung, bei deren Anordnung die offenkundige Erfolglosigkeit der

---

1189 So auch *Werner*, S. 133.

1190 S. 132.

1191 *Werner*, S. 133.

1192 Entgegen der Ansicht *Werners* (S. 133) dürfte die Unabänderlichkeit der Klageanordnung aber nicht dem Interesse des Gläubigers entsprechen. So mag diesem zwar die Einschätzung schwer fallen, ob sich die Klageanordnung als rechtsbeständig erweisen wird. Gleichwohl dürfte er diese Unsicherheit der generell bindenden Wirkung einer Anordnung vorziehen, würde ihm doch vor Erhebung der Klage die Möglichkeit abgeschnitten, die Aufhebung der Anordnung mittels Gegenvorstellung anzuregen.

Hauptsache nicht berücksichtigt wurde[1193] oder das Arrestgericht die Rechtshängigkeit des Hauptsacheanspruchs übersah[1194], hätte bei einem entsprechenden Antrag nicht nur die Aufhebung des Arrests zur Folge, sondern auch die Schadensersatzpflicht des Gläubigers gemäß § 945 2. Alt. ZPO, gleichviel, ob die Arrestanordnung ursprünglich gerechtfertigt gewesen sein sollte oder nicht.[1195] Um diesen gesetzlichen „Automatismus" aus dem Wege zu gehen, ist allgemein anerkannt, dass zum einen „die Nichtbeachtung einer unzulässigerweise gesetzten Frist den Beteiligten nicht präjudizieren"[1196] kann und zum anderen die Fristsetzung von vorneherein abzulehnen ist, soweit der Verfügungs- bzw. Arrestanspruch vor Stellung des Gesuchs gemäß § 926 Abs. 1 ZPO (z.B. durch Erfüllung) entfallen ist.[1197]

Nicht nachvollziehbar erscheint demgegenüber der Ansatz *Werners*[1198]. Danach wirke die Klageanordnung innerprozessual zwar bindend; die materielle Rechtskraft sei dagegen mangels eines Wirkungsraums abzulehnen. So gehe vor allem die Möglichkeit des Gläubigers, eine Erledigungserklärung abzugeben und dadurch eine Überprüfung der Klageanordnung zu erwirken,[1199] einem gesonderten Überprüfungsantrag des Gläubigers vor. Für die materielle Rechtskraft des anordnenden Beschlusses biete sich mithin kein geeigneter Wirkungsraum. Dabei wird jedoch übersehen, dass schon der *Aufhebungsan-*

---

1193 BGH, NJW 1974, S. 503 f.; OLG Hamburg, MDR 1970, S. 935 f.; OLG Karlsruhe, NJW-RR 1988, S. 251 f.; weitere Beispiele bei *Stein/Jonas/Grunsky*, § 926, Rn. 7.

1194 BGH, NJW-RR 1987, S. 683 ff., 685; im Vorgang dieser Entscheidung hatte das Landgericht Frist zur Erhebung der Klage gesetzt, obgleich der Hauptsacheanspruch durch Widerklage vorher rechtshängig gemacht wurde. Der BGH verneinte die Zulässigkeit der daraufhin erneuten Geltendmachung des Klageanspruchs, da der anordnende Beschluss keine bindende Entscheidung darüber enthalte, dass Hauptsacheklage noch nicht erhoben sei, vgl. BGH, a.a.O.. Auch das OLG München (ZZP 52 (1927), S. 82) wies in diesem Sinne darauf hin, dass der Einwand „die Voraussetzungen für die Anordnung nach § 926 I ZPO fehlten, weil das Verfahren zur Hauptsache bereits anhängig gemacht sei, [...] bei der Verhandlung über die Aufhebung des Arrestes nach § 926 II ZPO geltend gemacht werden" könne.

1195 Tatbestandsvoraussetzung für den Schadensersatzanspruch ist nach dem klaren Gesetzeswortlaut allein der formale Akt der Aufhebung; die Rechtmäßigkeit des Arrestes oder der einstweiligen Verfügung spielt demgegenüber keine Rolle, vgl. *Stein/Jonas/Grunsky*, § 945, Rn. 33.

1196 Reichel, ZZP 49 (1925), S. 398 f., 400.

1197 Statt vieler *Schlüter*, ZZP 80 (1967), S. 447 ff., 462; zustimmend BGH, NJW 1974, S. 503 f.; zum Meinungsstand *Mädrich*, S. 57 ff..

1198 S. 141.

1199 *Werner* (S. 141) hat hier den Fall im Auge, dass die Klageerhebung trotz der zwischenzeitlichen Erfüllung des Hauptsacheanspruchs angeordnet wurde. Die Unrechtmäßigkeit des Beschlusses beruht damit – genau genommen – auf der Erledigung der Hauptsache. Ließe man deshalb die Erledigungserklärung des Gläubigers zu, würde die Klageanordnung insoweit auf ihre Rechtmäßigkeit hin überprüft.

*trag des Schuldners* den außerprozessualen Verfahrensbereich der Klageanordnung eröffnet. Streitet man, wie im Ergebnis *Werner*, dennoch die verfahrenseröffnende Wirkung des Aufhebungsantrags ab, müsste man die Überprüfung der Klageanordnung, welche in der Erledigungserklärung des Gläubigers liege, konsequenterweise an der innerprozessualen Bindungswirkung des Beschlusses messen – soweit man einen bindungsfreien prozessualen Zwischenraum ablehnt. Im Übrigen ist daran zu zweifeln, dass der Gläubiger das Aufhebungsverfahren gemäß § 926 Abs. 2 ZPO durch eine einseitige Erledigungserklärung auf den Kostenpunkt zu beschränken vermag. Die erforderliche Dispositionsbefugnis über den Verfahrensgegenstand fehlt dem Gläubiger schon angesichts seiner prozessualen Stellung als „Beklagter" des Aufhebungsverfahrens. Weiterhin ist Gegenstand des Verfahrens nicht der prozessuale Sicherungsanspruch des Gläubigers, sondern das Begehren des Schuldners, den bereits erlassenen Titel zu beseitigen.[1200]

Demnach sind die Innenbindung und infolgedessen auch die materielle Rechtskraft des anordnenden Beschlusses im Sinne des § 926 Abs. 1 ZPO abzulehnen. Der Gläubiger ist deshalb nicht gehindert, gegen die Klageanordnung Gegenvorstellung einzulegen oder im Verfahren gemäß § 926 Abs. 2 ZPO die Unzulässigkeit der Fristsetzung geltend zu machen.

Schließlich ist auch die Innenbindung der Fristbestimmung zu verneinen, da § 224 Abs. 2 ZPO das Gericht auf einen entsprechenden Antrag hin befugt, die Klageerhebungsfrist bei Vorliegen erheblicher Gründe zu verlängern oder abzukürzen. Entgegen der Ansicht *Werners*[1201] besteht diese Befugnis nicht nur beim Vorbringen neuer Tatsachen; das Gesetz verlangt anders als im Falle des § 927 ZPO keine Abänderung aufgrund „veränderter Umstände", sondern ermöglicht eine Abänderung aufgrund besserer Einsicht in die Recht- bzw. Zweckmäßigkeit der ersten Fristbestimmung auch dann, wenn darin erhebliche Gründe liegen und ein entsprechender Antrag gestellt ist.

Weist das Gericht dagegen den Antrag des Schuldners, dem Gläubiger eine Frist zur Erhebung der Klage in der Hauptsache zu setzen, zurück oder setzt es eine längere Frist als beantragt, so kann der Schuldner gegen diesen Beschluss mit der sofortigen Beschwerde gemäß §§ 11 Abs. 1 RPflG, 567 Abs. 2 Nr. 2 ZPO vorgehen. Hinsichtlich des zurückweisenden Beschlusses ist das Gericht deshalb nur im Rahmen des Abhilfeverfahrens gemäß § 572 Abs. 1 S. 1 ZPO zur Abänderung berechtigt. Zwar ist auch gegen eine nicht antragsgemäße Fristsetzung die sofortige Beschwerde des Schuldners statthaft, doch kann das Gericht die Frist außerhalb des Beschwerdeverfahrens wiederum unter den Voraussetzungen des § 224 Abs. 2 ZPO abändern. Erst

---

[1200] Vgl. *Schlüter*, ZZP 80 (1967), S. 447 ff., 461.
[1201] S. 133.

der Anfall der Streitsache beim Beschwerdegericht enthebt das erlassende Gericht dieser Änderungbefugnis.[1202]

d) Die Innenbindung der Beschlüsse zur Aufhebung der Arrestvollziehung

Die Aufhebung des Arrestvollzugs gemäß § 934 Abs. 1 und 2 ZPO unterliegt gemäß § 934 Abs. 4 ZPO der sofortigen Beschwerde. Die Abänderbarkeit des aufhebenden Beschlusses ist demnach auf das Abhilfeverfahren beschränkt, § 572 Abs. 1 S. 1 ZPO. Innenbindung zeitigt ebenso die Ablehnung eines Antrags nach § 934 Abs. 1 ZPO, da auch sie der Anfechtung durch die sofortige Beschwerde unterworfen ist. Lehnt das Gericht dagegen die Aufhebung des Arrestvollzugs gemäß § 934 Abs. 2 ZPO ab und weist dadurch eine Anregung des Schuldners zurück, steht Letzterem keine sofortige Beschwerde gemäß § 567 Abs. 1 Nr. 2 ZPO zu. § 572 Abs. 1 S. 1 ZPO scheidet damit als gesetzliche Regelung der Innenbindung aus.

Dass über die Aufhebung des Arrestvollzugs im Falle § 934 Abs. 2 ZPO von Amts wegen entschieden wird, hat dabei nicht nur Auswirkung auf die Anfechtbarkeit der Entscheidung, sondern auch auf die Definition des Wirkbereichs der Innenbindung. Wie schon unter C I 2 b β dargestellt wurde, ist mangels eines verfahrenseröffnenden Antrags der innerprozessuale Verfahrensraum einer Entscheidung auch dann betroffen, wenn im selben (Arrestvollziehungs-) Verfahren zur gleichen prozessualen Frage eine weitere Entscheidung ergeht. Daraus folgt zudem, dass selbst im Falle der Innenbindung der Aufhebungsablehnung das Gericht nicht gehindert wäre, bei Vorliegen neuer entscheidungserheblicher Tatsachen nunmehr die Aufhebung des Arrestvollzugs zu beschließen.[1203]

Gleichwohl ist hier die Bindungswirkung des Beschlusses abzulehnen. Ausschlaggebend hat dabei die Überlegung zu sein, dass die Aufhebung nicht das gegenseitige Rechte- und Pflichtenverhältnis der Beteiligten im Arrestverfahren regelt, wie etwa die Abwendungsbefugnis des Schuldners (§§ 923, 934 Abs. 1 ZPO) oder die Kostentragungspflicht gemäß §§ 928, 788 ZPO, sondern ausschließlich die aus §§ 65, 68 GKG, 4 GVGKG resultierende Vorschusspflicht des Gläubigers gegenüber den Vollstreckungsorganen betrifft. Die Erwartung des Gläubigers, die gesetzliche Kostenvorschusspflicht werde ihm angesichts der ersten Entscheidung des Vollstreckungsgerichts endgültig erspart bleiben, erscheint mithin nicht schützenswert. Hat deshalb das Vollstreckungsgericht die Anregung des Schuldners, nach § 934 Abs. 2 ZPO vor-

---

1202 Zum Einfluss des Devolutiveffekts auf die Abänderbarkeit einer Entscheidung vgl. Ausführungen unter C I 2 d β.

1203 Zu den Ausnahmen von der Novenfestigkeit innerprozessual bindender Entscheidung vgl. Ausführungen unter C I 2 b γ.

zugehen, zunächst zurückgewiesen, ist es trotz unveränderten Sachverhalts nicht gehindert, die Arrestvollziehung aufzuheben.

3. Die materielle Rechtskraft

Die Rechtskraftfähigkeit der im Arrest- und einstweiligen Verfügungsverfahren ergehenden Entscheidungen steht seit jeher in Streit. Ihren Ausgang findet die Diskussion in einem Urteil des Reichsgerichts zur Frage, ob um den Erlass einer einstweiligen Verfügung trotz unveränderter Tatsachenlage erneut nachgesucht werden darf, obgleich eine zunächst erlassene einstweilige Verfügung wegen ungenügender Glaubhaftmachung formell rechtskräftig aufgehoben wurde.[1204] Das Reichsgericht verneinte einen Verstoß gegen die materielle Rechtskraft der Aufhebungsentscheidung. Der Arrest und die einstweilige Verfügung seien, auch wenn sie durch Endurteil angeordnet würden, nur Maßregeln von vorübergehender Bedeutung. Sie bezweckten nicht die Schaffung eines endgültigen Rechtszustandes, sondern hätten gerade die Fortdauer eines streitigen Rechtsverhältnisses zur Voraussetzung. So beziehe sich auch die materielle Rechtskraft nur auf die Entscheidung über die Frage, ob die Anordnung vorläufig für statthaft zu erachten ist und nicht, ob es nunmehr infolge besserer Glaubhaftmachung gerechtfertigt erscheint, die beantragte Anordnung zu treffen.[1205] Schließlich zeigte auch die abgesetzte Regelung der Zulässigkeit und Begründetheit des Arrestgesuchs in § 800 Abs. 1 und 2 CPO (§ 920 ZPO), dass die Glaubhaftmachung Bestandteil der Begründung des Gesuchs sei und deshalb neue Mittel der Glaubhaftmachung ohnehin einen neuen „Klagegrund" bildeten.[1206]

Zutreffend weist demgegenüber *Cohn* darauf hin, dass allein aufgrund der Vorläufigkeit der gerichtlichen Maßnahmen nicht auf das Fehlen materieller Rechtskraft geschlossen werden könne. Insbesondere liege in Arrest und einstweiliger Verfügung keine Regelung eines vorläufigen Lebenssachverhalts, sondern stelle eine vorläufige Regelung auf Grundlage der Feststellung eines in der Vergangenheit abgeschlossenen Sachverhalts dar.[1207] In diesem Sinne ist auch *Lent* zu verstehen, demzufolge es sich bei Arrest und einstweiliger Verfügung um endgültige Entscheidungen über eine vorläufige Rechtsfrage handele. Wie auch andere gerichtliche Entscheidungen könnten Arrest und einstweilige Verfügung durch eine Veränderung des Sachverhalts durchaus prozessual überholt werden; dies hindere aber die sachliche Rechtskraft nicht, da diese ohnehin nur den Rechtszustand für einen bestimmten Zeit-

---

[1204] RGZ 33, 415 ff..

[1205] RGZ 33, 415 ff., 419.

[1206] RGZ a.a.O..

[1207] *Cohn*, JW 1915, S. 1338 f., 1339.

punkt festlege.[1208] Abzulehnen ist weiterhin, dass die Glaubhaftmachung zur Begründung des Gesuchs gehört. Das Gesuch wird ausschließlich durch die den Arrestanspruch und -grund tragenden Tatsachen begründet. Bei der Glaubhaftmachung handelt es sich lediglich um eine besondere Form der Beweisführung, die sich vom Beweisverfahren im Erkenntnisverfahren nur durch den Kreis der zulässigen Beweismittel und das reduzierte Beweismaß unterscheidet.[1209] Die Entscheidung im Arrestverfahren bezieht sich darob nicht auf die bloße Evidenz von Arrestanspruch und –grund, also die Glaubhaftmachung aufgrund bestimmter Mittel der Glaubhaftmachung, sondern fußt auf dem Bestehen der einstweiligen regelungsfähigen Rechtsposition[1210]. Die Auffassung des Reichsgerichts hätte zudem zur Folge, dass bei ungenügender Glaubhaftmachung trotz des Bestehens des Arrestanspruchs und -grundes der Arrest sich „als von Anfang an ungerechtfertigt" im Sinne des § 945 ZPO erwiese. Obwohl die Maßnahme im Ergebnis zu Recht angeordnet wurde, würde der Gläubiger dem Schuldner schadensersatzpflichtig.[1211]

Dennoch erachtet vor allem *Cohn* die im Arrest- und einstweiligen Verfügungsverfahren ergehenden Entscheidungen als nicht der materiellen Rechtskraft fähig. Das Hauptargument liegt dabei in der Qualifizierung der Rechtsnatur des Arrest- bzw. einstweiligen Verfügungsverfahrens: Arrest und einstweilige Verfügung dienten dem vorläufigen Schutz gefährdeter Rechte und seien deshalb keine Rechtsprechung im eigentlichen Sinne, welche eine Rechtsfrage definitiv entscheide, sondern lediglich gerichtliche Exekutivakte, die eine bestimmte Verfahrenslage zweckmäßig regeln sollen und deshalb ständig neu angepasst werden müssen, ohne der Entscheidung über die zugrunde liegenden materiellen Rechtsansprüche vorzugreifen.[1212]

Die Verwaltungsähnlichkeit des zivilprozessualen Eilverfahrens wird zu Recht überwiegend abgelehnt.[1213] Denn Streitgegenstand im summarischen Verfahren ist zwar nicht die streitige Hauptsache, jedoch steht ebenso wenig die Rechtmäßigkeit einer Exekutivmaßnahme inmitten; vielmehr ist über die Behauptung des Antragstellers zu entscheiden, auf Grund seines Vorbringens dem Antragsgegner gegenüber berechtigt zu sein, in dem von ihm eingeleite-

---

[1208] *Lent*, NJW 1951, S. 721 f.; vgl. auch OVG Münster, FamRZ 1975, S. 293 f., 294; *Fraga Novelle*, S. 42.

[1209] *Cohn*, JW 1915, S. 1338 f., 1339.

[1210] *Rosenberg/Gaul/Schilken*, § 74 III 1, S. 999 f..

[1211] Vgl. *Stein/Jonas/Grunsky*, § 945, Rn. 22; a.A. RGZ 143, 118, 120.

[1212] *Cohn*, JW 1915, S. 1338 ff., 1421 ff., 1423 f.; *A.Blomeyer*, § 119 V 1, S. 666 ff.; *Bongen/Renaud*, NJW 1991, S. 2886 ff., 2887.

[1213] Statt vieler *Baur*, S. 86; *Loritz*, ZZP 106 (1993), S. 3 ff., 10; *Fraga Novelle*, S. 84, mit weiteren Nachweisen.

ten Verfahren den Arrest oder die einstweilige Verfügung zu erwirken.[1214] Aufgrund dieses begrenzten Streitgegenstandes scheidet im Übrigen eine Bindung des Gerichts im Erkenntnisverfahren, sei es im Hauptsacheprozess oder im Schadensersatzprozess (§ 945 ZPO),[1215] von vorneherein aus. Dessen ungeachtet besteht auch ein Bedürfnis für die Einkehr materieller Rechtskraft innerhalb des Arrest- und einstweiligen Verfügungsverfahrens, ließe sich doch die Wiederholung eines zurückgewiesenen Arrestgesuchs nur in Ausnahmenfällen mangels Rechtsschutzbedürfnis als unzulässig zurückweisen;[1216] in der Regel hätte das Gericht den Antrag von Neuem sachlich zu prüfen. Daneben bedarf auch die den Arrest bzw. die einstweilige Verfügung anordnende Entscheidung materielle Rechtskraftwirkung. So wäre der unterliegende Antragsgegner häufig nicht gehindert, das kontradiktorische Gegenteil zur bestehenden Anordnung in einem zweiten Eilverfahren feststellen zu lassen.[1217] Die weit überwiegende Meinung in Literatur und Rechtsprechung bejaht deshalb dem Grunde nach die Rechtskraftfähigkeit der im Verfahren des einstweiligen Rechtsschutzes ergehenden Entscheidungen.[1218]

Nicht stichhaltig erscheint dabei aber die These von der *eingeschränkten materiellen Rechtskraft* im Arrest- und einstweiligen Verfügungsverfahren.[1219] So postuliert insbesondere *Grunsky*, dass die materielle Rechtskraft zwar grundsätzlich zu bejahen sei, jedoch der besonderen Interessenlage im Arrestverfahren Rechnung getragen werden müsse.[1220] Die Eilbedürftigkeit erlaube es dem

---

1214 Ausführlich zum Streitgegenstand vgl. *K.Blomeyer* (ZZP 65 (1952), S. 52 ff., 61 f.); *Fraga Novelle*, S. 84; zutreffend auch *Lent*, NJW 1951, S. 721 f.; kritisch, aber im Ergebnis ebenso (vgl. v.a. Rn. 33 f.) MünchKommZPO-*Heinze*, vor § 916, Rn. 30 ff..

1215 Selbst eine rechtskräftige Arrestaufhebung wegen Fehlens des Arrestgrundes zeitigt keine Bindung für das Schadensersatzgericht; zutreffend *Stein/Jonas/Grunsky*, § 945, Rn. 29. Letztlich werden die Feststellungen im Arrestverfahren, wie *K.Blomeyer* (a.a.O.) zutreffend anmerkt, unter dem Vorbehalt einer anderweitigen Beurteilung im Verfahren nach § 945 ZPO getroffen. Demnach stehe der Rechtskraft einer Arrestanordnung nicht entgegen, dass im Schadensersatzprozess festgestellt werde, der Arrest sei von Anfang an ungerechtfertigt gewesen.

1216 Ausführlich zum Institut des Rechtsschutzbedürfnisses vgl. unter D II 5 b.

1217 Vgl. *Baur*, S. 91 ff., mit weiteren Beispielen.

1218 Statt vieler MünchKommZPO-*Gottwald*, § 322, Rn. 31; *Zöller/Vollkommer*, vor § 916, Rn. 13; *Thomas/Putzo*, § 922, Rn. 8 ff.; *Schuschke/Walker*, § 922, Rn. 24, mit weiteren Nachweisen.

1219 Eine beschränkte materielle Rechtskraft verfechten dabei insbesondere *Brox/Walker*, Rn. 1519; *Zöller/Vollkommer*, a.a.O.; *Thomas/Putzo*, a.a.O.; *Musielak/Huber*, § 922, Rn. 11; *Rosenberg/Gaul/Schilken*, § 74 III 1 a, S. 1000.

1220 Das weitere Argument (*Stein/Jonas/Grunsky* vor § 916, Rn. 14 und 16), dass rücksichtlich der Regelung des § 927 ZPO schon das Prinzip der Waffengleichheit die Einschränkung der materiellen Rechtskraft gebiete, geht nach der vorliegend vertretenen Ansicht ins Leere. Die extensive Auslegung des § 927 ZPO ist abzulehnen (vgl. Ausführungen unter E IV 2 a $\alpha$). Veränderte Umstände im Sinne des § 927 ZPO liegen nur

Gläubiger häufig nicht, die Beweismittel mit der an sich erforderlichen Sorgfalt zusammenzutragen. Deshalb sei eine Wiederholung des abgewiesenen Arrestgesuchs auch bei „neuen“ Mitteln der Glaubhaftmachung zuzulassen, soweit diese im ersten Verfahren noch nicht vorgebracht werden konnten.[1221] Wie bereits im Zusammenhang mit der Auslegung des § 927 ZPO erarbeitet wurde, würde es die zeitlichen Grenzen der materiellen Rechtskraft konterkarieren und entbehrte jeglicher gesetzlichen Grundlage, setzte man die Rechtskraftpräklusion unter den Vorbehalt der Vorwerfbarkeit des Parteiverhaltens.[1222]

Darüber hinaus vermag die Erwägung, der Antragsteller sei aufgrund der notwendigen Beschleunigung vielfach nicht in der Lage, die entscheidungserheblichen Tatsachen und Beweismittel mit der notwendigen Sorgfalt zu ermitteln, nicht zu überzeugen. Insbesondere verschafft die Möglichkeit, das *Arrestgesuch* ohne prozessuale Konsequenzen *verfrüht einreichen* zu können, *kein Plus an Rechtsschutz*. Der unbegründete Antrag hat nämlich keinen Suspensiveffekt und wahrt keine prozessuale oder materielle Frist, sondern wird vom Gericht als unbegründet zurückgewiesen.[1223] „Rasche Abhilfe“[1224] erwirkt der Antragsteller stets erst dann, wenn alle arrestbegründenden Tatsachen glaubhaft gemacht werden können, gleichviel, ob das zunächst zurückgewiesene Rechtsschutzgesuch wiederholt oder mit der Einreichung des Arrestgesuchs zunächst abgewartet wird. Die „Freischussmöglichkeit“, welche man infolge der Einschränkung der materiellen Rechtskraft schüfe, enthöbe den Beteiligten letztlich nur des Risikos, welches in einer selbständigen Einschätzung der Erfolgsaussichten des Antrags läge. Dass dieses Risiko aber der Gläubiger zu tragen hat, macht im umgekehrten Fall die Regelung des § 945 ZPO deutlich.

Die Systemwidrigkeit einer eingeschränkten Rechtskraft zeigt sich auch an anderer Stelle. Hebt das Gericht seinen Arrestbefehl wegen der Nichtbeachtung der Klageerhebungsfrist gemäß § 926 Abs. 2 ZPO auf, darf der Gläubi-

---

vor, soweit sich die für die Entscheidung maßgeblichen Verhältnisse tatsächlich geändert haben.

1221 *Stein/Jonas/Grunsky*, vor § 916, Rn. 14, im Anschluss an *Baur*, S. 88.

1222 Vgl. unter E IV 2 a α.

1223 Soweit man freilich von der Existenz einer *offenen einstweiligen Verfügung* ausgeht (vgl. *Leipold*, S. 83 ff.), sollte nicht abgewartet werden, bis sich ausreichende Mittel der Glaubhaftmachung des Verfügungsanspruchs finden, denn in diesem Fall basiert die Anordnung allein auf einer Abwägung der einander gegenüberstehenden Interessen und nicht auf einer Vorwegbeurteilung der Hauptsache; dazu zu Recht kritisch *Stein/Jonas/Grunsky*, § 935, Rn. 7.

1224 *Baur*, S. 89, demzufolge Arrest und einstweilige Verfügung „auf rasche Abhilfe“ gerichtet seien; dem Antragsteller sei deshalb hinsichtlich der Glaubhaftmachung des Anspruchs und der Gefährdung nicht die Vorbereitung erlaubt, die der ordentliche Prozess ermögliche.

ger nach allgemeiner Ansicht[1225] das Arrestgesuch erst beim Eintritt neuer Tatsachen wiederholen.[1226] Dieses Ergebnis vermag man jedoch unter Annahme einer eingeschränkten Rechtskraft der im Arrestverfahren ergehenden Entscheidungen nicht zu begründen. Der Gläubiger könnte sein Arrestgesuch vielmehr bereits dann wiederholen, wenn er neue Mittel der Glaubhaftmachung geltend machte, die er im Arrest- bzw. Aufhebungsverfahren nicht vorbringen konnte. Auch das Institut des Rechtsschutzbedürfnisses hülfe hier nicht weiter, da dem Antragsteller das Bedürfnis, sein Rechtsschutzziel weiterzuverfolgen und zu diesem Zwecke sein Arrestgesuch zu wiederholen, gewiss nicht abgesprochen werden kann. Nach der vorliegend vertretenen Ansicht bildet der Ausschluss existenter Tatsachen dagegen eine schlüssige Folge der Rechtskraftpräklusion, welche die Arrestanordnung bzw. das Aufhebungsurteil zeitigt.[1227] Abschließend sei noch darauf hingewiesen, dass nach der herrschenden Meinung ein unterliegender Verfügungsbeklagter bereits dann die Feststellung des „kontradiktorischen Gegenteils" mit Hilfe eines ei-

---

1225 Statt vieler *Stein/Jonas/Grunsky*, § 926, Rn. 19; MünchKommZPO-*Heinze*, § 926, Rn. 30.

1226 Ließe man ein erneutes Arrestgesuch bei unverändertem Sachverhalt zu, wäre die Aufhebung des Arrestbefehls obsolet, da der Arrestgläubiger aus Gründen der Prozessökonomie schon während des Aufhebungsverfahrens das Arrestgesuch erneut einreichen könnte, *Stein/Jonas/Grunsky*, a.a.O..

1227 Der Umfang der materiellen Rechtskraft des Aufhebungsurteils im Sinne des § 926 Abs. 2 ZPO und des aufhebenden Endurteils gemäß § 925 Abs. 2 ZPO unterscheidet sich nicht. Nach dem Willen des Gesetzgebers (*Hahn*, S. 475) sollte durch § 926 ZPO dem Schuldner auf einfachem Wege ermöglicht werden, entweder die Klärung der Streitfrage im Hauptsacheprozess oder die Aufhebung der Eilmaßnahme zu erwirken. Dieser Normvorstellung widerspräche es jedoch, bliebe die Wirkung eines Aufhebungsurteils nach § 926 Abs. 2 ZPO hinter der eines aufhebenden Urteil gemäß § 925 Abs. 2 (bzw. § 927 Abs. 2 ZPO) zurück, welches den Zeitpunkt der Rechtskraftpräklusion zweifellos nach hinten verschöbe (*Mädrich*, S. 153). Aus diesem Grunde ist *nach Versäumung der Klageerhebungsfrist* die sachliche *Ungerechtfertigtheit* der Arrestanordnung unwiderleglich *zu vermuten*. Diese Überlegung wird auch durch die Regelung der Schadensersatzpflicht in § 945 ZPO bestätigt; insoweit sollte es eben „keinen Unterschied machen, ob sich die Anordnung der Maßregel von Anfang an als ungerechtfertigt erweist oder ob deren Aufhebung wegen einer Unterlassung einer Prozesshandlung [...] erfolgt" (*Hahn/Mugdan*, S. 173). Auch der Umstand, dass die Nichtbefolgung der in § 926 Abs. 2 ZPO bezeichneten Anordnung in der Verhandlung über den Widerspruch geltend gemacht werden kann (RGZ 62, 62, 65), verdeutlicht letztlich die Parallelität der Urteilswirkungen. Nach der Aufhebung eines Arrests steht somit einem erneuten Arrestgesuch in jedem Fall die materielle Rechtskraft des Aufhebungsurteils entgegen, soweit keine Tatsachen vorgebracht werden, die nach der mündlichen Verhandlung über den Aufhebungsantrag bzw. den Widerspruch entstanden sind. Vor Rechtskraft der Arrestanordnung bzw. des Aufhebungsurteils wäre im Übrigen der Einwand der Rechtshängigkeit zu beachten, vgl. MünchKommZPO-*Heinze*, vor § 916, Rn. 33 f..

genen Rechtsschutzgesuchs zu erreichen versuchen kann,[1228] wenn er ein Mittel der Glaubhaftmachung vorbrächte, das er im ersten Verfügungs- bzw. Rechtsbehelfsverfahren nicht vorbringen konnte. In diesem Falle bliebe es aber wiederum dem vormaligen Arrestkläger unbenommen, mittels „neuer" Mittel der Glaubhaftmachung die ursprünglich begehrte einstweilige Verfügung zu erwirken. Dem von *Loritz*[1229] befürchteten „sinnlosen Prozessieren ohne Ende" würde durch die herrschende Meinung kaum Einhalt geboten.

Im Ergebnis ist deshalb die These von der eingeschränkten Rechtskraft abzulehnen und ein neuer Streitgegenstand erst dann anzunehmen, wenn sich die tatsächlichen Verhältnisse geändert haben.[1230]

a) Die materielle Rechtskraft der den Arrest anordnenden Beschlüsse

Die Frage der materiellen Rechtskraft ist auch bei stattgebenden Beschlüssen keineswegs nur theoretischer Natur[1231]. Ein außerprozessualer Wirkungsraum eröffnet sich etwa, wenn der vormalige Antragsgegner eine erlassene einstweilige Verfügung dadurch außer Kraft zu setzen versucht, dass er den Erlass einer auf das kontradiktorische Gegenteil gerichteten einstweiligen Verfügung beantragt.[1232] In solchen Fällen ist der Frage nach der materiellen Rechtskraft der stattgebenden Beschlüsse im Arrest- und einstweiligen Verfügungsverfahren nachzugehen.

Voraussetzung ist auch hier die formelle Rechtskraft und die Innenbindung der Entscheidung. Nach Meinung *Werners*[1233] und *Fraga Novelles*[1234] erwachse der den Arrest anordnende Beschluss nicht in formelle Rechtskraft, da er mit dem Widerspruch unbefristet anfechtbar sei. Erst das Endurteil, das nach dem Widerspruch aufgrund mündlicher Verhandlung erginge, werde formell rechtskräftig, sei es aufgrund des Auslaufs der Rechtsmittelfristen (§§ 517, 520 ZPO) oder sei es aufgrund seiner Unanfechtbarkeit (§ 542 Abs. 2 ZPO). Erst- oder letztinstanzliche dem Arrestgesuch stattgebende Entscheidungen, die der formellen Rechtskraft fähig seien, ergingen nur als Urteil.[1235] Dieser

---

1228 Zum Wirkbereich der materiellen Rechtskraft im einstweiligen Verfügungsverfahren vgl. *Baur*, S. 94 f..

1229 ZZP 106 (1993), S. 3 ff., 11.

1230 Ebenso *Lent*, NJW 1951, S. 721 f.. Entgegen *Werners* Meinungsüberblick (S. 136) vertritt *K.Blomeyer* (ZZP 65 (1952), S. 52 ff., 62) keine Einschränkung der materiellen Rechtskraft. Auch mit neuem Glaubhaftmachungsmaterial sei es dem Antragsteller nach Ansicht *K.Blomeyers* aufgrund der materiellen Rechtskraft versagt, denselben formell rechtskräftig zurückgewiesenen Arrestantrag erneut zu stellen

1231 So aber *Werner*, S. 140.

1232 Zu weiteren Beispielen materieller Rechtskraft einstweiliger Verfügungen vgl. *Baur*, S. 94 ff..

1233 S. 127 f. und 140, im Anschluss an *Schmidt*, S. 135.

1234 S. 34 f. und 85.

1235 *Werner*, S. 128.

Auffassung kann jedoch nur insofern zugestimmt werden, als das Endurteil den Arrestbefehl gemäß § 925 Abs. 2 ZPO aufhebt oder abändert. In diesem Umfang entfällt mit Verkündung des Urteils die Wirkung des Arrestbefehls.[1236] Soweit jedoch der stattgebende Beschluss durch das Endurteil bestätigt wird und auch eine dagegen eingelegte Berufung erfolglos bleibt, wirkt die ursprüngliche Entscheidung fort. So behält insbesondere das beim Arrestvollzug entstandene Arrestpfandrecht (§ 930 Abs. 1 ZPO) seinen Rang. Zudem ist auch nach Verkündung des Bestätigungsurteils aus dem ursprünglichen Arrestbefehl zu vollstrecken.[1237] Dass das Bestätigungsurteil den ursprünglichen Beschluss nicht nur hinsichtlich seines formalen Bestandes, sondern auch in seiner Geltung unberührt lässt, zeigt ferner auch die Regelung des § 927 ZPO. Danach ist selbst nach dem Erlass eines bestätigenden Urteils der ursprüngliche Arrest und nicht (ausschließlich) das Bestätigungsurteil aufzuheben. Auch ein Vergleich mit dem Urteil, durch welches ein Einspruch gegen ein Versäumnisurteil zurückgewiesen wird, spricht für die Fortwirkung des Arrestbefehls: Hält sonach das Gericht einen Einspruch, der wie der Widerspruch letztlich nur die prozessuale Erklärung enthält, aufgrund derer das Verfahren in die bisher unterbliebene mündliche Verhandlung überführt wird,[1238] zwar für zulässig, aber unbegründet, hat es die im Versäumnisurteil enthaltene Entscheidung ausdrücklich aufrechtzuerhalten (§ 343 S. 1 ZPO) bzw. bei einer eventuellen Neufassung des Tenors darauf hinzuweisen, dass das ursprüngliche Versäumnisurteil fortbesteht.[1239] Wird demnach gegen einen stattgebenden Beschluss im Arrestverfahren Widerspruch eingelegt und ergeht daraufhin ein bestätigendes Urteil gemäß § 925 Abs. 2 ZPO, beruht der Arrestbefehl auch weiterhin auf den aufrechterhaltenen, anordnenden Beschluss des Arrestgerichts. Diesen bestätigten Beschluss kann der Schuldner nicht mehr mit dem unbefristeten Widerspruch angreifen.[1240] Sobald das Bestätigungsurteil deshalb in formelle Rechtskraft erwächst, wird auch der *stattgebende Beschluss formell rechtskräftig*. Darüber hinaus werden stattgebenden Beschlüsse im Arrest- und einstweiligen Verfügungsverfahren auch dann formell rechtskräftig, wenn der Antragsgegner wirksam auf seinen Widerspruch verzichtet.[1241] Da, wie unter E IV 2 a darge-

---

1236 *Stein/Jonas/Grunsky*, § 925, Rn. 19; MünchKommZPO-*Heinze*, § 925, Rn. 10.

1237 *Stein/Jonas/Grunsky*, § 925, Rn. 21;

1238 Vgl. *Mädrich*, S. 17.

1239 MünchKommZPO-*Prütting*, § 343, Rn. 12.

1240 Wird der Widerspruch dagegen als unzulässig verworfen (*Schuschke/Walker*, § 925, Rn. 8), kehrt keine formelle Rechtskraft des stattgebenden Beschlusses ein, da der Schuldner den *unbefristeten* Rechtsbehelf bei Meidung der Unzulässigkeitsgründe wiederholen kann.

1241 Zur Verzichtbarkeit des Widerspruchs vgl. *Stein/Jonas/Grunsky*, § 924, Rn. 12; vor allem in Wettbewerbstreitigkeiten ist das sogenannte *Abschlussschreiben* als Verzicht

stellt wurde, diese Entscheidungen grundsätzlich auch das erlassende Gericht binden, ist festzustellen, dass stattgebende Beschlüsse im Arrest- und einstweiligen Verfügungsverfahren jedenfalls dann materiell rechtskräftig werden, wenn ihre Rechtmäßigkeit durch ein formell rechtskräftiges Endurteil festgestellt wurde (§ 925 Abs. 2 ZPO) bzw. der Schuldner auf den Widerspruch im Sinne des § 924 ZPO verzichtet hat.

b) Die materielle Rechtskraft der ablehnenden Beschlüsse

Wurde bislang die materielle Rechtskraft zurückweisender Beschlüsse im Arrest- und einstweiligen Verfügungsverfahren zumeist unter Hinweis auf die unbefristete Anfechtungsmöglichkeit (§ 567 ZPO a.F.) abgelehnt,[1242] ist nach dem Inkrafttreten des ZPO-Reformgesetzes von der außerprozessualen Bindungswirkung dieser Entscheidungen auszugehen. Die Zurückweisung eines Arrestgesuchs unterliegt nunmehr der Anfechtung durch die sofortige Beschwerde (§ 567 Abs. 1 Nr. 2 ZPO). Die Zurückweisung wird damit formell rechtskräftig, sobald die zweiwöchige Beschwerdefrist (§ 569 Abs. 1 S. 1 ZPO) abgelaufen ist oder die eingelegte Beschwerde als unbegründet zurückgewiesen oder als unzulässig verworfen wird.[1243] Da der ablehnende Beschluss weiters gemäß § 572 Abs. 1 ZPO innerprozessuale Bindungswirkung zeitigt, steht einem erneuten Antrag die materielle Rechtskraft der Zurückweisung entgegen, soweit nicht entscheidungserhebliche Neutatsachen vorgebracht werden, welche erst nach der Entscheidung über das Gesuch bzw. die sofortige Beschwerde entstanden sind. Die These der eingeschränkten Rechtskraft ist abzulehnen.[1244]

c) Die materielle Rechtskraft der Anordnung der Klageerhebung

Ordnet das Arrestgericht antragsgemäß durch Beschluss an, dass der Antragsteller binnen einer bestimmten Frist Klage zu erheben hat, so ist diese Entscheidung unanfechtbar und wird mit Erlass formell rechtskräftig. Innerprozessual bindend wirkt jedoch weder die Klageanordnung noch die Fristbestimmung.[1245] Die Anordnung der Klageerhebung samt Fristsetzung wird damit auch nicht materiell rechtskräftig. Die Rechtmäßigkeit des Beschlusses darf im Aufhebungsverfahren gemäß § 926 Abs. 2 ZPO deshalb incidenter geprüft werden.[1246]

---

auf den Widerspruch gegen die einstweilige Verfügung anzusehen, vgl. *Stein/Jonas/Grunsky*, a.a.O..

1242 *Schmidt*, S. 136, 149a; *Werner*, S. 139 f.; *Fraga Novelle*, S. 85.

1243 Dies gilt allerdings nur, wenn zum Zeitpunkt des Erlasses der Beschwerdeentscheidung die Beschwerdefrist schon abgelaufen ist, vgl. MünchKommZPO-*Krüger*, § 705, Rn. 10.

1244 Vgl. Ausführungen vor E IV 3 a.

1245 Vgl. Ausführungen unter E IV 2 c.

1246 OLG Karlsruhe, NJW-RR 1988, S. 251 f..

Weist dagegen das Arrestgericht den Antrag, dem Gläubiger eine Frist zur Klageerhebung zu setzen, ab, so ist der Schuldner auf die Einlegung der sofortigen Beschwerde zu verweisen, um entweder eine Abänderung des Beschlusses durch den iudex a quo (§ 572 Abs. 1 ZPO) oder eine abweichende Beschwerdeentscheidung zu erwirken. Erwächst die innerprozessual bindende Ablehnung nämlich in formelle und zugleich materielle Rechtskraft, kann der Schuldner eine Anordnung der Klageerhebung (§ 926 Abs. 1 ZPO) nur nach einer Veränderung der Tatsachengrundlage erreichen. Ordnet das Arrestgericht die Klageerhebung grundsätzlich an, setzt es aber eine längere Frist als vom Schuldner beantragt, unterliegt der Beschluss zwar der sofortigen Beschwerde, zeitigt aber trotzdem keine Innenbindung und damit auch keine materielle Rechtskraft.

d) Die materielle Rechtskraft der Beschlüsse zur Aufhebung der Arrestvollziehung

Die Aufhebung des Arrestvollzugs gemäß § 934 Abs. 1 und 2 ZPO ist gemäß § 934 Abs. 4 ZPO mit der sofortigen Beschwerde anzugreifen. Ein aufhebender Beschluss ist deshalb sowohl der formellen Rechtskraft als auch der Innenbindung fähig. Ein praktischer Wirkungsraum für die materielle Rechtskraft ist gleichwohl nicht ersichtlich.[1247]

Hingegen wird die materielle Rechtskraft einer *Ablehnung* eines Antrags nach § 934 Abs. 1 ZPO dann virulent, wenn der Schuldner seinen abgelehnten Aufhebungsantrag erneut stellt.

Weist das Gericht eine Anregung des Schuldners, nach § 934 Abs. 2 ZPO vorzugehen, zurück, zeitigt dieser Beschluss indes keine innerprozessuale Bindungswirkung. In der Folge ist auch die Rechtskraftfähigkeit der Entscheidung abzulehnen. Da über die Aufhe-bung des Arrestvollzugs gemäß § 934 Abs. 2 ZPO von Amts wegen entschieden wird, ergäbe sich zudem kein Wirkungsraum für die materielle Rechtskraft.

## V. Ergebnis

Die am 1. Januar 2002 in Kraft getretene Zivilprozessreform scheint im Bereich der Nebenentscheidungen einen Zielkonflikt zu generieren. Denn einerseits soll dem Gericht durch die generelle Abhilfebefugnis des Ausgangsgerichts eine prozessökonomische Möglichkeit der Selbstkorrektur eröffnet werden, andererseits aber dient die durchgängige Befristung der Beschwerde der zeitnahen Erzielung rechtssicherer, weil endgültiger Verfahrensergebnisse.[1248] Wird jedoch § 572 Abs. 1 S. 1 ZPO entsprechend seinem Wortlaut auf das beschwerdeinterne Abhilfeverfahren beschränkt und im Übrigen als abschließende Vorschrift der Abänderbarkeit beschwerdefähiger Be-

---

[1247] Vgl. *Werner*, S. 142.

[1248] BT-Drucks. 14/4722, S. 68 f., 111 f., 114 f..

schlüsse begriffen, lässt sich das Gesetzesanliegen der Neukonzeption des Beschwerderechts ohne Friktionen umsetzen. Ihrer Art nach der sofortigen Beschwerde unterliegende Beschlüsse sind demnach sowohl bindend als auch der formellen und materiellen Rechtskraft fähig. Dieser Ansatz erweist sich zugleich als praxistaugliche Möglichkeit, das Verfahren der Nebenentscheidungen zu beschleunigen und zu straffen, ohne dabei die Rechtsschutzmöglichkeiten der Beteiligten unzumutbar zu beschneiden. Einschränkungen ergeben sich lediglich im Prozesskostenhilfeverfahren, wo der Gesetzgeber – trotz dahingehender Bedenken des Bundesrates – partiell auf der Unanfechtbarkeit ablehnender Beschlüsse beharrte. Insoweit lehrt die ratio decidendi des Plenarbeschlusses des Bundesverfassungsgerichts zur fachgerichtlichen Abhilfe von Gehörsverletzungen,[1249] dass die Endgültigkeit dieser Entscheidungen den Justizgewährungsanspruch und den gleichen Zugang der Parteien zum Rechtsschutzverfahren nur dann wahrt, wenn dem Antragsteller die Erwirkung einer einmaligen gerichtlichen Kontrolle ermöglicht wird.

## F. Die Überwindung inner- bzw. außerprozessualer Bindung bei Verfahrensgrundrechtsverletzungen

Das ZPO-Reformgesetz vom 17. Juli 2002 führt im Bereich der Nebenentscheidungen zweifellos zu einer begrüßenswerten Erhöhung der Bindungswirkung zivilprozessualer Beschlüsse und damit zu einer Stärkung der Rechtssicherheit in diesen Verfahren. Gleichermaßen unbestreitbar dürfte jedoch sein, dass dieses Plus an Rechtsgewissheit auf Kosten der Einzelfallgerechtigkeit erreicht wird. Als Folge dessen wird der Ausweichdruck auf außerordentliche Rechtsbehelfe zunehmen, um im Einzelfall doch noch zum angestrebten Beschluss zu gelangen. Virulent wird diese Kompensationsfunktion ungeschriebener Rechtsbehelfe respektive die damit verbundene *Durchbrechung von Rechtskraft und Innenbindung* insbesondere in den Fällen ersichtlich fehlerhafter Entscheidungen oder (vermeintlicher) Verfahrensgrundrechtsverletzungen. Die schwindende Entscheidungsakzeptanz auf Seiten der unterliegenden Partei wird zudem vom rechtspolitischen Bedürfnis lanciert, das Bundesverfassungsgericht von der Aufgabe eines „Pannenhelfers“[1250] für die Fachgerichte freizuhalten. Zur Verfügung stehen dabei die außerordentliche Beschwerde gegen unanfechtbare Beschlüsse und die Gegenvorstellung gegen bindende Entscheidungen.

Im Folgenden soll zunächst der Hauptanwendungsbereich und die unterschiedlichen Ansätze zur dogmatischen Legitimierung dieser Rechtsbehelfe grob skizziert werden,[1251] um im Anschluss daran deren (vorläufige) End-

---

1249 BVerfG, NJW 2003, S. 1924 ff..

1250 *Schumann*, NJW 1985, S. 1134 ff., 1135, 1139 f.; ders., 50 Jahre BGH (2000), S. 3 ff., 31.

1251 Eine ausführliche Darstellung bietet *Kley*, S. 15 ff., 39 ff..

punkte, die durch das ZPO- Reformgesetz und den Plenarbeschluss des Bundesverfassungsgerichts[1252] zur fachgerichtlichen Abhilfe von Verfahrensgrundrechtsverletzungen gesetzt werden, darzustellen.

## I. Die außerordentliche Beschwerde

### 1. Anwendungsbereich

#### a) Die außerordentliche Beschwerde gegen greifbar gesetzeswidrige Entscheidungen

Das „Außerordentliche" an der außerordentlichen Beschwerde ist, dass sie das Gesetz nicht vorsieht und sie sich gerade gegen de lege lata unanfechtbare Beschlüsse richtet.[1253] Der Bundesgerichtshof umgrenzt deren Anwendungsbereich mit der „Gesetzesfremdheits- oder der Evidenzformel"[1254]. Diese lautet: „Die Anfechtung wegen greifbarer Gesetzeswidrigkeit ist auf wirkliche Ausnahmefälle krassen Unrechts beschränkt. Diese Voraussetzung ist dann gegeben, wenn die Entscheidung mit der geltenden Rechtsordnung unvereinbar ist, weil sie jeder rechtlichen Grundlage entbehrt und *dem Gesetz inhaltlich fremd* ist"[1255]. „Eine Entscheidung ist greifbar gesetzeswidrig, wenn die angefochtene Entscheidung auf einer Gesetzesauslegung beruht, die *offensichtlich dem Wortlaut und dem Zweck des Gesetzes widerspricht* und die eine Gesetzesanwendung zur Folge hat, die durch das Gericht ersichtlich ausgeschlossen werden sollte."[1256] Eine trennscharfe Definition der greifbaren Gesetzeswidrigkeit und damit ein verlässliches Kriterium für die Statthaftigkeit der außerordentlichen Beschwerde liegt darin nicht.[1257] So entbehrt genau genommen jede rechtswidrige Entscheidung einer gesetzlichen Grundlage und ist als solche dem Gesetz fremd.[1258] Handhabbar erschiene das Kriterium der „Gesetzesfremdheit" allenfalls, wenn damit eine reine Tenorkontrolle gemeint wäre, was einzelne Entscheidungen des Bundesgerichtshofs durchaus nahe legen.[1259] Beschränkte sich der Anwendungsbereich darauf, wäre die außerordentliche Anfechtbarkeit freilich obsolet, führt die Gesetzesfremdheit der Entscheidungsformel doch nach der herrschenden Lehre[1260] ohnehin zur

---

[1252] BVerfG, NJW 2003, S. 1924 ff..

[1253] BGH, NJW-RR 2000, 209.

[1254] *Schwarze*, ZZP 115 (2002) S. 25 ff., 34.

[1255] BGH, NJW 1990, S. 1794 ff., 1795 [textliche Hervorhebung stammt vom Autor]; vgl. auch *Schwarze*, ZZP 115 (2002) S. 25 ff., 34, mit weiteren Nachweisen.

[1256] BGHZ 119, 372, 376 [textliche Hervorhebung stammt vom Autor]; vgl. auch *Schwarze*, ZZP 115 (2002) S. 25 ff., 34, mit weiteren Nachweisen.

[1257] *Gottwald*, Gutachten zum 61. DJT, A 95.

[1258] *Schneider*, EzA, § 127 ZPO, Nr. 9, S. 48 ff., 52; ders. MDR 1997, S. 991 ff., 992.

[1259] BGH, NJW-RR 1998, S. 1445; BGH, NJW 1989, 702 f.; vgl. auch *Kley*, S. 29, mit weiteren Nachweisen.

[1260] Statt vieler *Rosenberg/Schwab/Gottwald*, § 62 IV 2 b, S. 343; *Schwarze*, ZZP 115 (2002) S. 25 ff., 38.

Unwirksamkeit der Entscheidung.[1261] Dementsprechend beruht die Stattgabe der außerordentlichen Beschwerde in den meisten Fällen auf einer Entscheidungs- bzw. Begründungskontrolle.[1262]

Ihren Ausgang[1263] und zugleich ihren Hauptanwendungsfall[1264] findet die außerordentliche Beschwerde in der Überwindung spezieller Unanfechtbarkeitsvorschriften bei Ermessensentscheidungen und dabei wiederum bei der Anfechtung von Beschlüssen betreffend die *einstweilige Einstellung der Zwangsvollstreckung* entgegen § 707 Abs. 2 S. 2 ZPO. Eine weitere Fallgruppe der außerordentlichen Beschwerde liegt in der Anfechtung unanfechtbarer *einstweiliger Anordnungen in Ehesachen* (§§ 620, 620 c S. 2 ZPO), etwa einer Anordnung nach Abweisung eines Prozesskostenhilfeantrags[1265] bzw. nach Rechtskraft des Scheidungsurteils[1266], einer einstweiligen Anordnung auf Auskunftserteilung[1267] oder auf Rückzahlung eines Kostenvorschusses[1268].[1269] Spezielle Unanfechtbarkeitsklauseln, welche Ziel außerordentlicher Beschwerden sind, finden sich auch bei gebundenen Entscheidungen. So wird insbesondere die Begrenztheit des Beschwerderechts der Staatskasse gegen *Prozesskostenhilfebeschlüsse* durch die außerordentliche Anfechtung des Bewilligungsbeschlusses zu überwinden versucht. Gemäß § 127 Abs. 2 S. 1 und Abs. 3 S. 1, 2 ZPO findet gegen die Bewilligung die sofortige Beschwerde der Staatskasse grundsätzlich nur statt, wenn weder Ratenzahlung noch Zahlungen aus dem Vermögen angeordnet wurden und soweit die Beschwerde die mangelnde Zahlungsverpflichtung rügt. Werde aber einem Beklagten vor Klagezustellung Prozesskostenhilfe gewährt oder wurde die Prozesskostenhil-

1261 *Schwarze*, ZZP 115 (2002) S. 25 ff., 39.

1262 So ließ der BGH (JZ 1993, S. 413 ff.) eine Beschwerde deshalb zu, weil das OLG die landgerichtliche Bewilligung von Prozesskostenhilfe *auf Beschwerde des Bezirksrevisors hin* aufgehoben hatte. Die Aufhebung eines Prozesskostenhilfebeschlusses nach einer Beschwerde der Staatskasse ist jedoch der geltenden Rechtsordnung nicht fremd, sondern ist in § 127 Abs. 3 ZPO bei fehlenden subjektiven Bewilligungsvoraussetzungen, die im konkreten Fall freilich nicht gerügt worden waren, vorgesehen. Vgl. auch BGH, NJW 1988, S. 49 ff., 51; OLG Koblenz, ZIP 1995, S. 1336 ff.; OLG Schleswig, NJW-RR 1996, S. 125 f..

1263 RG, *Gruchot*, Beiträge Bd. 31, S. 106, 108 f.; RGZ 25, 401, 402; 32, 393, 394; vgl. auch *Petersen/Anger*, CPO, § 707, Anm. 6, mit zahlreichen Nachweisen.

1264 So etwa BGH, NJW-RR 1997, S. 1155 f.; OLG Karlsruhe, FamRZ 1993, S. 225 f.; OLG Koblenz; NJW-RR 1990, S. 1535 f.; OLG Köln, FamRZ 1996, S. 1227 f.; OLG Schleswig, FamRZ 1990, S. 303 f..

1265 OLG Hamm, FamRZ 1982, S. 721.

1266 OLG Hamm, FamRZ 1985, S. 85.

1267 OLG Stuttgart, FamRZ 1980, S. 1138 f.; a.A. OLG Hamm, FamRZ 1983, S. 515 f..

1268 OLG Düsseldorf, AnwBl. 1980, S. 507.

1269 Vgl. weiterhin MünchKommZPO-*Krüger*, § 620 c, Rn. 10 ff.; *Kley*, S. 136.

fe erst nach Rechtskraft der Entscheidung beantragt,[1270] so beruhe die Bewilligung auf einer greifbaren Gesetzeswidrigkeit, welche ein außerordentliches Beschwerderecht der Staatskasse begründe.[1271] Auch die Unanfechtbarkeit von *Verweisungsbeschlüssen* gemäß § 281 Abs. 2 S. 3 ZPO wird zuweilen im Falle greifbarer Gesetzeswidrigkeiten oder auch der Versagung rechtlichen Gehörs der außerordentlichen Anfechtung preisgegeben.[1272] Freilich spielt die Zulassung der außerordentlichen Beschwerde hier nur eine untergeordnete Rolle, entbehrt doch nach überkommener Ansicht ein willkürlicher oder unter Verletzung des rechtlichen Gehörs ergangener Verweisungsbeschluss ohnehin der Bindungswirkung für das angewiesene Gericht.[1273] Darüber hinausgehend entschieden die Gerichte in einer Vielzahl von Einzelfällen, dass bei einer greifbar gesetzeswidrigen Entscheidung auch *generelle Unanfechtbarkeitsklauseln* der Zulassung der außerordentlichen Beschwerde nicht entgegenstünden. Beispielhaft hervorzuheben sind die außerordentliche Beschwerde gegen eine Kostenentscheidung des Berufungsgerichts trotz der ausdrücklichen Regelung in § 567 Abs. 3 ZPO a.F.[1274] und die Zulassung der außerordentlichen weiteren Beschwerde gegen eine oberlandesgerichtliche

---

1270 OLG Koblenz, FamRZ 1998, S. 1300; OLG Karlsruhe, FamRZ 1999, S. 307 f.; ebenso *Zöller/Philippi*, 23. Aufl. § 127, Rn. 42; *Baumbach/Lauterbach/Hartmann*, 61. Aufl., § 127, Rn. 25; *Musielak/Fischer*, § 127, Rn. 11; a.A. KG Berlin, FamRZ 2000, S. 838 f.; MünchKommZPO-*Wax*, § 127, Rn. 42; *Zöller/Philippi*, 24. Aufl. § 127, Rn. 42; zweifelnd *Baumbach/Lauterbach/Hartmann*, § 127, Rn. 25.

1271 Die zitierte Rechtsprechung steht freilich im Gegensatz zu einer Entscheidung des BGH (JZ 1993, S. 413 ff., 414), mit welcher die Ausweitung des Beschwerderechts der Staatskasse auf fehlerhafte Prozesskostenhilfebeschlüsse als greifbar gesetzeswidrig befunden wurde.

1272 *Schneider*, DRiZ 1983, S. 24 ff.; *Schumann* ZZP 96 (1983), S. 137 ff., 210, Fn. 277; OLG München, NJW-RR 1995, S. 957; in diesem Falle scheint auch der BGH (NJW 1988, S. 1794 f.), der ansonsten die instanzeröffnende Wirkung einer Gehörsverletzung strikt ablehnt (BGHZ 43, 12, 19, 109, 41, 44), eine Ausnahme von der Unanfechtbarkeit anzuerkennen; weitere Nachweise bei *Scherer*, ZZP 110 (1997), S. 167 ff., 169.

1273 MünchKommZPO-*Prütting*, § 281, Rn. 56, mit zahlreichen Nachweisen; enger zutreffend *Scherer*, ZZP 110 (1997), S. 167 ff., 177, der zufolge die Wirkungslosigkeit des Verweisungsbeschlusses eine dem geltenden Recht unbekannte Verweisung an das BGH oder an das OLG zur erstinstanzlichen Entscheidung voraussetze. Die Fälle der Wirkungslosigkeit einer gerichtlichen Entscheidung beschränkten sich eben auf rechtsfremde Rechtsfolgenaussprüche.

1274 BGH, ZZP 106 (1993), S. 531 ff.; insoweit handelte es sich um eine isolierte Kostenentscheidung zu Lasten eines Dritten, nämlich des vollmachtlosen Prozessvertreters. Zu überwinden galt es demnach nicht § 99 Abs. 1 ZPO, sondern § 567 Abs. 3 ZPO a.F., MünchKommZPO-*Belz*, § 99, Rn. 7.

Beschwerdeentscheidung in Ausnahme zu § 568 Abs. 2 und § 567 Abs. 4 ZPO a.F.[1275].[1276]

b) Die außerordentliche Beschwerde und die Verletzung von Verfahrensgrundrechten

Nach der ständigen Rechtsprechung des Bundesgerichtshofs beschränkte sich die außerordentliche Anfechtbarkeit aber auf greifbar gesetzeswidrige Beschlüsse und sei insbesondere nicht auf Entscheidungen auszudehnen, die unter *Verletzung des rechtlichen Gehörs* ergangen sind.[1277] Dabei habe man der Rechtsprechung des Bundesverfassungsgerichts Folge zu leisten, wonach eine Verletzung des Art. 103 Abs. 1 GG keine neuen Instanz eröffne.[1278] Für die Eröffnung im Gesetz nicht vorgesehener oder sogar ausdrücklich ausgeschlossener weiterer Instanzen reiche ein Verstoß gegen die Grundsätze über das rechtliche Gehör grundsätzlich nicht aus, da darin ein – wenn auch schwerer – Verfahrensverstoß liege, welcher der Entscheidung weder insgesamt die gesetzliche Grundlage nehme noch sie ihrem Inhalt nach gesetzeswidrig mache. Die Möglichkeit, eine nach geltendem Recht unanfechtbare Entscheidung einer erneuten Prüfung in der nächsten Instanz zu unterziehen, müsse auf Ausnahmefälle beschränkt bleiben, in denen die Entscheidung *nach Inhalt* und Grundlage mit der geltenden Rechtsordnung schlechthin unvereinbar wären.[1279] Aufgrund dessen lehnt der Bundesgerichtshof auch bei einem Verstoß gegen den Grundsatz der *Rechtsschutzgleichheit* (Art. 3 Abs. 1 GG, 20 Abs. 3 GG) die Zulassung der außerordentlichen Beschwerde ab.[1280] Desgleichen sei die instanzeröffnende Wirkung eines Verstoßes gegen das *Willkürverbot* zu verneinen.[1281] Entscheide etwa das Berufungsgericht über einen Androhungsantrag im Sinne des § 890 Abs. 2 ZPO selbst, weil der zu vollstreckende Vergleich vor ihm abgeschlossen worden sei, erscheine diese Auslegung unter keinem rechtlichen Gesichtspunkt vertretbar und lege den Schluss nahe, sie beruhe auf sachfremden Erwägungen. Die Androhung durch das Oberlandesgericht verletze damit das Verfahrensgrundrecht auf ein objektiv willkürfreies

---

[1275] BGH, JZ 1993, S. 413 ff., 414; vgl. dazu *Gottwald/Semmelmayer*, JZ 1993, S. 415 ff., 415.

[1276] Zu weiteren Nachweise vgl. *Kley*, S. 246 ff..

[1277] BGHZ 130, 97, 99; BGH, NJW 1990, S. 838 ff., 840; BGH, NJW-RR 1991, S. 831.

[1278] BGH, NJW 1990, S. 838 ff., 840, unter Verweis auf die ständige Rechtsprechung des Bundesverfassungsgerichts seit BVerfGE 1, 433, 437 f..

[1279] BGH, a.a.O..

[1280] Versage demnach ein Oberlandesgericht die beantragte Prozesskostenhilfe, weil es die Erfolgsaussichten in der Hauptsache trotz einer schwierigen, bislang ungeklärten Rechtsfrage ablehnt, läge darin zwar eine verfassungswidrige Verfahrensgrundrechtsverletzung, doch rechtfertige dies nicht die außerordentliche Beschwerde wegen einer greifbaren Gesetzeswidrigkeit, BGH, ZIP 1997, S. 1757.

[1281] BGH, NJW 2000, S. 590.

Verfahren (Art. 3 Abs. 1, 20 Abs. 3 GG). Gleichwohl betreffe dieser Verfassungsverstoß lediglich das Verfahren und führe nicht zu einer greifbar gesetzeswidrigen Entscheidung, welche eine außerordentliche Beschwerde eröffnete.[1282]

In Einzelfällen indes lässt der Bundesgerichtshof Ausnahmen von diesem Grundsatz zu. So bedeute etwa die Ausdehnung des § 567 Abs. 3 ZPO a.F. auf selbständige Entscheidungen im Zwangsvollstreckungsverfahren eine objektiv willkürliche und damit verfassungswidrige Verkürzung des Rechtsschutzes des Antragsgegners. Eine solche Verfahrensgrundrechtsverletzung sei zwar grundsätzlich vom erlassenden Gericht selbst – unter Einschränkung des § 318 ZPO – auf Gegenvorstellung zu beheben, doch müsse bei einem Beharrungsbeschluss des Gerichts im Interesse des effektiven Rechtsschutzes eine außerordentliche Beschwerde zugelassen werden.[1283] Darüber hinaus wird, wie bereits angedeutet wurde, die außerordentliche Beschwerde bei einer Entziehung des gesetzlichen Richters (Art. 101 Abs. 1 S. 2 GG) bejaht, soweit Verweisungsbeschlüsse in Streit stehen, die auf Willkür oder einer Verletzung des rechtlichen Gehörs beruhen.[1284]

Der wohl überwiegende Teil der Instanzgerichte folgt der rigiden Rechtsprechung des Bundesgerichtshofs und lässt eine außerordentliche Beschwerde wegen einer Verletzung des rechtlichen Gehörs nicht zu, da Art. 103 Abs. 1 GG einer instanzeröffnenden Wirkung entbehre.[1285] Gleichwohl vertreten manche Obergerichte eine abweichende Meinung und befürworten eine außerordentliche Anfechtung im Falle einer Gehörsverletzung. Dabei wird zumeist davon ausgegangen, dass der Verstoß gegen Art. 103 Abs. 1 GG zur greifbaren Gesetzeswidrigkeit führe und infolge dessen der überkommene Anwendungsbereich der außerordentlichen Beschwerde eröffnet würde.[1286] Vereinzelt wird dabei auch ein qualifizierter Verstoß gegen das Verfahrensgrundrecht verlangt.[1287]

---

[1282] BGH, a.a.O..

[1283] BGH, NJW 2002, S. 754 f.; ebenso BGH, NJW 2000, S. 960 f..

[1284] BGHZ 102, 338, 341, 71, 69, 72; weitere Nachweise bei *Musielak/Foerste*, § 281, Rn. 11.

[1285] Vgl. OLG Frankfurt, EzFamR aktuell 2002, S. 300; ebenso OLG Frankfurt, EzFamR aktuell 2003, S. 80;; BayObLG, JurBüro 1991, S. 1108 f.; BayObLGZ 1995, 92, 93; entsprechend bei der Entziehung des gesetzlichen Richters OLG Frankfurt, MDR 1988, S. 63; weitere Nachweise bei *Kley*, S. 300, Fn. 22.

[1286] OLG Naumburg, FamRZ 2003, S. 109; OLG Köln, InVo 2001, 446 f..

[1287] OLG Koblenz, VersR 1997, S. 207 f., danach sei im Falle eines „offenkundigen" Verstoßes, der einer Verfassungsbeschwerde ersichtlich zum Erfolg verhülfe, behufs einer effektiven fachgerichtlichen Selbstkontrolle (unter Hinweis auf BVerfGE 42, 243, 249) und rücksichtlich der Subsidiarität der Verfassungsbeschwerde die außerordentliche Beschwerde zuzulassen.

## 2. Die verschiedenen Ansätze der dogmatischen Legitimierung der außerordentlichen Beschwerde

Eine konsistente dogmatische Begründung des außerordentlichen Rechtsmittels findet sich allenfalls in Form der *teleologischen Reduktion spezieller Unanfechtbarkeitsklauseln* gegeben.[1288] Die Zulassung der außerordentlichen Beschwerde gegen die Einstellung der Zwangsvollstreckung wird dabei nicht mit einer greifbaren Gesetzeswidrigkeit, sondern auf Grundlage einer teleologischen Reduktion des speziellen Anfechtungsausschlusses (§ 707 Abs. 2 S. 2 ZPO) begründet. Denn die Unanfechtbarkeit dieser Beschlüsse bannt lediglich die Gefahr der Präjudizierung der Hauptsache und verbietet deshalb die Nachprüfung der Ermessensentscheidung.[1289] Dieser Normzweck greift gerade nicht ein, wenn Gesetzesverstöße, wie etwa der Ermessensnicht- oder Ermessensfehlgebrauch gerügt würden, die ohne eine Überprüfung der Erfolgsaussichten in der Hauptsache feststellbar sind.[1290] Dagegen beruht die Unanfechtbarkeit einstweiliger Anordnungen gemäß § 620 c S. 2 ZPO auf der Überlegung, einer Verzögerung des Hauptsacheverfahrens durch eine Beiziehung der Akten durch das Beschwerdegericht entgegenzuwirken.[1291] Auch dieses Gesetzesanliegen geht aber ins Leere, wenn ein Hauptsacheverfahren nicht anhängig sein sollte. In diesem Falle kann die Unanfechtbarkeitsklausel in ihrer Geltung teleologisch reduziert und deshalb die außerordentliche Beschwerde zugelassen werden.[1292]

Soweit jedoch die formelle Rechtskraft eines Beschlusses mit Hilfe der allgemeingültigen Argumentationstopoi der greifbaren Gesetzeswidrigkeit und der Verfahrensgrundrechtsverletzung zur Disposition gestellt wird, steht ein schlüssiger Begründungsansatz immer noch aus.

### a) Die Grundrechtswidrigkeit einer Entscheidung bzw. die Subsidiarität der Verfassungsbeschwerde als Legitimation außerordentlicher fachgerichtlicher Entscheidungskontrolle (*Pawlowski/Schneider*)

Insbesondere *Pawlowski*[1293] weist darauf hin, dass die Antwort auf die Frage nach der außerordentlichen Anfechtbarkeit einer Entscheidung nicht im Maße ihrer Fehlerhaftigkeit zu suchen sei und es deshalb nicht darauf ankomme, ob „schwere", „leichte", „grobe" oder „verständliche" Fehler den unanfechtbaren Beschluss kennzeichneten. Selbst eine Differenzierung zwischen prozessualen

---

1288 Zu Recht weist *Pawlowski* (FS für *Schneider* (1997), S. 39 ff., 57) darauf hin, dass diese Beschwerden angesichts ihrer teleologischen Untermauerung zu Unrecht als außerordentlich bezeichnet würden.

1289 *Hahn*, S. 427.

1290 MünchKommZPO-*Krüger*, § 707, Rn. 24; *Kley*, S. 118.

1291 BT-Drucks. 7/650, S. 200.

1292 *Schwarze*, ZZP 115 (2002), S. 25 ff., 31.

1293 FS für *Schneider* (1997), S. 39 ff..

und materiellen Mängeln deute in die falsche Richtung. Die Rechtskraftwirkung einer Entscheidung verbiete es gerade, die Geltung des Urteils aufgrund etwaiger Mängel des vorausgehenden Verfahrens in Frage zu stellen, weshalb rein zivilprozessuale Überlegungen nicht ausreichten, Probleme, welche willkürliche oder gehörsverkürzende Entscheidungen stellten, zu bewältigen. Die rechtliche Begründung der Zulässigkeit der außerordentlichen Beschwerde ließe sich nur mit Blick auf ihre wesensstiftende Funktion bestimmen, die – in den Worten *Gottwalds*[1294] gesprochen – darin liege, „sonst zulässige Verfassungsbeschwerden innerhalb der Justiz aufzufangen und überflüssig zu machen“. Maßgeblich sei mithin allein der Verstoß gegen Normen des Verfassungsrechts, gleichviel, ob es sich dabei um verfassungsrechtliche Verfahrensgarantien oder materielle Grundrechte handele.[1295] Stehe sonach der Grundrechtsschutz als Aufgabe außerordentlicher Rechtsbehelfe im fachgerichtlichen Verfahren fest, ergebe sich zwanglos die *Grundrechtswidrigkeit* als notwendige, aber auch hinreichende[1296] Voraussetzung für die außerordentliche Anfechtbarkeit formell rechtskräftiger Entscheidungen.

Diesen Überlegungen schließt sich *Schneider*[1297] an. Die genannten Formeln des Bundesgerichtshofs umschrieben eine auf bloßem Rechtsgefühl beruhende Einschätzung, eine normative Wertung liege darin nicht. Dagegen ließe sich mit Hilfe des Maßstabs des Grundgesetzes eine subsumtionsfähige Prämisse aufstellen. Die entscheidenden Glieder eines zur Zulässigkeit der außerordentlichen Beschwerde führenden Polysyllogismus lauteten demnach, dass ein einfaches Gesetz, soweit es gegen Grundrechte verstieße, nicht verbindlich sei. Eine zivilprozessuale Unanfechtbarkeitsklausel sei demnach nicht verbindlich, soweit es die Beschwerde auch bei Grundrechtsverstößen ausschließe.

Diesen Ansätzen ist zweifellos zugute zu halten, dass sich die Unsicherheiten und divergierenden Entscheidungen hinsichtlich der Zulassung der außerordentlichen Beschwerde wohl vermindern ließen, stellte man dabei nicht auf die vage Definition der greifbaren Gesetzeswidrigkeit durch den Bundesgerichtshof ab, sondern auf die gefestigte Verfassungsinterpretation des Bundesverfassungsgerichts.[1298] Abweichend von der herrschenden Meinung in der fachgerichtlichen Rechtsprechung würde zudem eine Gleichbehandlung ob-

---

1294 *Rosenberg/Schwab/Gottwald*, § 147 III 3, S. 896 f..

1295 *Pawlowski*, FS für *Schneider* (1997), S. 39 ff., 61.

1296 Nicht erforderlich sei insbesondere, dass die Annahmevoraussetzungen der Verfassungsbeschwerde im Sinne des § 93 a BVerfGG vorlägen. Diese seien der beschränkten Kapazität des Bundesverfassungsgerichts geschuldet und hätten als solche keine Relevanz für den fachgerichtlichen Grundrechtsschutz, *Pawlowski*, FS für *Schneider* (1997), S. 62.

1297 MDR 1997, S. 1148 f..

1298 *Pawlowski*, FS für *Schneider* (1997), S. 39 ff., 62.

jektiv willkürlicher und auf anderen Verfahrensgrundrechtsverletzungen beruhender Entscheidungen erzielt.[1299] Indes bleibt auch diese Auffassung eine rechtliche Begründung für die Ausnahmebeschwerde schuldig. Die Grundrechtswidrigkeit mag trennscharf deren Anwendungsbereich definieren, die Überwindung der Unanfechtbarkeit erklärt sie nicht: Soweit *Pawlowski*[1300] darauf hinweist, dass man zur Rechtfertigung auf Verfassungsrecht zurückzugreifen habe und dieser Grundrechtsschutz primär Aufgabe der Justiz und nicht des Bundesverfassungsgerichts sei, wird die außerordentliche Anfechtbarkeit grundrechtswidriger Entscheidungen unmittelbar auf die *Subsidiarität der Verfassungsbeschwerde* gestützt. Dieser verfassungsprozessuale Grundsatz wurde vom Bundesverfassungsgericht, ausgehend von § 90 Abs. 2 S. 1 BVerfGG, entwickelt.[1301] Der Beschwerdeführer sei demgemäß vor Erhebung der Urteilsverfassungsbeschwerde nicht nur verpflichtet, den fachgerichtlichen Rechtsweg zu erschöpfen, sondern habe alle zur Verfügung stehenden prozessualen Möglichkeiten in Anspruch zu nehmen, damit die behauptete Grundrechtsverletzung im Verfahren vor den Fachgerichten beseitigt wird.[1302] Selbst wenn man dem Subsidiaritätsprinzip darüber hinaus eine Kompetenzverteilung entnähme, der zufolge primär die Fachgerichte verpflichtet wären, die Grundrechte zu wahren und durchzusetzen sowie einen etwa eingetretenen Grundrechtsverstoß selbst zu beseitigen,[1303] steht gleichwohl außer Frage, dass sich Art und Umfang der fachgerichtlichen Abhilfemöglichkeiten ausschließlich nach dem einfachgesetzlichen Verfahrensrecht richten.[1304] Insbesondere hat das Prinzip der Subsidiarität der Verfassungsbeschwerde *keinen Verfassungsrang*. Denn, obgleich sich die Ermächtigung hierzu in Art. 94 Abs. 2 S. 2 GG findet, ist die Subsidiarität der Verfassungsbeschwerde lediglich in einer einfachgesetzlichen Regelung verankert. Eine verfassungsrechtliche Pflicht zur fachgerichtlichen Abhilfemöglichkeit etwaiger Grundrechtsverletzungen lässt sich demnach aus dem Subsidiaritätsprinzip nicht ableiten.[1305] So bleibt festzuhalten, dass die Subsidiarität der Verfassungsbeschwerde nicht zur Derogation zivilprozessualer Unanfechtbarkeitsklauseln führt und damit die außerordentliche Anfechtbarkeit grundrechtswidriger Entscheidungen nicht zu legitimieren vermag.

---

1299 *Pawlowski*, FS für *Schneider* (1997), S. 39 ff., 51; *Schneider*, MDR 1997, S. 1148 f.; *S. Pawlowski*, S. 100 ff..

1300 *Pawlowski*, FS für *Schneider* (1997), S. 39 ff., 60 f..

1301 BVerfGE 8, 222, 225, 69, 122, 125, 71, 305, 334; weitere Nachweise bei *S. Pawlowski*, S. 144.

1302 BVerfGE 49, 252, 258, 63, 77, 78, 70, 180, 185; weitere Nachweise bei *Tappeiner*, S. 149.

1303 Vgl. etwa BVerfGE 47, 182, 190, 49, 252, 258, 63, 77, 79, 73, 322, 325.

1304 So ausdrücklich BVerfGE 73, 322, 325.

1305 *Schwarze*, ZZP 115 (2002); S. 25 ff., S. 47; *Kley*, S. 329 ff.; *Lotz*, NJW 1996, S. 2130 ff., 2132; *Zuck*, JZ 1985, S. 921 ff. 925; *Tappeiner*, S. 153.

Desgleichen erscheint die von *Schneider* vorgeschlagene Deduktion respektive deren Prämisse, ein einfaches Gesetz, welches gegen die Verfassung verstoße, sei nicht verbindlich, zweifelhaft. So unterliegen die Gerichte ausnahmslos der Bindung an Recht und Gesetz gemäß Art. 20 Abs. 3 GG und damit auch der zivilprozessualen Unanfechtbarkeitsklauseln. Die Wertentscheidungen des Grundgesetzes sind dabei in den Grenzen methodisch korrekter Gesetzesauslegung und Rechtsfortbildung umzusetzen; lassen sich mit Hilfe des überkommenen Auslegungskanons Auslegungsvarianten feststellen, ist einer verfassungskonformen Gesetzesauslegung der Vorzug zu geben.[1306] Bietet sich diese Möglichkeit im Einzelfall nicht und hält ein Gericht ein Gesetz, auf dessen Gültigkeit es bei der Entscheidung ankommt, für verfassungswidrig, hat es das Verwerfungsmonopol des Bundesverfassungsgerichts zu wahren und deshalb das Verfahren auszusetzen, um eine Entscheidung dieses Gerichts einzuholen (Art. 100 Abs. 1 GG).

Vor allem aber beruht der Schluss, dass Unanfechtbarkeitsklauseln nicht verbindlich seien, soweit sie Rechtsmittel gegen Grundrechtsverstöße ausschlössen, auf der unbelegten Annahme, dass Unanfechtbarkeitsklauseln, welche keine Ausnahme für grundrechtswidrige Beschlüsse und Urteile einräumten, selbst grundrechtswidrig wären. Aus der Grundrechtswidrigkeit der unanfechtbaren Entscheidungen ergibt sich aber nicht ohne weiteres die Grundrechtswidrigkeit der Unanfechtbarkeitsklausel. Eine plausible rechtliche Begründung der Zulässigkeit der außerordentlichen Beschwerde hat damit entweder an der Auslegung der einfachgesetzlichen Unanfechtbarkeitsregelung oder der Grundrechtswidrigkeit einer vorbehaltlosen Unanfechtbarkeitsklausel anzusetzen.

b) Die außerordentliche Beschwerde als Ergebnis richterlicher Rechtsfortbildung (*Kley/Tappeiner*)

Den einfachgesetzlichen Ausschluss der Beschwerde machen vor allem *Kley* und *Tappeiner* zum Gegenstand ihrer Untersuchung. Nach Meinung beider stelle die außerordentliche Anfechtbarkeit greifbar gesetzeswidriger Beschlüsse ein schlüssiges Ergebnis richterlicher Rechtsfortbildung dar.

*Kley*[1307] folgt dabei der herrschenden Meinung und stellt zunächst heraus, dass sich die von der Rechtsprechung als greifbar gesetzwidrig bezeichneten Be-

---

[1306] Ebenso *Henschel*, FS für *Faller* (1984), S. 165 ff., 171, der betont, dass auch die verfassungsrechtliche Interpretation eine Instanzerweiterung *gegen* das Gesetz nicht zu begründen vermag; *Voßkuhle*, AöR 125 (2000), S. 177 ff., 181.

[1307] S. 397 ff.. Demgegenüber könnten nach *Kley* vom Anwendungsbereich „befugnisbezogener" Beschwerdeausschlüsse (§§ 281 Abs. 2 S. 2, 620 c S. 2 ZPO) greifbar gesetzeswidrige und damit objektiv willkürliche Beschlüsse im Wege teleologischer Reduktion ausgenommen werden. Das Gericht habe sich in diesem Falle nämlich von der Bindung an das Gesetz gelöst, eigene Wertungen an die Stelle der gesetzlichen

schlüsse bei genauerem Hinsehen als Ergebnis objektiv willkürlicher Rechtsanwendung und damit als Verstoß gegen Art. 3 Abs. 1 GG erwiesen.[1308] Aufgrund der Grundrechtswidrigkeit der Entscheidung werde der gesetzliche Anfechtungsausschluss letztlich kausal für die Zulässigkeit der Verfassungsbeschwerde (§ 90 Abs. 2 S. 1 BVerfGG).[1309] Diese Normwirkung konterkariere aber die Regelungsziele der Beschwerdebeschränkungen, welche in einer zweckmäßigen Verfahrensgestaltung, der Entlastung der Gerichte und der Förderung der Rechtssicherheit lägen.[1310] Denn die unsicheren Erfolgsaussichten der Verfassungsbeschwerde, welche auch auf der drohenden prozessualen Überholung der angegriffenen Zwischenentscheidungen beruhten, führten ebenso wie die Aufhebung einer formell rechtskräftigen Entscheidung zu einer starken Beeinträchtigung der Rechtssicherheit. Gebe das Bundesverfassungsgericht der Verfassungsbeschwerde statt, schließe sich an das zeitaufwendige verfassungsrechtliche Verfahren die erneute Befassung durch die Fachgerichte an, was das Verfahren bis zum Erlass einer endgültigen Entscheidung verkompliziere und verzögere.[1311] Da der Gesetzgeber diese Rückwirkung der Verfassungsbeschwerde auf das fachgerichtliche Verfahren übersehen habe bzw. aufgrund des vorkonstitutionellen Charakters mancher Beschwerdebeschränkungen nicht berücksichtigen konnte, bestehe eine *Lücke*, die es mit der Zulassung der außerordentlichen Beschwerde zu schließen gelte.[1312]

Die Auffassung *Kleys* stößt in zweierlei Hinsicht auf methodische Bedenken. Soweit das Gesetz die Beschwerde ausdrücklich ausschließt, besteht eine gesetzliche Regelung für die Anfechtung zivilprozessualer Beschlüsse, die nach ihrem Wortlaut auch grundrechtswidrige Entscheidungen umfasst.[1313] Eine Gesetzeslücke liegt gerade nicht vor. Ferner erschiene die praeter legem entwickelte außerordentliche Beschwerde ohnehin nicht geeignet, eine lücken-

---

Vorschrift gesetzt und damit nicht auf Grundlage der Befugnisnorm entschieden, *Kley*, S. 445.

1308 BGH, NJW-RR 1989, S. 702, 703; OLG Köln, NJW-RR 1987, S. 1087, 1088; *Rosenberg/Schwab/Gottwald*, § 147 III 3, S. 896; *Gottwald/Semmelmayer*, JZ 1993, S. 415 ff.; MünchKommZPO-*Rimmelspacher*, vor § 511, Rn. 53; *Voßkuhle*, NJW 1995, S. 1377 ff., 1380; *Pawlowski*, FS für *Schneider* (1997), S. 39 ff., 54 ff.; a.A. *Jauernig*, FS für *Schumann* (2001), S. 241 ff., 251 f..

1309 *Kley*, S. 459.

1310 *Kley*, S. 452 f..

1311 *Kley*, S. 460 ff..

1312 *Kley*, S. 464 f., 467 ff.

1313 Ließe sich – zumindest nach der Gesetzeslage vor Inkrafttreten des ZPO-Reformgesetzes – hinsichtlich des zum Grundrecht erstarkten Rechts auf Gehör (Art. 103 Abs. 1 GG) eine Lücke innerhalb der Zivilprozessordnung noch plausibel begründen, erschiene die Annahme, das Gesetz ermangele allgemein einer Regelung der Anfechtbarkeit (bzw. Abänderbarkeit) grundrechtswidriger Entscheidungen, nicht haltbar, vgl. *Schumann*, FS für *Baumgärtel* (1990), S. 491 ff., 499.

hafte gesetzliche Regelung auszufüllen. Notwendig wäre vielmehr eine für einen ähnlichen Sachverhalt im Gesetz enthaltene Vorschrift, die auf den nicht geregelten Sachverhalt entsprechend angewandt werden könnte.

Demgegenüber plädiert *Tappeiner*[1314] in Anbetracht des umgreifenden Regelungsbereichs gesetzlicher Unanfechtbarkeitsklauseln folgerichtig für eine teleologische Reduktion dieser Vorschriften, da deren Normzweck, nämlich die Beschleunigung des Verfahrens und die Entlastung der Rechtsmittelgerichte,[1315] verfehlt würde, wenn der Beschwerdeführer zur Beseitigung eines grundrechtswidrigen Beschlusses gehalten wäre, statt eines Fachgerichts erst das Bundesverfassungsgericht anzurufen.[1316] Folge die Unanfechtbarkeit eines Beschlusses dagegen bereits aus der gesetzlichen Regelung der Beschwerdestatthaftigkeit (§ 567 Abs. 1 ZPO),[1317] sei § 567 Abs. 1 Nr. 2 ZPO analog anzuwenden. Das Gesetz weise jedenfalls insoweit eine lückenhafte Regelung der Anfechtbarkeit auf. Da die avisierte Endgültigkeit des grundrechtswidrigen Beschlusses de facto unter dem Vorbehalt einer verfassungsgerichtlichen Entscheidungsaufhebung stehe, sei auch von der Planwidrigkeit der Regelungslücke auszugehen. Zudem bestehe zwischen dem Rechtsschutz gegen die Zurückweisung einer Prozessinitiative und der Beseitigung einer Grundrechtsverletzung die notwendige Vergleichbarkeit. Es könne wertungsmäßig keinen Unterschied machen, ob eine zurückweisende Entscheidung auf ein Gesuch einer Partei hin oder unter Nichtbeachtung von Grundrechtspositionen ergeht. Das Wertsystem des Grundgesetzes sei auch im Rahmen dieser Vergleichsbetrachtung von entscheidender Bedeutung.[1318]

Dem ist zu widersprechen. Entscheidender Maßstab für die Vergleichbarkeit zweier Sachverhalte sind vorrangig die Regelungszwecke, welche mit der entsprechend anzuwendenden einfachgesetzlichen Norm verfolgt werden. Wird diese regelungsimmanente Teleologie zugunsten eines gesetzesübersteigenden Maßstabes vernachlässigt, wird nicht gesetztes Recht fortgebildet, sondern Recht geschöpft. Schließlich ist auch der tragenden Erwägung, eine ansonsten zu gewärtigende, verfassungsgerichtliche Aufhebung bedeute im Vergleich zur außerordentlichen fachgerichtlichen Anfechtbarkeit einen prozessualen Umweg und bewirke einen Verlust an Rechtssicherheit, entgegen-

---

1314 S. 186 ff..

1315 *Tappeiner*, S. 190 ff..

1316 S. 198 f..

1317 *Tappeiner* (S. 203) führt hier die Anfechtung eines Wiedereinsetzungsbeschlusses durch den Prozessgegner an, dem trotz teleologischer Reduktion des § 238 Abs. 3 ZPO mangels zurückweisungsfähigen Antrags kein Beschwerderecht gemäß § 567 Abs. 1 Nr. 2 ZPO eingeräumt sei. Daneben setze auch eine außerordentliche Beschwerde gegen den Beschluss nach § 140 ZPO (BGHZ 109, 41, 43) eine Fortbildung der Beschwerdestatthaftigkeit voraus, S. 204.

1318 *Tappeiner*, S. 210.

zutreten. Wie *Schwarze*[1319] zutreffend anmerkt, ist dieses Argument in seiner Zweckbestimmung und -gewichtung zu allgemein, um eine derart einschneidende Rechtsfortbildung, wie die Durchbrechung allgemeiner Unanfechtbarkeitsklauseln, legitimieren zu können. Insbesondere müsste der Schluss von der Aufhebbarkeit im verfassungsgerichtlichen Verfahren auf die Notwendigkeit einer außerordentlichen Anfechtbarkeit letztlich auch außerhalb des Beschlussverfahrens gezogen werden. Zur Vermeidung der mit einem Verfassungsbeschwerdeverfahren verbundenen Rechtsunsicherheit und verzögerten Entscheidungsendgültigkeit gölte es auch bei einem grundrechtswidrigen Urteil dessen fachgerichtliche Unanfechtbarkeit teleologisch zu reduzieren.[1320] Im Ergebnis zeitigte deshalb die Behauptung grundrechtswidriger Spruchtätigkeit generell instanzeröffnende Wirkung. Die dadurch dräuende allgemeine Rechtsungewissheit vermag der in Einzelfällen erwartete Gewinn an Rechtssicherheit jedoch nicht aufzuwiegen.[1321] So scheitert der rechtsfortbildende Begründungsansatz ungeachtet methodischer Bedenken jedenfalls an diesen ausgreifenden Wirkungen auf das zivilprozessuale Rechtsmittelsystem.[1322]

c) Der Anspruch auf einmalige Überprüfung eines Richterakts auf Rechtsfragen gemäß Art. 19 Abs. 4 GG (*Voßkuhle*)

*Voßkuhle*[1323] betrachtet die außerordentliche Beschwerde als eine Erosionserscheinung des Rechtsmittelsystems, ähnlich der Eröffnung einer zweiten Beschwerdeinstanz bei Nichtbeachtung wesentlicher Verfahrensvorschriften (analog § 568 Abs. 2 ZPO a.F.), der erweiterten Auslegung des § 513

---

[1319] ZZP 115 (2002), S. 25, 37.

[1320] *Kley* (S. 480 ff.) versucht, die Beschränkung der außerordentlichen Anfechtbarkeit auf Beschlüsse mit der Kompliziertheit des Urteilsverfahrens zu erklären; die Zulassung der außerordentlichen Berufung bzw. außerordentlichen Revision verhelfe deshalb zu keiner schnelleren Entscheidung als sie im verfassungsgerichtlichen Verfahren zu erreichen wäre. Letztlich revidiert *Kley* hierbei jedoch tragende Argumente seiner eigenen Begründung. So zogen dessen Ausführungen zur Lückenhaftigkeit der Beschwerderegelung (S. 460, 463 f.) sowie zur Tauglichkeit der außerordentlichen Beschwerde als prozessualer Lückenfüller (S. 467 ff.) ihre Plausibilität im Wesentlichen aus der zu verzeichnenden Obsolenz der Verfassungsbeschwerde. Dieser Effekt wäre aber ohne Einschränkung auch im Urteilsverfahren zu beobachten. *Tappeiner* (S. 239) begnügt sich demgegenüber mit dem Hinweis auf den erhöhten Begründungsaufwand und der Annahme, dass sich das Problem der Anfechtung greifbar gesetzeswidriger Entscheidungen im Urteilsverfahren nicht mit gleicher Intensität stelle.

[1321] Zumal die avisierte Verfahrensverkürzung durch die Ersetzung der verfassungsgerichtlichen Kontrolle durch die außerordentliche fachgerichtliche Anfechtbarkeit nicht in allen Fällen erwartet werden kann, vgl. *Schwarze*, ZZP 115 (2002), S. 25 ff., 43 f., Fn. 84.

[1322] Ebenso *Voßkuhle*, NJW 1995, S. 1377 ff., 1380, mit weiteren Nachweisen.

[1323] NJW 1995, S. 1377 ff..

Abs. 2 ZPO a.F. im Falle der Verletzung rechtlichen Gehörs, der Willkürkontrolle durch die Fachgerichte bei greifbarer Gesetzeswidrigkeit und der Gegenvorstellung bei Verstößen gegen Art. 103 Abs. 1 GG. Mit Hilfe dieser Konstruktionen werde im fachgerichtlichen Verfahren versucht, die zivilprozessualen Rechtsmittelschranken bei Verstößen gegen Verfassungsrecht außer Kraft zu setzen.[1324] Diesen Bestrebungen werde mangels einer verfassungsrechtlichen Rechtsmitteldogmatik, welche dem Gesetzgeber und der Rechtsprechung klare Leitlinien aufzeigen könnte, kaum Einhalt geboten. Denn in Sorge vor einem Rechtsschutz ad infinitum habe das Bundesverfassungsgericht bislang stets behaupten lassen, die Verfassung gewähre keinen Anspruch auf eine zweite Instanz.[1325] Tatsächlich sei aber in der Verfassung ein Kontrollsystem angelegt, wonach jede staatliche Machtausübung der Kontrolle bedarf.[1326] In dieses verfassungsrechtliche Kontrollsystem sei auch die rechtsprechende Gewalt zu integrieren. Dabei sei dem Prinzip einer kontrollorientierten Rechtsmittelkonzeption ein gegenseitiges Aufeinander-Einwirken wesensimmanent, was bei Ausgangs- und Rechtsmittelinstanz ein paritätisches Maß an Entscheidungsmacht voraussetze.[1327] Verteilte man deshalb die richterliche Entscheidungsmacht auf jeweils eigenständige, spezifische Entscheidungsspielräume, welche einerseits tatsächliche und andererseits rechtliche Fragen umfassten, werde der jeweiligen Instanz eine nicht kontrollierbare, gleichwohl interferierende Letztentscheidungsbefugnis eingeräumt.[1328] Dies entkräfte auch den Einwand einer endlosen Kontrollspirale, was wiederum den Weg eröffne, die Rechtsprechungsakte in den Gewährleistungsbereich des Art. 19 Abs. 4 GG und damit in das verfassungsrechtliche Rechtsschutz- und Kontrollsystem aufzunehmen. Neben dem primären Rechtsschutzanspruch beinhaltet Art. 19 Abs. 4 GG demnach auch einen sekundären Kontrollanspruch, der sich auf die einmalige Überprüfung des Richteraktes in Bezug auf Rechtsfragen richte.[1329]

Zu Recht wird dieser Rechtsmittelkonzeption einer Tatsachen- und überwachenden Rechtsmittelinstanz vorgeworfen, dass sie einer überzeugenden verfassungsrechtlichen Herleitung ermangelt und zudem die fehlende Kontrolle der Rechtsmittelinstanz als Systemwidrigkeit verbleibt.[1330] Indes beruht die Kritik, dass dieser Ansatz keine tragfähige Begründung für das Rechtsinstitut der außerordentlichen Beschwerde biete,[1331] auf einem Missverständnis. *Voß-*

---

[1324] *Voßkuhle*, NJW 1995, S. 1377 ff., 1379 f..
[1325] *Voßkuhle*, NJW 1995, S. 1377 ff., 1380.
[1326] *Voßkuhle*, S. 255 ff..
[1327] *Voßkuhle*, NJW 1995, S. 1377 ff., 1383.
[1328] *Voßkuhle*, a.a.O..
[1329] *Voßkuhle*, a.a.O..
[1330] *Kley*, S. 376 f..
[1331] So aber *Tappeiner*, S. 128; zumindest unklar *Kley*, S. 378.

*kuhles* Entwurf einer verfassungsrechtlichen Rechtsmitteldogmatik war keineswegs zur Legitimation dieses Rechtsbehelfs gedacht, sondern sollte gerade der außerordentlichen Beschwerde die rechtfertigende Grundlage entziehen.[1332] Nach einer Umsetzung der kontrollorientierten Rechtsmittelkonzeption[1333] bliebe den Fachgerichten nämlich versagt, einfachgesetzliche Rechtsmittelschranken im Wege freier Rechtsfortbildung zu umgehen.[1334] Vor allem aber stellte Art und Maß der Fehlerhaftigkeit einer Entscheidung in diesem Rechtsmittelsystem gerade kein zulässiges Differenzierungskriterium für die Anfechtbarkeit einer Entscheidung dar,[1335] während die Zulassung der außerordentlichen Beschwerde stets mit der greifbaren Gesetzeswidrigkeit des Beschlusses begründet wird.

d) Das rechtliche Gehör als Konstituens von Rechtsprechung im Sinne des Art. 19 Abs. 4 GG (*S. Pawlowski*)

*S. Pawlowski*[1336] folgt zwar dem überkommenen Dogma, dass Art. 19 Abs. 4 GG Schutz durch den Richter, nicht gegen den Richter gewähre,[1337] sieht aber in der verfassungsrechtlichen Rechtsschutzgarantie gleichwohl die rechtliche Grundlage für die Zulassung außerordentlichen Rechtsschutzes bei Gehörsverletzungen. Dabei macht sie für ihre These die Grundsätze *Smids*[1338] zur Unterscheidung von Rechtsfürsorge und Prozess fruchtbar und erhebt strukturelle Unparteilichkeit des Richters zum entscheidenden Kriterium für die rechtsprechende Tätigkeit im Sinne des Art. 19 Abs. 4 GG. Zweckfreie Rechtserkenntnis werde dabei im Wesentlichen durch die Waffengleichheit der Parteien gewährleistet, welche wiederum die Anhörung im Rahmen eines Gesprächs über den Streitstoff voraussetze.[1339] Das rechtliche Gehör bilde damit ein Konstituens rechtssprechender Richtertätigkeit im Sinne des Art. 19 Abs. 4 GG. Bei Verstößen gegen Art. 103 Abs. 1 GG müsse infolgedessen

---

1332 *Voßkuhle*, NJW 1995, S. 1377 ff., 1384.

1333 Entgegen der Einschätzung *Kleys* (S. 375) wären zu diesem Zwecke nicht nur die pauschalen Ausschlüsse der Erstbeschwerde in § 567 ZPO abzuschaffen, sondern auch die Beschwerde – nach dem Beispiel der Rechtsbeschwerde (§§ 574 ff. ZPO) – in eine reine *Rechtskontrollinstanz* umzuwandeln. Die Letztentscheidungskompetenz über die Tatfrage müsste sonach der ersten Instanz überantwortet werden, *Voßkuhle*, S. 301.

1334 *Voßkuhle*, NJW 1995, S. 1377 ff., 1384.

1335 *Voßkuhle* (S. 320 f.) weist insoweit auf den Charakter des Art. 19 Abs. 4 GG als „egalitäres Recht" hin.

1336 *S. Pawlowski*, S. 104.

1337 *Maunz/Dürig*, Art. 19 Abs. 4, Erstbearbeitung, Rn. 1; BVerfGE 4, 74, 96, 11, 263, 265, 25, 352, 375, 76, 93, 98.

1338 Zum methodischen Ansatzpunkt *Smids* unter E I 3 a γ.

1339 *S. Pawlowski*, S. 113.

gegen den jeweiligen „Richterakt“ der Rechtsweg nach Art. 19 Abs. 4 GG eröffnet sein.[1340]

Der Rechtsprechungsbegriff *S. Pawlowskis* vermag nicht zu überzeugen. Im Gegensatz zu *Smid*, der den Prozesscharakter an der gesetzlichen, strukturellen Verfahrensausgestaltung festmacht und damit unabhängig vom Verfahrensablauf im jeweiligen Einzelfall a priori zwischen Rechtsfürsorge und Prozess zu unterscheiden vermag, wäre der Rechtsprechungscharakter einer Entscheidung nach der Auffassung *S. Pawlowskis* jeweils in Anschauung des konkreten Verfahrens – ex post – zu bestimmen. Plausibel ist dies nicht, lässt sich doch aus dem Gehörsverstoß nicht per se die Unparteilichkeit des Richters, welche Rechtsprechung letztlich kennzeichne, in Abrede stellen.[1341] Vor allem aber lässt *S. Pawlowski* – anders als etwa *Voßkuhle* – die Gefahr eines infiniten Rechtsschutzes, welche jedwede Subsumtion richterlicher Tätigkeit unter dem Begriff „öffentliche Gewalt“ im Sinne des Art. 19 Abs. 4 GG in sich birgt, unberücksichtigt und begnügt sich mit dem unzureichenden Hinweis, dass die Verletzung von Art. 103 Abs. 1 GG keine fehlende Instanz schaffen könne.[1342] Schließlich kommt diesem Ansatz keine über die Fälle der Gehörsverletzung hinausgehende Relevanz zu, stützt er sich doch allein auf die rechtswegeröffnende Wirkung einer Gehörsverletzung.[1343]

### 3. Ergebnis

Die Rechtsprechung zum Anwendungsbereich der außerordentlichen Beschwerde zeichnet kein einheitliches Bild und ist geprägt von einer dezisionistischen Überwindung einfachgesetzlicher Beschwerdebeschränkungen. Dabei fußt diese Judikatur keineswegs auf einergesicherten dogmatischen Grundlage, sondern bricht sich zumeist unter bloßem Hinweis auf die Verfassungswidrigkeit des Beschlusses ihre Bahn.

## II. Die Gegenvorstellung

### 1. Anwendungsbereich

Der Rechtsbehelf der Gegenvorstellung findet zwar in der Zivilprozessordnung keine Erwähnung, gleichwohl wird seine Existenz nicht mehr grundsätzlich bestritten.[1344] Der Zweck der Gegenvorstellung ist es, das Gericht anzuhalten, seine Entscheidung zu überdenken und gegebenenfalls abzuändern; somit dient der Rechtsbehelf der Selbstremedur rechtswidriger Be-

---

1340 *S. Pawlowski*, S. 114.

1341 Ebenso *Kley*, S. 371.

1342 *S. Pawlowski*, S. 30, 172.

1343 *S. Pawlowski* lässt im Dunkeln, weshalb angesichts ihres Untersuchungsergebnisses die Verletzung *jedes Grundrechts* die außerordentliche Überprüfung rechtfertige, S. 177.

1344 *Fraga Novelle*, S. 122 ff.; *Schumann*, FS für *Baumgärtel* (1990), S. 491 ff., 492, mit weiteren Nachweisen.

schlüsse durch den iudex a quo.[1345] Doch liegt darin kein bloßes Gesuch, sondern ein formloser Rechtsbehelf, der vom Gericht sachlich zu verbescheiden ist.[1346]

Im Grundsatz anerkannt ist auch, dass die Frage nach der Statthaftigkeit der Gegenvorstellung sich mit der Frage nach Abänderbarkeit der jeweiligen Entscheidung deckt.[1347] Gegen innerprozessual nicht bindende Beschlüsse kann demnach die Gegenvorstellung ohne Einschränkung zugelassen werden. Richtet sich der Rechtsbehelf derweil gegen Beschlüsse, welche Innenbindung zeitigen,[1348] ist er grundsätzlich als unstatthaft zu verwerfen. Dem Gericht fehlt dann die Befugnis, seine Beschlüsse abzuändern; und doch liegt in praxi gerade in der Überwindung dieses Abänderungsverbots die eigentliche Bedeutung der Gegenvorstellung.

Die bindungsbrechende Wirkung der Gegenvorstellung wurde dabei vom Bundesgerichtshof erstmals in einer Entscheidung zur Abänderbarkeit eines unanfechtbaren und grundsätzlich bindenden Wiedereinsetzungsbeschlusses anerkannt.[1349] Danach bedürfe die Unabänderlichkeit insoweit einer Einschränkung, als die Entscheidung unter Verletzung des rechtlichen Gehörs der Gegenseite erging. Selbst bei grundsätzlich bindenden Beschlüssen wäre die auf eine Verletzung des rechtlichen Gehörs gestützte Gegenvorstellung zuzulassen.[1350] Es folgten weitere Entscheidungen, in denen die Gegenvorstellung zum statthaften Rechtsbehelf gegen Beschlüsse ausgebaut wurde, welche un-

---

[1345] *Roth*, JZ 1996, S: 375 f., 376.

[1346] *Roth*, JZ 1996, S: 375 f., 376.; *Fraga Novelle*, S. 124 mit weiteren Nachweisen; vgl. auch Ausführungen unter C II 4 b a.E..

[1347] *Bauer*, S. 37; *Braun*, ZZP 104 (1991), S. 349 ff., 349; *Schumann*, FS für *Baumgärtel* (1990), S. 491 ff., 492; *Fraga Novelle*, S. 128.

[1348] Unter Geltung alter Rechtslage war die Bindung an wirksam erlassene Beschlüsse immer dann zu bejahen, wenn diese der Anfechtung mit der sofortigen Beschwerde unterlagen (§ 577 Abs. 3 ZPO a.F.). Nach zutreffender Ansicht bezog sich das Abänderungsverbot insbesondere auch auf letztinstanzliche Beschlüsse; vgl. dazu unter C II 4. Die Gegenmeinung spricht dem Gericht die Abänderungsbefugnis nur hinsichtlich urteilsähnlicher, weil streitentscheidender Beschlüsse ab (§ 318 ZPO analog), vgl. dazu C II 2. Dagegen beruht die Einzelmeinung *Bauers*, dass weder § 577 Abs. 3 ZPO noch § 318 ZPO analog eine Antwort auf die Innenbindung letztinstanzlicher Entscheidungen gäben, auf einem Missverständnis des Verhältnisses von Abweichungs- und Widerspruchsverbot, dazu unter C I 2 c.

[1349] BGH, JZ 1996, S. 374 f.; in diesem Sinne bereits OLG Nürnberg, NJW 1979, S. 169; OLG Frankfurt, NJW 1986, S. 1052; OLG Düsseldorf, MDR 1988, 681 f., 682; OLG Karlsruhe, MDR 1993, S. 289 f., 290; zur Abänderlichkeit des ablehnenden Beschlusses im Wiedereinsetzungsverfahren vgl. auch BGHR, § 318 ZPO, Wiedereinsetzung 1.

[1350] BGH, a.a.O..

ter *Verletzung von Verfahrensgrundrechten* ergingen.[1351] Diese Entwicklung hin zum „grundrechtsrelevanten Rechtsbehelf"[1352] ist letztlich auch als Ergebnis einer dahingehenden Rechtsprechung des Bundesverfassungsgerichts zu sehen. In verschiedenen Entscheidungen wurde unter Hinweis auf die beispielhafte Regelung des § 33 a StPO ausdrücklich betont, dass die Zulassung der Gegenvorstellung bei Gehörsverletzungen auch im Zivilverfahren von Verfassungs wegen nahe liege.[1353] In diesem Sinne stehe die fachgerichtliche Selbstkorrektur im Dienste der Entlastung des Bundesverfassungsgerichts und wäre rücksichtlich der Subsidiarität der Verfassungsbeschwerde (§ 90 Abs. 2 S. 1 BVerfGG) zum fachgerichtlichen Rechtsweg zu rechnen, sofern eine Möglichkeit zur Selbstkorrektur nicht von vornherein verschlossen sei.[1354]

2. Rechtliche Begründung

Die Gegenvorstellung bedarf, wie erwähnt, nur dann einer rechtlichen Begründung, soweit sie zugelassen wird, obgleich dem Richter die Abänderung der Entscheidung aufgrund der Innenbindung eigentlich versagt wäre. Im Übrigen wird sie durch die Abänderungsbefugnis des iudex a quo legitimiert.

Dieser Zusammenhang wird aber nicht immer beachtet: So kommt *Bauer*[1355] im Rahmen seiner Untersuchung der Gegenvorstellung zu dem Ergebnis, dass ein Abänderungsverbot hinsichtlich nicht mehr beschwerdefähiger Beschlüsse nicht bestehe. Folgte man dieser durchaus zweifelhaften These,[1356] wäre die Gegenvorstellung ungeachtet der Art und des Maßes der Fehlerhaftigkeit des Beschlusses stets statthaft. Die Frage nach einer analogen Anwendbarkeit des § 33 a StPO, der *Bauer* ausführlich nachgeht, erübrigte sich dann freilich.[1357] Unschärfen weist auch *Fraga Novelles*[1358] Untersuchung der Gegenvorstellung auf. Zutreffend prüft sie zunächst die Zulässigkeit des Rechtsbehelfs unter dem Aspekt der Überwindung der Innenbindung, um im Ergebnis die Abänderbarkeit bindender, aber grundrechtswidriger Beschlüsse zu bejahen.

---

1351 BGH, ZIP 1997, S. 1757 (Verstoß gegen Rechtsschutzgleichheit), BGH, NJW 2000, S. 590 (Verstoß gegen Grundrecht auf objektiv willkürfreies Verfahren); vgl. auch Darstellung bei *Kreft*, FS für *Graßhof* (1998), S. 185 ff., 189 ff..

1352 *Schumann*, FS für *Baumgärtel* (1990), S. 491 ff., 493.

1353 Vgl. BVerfGE 73, 322, 329; in diesem Sinne auch BVerfGE 69, 233, 242, 63, 77, 78, 55, 1, 5.

1354 So zuletzt BVerfG, NJW 2002, S. 3387, mit weiteren Nachweisen; enger BVerfG (NJW 2003, S. 575 f., 575) danach zähle die Gegenvorstellung als formloser Rechtsbehelf nur ausnahmsweise dann zum Rechtsweg i.S.d. § 90 Abs. 2 S. 1 BVerfGG, wenn mit ihr die Verletzung von *Prozessgrundrechten* durch das letzte Gericht gerügt wird.

1355 *Bauer*, S. 71.

1356 Vgl. dazu unter C I 2 c.

1357 Vgl. aber *Bauer*, S. 73 ff.; kritisch auch *Braun*, ZZP 104 (1991), S. 349 ff., 350.

1358 S. 129 ff..

Gleichwohl wird dieser Befund sodann in Frage gestellt und schließlich revidiert, soweit eine Entscheidungsabänderung die „materielle Rechtskraft“ auf eine Gegenvorstellung hin durchbräche;[1359] dies vermag vor allem auch in Anbetracht der einleitend herausgestellten, ausschließlich außerprozessualen Relevanz der materiellen Rechtskraft nicht zu überzeugen.[1360]

Demgegenüber begreift der Bundesgerichtshof die Problematik der Abänderbarkeit grundrechtswidriger Beschlüsse zutreffend als Frage der Selbstbindung des Gerichts. Eine Durchbrechung der Innenbindung sei gerechtfertigt, weil Beschlüsse, die unter Verletzung eines Verfahrensgrundrechts, insbesondere des Grundrechts auf rechtliches Gehör ergangen sind, auf eine Verfassungsbeschwerde hin aufzuheben wären und damit letztlich keine Bestandskraft entfalteten.[1361] Durch die Zulassung der Selbstkontrolle werde den Beteiligten der Umweg über das Bundesverfassungsgericht und dem Bundesverfassungsgericht die zusätzliche Belastung vermeidbarer Verfassungsbeschwerden erspart.[1362] Freilich gilt es auch im innerprozessualen Verfahrensraum zu beachten, dass prozessökonomische Erwägungen die Rechtssicherheit nicht beiseite zu schieben vermögen[1363] und allein die Erfolgsaussichten einer hypothetischen Verfassungsbeschwerde weder im Urteils- noch im Beschlussverfahren zur Begrenzung des Geltungsbereichs einfachgesetzlicher Bindungsvorschriften taugen.[1364]

Anders aber als bei der außerordentlichen Beschwerde lassen sich zur Begründung der außerordentlichen (Selbstkontrolle und) Abänderungsbefugnis des iudex a quo durchausrechtsfortbildende Ansätze befruchten, die in Ausnahmefällen eine Durchbrechung der Innenbindung legitimieren könnten. So wird insbesondere von *Schumann*[1365] und *Bauer*[1366] eine analoge Anwendung der §§ 31 a, 311 a StPO befürwortet. Indessen liegt darin weniger eine entsprechende Rechtsanwendung aufgrund einer fehlenden Regelung der Innenbindung als vielmehr die Ausfüllung einer Regelungslücke, welche das Bedürfnis nach der Durchbrechung einer gesetzlich angeordneten Bindungs-

---

1359 *Fraga Novelle*, S. 135 ff.

1360 *Fraga Novelle*, S. 44; zur Abgrenzung von Innenbindung und materieller Rechtskraft vgl. Ausführungen unter C I 2.

1361 BGH, NJW 2002, S. 2002, S. 1577; zustimmend *Roth*, JZ 1996, S. 375 f., 376; *Kreft*, FS für *Graßhof* (1998), S. 185 ff., 193 ff..

1362 BGHZ 130, 97, 100.

1363 *Roth*, JZ 1996, S. 375 f., 376.

1364 MünchKommZPO-*Braun*, § 580, Rn. 22.

1365 FS für *Baumgärtel* (1990), S. 491 ff., 498 ff..

1366 S. 73 ff..

wirkung aufreißt.[1367] Einen anderen Weg verficht *Braun*[1368], der die Gehörsverletzung als Wiederaufnahmegrund analog § 579 Abs. 1 Nr. 4 ZPO anerkennt und deshalb für eine Wiederaufnahme- bzw. Nichtigkeitsbeschwerde plädiert.

Gleichviel aber, welchem Lösungsansatz man letztlich folgt,[1369] festzuhalten bleibt, dass sich die außerordentliche Abänderbarkeit und damit die Zulässigkeit der Gegenvorstellung im Falle eines bindenden Beschlusses demnach nur bei Gehörsverletzungen, nicht bei der Verletzung anderer (Verfahrens-) Grundrechte rechtfertigen lässt.[1370]

## III. Auswirkungen des ZPO-Reformgesetzes auf die Statthaftigkeit außerordentlicher Rechtsbehelfe im Beschlussverfahren

### 1. Die Verfahrensgrundrechtsverletzung als Gegenstand des ZPO-Reformgesetzes

Mehrfach wird in der Begründung des ZPO-Reformgesetzes auf die Problematik der Verletzung von Verfahrensgrundrechten und damit dem herkömmlichen Anwendungsbereich außerordentlicher Rechtsbehelfe rekurriert.

Hervorzuheben ist dabei vor allem die Einführung eines Abhilfeverfahrens bei Verletzung des Anspruchs auf rechtliches Gehör in § 321 a ZPO, welches dem Gericht erstmals die befristete Möglichkeit eröffnen sollte, bindende Entscheidungen selbst zu korrigieren, wodurch sich der Gesetzgeber eine Entlastung des Bundesverfassungsgerichts erhoffte.[1371] Die vom Bundesgerichtshof verfochtene bindungsbrechende, befristete Gegenvorstellung bei Verfahrensgrundrechtsverletzungen[1372] wurde damit in Bezug auf unanfechtbare Urteile Gesetz.

Ferner führte man eine generelle Abhilfemöglichkeit im Beschwerdeverfahren (§ 572 Abs. 1 S. 1 ZPO) ein, um das Verfahren zu verkürzen und die Beschwerdegerichte zu entlasten; als Nebenfolge wurde ein Zurückgehen der Verfassungsbeschwerden und der außerordentlichen Beschwerden wegen

---

1367 Ebenso *Kley*, S. 66 ff.; a.A. *Bauer*, S. 151 f..

1368 MünchKommZPO, vor § 567, Rn. 8 f., § 579, Rn. 17 ff.; zustimmend *Fraga Novelle*, S. 152 ff..

1369 Berücksichtigt man, dass die Möglichkeit der außerordentlichen Abänderbarkeit bindender Beschlüsse im Interesse der Rechtssicherheit zu *befristen* ist (*Kreft*, FS für *Graßhof* (1998), S. 185 ff., 195; BGH, NJW 2001, S. 2262 f., 2263), die analoge Anwendung des strafprozessualen Nachholungsverfahrens (§ 33 a StPO) aber zu einem unbefristeten Rechtsbehelf führte (*Bauer*, S. 108), erscheint die von *Braun* vorgeschlagene befristete Nichtigkeitsbeschwerde (analog § 586 ZPO) vorzugswürdig.

1369 *Schumann*, FS für *Baumgärtel* (1990), S. 491 ff., 493.

1370 *Schumann*, FS für *Baumgärtel* (1990), S. 491 ff., 499; MünchKommZPO-*Braun*, vor § 567, Rn. 8, 579, Rn. 22.

1371 BT-Drucks. 14/4722, S. 63, 85.

1372 BGH, NJW 2002, S. 1577, mit weiteren Nachweisen.

greifbarer Gesetzeswidrigkeiten oder Verletzung des Anspruches auf rechtliches Gehör erwartet.[1373]

Schließlich ist im neugeregelten Beschwerderecht an die Stelle der weiteren Beschwerde eine zulassungsbedürftige Rechtsbeschwerde (§ 574 Abs. 1 ZPO) getreten. Die Gründe für die Zulassung bzw. Zulässigkeit der Rechtsbeschwerde (§ 574 Abs. 2, 3 S. 1 ZPO) sollten sich erklärtermaßen mit den Zulassungsvoraussetzungen der Revision gemäß § 543 Abs. 2 ZPO decken.[1374] Sonach ist auch hier zur Sicherung einer einheitlichen Rechtsprechung (§ 574 Abs. 2 Nr. 2 1. Alt. ZPO) das Rechtsmittel vor allem dann zuzulassen, wenn der Beschluss unter Verletzung eines Verfahrensgrundrechts ergangen ist.[1375]

2. Schlussfolgerung der Rechtsprechung

a) Höchstrichterliche Rechtsprechung

Der *Bundesgerichtshof* nutzte die Gelegenheit, die sich ihm mit der Reform des Zivilprozessrechts zum 1. Januar 2002 bot, um die außerordentliche Beschwerde wegen greifbarer Gesetzeswidrigkeit respektive der Verletzung eines Verfahrensgrundrechts für unstatthaft zu erklären und stattdessen auf die befristete Möglichkeit der Abhilfe durch den iudex a quo zu verweisen.[1376] Den Umschwung seiner Rechtsprechung begründet das Gericht dabei vorrangig mit der Einführung der Rechtsbeschwerde. Nur soweit diese gesetzlich oder gerichtlich zugelassen wäre (§ 574 Abs. 1 ZPO), sei im Beschlussverfahren der Zugang zum Bundesgerichtshof eröffnet. Von der Einführung der Nichtzulassungsbeschwerde habe der Gesetzgeber abgesehen. Eine Analogie zum Revisionsrecht (§ 544 ZPO) komme mangels planwidriger Regelungslücke nicht in Betracht. Der Problematik der Verletzung von Verfahrensgrundrechten habe der Gesetzgeber mit der Einführung des § 321 a ZPO und dem Revisionsgrund gemäß § 543 Abs. 2 Nr. 1 ZPO Rechnung getragen. Obgleich sich die Zulassungsgründe von Revision und Beschwerde nicht unterschieden, wurde wegen der regelmäßig geringeren Bedeutung und zur Entlastung des Bundesgerichtshofs auf eine vergleichbare Nichtzulassungsbeschwerde verzichtet. Diese Grundentscheidung sei von den Gerichten zu beachten. Verfassungsrechtliche Bedenken begegneten ihr nicht, da die Verletzung von Verfahrensgrundrechten auf eine Gegenvorstellung hin zu korrigieren sei. Die Einschränkung des § 318 ZPO sei in diesen Fällen gerechtfertigt, da diese Entscheidungen in Anbetracht der Aufhebbarkeit im verfassungsrechtlichen Verfahren letztlich keine Bestandskraft zeitigten. Dabei sei zu erwägen, die

---

[1373] BT-Drucks. 14/4722, S. 69, 114.
[1374] S. 116.
[1375] S. 104.
[1376] NJW 2002, S. 1577.

für die Selbstkorrektur von Urteilen vorgesehene Notfrist von zwei Wochen (§ 321 a ZPO) entsprechend anzuwenden.[1377]

Das *Bundesverwaltungsgericht* schloss sich der Entscheidung des Bundesgerichtshofs an und betonte, dass eine außerordentliche Beschwerde nach Inkrafttreten des ZPO-Reformgesetzes nicht mehr in Betracht komme. Der Gesetzgeber habe sich in den Fällen, die im Wesentlichen die Entwicklung der außerordentlichen Beschwerde anstießen, für eine Selbstkontrolle durch den iudex a quo entschieden, was insbesondere an § 321 a ZPO und § 572 Abs. 1 ZPO abzulesen sei.[1378] Dementsprechend liege nach Auffassung des *Bundesfinanzhofs* dem § 321 a ZPO der allgemeine Rechtsgrundsatz zugrunde, „dass die Beseitigung schweren Verfahrensunrechts oder sonstiger greifbarer Gesetzeswidrigkeit nach Ergehen einer mit förmlichen Rechtsmitteln nicht anfechtbaren Entscheidung durch das entscheidende Gerichts selbst (iudex a quo) zu erfolgen hat."[1379]

b) Obergerichtliche Rechtsprechung

Der Bundesgerichtshof erklärte diese Rechtsprechungsänderung mit der eingeschränkten, weil zulassungsabhängigen Zuständigkeit im Rechtsbeschwerdeverfahren (§ 574 Abs. 1 ZPO) und lehnte infolgedessen „ein außerordentliches Rechtsmittel *zum BGH*"[1380] ab. Gleichwohl wies er in der Folge darauf hin, dass diese Grundentscheidung *von den Gerichten* zu beachten sei.[1381]

Dieser Aufforderung kommen die Instanzgerichte nach, ohne dabei allerdings die gerichtsspezifische Perspektive, die sich der Bundesgerichtshof im Rahmen seiner Entscheidung zu eigen machte, zu übersehen.[1382] So entschied zuerst das OLG Celle, dass eine sofortige weitere Beschwerde nach Inkrafttreten des ZPO-Reformgesetzes nicht mehr in Betracht komme, da der Gesetzgeber den Oberlandesgerichten die Funktion als dritte Instanz im Beschwerdeverfahren nahm, indem er den Bundesgerichtshof zum ausschließlichen Rechtsbeschwerdegericht machte.[1383] Doch auch darüber hinaus – im Hinblick auf

---

[1377] BGH, NJW 2002, S. 1577; für den Bereich der freiwilligen Gerichtsbarkeit vgl. BGH, FamRZ 2003, S. 232. Im Übrigen sieht der BGH seine Rechtsprechungsänderung auch durch den Plenarbeschluss des BVerfG zur fachgerichtlichen Abhilfe bei einer Verletzung eines Verfahrensgrundrechts (BVerfG, NJW 2003, S. 1924 ff.) bestätigt, vgl. BGH, Beschluss vom 23. Juli 2003, Az. XII ZB 91/03.

[1378] BVerwG, NJW 2002, S. 2657.

[1379] BFH, NJW 2003, S. 919; vgl. auch BFHE 200, 42; BFH/NV 2003, S. 499 f.; BFH/NV 2003, S. 633 f.; BFHE 201, 11.

[1380] BGH; NJW 2003, S. 1577 [textliche Hervorhebung stammt vom Autor].

[1381] BGH, a.a.O..

[1382] Einen gegenteiligen Vorwurf erhebt jedoch *Schneider*, Rn. 411.

[1383] ZInsO 2002, S. 434 ff.; vgl. auch OLG Celle, ZInsO 2002, S. 491 ff.; OLG Celle, ZInsO 2002, S. 933 ff..

andere unanfechtbare Entscheidungen – sei eine Kontrolle durch eine höhere Instanz abzulehnen, da der Annahme einer planwidrigen Regelungslücke jedenfalls die Einführung des Überprüfungsverfahrens in § 321 a ZPO entgegenstehe.[1384] Die Selbstkorrektur sei zwar nur bei der Verletzung von Verfahrensgrundrechten durch unanfechtbare erstinstanzliche Urteile geregelt worden, doch wäre dem Gesetzgeber die Virulenz dieser Problematik unter dem Gesichtspunkt der außerordentlichen Beschwerde hinlänglich bekannt gewesen. Hätte er sich somit gegen eine außerordentliche Anfechtbarkeit entschieden, stünde in derartigen Fällen einzig der vom Gesetzgeber vorgezeichnete Weg der Selbstkorrektur offen.[1385] Ähnlich argumentieren unter anderen das KG Berlin[1386], das OLG Hamm[1387] und das OLG Karlsruhe[1388].[1389] Nach Auffassung des OLG Frankfurt[1390] sei nach Inkrafttreten des ZPO-Reformgesetzes gar die auf einer teleologischen Reduktion des § 707 Abs. 2 S. 1 ZPO beruhende Ausnahmebeschwerde unstatthaft. § 572 Abs. 1 ZPO ermögliche nunmehr generell die Abhilfe unstatthafter oder unzulässiger Beschwerden, so dass ein Bedürfnis für die Zulassung der außerordentlichen Beschwerde auch in diesen Verfahren nicht mehr bestehe.[1391]

### 3. Reaktionen in der Literatur auf die Rechtsprechungsänderung

In der Literatur stößt die Abkehr der Rechtsprechung überwiegend auf Zustimmung.[1392] Hervorgehoben wird dabei das evidente Legitimationsdefizit der außerordentlichen Beschwerde[1393] und die Kompensationsfähigkeit der

---

1384 OLG Celle, ZInsO 2002, S. 434 ff., 437.

1385 OLG Celle, ZInsO 2002, S. 933 ff., 934 f..

1386 MDR 2002, S. 1086.

1387 NJW-RR, 2002, S. 1224; MDR 2003, S. 296.

1388 Justiz 2003, S. 225 f..

1389 Vgl. auch BayObLG, MDR 2003, S. 410, für den Bereich der freiwilligen Gerichtsbarkeit; OLG Köln, OLGR Köln 2003, S. 94 f. und S. 228 f.; OLG Rostock, NotBZ 2003, S. 122 f.; OLG Rostock, OLGR Rostock, S. 120 ff.; LAG Frankfurt, Beschluss vom 14. August 2002, Az. 2 Ta 404/02; LAG Hamm, Beschluss vom 23. Juli 2003, Az. 14 Ta 341/03; OLG Stuttgart, OLGR Stuttgart 2003, S. 387 f.; BayVGH, NVwZ 2003, S. 72; OVG Münster, Beschluss vom 10. April 2003, Az. 19 E 387/03; a.A. OLG Naumburg, EzFamR 2003, S. 154.

1390 NJW-RR 2003, S. 140 ff..

1391 OLG Frankfurt, NJW-RR 2003, S. 140 ff., 141.

1392 MünchKommZPO/Aktualisierungsbd.-*Lipp*, § 567, Rn. 18; *ders.*, NJW 2002, S. 1700 ff., 1701; *Prütting*, EWiR 2002, S. 835 f.; *Pape*, NZI 2003, S. 12 ff.; *Gummer*, BGH-Report 2002, S. 432 ff.; *Piekenbrock*, JZ 2002, S. 540 ff., 543 f.; *Müller*, NJW 2002, S. 2743 ff., 2747; einschränkend *Braun*, LM H. 8/2002 § 574 Nr. 1; ablehnend *Vollkommer*, WuB VII A. § 774 ZPO 1.02; *Schneider*, Rn. 409 ff..

1393 So etwa *Prütting*, a.a.O.; *Braun*, a.a.O..

Rechtsschutzeinbuße durch die Möglichkeit der analogen Anwendung des § 321 a ZPO auf unanfechtbare Beschlüsse.[1394]

Dem hält insbesondere *Schneider*[1395] entgegen, dass der Ersatz der Beschwerdekontrolle durch die Selbstkontrolle auf eine Gegenvorstellung hin die Rechtsstellung der Parteien ganz erheblich verschlechtere. Denn ein Richter, der schwerste Verfahrensfehler begehe oder gar willkürlich handele, wäre kaum bereit, das auf eine Gegenvorstellung hin einzuräumen und seine Fehlentscheidung abzuändern.[1396] Weiterhin sei die Ausnahmebeschwerde wegen greifbarer Gesetzeswidrigkeit als Gewohnheitsrecht zu qualifizieren; die unzureichend begründete Rechtsprechungsänderung verstoße infolgedessen gegen die Gesetzesbindung gemäß Art. 20 Abs. 3 GG.[1397]

4. Stellungnahme

Dass sich die Rechtsprechung von ihrer Judikatur zur außerordentlichen Beschwerde löst, ist ohne Einschränkung zu begrüßen, schließlich ermangelt der Rechtsbehelf einer hinreichenden rechtlichen Begründung[1398], sorgt für Rechtsunsicherheit[1399] und stellt die formelle Rechtskraftwirkung gerichtlicher Entscheidungen grundsätzlich in Frage. Statt die Gesetzeswidrigkeit des Rechtsbehelfs derenthalben einzugestehen, wird aber zur Begründung der Rechtsprechungsänderung auf die Neuerungen des ZPO-Reformgesetzes verwiesen.

Indes lassen sich allein aus der Einführung der Rechtsbeschwerde Schlüsse auf die weitere Existenz der außerordentlichen Beschwerde ziehen: Mit der Einführung des Rechtsbeschwerdeverfahrens verfolgte der ZPO-Reformgesetzgeber nämlich eine Erhöhung der Transparenz des Zivilgerichtsverfahrens, indem er die Rechtsmittelzüge in Nebenentscheidung und Hauptsacheentscheidung gleichschaltete und Ausnahmeregelungen aus dem Gesetz strich.[1400] Dieser gesetzgeberischen Vorgabe müsste jedenfalls die Zulassung der außerordentlichen Anfechtbarkeit von Beschwerdeentscheidungen

---

1394 *Pape*, NZI 2003, S. 12 ff., 16 f..

1395 Rn. 404.

1396 So auch MünchKommZPO/Aktualisierungsbd.-*Deubner*, § 348, Rn. 67, der auf BGH, NJW 2002, S. 754, verweist, in welcher die Notwendigkeit einer Fremdkontrolle betont wird.

1397 *Schneider*, Rn. 405; Rn. 412. Sowohl *Schneider* (ZAP, Fach 13, S. 1141 f.) als auch *Vollkommer* (WuB VII A. § 774 ZPO 1.02) werfen dem BGH zudem einen Verstoß gegen die Vorlagepflicht nach § 132 Abs. 2 und 4 GVG vor.

1398 Dazu ausführlich unter E I. Die Annahme einer gewohnheitsrechtlichen Verfestigung erscheint abwegig; eingedenk der Uneinheitlichkeit der Rechtsprechung kann von einer *länger andauernden gleichmäßigen Übung* dieses Rechtsbehelfs nicht gesprochen werden, vgl. auch *Kley*, S. 387 ff..

1399 Statt vieler *Prütting*, EWiR 2002, S. 835 f.; *Lipp*, NJW 2002, S. 1700 ff., 1701.

1400 BT-Drucks. 14/4722, S. 116.

und Beschlüssen des Berufungsgerichts oder des Oberlandesgerichts (§ 574 Abs. 1 Nr. 2 ZPO) weichen. Ein insoweit vom Rechtsbeschwerdeverfahren abweichender außerordentlicher Beschwerderechtszug wäre offensichtlich gesetzeswidrig,[1401] läge doch die Bedeutung der außerordentlichen (Rechts-) Beschwerde gerade in einer Überwindung der Zulassungsbeschränkung des § 574 Abs. 1 ZPO, indem sie den Zugang zum Bundesgerichtshof auch dann eröffnete, wenn weder eine gesetzliche noch gerichtliche Zulassung der Rechtsbeschwerde vorläge.[1402] Darüber hinaus stünde der „Zulassungsgrund der greifbaren Gesetzeswidrigkeit"[1403] zu einem weiteren gesetzgeberischen Reformanliegen im Widerspruch: Die Rechtsbeschwerde wie die Revision ist nämlich zur Sicherung einer einheitlichen Rechtsprechung (§ 574 Abs. 2 Nr. 2 ZPO) dann zuzulassen, wenn „Verfahrensgrundrechte, namentlich die *Grundrechte auf Gewährung des rechtlichen Gehörs und auf ein objektiv willkürfreies Verfahren*, verletzt sind und deswegen Gegenvorstellung erhoben (BGH, JZ 2000, S. 526) und Verfassungsbeschwerde eingelegt werden könnte"[1404]. Der Gesetzgeber schuf mithin sowohl für gehörsverletzende als auch für greifbar gesetzeswidrige Entscheidungen eine Regelung und nahm sich damit all derjenigen Fälle an, die Anlass zur Entwicklung der außerordentlichen Beschwerde gegeben hatten.[1405] Anders als im Urteilsverfahren (§ 544 ZPO) aber entschied sich der Gesetzgeber bei Beschlüssen – aufgrund deren regelmäßig geringeren Bedeutung – bewusst gegen die Möglichkeit, eine Nichtzulassungsentscheidung vom iudex ad quem überprüfen zu lassen.[1406] In diesem Falle sollte eben ungeachtet des Vorliegens eines Zulassungsgrundes, etwa der Verletzung eines Verfahrensgrundrechts, der Zugang zum Rechtsbeschwerdegericht verschlossen bleiben.

Die Einführung der Rechtsbeschwerde durch das ZPO-Reformgesetz lässt deshalb keinen Raum, im Wege der Rechtsfortbildung eine zulassungsunab-

---

1401 Kritisch auch *Pape*, NZI 2003, S. 12 ff., 14; *Lipp*, NJW 2002, S. 1700 ff., 1701.

1402 Vgl. auch *Lipp*, NJW 2002, S. 1700 ff., 1701.

1403 *Lipp*, NJW 2002, S. 1700 ff., 1701.

1404 BT-Drucks. 14/4722, S. 104 [textliche Hervorhebung stammt vom Autor], S. 116. In der vom Gesetzgeber zitierten Entscheidung beschäftigte sich der BGH mit einem unter keinem denkbaren Gesichtspunkt rechtlich vertretbaren Beschluss des OLG, bei dem sich der Schluss aufdrängte, er beruhe auf sachfremden Erwägungen, und welcher deshalb gegen das Grundrecht auf ein objektiv willkürfreies Verfahren verstieß, vgl. BGH, JZ 2000, S. 526 f.. Entgegen der Ansicht *Schneiders* (Rn. 412) vollzog der BGH nicht schon in dieser Entscheidung die Kehrtwendung von der außerordentlichen Beschwerde zur Gegenvorstellung. So gab der gleiche Senat in einer späteren Entscheidung (BGH, NJW 2002, S. 754 f.) einer außerordentlichen Beschwerde statt, nachdem erfolglos Gegenvorstellung eingelegt worden war.

1405 Ähnlich *Gummer*, BGHReport 2002, S. 432 ff.; *Pape*, NZI 2003, S. 12 ff., 14; unzutreffend dagegen *Schneider*, MDR 2002, S. 1047 ff., 1049.

1406 BT-Drucks. 14/4722, S. 116.

hängige außerordentliche (Rechts-) Beschwerde zu konstruieren. Vor allem Beschwerdeentscheidungen der Land- und Oberlandesgerichte sind damit zwingend von der außerordentlichen Anfechtbarkeit auszunehmen. Jedenfalls hinsichtlich dieser Entscheidungen kann dem ZPO-Reformgesetz tatsächlich eine Aussage über die weitere Zulässigkeit der außerordentlichen Beschwerde entnommen werden.[1407]

Entgegenzutreten ist demgegenüber der Ansicht, welche dem ZPO-Reformgesetz, in concreto dem § 321 a ZPO, den allgemeinen Rechtsgedanken entnimmt, dass das entscheidende Gericht schweres Verfahrensunrecht zu beseitigen habe, wenn die Unanfechtbarkeit der inkriminierten Entscheidung die Fremdkontrolle durch ein übergeordnetes Gericht ausschließe.[1408]. Zutreffend mag daran sein, dass die neueingeführte Möglichkeit der Selbstkorrektur in § 321 a ZPO gegen die Zulassung einer außerordentlichen Beschwerde und damit die instanzeröffnende Wirkung der Gehörsverletzung bzw. einer anderen Verfahrensgrundrechtsverletzung spricht.[1409] Doch lässt sich daraus keine tragende rechtliche Begründung für den außerordentlichen Rechtsbehelf der Gegenvorstellung gewinnen. Vielmehr besteht angesichts der Entstehungsgeschichte des § 321 a ZPO kein Zweifel daran, dass eine Gehörsverletzung nur im Falle eines erstinstanzlichen unanfechtbaren Urteils zur Fortsetzung des Verfahrens und in der Folge zur Abänderung der Entscheidung führen sollte[1410]: So wies der Bundesrat in seiner Stellungnahme zum Anhörungsverfahren ausdrücklich darauf hin, dass die Beseitigung von Verfahrensgrundrechtsverletzung folgerichtig alle Verfahrensentscheidungen betreffen müsse, „bei denen die Verfahrensordnung einen ordentlichen Rechtsbehelf nicht mehr vorsieht, also auch unanfechtbare Beschlüsse gemäß § 127 Abs. 2 S. 2 Halbsatz 2 oder § 522 Abs. 2 Satz 1 ZPO-E“[1411]. Dem entgegnete die Bundesregierung, dass im Interesse der Rechtssicherheit von einer Überprüfung der Überprüfungsentscheidung und deshalb von der Einführung

---

1407 In der Folge verblieben als hypothetischer Anwendungsbereich der außerordentlichen Beschwerde lediglich die *unanfechtbaren erstinstanzlichen Beschlüsse der Amts- und Landgerichte*; dort stünde nämlich nicht eine (außerordentliche) Rechtsbeschwerde zum BGH, sondern eine (außerordentliche) sofortige Beschwerde zu den Land- oder Oberlandesgerichten im Raume (§§ 567 Abs. 1 i.V.m. 72, 119 Abs. 1 Nr. 2 GVG).

1408 Vgl. etwa BFH, NJW 2003, S. 919 f..

1409 OLG Celle, ZInsO 2002, S. 933 ff,, 934. Weiterhin zulässig ist dagegen die auf einer teleologischen Reduktion des § 707 Abs. 2 S. 2 ZPO, einer speziellen Unanfechtbarkeitsklausel, und damit einer dogmatisch plausiblen rechtlichen Begründung beruhende Anfechtbarkeit zwangsvollstreckungsrechtlicher Einstellungsbeschlüsse, a.A. OLG Frankfurt, NJW-RR 2003, S. 140 ff..

1410 So auch *Vollkommer*, ZAP-Sonderheft für *Schneider* (2002), S. 80 ff., 87; *Schneider*, Rn. 414.

1411 BT-Drucks. 14/4722, S. 148.

der Anhörungsrüge gegen die Zurückweisung der Berufung abzusehen sei.[1412] *Müller*, der einwendet, die Gegenäußerung der Bundesregierung basiere auf einem Missverständnis und bezöge sich ausschließlich auf eine erneute Kontrolle der Ausgangsentscheidung, verkennt, dass auch eine Kontrolle des Zurückweisungsbeschlusses, welche das Berufungsgericht vornähme, um eine eigene Verletzung des rechtlichen Gehörs zu korrigieren, letztlich eine „Überprüfung der Überprüfungsentscheidung" bedeutete. Auch insoweit gilt es im Interesse der Rechtssicherheit, „die Überprüfungsmöglichkeiten nicht gleichsam ins Unendliche auszudehnen"[1413]. Im Übrigen zeigt auch die Inkaufnahme der Unabänderlichkeit von Prozesskostenhilfebeschlüssen, dass sich der *Gesetzgeber bewusst dagegen* entschied, der *Verletzung eines Verfahrensgrundrechts eine generelle bindungsbrechende Wirkung* zukommen zu lassen.[1414] Diese Absicht wird freilich nicht nur durch eine Ausdehnung des Anwendungsbereichs des § 321 a ZPO im Wege der Rechtsfortbildung, sondern gleichermaßen durch den vom Bundesgerichtshof verfochtenen außerordentlichen Rechtsbehelf der Gegenvorstellung konterkariert,[1415] dessen rechtliche Herleitung sich, wie dargestellt, in dem völlig unzureichenden Hinweis auf die Erfolgsaussichten einer hypothetischen Verfassungsbeschwerde erschöpft.

Sowohl die außerordentliche Beschwerde als auch die Gegenvorstellung stellen gesetzeswidrige Weiterungen des gesetzlichen Rechtsbehelfssystems dar, soweit sie sich gegen formell rechtskräftige bzw. bindende Beschlüsse richten. Dieses Legitimationsdefizit vermag auch das zum 1. Januar 2002 in Kraft getretene ZPO-Reformgesetz nicht zu beheben. Die Neuerungen der Zivilprozessordnung geben vielmehr weiteren Anlass, die Bestandskraft eines Beschlusses auch im Falle von Verfahrensgrundrechtsverletzungen nicht länger zur Disposition außerordentlicher Rechtsbehelfe zu stellen. Etwaigen verfassungsrechtlichen Bedenken, die sich aus diesem Mangel einer fachgerichtlichen Korrektur grund-rechtswidriger Entscheidungen nähren, kann mit den Methoden der Auslegung und Fortbildung des einfachen Verfahrensrechts nicht erfolgreich begegnet werden. Insbesondere stellt auch der Maßstab der Verfassungskonformität keinen geeigneten Lösungsansatz dar, da die Verfassung dabei nicht als Erkenntnisnorm, sondern ausschließlich als Kontrollnorm fungieren kann.[1416]

---

[1412] BT-Drucks. 14/4722, S. 156.

[1413] BT-Drucks. 14/4722, a.a.O..

[1414] Die neueingeführte Abhilferegelung (§ 572 Abs. 1 ZPO) befugt das erlassende Gericht nur zur Abhilfe einer zulässigen und begründeten Beschwerde und führt nicht zur freien Abänderbarkeit zivilprozessualer Beschlüsse (vgl. Ausführungen unter C VI); insoweit abwegig BVerwG, NJW 2002 S. 2675 f.; OLG Frankfurt, NJW-RR 2003, S. 140 ff.; OLG Stuttgart, OLGR Stuttgart 2003, S. 364 f..

[1415] BGH, NJW 2002, S. 1577, mit weiteren Nachweisen.

[1416] *Voßkuhle*, AöR 125 (2000), S. 177 ff., 181.

## IV. Das rechtsstaatliche Gebot der fachgerichtlichen Abhilfe entscheidungserheblicher Verstöße gegen Verfahrensgrundrechte nach dem Plenarbeschluss des Bundesverfassungsgerichts vom 30. April 2003

Lehnt man also die außerordentlichen Rechtsbehelfe als gesetzeswidrige Hilfskonstruktionen ab, lassen sich Verfassungsverstöße allein durch die Anrufung des Bundesverfassungsgerichts im Wege der Verfassungsbeschwerde ausräumen. Doch führt ein derartiges fachgerichtliches Rechtsschutzdefizit nicht nur zu einer rechtspolitisch unerwünschten erhöhten Belastung des Bundesverfassungsgerichts, sondern verstößt gegen den allgemeinen Justizgewährungsanspruch und damit das Rechtsstaatsprinzip. Dies stellte jüngst das Bundesverfassungsgericht in einem Plenarbeschluss fest und verpflichtete gleichzeitig den Gesetzgeber, eine einfachgesetzliche Rechtsschutzmöglichkeit zur fachgerichtlichen Beseitigung von Verfahrengrundrechtsverletzungen zu schaffen.[1417]

### 1. Kernaussagen des Plenarbeschlusses

Nach Auffassung des Bundesverfassungsgerichts sei die grundgesetzliche Rechtsschutzgarantie nicht auf Rechtsschutz gegen Akte der vollziehenden Gewalt beschränkt, sondern wäre vielmehr umfassend angelegt. Dabei sichere sowohl Art. 19 Abs. 4 GG als auch der allgemeine Justizgewährungsanspruch eine gerichtliche Rechtsschutzmöglichkeit. Das Rechtsstaatsprinzip fordere zwar, dass jeder Rechtsstreit um der Rechtssicherheit und des Rechtsfriedens willen ein Ende finde; ein Instanzenzug werde deshalb von der Verfassung nicht garantiert. Doch sei als rechtsstaatliches Minimum eine *einmalige Möglichkeit zur Einholung einer gerichtlichen Entscheidung* zu gewährleisten.[1418] Soweit unabhängige Gerichte einen Vorgang auf rechtliche Fehler hin prüften und dabei keinen eigenständigen Verstoß gegen Verfahrensgarantien begingen, sei die Unanfechtbarkeit einer Entscheidung verfassungsrechtlich unbedenklich.[1419]

Dabei unterschieden sich Art. 19 Abs. 4 GG und der allgemeine Justizgewährungsanspruch in ihrem rechtsstaatlichen Kerngehalt nicht. Aus diesem Grunde unterläge die – historisch jedenfalls nicht zwingende – einengende

---

[1417] BVerfG, NJW 2003, S. 1924 ff.. Auf die fehlende Bindungswirkung des Gesetzgebungsauftrags weist *Kirchberg* hin, BRAK-Mitt. 2003, S. 177 f.; vgl. auch BVerfGE 2, 79, 87.

[1418] BVerfG, NJW 2003, S. 1924 ff., 1924. Das verbleibende Risiko falscher Rechtsanwendung könne in Kauf genommen werden, soweit durch institutionelle Vorkehrungen und entsprechende Verfahrensvorgaben, wie etwa die Unabhängigkeit der Richter (Art. 97 Abs. 1 GG) und das Verfahrensgrundrecht des rechtlichen Gehörs (Art. 103 Abs. 1 GG), Sorge dafür getragen wird, dass eine nach objektiven Kriterien bestimmte Instanz auf einer hinreichend gesicherten Tatsachengrundlage und unter Berücksichtigung des Parteivortrages willkürfrei und unvoreingenommen entscheidet.

[1419] BVerfG, NJW 2003, S. 1924 ff., 1925.

Auslegung des Begriffs der öffentlichen Gewalt in Art. 19 Abs. 4 GG keinen Bedenken, soweit im Übrigen der allgemeine Justizgewährungsanspruch hinreichenden Rechtsschutz gewährleiste.[1420] Dies sei bei der erstmaligen Verletzung von Verfahrensgrundrechten durch ein Gericht zu bejahen. Verfahrensgrundrechte sicherten in Form grundrechtsgleicher Rechte die Einhaltung rechtsstaatlichen Mindeststandards. Sie könnten nicht durch einen Träger richterlicher Gewalt verletzt werden, da sie ausschließlich an die Gerichte adressiert seien. Insoweit ermögliche der Justizgewährungsanspruch Rechtsschutz, soweit durch die gerichtliche Verfahrensdurchführung Verfahrensgrundrechte verletzt würden. Rechtsstaatlich notwendig sei auch hier die Möglichkeit einer zumindest einmaligen gerichtlichen Kontrolle ihrer Einhaltung. Dagegen muss der Rechtsschutz nicht zwingend zur Befassung einer höheren Instanz führen.[1421]

Diese Vorgaben gölten auch und gerade bei einer Gehörsverletzung. Das rechtliche Gehör (Art. 103 Abs. 1 GG) sei nicht nur ein „prozessuales Urrecht" des Menschen, sondern konstituiere schlechterdings das rechtsstaatliche Verfahren im Sinne des Grundgesetzes. Art. 103 Abs. 1 GG, welcher auf den angemessenen Ablauf des Verfahrens ziele, stünde daher mit der Rechtsschutzgarantie, welche den Zugang zum Verfahren gewährleiste, in einem funktionalen Zusammenhang.[1422] Werde das rechtliche Gehör verletzt, so sichere der Justizgewährungsanspruch Rechtsschutz auch dann, wenn sich der Verstoß gegen das Verfahrensgrundrecht erstmalig in einem Rechtsmittelverfahren ereigne. Auch in diesem Falle genüge aber eine einmalige gerichtliche Kontrolle. Begehe das Rechtsbehelfsgericht einen Fehler im Zuge der Überprüfung, ob Art. 103 Abs. 1 GG bei der vorangegangenen gerichtlichen Verfahrensdurchführung beachtet wurde, führe dies nicht zur erneuten Eröffnung des Rechtswegs. Auch hier könne das Risiko fehlerhafter Überprüfung hingenommen werden.[1423]

Bei der Ausgestaltung des Rechtsbehelfssystems habe der Gesetzgeber einen weiten Spielraum, im Rahmen dessen er insbesondere die Interessen der anderen Verfahrensbeteiligten und Anforderungen an die Funktionsfähigkeit der Gerichte zu beachten habe. Bei der Rüge eines Verstoßes gegen Art. 103 Abs. 1 GG sei die fachgerichtliche Selbstkontrolle im Wege der Gegenvorstellung ausreichend.[1424] Dagegen genüge die Rechtsverfolgung mit Hilfe der Verfassungsbeschwerde nicht. Die gebotene Abhilfemöglichkeit müsse vielmehr bei den Fachgerichten eingerichtet werden, da die Verfassungsbe-

---

1420 BVerfG, NJW 2003, S. 1924 ff., 1925.
1421 BVerfG, NJW 2003, S. 1924 ff., 1926.
1422 BVerfG, a.a.O..
1423 BVerfG, NJW 2003, S. 1924 ff., 1927.
1424 BVerfG, a.a.O..

schwerde den Eintritt der Rechtskraft und die Vollstreckbarkeit nicht hemme und die verfassungsgerichtliche Kontrolle nicht zur Entscheidungsersetzung, sondern zur Zurückverweisung führe. Zudem erfordere das in § 90 Abs. 2 BVerfGG verankerte Prinzip der Subsidiarität eine entsprechende Kompetenzverteilung zwischen Fachgericht und Bundesverfassungsgericht. Schließlich verfüge das Verfassungsbeschwerdeverfahren aufgrund der rigiden Annahmevoraussetzungen in § 93 a Abs. 2 BVerfGG über keine ausreichende Rechtsschutzintensität; der Justizgewährungsanspruch gebiete nämlich Rechtsschutz gegen Rechtsbeeinträchtigungen jeglicher Art.[1425]

Die fachgerichtlichen Rechtsbehelfe seien in der geschriebenen Rechtsordnung zu regeln und müssten in ihren Voraussetzungen für die Bürger erkennbar sein, um den rechtsstaatlichen Anforderungen an die Rechtsmittelklarheit zu genügen. Die zum Teil außerhalb des Rechts entwickelten außerordentlichen Rechtsbehelfe der Gegenvorstellung und der außerordentlichen Beschwerde erfüllten diesen verfassungsrechtlichen Anspruch keineswegs.[1426] Bis zum Inkrafttreten einer gesetzlichen Neuregelung – soweit sie nicht schon das ZPO-Reformgesetz beinhalte – stünde dem Bürger trotz fehlender fachgerichtlicher Entscheidung weiterhin der eigentlich systemwidrige Weg vor das Bundesverfassungsgericht offen. Sollte aber der Gesetzgeber keine rechtzeitige Neuregelung treffen, wäre das Verfahren auf zweiwöchig befristeten Antrag vor dem Gericht fortzusetzen, dessen Entscheidung wegen einer behaupteten Gehörsverletzung angegriffen werde.[1427]

### 2. Konsequenzen des Plenarbeschlusses

#### a) Das Gebot der Rechtsmittelklarheit als verfassungsrechtliche Schranke für Gegenvorstellung und außerordentliche Beschwerde

War das Bundesverfassungsgericht jahrelang als „Promoter“[1428] außerordentlicher Rechtsbehelfe aufgetreten, um eine Möglichkeit zur instanzgerichtlichen Bereinigung von Verfahrensgrundrechten zu eröffnen, gibt es diese Rechtsprechung nunmehr auf und weist darauf hin, dass Rechtsbehelfe den verfassungsrechtlichen Anforderungen letztlich nur genügten, wenn ihre Zulässigkeitsvoraussetzungen in der Rechtsordnung geregelt wären. Dabei erteilt das Gericht nicht nur den zur Beseitigung einer Gehörsverletzung entwickelten außerordentlichen Rechtsbehelfen eine Absage, sondern bezieht in den Wandel seiner Rechtsprechung ausdrücklich auch auf die vom Bundesge-

---

[1425] BVerfG, NJW 2003, S. 1924 ff., 1926 f..

[1426] BVerfG, NJW 2003, S. 1924 ff., 1928.

[1427] BVerfG, NJW 2003, S. 1924 ff., 1929.

[1428] *Jauernig*, FS für *Schumann* (2001), S. 241 ff., 251; vgl. etwa BVerfGE 9, 89, 106, 73, 322, 326, 49, 252, 256, 60, 96, 98, 70, 180, 187.

richtshof entwickelte Rechtsfigur der „greifbaren Gesetzeswidrigkeit" ein.[1429] Das verfassungsrechtliche Gebot der Rechtsmittelklarheit verbietet demnach zur Beseitigung etwaiger Verfahrensgrundrechtsverletzungen im fachgerichtlichen Verfahren, zukünftig auf die Gegenvorstellung und die außerordentliche Beschwerde zurückzugreifen. Dies gilt fürderhin bis zum Inkrafttreten einer zivilprozessualen Neuregelung. In der Übergangszeit kann stattdessen ohne vorherige fachgerichtliche Entscheidung über die behauptete Verfahrensgrundrechtsverletzung Verfassungsbeschwerde erhoben werden.[1430]

b) Der Justizgewährungsanspruch als Garantie einmaliger gerichtlicher Entscheidung über eine behauptete Verletzung von Verfahrensgrundrechten

Das Bundesverfassungsgericht hatte zwar im konkreten Fall ausschließlich über eine Verletzung des Anspruchs auf rechtliches Gehör (Art. 103 Abs. 1 GG) zu entscheiden, gleichwohl lässt das Gericht in seiner Entscheidung keinen Zweifel daran, dass der verfassungsrechtliche Justizgewährungsanspruch einen rechtsstaatlichen Mindeststandard sichere, welcher gerichtlichen Rechtsschutz allgemein „bei der erstmaligen Verletzung von Verfahrensgrundrechten durch ein Gericht" umgreife.[1431] Eine einmalige gerichtliche Überprüfung einer Entscheidung müsse demnach „hinsichtlich der gerichtlichen Verfahrensdurchführung, soweit durch sie die Verfahrensgrundrechte verletzt sein können"[1432], gewährleistet sein. Der Gesetzgeber hat damit nicht nur für Verstöße gegen das Recht auf rechtliches Gehör (Art. 103 Abs. 1 GG) eine Möglichkeit zur fachgerichtlichen Selbstkorrektur zu schaffen, sondern den Rechtsschutz auch bei einer Verletzung des Rechts auf den gesetzlichen Richter (Art. 101 Abs. 1 S. 2 GG)[1433], des Anspruches auf ein

---

[1429] Das BVerfG spricht im Teil C seiner Beschlussbegründung „den außerordentlichen Rechtsbehelfen" die gebotene Rechtsmittelklarheit ab, vgl. BVerfG, NJW 2003, S. 1924 ff., 1928. Welche Rechtsbehelfe es dabei im Auge hat, lässt sich ohne weiteres seinem Hinweis (BVerfG, Plenarbeschluss vom 30. April 2003, Az. 1 PBvU 1/02, Rn. 63) auf die einführende Darstellung (Teil A II 1 a; BVerfG, a.a.O., Rn. 4 f.) der wesentlichen Rechtsbehelfe zur fachgerichtlichen Beseitigung von Verfahrensgrundrechten entnehmen. Dort werden die Entscheidungen des Bundesgerichtshofs zur außerordentlichen Beschwerde gegen greifbar gesetzeswidrige Beschlüsse (BGHZ 119, 372, 374, 121, 397, 398, 130, 97, 99) ausdrücklich erwähnt. Die Zweifel *Voßkuhles* (NJW 2003, S. 2193 ff., 2198) hinsichtlich der Reichweite der Rechtsprechungskehrtwende dürften damit auf der Lektüre einer verkürzten Entscheidung beruhen; vgl. etwa BVerfG, NJW 2003, S. 1924 ff., 1928, wo der sinnentscheidende Hinweis auf Teil A der Entscheidung fehlt.

[1430] BVerfG, NJW 2003, S. 1924 ff., 1929.

[1431] BVerfG, NJW 2003, S. 1924 ff., 1926.

[1432] BVerfG, a.a.O..

[1433] *A.Bruns*, S. 66 ff..

faires Verfahren[1434] und des Gebots der Waffengleichheit[1435] einfachgesetzlich auszugestalten.[1436]

Dass das Bundesverfassungsgericht darüber hinaus auch das Willkürverbot (Art. 3 Abs. 1 GG) als Verfahrensgrundrecht in diesem Sinne verstanden wissen will, ergibt sich nicht nur aus der Verwerfung der Rechtsfigur der „greifbaren Rechtswidrigkeit", sondern lässt sich unmittelbar den Ausführungen zur verfassungsrechtlichen Rechtfertigung der Bestandskraft gerichtlicher Entscheidungen entnehmen. So könne das verbleibende Risiko falscher Rechtsanwendung in Kauf genommen werden, da die Verfahrensgrundrechte gewährleisteten, „dass die richterliche Entscheidung *willkürfrei* durch eine nach objektiven Kriterien bestimmte Instanz auf hinreichend gesicherter Tatsachengrundlage und aufgrund einer unvoreingenommenen rechtlichen Würdigung unter Einbeziehung des Vortrages der Parteien ergeht"[1437]. Diese grundsätzliche Qualifizierung teilt nicht nur der Bundesgerichtshof[1438], sondern auch der Gesetzgeber[1439].

Das Willkürverbot zu den Prozessgrundrechten zu rechnen, um in der Folge eine einmalige Kontrolle seiner Einhaltung zu fordern, erscheint ausgehend vom Begriffsverständnis des Bundesverfassungsgerichts zunächst zweifelhaft. Anders als Art. 103 Abs. 1 GG oder Art. 101 Abs. 1 S. 2 GG ist das Willkürverbot nämlich nicht ausschließlich an die Gerichte adressiert und kann auch von einem Träger öffentlicher Gewalt verletzt werden.[1440] Zudem geschieht hier der Fehler nicht unabhängig von den für den Ausgangskonflikt maßge-

---

1434 Zum Charakter des Rechts auf ein faires Verfahren als Verfahrensgrundrecht vgl. *A.Bruns*, S. 96 ff; *Schwab/Gottwald*, S. 62; *Schumann*, ZZP 96 (1983), S. 137 ff., 166 ff..

1435 Zum Grundsatz der Waffengleichheit vgl. *Musielak*, Einl., Rn. 31 f.; vgl. auch Ausführungen unter E II 3 a δ, wo bereits darauf hingewiesen wurde, dass eine *Versagung beantragter Prozesskostenhilfe*, die mit ihrem Erlasse bestandskräftig würde, gleichgültig, ob das Gericht dabei eine grundsätzlich unrichtige Anschauung von der Bedeutung der Rechtsschutzgleichheit vertrat oder nicht, obigem Gewährleistungsgehalt des Justizgewährungsanspruchs nicht entspräche. Der Gesetzgeber ist damit aufgerufen, entweder die Rüge einer Verletzung der Rechtsschutzgleichheit in den zu schaffenden Rechtsbehelf aufzunehmen oder die entsprechenden Unanfechtbarkeitklauseln (z.B. §127 Abs. 2 S. 2 Hs. 2 ZPO) aus dem Gesetz zu streichen.

1436 Ebenso *Voßkuhle*, NJW 2003, S. 2193 ff., 2197; *Gravenhorst*, MDR 2003, S. 887 f., 888; *Kley*, DVBl. 2003, S. 1160 ff., 1161.

1437 BVerfG, NJW 2003, S. 1924 ff., 1924 [textliche Hervorhebung stammt vom Autor].

1438 Vgl. etwa BGH, NJW 2000, S. 590; ebenso Roth, JZ 1996, S. 805 ff., 806.

1439 Zur Sicherung einer einheitlichen Rechtsprechung sei die Revision bzw. die Rechtsbeschwerde (BT-Drucks. 14/4722, S. 116) insbesondere in den Fällen zuzulassen, „in denen Verfahrensgrundrechte, namentlich die Grundrechte auf Gewährung des rechtlichen Gehörs und auf ein objektiv willkürfreies Verfahren, verletzt sind", BT-Drucks. 14/4722, S. 104.

1440 Vgl. aber BVerfG, NJW 2003, S. 1924 ff., 1926.

benden Rechtsnormen, wie das beim klassischen Prozessgrundrecht des rechtlichen Gehörs der Fall ist.[1441] Die den Ausgangskonflikt regelnden Normen bilden gerade den entscheidenden Beurteilungsmaßstab für ein Willkürverdikt. So liegt ein willkürlicher Richterspruch dann vor, wenn die Rechtslage in krasser Weise verkannt wird und die vom Gericht vertretene Auffassung jedes sachlichen Grundes entbehrt.[1442] Das aus dem Justizgewährungsanspruch folgende Recht auf eine einmalige Möglichkeit zur Einholung einer gerichtlichen Entscheidung über ein behauptetes Recht scheint damit durch die – wenn auch im Ergebnis abwegige – Gerichtsentscheidung bereits gewährt worden zu sein. An der verfassungsrechtlichen Notwendigkeit einer weiteren Kontrolle der Rechtsanwendung ließe sich demnach – auf Grundlage der Ausführungen des Bundesverfassungsgerichts zum Charakter von Prozessgrundrechten – durchaus zweifeln.

Indes wäre dem entgegenzuhalten, dass es bei der Entscheidung über einen behaupteten Willkürakt allein darum geht, ob an die Stelle gesetzlicher Wertungen sachfremde Erwägungen getreten sind. War das Gericht aber „objektiv nicht bereit, sich Recht und Gesetz zu unterwerfen“[1443], wurde der verfassungsrechtliche Anspruch auf *rechtliche* Würdigung des Vorbringens nicht erfüllt und besteht folglich auch weiterhin. Wird deshalb ein solcher Verstoß behauptet, gilt auch in Hinsicht auf das Willkürverbot (Art. 3 Abs. 1 GG) das rechtsstaatliche Postulat der zumindest einmaligen gerichtlichen Überprüfung der inkriminierten Entscheidung.

Dabei bildete den eigentlichen Gegenstand einer solchen Kontroverse freilich nicht die spezifische Frage nach der fachgerichtlichen Selbstkorrektur willkürlicher Richtersprüche, sondern vielmehr die grundsätzliche Problematik der Willkürrechtsprechung des Bundesverfassungsgerichts.[1444] Jedenfalls soweit man diese Problematik als Rechtswirklichkeit akzeptiert und sonach Art. 3 Abs. 1 GG ein vom Gleichbehandlungsgebot zu unterscheidendes „prozessuales Willkürverbot“[1445]entnimmt,[1446] erscheinen Zweifel am Charakter des Willkürverbots als Prozessgrundrecht und an dem verfassungsrechtlichen Erfordernis der einmaligen Überprüfung seiner Einhaltung, nicht gerechtfertigt.

---

[1441] Vgl. BVerfG, NJW 2003, S. 1924 ff., 1926, Teil C II 2 der Gründe.
[1442] Vgl. BVerfGE 87, 273, 278, 89, 1, 13.
[1443] BVerfGE 87, S. 273, 278.
[1444] Vgl. dazu die Darstellung *Kleys*, S. 397 ff..
[1445] *A.Bruns*, S. 135.
[1446] Vgl. dazu MünchKommZPO-*Lüke*, Einl., Rn. 158 ff.; kritisch insbesondere *Geiger*, BVerfGE 42, 79.

### c) Die analoge Anwendung des § 321 a ZPO als Weg zur fachgerichtlichen Selbstkorrektur?

Das Bundesverfassungsgericht gibt dem Gesetzgeber angesichts der Lücken im zivilprozessualen Rechtsschutzsystem auf, eine Lösung zu schaffen, „soweit dies nicht schon durch das Zivilprozessreformgesetz vom 27. Juli 2001 geschehen ist“[1447]. Darüber hinaus ordnet das Gericht bei einer nicht rechtzeitigen gesetzlichen Neuregelung – im offensichtlichen Gleichlauf mit der Regelung des § 321 a ZPO – die Zulässigkeit eines innerhalb von 14 Tagen zu stellenden Antrags zur Fortsetzung des Verfahrens an.[1448] Diese Passagen des Plenarbeschlusses sind eine unverhohlene Anregung des Bundesverfassungsgerichts, die neugeschaffene Anhörungsrüge gemäß § 321 a ZPO auf alle unanfechtbaren, gehörsverkürzenden Gerichtsentscheidungen entsprechend anzuwenden. Doch ist diesem verfassungsgerichtlichen Anstoß nicht nachzugeben. Insbesondere vermag die Entscheidung des Bundesverfassungsgerichts nichts daran zu ändern, dass es für eine entsprechende Anwendung des § 321 a ZPO auf unanfechtbare Beschlüsse oder letztinstanzliche Rechtsmittelentscheidungen weiterhin an der Planwidrigkeit der Regelungslücke fehlt; das Fehlen einer fachgerichtlichen Abhilfemöglichkeit war nämlich vom Gesetzgeber gewollt. Dass die Gesetzeslücke als solche nicht dem verfassungsrechtlichen Justizgewährungsanspruch gerecht wird, bedeutet für den Gesetzgeber einen Gestaltungsauftrag, führt aber nicht zur Unbeachtlichkeit der gesetzgeberischen Vorstellung vom Anwendungsbereich des § 321 a ZPO bzw. zur Befugnis des Gesetzesanwenders, selbständig Recht zu schöpfen.[1449] Darüber hinaus würde eine analoge Anwendung des § 321 a ZPO dem verfassungsrechtlichen Handlungsauftrag, eine fachgerichtliche Abhilfe für die Verletzung von Verfahrensgrundrechten zu schaffen, nur im Ausschnittsbereich des rechtlichen Gehörs (Art. 103 Abs. 1 GG) genügen. In Bezug auf die Verletzung anderer Verfahrensgrundrechte scheiterte eine analoge Anwendung des § 321 a ZPO an dessen insoweit abschließendem Charakter.[1450] Schließlich lehrt gerade der Plenarbeschluss, dass das verfassungsrechtliche Gebot der Rechtsmittelklarheit eine explizite gesetzliche Regelung der Rechtsbehelfszulässigkeit voraussetzt und eine zweifelhafte Analogie keine für den Bürger hinreichend erkennbare rechtliche Grundlage darstellt.[1451]

---

[1447] BVerfG, NJW 2003, S. 1924 ff., 1929.

[1448] BVerfG, a.a.O.; letztlich handelt das Bundesverfassungsgericht hier kompetenzübergreifend, weil rechtsschöpfend.

[1449] A.A. *Gravenhorst*, MDR 2003, S. 887 f., 888.

[1450] Ebenso *Voßkuhle*, NJW 2003, S. 2193 ff., 2199.

[1451] In welchem Maße das gesetzliche Rechtsbehelfssystem der Gefahr der zersetzenden Rechtsfortbildung ausgesetzt ist respektive eine abschließende gesetzliche Regelung gerade in dieser Hinsicht Not tut, zeigte jüngst eine Entscheidung des OLG Jena zur Anwendbarkeit der Gehörsrüge gegen Berufungsurteile, OLG Jena, NJW 2003,

### 3. Kritische Betrachtung des Plenarbeschlusses

Die Entscheidung des Bundesverfassungsgerichts ist im Ergebnis zu begrüßen, wird die Problematik der Verfahrensgrundrechtsverletzungen endlich dem Gesetzgeber überantwortet und der gesetzeswidrigen Rechtsfortbildung im Bereich der außerordentlichen Rechtsbehelfe wirksam Einhalt geboten. Gleichwohl sind einige Argumente der Beschlussbegründung anzuzweifeln, und man stößt auf manche Friktion.

#### a) Der Justizgewährleistungsanspruch und die Rechtsweggarantie des Art. 19 Abs. 4 GG als deckungsgleiche Verfahrensgarantien

Zuvörderst hatte sich das Bundesverfassungsgericht, um aus der Verfassung die Notwendigkeit der fachgerichtlichen Abhilfe gerichtlicher Verfahrensgrundrechtsverletzungen ableiten zu können, mit der überkommenen Formel *Dürigs*[1452], Art. 19 Abs. 4 GG gewähre Schutz durch den Richter, nicht gegen den Richter, auseinander zu setzen. Dabei scheint das Gericht zunächst der zunehmenden Kritik[1453] an dem engen Verständnis des Begriffs der „öffentlichen Gewalt", welcher die Rechtsprechung gerade nicht mit umfasse,[1454] insoweit nachzugeben, als es jedenfalls zugesteht, dass die Entstehungsgeschichte des Art. 19 Abs. 4 GG Raum für unterschiedliche Auslegungen lässt.[1455] Indes gibt es seine „einengende Auslegung" nicht auf, sondern weist die Problematik der Verletzung von Verfahrensgrundrechten im

---

S. 3495 ff.. Demnach sei kraft der Verweisung des § 525 S. 1 ZPO die Anhörungsrüge auch gegen Berufungsurteile, gegen welche die Revision nicht zugelassen sei, eröffnet. Dies gelte auch dann, wenn die Nichtzulassungsbeschwerde (§§ 544 Abs. 1 ZPO, 26 Nr. 8 ZPO) statthaft wäre, da nur eine Parallelität der genannten Rechtsbehelfe die vom BVerfG geforderte, rechtsstaatlich gebotene sach- und zeitnahe Behebung von Gehörsverstößen gewährleiste, OLG Jena, NJW 2003, S. 3495 ff., 3497.

Offensichtlich verkannt wird dabei, dass die *Anhörungsrüge* vom Bundesverfassungsgericht lediglich als *eine mögliche Variante* zur Behebung von Gehörsverstößen hervorgehoben wurde. Mehrmals findet sich in der Plenarentscheidung der Hinweis, dass auch eine Korrektur im Rechtsmittelsystem und damit durch die übergeordnete Instanz in Frage kommt, vgl. BVerfG, NJW 2003, S. 1924 ff., 1924, 1926, 1927. Ein evidenter Widerspruch ergibt sich weiters zur Entscheidung des Reformgesetzgebers, gerade in den Fällen der Verletzung des rechtlichen Gehörs eine Zulassung der Revision vorzusehen (§ 543 Abs. 2 Nr. 2 ZPO, vgl. BT-Drucks. 14/4722, S. 103) und für den Fall der Nichtzulassung eine Beschwerde zum Bundesgerichtshof einzurichten, welche dem Berufungsgericht jegliche Abhilfemöglichkeit nehmen sollte („Das Berufungsgericht ist zu einer Abänderung seiner Nichtzulassungsentscheidung gemäß § 555 Abs. 1, § 318 ZPO nicht befugt").

1452 *Maunz/Dürig*, Art. 19 Abs. 4, Erstbearbeitung, Rn. 1.

1453 Statt vieler *Voßkuhle*, S. 158 ff., 176 ff.; *v.Mangoldt/Klein/Starck/Huber*, Art. 19, Rn. 444 ff.; *Schmidt-Aßmann*, in *Maunz/Dürig*, Art 19 IV, Rn. 96 ff..

1454 So insbesondere die ständige Rechtsprechung des Bundesverfassungsgerichts, vgl. BVerfGE 15, 275, 280, 49, 329, 340, 65, 76, 90.

1455 BVerfG, NJW 2003, S. 1924 ff., 1925.

gerichtlichen Verfahren dem Anwendungsbereich des allgemeinen Justizgewährungsanspruchs zu, da sich der Justizgewährungsanspruch und dessen Spezialregelung in Art. 19 Abs. 4 GG „im rechtsstaatlichen Kerngehalt" nicht unterschieden.[1456] In Anschauung dieser Argumentation fragt aber *Voßkuhle*[1457] zu Recht, warum man den Anwendungsbereich der spezielleren Rechtsweggarantie zunächst einengend auslege, wenn in der Folge – unter Verweis auf das identische Rechtschutzniveau – der allgemeinere Justizgewährungsanspruch zur Anwendung komme.

Die Antwort ist in den praktischen Auswirkungen, welche eine Einbeziehung der Rechtsprechung in den Topos der öffentlichen Gewalt im Sinne des Art. 19 Abs. 4 GG gehabt hätte, zu suchen. So stünde dem Betroffenen gegen die Verletzung seiner Prozessgrundrechte ein „Rechtsweg" (Art. 19 Abs. 4 GG) offen, welcher wiederum den Art. 92 GG, Art. 97 GG und insbesondere Art. 101 Abs. 1 S. 1 GG entsprechen müsste.[1458] Rechtsschutz gegen den Richter setzte voraus, dass ein unabhängiges respektive unparteiliches und damit ein *anderes oder gar höheres Gericht* über die behauptete Rechtsverletzung zu entscheiden hätte.[1459] Dieser Konsequenz weicht das Bundesverfassungsgericht unter Zuhilfenahme des flexibleren Justizgewährungsanspruchs[1460] aus und kann sich stattdessen mit dem weniger einschneidenden Postulat der Selbstkorrektur durch *dasselbe Gericht* begnügen. Um sich gleichwohl offen zu halten, für die Kontrolle der Einhaltung anderer Verfahrensgrundrechte die Befassung eines anderen Gerichts oder einer höheren Instanz zu fordern, stellt es dieses Ergebnis unter den Vorbehalt, dass die rechtsstaatlich notwendige Kontrolle des behaupteten Verfahrensfehlers „in hinreichender Weise gesichert werden kann"[1461]. In Verbindung mit diesem Effektivitätsvorbehalt mag der Justizgewährungsanspruch den „spezifischen Kontrollbedürfnissen"[1462] eher gerecht werden als das unter dem Regime der Rechtsweggarantie der Fall wäre, doch falsifiziert gerade das Vermögen, das Rechtsschutzniveau abzustufen respektive im Vergleich zum Gewährleistungsgehalt des Art. 19 Abs. 4 GG tendenziell zu vermindern, die Prämisse des Bundesverfassungsgerichts, eine Aufgabe der einengenden Auslegung der Rechtsweggarantie wäre aufgrund des identischen rechtsstaatlichen Kerngehalts beider verfassungsrechtlicher Garantien obsolet.

---

1456 BVerfG, NJW 2003, S. 1924 ff., 1925 f..

1457 NJW 2003, S. 2193 ff., 2196.

1458 *Schmidt-Aßmann*, in *Maunz/Dürig*, Art 19 IV, Rn. 18, 174.

1459 BVerfG, NJW 2003, S. 1924 ff., 1925.

1460 Zur Flexibilität des Justizgewährungsanspruchs im Vergleich zur Rechtsweggarantie vgl. *Schmidt-Aßmann*, in *Maunz/Dürig*, Art 19 IV, Rn. 98, 17 a.

1461 BVerfG, NJW 2003, S. 1924 ff., 1924 f..

1462 *Schmidt-Aßmann*, in *Maunz/Dürig*, Art 19 IV, Rn. 98, 17 a.

### b) Die Gefahr eines Rechtswegs ad infinitum

Insbesondere *D. Kley*[1463] moniert, das Bundesverfassungsgericht schenke dem Einwand, ein verfassungsrechtliches Gebot des Rechtsschutzes gegen den Richter führe zum unendlichen Rechtsweg, nicht ausreichend Beachtung. So ließe sich kaum rechtfertigen, den – dann wiederum einmaligen – Rechtsschutzanspruch nicht auch gegenüber erneuten Verletzungen von Verfahrensgewährleistungen im richterlichen Nachverfahren durchgreifen zu lassen.[1464]

Dem ist zunächst entgegenzuhalten, dass die Verletzung des rechtlichen Gehörs in der Rügeinstanz nicht isoliert zu betrachten ist. Der Justizgewährungsanspruch sichert nur eine einmalige gerichtliche Überprüfung einer behaupteten Verfahrensgrundrechtsverletzung; dieser Anspruch ist aber auch dann erfüllt, wenn das Rechtsbehelfsgericht im Rahmen seiner Überprüfungsentscheidung einen weiteren, selbständigen Rechtsverstoß zu verantworten hat. Der Gewährleistungsgehalt des Justizgewährungsanspruchs bei der Verletzung von Verfahrensgrundrechten geht demnach nicht über das Rechtsschutzmaß in zivilrechtlichen Streitigkeiten hinaus. Als rechtsstaatliches Minimum ist hier wie dort ausreichend, dass einmal über das Bestehen der geltend gemachten Rechte und Pflichten durch ein Gericht entschieden wird. Der Justizgewährungsanspruch garantiert dagegen nicht, dass die maßgebenden Normen zutreffend angewendet werden. Das Risiko fehlerhafter Kontrolle ist vielmehr in Kauf zu nehmen.[1465] Die Befürchtung, die Annahme eines verfassungsrechtlichen Gebots der Überprüfung einer behaupteten Verfahrensgrundrechtsverletzung führe zu einem unendlichen Rechtsschutz, scheint danach unbegründet zu sein.

Verletzt aber das Rechtsbehelfsgericht den Anspruch auf rechtliches Gehör nicht im Zuge der Prüfung, ob bei der vorangegangenen gerichtlichen Verfahrensdurchführung Art. 103 Abs. 1 GG beachtet wurde, eröffnet sich kraft des verfassungsrechtlichen Rechtsschutzanspruches in der Tat eine theoretische Kontrollspirale. Das Bundesverfassungsgericht weist zwar darauf hin, dass dem Justizgewährungsanspruch Genüge getan werde, wenn gegen die gerichtliche Entscheidung ein Rechtsmittel gegeben ist, das auch zur Überprüfung der behaupteten Verletzung des Verfahrensgrundrechts führen kann.[1466] Doch erschöpft sich darin der Justizgewährungsanspruch nur, soweit *„Kontrollgegenstand" und „Kontrollfehler" konvergieren.* Wird nämlich ein erstinstanzliches Urteil wegen einer Gehörsverletzung *und* der fehlerhaften Anwendung materiellen Rechts angegriffen, unterliegt das daraufhin ergehende, nicht revisible Berufungsurteil dem verfassungsrechtlichen Postulat einer einmaligen

1463 DVBl 2003, S. 1160 ff., 1161.
1464 Vgl. *D. Kley*, a.a.O..
1465 BVerfG, NJW 2003, S. 1924 ff., 1924, 1927.
1466 BVerfG, NJW 2003, S. 1924 ff., 1927.

Entscheidungskontrolle jedenfalls dann, wenn sich der Verstoß gegen Art. 103 Abs. 1 GG bei der Überprüfung der vom Ausgangsgericht angestellten rechtlichen Erwägungen ereignet hat. Denn stets können sich in der Berufungsinstanz neue tatsächliche Gegebenheiten oder rechtliche Gesichtspunkte ergeben, hinsichtlich derer der Partei erneut rechtliches Gehör zu gewähren ist,[1467] ohne dass es dabei um die Kontrolle der Beachtung des gerügten Grundrechts ginge. Erfolgt dabei „die behauptete Verletzung des Verfahrensgrundrechts in der letzten in der Prozessordnung vorgesehenen Instanz und ist der Fehler entscheidungserheblich, muss die Verfahrensordnung eine eigenständige gerichtliche Abhilfemöglichkeit vorsehen“[1468]. Diese regenerative Wirkung rechtsschutzbewehrter Verfahrensgrundrechte ist im gleichen Maße innerhalb des vom Bundesverfassungsgericht geforderten fachgerichtlichen Verbesserungsverfahrens zu besorgen. Auch dort gilt nach den Grundsätzen der Plenarentscheidung, dass die Unanfechtbarkeit einer Verletzung rechtlichen Gehörs nur dann zu akzeptieren ist, wenn sich die Rechtsverletzung bei der Prüfung eines behaupteten Verstoßes gegen Art. 103 Abs. 1 GG ereignete. Würde neben einer Verletzung des rechtlichen Gehörs die objektive Willkür (Art. 3 Abs. 1 GG) einer gerichtlichen Entscheidung oder die Entziehung des gesetzlichen Richters (Art. 101 Abs. 1 S. 2 GG) gerügt, so hätte das Rechtsbehelfsgericht bei der Prüfung dieser Einwände dem Betroffenen erneut rechtliches Gehör zu gewähren. Sollte dies verwehrt werden, wäre gegen diesen Verstoß gegen Art. 103 Abs. 1 GG wiederum eine Rechtsschutzmöglichkeit einzuräumen, sonst „bliebe die Beachtung des Grundrechts aus Art. 103 Abs. 1 GG kontrollfrei“[1469]. Das Argument, dass eine einmalige Kontrolle genüge und im Übrigen das Risiko einer fehlerhaften Überprüfung hinzunehmen sei, greift nicht, da Kontrollgegenstand und Kontrollfehler divergieren.

Aufs Ganze gesehen kann damit auch die Begrenzung des verfassungsrechtlichen Rechtsschutzanspruchs auf eine einmalige gerichtliche Entscheidung nicht die Gefahr eines unendlichen Rechtswegs bannen.

c) Die Verfassungsbeschwerde als unzureichender Rechtsbehelf gegen Verfahrensgrundrechtsverletzungen im fachgerichtlichen Verfahren

Nach Auffassung des Bundesverfassungsgerichtes werde das derzeitige Rechtsschutzsystem den verfassungsrechtlich gebotenen Anforderungen an den Rechtsschutz gegen Verfahrensgrundrechtsverletzungen nicht gerecht.[1470] Die bestehende Rechtsschutzlücke vermag auch die Verfassungsbeschwerde nicht zu schließen. Denn Verfassungsbeschwerden könnten den Eintritt der Rechtskraft der angegriffenen Entscheidung nicht hindern und führten grund-

---

[1467] Vgl. BVerfG, a.a.O..

[1468] BVerfG, NJW 2003, S. 1924 ff., 1926 f..

[1469] BVerfG, NJW 2003, S. 1924 ff., 1927.

[1470] BVerfG, NJW 2003, S. 1924 ff., 1928.

sätzlich zur Zurückverweisung an das Fachgericht und nicht zur Ersetzung der Entscheidung. Darüber hinaus wäre die Verfassungsbeschwerde zum fachgerichtlichen Verfahren subsidiär. Nur unter den Voraussetzungen des § 90 Abs. 2 S. 2 BVerfGG dürfe die Subsidiarität durchbrochen werden. Die genannte Vorschrift spiegele die im Grundgesetz angelegte Bedeutung der fachgerichtlichen Rechtsprechung auch für die Einhaltung verfassungsrechtlicher Grundentscheidungen wider. Schließlich eröffne die Justizgewährungsgarantie den Rechtsweg gegen Rechtsbeeinträchtigungen jeglicher Art, wogegen die Verfassungsbeschwerde nur dann effektiven Rechtsschutz biete, wenn ihr grundsätzliche Bedeutung zukomme oder ihre Annahme zur Durchsetzung der Grundrechte angezeigt sei (§ 93 a Abs. 2 GG).[1471]

Diese Argumente des Bundesverfassungsgerichts vermögen eine *verfassungsrechtliche* Notwendigkeit für die Schaffung einer *fachgerichtlichen* Abhilfemöglichkeit nicht zu begründen.[1472] So ist zunächst festzuhalten, dass die Suspensivwirkung eines Rechtsbehelfs keine notwendige Eigenschaft des durch den Justizgewährungsanspruch gesicherten Rechtsschutzes darstellt.[1473] Darüber hinaus steht mit der einstweiligen Anordnung (§ 32 BVerfGG) im Verfassungsgerichtsverfahren ohnehin ein geeignetes Instrumentarium zur Verfügung, um der Gefahr eines Rechtsverlustes wirksam begegnen zu können. Weiterhin bedeutet die unmittelbare Fortsetzbarkeit des Fachgerichtsverfahrens, welche eine Abhilfemöglichkeit durch die Fachgerichte gegenüber einer verfassungsgerichtlichen Vorgehensweise auszeichnete, zwar einen prozessökonomischen Vorteil, jedoch kein verfassungsrechtliches Gebot. Auch die Subsidiarität der Verfassungsbeschwerde ist, worauf das Bundesverfassungsgericht zutreffend hinweist[1474], in § 90 Abs. 2 BVerfGG und damit im einfachen Verfahrensgesetz verankert. In Art. 90 Abs. 2 S. 2 GG findet sich nur die *Ermächtigung* zur Schaffung eines Gebots der Rechtswegerschöpfung.[1475]

Plausibel erscheint allein der Hinweis auf den eingeschränkten subjektiven Grundrechtsschutz, den die annahmebedürftige Verfassungsbeschwerde (§ 93 a Abs. 2 BVerfGG) bietet.[1476] Da nämlich die Justizgewährungsgarantie

---

1471 Vgl. zu alledem BVerfG, NJW 2003, S. 1924 ff., 1927 f..

1472 *D. Kley*, DVBl. 2003, S. 1160 ff., 1160 f..

1473 *D. Kley*, a.a.O..

1474 BVerfG, NJW 2003, S. 1924 ff., 1928.

1475 *D. Kley*, DVBl. 2003, S. 1160 ff., 1160 f.. Zudem *verpflichtet* der allgemeine Grundsatz der *Subsidiarität* ohnehin lediglich den Rechtsschutzsuchenden, alle zur Verfügung stehenden verfahrensrechtlichen Möglichkeiten im fachgerichtlichen Verfahren vor Erhebung der Verfassungsbeschwerde zu ergreifen, und *keineswegs den Gesetzgeber*, alle denkbaren Möglichkeiten zur Selbstkorrektur der Fachgerichte zu schaffen.

1476 Zur Annahmepraxis des Bundesverfassungsgerichts merkt *Deubner* überspitzt an, dass, wenn das BVerfG einmal ein bestimmtes Verhalten der Rechtsprechung als ein-

keiner Relevanzschwelle hinsichtlich der Schwere der Rechtsbeeinträchtigung unterliegt, vermag die Verfassungsbeschwerde nach momentaner Rechtslage die festgestellte Rechtsschutzlücke in der Tat nicht zu schließen.[1477] Doch liegt auch darin kein originär verfassungskräftiges Argument. Erleichterte man nämlich die einfachgesetzlichen Annahmevoraussetzungen in den Fällen, in welchen eine erstmalige Kontrolle fachgerichtlicher Verfahrensgrundrechtsverletzungen inmitten stünde, leistete das Verfassungsbeschwerdeverfahren durchaus eine rechtsstaatlich hinreichende Abhilfemöglichkeit. Eine solche Regelung widerspräche zwar ohne Zweifel dem unbestrittenen Bedürfnis nach einer Entlastung der Verfassungsgerichtsbarkeit, zeigt aber gleichwohl, dass die Forderung nach einem *fachgerichtlichen* Nachverfahren eben nicht verfassungsrechtlicher Natur ist.

4. Selbstkontrolle des erlassenden Gerichts versus Fremdkontrolle durch eine übergeordnete Instanz

Die Entscheidung darüber, welches Gericht der behaupteten Verletzung eines Verfahrensgrundrechts nachzugehen hat, liegt nach Auffassung des Bundesverfassungsgerichts beim Gesetzgeber. Der Rechtsschutz gegen Akte eines Richters müsse nicht zwingend zur Befassung einer höheren Instanz führen, sofern die rechtsstaatlich notwendige Kontrolle des behaupteten Verfahrensfehlers anderweitig in hinreichender Weise gesichert werde.[1478] Dies sei jedenfalls bei der Verletzung des Art. 103 Abs. 1 GG zu bejahen, wo zur Klärung der Fehlerhaftigkeit des vorangegangen Verfahrens die Befassung desjenigen Gericht genüge, dessen Verfahrenshandlung als fehlerhaft gerügt wird.[1479] Folgerichtig erschiene es, insoweit die Anregung des Bundesrates aus dem Gesetzgebungsverfahren zum ZPO-Reformgesetz aufzunehmen und den Anwendungsbereich der Anhörungsrüge (§ 321 a ZPO) auf alle gerichtlichen Entscheidungen auszudehnen, „bei denen die Verfahrensordnung einen ordentlichen Rechtsbehelf nicht mehr vorsieht, also auch *unanfechtbare Beschlüsse*, wie etwa Beschlüsse gemäß § 127 Abs. 2 Satz 2 Halbsatz 2 oder § 522 Abs. 2 Satz 1 ZPO-E“[1480].

---

deutigen Verstoß gegen ein Prozessgrundrecht qualifiziert hat, es die Amtsgerichte – förderhin vom BVerfG ungestört – pflegen könnten, NJW 1980, S.263.

[1477] Der Einwand der eingeschränkten Prüfungsintensität (BVerfG, NJW 2003, S. 1924 ff., 1928), die dem Bundesverfassungsgericht auf eine Verfassungsbeschwerde hin ein Eingreifen nur bei einer Verletzung spezifischen Verfassungsrechts erlaubt (vgl. BVerfGE 18, 85 ff., 92 f.), ist haltlos, steht doch dem Gesetzgeber gerade frei, auch den Rechtsbehelf zur Überprüfung unanfechtbarer Entscheidungen auf den verfassungsrechtlichen Mindestschutz zu beschränken (BVerfG, NJW 2003, S. 1924 ff., 1927), kritisch auch *D. Kley*, DVBl. 2003, S. 1160 ff., 1160 f..

[1478] BVerfG, NJW 2003, S. 1924 ff., 1926.

[1479] BVerfG, NJW 2003, S. 1924 ff., 1927.

[1480] BT-Drucks. 14/4722, S. 148.

Ungleich schwerer lässt sich demgegenüber die Frage beantworten, ob eine Entscheidungsüberprüfung durch das erlassende Gericht auch bei der Verletzung anderer Verfahrensgrundrechte eine hinreichende Kontrolle ihrer Einhaltung gewährleistet. Denn anders als eine Verletzung des rechtlichen Gehörs dürfte ein Verstoß gegen das Willkürverbot oder gegen den Anspruch auf den gesetzlichen Richter[1481] selten auf einer bloßen Panne, sondern zumeist auf einer fehlerhaften Rechtsanschauung beruhen. Infolgedessen ist zu befürchten, dass die Bereitschaft der Gerichte, die Fehlerhaftigkeit der Entscheidung einzugestehen, im Vergleich zur Verfahrensgrundrechtsverletzung aufgrund eines Versehens merklich herabgesetzt ist. Aus diesem Grunde will ein Großteil der Literatur auf den Vorteil, den die Kontrolle durch einen nicht vorbefassten Spruchkörper biete, nicht verzichten.[1482] So empfahl vor allem *Gottwald*[1483] in seinem Gutachten zum 61. Deutschen Juristentag ein allgemeines Verbesserungsverfahren zu schaffen, im Rahmen dessen der iudex a quo einerseits die Möglichkeit zur Eigenkorrektur erhielte, aber andererseits im Falle eines Beharrungsbeschlusses die Kontrolle durch einen nicht vorbefassten Spruchkörper gesichert wäre. Die damit im Einzelfall verbundene Erweiterung des Instanzenzugs sei eine ökonomisch sinnvolle Möglichkeit zur Beseitigung von entscheidungserheblichen Verstößen gegen Justizgrundrechte.[1484] In diesem Sinne plädierte auch der Bundesgerichtshof – noch zur Rechtslage vor Inkrafttreten des ZPO-Reformgesetzes – für eine Prüfung des Verfahrensfehlers durch den iudex ad quem. Sei die Vorinstanz nicht bereit, die Verletzung eines Verfahrensgrundrechts auf eine Gegenvorstellung hin einzugestehen und in der Folge selbst zu beheben, müsse *im Interesse effekti-*

---

1481 *Voßkuhle* (NJW 2003, S. 2193 ff., 2199) zweifelt von vorneherein am Vermögen des iudex a quo, als unzuständiger Richter einen Verstoß gegen Art. 101 Abs. 1 GG heilen zu können. Durchbräche jedoch ein begründeter Verbesserungsantrag die Innenbindung der erlassenen Entscheidung, würde das erlassende Gericht instand gesetzt, seine Entscheidung aufzuheben und die Sache an das zuständige Gericht zu verweisen. Mag demnach auch die Bereitschaft des erlassenden Gerichts zur Korrektur seines Verfahrensfehlers in Frage stehen, die Möglichkeit dazu bestünde jedenfalls.

1482 Statt vieler *Schneider*, Rn. 501 ff.; ders., ZAP, Fach 13, S. 1207 ff., 1209; *Voßkuhle*, NJW 2003, S. 2193 ff., 2196 f.; *Gravenhorst*, MDR 2003, S. 887 f.; a.A. *Pape*, NZI 2003, S. 12 ff., 16, der vorstehenden kritischen Stimmen unter anderem entgegnet, dass eine gesetzliche Regelung der Selbstkorrektur respektive ein insoweit formalisiertes Verfahren den Effizienzgrad der Eigenkontrolle im Vergleich zum außerordentlichen Rechtsbehelf der Gegenvorstellung durchaus zu steigern in der Lage wäre.

1483 *Gottwald*, Gutachten zum 61. DJT, A 29 f..

1484 *Gottwald*, a.a.O..

*ven Rechtsschutzes* die übergeordnete Instanz die Entscheidung des iudex a quo kassieren oder reformieren.[1485]

Dabei ist zunächst zum Grundsatz der Rechtsschutzeffektivität einschränkend zu bemerken, dass darin kein autonomer Maßstab liegt, welcher etwa den Erfolg eines begründeten Rechtsbehelfs garantierte. Selbst die verfassungsrechtlich gesicherte Effektivität des Rechtsschutzes schützt nicht vor dem Risiko falscher Rechtsanwendung.[1486] Gewiss wird der Gesetzgeber aber dadurch verpflichtet, einen Rechtsbehelf zu schaffen, der die Überprüfung der gerügten Entscheidung und gegebenenfalls die Beseitigung des Verstoßes weder ausschließt noch in unzumutbarer, aus Sachgründen nicht mehr zu rechtfertigender Weise erschwert.[1487] Da aber trotz aller Bedenken grundsätzlich davon auszugehen ist, dass ein Richter, obgleich er denselben Sachverhalt bereits beurteilt hat, an eine erneute Beurteilung einer Rechtssache unvoreingenommen herantritt,[1488] kann jedenfalls von einem Ausschluss jeglicher Überprüfungsmöglichkeit auch dann nicht die Rede sein, wenn man die Kontroll- und Änderungbefugnis in der betreffenden Instanz belässt.

Desgleichen dürfte auf der anderen Seite außer Streit stehen, dass die bloße Eigenkontrolle im Vergleich zur Befassung einer höheren Instanz den Rechtsschutz zumindest „erschwert" respektive eine weniger erfolgversprechende Vorgehensweise bedeutete, um eine gerichtliches Verfahren auf die Einhaltung von Verfahrensgrundrechten hin zu überprüfen.[1489] Allerdings ließe sich eine solche gesetzgeberische Entscheidung für die Eigenkontrolle[1490] sachlich rechtfertigen. Als konfligierendes Verfassungsgut ist dabei die *Funktionsfähigkeit der Gerichte* in Betracht zu ziehen.[1491] Um einer Aushöhlung des Justizgewährleistungsanspruchs entgegenzuwirken, ist dieses Argument zwar nur mit Vorsicht zu gebrauchen und sind dem Gesetzgeber besondere Darle-

---

1485 BGH, NJW 2002, S. 754 f., unter Hinweis auf *Kreft*, FS für *Graßhof* (1998), S. 185 ff., 194 f..

1486 Zutreffend *Voßkuhle*, NJW 1995, S. 1377, 1382.

1487 Vgl. BVerfGE 84, 366 ff., 370.

1488 Vgl. *Hübsch*, DRiZ 1980, S. 140 f.; *Pape*, NZI 2003, S. 12 ff., 16.

1489 Die von *Gravenhorst* (MDR 2003, S. 887 f.) für den Fall eines Beharrungsbeschlusses vorgeschlagene Korrektur durch das Ausgangsgericht ohne Beteiligung der Richter, welche die zu überprüfende Entscheidung gefällt haben, mag im Vergleich zur Befassung durch Richter höherer Instanzen kostengünstiger sein. Doch wurde bislang zu Recht davon abgesehen, Spruchkörper desgleichen Gerichts zur gegenseitigen Entscheidungskontrolle zu berufen. Dies gilt umso mehr, als das Verdikt einer verfassungswidrigen Gesetzeswidrigkeit auszusprechen wäre.

1490 Respektive für eine tendenziell niedrigere Rechtsschutzeffektivität als bei einer Fremdkontrolle.

1491 Zum Verfassungsrang der Funktionsfähigkeit der Rechtspflege vgl. BVerfGE 34, 23 (32).

gungs- und Begründungspflichten auferlegt,[1492] doch wäre im Falle der Anfechtbarkeit eines Beharrungsbeschlusses eine „Überlastung der Gerichte"[1493] zu besorgen, welche eine zeitlich zumutbare Durchsetzung privater Rechte im Übrigen und damit die Wahrung des Justizgewährungsanspruchs insgesamt gefährdete. Denn hätte sich die höhere Instanz nicht nur mit der Frage des gesetzlichen Richters oder der Gewährung rechtlichen Gehörs auseinander zu setzen, sondern könnten auch Verstöße gegen das Willkürverbot gerügt werden,[1494] erforderte dies im Ergebnis eine revisionsähnliche Kontrolle der Rechtsanwendung in einer eigenen Rechtsbehelfsinstanz. Dies beträfe ausnahmslos all jene Gerichtsentscheidungen, die nicht durch ein Gericht des Bundes erlassen werden.[1495] Wie *Roth*[1496] zutreffend anmerkt, verkehrte sich dann aber der Gewinn für die Parteien und das Bundesverfassungsgericht zum Fluch gegen die Gerichte. Aus diesem Grunde erscheint es ratsam, davon abzusehen, die Zurückweisung eines Verbesserungsantrags zur Anfechtung der Parteien zu stellen.

Darüber hinaus ist aber der Empfehlung *Gottwalds*[1497] zu folgen und die neu eingeführte Anhörungsrüge (§ 321 a ZPO) zu einem allgemeinen Verbesserungsverfahren bei ent-scheidungserheblichen und zugleich wesentlichen Verfahrensfehlern auszubauen. Nach einer Neuregelung dürfte § 321 a Abs. 1 ZPO demnach wie folgt lauten:

„§ 321 a Abhilfe bei der Verletzung eines Verfahrensgrundrechts

(1) Auf die Rüge der durch das Urteil oder den Beschluss beschwerten Partei ist der Prozess vor dem erlassenden Gericht fortzuführen, wenn

1. die gerichtliche Entscheidung keinem Rechtsmittel unterliegt und
2. das letztinstanzliche Gericht ein Verfahrensgrundrecht, insbesondere den Anspruch auf rechtliches Gehör oder das Willkürverbot, in entscheidungserheblicher Weise verletzt hat."

---

1492 Vgl. dazu *Voßkuhle*, NJW 2003, S. 2193 ff., 2197.

1493 BVerfGE 36, 264 ff., 275.

1494 Unterschiedliche Abhilferegelung für die verschiedenen Verfahrensgrundrechte dürften kaum praktikabel sein, da die jeweiligen Gewährleistungsbereiche vor allem in der Rechtsprechungspraxis stark fluktuieren, kritisch *Schumann*, ZZP 96 (1983), S. 137 ff., 158 f.; ders., 50 Jahre BGH (2000), S. 3 ff., 20; vgl. daneben *Musielak*, Einl., Rn. 29 ff., 31 ff..

1495 Ansonsten erschöpft sich die fachgerichtliche Abhilfemöglichkeit ohnehin – mangels eines übergeordneten Gerichts – in einer Selbstkontrolle des erlassenden Bundesgerichts.

1496 Diskussionsbeitrag auf dem 61. DJT, A 83 f..

1497 *Gottwald*, Gutachten zum 61. DJT, A 83 f.; ebenso *Roth*, Diskussionsbeitrag auf dem 61. DJT, A 83 f.; *ders.*, JZ 1996, S. 805 ff., 806; *ders.*, JZ 1996, S. 375 f..

### V. Ergebnis

Die außerordentlichen Rechtsbehelfe der Gegenvorstellung und der außerordentlichen Beschwerde sind Ergebnis einer freien Rechtsfortbildung und deshalb als gesetzeswidrig abzulehnen. Dies gilt auch und gerade im Falle vermeintlicher Verfahrensgrundrechtsverletzungen. Letztinstanzliche Beschlüsse im Zivilverfahren erwachsen somit grundsätzlich in Innenbindung und materielle Rechtskraft. Selbst wenn ein Beschluss unter Verletzung eines Verfahrensgrundrechts ergangen sein sollte, ist die Abänderbarkeit auf das vom Bundesverfassungsgericht angemahnte Rügeverfahren beschränkt.[1498]

## G. Zusammenfassung der wesentlichen Ergebnisse

1. Die zivilprozessuale Innenbindung ist eine eigenständige Entscheidungswirkung, welcher ein autonomer Maßstab für die Frage der Abänderbarkeit einer gerichtlichen Entscheidung innewohnt.
2. Zur Abgrenzung des inner- und außerprozessualen Verfahrensraums im Beschlussverfahren ist auf das gesetzliche Antragsrecht der Beteiligten im Sinne des § 567 Abs. 1 Nr. 2 ZPO zurückzugreifen.

   Die Zulässigkeit der Wiederholung eines Rechtsmittels im Allgemeinen und der sofortigen Beschwerde im Besonderen ist am Maßstab der innerprozessualen Bindungswirkung der angefochtenen Entscheidung zu beurteilen.
3. Die Innenbindung erweist sich anders als die materielle Rechtskraft einer Entscheidung als grundsätzlich novenfeste Entscheidungswirkung. Trotz einer Veränderung des entscheidungserheblichen Sachverhalts sind die Verfahrensbeteiligten auf die Stellung eines neuen Antrags im Sinne des § 567 Abs. 1 Nr. 1 ZPO zu verweisen.

   Ausnahmsweise ist nach einer Verwerfung des eingelegten Rechtsmittels den Verfahrensbeteiligten zu gestatten, bei Meidung des vormaligen Zulässigkeitsmangels das Rechtsmittel zu wiederholen. Diese Möglichkeit besteht grundsätzlich auch nach Eintritt der formellen Rechtskraft der Rechtsmittelentscheidung, längstens jedoch bis zum Ablauf der Frist zur Anfechtung der Ausgangsentscheidung.

---

[1498] Erst nach ungenutztem Ablauf der Rügefrist bzw. mit Erlass eines unanfechtbaren Beharrungsbeschlusses wird der Beschluss gänzlich unabänderlich. Zeitgleich erwächst die Entscheidung damit in innerprozessuale Bindungswirkung und materielle Rechtskraft. Ob dagegen formelle Rechtskraft schon mit Erlass des inkriminierten Beschlusses eintritt, hängt davon ab, ob der Gesetzgeber es trotz des dann erweiterten Anwendungsbereichs der Rüge bei der Regelung des § 705 ZPO belässt oder die Hemmung der Rechtskraft während eines Verbesserungsverfahrens abschafft, um zu verhindern, dass der Rechtsbehelf nur eingelegt wird, um Zeit zu gewinnen; letzteres befürchtete der Bundesrat schon vor der Einführung der jetzigen Anhörungsrüge, vgl. BT-Drucks. 14/4722, S. 149.

4. Weder der Devolutiveffekt eines Rechtsmittels noch der Gesichtspunkt der Befassung des Gerichts vermögen näher Aufschluss über die Frage der Abänderbarkeit einer gerichtlichen Entscheidung zu geben.
5. Die Abschaffung des § 577 Abs. 3 ZPO a.F. respektive die Einführung einer generellen Abhilfebefugnis (§ 572 Abs. 1 S. 1 ZPO) durch das ZPO-Reformgesetz bezweckten keineswegs die Bindungsfreiheit zivilprozessualer Beschlüsse, wie sie gemeinhin der überkommenen Abhilferegelung des § 571 ZPO a.F. entnommen wurde. Eine freie Abänderungsbefugnis des iudex a quo liefe der Auslegungspraxis in anderen Verfahrensordnungen zuwider, deren Abhilferegelung sich der Reformgesetzgeber zum Vorbild nahm, und entwertete die Entscheidungsform des Beschlusses, da nur mehr Urteile Rechtsfragen verbindlich klären könnten.
6. Würde man bindende von abänderlichen Beschlüssen anhand der Urteilsähnlichkeit ihres Verfahrensgegenstandes voneinander scheiden, beschränkte man den Kreis bindender Beschlüsse letztlich auf einzelne Entscheidungen; auch dies würde dem Regelungsziel, die Bestandskraft von Nebenentscheidungen zu erhöhen, eklatant widersprechen.
7. Dem Gesetzgeber lag daran, den iudex a quo in Stand zu setzen, einer sofortigen Beschwerde abzuhelfen. Zu diesem Zwecke konstituiert § 572 Abs. 1 S. 1 ZPO eine Abänderungsmöglichkeit innerhalb des Beschwerdeverfahrens. Um den innerprozessualen Bestandsschutz außerhalb des Rechtsmittelverfahrens nicht preiszugeben, darf das Gericht von seiner Abhilfebefugnis nur dann Gebrauch machen, wenn es einer zulässigen und begründeten Beschwerde abhelfen will. § 572 Abs. 1 S. 1 ZPO ist mithin als abschließende Regelung der Abänderbarkeit anfechtbarer Beschlüsse anzusehen.
8. Beschlüsse, die ihrer Art nach der sofortigen Beschwerde unterliegen, zeitigen nicht nur Innenbindung, sondern erwachsen zudem im Zeitpunkt ihrer Unanfechtbarkeit in materielle Rechtskraft. Dabei begegnet auch die Rechtskraftfähigkeit von Beschlüssen, welche in summarischen Verfahren ergehen, kein (verfassungsrechtliches) Bedenken.
9. Diese umfassende inner- und außerprozessuale Bindungswirkung führt zu praktikablen Ergebnissen, wie sich am Beispiel des Prozesskostenhilfe-, Aussetzungs-, Zwangsvollstreckungs- und des vorläufigen Rechtsschutzverfahrens zeigen lässt.

   Eine Einschränkung ist lediglich im Prozesskostenhilfeverfahren hinsichtlich unanfechtbarer Versagungsbeschlüsse zu machen. Insoweit verstieße es gegen den verfassungsrechtlichen Justizgewährungsanspruch, wären die Versagungsbeschlüsse von vorneherein unanfechtbar und zugleich inner- und außerprozessual bindend. Als rechtsstaatliches Minimum ist hier zu gewährleisten, dass die Rüge der Verletzung der Rechtsschutzgleichheit zumindest einmal auf ihre Begründetheit hin gerichtlich überprüft wird. Zu diesem Zwecke ist entweder das Verfahrensgrundrecht in das verfassungsgerichtlich angemahnte, fachgerichtliche Rechtsbehelfsverfahren als rügefähiges Recht aufzunehmen oder sind die betreffenden Unanfechtbarkeitsklauseln im Prozesskostenhilfeverfahren zu streichen.

10. Die Gegenvorstellung und die außerordentliche Beschwerde waren und sind gesetzwidrige Rechtsbehelfe, soweit sie zur Überwindung inner- und außerprozessualer Bindungswirkung verwandt werden. Selbst ein greifbar gesetzeswidriger und damit objektiv willkürlicher Beschluss zeitigt grundsätzlich formelle Rechtskraft, Innenbindung und materielle Rechtskraft. Ein entscheidungserheblicher Verstoß gegen ein Verfahrensgrundrecht kann nur auf eine zulässige und begründete Beschwerde hin oder innerhalb des zu schaffenden Rügeverfahrens beseitigt werden.

11. Um dem verfassungsrechtlichen Postulat einer einmaligen gerichtlichen Entscheidung über die behauptete Verletzung eines Verfahrensgrundrechts gerecht zu werden, ist vom Gesetzgeber ein allgemeines, befristetes Verbesserungsverfahren vor dem iudex a quo einzurichten. Der alternative Weg einer Fremdkontrolle durch eine übergeordnete Instanz oder einen anderen Spruchkörper gleicher Instanz erscheint demgegenüber nicht gangbar.

# Literaturverzeichnis


Albers, Jan — Prozeßkostenhilfe als Sozialhilfe, in: Gedenkschrift für Wolfgang Martens, 1987, S. 283

Alternativkommentar — Kommentar zur Zivilprozeßordnung, Neuwied 1987 (zit.: AK)

Altvater, H. — Über die Unabänderlichkeit der gerichtlichen Entscheidungen, gegen welche das Rechtsmittel der sofortigen Beschwerde stattfindet, AcP 64 (1881), S. 408

Arnold, Egon/ Meyer-Stolte, Klaus — Rechtspflegergesetz, 4. Auflage 1994, Bielefeld 1994, 5. Auflage, Bielefeld 1999, 6. Auflage, Bielefeld 2002

Bauer, Manfred — Die Gegenvorstellung im Zivilprozeß in Analogie zu den §§ 33a, 331a StPO, NJW 1991, S. 1711

Bauer, Manfred — Die Gegenvorstellung im Zivilprozeß, Berlin 1990

Baumbach, Adolf/ Lauterbach, Wolfgang/ Albers, Jan/ Hartmann, Peter — Zivilprozessordnung mit Gerichtsverfassungsgesetz und anderen Nebengesetzen, 59. Auflage, München 2001, 61. Auflage, München 2003, 62. Auflage, München 2004

Baumgärtel, Gottfried — Anmerkung zu OVG Hamburg, JZ 1958, S. 67, in: JZ 1958, S. 68

Baumgärtel, Gottfried — Die Grenzen für eine Zulassung der Gegenvorstellung gegen eine letztinstanzliche Beschwerdeentscheidung, MDR 1968, S. 970

Baumgärtel, Gottfried — Die Zulässigkeit der Wiederholung einer Beschwerde nach Erschöpfung des Instanzenwegs, JZ 1959, S. 437

Baur, Fritz — Studien zum einstweiligen Rechtsschutz, Tübingen 1967

Beermann, Albert — Steuerliches Verfahrensrecht, Band 5, Stand September 2003, Grundwerk Bonn 1996

Behn, Michael — Der wiederholende Antrag im Prozeßkostenhilfeverfahren, Ist Verwaltungsverfahrensrecht durch die Gerichte anzuwenden?, BayVBl. 1983, S. 690

Benda, Ernst/ Weber, Albrecht — Der Einfluß der Verfassung im Prozeßrecht, Nationalbericht für den Internationalen Kongreß für Prozeßrecht in Würzburg im September 1983, ZZP 96 (1983), S. 285

Bergerfurth, Bruno — Anmerkung zu OLG Hamburg, Rpfleger 1971, S. 395, in: Rpfleger 1971, S. 395

Bericht der Vorbereitungskommission — Bericht der Kommission zur Vorbereitung einer Reform der Zivilgerichtsbarkeit, herausgegeben vom Bundesjustizministerium, Bonn 1961

| | |
|---|---|
| Bericht der Kommission für das Zivilprozeßrecht | Bericht der Kommission für das Zivilprozeßrecht, herausgegeben vom Bundesminsterium der Justiz, Bonn 1977 |
| Bettermann, Karl August | Anfechtung und Kassation, ZZP 88 (1975), S. 365 |
| Bettermann, Karl August | Die Vollstreckung des Zivilurteils in den Grenzen seiner Rechtskraft, Hamburg 1948 |
| Bley, Helmar/ Gitter, Wolfgang | Gesamtkommentar zur Sozialversicherung, Band 9, Sozialgerichtsverfahren, Teil 2, Stand der Bearbeitung März 1995, Grundwerk Wiesbaden 1959 |
| Blomeyer, Jürgen | Die Erinnerungsbefugnis Dritter in der Mobiliarzwangsvollstreckung, Zugleich Gedanken zur Verfahrensnatur der Erinnerung und zur Rechtskraft der Erinnerungsentscheidung, Berlin 1966 |
| Blomeyer, Jürgen | Zum Streit über Natur und Wirkungsweise materieller Rechtskraft, Insbesondere zu seiner praktischen Bedeutsamkeit, JR 1968, S. 409 |
| Blomeyer, Karl | Arrest und einstweilige Verfügung, ZZP 65 (1952), S. 52 |
| Bongen, Wolfgang/ Renaud, Werner | Zur materiellen Rechtskraft antragsabweisender Beschlüsse und Urteile im Arrestverfahren, NJW 1991, S. 1886 |
| Bötticher, Eduard | Kritische Beiträge zur Lehre von der materiellen Rechtskraft, Berlin 1930 |
| Bötticher, Eduard | Zur Lehre vom Streitgegenstand im Eheprozeß, in: Festgabe für Leo Rosenberg, 1949, S. 73 |
| Bowitz, Hans Hermann | Zur Gegenvorstellung im Verwaltungsprozeß, Staats- und Kommunalverwaltung 1977, S. 142 |
| Braun, Johann | Alternativen zur außerordentlichen Beschwerde bei greifbarer Gesetzeswidrigkeit gegen an sich unanfechtbare Beschlüsse, LM H. 8/2002, § 574 Nr. 1 |
| Braun, Johann | Besprechung von Manfred Bauer, Die Gegenvorstellung im Zivilprozeß, ZZP 104 (1991), S. 349 |
| Braun, Johann | Rechtskraft und Restitution, Zweiter Teil: Die Grundlagen des geltenden Restitutionsrechts, Berlin 1985 |
| Brox, Hans/ Walker, Wolf-Dieter | Zwangsvollstreckungsrecht, 6. Auflage, Köln 1999 |
| Bruns, Anja | Prozessgrundrechte im System des Grundgesetzes, Münster 2002 |
| Bruns, Rudolf/ Peters, Egbert | Zwangsvollstreckungsrecht, 3. Auflage, München 1987 |
| Burgard, Jens/ Fresemann, Thomas | In welchen Fällen kann ein Aufhebungsantrag gemäß § 927 ZPO auf Umstände gestützt werden, die bereits |

bei Erlass der einstweiligen Verfügung oder des Arrestes vorlagen?, DRiZ 2000, S. 195

Cohn, Fritz E. — Kann der rechtskräftig abgelehnte Antrag auf Anordnung eines Arrestes oder Erlaß einer einstweiligen Verfügung aufgrund desselben Sachverhalts unter besserer Glaubhaftmachung erneut gestellt werden?, JW 1915, S. 1338, S. 1421

Dallmayer, Peter/ Eickmann, Dieter — Rechtspflegergesetz, München 1996

Deubner, Karl G. — Die Verfassungsbeschwerde wegen Verletzung des Anspruchs auf rechtliches Gehör, NJW 1980, S. 263

Dreier, Horst — Grundgesetz, Band 1 (Art. 1-19), Tübingen 1996, Band 3 (Art. 83-146), Tübingen 2000

Dunz, Walter — Anmerkung zu OLG Frankfurt, NJW 1962, S. 449, in: NJW 1962, S. 814

Dütz, Wilhelm — Verwirkung des Rechts auf Anrufung des Gerichts, NJW 1972, S. 1025

Elzer, Oliver — Einseitige Erledigterklärung vor Rechtshängigkeit nach dem ZPO-Reformgesetz, NJW 2002, S. 2006

Entwurf einer Zivilprozeßordnung — Entwurf einer Zivilprozeßordnung, veröffentlicht durch das Reichsjustizministerium, Berlin 1931

Eyermann, Erich — Verwaltungsgerichtsordnung, 11. Auflage, München 2000

Fraga Novelle, Ana Maria — Die Wirkungen der Beschlüsse im Zivilprozeßrecht, Berlin 2000

Franke, Stefan — Zur Reform des Armenrechts, Berlin 1980

Frohn, Hansgeorg — Rechtliches Gehör und richterliche Entscheidung, Studie zur Verfassungsdimension des gerichtlichen Erkenntnisverfahrens, Zugleich ein Beitrag zur verfassungsrechtlichen Problematik des Postulats effektiven Rechtsschutzes, Berlin 1989

Gäbelein, Wolfgang — Zur Abänderbarkeit von Entscheidungen, JZ 1955, S. 260

Gaul, Hans Friedhelm — Die Haftung aus dem Vollstreckungszugriff, ZZP 110 (1997), S. 3

Gaul, Hans-Friedhelm — Zur Struktur der Zwangsvollstreckung, Rpfleger 1971, S. 41

Gehrlein, Markus — Erste Erfahrungen im Revisions- und Beschwerdeverfahren, MDR 2003, S. 547

Geiger, Willi — Abweichende Meinung zu BVerfGE 42, 64, in: BVerfGE 42, 79

Gilles, Peter — Rechtsmittel im Zivilprozeß, Frankfurt a.M. 1972

Gönner, Nikolaus Thaddäus, von — Handbuch des deutschen gemeinen Prozesses in einer ausführlichen Erörterung seiner Gegenstände, 3. Band, 2. Auflage, Erlangen 1804

Göppinger, Horst — Die Erledigung eines Rechtsstreits in der Hauptsache, Stuttgart 1958

Gottwald, Peter — Abänderungsklage, Unterhaltsanspruch und materielle Rechtskraft, in: Festschrift für Karl Heinz Schwab, 1990, S. 151

Gottwald, Peter — Anmerkung zu OLG Köln, FamRZ 1989, S. 411 f., in: FamRZ 1989, S. 412

Gottwald, Peter — Die Argumentation im Zivilprozeßrecht, ZZP 93 (1980), S. 1

Gottwald, Peter — Diskussionsbeitrag auf dem 61. Deutschen Juristentag, in: Verhandlungen des Einundsechzigsten Deutschen Juristentages, Band II/2: Sitzungsberichte – Diskussion und Beschlußfassung, München 1996, I 114

Gottwald, Peter — Gutachten zum 61. Deutschen Juristentag, in: Verhandlungen des Einundsechzigsten Deutschen Juristentages, Band I: Gutachten München 1996, A 7

Gottwald, Peter — Probleme der Abänderungsklage in Unterhaltssachen, FamRZ 1992, S. 1374

Gottwald, Peter — Schadenszurechnung und Schadensschätzung, München 1979

Gottwald, Peter — Vom Amtsgericht zum „Gerichtsamt", – Anmerkung zum Beschluß des BVerfG v. 18.1.2000 – 1 BvR 321/96 –, FamRZ 2000, 731 –, FamRZ 2000, S. 1477

Gottwald, Peter/ Semmelmayer, Johann — Anmerkung zu BGH, JZ 1993, S. 413, in: JZ 1993, S. 415

Götz, Heinrich — Urteilsmängel und innerprozessuale Bindungswirkung, Zugleich ein Beitrag zur Lehre von der Urteilsnichtigkeit, Berlin 1965

Götz, Heinrich — Urteilsmängel und innerprozessuale Bindungswirkung von Urteilen im Zivil-, Arbeits- und Verwaltungsprozeßrecht, JZ 1959, S. 681

Gräber, Fritz — Finanzgerichtsordnung, 5. Auflage, München 2002

Gravenhorst, Wulf — Anmerkung zu BVerfG, MDR 2003, S. 886, in: MDR 2003, S. 887

Grunsky, Wolfgang — Grundlagen des Verfahrensrechts, 2. Auflage, Bielefeld 1974

Gummer, Peter — Anmerkung zu BGH, BGH-Report 2002, S. 431, in: BGH-Report 2002, S. 432

Gündner, Otto — Die Abänderlichkeit formell rechtskräftiger Beschlüsse der streitigen Zivilgerichtsbarkeit, Gießen 1935

| | |
|---|---|
| Habscheid, Walther J. | Schiedsverfahren und Freiwillige Gerichtsbarkeit, ZZP 66 (1953), S. 188 |
| Hahn, Carl | Die gesammten Materialien zu den Reichs-Justizgesetzen, Erste Abteilung, 2. Band: Die gesammten Materialien zur Civilprozeßordnung, Berlin 1880 |
| Hahn, Carl/ Mugdan, Benno | Die gesammten Materialien zu den Reichs-Justizgesetzen, 8. Band: Materialien zum Gesetz betr. Aenderungen der Civilprozeßordnung, Gerichtsverfassungsgesetz und Strafprozeßordnung, Berlin 1898 |
| Handbuch zum Sozialrecht | Handbuch zum Sozialrecht, Ordner 8, Stand der Bearbeitung April 2003, Grundwerk Neuwied 1979 |
| Hannich, Rolf/ Meyer-Seitz, Christian | ZPO-Reform 2002 mit Zustellungsreformgesetz, München 2002 |
| Hansens, Heinz | Neuerungen im Kosten- und Vergütungsfestsetzungsverfahren, Rpfleger 2001, S. 573 |
| Hauck, Karl | Die Rechtskraftfähigkeit der Beschlüsse im Zivilprozeß, Heidelberg 1949 |
| Hauck, Karl/ Noftz, Wolfgang | Sozialgesetzbuch, SGB X, Teil 1 und 2, Verwaltungsverfahrensrecht und Schutz der Sozialdaten, Stand der Bearbeitung August 2002, Grundwerk Bonn 1981 |
| Hein, Wolfgang | Identität der Partei, Eine dogmatische Untersuchung mit Beiträgen zur Systematik des Zivilprozeßrechts und zur Lehre von der Urteilsnichtigkeit, Band 1, Berlin 1918 |
| Hellmann, Friedrich | Lehrbuch des deutschen Civilprozeßrechtes, München 1886 |
| Hellwig, Konrad | System des deutschen Zivilprozeßrechts, Teil 1, Ordentliches Verfahren, ausschließlich besondere Prozeßarten und Zwangsvollstreckung, Leipzig 1912, Neudruck, Aalen 1968 |
| Henschel, Johann Friedrich | Rechtswegerschöpfung im Verfahren der Verfassungsbeschwerde, in: Festschrift für Joachim Faller, 1984, S. 165 |
| Herbst, G. | Aufhebung des Arrestes und der einstweiligen Verfügung wegen veränderter Umstände, ZZP 7 (1884), S. 518 |
| Herriger, Alfred | Anmerkung zu LG Altona, JW 1934, S. 2502, in: JW 1934, S. 2502 |
| Hirsch, Willi | Rechtskraft im Beschlussverfahren, Rostock 1935 |
| Hohmann, Ralf | Die Gegenvorstellung – „Stiefkind“ des Strafrechts?, JR 1991, S. 10 |

Hübsch, Gerbert — Wird die Rüge der Verletzung des rechtlichen Gehörs im Zivilprozeßrecht neu geregelt?, DRiZ 1980, S. 140

Hübschmann, Walter/ Hepp, Ernst/ Spitaler, Armin — Abgabenordnung, Finanzgerichtsordnung, Band 12, Stand der Bearbeitung September 2003, 10. Auflage, Köln 1995

Jansen, Paul — FGG, Kommentar, Erster Band, 2. Auflage, Berlin 1969

Jauernig, Othmar — Außerordentliche Rechtsbehelfe, in: Festschrift für Ekkehard Schumann, 2001, S. 241

Jauernig, Othmar — Materielle Rechtskraft oder innerprozessuale Bindungswirkung eines Verwerfungsbeschlusses gemäß § 519 b Abs. 2 ZPO bei wiederholter Berufung?, MDR 1982, S. 286

Jauernig, Othmar — Zivilprozeßrecht, 27. Auflage, München 2002

Kahlke, Gerhard — Keine prozessuale Überholung eines Nebenstreits bei Verletzung von Verfahrensverfassungsrecht, ZZP 95 (1982), S. 288

Kalthoener, Elmar/ Büttner, Helmut/ Wrobel-Sachs, Hildegard — Prozesskostenhilfe und Beratungshilfe, 3. Auflage, München 2003

Kann, Richard — Anmerkung zu OLG München, ZZP 54 (1929), S. 96 ff., in: ZZP 54 (1929), S. 98 ff.

Kasseler Kommentar — Sozialversicherungsrecht, Band 2, Stand der Bearbeitung September 2003, München

Keidel, Theodor/ Kuntze, Joachim/ Winkler, Karl — Freiwillige Gerichtsbarkeit, Kommentar zum FGG, 15. Auflage, München 2003

Kirchberg, Christian — Anmerkung zu BVerfG, BRAK-Mitt. 2003, S. 177 (Leitsatz), in: BRAK-Mitt. 2003, S. 177

Kissel, Otto Rudolf — Der dreistufige Aufbau in der ordentlichen Gerichtsbarkeit, Ein Beitrag zur großen Justizreform, Frankfurt a.M. 1972

Klauser, Karl-August — Diskussionsbeitrag auf dem 61. Deutschen Juristentag, in: Verhandlungen des Einundsechzigsten Deutschen Juristentages, Band II/2: Sitzungsberichte – Diskussion und Beschlußfassung, München 1996, I 94

Kleinfeller, Georg — Der Gegenstand der Rechtskraft, in: Festschrift für Adolf Wach, Leipzig 1913, Zweiter Band, 1970, S. 373

Kley, Dieter — Anmerkung zu BVerfG, DVBl. 2003, S. 1159, in: DVBl. 2003, S. 1160

Kley, Max Gisbert — Die außerordentliche Beschwerde, Rechtsgrundlage und Verfahren der Beschwerde wegen greifbarer Gesetzeswidrigkeit, Frankfurt a.M. 1999

Kohler, Josef — Der Prozeß als Rechtsverhältnis, Mannheim 1888, Neudruck, Aalen 1969

Kopp, Ferdinand/ Schenke, Wolf-Rüdiger — Verwaltungsgerichtsordnung, 12. Auflage, München 2000

Kreft, Gerhart — „Greifbare Gesetzeswidrigkeit", Gedanken zur Entlarvung eines Phantoms, in: Festgabe für Karin Graßhof, 1998, S. 185

Kunz, Bernhard/ — Erinnerung und Beschwerde, Tübingen 1980

Künzl, Reinhard/ Koller, Johann — Prozesskostenhilfe, 2. Auflage, Köln 2003

Larenz, Karl — Methodenlehre der Rechtswissenschaft, 6. Auflage, Berlin 1991

Leipold, Dieter — Grundlagen des einstweiligen Rechtsschutzes im zivil-, verfassungs- und verwaltungsgerichtlichen Verfahren, München 1971

Lent, Friedrich — Anmerkung zu OLG Frankfurt, NJW 1951, S. 721, in: NJW 1951, S. 721

Lerche, Peter — Übermaß und Verfassungsrecht: Zur Bindung des Gesetzgebers an die Grundsätze der Verhältnismäßigkeit und der Erforderlichkeit, München 1961

Lipp, Volker — Beschwerden wegen „greifbarer Gesetzeswidrigkeit" nach der ZPO-Reform 2002, NJW 2002, S. 1700

Loritz, Karl-Georg — Rechtsnachfolge und Umschreibung der Vollstreckungsklausel in den Verfahren des einstweiligen Rechtsschutzes, ZZP 106 (1993), S. 3

Lotz, Michael — Die „greifbare Gesetzeswidrigkeit" – eine den Wertentscheidungen des Grundgesetzes Rechnung tragende Rechtsschöpfung des BGH?, NJW 1996, S.2130

Lüdemann, Wilhelm — Ist ein Gericht befugt, seine eigenen Beschlüsse und Verfügungen abzuändern, zu berichtigen und zu ergänzen?, Hamburg 1930

Lüke, Gerhard — Die Zurückweisung verspäteten Vorbringens nach der Vereinfachungsnovelle zur ZPO, in: Recht und Gesetz im Dialog, Saarbrücker Vorträge, Köln 1982, S. 31

Lüke, Gerhard — Die Bindungswirkung im Zivilprozess, JuS 2000, S. 1042

Mädrich, Joachim — Das Verhältnis der Rechtsbehelfe des Antragsgegners im einstweiligen Verfügungsverfahren, Berlin 1980

Mangoldt, Hermann, von/ Klein, Friedrich/ Starck, Christian — Das Bonner Grundgesetz, 4. Auflage, Band 1 (Präambel, Art. 1-19), München 1999, Band 3 (Art. 79-146), München 2001

| | |
|---|---|
| Mauder, Johannes | Der Anspruch auf rechtliches Gehör, seine Stellung im System der Grundrechte und seine Auswirkung auf die Abgrenzungsproblematik zwischen Verfassungs- und Fachgerichtsbarkeit, München 1986 |
| Maunz, Theodor/ Dürig, Günter | Grundgesetz, Band 2 (Art. 12-20), Band 5 (Art. 89-146), Stand der Bearbeitung Februar 2003, München |
| Meyer-Ladewig, Jens | Sozialgerichtsgesetz, 7. Auflage, München 2002 |
| Möller | Ueber die Aufhebung des Arrests wegen veränderter Umstände, ZZP 10 (1887), S. 498 |
| Müller, Hans-Friedrich | Abhilfemöglichkeiten bei der Verletzung des Anspruchs auf rechtliches Gehör nach der ZPO-Reform, NJW 2002, S. 2743 |
| MünchKommZPO | Münchener Kommentar zur Zivilprozessordnung, Band 1 (§§ 1-354), 2. Auflage, München 2000, Band 2 (§§ 355-802), 2. Auflage, München 2000, Band 3 (§§ 803-1066), 2. Auflage, München 2001, Aktualisierungsband, 2. Auflage, München 2002 |
| Münzberg, Wolfgang | Anmerkung zu OLG Hamm, Rpfleger 2001, S. 409, in: Rpfleger 2001, S. 410 |
| Musielak, Hans-Joachim | Der rechtskräftig entschiedene Lebenssachverhalt, Versuch einer Abgrenzung, NJW 2000, S. 3593 |
| Musielak, Hans-Joachim | Kommentar zur Zivilprozessordnung mit Gerichtsverfassungsgesetz, 2. Auflage, München 2000, 3. Auflage, München 2002 |
| Noske, Thomas | Die Prozeßökonomie als Bestandteil des verfassungsrechtlichen Grundsatzes der Verhältnismäßigkeit, Mainz 1989 |
| Otto, Hansjörg | Die BGH-Rechtsprechung zur Präklusion verspäteten Vorbringens, in: 50 Jahre Bundesgerichtshof, Festgabe aus der Wissenschaft, Band III., 2000, S. 161 |
| Otto, Hansjörg | Die Präklusion, Ein Beitrag zum Prozeßrecht, Berlin 1970 |
| Pagenstecher, Max | Die praktische Bedeutung des Streits über das Wesen der Rechtskraft, ZZP 37 (1908), S. 1 |
| Pagenstecher, Max | Zur Lehre von der materiellen Rechtskraft, Berlin 1905 |
| Pape, Gerhard | Selbstkorrektur oder außerordentliche Beschwerde wegen „greifbarer Gesetzeswidrigkeit“?, NZI 2003, S. 12 |
| Pawlowski, Hans-Martin | Zu den „Außerordentlichen Beschwerden“ wegen „Greifbarer Gesetzeswidrigkeit“, in: Festschrift für Egon Schneider, 1997, S. 39 |
| Pawlowski, Sybille | Zum außerordentlichen Rechtsschutz gegen Urteile und Beschlüsse bei Verletzung des Rechts auf Gehör nach |

Art. 103 Abs. 1 GG durch die Zivilgerichtsbarkeit, Berlin 1994

Peters, Egbert — Der sogenannte Freibeweis im Zivilprozeß, Köln 1962

Peters, Egbert — Die Bestandskraft von Beschlüssen – ein Problem auch nach der Reform der ZPO, in: Festschrift für Reinhold Geimer, 2002, S. 811

Peters, Egbert — Die Immobiliarvollstreckung – eine Fundgrube für die Dogmatik der Zwangsvollstreckung, Festschrift für Wolfram Henckel, 1995, S. 665

Peters, Egbert — Materielle Rechtskraft der Entscheidungen im Vollstreckungsverfahren?, ZZP 90 (1977), S. 145 ff.

Peters, Horst/ Sautter, Theodor/ Wolff, Richard — Sozialgerichtsbarkeit, Band 2 und 3, Stand der Bearbeitung März 2003, Stuttgart 1966

Petersen, Julius — Civilprozess für das Deutsche Reich, Band 2, 5. Auflage, Lahr 1906

Philippi, Peter — Prozeßkostenhilfe und Grundgesetz, in: Festschrift für Egon Schneider, 1997, S. 267

Piekenbrock, Andreas — Nichtannahme der Berufung? – Kritische Gedanken zu § 522 ZPO, JZ 2002, S. 540

Pieper, Helmut — Die materielle Rechtskraft der im Zwangsvollstreckungsverfahren ergehenden Beschlüsse, Mainz 1953

Pieroth, Bodo/ Schlink, Bernhard — Grundrechte, Staatsrecht 2, 19. Auflage, Heidelberg 2003

Planck, Julius Wilhelm — Lehrbuch des Deutschen Civilprozessrechts, Band 1, Allgemeiner Theil, Nördlingen 1887, Band 2, Besonderer Theil, München 1896

Pohle, Rudolf — Gedanken über das Wesen der materiellen Rechtskraft, in: Scritti giuridici in memoria di Piero Calamandrei, Band 2, 1958, S. 377 [zit.: GS für Calamandrei]

Pohle, Rudolf — Zur Lehre vom Rechtsschutzbedürfnis, in: Festschrift für Friedrich Lent, 1957, S. 195

Protocolle — Protocolle der Commission zur Berathung einer allgemeinen Civilproceßordnung für die deutschen Bundesstaaten, eingeleitet und neu herausgegeben von Werner Schubert, Band 10, 11 und 15, Frankfurt a.M. 1985

Protokolle — Protokolle der Kommission zur Ausarbeitung des Entwurfs einer Civilprozeßordnung für die Staaten des Norddeutschen Bundes, eingeleitet und neu herausgegeben von Werner Schubert, Band 3 und 4, Frankfurt a.M. 1985

| | |
|---|---|
| Prütting, Hans | Anmerkung zu BGH, ZIP 2002, S. 959, in: EWiR 2002, S. 835 |
| Rahm, Walter/ Künkel, Bernd | Handbuch des Familienverfahrens, Band 2, Stand der Bearbeitung November 2002, 4. Auflage, Grundwerk Köln 1994 |
| Ratte, Theo | Wiederholung der Beschwerde und Gegenvorstellung, Die Abänderbarkeit einer oberlandesgerichtlichen Beschwerdeentscheidung im Zivilprozeß, Zugleich ein Beitrag zur Rechtsnatur der Berufung und Beschwerde, Berlin 1975 |
| Redeker, Konrad | Verfahrensgrundrechte und Justizgewährungsanspruch, NJW 2003, S. 2956 |
| Redeker, Konrad/ Oertzen, Hans-Joachim, von | Verwaltungsgerichtsordnung, 13. Auflage, Stuttgart 2000 |
| Reichel, Hans | Anmerkung zu OLG Braunschweig, ZZP 49 (1925), S. 398, in: ZZP 49 (1925), S. 399 |
| Reichel, Hans | Anmerkung zu OLG München, ZZP 52 (1927), S. 82, in: ZZP 52 (1927), S. 83 |
| Reincke, O. | Die deutsche Civilprozeßordnung, 2. Auflage, Berlin 1893 |
| Reischl, Klaus | Die objektiven Grenzen der Rechtskraft im Zivilprozeß, Tübingen 2002 |
| Reuschle, Fabian | Das Nacheinander von Entscheidungen, Berlin 1998 |
| Rosenberg, Leo/ Schwab, Karl Heinz | Zivilprozeßrecht, 13. Auflage, München 1981, 10. Auflage, München 1969 |
| Rosenberg, Leo/ Schwab, Karl Heinz/ Gottwald, Peter | Zivilprozeßrecht, 15. Auflage, München 1993 |
| Rosenberg, Leo/ Gaul, Hans Friedhelm | Zwangsvollstreckungsrecht, 11. Auflage, München 1997 |
| Roth, Herbert | Anmerkung zu BGH, JZ 1996, S. 375 |
| Roth, Herbert | Diskussionsbeitrag auf dem 61. Deutschen Juristentag, in: Verhandlungen des Einundsechzigsten Deutschen Juristentages, Band II/2: Sitzungsberichte – Diskussion und Beschlußfassung, München 1996, I 81 |
| Roth, Herbert | Zivilprozessuale Rechtsbehelfe und effektiver Rechtsschutz, JZ 1996, S. 805 |
| Sauer, Wilhelm | Grundlagen des Prozessrechts, 2. Auflage, Stuttgart 1929, Neudruck, Aalen 1970 |
| Savigny, Friedrich Carl, von | System des heutigen Römischen Rechts, Band 6, Berlin 1847 |
| Schellhammer, Kurt | Zivilprozess, 10. Auflage, Heidelberg 2003 |

| | |
|---|---|
| Scherer, Inge | Anfechtbarkeit und Bindungswirkung von Verweisungsbeschlüssen nach § 281 ZPO, ZZP 110 (1997), S. 167 |
| Scherer, Inge | Das Beweismaß bei der Glaubhaftmachung, Köln 1996 |
| Schlüter, Wilfried | Erfüllung der Forderung als Erledigungsgrund im Arrestverfahren, ZZP 80 (1967), S. 447 |
| Schmidt, Holger | Besprechung von Theo Ratte, Wiederholung der Beschwerde und Gegenvorstellung, in: FamRZ 1976, S. 654 |
| Schmidt, Holger | Die Gegenvorstellung im Erkenntnis- und summarischen Verfahren der ZPO, Eine Untersuchung über die Abänderlichkeit letztinstanzlicher Beschlüsse und Verfügungen im Beschwerdeverfahren, Bonn 1971 |
| Schneider, Egon | Abhilfe bei Gehörsverletzungen, ZAP, Fach 13, S. 1207 |
| Schneider, Egon | Anmerkung zu BGH, EzA § 127 ZPO, Nr. 9, S. 47, in: EzA § 127 ZPO, Nr. 9, S. 48 |
| Schneider, Egon | Anmerkung zu BGH, MDR 1997, S. 1147, in: MDR 1997, S. 1148 |
| Schneider, Egon | Ausnahmebeschwerde wegen greifbarer Gesetzeswidrigkeit und Gehörsrüge, MDR 2002, S. 1047 |
| Schneider, Egon | Beschwerderecht und Bindungswirkung bei wegen Gehörsverletzung fehlerhaften Verweisungsbeschlüssen, DRiZ 1983, S. 24 |
| Schneider, Egon | Grundrechtsverstöße als greifbare Gesetzeswidrigkeit, MDR 1997, S. 991 |
| Schneider, Egon | Praxis der neuen ZPO, 2. Auflage, 2003 |
| Schneider, Egon | Selbstkontrolle des Instanzgerichts bei Verletzung von Verfahrensgrundrechten, ZAP, Fach 13, S. 1141 |
| Schneider, Egon | Wiederholung der Beschwerde und Gegenvorstellung im Zivilprozeß, DRiZ 1965, S. 288 |
| Schoch, Friedrich/ Schmidt-Aßmann, Eberhard/ Pietzner, Rainer | Verwaltungsgerichtsordnung, Band 2, Stand der Bearbeitung September 2003, Grundwerk München 1996 |
| Schönke, Adolf | Das Rechtsschutzbedürfnis, Studien zu einem zivilprozessualen Grundbegriff, Detmold 1950 |
| Schönke, Adolf/ Kuchinke, Kurt | Zivilprozeßrecht, 9. Auflage, Karlsruhe 1969 |
| Schultz, Rudolf | Das Verhältnis der Vollstreckungsbeschwerde zu der sofortigen Beschwerde des Vollstreckungsverfahrens, Berlin 1911 |
| Schumann, Ekkehard | Bundesverfassungsgericht, Grundgesetz und Zivilprozeß, ZZP 96 (1983), S. 137 |

Schumann, Ekkehard — Der Einfluss des Grundgesetzes auf die zivilprozessuale Rechtsprechung, in: 50 Jahre Bundesgerichtshof, Festgabe aus der Wissenschaft, Band 3., 2000, S. 3

Schumann, Ekkehard — Die Gegenvorstellung im Zivilprozeßrecht, in: Festschrift für Gottfried Baumgärtel, 1990, S. 491

Schumann, Ekkehard — Die Prozessökonomie als rechtsethisches Prinzip, in: Festschrift für Karl Larenz, 1973, S. 271

Schumann, Ekkehard — Die Wahrung des Grundsatzes des rechtlichen Gehörs – Dauerauftrag für das Bundesverfassungsgericht?, NJW 1985, S. 1134

Schuschke, Winfried/ Walker, Wolf-Dietrich — Vollstreckung und vorläufiger Rechtsschutz, Band 1 (§§ 704-915 h), Vollstreckung, 3. Auflage, München 2002, Band 2 (§§ 916-945), Arrest und Einstweilige Verfügung, 2. Auflage, München 1999

Schwab, Karl Heinz/ Gottwald, Peter — Verfassung und Zivilprozeß, Bielefeld 1984

Schwarze, Roland — Außerordentliche Anfechtbarkeit zivilgerichtlicher Entscheidungen wegen offensichtlicher Gesetzeswidrigkeit?, ZZP 115 (2002), S. 25

Seetzen, Uwe — Die Anhörungsrüge kraft Verfassungsrecht, NJW 1982, S. 2337

Seuffert, Lothar, von — Civilprozeßordnung für das Deutsche Reich, 2. Auflage, Nördlingen 1883

Siegert — Die Rechtskraftfähigkeit der Entscheidungen der freiwilligen Gerichtsbarkeit, ZZP 54 (1929), S. 435

Smid, Stefan — Rechtsmittel und Rechtsweg gegen Kostenentscheidungen des OLG gegen Dritte, Zur Auslegung des § 567 III 1 ZPO, NJW 1989, S. 1578

Smid, Stefan — Rechtsprechung, – Zur Unterscheidung von Rechtsfürsorge und Prozeß –, München 1990

Smid, Stefan — Verfahren und Kriterien der Kostenentscheidung nach § 91 a ZPO – Zugleich ein Versuch der historischen Rekonstruktion der Problemstellung, ZZP 97 (1984), S. 245

Sodan, Helge/ Ziekow, Jan — Verwaltungsgerichtsordnung, Band 4, Stand der Bearbeitung Januar 2003, Grundwerk Baden-Baden 1996

Stein, Friedrich/ Jonas, Martin — Kommentar zur Zivilprozeßordnung,
Band 3 (§§ 511-703 d), 19. Auflage, Tübingen 1975
Band 2 (§§ 91-252), 21. Auflage, Tübingen 1994
Band 3 (§§ 253-299 a), 21. Auflage, Tübingen 1997
Band 4/1 (§§ 300-347), 21. Auflage, Tübingen 1998
Band 5/1 (§§ 511-591), 21. Auflage, Tübingen 1994
Band 7/1 (§§ 864-945), 21. Auflage, Tübingen 1996

Band 7 (§§ 704-827), 22. Auflage, Tübingen 2002
Band 9 (§§ 916-1068), 22. Auflage, Tübingen 2002

Stephan, Bodo — Das Rechtsschutzbedürfnis, Eine Gesamtdarstellung unter besonderer Berücksichtigung des Verfassungsprozesses, Berlin 1967

Stöber, Kurt — Anmerkung zu OLG München, Rpfleger 1976, S. 300, in: Rpfleger 1976, S. 301

Tappeiner, Christian — Die außerordentliche Beschwerde im Zivilprozeß, Frankfurt a.M. 1998

Thomas, Heinz/ Putzo, Hans — Zivilprozeßordnung mit Gerichtsverfassungsgesetz, den Einführungsgesetzen und europarechtlichen Vorschriften, 22. Auflage, München 1999, 25. Auflage, München 2003

Tipke, Klaus/ Kruse, Heinrich Wilhelm — Abgabenordnung, Finanzgerichtsordnung, Band 3, Stand der Bearbeitung 2003, Grundwerk Köln 1965

Unger, Joseph — System des österreichischen allgemeinen Privatrechts, Leipzig 1859

Vollkommer, Max — Neues Kapitel im innerprozessualen Grundrechtsschutz, ZAP-Sonderheft für Egon Schneider, 2002, S. 80

Vollkommer; Max — Anmerkung zu BGH, WuB VII A. § 774 ZPO 1.02, in: WuB VII A. § 774 ZPO 1.02

Voßkuhle, Andreas — Bruch mit einem Dogma: Die Verfassung garantiert Rechtsschutz gegen den Richter, NJW 2003, S. 2193

Voßkuhle, Andreas — Erosionserscheinungen des zivilprozessualen Rechtsmittelsystems, NJW 1995, S. 1377

Voßkuhle, Andreas — Rechtsschutz gegen den Richter, Zur Integration der Dritten Gewalt in das verfassungsrechtliche Kontrollsystem vor dem Hintergrund des Art. 19 Abs. 4 GG, München 1993

Voßkuhle, Andreas — Theorie und Praxis der verfassungskonformen Auslegung von Gesetzen durch Fachgerichte – kritische Bestandsaufnahme und Versuch einer Neubestimmung, AöR 125 (2000), S. 177

Wach, Adolf — Vorträge über die Reichscivilprozeßordnung, 2. Auflage, Bonn 1896

Waldner, Wolfram — Anmerkung zu LAG München, JurBüro 1996, S. 534, in: JurBüro 1996, S. 536

Waldner, Wolfram — Der Anspruch auf rechtliches Gehör, 2. Auflage, Köln 2000

Werner, Bernhard — Rechtskraft und Innenbindung zivilprozessualer Beschlüsse im Erkenntnis- und summarischen Verfahren, Köln 1983

Wieczorek, Bernhard — Zivilprozeßordnung und Nebengesetze, Zweiter Band (§§ 253-510 c), 2. Auflage, Berlin 1976

Wilmowski, Gustav K., von/ Levy, M. — Civilprozeßordnung, 4. Auflage, Berlin 1886

Windscheid, Bernhard — Lehrbuch des Pandektenrechts, 1. Band, 9. Auflage, Frankfurt 1906, Nachdruck, Aalen 1984

Wolfsteiner, Hans — Anmerkung zu BayObLG, MittBayNot 1998, S. 271, in: MittBayNot 1998, S. 272

Zeihe, Paul-Arthur — Sozialgerichtsgesetz, Stand der Bearbeitung Juli 1991, Essen 1953

Zimmermann, Walter — Zivilprozeßordnung, 5. Auflage, Heidelberg 1998

Zöller, Richard — Zivilprozessordnung, mit Gerichtsverfassungsgesetz und den Einführungsgesetzen, mit Internationalem Zivilprozessrecht, EG-Verordnungen, Kostenanmerkungen, 22. Auflage, Köln 2002, 23. Auflage, Köln 2003, 24. Auflage, Köln 2004

**Schriften zum Verfahrensrecht**

Herausgegeben von Peter Gottwald und Ulrich Haas

Band 1 Matthias Rauscher: Die neue Berufung in Zivilsachen. 2002.

Band 2 Jörn-Christian Schulze: Grenzen der objektiven Schiedsfähigkeit im Rahmen des § 1030 ZPO. Eine Betrachtung des Rechts der Schiedsfähigkeit nach der Schiedsverfahrensrechtsform. 2003.

Band 3 Roman Rodloff: Das vereinfachte Verfahren zur Festsetzung von Kindesunterhalt nach §§ 654 ff. ZPO. Zugleich ein Beitrag zur Unterhaltsannexklage nach § 653 ZPO und zum vereinfachten Abänderungsverfahren nach § 656 ZPO. 2003.

Band 4 Helia-Verena Daubach: Kammer oder Einzelrichter? Ist die Kammer ein Qualitätselement des Zivilprozesses? 2003.

Band 5 Thomas Gemmeke: Beweisverwertungsverbote im arbeitsgerichtlichen Verfahren. 2003.

Band 6 Wolfgang Kreißig: Der Sportverein in Krise und Insolvenz. 2004.

Band 7 Alexander M. Krämer: Leasingverträge in der Insolvenz. 2005.

Band 8 Timo Christian Walther: Das Verfahren bei Masseunzulänglichkeit nach den §§ 208 ff. InsO. 2005.

Band 9 Henning Müller: Die Lebensversicherung in der Zwangsvollstreckung. 2005.

Band 10 Oliver Hilsbos: Die Mitwirkungspflicht von Personenstandsbehörden in Nachlassverfahren. 2006.

Band 11 Matthias Holla: Der Einsatz von Schiedsgerichten im organisierten Sport. 2006.

Band 12 Matthias Hofmann: Die Eigenverwaltung in der Insolvenz. Darstellung eines Rechtsinstituts unter besonderer Berücksichtigung der Gesellschaftsinsolvenz. 2006.

Band 13 Christian Schindler: Rechtskraft und Innenbindung von Beschlüssen nach der ZPO-Reform. 2006.

Band 14 Carola Reimann-Dittrich: Die Finanzierungsfolgenverantwortung des Gesellschafters. 2006.

www.peterlang.de

Bert-Hagen Strodthoff

# Die richterliche Frage- und Erörterungspflicht im deutschen Zivilprozeß in historischer Perspektive

Frankfurt am Main, Berlin, Bern, Bruxelles, New York, Oxford, Wien, 2004. 332 S.
Rechtshistorische Reihe. Verantwortlicher Herausgeber: Werner Schubert. Bd. 295
ISBN 3-631-52248-7 · br. € 56.50*

Durch die am 1.1.2002 in Kraft getretene Zivilprozeßnovelle ist die richterliche Frage- und Erörterungspflicht erneut in das Blickfeld juristischer Diskussion geraten. Wie weitgehend der Richter im Zivilprozeß die Parteien befragen und mit ihnen den Streitgegenstand erörtern muß beziehungsweise darf, ist aufgrund der Bedeutung dieser Frage für den Ausgang des Rechtsstreits und angesichts des nach wie vor nicht hinreichend differenzierten Gesetzeswortlautes zu Recht ein Dauerthema. Einen Beitrag zur Auslegung und Fortbildung des Gesetzes leistet diese Arbeit, in der die heutige richterliche Frage- und Erörterungspflicht mit Hilfe einer detaillierten und chronologisch aufgebauten Quellenanalyse historisch hergeleitet wird. Auf den Untersuchungsergebnissen aufbauend kommt der Verfasser zu einem eigenen Vorschlag, wie § 139 Abs. 1 ZPO sachgerecht erweitert werden könnte, ohne mit tradierten Grundsätzen des deutschen Zivilprozesses zu brechen.

*Aus dem Inhalt*: Die protokollierten Beratungen der CPO-Kommissionen des Deutschen und des Norddeutschen Bundes als entscheidende Vorarbeiten zur Civilprozeßordnung von 1879 · Die Novellierungen der Zivilprozeßordnung von 1924, 1976 und 2002 · Die Reformarbeiten der *Akademie für Deutsches Recht* von 1937 bis 1943 sowie der ZPO-Kommission des Bundesjustizministeriums von 1964 bis 1975 · Maßgebliche zeitgenössische Literatur und Rechtsprechung